太极往事

晚清以来太极拳传承系谱

季培刚　著

北京科学技术出版社

图书在版编目（CIP）数据

太极往事：晚清以来太极拳传承系谱 / 季培刚著
. — 北京：北京科学技术出版社，2022.3
ISBN 978-7-5714-1589-1

Ⅰ . ①太… Ⅱ . ①季… Ⅲ . ①太极拳—史料—中国
Ⅳ . ① G852.119.2

中国版本图书馆 CIP 数据核字 (2021) 第 232466 号

策划编辑：胡志华
责任编辑：胡志华
责任校对：贾　荣
责任印制：张　良
装帧设计：志　远
出 版 人：曾庆宇
出版发行：北京科学技术出版社
社　　址：北京西直门南大街 16 号
邮政编码：100035
电　　话：0086-10-66135495（总编室）
　　　　　0086-10-66113227（发行部）
网　　址：www.bkydw.cn
印　　刷：保定市中画美凯印刷有限公司
开　　本：710 mm × 1000 mn　1/16
字　　数：631 千字
印　　张：36.25
插　　页：4
版　　次：2022 年 3 月第 1 版
印　　次：2022 年 3 月第 1 次印刷
ISBN 978-7-5714-1589-1

定　　价：199.00 元

前　言

　　百余年间，太极拳技艺起初只为极少人所传续，如今逐渐衍生出规模庞大的传习者。由于太极拳根深枝繁，初学者往往不知所"宗"，久习者也不见得对自身以外的脉络了然于胸。学无专书，艺无统系。有鉴于此，编辑是书，或可作为读者总览全局的参考。

　　太极拳作为人类的一项非物质文化遗产，拳家的过往当如何书写、技术应如何探究，一直是现代学术层面未能合理对待的问题。拳术技击在历史上多为底层社会流动性较大的边缘化人群所习，传统史料少有关于习练者的真实记录。即使略有记载，也大都出于读书人之手。而这些记载中除了偶有拳谱一类经验记录，很难发现习练者自己的声音。至于人文知识尚不够丰满的武侠演义，多靠读者想象力发挥创造性，没法太当真。清末民初以来，契合"体育"的风气，拳技以"武术"为名进入现代社会，而太极拳合于老庄之道及宋儒理学，非血气之勇，无伤身之弊，能以柔克刚，有技近乎道之妙，因而一直被社会上层所推崇，由此生成众多文字记录，为大致复原拳家的人生经历、技术经验及传承脉络提供了可能性。

　　若以现代教育体制和学科划分，一百多年来的武术从源头上即被归类在体育里。尽管人是历史的创造者，但与人文学科注重研究每一历史人物个体的思想活动有别，体育学科的研究对于这些人文层面似不甚重视，所谓"体育人文社会学"，实际更多是社会科学面目而缺乏人文叙事，甚至关于体育史、武术史的研究也多偏向社会科学。研究成果貌似看不见人的科学实验报告，并且随时以最新政策为论述理路，以阐发当今启示、价值和意义为归结，而不能把当时人的命运放在当时的时势变迁中复原和考察，如此是否会掉在"科学"的实用主义陷阱里，不敢妄下论断。在这样的学术研究状况下，对于拳家往事的叙述和技术的琢磨，主要还是得依靠各界人士以兴趣为驱动力延续传承和记录。尽管这也正是民间技艺一直以来自发式传承的固有传统，然而对往事的叙述多在不经意间带有较大的模糊性，技术的研究层次也是高下不等，只能靠读者自身的鉴别力去披沙拣金，以发现混杂其中的一点真知灼见。

时间、空间和人是构成历史的三大要素。历史的吸引力常在过往时空已难复原的虚无缥缈处，而追溯时空以做因人叙事的探究则须尽量信实，这在文献不足征的情况下确实存在较大难度，因而更加笼罩着历史的魅惑。

这本书不欲过多探索社会结构一类的问题，只是试图采用传统史学纪传体和编年体相结合的叙事路数，将诸多道听途说的内容尽量落实到相对原始的材料上，在时空坐标下对每个人物的人生历程略做写意勾勒，为太极拳的传承脉络略做一点初步的建构。道听途说难免存在一些问题，经不起推敲处随时可见，史料的捋顺并不能完全等同于历史的真实，且以一书综括众家，挂一漏万或许才是真实状况。尽管这种述而不作的呈现路数与现代科学研究规范、行文格式和阅读习惯并不相谐，但我始终认为持续致力于史料的收集、别择、剪裁和排列，甚或等待真有心得发现时再做解读和讨论，会比仅靠一点史料片断就能发挥无穷认识要心安得多。并且，根据历史学家的经验，过往历史真相本来就不可能完全再现，只能在多元化的复原和解读过程中得以尽量接近，而怎样才能更为近真便是探索的价值所在。对此若能略有认识，内心也就稍稍释然了。

一门可以相对独立的知识，往往包含原理、历史和技术三个层面。本书内容能在多大程度上接近太极拳的历史真相，以及是否还有不断缩小与真相之间距离的更佳方法，将是我今后不断思考以待改进之处。完全打破现有体例架构重新再来，也未可知。至于太极拳的原理和技术，也可能会根据心得体会另做总结和解析。

目录

第一章

龙虎周旋

——杨禄躔和他的子孙

晚清的北京城，亲贵王公、贝勒贝子中已有人在私下习练一种绵软的拳术——太极拳。这种融修身、技击于一体，有四两拨千斤之妙的技艺，是杨福魁（禄躔，生卒年不详）[①]及其子杨钰（班侯，1837—1892）、杨鑑（健侯，1839—1918）等人在京城传授开来的。清末宣统皇帝逊位，进入中华民国之初，杨健侯之子杨兆熊（梦祥，1862—1930）、杨兆清（澄甫，1883—1936）等人又继承了家业。

一、一代宗师：杨禄躔

杨禄躔，名福魁[②]，祖籍直隶广平府永年县闫门寨，后移居广平府城南关。幼失怙恃，性和善，富膂力，喜拳技。

[①] 关于杨禄躔卒年，流行说法为唐豪、顾留馨认定的 1872 年（即清同治十一年），该说缺乏依据。据李滨《杨禄禅卒年考》（《中华武术》1993 年第 6 期），应为光绪初年，具体为 1875 年。后经路迪民再次论证，认为以 1874 年为宜（《杨禄禅卒年新证》，《武林》2006 年第 7 期）。此后，李滨又推断约为光绪三年（1877）（《杨露禅卒年、轶事与家教》，《武当》2014 年第 9 期）。而曲梁则再次提出疑问，认为目前认定的杨氏生卒年均不合理，只是尚无可靠依据能确定其实际生卒年份（《杨禄禅其人》，《武魂》2011 年第 6 期）。根据杨班侯弟子"富二爷"所述，杨禄躔"年八十余尚练功夫不息"（陈微明：《太极剑　附太极长拳》"太极拳名人轶事"，上海：中华书局，1928 年，第四页），杨澄甫自述"余幼时，见先大父禄禅公率诸父及诸从游者，日从事于太极拳"（杨澄甫：《太极拳体用全书》"自序"，上海：大东书局，1934 年），傅钟文记述"澄甫幼年尚得亲受教于祖杨禄禅"（傅钟文：《永年杨家拳艺述略》，《永年太极拳社十周年纪念刊》1954 年，第十九页）等诸多记载来看，杨禄躔至少应卒于杨澄甫生年（1883 年）以后。另外，目前认定其生于 1799 年（清嘉庆四年），则比武禹襄（生于 1812 年）年长十三岁，且四十岁左右才生子班侯、健侯，亦不甚合理。因此，目前所大致认定的杨禄躔生卒年份，似均需向后推迟十余年。

[②] 有作"福同""福奎"。"禄躔"是其字，民国以来，另有作"禄禅""露禅""露蝉""禄缠""露缠""陆禅"乃至"儒禅""如禅"者，经吴文翰先生考证，认为"禄禅"较为可信。相关文论另有曲梁《再考杨禄禅的名和字》（《武林》2005 年第 1 期）等。而张玉华则认为应作"禄躔"，其分析更为合理（张玉华：《杨禄躔名字被误传八十年》，《武当》2003 年第 11 期）。古人取字，常与名对应，"福"与"禄"不必论，"魁"与"躔"则均与天文有关，现今视"躔"为生僻字，实际在明清诸多方志的天文志中随处可见"躔度"一词，意为日月星辰等天体运行的度数。之所以会出现"禄缠""露缠"这样的写法，应当都是"躔"字误写（"缠"的繁体为"纏"），却比"禅""蝉"在字形上更接近真实。本书叙述均采取"禄躔"，引文部分则原文照录，不做更动。

广平府城内西大街有一药铺，字号
"太和堂"，为河南怀庆府温县陈家沟陈
氏产业，经营既久，远近闻名。杨禄躔
曾受雇于此，为膳夫，偶窥陈氏者演拳，
甚喜之，欲从学。太和堂第四代掌柜陈
德瑚是陈家沟第十五世，早年曾致力举
业，经其推荐，杨禄躔得赴陈家沟从学
于陈长兴。另有所记更详：

汤福魁（禄躔，生卒年不详）

> （杨禄禅）业农，耕余间为城内
> 西大街杂粮摊助理。一日，有恶霸
> 至街邻太和堂药铺寻衅，欺掌柜外
> 籍，强欲以低价购珍药，致争执动
> 武。恶霸来势凶狠，乃掌柜才一举
> 手，其人已跌至对街。禄禅目击惊

奇，知掌柜必有武功，心窃慕之。他日，乘闲谈探寻掌柜所习为何种拳法，并
请师事。盖禄禅少尝习少林拳，未克臻此境也。掌柜初则讳莫如深，嗣感其意
诚，语以所习为绵拳，亦称太极拳。"惟我不足师，我乡陈家沟，人多习此，
而陈长兴之太极拳，海内泰斗，我可介往。倘许列门墙，艺必有成。"禄禅大
喜！遂至陈家沟拜陈长兴为师。[1]

陈长兴，字云亭，生于清乾隆三十六年（1771）八月十六日巳时。[2]贫寒出身，
壮岁以走镖[3]为业，行走于冀鲁豫之间。其人"立身中正，不倚不靠，状如木鸡，
人称为'牌位先生'"[4]，"至道光年间，拳极好，盖立千百人中，无论众如何推拥
挤，脚步丝毫不动，近其身者，如水触石，不抗自颓"[5]。其时，从陈长兴习拳者多
是陈氏族人。杨禄躔虽未被拒门墙之外，却一直不知精要处。

据杨禄躔之孙杨澄甫的门生、清末翰林、清史馆纂修陈曾则（微明）记述：

> 露禅尝习外家拳，其后闻河南怀庆府陈家沟陈长兴者精太极拳。露禅倾产

---

① 傅钟文：《永年杨家拳艺述略》，《永年太极拳社十周年纪念刊》1954年，第十三～十四页。
② 陈绩甫：《陈氏太极拳汇宗》"自序"，南京：仁声印书局，民国二十四年（1935），第一六页。
③ 由晚明时期"护送镖客"而演化出的"护镖""保镖"乃至"镖局"，一直沿用至民国时期，均作
"镖"。而其与一种所谓"镖"或"镳"的暗器相关联，则起始于清末民初的通俗小说，实为虚构。
④ 陈炎林：《太极拳刀剑杆散手合编》"杨家小传"，上海：国光书局，民国三十八年（1949），第
3页。
⑤ 陈绩甫：《陈氏太极拳汇宗》"自序"，南京：仁声印书局，民国二十四年（1935），第一七页。

挚金，往怀庆从长兴学。数年，偶与其师兄弟相较辄负。夜起溺，闻有声于墙外，乃越墙往观其异。见师兄弟辈群集于厅中，其师口讲指授，皆拳中精意也。乃伏窗外窃窥，自后每夜必往。他日其师兄强露禅与之较，露禅不得已许之，不能胜露禅，众大惊异。其师召露禅曰："吾察子数年，诚朴而能忍耐，将授子以意，明日来予室。"翌日，露禅往见其师，假寐于椅而仰其首，状至不适。露禅垂手立于侧，久之不醒，于是以手承师之首，良久臂若折，而不敢稍移。及其师醒曰："孺子来耶？予倦睡矣。明日再来。"露禅退，明日复如约而往，其师已陶然入睡乡矣。露禅屏声息气而待之。其师或张目四顾，见露禅俟于旁，无怨色，且加敬焉，又言如前。露禅第三日往，其师曰："孺子可教也。"于是授之术，令归习之。后其师兄弟或与之相比，而无有能胜之者。长兴谓其他弟子曰："予以所有之功夫与子辈而不能得也，不与露禅而已得之去矣。"①

另据陈炎林记载：

> 其时从陈习拳者，皆陈族人，异姓惟杨（露禅）与其同里李伯魁二人而已，故陈姓颇歧视之。因是，杨居陈家数载，无所得。一夜杨醒，闻隔院有哼哈之声，遂起越垣，见广厦数间，哼哈之声即由此而出，乃破墙隙窥之（迄今古迹尚在），瞥见其师正教诸徒拿发诸术，大奇。自是每夜必往窥，与李互相结纳，悉心研究，功夫乃大进。后陈命杨与诸徒决，徒皆败北。陈始惊杨为天才，遂尽授其秘术焉。②

当这些传闻落在纸面的时候，因去古已远，难说有多可靠。

后世传说杨禄躔三下陈家沟，前后十八年。工作之暇辄习之，陈嘉其勤学，时加指点，杨心领神悟。此说最早见诸文字大致如下：

> （杨禄禅）时方壮年，昕夕苦练，无间寒暑，居六年始归，以为有所得矣。永年人习武者颇多，里中精拳击者戏谓："老禄今从远方办得好货（指陈家沟学太极拳）归来，我侪试一领教。"遂与比武，禄禅竟败。乃发奋再至陈家沟，又居六年而归。值新年，里人又欲试其功力，乘贺年作揖进取之，乃略一接触，其人反仰面后跌，起而大笑曰："老禄今果办得好货归矣！"邑中望族武氏，以科第著……多兼职工拳术者，闻禄禅归自陈家沟，相约一试，则功力悉

---

① 陈微明：《太极剑　附太极长拳》"太极拳名人轶事"，上海：中华书局，民国十七年（1928），第一～二页。

② 陈炎林：《太极拳刀剑杆散手合编》"杨家小传"，上海：国光书局，民国三十八年（1949），第3页。

敌，终无法取胜。禄禅因悟从事十余载，虽力求上进，犹未能深入堂奥，遂三度至陈家沟。旧时武师授徒，往往保留一手，陈氏讵能例外。惟至诚所至，金石为开，陈长兴鉴于禄禅执礼之恭，求进之诚，习艺之勤，不能无动于中，遂集陈氏族人而召之曰："禄禅师我十余稔，去而复至者三，其专心一志，勤学苦练之精神毅力，迥非汝辈所能及。吾老矣，绝艺之传，其禄禅乎！"遂尽其所能以授之。然犹恐其立志勿坚，辄倨而试之。或约其至，瞑坐不理，醒复挥之去，如是者再，禄禅肃侍维谨，久而弥敬，师跃坐鼾作，则以肩承其背，未尝有倦意，因得尽传其艺。又居二年许，师语之曰：可以归矣，子之艺，已可无敌于当世。遂辞归。①

另据杨禄躔口传，当年他在陈家沟忍心耐守多年，师悯其诚，才在月明人静时，将一些窍要告诉了他。②由此可知，杨禄躔虽下了十多年功夫，关键还在不知拳理。拳理既明，则用功方向豁然开朗。

又有线索称，杨禄躔到陈家沟跟陈长兴学得拳技后，曾得道家高人传授指点，因而杨家所传与陈家沟有异，且世代供张三丰为祖师。③

杨禄躔原籍直隶广平府城中有望族武氏，昆仲三人——武澄清（霁宇）、武汝清（泽棠）、武河清（禹襄），皆天资甚高的读书人，又都喜好拳技。杨禄躔学成返里后，示诸同好，武氏喜其劲力精微巧妙，常与比较。此后，武汝清得中道光二十年（1840）庚子科进士，授刑部员外郎；武澄清得中咸丰二年（1852）壬子科进士，授河南舞阳县知县。

杨禄躔在永年县城授同里之人，时称其拳为"化拳"或"绵拳"，因动作绵软而能化解对方来力，故名，此时尚无"太极拳"之称。

另有传说：

杨（露禅）在广平时，尝与人斗于城上。其人不敌，直退至城墙边缘，足立不稳，身随势后倾，将坠落。于此千钧一发之际，杨忽于二三丈外陡跃而前，攀握其足，得不坠死。

杨善用枪杆，物之轻者，经杆一沾濡，可即起，无稍失。其救火辄以杆头拨墙垣，使火势不致蔓延。且能在马上不用弓弦，仅以手指投箭，百无一失，亦绝技也。

———————————

① 傅钟文：《永年杨家拳艺述略》，《永年太极拳社十周年纪念刊》1954 年，第十四页。

② 杨澄甫：《太极拳体用全书》"自序"，上海：大东书局，民国二十三年（1934）。

③ 参见贺洪明《杨式太极定型前曾得道门高人指点》（《武当》1999 年第 12 期），谭大江《张祖意合太极拳　隐在邯郸人不知——邯郸调查"张祖意合太极拳"见闻录》（《武当》2003 年第 3、4 期），张兴洲、李仲良、赵峰《太极图与张祖意合太极拳》（《武当》2004 年第 2、3 期）。

一日天雨，杨坐堂上，见其女捧铜盆自外入。比及阶，帘未揭也，而苔痕汗滑，女足适跛躄。杨即一跃而出，一手揭帘，一手扶女臂。女既未仆，而盆中之水亦竟涓滴未倾，其功力之神异，即小见大，于此可见一斑矣。

又一日，杨钓于河畔。有外家名拳师二人，适于杨之背后过。因素震其名，独不敢与之当面较。今见杨正垂钓，以为有机可乘，拟从杨后推其背，使颠覆溺水，以损其名。乃相约蹑足左右，同时疾趋以为进袭。讵杨眼梢特长，已早审知有人暗算，于二人手猛力到时，遽以含胸拔背，高探马一式之法。惟见其背一隆，首一叩，二人同时被掷河中。乃曰：今日便宜汝等，否则若在地上，将欲再加一手。二人闻言，仓皇泅水而逝。①

传闻北京城西富人张某听说杨禄躔名声甚大，便托其友——刑部员外郎武汝清聘杨授艺。据陈微明记述：

露禅学既成而归，财产已尽。或荐至京师某富家，其家先有一教师，其人庸者，而富于嫉心，闻露禅之来，心甚不快，强欲与露禅斗。露禅曰："吾子必欲一较也，请往告主人。"主人曰："子辈相斗，以戏可耳，然不可致其命也。"露禅既至场中，直立而不动，教师力击之，未见露禅之还手也，而教师已仆于丈外矣。主人大异之，揖露禅而言曰："不知吾子之功，如是其深也。"于是设筵以款之。宴毕，露禅束装辞去，留之不可。遂授徒于京师。是以京师之习太极拳者，皆杨氏之弟子也。②

杨澄甫门生董英杰持类似说法：

京西有富翁，庄宅如城，人称为"小府张宅"。其人爱武，家有镖师三十余人。性且好学，闻广平府杨禄禅名著，托友武禄青者往聘。及请至，张见其人瘦小，身未五尺，面目忠厚，身衣布衣，遂招待，其礼不恭，宴亦不盛。禄禅先师会意，遂自酌自饮，不顾其他。张不悦曰："常闻武哥哥谈先生盛名，不知太极能打人乎？"禄禅知谦不成，遂曰："有三种人不可打。"张问："何为三种？"答曰："铜铸的、铁打的、木作的，此三种人不容易打，其外无论。"张曰："敝舍卅余人冠者刘教师，力能举五百斤，与戏可乎？"答曰："无妨一试。"刘某来势猛如泰山，拳风飚声。临近，禄禅以右手引其落空，以左手拍之，其人跌出三丈外。张抚拳笑曰："先生真神技矣。"遂使厨夫从新换满汉盛

---

① 陈炎林：《太极拳刀剑杆散手合编》"杨家小传"，上海：国光书局，民国三十八年（1949），第4页。

② 陈微明：《太极剑　附太极长拳》"太极拳名人轶事"，上海：中华书局，民国十七年（1928），第二页。

宴，恭敬如师。刘力如牛，不巧安能敌手？由此知彼显非力胜之能为功也。①

上述"武禄青"当为"武汝清"之讹。

另据杨澄甫外甥傅钟文叙述：

> 时京师有小铺张家者，以富豪称。张初设小铺，发煤得藏镪致富。晚清风气，富商多喜结交官场，又必令子弟习举业或练武艺，期以此光门楣。永年武氏有官于京者，亦张家座上客。知主人广延武教师以课其子，因以同乡杨禄禅荐。既至，主人见其体非魁梧，彬彬类文士，轻之。重以武氏介，勉为洗尘。而张家原有武教师三人陪座，胥赳赳昂昂之彪形大汉，意尤不怿。席间主人进曰：敢问杨武师所长拳法？以绵拳对。曰：绵拳不知亦能击人否？禄禅性朴厚耿直，察其意慢，正色曰：我拳惟铁石人不击，凡血肉之躯，无人可当。主人因请与三教师一较身手。诺之，遂同至庭前。三人者，咸京中名武师，时皆跃跃欲试。禄禅先召之曰：既比武，勿留情，请各出全力攻我要害，死伤我自愿也。一大汉首起直扑，势若饿虎，疾于鹰隼，禄禅俟其至而举手挥之，其人遽跌出数丈，额破血流，余二人续进攻，亦立败。主人大惊！愧汗不胜。遂更张盛宴，改容请罪，执礼甚恭。惟禄禅见其前倨后恭之丑态，腹诽之，席终，坚辞不就而去。

> 杨禄禅张家比武之消息传出，名噪九城，一时高手争欲与之一较，终无有能胜之者，果如师言而称"杨无敌"。禄禅既享重名，当代王公大臣争相罗致，或思挟之以自重。禄禅初不轻诺，非其人不授也。②

以上旧有各说虽记载各异，而大多认为杨禄躔进京与武汝清有关，先由武汝清介绍至张家。

当代还有一说，并未言及武汝清引荐，而是杨禄躔避祸进京：

> 杨禄禅从陈家沟回来，先在永年县教拳，不慎将人打伤，遂跑到北京避祸。当时北京东城金鱼胡同有一家天义顺酱园，东家姓张，名排武，别人都叫他张四胖子，家住西郊白旗。天义顺的酱菜主要供应各王公大臣的府第，获利颇厚，张某遂成富翁，人称"小府酱张"。那时东来顺老东家丁子兰还没有铺面，每天在天义顺门口摆摊卖烧饼、羊肉之类的食品。杨禄禅进京后常到丁掌柜小摊上买食品吃。一来二去，两人就熟识了，杨禄禅就烦丁掌柜代他找事糊口。凑巧天义顺东家张排武正烦丁掌柜代他请教书先生，丁掌柜遂荐杨禄禅到张宅当了教书先生。张宅在京西白旗，家中有三十多名伙计做菜带护院。一天

---

① 杨澄甫：《太极拳使用法》"王宗岳遗论解明"，上海：文光印务馆，民国二十年（1931），第一一三～一一四页。

② 傅钟文：《永年杨家拳艺述略》，《永年太极拳社十周年纪念刊》1954年，第十四～十五页。

晚上，有一二十名壮士到张宅找护院的镖师比武，张宅镖师不敌。杨禄禅误认为土匪前来打劫，遂挺身而出，将来的壮士一一打倒在地。经过这件事，张四胖子才知道杨禄禅是一身怀绝技的奇人，改请杨禄禅在他家教拳。不料三年后，杨禄禅在永年打伤之人的儿子竟闻讯追踪来访，司阍进来禀报后，杨禄禅忙到大门外迎接。那人见杨禄禅来迎，忙趋步上前佯作失礼，暗用"撩阴掌"照禄禅下部打来。禄禅并不躲闪，借还礼之机顺势用"海底针"采住那人右手，那人抽手不及，被禄禅扔出丈余，撞在张宅大门对过影壁上。那人爬起来，狠狠瞪了禄禅一眼，悻悻而去。

事情发生后，禄禅只好将来京避祸之事告诉东家，张排武为了避免再有人来找禄禅寻衅复仇，就荐禄禅到端王府教拳，藉以庇护。①

此说为吴文翰自王培生处听得，并且"王培生先生说，这些情况是他过去在东来顺管账时，听张排武的外甥讲的"。不过，吴认为丁子兰举荐杨禄躔到张宅教书一说不大合理，"因科举时代，富贵人家都很重视子弟读书，所聘家馆西席，更需饱学宿儒。北京乃人文荟萃之地，张宅岂能请一身份不明，又无功名之人来教子女。但王培生先生所述张宅情况，是其他资料中所没有的，弥足珍贵"。吴文翰经过一番推论，初步认为："杨禄禅约于道光二十五年至咸丰初年间，经乡友武汝清引荐进京教拳，先在京西富户'小府张宅'（天义顺酱园东家）任教。后于咸丰五年（时全佑二十岁）前后，到旗营充当武术教习，'得其传者盖三人，万春、凌山、全佑是也'（《太极拳势图解》）。同时，王公贝勒及其子弟亦多从受业，其中佼佼者有时绍南、岳柱臣等。同治五年，应聘到端郡王载漪府教拳，弟子有王兰亭等人。"②此中所言"时绍南、岳柱臣"等，得自满人全佑后人的叙述。全佑当年从学于杨禄躔、杨班侯父子，据其后人记述：

有位时贝勒想给儿子请一位有名望的武术教师，武汝清得知，遂举荐杨禄禅到时府，教其子时绍南学太极拳。另有岳柱臣军门，是武状元出身，闻杨之名，也到时府拜在杨禄禅先生之门下……时绍南的功夫是上乘，杨禄禅十分喜爱，不幸41岁生天花病故，杨禄禅先生伤心之至，又因年老，遂回永年家中养老。③

另外，全佑的孙女婿马岳梁针对此事还有一段较为详细的解说：

那是清朝同治年间的事，先从杨露禅说起。他是河北永年县人，绰号叫

---

① 吴文翰：《杨禄禅进京教拳始末》，《武魂》1990年第3期。
② 吴文翰：《杨禄禅进京教拳始末》，《武魂》1990年第3期。关于王培生此说的另一详细版本，参见关振军《杨禄禅进端王府教拳始末》（《武林》2005年第9期）。
③ 《吴式太极拳简史》，上海鉴泉太极拳社《社讯》1987年第24、25期合刊。

"转杆子三爷"，那时他已然成名，号称"杨无敌"。永年县另有一家姓武的，是武禹襄的族人，叫武汝清。他考中了进士，后来到河南温县做知县。所以，他对陈家沟的太极拳和同乡杨露禅的功夫都很了解的。再后来，武汝清屡升，先到北京任编修，后又升为侍郎，就如同现在的副部长，按现在来说是高级官员了。所以，他与王公大臣们都有来往，有一个时贝勒（六爷）患半身不遂，没练过武功，想让他儿子练武功，要请个名师来教。武汝清说，你要请呢，我们那儿有一个，我给你请来。时贝勒说，那好啊，你就给我请来吧。据说是这样的，我也是听老人讲的。于是就把杨露禅请来了。请来后，杨露禅一手拉着时贝勒的手说，你老人家为什么不下地啊？时贝勒说，我已经多年不下地了。杨露禅说，你们把鞋拿来给时贝勒穿上。鞋穿上后，杨露禅一架时贝勒的手，就在屋里走了一圈。然后上到炕上，时贝勒很佩服了（这是杨露禅一进门就露了一手）。时贝勒说：好，你的功夫高明的多，我马上叫我儿子给你磕头，拜你做老师，跟你学功夫。他儿子叫时绍南。那是杨露禅进京后收的第一个徒弟，就在贝勒府里。另外，宫室里有一个叫岳柱臣（音）的，是武状元出身，官做到将军，是岳飞的后代，河南人。他知道杨露禅的功夫，所以他也要拜杨露禅做老师。杨露禅不敢收，因为他第一是武状元出身，第二又是将军，跟王爷是平起平坐的人物。可是他还是坚持拜杨露禅做老师。

除此二人外，以后王公大臣、贝勒爷们到府里来跟杨露禅学一手两手的，那人数就多了，但那些不是正式的徒弟。后来又介绍杨禄禅到旗营里做教官。旗营里呢，是培养中级军官的，都是八旗子弟，那么在这里教的人就更多了。其中有三个人学得特别好，学的时间也长，这三人也要拜杨露禅做老师，这三人就是万春、凌山、全佑。全佑呢，就是吴式的第一代。杨露禅说不行，你们要进门呢，就拜我儿子班侯吧。这三人就是尊师重道，老师叫怎么做就怎么做。就拜杨班侯做老师，但实际上练拳还是跟杨露禅练。这三人的功夫是各有不同，万春得刚劲，凌山善发人，全佑公呢，是刚柔相济，有刚有柔。那么杨露禅为什么不收他们三人做徒弟呢？大家猜一猜什么意思，其实也很容易猜到。因为，他那两个真正的徒弟，一个是将军，一个是王府贝勒子，这要跟他们称兄道弟那哪儿成啊，跟他们是走不到一条道上的。而拜他儿子杨班侯是没有问题的。可是，从那时起，杨露禅回家休息一年。杨班侯在京教拳，他功夫是好，但你不能向他提问，你要问，出手就打人，脾气很不好，他喜欢教你就教，不喜欢教你就不教。杨露禅返京后，他两个徒弟说，老师啊，你走了一年，我们什么东西也没学到，班侯兄没教我们什么。杨露禅一听，便说，我幸负了你们。后来，杨露禅又教了他们几年。①

然而，还有一说，杨禄躔之子杨班侯最先受惇亲王府之请进京授拳，因学者日稀，返回永年，杨禄躔深惜从习者学而未成，遂进京亲授。也就是说，杨禄躔进京是接替儿子杨班侯任教而来。据说：

> 当公历一八六六年～一八六七年，即前清同治五、六年间，惇王派侍卫赴直隶广平府永年县（即今河北省永年县）取庄地地租，闻当地太极拳专家杨班侯先生精太极拳，善发人于数丈外，奇而晤之，邀请来京，以资请业。先时杨班侯先生在永年县，曾于某年间开设药铺，以资谋生，有当地地痞某，以贺喜为名，纠缠不去，虽稍给微资，仍复纠扰不休，甚至举手动武，不可劝阻。班侯先生初不与较，及至忍无可忍，始就其动武之势而发之，一发数丈外，地痞知不可强求，遂去。而班侯先生善技击之名于是雀起。班侯先生既被惇王府侍卫邀之来京，首寓惇王府中，以教王子等，同时有公爵广科者，雅好技艺，在内城东四牌楼北六条胡同设场，请雄县刘仕俊先生为主教，纪子修先生为助教，教授岳氏散手。广公因惇王之推荐，复在香饵胡同设场，以杨班侯先生为主教，教授太极拳。于是遂名前者曰东场，后者曰西场，以别之。西场初设时，学生甚少，复由东场拨往若干人以充之。其东场助教纪子修先生意亦愿同往，因助教乏人承担，而师亦不许，乃未果往。然时由同学传习之，以遂其学习之心也。西场自设教以来，学者虽多，而教者为柔软无力之拳术，非如东场之刚脆可比，虽因一时好奇心所趋，便欣然从学，习之日久，毫不见功，遂由最高之热度，而降至冰点矣。于是学生日少一日，不堪立帐授徒矣。班侯先生遂撤绛帐而回永年县原籍。既回梓里有年，将在北京授徒经过，一一详禀伊父杨露禅老先生。露禅老先生惜西场诸生之学而未成焉，遂复来北京，以竟其功。既至北京，招其徒之有进境者授之，遂得凌、全、万三先生，一意教授，职不旁贷，如斯者有年，遂有凌得其筋、万得其骨、全得其皮三杰者出也。此杨派太极拳流传至京之梗概也。②

此说为民国时期所记录，一扫杨禄躔最先受聘进京，乃至旗人凌山（蒙古人）、万春、全佑（满人）从杨禄躔学，而后遵师命拜入班侯门下称弟子的成见。只是此说切实与否，也已不易证实。

总之，杨禄躔在京期间，王公贝勒雅好其拳，从学者甚众。"尔时清室王公多狗马声色之好，广纳江湖异人以自炫。福奎之技冠燕都，从之游者凡八王，故号

---

① 张耀忠：《听马岳梁说太极拳是怎样传到北京的》，《武魂》2005年第2期。
② 圣揆：《记北京太极拳之起原》，《体育》第五卷第二期，民国二十七年（1938）二月。

福奎为八侯，露缠则其字也。"①据旗人许霤厚（禹生）记述：

> 时当咸丰、同治年间，正值国术全盛时代，清贵族王公均雅好习武术，各营场中，皆有技术一科，延师取择綦严，必须精于斯道者，始克充任教官，非若清末专尚贿赂，得以情托充任也。因之各王公府第，官私营场，均争聘名手。而四方名家，亦均汇聚都门。于是，八卦拳鼻祖董先师海川主肃王府；形意拳师郭云深在毓王府；太极拳北京开山师杨君露蝉在奕贝勒府，其后嗣班侯、健侯两先生分任万字队虎神营；刘先师仕俊教前锋营；至扎师（万斋）则任神机营技艺总教官，后积升为管带。②

文中所述杨禄躔在奕贝勒府授技一说似不确切。此"奕贝勒"有两种可能：或者是指道光帝第五子奕誴，不过，奕誴为惇亲王而非贝勒，有传说杨禄躔因其徒王兰亭引荐，在惇亲王府邸授技③；或者是隐指载漪，载漪本为惇亲王奕誴次子，四岁过继给薨逝多年但无后嗣的瑞敏郡王奕誌，文中"奕贝勒"之"奕"，或指奕誴、奕誌而言，二"奕"之子载漪初即贝勒，本应称作"漪贝勒"，"奕"也可能为"漪"的晦饰。光绪十五年（1889），因光绪帝大婚，行庆推恩，载漪于四月二十六日被赏加郡王衔。④光绪二十年（1894），因慈禧太后六旬庆长，于正月初一奉懿旨，被晋封为"端郡王"（因述旨失误，"瑞"误为"端"而将错就错）。⑤自甲午战前不

外文书中的端郡王载漪像

---

① 刘希哲：《修炼身心与太极拳家》，《体育》第一卷第二期，民国二十一年（1932）二月。

② 许禹生：《扎万斋先生传记》，《体育》第一卷第六期，民国二十一年（1932）六月。

③ 据民国初期的《清华一览》记载："清华园为清道光第五子惇亲王奕誴之赐园（俗称小五爷园），因王长子载濂纵容拳匪关系，园为内务府收回，本校得是园为校址，则在民国纪元前三年（清宣统元年）九月间，根据是年五月外务部呈奏《游美学生办法大纲》案，并得那相国桐赞助之力也。"（《清华一览》之《清华学校校史》，第 4 页，见张研、孙燕京主编：《民国史料丛刊》第 1068 册，郑州：大象出版社，2009 年，第 8 页。）可知，非但惇亲王奕誴过继出去的次子载漪与"拳匪"有关，其继承惇亲王位的长子载濂同样"纵容拳匪"，或与他们对太极拳等拳技的认知不无关联。

④ 中国第一历史档案馆编：《光绪朝上谕档》第一五册，桂林：广西师范大学出版社，2008 年影印本，第一八二页，第五〇七条。

⑤《清实录·德宗实录》卷三三二，光绪二十年正月上，第五六册，第二六一页。

久，相继奉派管理神机营①、满洲火器营②、武胜新队及虎神营事务③。所谓"虎神"者，对应"羊鬼"（洋鬼）而来，民间也称该旗营为"万字队"。由此，许禹厚文中所述杨禄躔之子杨班侯、杨健侯二人分任"万字队虎神营"技术教师，似同样不很准确，因杨班侯于甲午之前数年已物故，至于其任教的所谓"西营"，或另有所指，而杨健侯任教于虎神营（万字队）则不无可能。庚子前后，载漪的端王府成为拳民出入之地，最终肇祸。④载漪自辛丑年被革职发配，此后失去着落的杨健侯也生计堪忧。

另据传说：

> 清代王公贝勒等从其（杨露禅）习学者颇多，旋为旗营武术教师。性刚强，勿论何门何派，均喜与比试。尝身负一小花枪及一小包裹，遍游华北诸省。凡所至之地，闻有艺高者，辄拜访与之较量。即有人自认弗敌，亦必强与之较，但未尝伤人。因武艺高超，所向无敌，故世称"杨无敌"云。⑤

又据传说：

> 祖师杨儒禅师，自得秘传，心性和平，为人忠厚，家有余资，与朋友疏财仗义。有一日，一某姓朋友，求杨老师借用银洋一百元以为度用，明年奉还。儒禅师故意戏曰：如借我钱自得一许，你可双手握我枪，将你挑上瓦房，你如站足不稳，你借无效。某乃许，如法作去，祖师以意运气将枪一抖，某姓起上瓦房，心内惊疑，立如木人，身形前俯式。祖师笑为扶梯，某姓遂下曰，其惊不少。祖师笑曰，故与戏耳。遂付银洋一百元，其人欢喜而去。⑥

民国时期，山东济南人杨明漪在其所著的《近今北方健者传》一书中记述：

> 肃王曾为之结绒绳网，而使人与杨（陆禅）角，杨每掷人于网上。其掷之

---

　　① 光绪二十年（1894）七月十六日上谕："端郡王载漪着管理神机营事务。"（《光绪朝上谕档》第二〇册，第三九二页，第八六四条。）

　　② 光绪二十年（1894）十一月初三，"派端郡王载漪管理满洲火器营事务"（《清实录·德宗实录》卷三五三，光绪二十年十一月上，第五六册，第五七二页）。

　　③ 光绪二十五年（1899）二月初九日上谕："武胜新队着赐名虎神营，由礼部铸给印信。"（《光绪朝上谕档》第二五册，第五〇页，第一五二条。）四月初二日上谕："命端郡王载漪佩带虎神营印钤。"（《清实录·德宗实录》卷四四二，光绪二十五年四月上，第五七册，第八七一页。）五月初一日上谕："虎神营训练五年，著有成效……端郡王载漪，著交宗人府从优议叙。"（《光绪朝上谕档》第二五册，第一三四页，第五二一条。）

　　④ 关于载漪与拳民的关系，参见罗惇曧著《拳变余闻》（见中国历史研究社辑《庚子国变记》，上海：神州国光社，1947年，第39~42页）、（日）吉田良太郎辑《西巡回銮始末记》卷2《肇祸诸王大臣记》（中国历史研究社辑《庚子国变记》，上海：神州国光社，1947年，第117页）。

　　⑤ 陈炎林：《太极拳刀剑杆散手合编》，"杨家小传"，上海：国光书局，民国三十八年（1949），第3页。

　　⑥ 杨澄甫：《太极拳使用法》"祖师杨禄禅轶事"，上海：文光印务馆，民国二十年（1931），第一三七页。

也，以手擎之作旋风舞状。视其人，无百斤力焉。[1]

还有传闻，"禄禅在京时，与董海川友善，海川精八卦拳，身手矫捷，尝同游，经德胜门，有鸟低飞，海川一跃得之，以授禄禅，禄禅伸手承之，鸟不能复飞，于以见习内家拳者之掌上功夫"[2]。从后世多方传闻来看，杨禄躔能手承鸟雀使不得飞，事或有之。后人揣测，大概因鸟雀起飞前，两足必先用力一蹬方可借力飞出，杨能听其劲而随之松化，鸟雀无力可借，故无法飞走。

另据记述：

　　初，师在京师声闻遐迩，侠来访者接踵。一日静坐间，忽有僧来，师自迎出阶，见僧貌伟壮，身高六尺许，拱揖道慕意。师亟逊答。僧鹊起出拳直扑师，师略含胸，以右掌抵拳顶拍之，僧如受电击，跌出屏后犹作拳击状，久之乃敛容称谢曰："僧鲁莽。"师仍邀与谈，审其名为清德僧，固少林健壮者也。僧缕缕问："顷出不意犹不得逞，何也？"师曰："是谓刻刻留心也。"曰："顷出何其疾也？"曰："是谓发劲如放箭也。"曰："僧云游几省，未有如师者。"坚叩太极轻灵之奥，师不答，见有飞燕入帘，低绕近身，即起手速抄之，顾谓僧曰："此鸟驯就人，聊与为游戏何如？"辄承以右掌而左手抚之，旋纵使去，燕振翼拟起，师微将掌忽隐忽现，燕不能飞去，盖无论何种雀鸟，必先足蹬劲才能飞，燕足无着力处，递扑伏。则又抚之使去，复不得起，如是者三。僧大讶曰："技何神也。"师笑曰："奚足言神？太极行功稍久，通体轻灵，一羽不能加，蝇虫不能落，能略如是状耳。"僧拜服，留谈三日乃去。[3]

又有传闻：

　　禄禅师在京时，有一会点穴拳者，闻名欲较。及试其技，禄禅师速抄其腕，用抓筋法，敌手不能伸，指又随上提，敌前足离地。师曰："勿负能，念你多年苦功，不然你骨肉断矣。"其人深敬服。[4]

还有传闻：

　　禄禅名重，妒之者不敢与当面较，因暗算之。尝钓于永年南关五里许之南桥河上，有人蹑足身后猛袭之。禄禅微有觉，含胸拔背，以高探马一式之法耸

　　① 杨明漪：《近今北方健者传》"杨陆禅"，民国十二年（1923），第一七页。
　　② 傅钟文：《永年杨家拳艺述略》，《永年太极拳社十周年纪念刊》1954年，第十六页。
　　③ 杨澄甫：《太极拳使用法》"杨儒禅先师轶事"，上海：文光印务馆，民国二十年（1931），第六页。
　　④ 杨澄甫：《太极拳使用法》"禄禅师轶事"，上海：文光印务馆，民国二十年（1931），第一四二页。

扣之，其人反被掷堕水，而彼则屹然未动也。①

如上这类传闻的时间、地点、人物、经过是否皆准确无误，已无法论证得那么清楚，前人并没有留下确切的证据。

杨禄躔有三子：长子杨锜，字凤侯，早亡；次子杨钰，字班侯；三子杨鑑，字健侯。弟子较著且有后传者，有富周、王兰亭、夏国勋、刘进宝、李瑞东（王兰亭代收）等，另有万春、凌山、全佑三人，遵师命拜在班侯门下称弟子。

民国初期，陈微明曾前往拜访当时尚在的杨禄躔徒孙、杨班侯门徒"富二爷"。据富二爷说：

> 吾露禅师祖喜吾勤谨，吾尝在旁伺候为装旱烟。年八十余尚练功夫不息，偶至吾家坐谈。一日天雨，泥泞载道，师祖忽至，而所着双履粉底尚洁白如新，无点污，此即踏雪无痕之功夫也。盖太极轻灵，能将全身提起，练到极处实能腾空而行。班侯亦有此功夫，知者极少，吾曾亲见一次。

> 师祖函召弟子，于某日齐至其家，谓欲出门一游，有话吩咐。至期俱来，门外并未套车，众颇异之。是日，师坐堂屋正中，弟子拜见毕，各装旱烟一袋，肃立左右。师各呼至前勉励数语，并传授太极拳大意。顷之，师祖忽拂其袖，端坐而逝。②

在晚近太极拳的历史中，杨禄躔算是一位早期人物。其本人似不擅文，不见文字传世，而外人对其记述亦不多见。口耳相传的往事，随着时间的推移，往往成为与小说话本相当的传奇故事。待进入民初，杨禄躔早已故去数十年，其一生的切实情形已不易了解。这些民国时期的人们留下的文字记述，已经不是那么可靠的了。

二、支撑门户：杨家二代杨班侯与杨健侯

昔人习武，要不离制敌保身，杨禄躔壮岁也不例外。当他还未进京时，便在直隶广平府城南关自家宅中课其子班侯、健侯，"期望甚深，日夜督责，二人

---

① 傅钟文：《永年杨家拳艺述略》，《永年太极拳社十周年纪念刊》1954年，第十六页。

② 陈微明：《太极剑　附太极长拳》"太极拳名人轶事"，上海：中华书局，民国十七年（1928），第四页。

不能胜任。一欲逃走，一欲雉经，皆觉而未果。然二人年未至冠已成能手，名
震京师"[1]。

杨钰，字班侯，清道光十七年（1837）三月初五寅时生于广平府永年县。因
昆弟三人，行二，在世时人称"二先生"。幼时在籍曾随武禹襄读书，不甚聪敏，
而习拳颇为颖悟。在其父督责下，尚未成年便已成手。杨班侯身小肌瘦，富膂力，
拳架也小。至于传说他常在大条案下练功，或许只是外人的臆想，似不合拳理。
不过，其性格刚强，艺高意猛，善用散手，喜好发人，据称，被击者常跌出三丈
六尺之外。

杨家太极大枪素负盛名。据说，因杨班侯性躁劲猛，其母命摘去枪头，以免
伤人，故杨家练枪均用无枪头的大白蜡杆子。有传闻：

> 班侯善使白蜡杆，杆头所至，举重若轻。有傻少往求助，班侯令牢持杆
> 梢，才一发劲，傻少已飞至屋顶。大呼求饶，始举杆挑之，飘然堕。观者捧
> 腹！一日，里中失火，延及芦堆，势甚猛。盖永年绿水绕郭，盛产芦苇，秋冬
> 收割，束成巨捆，堆积如山，引火物也。一时救者束手，班侯持杆突出，呼众
> 让开，挥杆挑芦，遥掷入水，瞬息火灭。又南关小西关张氏火灾，隔巨墙不能
> 往救，数十人推墙勿动，禄禅、班侯父子合力推之，立倒。[2]

据杨氏家传，班侯少时与其父比枪，仅数回合，即对父亲说："我比你强。"
禄躔笑曰："好，就算你比我强。先看看你的胸膛。"班侯低头一看，棉衣前襟已
被其父刺破多处，露出棉絮，而自己却毫无知觉。[3]

另有传闻：

> 禄禅、班侯父子乡居时，尝赶集三十里外，归迟，投夜店，时上房已有十
> 余人先在，班侯苦他室陋，欲先至者让，致起冲突，众持械进攻，班侯徒手挥
> 之，如败叶落。大惊！询姓名，知为杨氏父子，曰：盍早言，我侪焉有不让之
> 理。班侯猛而有威，里中虎而冠者，每闻班侯归，俱慴服。

> 永年南甕圈关帝庙僧武修，精武术，与班侯素稔，以未见其真功为憾！因
> 折柬相招。及期，僧闻叩关声而趋出迎之，竟不见客，返室则班侯已先在，不
> 知其从何而入也。午夜兴阑，僧送班侯出，时城门已闭，班侯竟越城墙而过。
> 永年为冀南名城，墙高三丈六，而班侯视若无物。[4]

---

① 陈微明：《太极拳》，《申报》民国十四年（1925）九月二十一日，第六张第二十二版。另见陈微
明《太极剑　附太极长拳》"太极拳名人轶事"，上海：中华书局，民国十七年（1928），第二页。
② 傅钟文：《永年杨家拳艺述略》，《永年太极拳社十周年纪念刊》1954年，第十七页。
③ 路迪民：《杨式太极拳及其西北传授人赵斌》，《武林》1984年第5期。
④ 傅钟文：《永年杨家拳艺述略》，《永年太极拳社十周年纪念刊》1954年，第十七~十八页。

又有传闻：

> 班侯先生有轶事，六月某日在村外场（即北方收粮的地方）乘凉，突来一人拱手曰："访问班侯先生居处。"答："吾即杨某也。"其人疾出大、食、中三指击之，班侯师见场有草房七尺高，招手说："朋友你上去。"遂将其掷上。又言："请下罢，速回医治。"乡人问曰："何能掷其上？"曰："仰之弥高。"乡人不解其说。北方有洛万子从学焉，习数年欲试其技。班侯师曰："将你掷出元宝式样可乎？"万笑曰："略试之。"较手如言，两手两脚朝天，右胯着下，如元宝形，入地不能，将胯摔脱矣，医好至今腿略颠跛。此人拳甚好，其人至今还在。常曰："俯之弥深，利害极矣。"①

还有传闻：

> 昔班侯先生有一轶事，六月行功时，常卧树荫下休息，或有风吹一叶落身上，不能存留，随脱流而落地下。自尝试己功，解襟仰卧榻上，拈金米（即小米）少许置于脐上，听呼一声，小米犹弹弓射弹一样，飞射瓦屋顶相接。班侯先生之功可为及矣。②

杨禄躔长子杨锜，字凤侯，天生聪颖、性情和善。其父杨禄躔自豫学成归里后，凤侯便得其父所传，可惜早殇。在世时，杨凤侯也擅大杆，前来学艺者众，其中县城北教卷村的姨表弟教莲堂得其要。教莲堂常于耕作之余，每晚往返二十余里，到广府城南关从学于杨凤侯。一次，教莲堂想试试杨凤侯的身手，在练习时将杆子冲凤侯面部戳去。凤侯手腕一抖，教的杆子即脱手飞出。事后，杨凤侯跟二弟班侯说起，班侯闻言要与教莲堂过过手。教莲堂早知班侯性烈手狠，从此长时间不敢再来。因得凤侯所传，教莲堂在当地出名，只要听说哪里有拳场，便去踢场子，人送外号"教老踢子"。其拳主要流传于永年县曲陌一带。③

然而，又有一说，教莲堂是杨班侯之弟子，"教系农民，家居离南关二十里之教家卷子，每夜步行至师处，先入睡，午夜始起随师练功，天明归去耕作如常，历多年如一日，故功亦最深"④。

以上传闻只是公开发表的说法，另有相关人士到曲陌对此脉传人李竹林查访，认为"教莲堂"乃"教莲灯"之讹，教莲灯是南卷村人，与杨凤侯、杨班侯既是姨

---

① 杨澄甫：《太极拳使用法》"王宗岳遗论解明"，上海：文光印务馆，民国二十年（1931），第一一一～一一二页。

② 杨澄甫：《太极拳使用法》"王宗岳遗论解明"，上海：文光印务馆，民国二十年（1931），第一一二页。

③ 清顺：《杨凤侯拳传教莲堂》，《武林》1995年第3期。

④ 傅钟文：《永年杨家拳艺述略》，《永年太极拳社十周年纪念刊》1954年，第十八页。

表兄弟，也是师兄弟。他先在永年跟姨父杨禄躔学，杨家父子进京后，又到北京跟杨班侯习艺教拳六年。之后，不知何因返籍。教莲灯的早期弟子有本村张新庆，晚年收曲陌村李双彬（1898—1982）为徒，约于民国四年（1915）去世。教莲灯有一遗腹子，妻携子改嫁，因而在南卷村没有后人。其师去世时，李双彬十七岁，此后又长期跟师兄张新庆学，传侄李竹林等。①

　　杨凤侯有一子，名兆林，字振远。因杨凤侯早卒，杨兆林的技艺多为叔父杨班侯传授，年长后长期在永年老家及邢台一带授技。受其任县盟友、三皇炮捶名镖师刘瀛州推重，周边不少太极名手如翟文章、王其和、李香远、刘东汉、程振芳、程德芳等，早年均曾深受其教，而外界知之者少。②

　　晚清咸丰年间，因北方捻乱，时局动荡，京城贵胄多选聘技术教师以教习护卫，成为一时风气，杨班侯因而得以进京。据陈微明记述：

> 有贵胄闻之，聘班侯为师，馆于其家，月束四十金，甚敬礼焉。雄县刘某者，忘其名，练岳氏散手，有数百斤气力，授徒千余人。有人两面挑拨，班侯甚傲，闻之不平，遂相约于东城某处比试，一时传遍都城，聚而观者数千人。二人至场，雄县刘即出手擒住班侯之手腕，班侯用截劲抖之，刘跌出，狼狈而去，班侯由是名声大著。班侯归见其父，扬扬得意，眉飞色舞，述打刘之形状。露禅冷笑曰："打得好，袖子已去半截，这算太极劲吗？"班侯闻后，自视其袖，果然，乃嗒丧而出。班侯云"当其擒住手腕时，有如狗咬"云。③

　　所谓"雄县刘"，应是当时受聘在北京城护军营授技的岳氏散手（又称岳氏鹰手）名师、直隶雄县人刘仕俊。陈微明自言"忘其名"，大约只是为避其讳。至于杨刘之间是否确有此较技之事，言人人殊。

　　另据傅钟文记述：

> 班侯性刚而躁，好与人斗，数折强梁。随父居京时，拳击雄县刘与西四牌楼比武两事，尤为人所乐道。刘以拳艺雄于时，门徒满京华。一日，遇班侯于某宅，与比武，班侯举手一掷，竟顶穿"鬶尘"。嗣约斗于室外，班侯前行，刘突自后抉其目（道中人称"端灯"）。班侯势疾，挥手掷刘数丈外。班侯善用散手，发无不中，其掷人，远近俯仰，悉如所欲。时有号称"万斤力"者，自

　　① 参见路迪民《苏学文与班侯拳》（《武当》2000 年第 10 期）等。

　　② 有关杨兆林事，参见王志恩《杨派太极拳早期名师——杨兆林》（《武魂》2004 年第 8 期）、吴文翰《杨兆林和与之有关的人士》（《武魂》2004 年第 8 期）等。另外，有关杨凤侯太极传人的状况，参见李会宁、高敬东《杨禄禅长子杨凤侯传人惊现河北大城》（《精武》2005 年第 9 期）等。

　　③ 陈微明：《太极拳》，《申报》民国十四年（1925）九月二十一日，第六张第二十二版。另见陈微明《太极剑　附太极长拳》"太极拳名人轶事"，上海：中华书局，民国十七年（1928），第二～三页。

言曾打七省擂台，未遇敌手，能以双手搓石成粉。既至京，揭帖九门，语侵杨无敌父子，激其比武。有乡人转告禄禅，禄禅性和易，不为动。班侯躁急难忍，曰：我往当之可也。遂约期于西四牌楼比武。及期，观者空巷，班侯骑白马至。万斤力身伟臂壮，一望而知力大无朋；班侯硕长瘦削，状若无能。而万复咆哮如雷，似虎出柙，观者咸为班侯危。是处原有巨碑，高丈六，宽四尺，厚二尺许。两人对阵，万先发，举拳怒击，班侯略闪，拳中碑，立碎。观者喝彩，以为班侯必败矣。讵万再进，直取门面，班侯一声喝，举双手向上一分，万已仰跌数丈外，班侯于掌声雷动中策马扬长而去。[①]

还有传闻：

昔北京有一练贯脚壮者，踢铁蹴功十二年，与班侯先生较。其人攻击，上使拳打，下用脚踢，班侯先生戏其人，用左右倒撵猴化之，及无退处，班侯侧身先用高探马，以引其双手，复用如封似闭，将敌跌出丈余，其人起曰："杨先生真神技矣。"[②]

总之，后人口传杨班侯在京期间比武较技事迹甚多。因其擅用搬拦捶，遂得"一招搬拦捶打遍天下"之誉。

然而，处于当时世风之下，杨班侯沾染鸦片烟瘾，常与人到烟馆抽大烟。据许禹生记述：

扎师中年时有阿芙蓉癖，杨先师班侯先生，嗜此亦颇深，扎师与之友善，尝一榻横陈者十余年，而彼此绝口不谈技术。余常询其故，扎师曰："杨君性情好胜，而门户之见太深，喜胜人而不能败，败则友朋交绝，视若仇雠矣，而余又雅不喜此道（太极拳），何必蹈凶终隙末之讥也。"其善全交者如此，非若后世武术家专疵人之短以自誉，徒贻笑柄于世人也。[③]

因不愿多传门徒，杨班侯曲高和寡，以致终成绝调。在京弟子主要有牛连元（1851—1937）[④]、王矫宇（是否果真杨班侯之徒，存有争议）等。杨禄躔于京城传授的旗人凌山（蒙古）、万春与全佑（满），亦列班侯门墙。

杨班侯晚年因故返回广平府，在籍授艺，拜门徒弟主要有陈秀峰、李莲芳、

①　傅钟文：《永年杨家拳艺述略》，《永年太极拳社十周年纪念刊》1954年，第十六～十七页。
②　杨澄甫：《太极拳使用法》"杂说"，上海：文光印务馆，民国二十年（1931），第一四二页。
③　许禹生：《扎万斋先生传记》，《体育》第一卷第六期，民国二十一年（1932）六月。
④　据说，牛连元为南方富商，往来于京津做生意，货物多从水路进入天津，再销往北京。牛连元在京与杨班侯相识，结为盟友，进京多住杨班侯家，从杨班侯学艺十多载，得班侯所传之"九诀"和"八十一式大功架"。因不以授拳为生，牛连元仅将所学传给天津盟弟李寿泉之婿吴孟侠（1906—1977）。详情参见吴孟侠、吴兆峰编著《太极拳九诀八十一式太极拳注解》（人民体育出版社，1958年）等。

张信义、张印堂等。[①]另有年幼之冀福如（？—1960）、李万成（1872—1947）亦曾从学。[②]

据杨明漪记述：

> 班侯，陆禅子也，世称之杨二先生。陆禅之生也，王兰亭有言曰："太极拳为杨家物，师若捐馆舍者，拳其王乎？"班侯忿之。陆禅没，亟与王角，败，埋头致力者有年，拳精妙掩父名焉。班侯嗜鸦片，无缚鸡之力，而能躐千钧之士。广平、北京，皆其传也。广平著者，曰陈秀峰，今七十余矣。

> 班侯传广平之拳，刚柔兼有，传北京之拳则纯柔。其弟子陈某随班侯至都，见京派之异，密请于班侯，班侯曰："彼旗人体质与汉人不同，且旗人非中国人，君弗知耶？"亡国之心深中于心，有傅青主、王船山风。则太极有刚柔之分，发之于李瑞东，闻之于阎志高，实则创之于班侯有以哉！[③]

陈秀峰，字敬亭，秀才出身，据说，"陈曾入泮，初习梅花拳，能顿足入泥尺许，名重一乡。后习杨家拳法，艺益进。居西乡之河营村，离南关十二里。李莲芳亦农民，班侯弟子中之高手也。张信义住北仓门街，传弟子冀老福"[④]。张信义，字佩臣，广平府署刑科书吏。据张信义之子张环叙述：张信义当年在府衙当差，得杨班侯传，班侯在京成名后受封，清王爷问在广府有无高徒，可否来京教拳？班侯遂几次写信邀张信义赴京，张因事未能从命。不久，杨班侯回家，张信义盛宴招待，席间，班侯拿张演示，出手不慎，打伤张腹。张信义此后下泻不止，卧床三月而逝。杨班侯接着又在授拳中失手打死亲生长女，此后连陈秀峰也不敢再与之试手，进城怕遇班侯而不走南门，常从西门入城，与李亦畬往来。至于张印堂，则"系南门内高升店掌柜"[⑤]。

自张信义身死，其徒冀福如由杨班侯代授。班侯已有失手教训，对年少之冀福如、李万成传授耐心。尤其李家与杨班侯为邻，李万成幼年丧父，其母为杨家雇佣，母子二人长期吃住在杨家。班侯自京城归，李万成常为其提鸟笼、扛火枪，随其到城河边打水鸭。杨班侯生前只有二女，视李万成若己出，随时指授。由于杨家人在外授拳，李万成一生未婚，住在杨家旧宅，开一茶馆，直至终老。后来杨澄甫几次回永年让李万成随其授拳，李始终未出。李万成传郭振清（1906—1990）、林金生（1910—1986）、周志德（1910—1985）、郝从文（1911—1982）、

---

①傅钟文：《永年杨家拳艺述略》，《永年太极拳社十周年纪念刊》1954年，第十八页。

②安玉春：《班侯拳架何处寻？——访杨班侯第三代传人贾安树》，《武魂》1994年第8期。

③杨明漪：《近今北方健者传》"杨班侯"，民国十二年（1923），第一七～一八页。

④傅钟文：《永年杨家拳艺述略》，《永年太极拳社十周年纪念刊》1954年，第十八页。

⑤傅钟文：《永年杨家拳艺述略》，《永年太极拳社十周年纪念刊》1954年，第十八页。

白忠信（1914—1993）、贾治祥（1918—2009）、韩会明（1928—2014）等。[①]另据傅钟文在1954年前后所述，冀福如"今已八十有二，犹健壮异常人"[②]。

杨班侯卒于光绪十八年（1892）六月二十九日未时，得寿五十六，葬闫门寨村北，壬山丙向。因在京期间当过旗营教习，神主牌位上书"皇清诰授武德骑尉赏戴蓝翎班侯公行二之神主"，五品。[③]

班侯元配杨氏，生于道光十四年（1834），长班侯三岁，卒于光绪十五年（1889）；继配郝氏，生于光绪元年（1875），卒于民国十六年（1927）。班侯生前有二女：长女早逝；次女杨秀英生于光绪十四年（1888），其父卒时，秀英年方四龄，后嫁于白福祥，生子白忠信、白忠义，白忠信学拳于李万成。[④]班侯遗腹子杨兆鹏（1892—1938），字凌霄，为继配郝氏所出，曾务农乡里，习艺于班侯弟子陈秀峰。民国中期，杨兆鹏又从河北永年到上海跟堂兄杨澄甫学拳，并一度到浙江绍兴传授。民国十九年（1930）受荐去广西教太极拳，未想抗战初期逝于广西，享年四十六。[⑤]

民国初期，陈微明曾记下杨班侯弟子富英口述的一段逸闻：

> 露禅师祖逝世后，停灵于齐化门外某寺内。方丈某，亦娴武术。寺为向南正殿五楹，东西各有厢房数间。灵椟停于西厢内，吾师及健侯师叔宿西厢套间内，予亦随侍焉。而东厢旋来一南省人，指甲甚修，语唧唧不可辨，不知为何许人。一日，吾师等外出，嘱予曰："不可出此门，并不许与东厢之南人接谈。"

杨兆鹏（凌霄，1892—1938）

① 参见路迪民《杨班侯太极拳架系列及其传人贾治祥》（《武当》1994年第2期）、路迪民《苏学文与班侯拳》（《武当》2000年第10期）、杨志英《民国时期永年太极拳的传承概况》（《武魂》2005年第11期）等。

② 傅钟文：《永年杨家拳艺述略》，《永年太极拳社十周年纪念刊》1954年，第十八页。

③ 吴文翰：《清代武科和民间武士的情况》，《武魂》1994年第10期。

④ 有关白忠信事，参见吴文翰《杨班侯的外孙白忠信》（《武魂》2003年第2期）。杨班侯及其元配、继配生卒时辰，均见白忠信外孙田卫民所保存之牌位。

⑤ 梁泽森：《太极拳的传入》，《南宁文史资料》1986年第1辑；傅钟文：《永年杨家拳艺述略》，《永年太极拳社十周年纪念刊》1954年，第十八页。有关杨兆鹏后人，另参见吴文翰《杨班侯的外孙白忠信》（《武魂》2003年第2期）等。

予诺而异之。时予年十九，童心未改。师去后，闷坐无聊，静极思动，忽忘前戒，启关而出，至正殿游戏。时右手托一茶碗，于殿上旋转而舞，一跃而登方桌之上，水不外溢，意得甚。适为东厢之南人所见，遽来问讯。予顿忆师言，惶急不敢对，逸归卧室。次日方丈来，与吾师窃窃私语，吾师初有难色，继似首肯。方丈出，旋偕南人来，吾师对之，其谦抑逾平时，相将出门，久之始归。吾师有得意之色，南人即整装去矣。

（富二爷）又曰："吾师有一女，年十七八，聪颖绝伦。师甚钟爱之，忽忽病而死。时吾师他往，闻讯驰回，已盖棺矣。不觉踊跃痛哭，忽腾起七八尺之高，如悬之空际者，然旁观者，咸舌挢而不能下，予亦亲见之也。此无他，盖吾师本有飞腾功夫，今痛极踊跃，遽于不知不觉间流露其绝技也。"

杨氏昆仲，虽以精拳术闻于世，然深沉不露，尤善养气，绝无争雄竞长之心。平居谦抑异常，不知者以为无能之辈。大智若愚，大勇若怯，诚哉不可以貌衡人也。某年有一南人来访，时班侯年届六旬。南人极致钦慕之意，谓曰："闻君太极拳粘劲，如胶如漆，有使人不能脱离之妙，愿承明教。"班侯曰："鄙人以先人所习，仅粗知此中门径，何曾有此功夫？"坚持不允。南人再三请，乃曰："谅君必精于此，如老朽何足以相颉颃？无已，请示试之之法，不知能勉力追随否？"南人曰："试用砖数十块，每块距离二尺余，匀列院中，如太极式。吾在前，君在后，以右手粘吾之背，于砖上作磨旋行。足不许落地，手不许离背，足落地、手离背者为负。"班侯曰："磨旋行则头脑易昏，恐非老朽所能，然既承教，敢不唯命。"即于院中如法布置毕，南人先上，缓步徐行，班侯敛气凝神，亦步亦趋，不离南人之背。绕行数匝，南人身轻如燕，渐走渐速，迅如飞轮。班侯亦运其飞腾之术，追风逐电而行，依然不离分寸。南人无法摆脱，忽飞身一跃，跃上屋面，回顾院中，不见班侯踪迹，深为骇异。而不知班侯仍在其后，抚其背曰："君恶作剧，累煞老朽，且下一息何如？"南人不禁愕然，乃大拜服，订交而去。[①]

杨禄躔三子杨健侯，性格与仲兄班侯适成相反，柔和得多。

杨鑑，字健侯，号镜湖。行三，在世时人多称其"三先生"，晚年人称"老先生"。生于清道光十九年（1839），少时从父居于广平府城南关，得父传授，练功也在幼时。其父严厉，终日督促，不许丝毫懈怠，以致身心疲惫，不能胜任。"后

———————
① 陈微明：《太极剑 附太极长拳》"太极拳名人轶事"，上海：中华书局，民国十七年（1928），第三～七页。另见陈微明《记广平太极拳名家杨班侯轶事》（《申报》民国十四年（1925）九月三十日，第三张第十一版；十月十六日，第四张第十三版）。

随露禅老先生晋京，王公大人多称赞之，以其性情谦和，品行端正，不似其兄班侯之性情高傲孤僻也。"[1]

因杨健侯自幼苦练，循序渐进。"其拳刚柔并济，实臻化境。发劲尤妙，刀、剑、杆靡不精，与乃兄各擅胜场。性温和，不轻与人较，从游尤众，一经指点，辄有成就。"[2]后人评价称"露禅发劲是虚无所有的打法，被打者挨上后还不知是如何挨的打，乃是神妙以极"，"班侯发劲如晴天之霹雳，啪地一声，已把人摔出丈外，很多人已被打坏"，而"健侯之发劲以轻妙之手法摸之，手法虽轻，可以使其跑不了，而后如放箭一样将人射出，真可

杨鑑（健侯，1839—1918）

称为神沾圣手了"。[3]健侯将太极经验简而约之，常言："轻则灵，灵则动，动则变，变则化。"[4]

"健侯手、眼、身法甚准，并善发弹，发无不中。尝观剧北京某戏院，台上演武者单刀失手飞池座，健侯挥手返其刀，无稍偏，一座惊奇！"[5]传说有精于刀剑者与之交手，健侯能以拂尘应敌。每一搭手，人多被其擒拿，处于背势，难近其身。健侯还善使枪杆，劲力发于杆头，据说：

> 昔西安有达官季四者，嗜技击而好学，闻杨氏得武当秘传，至京延先生馆其家，从学月余，略窥拳法、枪、剑运用之妙。时以静胜、柔克之说为谈助，先生之名因以日著。时，秦有王大力者，号"红店客"，能举五百斤，日行三百里，善大刀，好大枪，艺冠秦中，授徒五百余。闻季之言，意不信也，走求与先生较，先生谢曰："王教师苦功积久，吾不如也。"王以先生为怯，固请之，且曰："太极拳则久闻之矣，太极枪亦可用乎？"先生不获已，笑领之，乃俱取枪入院。王则力刺先生胸，先生侧身捋之。王扣枪便按，仍蹈虚。王抽

---

①许禹生：《杨健侯先生传》，《体育》第五卷第四期，民国二十七年（1938）四月。

②傅钟文：《永年杨家拳艺述略》，《永年太极拳社十周年纪念刊》1954年，第十八页。

③陈龙骧、李敏弟整理：《杨氏太极拳诠真》"杨氏太极拳练习谈"，北京：北京体育大学出版社，2008年，第241页。

④杨澄甫：《太极拳要义》，杭州：浙江印刷公司，民国十四年（1935），第二〇页。

⑤傅钟文：《永年杨家拳艺述略》，《永年太极拳社十周年纪念刊》1954年，第十八页。

枪回，先生乃乘其回势用铲枪式震之，王不觉已枪直如炷香，自伤其颜，仰跌
六七步外。起谢曰："今而后知先生之神力也。"尽弃其学而学焉，久而不怠。
遇高明能学不忌，王亦不愧为豪杰矣。[①]

传说健侯还善用弹弓，堪称一绝。

又据陈微明记述：

> 健侯为神武营教练时，年已七十余矣。一日自外归，有莽汉持棍，出其意
> 自后击之。健侯忽转身以手接棍，略送之，莽汉已跌出寻丈。健侯能停燕子于
> 手掌心，燕子不能飞去，盖能听其两爪之劲，随之下松。燕子两足不得力、不
> 得势，而不能飞也。[②]

杨禄躔父子所传太极拳见重于晚清
皇室，王公贵胄多有从学者。惇亲王奕
誴、端郡王载漪之外，贝子溥伦（字彝庵，
1874—1927）也特召杨健侯进府传授。"宣
宗（道光）皇帝九子，长子奕纬，早逝；
嗣子载治，封贝勒，加郡王衔，盖以长房
故加优沃，子溥伦、溥侗。伦袭贝子，侗
为辅国将军。"[③]伦贝子府在王府井大街大
甜水井胡同路北。光绪二十年（1894），
溥伦加贝勒衔，三十年（1904）起任资政
院总裁。

庚子事变后，清廷严禁民间传习拳棒，
杨健侯生计堪忧。受溥伦之荐，杨健侯得

爱新觉罗·溥伦（彝庵，1874—1927）

以到京师警察厅消防音乐队教授拳术，以微薄收入维持生计。据杨健侯门生许禹
生讲述：

> 余幼体格屡弱，因喜拳术，先祖在鲁治兵时，部下多娴技击，常来导余
> 习斯术。后逢刘师德宽、纪公子修等，从游有年，习八卦、六合、岳氏散
> 手等拳，并由同门张师兄忠元指导拳枪，韩师兄福顺研究八卦刀术，获
> 益匪浅。

---

①　杨澄甫：《太极拳使用法》"杨健侯太师轶事"，上海：文光印务馆，民国二十年（1931）第
一三八页。

②　陈微明：《太极剑　附太极长拳》"太极拳名人轶事"，上海：中华书局，民国十七年（1928），
第七页。

③　崇彝：《道咸以来朝野杂记》，北京：北京古籍出版社，1982年，第一页。

　　清季光绪年间，余毕业于京师大学堂，蒙张师文襄公分发学部任职，得识湖北孙厚庵先生，闻知余喜练拳，谈及太极拳术，孙曰："子资质甚佳，当得名师而指导之，北京太极拳传自杨家，子识杨健侯先生乎？此公精太极拳术，吾愿从而介绍之。"遂得入门墙。

　　光绪庚子后，因拳匪甫肇事端，贻害国家，民间多畏习拳，杨师郁郁不得志，经济颇感困难，寻由清贝子溥伦常师事先生，荐至京师警察厅消防音乐队教授太极拳，每月所得甚微，聊可自给。师常宿队中，余于公余之暇，辄前往受教，每至夜半始归，如是者有年。[①]

许霑厚（禹生，约 1881—1945）

　　许禹生是一位身在北京城的旗人，生于光绪七年（1881）前后[②]，本名霑厚，正黄旗汉军[③]。光绪二十九年（1903）京师译学馆开办时，许禹生入该馆为甲级法文班学生。[④]译学馆的前身是京师同文馆，同文馆于庚子事变期间被迫停办。光绪二十八年（1902），清廷下令恢复京师大学堂，于是将同文馆并入大学堂。翌年五月，大学堂将同文馆改为译学馆，在北河沿购置房舍，于八月正式招生开学，分设英、俄、法、德、日五国语言文字专科，学制五年。招收举人或者五品以下的官员。[⑤]许禹生

---

　　① 许禹生：《杨健侯先生传》，《体育》第五卷第四期，民国二十七年（1938）四月。

　　② 据 1931 年印行的《京师译学馆校友录》"五级同学姓名录"（收入沈云龙主编《近代中国史料丛刊续编》第五十辑，第 493 册，台北：文海出版社，1978 年），许禹生的年岁为五十，据此可推算其大约生于光绪七年（1881）。而据（日）桥川时雄《中国文化界人物总鉴》（北京：中华法令编印馆，1940年，第 531 页），许禹生的出生时间为 1888 年。

　　③ 陈初辑：《京师译学馆校友录》"京师译学馆历届毕业生清册"，1931 年，第二页（收入沈云龙主编《近代中国史料丛刊续编》第五十辑，第 493 册，台北：文海出版社，1978 年）。

　　④ 陈初辑：《京师译学馆校友录》"五级同学姓名录"，1931 年，第三十一页（收入沈云龙主编《近代中国史料丛刊续编》第五十辑，第 493 册，台北：文海出版社，1978 年）。

　　⑤ 关于京师译学馆开办情形，参见刘焜《京师译学馆始末记》、李希圣《京师译学馆沿革略》、张缉光《京师译学馆建置记》、刘焜《译学馆建置续志》，见《京师译学馆校友录》，民国十四年（1925）版（收入民国时期文献保护中心、中国社会科学院近代史研究所编《民国文献类编》第 844 册，北京：国家图书馆出版社，2015 年，第 277~286 页）及民国二十年（1931）版（收入沈云龙主编《近代中国史料丛刊续编》第五十辑，第 493 册，台北：文海出版社，1978 年）。

作为八旗举人①，在译学馆刚开办时就入馆学习法文，光绪三十四年（1908）毕业，被管理学部的军机大臣张之洞"分发学部任职"②。从内阁编印的宣统三年（1911）冬季《职官录》来看，"霭厚"为学部衙门的一百四十名"七品小京官"之一。③民国元年初春，袁世凯在北京就任中华民国大总统。原本清末各部院职员在一定程度上得以留用。四月二十四日，民国首任教育部总长蔡元培到北京上任后，派出原学部司员十八人接收学部，许禹生作为原学部的"七品小京官"，被民国教育部接收续用，实现了职务过渡和身份转换。九月二十四日，许禹生被委任为教育部主事。④

自清末新政始，主要参照东洋学制，新式学堂大规模兴办，西式体操成为各级各类新学堂的必修科目，且在军国民主义"尚武"潮流下，日德"兵式体操"成为学校体操课的主要内容，而固有民间各门拳技未能进入新式学制中。尽管清末在"军国民"和"国粹"两种外来思想潮流共同支撑下已出现提倡固有拳术的呼吁，全国教育会议的议案中也随之出现"在高小以上学校中加授拳术"的内容，但多未实行。进入中华民国之初，由于时代风气的扭转，一切似乎都要贴上"新"的标签才能存活。为使北京城的各门拳技传承下去，身为教育部主事的许禹生在北京城循着有关的社会关系脉络，广泛获取新旧名流支持，于民国元年（1912）十二月正式成立了一个名为"北京体育研究社"（以下称体育研究社）的社团，以"体育"为名，经各机关批准立案，"所标宗旨系以'提倡尚武精神，养成健全国民'，并专事研究中国旧有武术，使成立系统，不含宗教及政党性质"。也就是说，在体育研究社刚开始创办时，本意是个武术社团，是以"研究中国旧有武术，使成立系统"为主要活动内容的。"社址则借西四牌楼公立第一公众补习学校余屋数楹。创设之初不过雏形仅具而已。"⑤发起及赞助体育研究社的人员，如今已有不少难知其生平详情，似多为当时北京城中一些与许禹生有所交谊者，身在教育部、京师学务局、北京教育会及北京各大中学校的教育界人士居多，并且不少是旗人，这在一定程度上也体现了清廷倾覆进入民国以后，旗人为谋求生计，在变动的新

①《宣统三年冬季职官录》（第三册）"京师·学部衙门"，北京：内阁印铸局，清宣统三年（1911），第五页（收入沈云龙主编《近代中国史料丛刊》第二十九辑，第290册，台北：文海出版社，1968年，第338页）。

②许禹生：《杨健侯先生传》，《体育》第五卷第四期，民国二十七年（1938）四月，第十七页。

③《宣统三年冬季职官录》（第三册）"京师·学部衙门"，北京：内阁印铸局，清宣统三年（1911），第五页（收入沈云龙主编《近代中国史料丛刊》第二十九辑，第290册，台北：文海出版社，1968年，第338页）。

④印铸局发行：《政府公报》，"命令·教育部部令"，民国元年（1912）九月二十四日。

⑤伊见思：《体育研究社史略》，见北京体育研究社、北京体育学校：《体育丛刊》，北京：京华印书局，民国十三年（1924）十一月，"记事"第一页。

时代局势下相互抱团的一面。

许禹生的学生、山西汾阳人王华杰（新午）于民初到北京，在体育研究社"从京兆许禹生、满洲纪子修、吴鑑泉诸先生，受太极十三式，又从河北衡水刘恩绶殿昇先生学岳氏八翻手"[1]，他在后来所著书中对许禹生的情况做了更详细的介绍：

> 许霭厚，字禹生，河北宛平人，原籍鲁省，系出世家。祖笏臣公，清进士，同治间宦山东，历官至布政使。值捻匪猖獗，东抚丁某，嘱办军务，肃清境内匪人。乃召集燕赵健儿，编练成军，依次平定。其部下多系各省技击名家，若沧州刘德宽等，皆当时著称者。禹生先生幼年于读书之暇，每从之研究武技。甲午之役，父仕北京，闻和议成，忧愤而卒。先生年已弱冠，见国体日衰，益励志习武，广访各派名师益友，发愤钻研，涉历内外各家。[2]

作为学生，王新午对其师的了解自然多源自其师的日常口述，所记不一定完全准确。如记拳师刘德宽（敬远，约 1826—1911）为许禹生祖父在山东清剿捻匪时的部下，即不属实。许禹生在拳技方面确是主要师从刘德宽，据许自述，他于晚清甲午年（1894）得识其师，但潜心从学还是在庚子年（1900）以后刘德宽寓居于许家期间。其时，刘德宽作为北京城中一位名拳师，在庚子以后数年间大约因朝廷严禁民间传习拳棒而依附于具有一定地位的旗人许家，处于半隐居状态。

民间拳技一直是师徒私相授受，由此必然不可避免地形成门户和流派，这些门户和流派相互之间的封闭隔阂与争胜之心，时而造成水火不容的局面。然而在门户较多的晚清北京城中，不同门户主要拳师之间的私人交谊，甚至举荐门徒转益多师，往往有利于门户间纷争的调和与消弭。刘德宽就是一位"志在集各家之长"[3]、学宗多门并有一定声望的拳师。他早年在原籍直隶沧州从标局掌柜李凤岗等人学六合门拳械技术，后又学枪于六合门的金枪徐六[4]，精于杨家梨花枪（又称六合大枪），人称"大枪刘"。在京期间经徐六介绍，访同籍著名拳师刘士俊习岳氏散手；又拜董海川为师学八卦掌；经张某介绍得识杨禄躔，从其研究太极拳。后因同门师兄弟程廷华（师从董海川）与李存义（师从形意名师刘奇兰，后又兼从董海川习八卦掌而主要由程廷华教授）结盟，"拟联八卦、形意为友门，因多与之

① 王新午：《岳氏八翻手》"自序"，太原：山西科学技术出版社，2003 年影印版。

② 王新午：《太极拳法阐宗·上编》，西安：中国文化服务社陕西分社，1942 年，第 12~13 页。

③ 杨敞：《大枪刘师德宽轶事四则》"许禹生跋"，《体育》第一卷第二期，民国二十一年（1932）二月二十九日，第二十五页。

④ 杨敞：《大枪刘师德宽轶事四则》，《体育季刊》"轶闻"（北京），第一期，民国七年（1918）二月，第一页。

友善"①，所以也从李存义处对形意拳有所了解。刘德宽在拳技方面转益多师，出入于京城拳技各门，破除门户之见，又自成一家，其门生也大都受此影响，往往学宗多门，兼收并蓄，因而门户之见相对较弱。许禹生曾对其师刘德宽的生平做过简短勾勒：

> 刘师敬远先生，讳德宽。原籍河北沧县。自古燕赵多慷慨悲歌之士，而沧（原名沧州，后废州改县）、南（南皮县）、盐（盐山县）、青（青县）四县，为古之东海郡，素产技击名家。昔标局设立时代，此四县巍然为国术家地理上联合的一大宗派。刘师产生其间，耳濡目染，因之自幼即精习北派各家拳术。旋应即曼亲王（内蒙部）之聘，供养于其府邸（现武王侯胡同中间路北空地，院落为其府之旧花园，师即食宿其中），时京师王公贵胄颇提倡拳术，而最为盛兴之门派为八卦、太极、形意、岳氏散手各门。王公贵胄各因其所好，咸聘拳师入府邸亲从学习。或就所管衙营分聘教授士卒，于是肃王邸则有董先师海川公创八卦拳；毓公府则为掼跤、形意拳之试验场，郭永琛先生尝驻焉。东西两营，东营则有刘士俊教岳氏散手，西营则由杨氏教以太极拳术，时相水火焉。刘敬远师志在集各家之长，既精大六合门之枪术，即由六合门徐先师介绍访刘，以习岳氏散手，编为连环八路。复拜董师肆习八卦掌，于行步穿换各法颇得其益。因张某之介，以识杨老先生露禅公，而研究太极拳。健侯先生在日，与杨君孟祥常称道之。其于形意拳则向未涉猎。尝在毓公府识郭永琛先生，嗣程廷华师叔与李存义师叔结盟，拟联八卦、形意为友门，因多与之友善云。余识刘师于甲午年，师正多病，余亦正从事文学，未能专精斯业。庚子后师寓居舍下，始潜心从学。及民国纪元，师已作古，不得亲见国术中兴之盛。后人倘能师先生无偏无荡，不拘门派之武德，使国术得跻于大同，亦足慰先师，俾瞑目于地下矣。吾侪共勉之。②

及至民国元年，刘德宽已逝。此前三两年间，许禹生已由孙培基（厚菴）介绍，师从杨健侯学太极拳，据许记述：

> （杨健侯）师平生泯除门户之见，不喜评判他人优劣，忆余初晤杨师时，曾表演刘师所授之老架子，惟势较简单。杨师见之曰："可。但既入吾门，应自拳之最初步起手，立有基础，始能登峰造极，片段鳞甲，不足以言全体也。

---

①杨敞：《大枪刘师德宽轶事四则》"许禹生跋"，《体育》第一卷第二期，民国二十一年（1932）二月二十九日，第二十五页。

②杨敞：《大枪刘师德宽轶事四则》"许禹生跋"，《体育》第一卷第二期，民国二十一年（1932）二月二十九日，第二十五页。

行远自迩，登高自卑，子能不惜迂回，不辞辛苦为之乎？庶不躐等，而可逐渐完成也。"乃为余逐势矫正，继灵敏各动作，使轻灵圆活，次授运劲方法，俾运用自然，刚柔互济。师指导有方，诲人不倦，余亦黾勉为之，盈科而后进，习一步得一步精意，如是者几一年，于布势作式，始一一得其梗概而完成拳路。继命其子梦祥师兄、澄甫师弟陪同研习，复令队兵中习此功最善者，田兆麟、尤志学等二人，为余递手作桩，先生从旁随时指点其谬误，暇时并为余讲解太极拳理，无时或辍。余偶谈及他事，先生即曰："尔以吾言为冗赘乎？余亡后，恐再无第二人能为汝详解太极拳精义矣！"子弟辈偶有微言，师即曰："许某资质天赋似默默中遗其入世昌兴武术者，汝曹后当得其益。余九十老人，尚何秘之有？"余回忆此言，感激之余，不觉泪下，非敢以之自诩，亦足见师之知人善任，鼓励后学，一洗国术界门户之见，且泯秘密不传之习惯，为可钦佩者也。

闲尝与其子梦祥论人，偶谈及余先师刘敬远先生，梦祥曰："'大枪刘'何得称会太极拳！"师曰："子速缄尔口，吾拳习者遍天下，然对于应用方面，试问在京师除尔祖若伯外，以太极拳与人交手较有把握者，能有几人？刘公素精各门拳术，姑不具论，其于吾家拳，亦颇得其精华，每遇敌交手胜人时，则归功于习太极拳术，京外人士因刘公实际宣传，始知此拳应用，设非刘公为之宣扬，尚谁胜此任？其有功于吾门者大矣！钦感之不暇，尔尚敢加以微辞乎！"当其父子相语时，余亲闻之，其不骄傲自满、是己诽人也如此。

师素喜吸旱烟，烟杆长逾三尺，恒烦徒众点火。一日徒众均不在，仅余一人侍侧，师思吸烟，余辄近前为之点火，师拒之曰："余自能之。"乃移烟杆于左臂旁，展左臂自点甚便，并曰："子晓算术中方五斜七之理乎？杆置正前方持之，则臂短，手指不及烟锅；若斜持，则臂伸长，而手达烟锅矣。"亦可见师不特精于拳术，且常识富于常人也。

师教人之法，先令自思其式真合法否，倘答不合，则次询其不合之处安在，令其自行改正，倘习百思不得，屡经迁改似合，仍复不中肯綮，始亲起为之矫正。学推手亦然，俾知术兼明理，故无论如何愚蠢生徒，亦必小有心得也。

师喜人和蔼有礼貌，尊师敬道，潜心向学，持之以恒，教人以规矩，常谓：大匠能与人以规矩，不能使人巧，巧生于拙，思久通神，非用功日久，不能豁然贯通焉。故教者仅能示学者以练拳规矩，规矩方圆之至也。太极拳虽妙，其理不能逾"方圆"二字，古人云："方则止，圆则行。"方圆相生，刚柔互济，始云懂劲。王宗岳先师曾云："懂劲后，愈练愈精，渐至从心所欲。"学者全赖按规矩用功，招熟懂劲，始能阶及神明。故大巧若拙，孔圣之门得道者，厥为曾子，孔子常称"参也鲁"（即拙鲁而肯用功也），于兹可见一斑云。

师相貌魁梧，龟背隆准，面若狮形。道家形容有道者之行动，有四状，曰"坐如洪钟，站如孤松，行走如风，睡卧如弓"。师诚兼而有之，其每一举手一投足，常表现其太极拳之妙意。至表演拳路之际，其动也自然，若行云流水；其静也幽闲，若山岳孤松。动无所动，静无所静，动静互根，刚柔相济，有如初写黄庭，恰到好处。其运劲也，内似钢铁，夕似柔绵，人偶以手触抵，毫不觉手中有物，然力已为引去，欲离不得；及增力深入，则如触金钢石弹，屹然莫能动，外柔内刚，有似绵里裹针。其掷人也，若箭离弦，若弹去窝，被掷者竟不觉其劲之何自来也，虽年至耄耋，功夫犹不少衰。师除精于太极拳术外，并善枪术，其最长之技，名"朝天一炷香"，谓能令敌枪杆还击敌之鼻端，直竖若一炷香。其练习法，常以枪杆粘贴青葳（植物名）身，扯撕其皮，久之遂能以枪贴敌枪而掷之矣。当中年时，与全佑庭先生出教万字队（即虎神营）团体练习之枪法，并太极十三刀法，不三日而成罕，端王等颇异之，以为何神速若是也。[1]

健侯老先生年近八十时，功力仍纯厚不稍减。据杨澄甫门生董英杰所述：

昔健侯太师遗事：有日天雨初晴，院泥水中一小路，可容一人行，门生赵某立其间观天，不知老先生自屋出，行赵后焉，欲为戏，伸右膊轻轻押赵右肩上，赵某觉似大梁押肩，身弯曲侧坐，移出路，老先生笑而不言，行出。又一日，足立院中言与众捕为戏，有门生八九人齐拥上来，见老先生几个转身，众人齐跌出，有丈余的，亦有八九尺远的。老先生年近八十，耄耋御众，非妄言也。[2]

民国七年（1918），杨健侯无病而逝。据许禹生叙述：

民国五年冬，先母老病无年，延至六年秋仙逝。当其弥留之际，余在家侍疾，因不克往师处学拳，师疑余有异志，晤面时，颇责以应及时修学。余以母病对，师曰："侍疾孝行，但余年届耄耋，亦西山日近，薪传为忧，光阴迅速，

---

[1] 许禹生：《杨健侯先生传》，《体育》第五卷第四期，民国二十七年（1938）四月。

[2] 杨澄甫：《太极拳使用法》"王宗岳遗论解明"，上海：文光印务馆，民国二十年（1931），第一一四～一一五页。董英杰另有记述："昔健侯老师与八九人较，众一拥而围攻之，但见老师数个转身，众人俱已跌出。老师时近八十。耄耋御众，非妄言也。"（董英杰：《太极拳释义》"太极拳论注释"，香港：商务印书馆，1948年。）

希趁时精进也。"次岁民国七年，师即谢世，竟成谶语，呜呼痛哉！[①]

杨健侯有三子：长子兆熊，次子兆元（早亡），三子兆清。

民国期间，以精于昆曲和京剧而著称于世的前清皇室溥侗（载治之子，字后斋，号西园，别署"红豆馆主"，人称"侗五爷"）曾说："杨露蝉身体很魁梧。杨班侯是个细高个儿，很英俊。杨健侯人称'三先生'，个子介乎父兄之间，较高，较魁梧。三人之中当然以老先生技艺最好，杨班侯的技艺是老先生之下的第一人，三先生比其父兄略差一些，但比一般的则高深很多了。"[②]

三、风气渐开：杨健侯之子杨少侯与杨澄甫

杨禄躔父子两代身处清朝晚期，彼时太极拳主要在少数人中传授，真正得其传者屈指可数。进入民国之后，风气渐开，杨健侯的后人将太极拳广为传布开来。

杨兆熊，字梦祥，号少侯，生于清同治元年（1862），健侯长子，后人呼为"大先生"。杨少侯七岁学拳，得乃祖禄躔、伯班侯、父健侯三人口传身授，尤以得自伯父班侯者为多。因聪敏过人，被父祖辈寄予厚望。据说，少侯"年十九，与班侯之徒万春者比手，跌万春于门扉，扉震坏，由是知名"[③]。

少侯拳技精湛，轻灵奇巧，虚实变化，功属上乘。其拳架小而刚，动作快而沉，处处求紧凑，劲至皮毛，圈至无圈，

杨兆熊（梦祥，少侯，1862—1930）

---

① 许禹生：《杨健侯先生传》，《体育》第五卷第四期，民国二十七年（1938）四月。
② 吴图南讲授、马有清编著：《太极拳之研究》"轶闻"，香港：商务印书馆香港分馆，1984 年，第 42 页。
③ 陈微明：《志杨少侯先生》，《申报》民国十九年（1930）三月二十二日，第五张第十九版。

手快至拳打人不知，劲整至一片神行之境。而少侯性情与其伯杨班侯相似，沉默寡语，很少人能与之亲近，公开场合更少露面，却刚勇急躁，善用散手，亦喜发人，出手即攻，人谓有乃伯遗风。而教人亦然，从学者多不能忍受，授徒甚少。据说，少侯对于接劲、借劲、截劲、冷劲、凌空劲，确有深功，可惜不愿多传，知之者少。

杨兆清，字澄甫，以字行，生于清光绪九年（1883）六月初八。幼年心气甚高，不喜"一人敌"的家传拳艺，要学"万人敌"的兵家军事。[①]杨健侯性情温和，忆及早年练功之苦，对于四十五岁才得之子不忍管束。杨澄甫年将弱冠，始从父学，每日练功，拳、剑、刀、枪、推手、散手，虽均合乎杨家祖传规矩，但并未真下苦功深研拳艺堂奥。

杨澄甫门生陈微明所著《太极拳术》一书中的杨澄甫像

清光绪二十六年（1900），庚子事变，因排拒洋教而导祸入门，"义和拳匪起，假托神拳之名以伪乱真，国术界受其影响，因之中辍，北京人几不敢复言拳术"[②]，各派门人多星散，肯继续研究者寥落无几。京城太极杨家因得溥伦等清廷官贵庇护，故而躲过一劫。

其时，清政府开始陆续实行新政改革，气象更新，沿此轨道下去，或可秩序稳定，早臻兴盛。然而，随着光绪帝和慈禧太后相继去世，"皇族内阁"出炉，清廷向心力丧失，走向崩溃边缘。以孙文为首的革命党人，内外联络沟通，在南方各地发动武装起义，掀起了风起云涌的辛亥革命。清王朝在"驱除鞑虏，恢复中华"等呼声中，最终颓然倾覆。宣统皇帝逊位，袁世凯作为前清要员当选大总统，中华民国初建。

政局混乱纷争，世道不太平，人心惶惶。曾经世袭爵位或科举出身的王公大臣，荣光褪去，成了逊清遗老遗少。杨家前两辈授技于北京城王公贵胄、旗营护卫的时代已经成为过去。曾经衣食无忧的太极杨家，在翻天覆地的时代变革中已生计堪忧，到了杨少侯、杨澄甫这一辈，他们不得不走向民间谋生过活。

①杨澄甫：《太极拳体用全书》"自序"，上海：大东书局，民国二十三年（1934）。
②《刘武师彩臣行状》，《体育》第六卷第二期，民国二十八年（1939）八月。

　　进入民国元年（1912），杨健侯已是七十三岁高龄，仍在京师警察厅消防音乐队中教授太极拳，收入虽微，尚能自活。此时的杨澄甫二十九岁，未到而立之年。父已年迈，长兄少侯技击功夫虽成，而性情实不宜持家。民国二年（1913），由朱启钤等名流联合各界在紫禁城西南角的中央公园组织行健会，杨少侯、杨澄甫相继被聘入该会担任教师，公开传授太极拳、剑、刀、枪。此外，会中尚有单刀李占魁等其他拳师。[1]杨澄甫自民国四年（1915）十一月起，还兼任北京高等师范学校课外运动教员，实际在西式教育体制下的高等学校中，他的拳技也只能在正式课程以外讲授。[2]

　　"北京研究国术之派别，向分五大派，即：太极、形意、八卦、通背，与少林派中之查、滑、洪、串四大支派。"[3]许禹生作为教育部专门教育司主事，主持体育研究社，力图将北京城旧有岳氏散手、太极、八卦、形意等各门拳术列入中国的体育范畴，推进新式学校教育系统之中。从民国八年（1919）公布的体育研究社教员名录看，其时武术教员为：许霭厚（禹生）、纪德（子修）、吴爱绅（鉴泉）、刘殿昇（恩绶）、刘凤山（彩臣）、兴福（石如）、杨兆熊（梦祥）、杨兆清（澄甫）、白存福（寿臣）、张忠元（昇庭）、周峻山（秀峰）。[4]许禹生因相继师从刘德宽、杨健侯，他所聘请的武术教员，除周峻山出身于马良（子贞）的济南镇守使署"中华新武术"武技队外，其余多是许的同门，且以刘德宽的门人为多。

　　晚清时期的北京城，但凡习练太极拳者，皆为杨家传授。进入中华民国之初，健侯老先生已经年迈，尚局限于北京城中流传的太极拳，以杨少侯技艺为高，然而作为杨家长子，杨少侯深受家务所累，不获多授徒。杨少侯、杨澄甫虽一度成为北京体育研究社教员，仅偶尔乘兴或应邀略做指授，其师徒口传身授的路数，实与体育研究社采取的新式教育集众科班教学的方式不相谐。

　　其时，中华民国大总统袁世凯有一幕僚宋书铭，字硕亭，在袁幕中已颇有年头，自言为宋远桥十七代孙，精研易理，善太极拳，其拳名"三世七"。体育研究社许禹生、纪子修、吴鉴泉、刘恩绶、刘彩臣诸教师闻宋之名，相邀拜谒，与宋推手。时宋书铭已是七十老叟，而众人与之推手，多莫能自持，皆奔腾于其腕下，

　　①《中山公园拳师比武作罢　李峻波向阎月川道歉　如要交手可在国术馆不必公园　两位拳师心平气和打不起来了》，《京报》民国二十三年（1934）三月十一日，第六版。
　　② 据民国七年（1918）编印的《北京高等师范学校十周年纪念录》记载，杨兆清（澄甫）时年"三十七"，籍贯"直隶永年"，住址"宗帽三条"，到校时间为"民国四年十一月"，要比纪德（子修）早一年半左右，纪德的到校时间为"民国六年五月"。（《北京高等师范学校十周年纪念录》"现任教员录"，民国七年（1918），第一七二～一七三页。）
　　③ 圣揆：《记北京太极拳之起原》，《体育》第五卷第二期，民国二十七年（1938）二月。
　　④《本社纪事》，《体育季刊》（北京）第三期，民国八年（1919）十二月，第五页。

随其所指而跌，于是均执弟子之礼，从学于宋。

体育研究社所教授的太极拳皆出自杨家。诸教员一时间均为宋书铭所折，这自然令立足京城数十年的太极杨家颜面无光。据杨少侯、吴鑑泉二人的门徒吴图南讲述：

宋书铭与体育研究社诸太极拳家推手之事立即在北京城引起震动，访者日众，多被宋婉谢。因事关杨家在京城数十年的声誉，杨少侯遂携徒到宋书铭住所拜访。宋闻杨家少侯先生来，亲自迎出门外，让到室内。寒暄过后，少侯表明来意。宋书铭久闻少侯大名，能与接手，便是殊荣，何况登门。当即到室外，与少侯手一搭，竟空如无物。少侯也觉宋的全身没有实处。两人似乎静止，少有动作。只见少侯像是在练气功，头悬、身正、气沉、体舒；宋则相反，运功、提气，不敢稍有松懈。突然，少侯抬手，一拉一放，就见宋书铭像被风刮跑了一般，倒出三丈开外，连退数十步，才慢慢停下来。过了一会儿，连声说："好厉害的'凌空劲'，我领教了。"接着咏歌诀一首：

无形无象，全身透空。

应物自然，西山悬磬。

虎吼猿鸣，泉清河静。

翻江播海，尽性立命。①

时年五十岁的杨少侯，带领徒众去与七十二岁的老叟宋书铭相较，且将其打出三丈开外，此事恐不属实，不过少侯先生确有深功无疑。据其门人刘希哲记述：

予少慕豪侠，雅好技击，但体质羸弱，心有余而力不足。当时北方盛行之拳术为少林、形意、八卦、太极数种，派别甚多。学少林须擅纵跳，然失之气喘而浮。习形意则多蹬足，然失之足重而笨。八卦则尚步法，但初学单双环掌，不感兴味。习太极则气息和柔，足步轻巧，尤适于儒者。民国八年，予与

① 以上据于志钧《杨少侯"凌空劲"艺折宋书铭》（《武当》1996 年第 3 期）一文所述。吴图南先生早年在民国时期所著各书，关于国术历史方面能征文考献，严谨诚实；而"文革"后，在涉及自身的史实方面，其做法常与魏晋王肃等古文经学别支的做法异曲同工，为与他人争胜，不惜造伪且引以为据，因而其所述史实不能为时人及后人信从，乃至时常引起争论与攻订，太极拳史也因之出现众多含混不清处。此处所述杨少侯与宋书铭交手事，或许仍为吴图南先生所自造。假如此事为真，杨家弟子许禹生及王新午等不当只字不记。时代扭转人心，于此可见一斑。同类事实，各行皆有，又岂止发生于一二人身上。如能对此有所体会，当不必苛责于前人。有关宋书铭及其所传太极功"三世七"事，另参见严翰秀《宋氏太极拳之谜——读太极拳著作札记》（《武当》1994 年第 11 期）、刘习文《谈谈"宋书铭"》（《武魂》2006 年第 11 期）、刘习文《关于"宋拳"的思考》（《武魂》2007 年第 9 期）、刘习文《由"宋书铭"引发的思考》（《武魂》2008 年第 8 期）、刘习文《"宋书铭事件"的前前后后》（《武魂》2010 年第 4 期）、王志恩《也谈"宋书铭"——从两个渠道看"宋拳宋谱"并非伪作》（《武魂》2010 年第 7 期）等。

至友河南陈君峻峰参观北平体育研究社，当时太极名手皆荟聚一堂，尤以少侯先生之拳法有独到之妙。盖习长手者只求柔软缠绵，推手之时站立呆步，只求黏连沾随，他非所知。至于伸缩、虚实、阴阳、刚柔之妙，则舍少侯莫与伦匹。予遂决意从先生游，十年不懈。①

杨少侯拳技多得自其伯班侯，属于杨家小架。其动作团圆紧凑，乍疾乍徐，忽刚忽柔，发劲干脆，目光如电，冷笑险嬉，面容诡诈，哼哈作声，气势逼人。其手法复杂多变，碰啄拿劈、分筋错骨、点穴闭气、截脉按脉，能以柔克刚，黏随抖接，出奇制胜，犯者立仆。②

少侯尝言："太极拳发劲制人，其妙在刚柔相济，阴阳互用……苟徒恃纯柔，借力制人，或恃刚劲，以力服人，皆非深知拳法者。天地间无纯刚纯柔可以操必胜者，有之，非刚柔相济不可。太极拳由柔得刚，外家由刚得柔，其致一也。"因此，少侯拳架阴中有阳、阳中有阴、阴阳相济，从而开合有序、虚实分明、快慢相间、刚柔并施、松紧并存，达到"人身处处是太极""妙手一着一太极"之境。

又曾说："喜则假喜，怒则真怒。……所谓一怒而诸侯惧，安居而天下息者，盖有由也。"因此，少侯拳架的明显特点是先声夺人、气势逼人，发劲冷弹脆快，时有哼哈声响。行架时，随拳势刚柔快慢，面部表情丰富，时而祥和微笑，时而面带怒容、杀气腾腾。

少侯推手注重活步，尝言："以逸待劳不如主动出击、诱敌深入，使敌陷落太极圈内，瓮中捉鳖。"因此，少侯活步与一般不同，搬拦跟进，"手从腿边起，侧身步轻移"，蛇行穿插，折叠游走，如影赋形，飘忽不定，移形换位，扣摆旋转，无有定势，自喻为"飘飘荡荡浪里钻，挽花舞袖戏神仙"。

又曾说："兵无常势，拳无常法。太极无法，动即是法。"因此，少侯与人较技，手法刁钻古怪、变化奇异莫测，常掤捋採挒混用，跌打摔拿并施，不拘常规；又能"出手不见手，见手浑身手"，常使对手如捕风捉影，不知所措，因此又被喻为"千手观音""圣手观音"。

少侯云："拳不打力，力不欺功，功不敌术。"或问："何为术？"答曰："墙上画门，出入自由，为巫之术；治病救人，妙手回春，为医之术；攻无不克，战无不胜，为兵之术……'人不知我，我独知人'，太极拳之术也。"③

杨少侯门人刘希哲对少侯拳技有较为详尽的叙述：

① 刘希哲：《修炼身心与太极拳家》，《体育》第一卷第二期，民国二十一年（1932）二月二十九日。
② 顾留馨：《杨式太极拳源流、发展及其特点——〈太极拳术〉补遗》，《中华武术》1986 年第 3 期。
③ 参见刘习文《少侯拳技及其传承说略》一文。

少侯八岁即从乃祖受技，聪慧过人，深得乃祖欢，故得承乃祖伯父之术，造诣极深。其弟澄甫，少二十岁，与乃父之徒全佑、佑之子吴鑑泉，则皆习长手，擅于柔，自杨氏先辈殁后，与少侯皆负一时盛名，而澄甫、鑑泉传授之徒为尤多。

太极拳本无长短手之分，拳法曰："先求开展，后求紧凑。"长手开展，短手紧凑，形式相同，用意略异。初习太极拳者，须求开展，不用气力，一味纯柔，使手法连贯，一气呵成，此中原理，盖吾人用力，则筋肉紧张，气血阻滞，故尤须先求开展，使筋肉舒松，动作循环，终而复始，靡有停留，始终一贯，勿或间断。此种功夫，习之数月，乃至数年、数十年，必觉气力增长，两足有根，浑身之劲如茧之缚蚕。功夫纯者，可练得周身柔软如绵，内脏充实，百病消除，精神健全。更进一步则须讲求紧凑，只须意到，不尚外形，只求敏捷，不尚迂缓。发劲之时，静如处子，动如脱兔。拳法曰："劲似松非松，将展未展，劲断意不断。"盖即此种妙用。防身应用之术，即于此中包括无余矣。少侯尝言：习长手者，如钟之长针，走大圈，习短手者，则为针之轴，无圈之形式，而有圈之妙用。又言：太极拳发劲制人，其妙在刚柔相济，阴阳互用，喜则假喜，怒则真怒。缩而后伸，松而后发，形如搏兔之鹘，神如捕鼠之猫，所谓一怒而诸侯惧，安居而天下息者，盖有由也。苟徒恃纯柔，借力制人，或恃刚劲，以力服人，皆非深知拳法者。天地间无纯刚纯柔可以操必胜者，有之，非刚柔相济不可。太极拳由柔得刚，外家由刚得柔，其致一也。……其拳式重精神，推手重活步，当其练习时，喜怒变换，哼哈呼吸，一莫能测。见之者只觉其神采充溢，敬而畏之，然究竟莫知其所以然而然。盖深知先生者，固甚少也。拳法曰："静如岳，动如山河。蓄劲如开弓，发劲如放箭，曲中求直，蓄而后发。步随身换，断而复连。往返须有折叠，进退须有转换。极柔软然后极坚硬，能呼吸然后能灵活。气以直养而无害，劲以曲蓄而有余。心为令，气为旗，腰为纛。"少侯之拳，神气一贯，短小精悍，手足腰眼意，无不相合，盖深得个中三昧者。

太极拳之妙在推手，掤捋挤按为四正，採挒肘靠为四隅，碰啄拿劈则手法也，黏随抖接则运劲也，点穴闭穴、截脉按脉则妙诀也。故太极拳之制敌，神气慑人，诚如捕鼠之猫，其出劲碰抖，盖为浑身弹力，屈而后伸，蓄而后发。手足使劲谓之碰，见劲中途截堵谓之接。黏则似吸，随则为跟。故习太极拳者之应敌也，以柔克刚，应用黏随，出奇制胜，应用抖接。拳法曰："彼不动，己不动，彼微动，己先动。"盖言击动不击静。动则乘隙先发，靡坚不克，敌劲先出，已落吾后矣。太极拳用指，使受击处面积最小，面积小则抵抗力亦小，且不易于觉察，故用指制胜，点闭按截，可以随意所欲，随意所之。拳法曰："其根在足，发于腿，主宰于腰，形于手指。"并非虚语也。[1]

杨澄甫之发劲"是冷打丹田劲，临发时心中若有所思，在劲去时，如关夫子之斩颜良、诛文丑，瞬眼之际，其人头早已落地，真称得起是内家拳神勇也"，"少侯之发劲是松灵至极，冷快无比，他变化无穷令人不好捉摸，不好防备，人已被他打痛"。[2]尽管杨少侯与杨澄甫二人风格不同，但都以放松为根本，少侯尤擅软打，据李雅轩记述：

> 过去曾有人问杨澄甫老师："未见您用多大劲，何以将人打出去那么远，打得那样脆呢？"杨老师答曰："我是松着劲打的。"有人问杨少侯先生："您发劲时看着是很松软的，如这样子松软还能有力吗？"少侯先生答曰："就是因为是松着劲软软的，打出劲去，才大得很咧。"以上两位老先生的答复，证明练太极拳的功夫，无论是打拳或者推手，都必须将身势松开才行，这是千真万确、定而不移之理。如不本此理练功，则无益也。[3]

少侯先生孤僻矜傲，不满于时代变革后日渐猛烈的趋新世风，有晚清旧人的保守做派，观念认同老辈，性情趋向固守，自外于一般人群，弱于交际。其拳技，深藏不露，更不轻传，很多人认为他的功夫莫测高深，无从问津，因而少侯先生曲高和寡。他心气甚高，霸强护弱，刚直不阿。"平生爱打抱不平，尝行经北京宣武门外，见两大汉围攒一弱者，勃然怒！遽前分开两大汉，掷之丈外。"[4]喜饮酒，醉则更甚，故多有忌之者。

杨少侯一身绝世太极功夫，既以教拳为生，教学方法本当因人因时而异、通达权变，如此方能广收门徒，端上饭碗，赖以为生。而少侯授徒循规蹈矩，且缺乏耐性，认为"祖宗的东西是不能改变的，我学什么就教什么，怎么学的就怎么教"。其所传拳架难度甚大，教学态度又极严厉，特别是推手，尝言："寻师不如访友，访友不如摔跟头""棒头下面出好手"。因而授徒不问对象，搭手即打即放，且出手迅捷、不分轻重，常使学生跌出受创、疼痛不已，从学者多难忍受。而其面带喜怒哀乐的神态，功浅者亦难依样画瓢，虽喜其技，却不敢问津，鲜克终学。

---

① 刘希哲：《修炼身心与太极拳家》，《体育》第一卷第二期，民国二十一年（1932）二月。

② 陈龙骧、李敏弟整理：《杨氏太极拳诠真》"杨氏太极拳练习谈"，北京：北京体育大学出版社，2008年，第241页。

③ 陈龙骧、李敏弟整理：《杨氏太极拳诠真》"杨氏太极拳练习谈"，北京：北京体育大学出版社，2008年，第229页。

④ 傅钟文：《永年杨家拳艺述略》，《永年太极拳社十周年纪念刊》1954年，第十九页。

杨少侯授拳谋生不易招徕学生，迫于生计，甚至一度为人保镖。据刘希哲述：

> 少侯性孤介，生平为气豪爽。不善酬应，不轻以技示人。好饮，每当酒酣耳热之时，辄一露其好身手。时人有讥太极拳病柔，不能克敌者，少侯必起与较。当之者虽号多力之士，亦辟易不值一击。盖少侯抖劲接劲之功甚深，人莫能胜，故人皆服其技之精，而从之习者极少，有之，亦不过习一二手法，自附于门墙之列而已。[1]

杨澄甫小杨少侯二十一岁，性格脾气恰与之相反，温和敦厚，酷似其父，赋性聪慧，善于通达权变，拳架亦如其人，宽容开展、松软沉实，与少侯之紧凑小架不同。因常在中央公园行健会授艺，外显于众，跟其习技者亦众。其教学方法又因人而异、循循善诱、顺应潮流、改造革新，广收学生。而此时杨澄甫的技击功夫，相对其兄却远远差出一截。据说，他常将徒弟辈或较老者用挤按劲放出丈余外，少侯有时见到，视而不语，表情中却显露出大不以为然之状。

民国七年（1918），杨健侯老先生去世。此前杨家声名主要靠老先生支撑，待其辞世后，杨家无疑缺了顶梁柱。此时三十五岁的杨澄甫顿起觉悟，在位于北京城西京畿道的家中与弟子数人发奋苦练，反复领悟父亲所授，终于内劲通灵，将杨家太极的拳、剑、刀、枪、大挒、散手、对刀、粘剑、粘枪等都继承了下来。据陈炎林记载：

> 兆清，字澄甫，后人呼为"三先生"，生于光绪九年。性温和，幼时不甚喜拳击。年将弱冠，始从父学。父在，亦未深研拳中奥妙。父逝后，顿起觉悟，日夜苦练，终负盛誉。各种功夫，却由自研而得，诚绝顶聪慧之天才。如能在幼时悉心从父学习，则其造就当不在乃祖下矣。身材魁梧，外软如棉，内坚如铁，引人发人，均臻上乘。[2]

当时，杨家尚有快拳流传。据马岳梁叙述：

> 当年杨氏太极拳传人杨少侯、杨澄甫和吴氏太极拳传人吴鑑泉在北京体育研究社教授太极拳时，都有发劲、跳跃的动作，有这种发劲、跳跃动作的就称为太极快拳。杨澄甫和吴鑑泉两人为了使太极拳更适合一般人练习，后来教人时把发劲、跳跃的动作去掉，改变为轻灵柔和、式式均匀的慢架子，而在一些课程中还传授快架子。杨澄甫的哥哥杨少侯坚持不改，说："要改你们改，我不改，要练杨氏太极拳必须按原来的练法来练。"他教学生都教原始拳路。由

---

① 刘希哲：《修炼身心与太极拳家》，《体育》第一卷第二期，民国二十一年（1932）二月。

② 陈炎林：《太极拳刀剑杆散手合编》"杨家小传"，上海：国光书局，民国三十八年（1949），第6页。

于杨少侯脾气很暴，教学时，学生一下子领会不了，他就动手打，人家受不了。所以虽然他的功夫很好，但跟他学的人很少。杨澄甫脾气非常好，教人也很耐心，开始教慢架子，也教快架子。据说后来他胖了，不教原始的快架子了。[1]

由于杨少侯、杨澄甫昆仲性情不同，彼此不太相契。民国十年（1921）后，守孝已满三年的杨少侯南下杭州，投奔其徒田兆麟（田为杨健侯在京师警察厅消防音乐队中亲授，与尤志学同为队员中"最善此术"者，均记于长子少侯名下）。此前，民国七年（1918）前后，杨健侯老先生应浙军之聘教授官兵，无奈不久即卧病不起，但始终不忘允诺，本欲让长子杨少侯前去，又自觉时日不多，临终嘱咐家人要田兆麟代往。杨少侯到杭州后，杨家门生陈月波、武汇川、牛静轩、褚桂亭诸人也先后受聘南下，教授浙军官兵。[2]据田兆麟在浙所授门生陈志进记述：

> 杨少侯，名兆熊，健侯老先生之长子，而班侯老先生之嗣子也。幼受家传，弱冠时即崭然见头角，胆甚壮，惟性情怪僻，多有不近人情处，盖熏染于班侯。未传其绝艺，而适肖其性情耳。身材不高，故其拳亦为小架。手足之迅，捷如鹰隼，目光四射，进退旋转，令人无从捉摸，迟疑徘徊之际，拳脚之来不知所由，遂被跌出，然终不知如何跌出也。与人交手时，辄嗤然作冷笑，闻之者毛骨悚然。闻其笑声，观其手势，多有却退者。

> 每与余师田绍先推手，单插手、双插手最多。单插手插咽喉，被插者多仰跌于地，或被逼而抵于墙；双插手插两肋，插着之时，倒提冷气，嗫不能声。少侯先生当年喉际创疤不断，两肋骨插久已长成一片矣。

> 一日，其三弟澄甫先生与武汇川、陈月波等同至少侯先生寓中闲谈，武汇川忽请曰：师伯得与弟子推手乎？先生冷笑应可。二人一粘手间，少侯先生往下一採，汇川随之前扑，先生即用採下之手往上一提，着于面上，汇川即仰跌于地，远出数尺，复大骂之，其不近人情如此。汇川身高约七尺，腰宽数围，身重一百七十斤，两手可举三担石，而各种拳术练过者不少，尤精于掼跤，后慕太极拳，先从少侯，少侯不肯授，乃从澄甫先生，已学二三年矣，然而不能经先生之一手，此无力打有力之明证也。

> 先生更有绝技，神前所燃巨烛，焰高数寸，先生用左手掌引之，焰则随手

---

① 严翰秀：《太极拳奇人奇功》"四两拨千斤　耄耋能御众人——记吴式太极拳嫡系传人马岳梁"，北京：人民体育出版社，1996年，第41页。

② 杨澄甫：《太极拳要义》"太极拳要义序"，杭州：浙江印刷公司，民国十四年（1925）九月，第五页。

平行，如被风之吸者；右手离焰数寸，从中一切，烛即熄灭。太极拳本为至柔之拳，故又名绵拳，然久练之后如绵中裹铁，沉重异常。北方之八仙桌，多为槐榆木所成，坚实而重，先生一反掌，桌即四裂矣。

论工夫不及其继父远甚，而怪癖之性则又过之，且不肯教人而喜打人，亦不善于教人，从之学者多不终而退，然孙禄堂先生甚赞美先生之拳也。①

而杨澄甫性情温和，身材健硕，功力深厚，此后在北京拳界的名气日渐盖过乃兄。据傅钟文记述：

澄甫幼年尚得亲受教于祖禄禅，弱冠钻研益勤，终岁苦练，功夫日深，顿彻妙悟。盖承祖若父之学，际以聪明才智，精神毅力，发扬光大，遂成一代拳宗也。澄甫魁梧奇伟，而温良敦厚，不改父风。其拳外软似绵而内坚似铁，引人发人，皆有独到功夫。拳势主先开展而后紧凑，最有见地。②

另据傅钟文述：

在北京，有一次杨澄甫的学生们相聚在一起，有人对一位刘姓人说："你跟老师推推手。"这姓刘的是走江湖的，性格较粗野，望了望杨老师，表示希望跟他推推手。杨老师为了不扫大家的兴，就和这位刘某盘起手来。盘了几下，旁观的人说："老刘，你用劲进一下试试。"刘某说："好。"于是发劲往老师身上打。杨老师在他用劲时，发了一个长劲，只见刘某腾空飞了出去，身体先碰到门口影壁上，再掉到地上，影壁边上的砖竟被撞出一块。③

杨澄甫的弟子董英杰亦有所记述：

杨老师有一日行乐，演使用法，与人王保还搭手，用按法，将其人跌出三丈余外，真有奇观。老师之使用法，与敌人搭手，敌人足下如无根，即站立不定，看杨老师面貌极从容，手足极轻灵，只一抬手，敌跌出如射箭之速，杨老师的拳，真妙极了，人人莫不敬服。④

民国十四年（1925）九月，杭州的浙江印刷公司印制了《太极拳要义》一册，所署编辑者为永年杨澄甫，襄校者为涿县陈月波、通县武汇川、顺义牛静轩、任邱褚桂亭。该书实际为杨家门生田兆麟、陈月波、武汇川、牛静轩、褚桂亭等人在浙军教授太极拳期间，胡铭勋（奠邦）、章梦三两人公余习艺，根据诸师口授记录下来的，并请陈月波、武汇川校正，遂成专书，以杨澄甫为编辑者，而永康胡

① 陈志进：《记杨少侯之太极拳》，《金钢钻三日刊》民国十四年（1925）十一月六日，第三版。
② 傅钟文：《永年杨家拳艺述略》，《永年太极拳社十周年纪念刊》1954年，第十九页。
③ 严翰秀：《推手没有"三下子"——太极名家傅钟文谈推手》，《武术健身》1993年第3期。
④ 杨澄甫：《太极拳使用法》"杂说"，上海：文光印务馆，民国二十年（1931），第一四六页。

奠邦则以付梓者自居。①该书尽管是非卖品，页数也很少，却大致算是以杨澄甫名义印制的第一本新式图书。

民国十四年（1925）年底，因冯玉祥进入北京城，逼迫清逊帝溥仪搬离故宫，清末翰林、清史馆纂修陈微明与其他一些晚清遗老愤然南下，到了上海。此时的陈微明已随杨澄甫学艺七年，到上海后决心致力于内家拳术的研究和传播，创办致柔拳社。不久，陈所著的《太极拳术》一书也在上海中华书局出版。此前的民国十年（1921），许禹生出版关于太极拳的首部新式著作《太极拳势图解》，使杨家太极的声名得以广泛传布。而陈微明所著《太极拳术》，则是杨澄甫所传太极拳的又一新著，进一步扩大了杨澄甫的社会声誉。

国共北伐后，民国十七年（1928）三月二十四日，国民党在南京成立国术研究馆（三个月后改称为中央国术馆）。②董监理事为戴季陶、李烈钧、钮永建，董监事于右任，馆长张之江，副馆长李景林、张树声、张宪伍。就在这年五月六日，《申报·自由谈》发表了一篇关于"北京武术家万籁声"的文章，记载了万在北平中央公园与老拳师"杨某"比试而胜等内容。该文随即引起身在上海主持致柔拳社的杨澄甫门生陈微明的注意，随即让助教陈志进向身在北平的杨老师致函询问，并得到杨关于此事翔实经过的复函。之后，陈微明即于六月二十七日在《申报·自由谈》发表了《较拳反响》一文，对事实真相做了澄清：

五月六日《自由谈》记北京武术家万籁声一则，系碧梧君所作，内载万君曾在北京中央公园与行健会教员八十余岁之老拳师杨某比试，杨有徒四人，颇称雄于北方。更有赵某者，亦有拳术祖宗之称。杨与赵素有嫌，顾赵自知不敌，遇事辄隐忍之。月前，杨又开罪于赵，赵愤不可遏，籁声适在侧，亦为之不平，乃挺身出，与杨某甫一合，而杨已仆。其徒四人大忿，齐挞籁声，而均先后被击倒地，此事遂传遍京津云云。

查中央公园行健会教员杨某，惟有太极拳名家杨澄甫先生。予与杨君素识，因即函询，顷接杨君来函，详述当日实在情形，与碧梧所记完全不符。且杨君刻下仍在原处教拳，果为万败，何能如此？再，杨君现年不过四十余，而碧梧君所记为八十余老拳师，或者另有一事欤？兹将来函抄录如下：

慎先贤弟英鉴：

近接志进君函，均已阅悉，深为骇异。兹将万某前与甫在公园之事，详述于后。于去冬十月间，甫在公园教拳之际，忽来一二十余岁学生装束之人，伊

①杨澄甫：《太极拳要义》，杭州：浙江印刷公司，民国十四年（1925）九月，第五页、第三二页。
②《国术研究馆成立》，《申报》民国十七年（1928）三月二十五日，第一张第四版。

言欲入太极拳会练习太极拳云云。甫想伊系行健会之人，当时求甫与伊说手，甫当即与伊搭手。甫接手，伊忽下绝手，甫当即将伊手化去，本想打伊，因为伊年纪甚轻，再不知是否行健会员。甫当时指问伊来是否为比赛拳术，或系含有他意。伊当时亦道歉意，旋即走去。此时游公园者，在场人甚多，事实俱在。后闻万某系赵三之徒（此人系弹腿门），后由北京体育会许禹生君及他友了解。此事完结后，详细调查，方知有李某者，此人亦在行健会教拳，因忌我们会员日日增多，渠方面无人加入，相形之下，由忌成仇。万某来会捣乱，系伊唆使。后李万用种种手段，不过用意欲破坏咱们名誉。甫想当日事实所在，无置辩之价值，所以未理。祈阅函后，转托贵友代登《申报》更正为荷。

杨澄甫谨启　六月九日 [1]

当这篇《较拳反响》发表以后，万籁声的一位叫万籁天的哥哥紧接着在七月二日的《申报·自由谈》上发表了一篇《对〈较拳反响〉说几句话》，替其弟做公开道歉：

> 顷读陈微明君《较拳反响》一则，内有杨澄甫君更正一函，当时情形，已洞若观火。鄙人与舍七弟籁声，不见三年矣，其练习武技，素为家人所劝戒，故家书中甚少见其谈及武术。前有友人自北京来，为鄙人略述一二，碧梧君闻之，记之以为学界尚武之新闻，初无损害任何人名誉之用意，不意事与澄甫君有关，鄙人藉得其详。武技一事，鄙人表不谙习，惟其玄妙精微，殊堪称为国技，正应聚全国之精英，共同研究，以发扬而光大此不绝如缕之国粹。然习之者每存门户之见，互相嫉忌，缺乏学术公开之精神，诚可痛惜。舍七弟年事虽少，颇受高等教育，其著《武术汇宗》一书，正所以藉理论以为有统系之宣传，至于较拳，则不过其寻师访友之唯一途径，倘有名师，自当前往请教，决非别有用心。不然，杨君以其年少而不打伊，伊岂有不自伪为已胜而再下绝手者乎？虽然杨君长者，当时既吝惜教诲，事后又经名家之调停，区区远道之传言，又岂值杨君一笑哉？路隔万里，不及函询，特书此以表歉意。[2]

对于万籁天的这篇《对〈较拳反响〉说几句话》，陈微明又紧接着写了一篇《对于万杨较拳敬告海内拳术家》，公开发表在七月六日《申报·自由谈》上，对万籁声与杨澄甫较量拳技的传闻做了公允平正的总结式声明：

> 各报登载万杨在中央公园较拳一事，鄙人函询杨君澄甫，得其复函，已登《申报·自由谈》内。顷读万籁天君《对〈较拳反响〉说几句话》一则，尤证明

① 陈微明：《较拳反响》，《申报》民国十七年（1928）六月二十七日，第五张第十七版。
② 万籁天：《对〈较拳反响〉说几句话》，《申报》民国十七年（1928）七月二日，第六张第二十二版。

各报所载，必系传闻失实。鄙人与杨澄甫相交有年，深知杨君为人和平忠厚，决无与人寻仇之事。而万君籁声又曾受高等教育，其事业在教育界中非赖拳艺以糊口者，如江湖卖艺者流，专欲打倒他人以长自己之声誉者比。闻之先辈云：技艺愈高，心气愈和平，决不肯到处与人较量。现今国民政府提倡国技，吾国技家正应各尽所长，合力研究，以发扬而光大之，使中国人民由柔弱而转为健强，以至强种而强国。岂得仍怀嫉忌，存门户之见哉？深望海内名达提斯警觉，有以教之，幸甚幸甚。①

自此以后，当时国术界中的一个焦点事件得以暂时平息。

这年六月初，北方颇负声望的拳家孙禄堂应南京的国术研究馆之邀南下，到馆担任武当门门长，月薪三百大洋。然而，孙禄堂传承在身，讲究"技进乎道"，这与馆长张之江的观念存在很大分歧，孙到馆不足一月即辞去。是年秋，南京将举行国术国考。九月四日，张之江、李烈钧、李景林致电北平市政府，请"代为延揽国术人材如拳刀剑师等，在平代为登记"②。杨澄甫随即应邀南下，携门生武汇川、董英杰二人（是为此时杨澄甫门下一文一武，作为左膀右臂），从北平的前门火车站乘车到天津，随后乘船至上海，转赴南京。抵达上海后，身在上海的门生陈微明以致柔拳社名义开会欢迎，据报载：

> 太极拳大家杨澄甫，应某要人之约，路过上海。致柔拳社全体社员，于二十二号（星期六）下午二时，在宁波同乡会四楼开会欢迎，六时在功德林聚餐，届时必有一番盛况也。③

又据《申报》九月二十三日报道：

> 广平杨澄甫君，世传太极，家学渊源，为武当派特出人才。此次闻应某要人之约，担任国术作某项重要之职，偕其门人武汇川、董云楷二君南下，道经沪上。致柔拳社陈微明君，亦为杨君门下，于昨日下午二钟召集全体社员，在西藏路宁波同乡会开会欢迎。加入者有武当及中国太极拳社两团体，计男女社员到会者四百余人，济济一堂，颇极一时之盛。杨君到会后，先由男女社员分班练拳，请求指正。而杨君亦与武君对练太极拳，为学者楷模。杨君年约四十余，状貌魁梧，而身段则非常柔软。嗣与其门人武、董、陈诸君对练活步推手

① 陈微明：《对于万杨较拳敬告海内拳术家》，《申报》民国十七年（1928）七月六日，第六张第二十二版。

②《平津近讯》，《申报》民国十七年（1928）九月七日，第二张第八版。

③《致柔拳社定期欢迎杨澄甫》，《申报》民国十七年（1928）九月二十日，第四张第十六版。另见《团体新闻·致柔拳社欢迎太极拳大家杨澄甫》，《新闻报》民国十七年（1928）九月二十一日，第六张第二十二版。

及大捋、太极枪等，其身手步法，又极其灵活迅捷，使对方有应接不暇之势，真国术界中名手。此次南来，于提倡国术前途，必有良好影响云。[①]

十月中旬，第一次国术国考在南京举行。是月二十二日，由孙禄堂任教务主任、田兆麟任武当门教务长的江苏省国术馆开会欢迎国术名家杨澄甫、刘崇峻两先生。据《江苏省国术馆年刊》记载：

　　杨君北平人，刘君四川人，皆国术名家，因中央国术馆举行全国考试来京观光，本馆特假省政府礼堂开欢迎大会。先由钮馆长致词，次由杨、刘二君讲演，对于国术多所阐扬，并由二君偕来之武汇川、褚桂亭、吴绍基、刘玉书、董英杰、王润生、杨开如、吴志青、郑鹤皋诸君表演拳技，殊多精彩。[②]

二十三日，江苏省国术馆聘请杨澄甫为名誉顾问。[③]十月二十七日，上海特别市国术运动大会开幕，杨澄甫应邀携弟子武汇川、董英杰等莅会，并于二十八日（即大会第二日）上午参加名家表演，杨澄甫与武汇川表演了对枪。中午，大会会长张定璠等"在四马路致美斋欢宴中央及各省来沪莅会参加表演国术大家，计有马英

杨澄甫，摄于上海

图、李庆兰、林志远、朱国桢、徐保林、李成斌、顾汝章、王云鹏、章殿卿、马成智、孙禄堂、郑佐平、孙少江、王熙昌、杨澄甫、武汇川、杨开儒、褚桂亭、刘景春、李连恒、杨岳山、罗镇暄、董英杰、刘鸿庆、刘百川、吴志青、刘崇峻、高凤岭等诸君"[④]。十一月六日下午，杨澄甫到上海中法工专学校参加中华国术协会筹备会。

十二月九日，江苏省国术馆查照该馆修正组织大纲，加聘孙禄堂为教务长，

---

①《致柔拳社欢迎杨澄甫志盛》，《申报》民国十七年（1928）九月二十三日，第四张第十六版。
②《本馆大事记》，《江苏省国术馆年刊》民国十八年（1929），"记事"第六页。
③《本馆职教员进退记略》，《江苏省国术馆年刊》民国十八年（1929），"职员录"第二页。
④《市国术大会第二日》，《申报》民国十七年（1928）十月二十九日，第四张第十六版。

杨澄甫与武当门教务长田兆麟、少林门教务长金佳福三人担任该馆一等教习。[①]两个多月后，即民国十八年（1929）二月二十八日，杨澄甫与田兆麟又辞去江苏省国术馆职务。[②]四月二十七日，上海特别市第二次国术考试在南市大吉路第一公共体育场举行开幕典礼，杨澄甫受聘为此次国术考试评判员。[③]

而杨少侯"原在北平体育研究社充任教员多年，尚可自活。国都南迁，中央立有国术馆以事提倡，其弟杨澄甫首先南下，大为一般显者所欢迎，少侯在平益困。因交通部部长王伯群屡次见邀，前往教授"[④]。民国十八年（1929）春，杨少侯到了南京，受聘为"国民政府行政院交通部教练太极拳主任"[⑤]，客居交通部部长王伯群私宅，传授王部长及其友朋太极拳。

此时上海的致柔拳社正拟于五月十九日（农历四月十一日）公祝张三丰祖师寿诞，并举行四周年纪念，同时为钱慈严、胡朴安、孙闻远、戴俊卿四君颁毕业证书。该社函请孙禄堂、杨少侯、杨澄甫、吴鑑泉诸拳师到会指教表演。孙禄堂于五月十三日先行抵沪，杨少侯、杨澄甫则于会前一日到达。[⑥]十九日下午，致柔拳社开会，据次日报道：

> 昨日致柔拳社假宁波同乡会开四周纪念会，新旧男女社员来宾到者五百余人。下午二时开会，先由社长陈微明君宣布开会宗旨，嗣由孙禄堂、杨少侯诸君演说，大意提倡武术即可以保存国粹，强国强身。来宾某君演说，勖以有恒，尤为中肯。旋即表演拳术，先由社长陈微明、教授陈志进对练太极拳，以为社员楷模。孙禄堂、杨少侯、吴鑑泉、褚民谊、褚桂亭、徐致一及某君亦各表演太极拳，均极纯任自然。杨少侯君所演尤为特别，时而怒目注视，时而含

①《本馆职教员进退记略》，《江苏省国术馆年刊》民国十八年（1929），"职员录"第二页。
②《本馆职教员进退记略》，《江苏省国术馆年刊》民国十八年（1929），"职员录"第二页。
③ 上海特别市第二次国术考试职员为：（正主试）张群；（副主试）陈德征、黄振兴；（指导员）吴开先、钮长铸、邓通伟、范争波、潘公展、施公猛、汤德民、童行白、熊式辉、张定璠、张之江、李景林、袁良、岑德彰、袁文卿、王云五、袁履登、张效良、叶惠钧、俞鸿钧、沈怡、朱炎、黄伯樵、胡鸣基、冯少山、钱研堂、赵晋卿、李英石、黄曦、王一亭、钮永建、马良、卢炜昌、张恩庆、李汇亭、姚蟾伯、齐格诚、王子平、萧格青、杨家椿、马崇淦、倪文亚、熊文敏、朱翊新、刘百川、潘赞麟、黄镇磐、郑鹤春、华翔九；（评判员）孙禄堂、褚民谊、胡朴安、孙存周、杨澄甫、叶大密、陈微明、吴鑑泉、朱国福、刘德生、叶良、罗叔青、傅梦生、徐文甫、马华甫、佟忠义、赵联和、傅秀山；（监察员）蒋百器、朱少沂、马景援、章启东、刘守铭、翁国勋、顾伯华、凌厨川、罗念慈；（筹备委员）王壮飞、龚遇翔、李丙炎、朱春、杨佩文、项翔高、唐敬修；（事务员）程任安、张龙海、赵思均、胡宗藩。（《第二次国术考试今晨开幕》，《申报》民国十八年（1929）四月二十七日，第四张第十三版。）
④《太极拳北派名家杨少侯自杀》，《益世报》民国十九年（1930）二月三日，第二张第六版。另见《太极拳专家杨少侯自杀》，《顺天时报》民国十九年（1930）二月三日，第七版；《国术家杨少侯自杀》，《华北日报》民国十九年（1930）二月三日，第九版。
⑤《体育》第一卷第二期，民国二十一年（1932）二月二十九日，第七页。
⑥《致柔社所请三拳师联翩来沪》，《申报》民国十八年（1929）五月十五日，第四张第十四版；《孙禄堂等联翩来沪》，《新闻报》民国十八年（1929）五月十五日，第四张第十五版。

笑相迎，神情与动作若合符节。嗣由陈微明与之推手，动辄乘隙而入。孙禄堂复与陈微明八卦拳推手，迅捷无比，时以手摩陈君之顶以为戏。杨澄甫与陈君练大挒，步法迅速，手段敏捷，陈君只有招架而无还手。盖孙、杨、杨三君均为陈君之师，又为举国闻名之名手也。此次纪念，聚名手于一堂，可谓盛极一时。闻晚间聚餐后，尚有京剧等余兴。[①]

杨少侯在沪仅待两日即返回南京。会后不久，致柔拳社即拟敦请杨少侯每月赴沪讲授一次太极拳，据是年六月十日《申报》报道：

> 近自陈微明君于沪上创立致柔拳社，于是江浙人士始知有太极拳之名。自政府提倡国术，于是北地名手始渐集于南方。以太极拳著名之杨氏昆仲少侯、澄甫二君亦翩然莅止，南方人士之研究是道者日多，颇有风发云涌盛极一时之概。澄甫行三，已与沪人士相见于运动会者屡矣，莫不知为杨氏杰出之材。而其长兄少侯，现年六十八岁，交通部长王伯群氏敦请南来教授拳术。前者致柔拳社开会，曾由陈君柬请来沪表演，动作与神气相贯串，脱尽火气，无论是否个中人，莫不叹服。杨君数十年功夫，纯以研究散手为能事。质言之，太极拳中无一手不可以击敌。据谓如有三年以上功夫，教之六月，即可以得拳中之奥妙。致柔拳社陈君以提倡国术为己任，闻拟集合练有成绩之基本同志十人，敦请杨君于每月中来沪一次，以十日为期，作高深之研究。有志斯道者，可与陈君接洽云。[②]

只是杨少侯时已年高，南京方面尽管交通部部长王伯群因公时常往返京沪之间，而少侯却不能随其同行，此后并未能如致柔拳社所愿。

其时，早年毕业于浙江两级师范学堂，曾任燕京、华北及南方诸大学教员，此后又一度担任北洋政府国务院总秘书、主任秘书和南北统一委员会委员的苏景由（昌寿），已在杭州集合众多社会贤达，着手筹备成立浙江省国术分馆。国民党元老、浙江省政府主席张人杰（静江）兼任馆长，郑炳垣（佐平）为副馆长，苏景由为常务董事。六月八日，浙江省国术馆在首届西湖博览会大礼堂补行成立典礼，邀请海内名家表演。"浙国术馆长张静江以此次海内国术名家惠然来杭表演，其赞助浙江国术之热烈，实为浙人所深感，特于七日晚间假座协顺兴记宴致谢，到者有褚民谊、孙禄堂等数十人，及省府委员程振钧、周骏彦等，由该馆副馆长郑炳垣及常务董事苏景由代表主席。席间，褚民谊氏对于国术有极恳挚之演说……褚氏演说毕，复由中央国术馆教务长刘崇峻演说中央国术馆近况，孙禄堂演说国术

①《致柔拳社昨开四周纪念会》，《申报》民国十八年（1929）五月二十日，第四张第十六版。
②《太极拳名手杨少侯来沪消息》，《申报》民国十八年（1929）六月十日，第四张第十四版。

历史，至十二时始尽欢而散。"在次日的典礼上，"如孙禄堂、褚民谊、杨澄甫辈，皆大试其好身手，即深自韬晦之杜心五，亦一显其绝技鬼头手焉"[①]。具体表演项目为：

褚民谊仪器推手，郑佐平太极拳，张绍贤无极拳，胡凤山形意拳、形意刀，于化行太极拳舞剑，金佳福圈拳还幼、春秋大刀，孙汝江五形六合拳、六合八卦枪，董英杰太极拳代活步，褚桂亭太极拳、杂色棰、四门龙行剑，萧恪清连环圈、双剑，孙存周八卦拳、八卦剑，叶大密散剑，徐铸人虎头钩进枪，童文华、吴鑑泉太极拳，高振东八式拳、红拳，刘崇峻连城拳、七星剑，刘百川双刀、九节鞭加梢子棍，杜心五进侠刀、鬼头手，孙禄堂、陈微明八卦对剑、形意，杨澄甫推手大拳，萧品三五虎拳、五虎棒，蒋矫五行拳，李宝瑚五虎拳，叶梦庵、濮秋丞对剑，汤鹏超虎法尖手，奚诚甫双飞刀，张文标大西川，陈鼎山五龙滚江拳，陈若愚燕青拳，田兆麟太极拳，吴山、华春荣八式，滕南旋太极拳，濮玉散剑，濮伟三合刀，金昂棍拳，李丽久散手拳、进手剑，徐铸人李逵短打，陈敬承形意拳、形意剑，闻春龙长拳、少林短剑，苏景由太极拳，徐铸人、白志祥双手代进枪，陈月坡太极刀，胡桂山八极拳、六合拳，李元智少林拳，白志祥、童文华大刀进枪，王志群太极拳，徐亚东七星拳，曹竣一五行拳。[②]

浙江省国术分馆的馆址最终定在是年夏秋两季举办首届杭州西湖博览会的工业馆。该馆董事黄元秀（字文叔，1884—1954）[③]是一位辛亥元老，早年曾在日本与孙中山、黄兴等筹组同盟会并为浙江主盟人，是军界先进人物。黄"少居乡里，好与突鬓垂冠者纵谈技击未尝不心领神会。其时风气未开，辄为父老所阻。长而奔走国事，职务鞅掌，无暇及此"。[④]黄元秀曾在杭州随田兆麟学练杨家太极拳，在其推荐下，张静江聘杨澄甫为浙江省国术分馆教务长。据黄元秀自述：

民国八年，同学斯参谋镜吾聘北平田兆麟先生来浙，邀余加入，学才数月，江浙军兴，奔走劳瘁，遂至中辍。民国十八年，张静江先生至浙，开全国国术大会，国术名家联袂莅止。迩时见猎心喜，乃从广平杨澄甫先生重习太极拳。[⑤]

浙江省国术分馆成立后，酝酿了近一年的全国国术大会定于民国十八年（1929）十一月九日开始报到。省政府主席兼省国术分馆馆长张静江将此次活动定

①《西湖博览会国术名流表演与欢宴》，《申报》民国十八年（1929）六月十日，第三张第九版。
②《西湖博览会国术名流表演与欢宴》，《申报》民国十八年（1929）六月十日，第三张第九版。
③有关黄元秀事，参见薛裕祖《回忆先师黄元秀二三事》（《武魂》1994年第8期）等。
④黄元秀：《杨家太极拳各艺要义》"姚序"，国术统一月刊社，民国二十五年（1936），第二页。
⑤黄元秀：《杨家太极拳各艺要义》"自序"，国术统一月刊社，民国二十五年（1936），第八页。

名为"浙江国术游艺大会"。张静江和南京中央国术馆馆长张之江任名誉会长，由退职北洋将领李景林任会长兼评判委员长，省民政厅厅长朱家骅、省教育厅厅长陈布雷任副会长。杨澄甫接受委派赴北平，"延请北平国术家前往赛会"①。杨到北平联络后，于十一月中旬，即浙江国术游艺大会报到日期内，与北平诸拳家同车南下。是月十六日至二十七日间，在杭州镇东楼旧抚署空地举行表演和比试。大会评判委员由二十九人组成：委员长李景林，副委员长孙禄堂、褚民谊，评判委员刘百川、杜心五、杨澄甫、吴鑑泉、蒋馨山、张兆东、刘崇峻、王润生、张绍贤、刘协生、尚云祥、高凤岭、蒋桂枝、王宇僧、刘彩臣、黄柏年、金佳福、韩化臣、吴恩侯、许禹生、刘恩绶、马玉堂、张秀林、邓云华、杨季子、王茂斋。另有纠察委员三十七人。大会还设有顾问团，由钮永建（时任南京国民政府秘书

1929 年浙江国术游艺大会期间，莅会国术名家应黄元秀之邀，在杭州涌金门三雅园放庐合影。前排左起：杨澄甫、孙禄堂、刘百川、李景林、杜心五、郑佐平、田兆麟。后排左起：苏景由、钱西樵、高振东、褚桂亭、黄元秀、沈尔乔

①《太极拳专家杨少侯自杀》，《顺天时报》民国十九年（1930）二月三日，第七版。

长兼江苏省政府主席）、张群（时任国民党中央执行委员、上海特别市市长）、程
振钧（时任浙江省建设厅厅长、西湖博览会筹备委员会主席、西湖博览会副会长）
三人组成。此次国术游艺大会云集了全国的名家高手，盛况空前。[1]杨家不少门生
也身与其盛。

　　浙江国术游艺大会结束后，杨澄甫正式担任浙江省国术分馆教务长，杨家门
人田兆麟、牛春明、李雅轩等担任教习。据黄元秀记述：

　　　　北平杨家派，即世称"杨无敌"杨禄禅先生所遗传，如杨班侯、杨健侯、
　　杨梦祥、杨澄甫、许禹生、吴鑑泉等，亦各不同，大致分为大架子与小架子两
　　种。余尝以此事问之澄甫先生，先生答曰："先求开展，后求紧凑。初习者宜
　　大架子，能使筋脉舒张，血气充行，搞定方位，表示工夫。到用时，要快要
　　便，宜小架子也。家兄现在练的，都是打人法则。"其意若曰：基本工夫尚未
　　做到，欲越级而学打人，等于小孩，平路尚不能走，先要学跳，其可得乎？例
　　如学游泳，平稳静水之中尚不能浮泳，欲涉惊涛骇浪之江海可乎？又习骑马，
　　粗浅之慢步未有把握，而欲跳跃障碍物可乎？古人所谓登高必自卑，行远必自
　　迩，实为至理名言。总之，打人之事，非日常所需，而健康实为须臾不可相
　　离。试问吾辈，何者为要，何者为急？本篇所述，皆属平庸之谈，卑无高论，
　　倘读者能循此而进，日计不足，月计有余，于健康上不无裨益。至于惊奇骇俗
　　之论，好高骛远之谈，是非鄙人所知矣。近日一般学者——非徒弟之列，指普
　　通学者——往往求速求快，最好将太极拳五六步工夫、数十年学力，在三两日
　　内学成。故近年学太极拳者，由北而南，黄河流域，长江流域，浸至于珠江流
　　域，不下数十万人。即以浙江省而论，十几年来，亦有数千人，至今能稍有
　　成就者，几寥如晨星。即以普通能在推手上，将掤、捋、挤、按四字分得清
　　楚者，亦不多见。其原因何在耶？一在求速，二在无恒，好高骛远者，决无
　　成就。总之，吾人先从基础上练起，决无错误。第一求气血充足，然后能精
　　神饱满，身体强健，务使架式正确，举动合法，使其有利而无弊，循序而渐
　　进，不在思想之急迫，而在学力之勤惰与方法稳妥否也。杨梦祥先生，拳架
　　小而刚，动作快而沉，常使冷劲，偶一交手，肌肤辄痛，所指示者，类多应
　　用方式，其工夫确得乃祖真传，惜非常人所能学，文弱者不堪承教，无根底
　　者，无从领悟。且性情刚烈，颇有其伯杨班侯之遗风，同志中每兴难学之慨，
　　故其名虽盛，其徒不多。澄甫先生即梦祥先生之胞弟，架子开展而柔顺，手

---

　　①残生：《旧中国第一次全国武术擂台赛》，《武林精粹》第一辑，1984年3月。

法绵软而沉重，所谓丝绵裹铁弹，柔中有刚，好太极拳者均欢迎之。但仍有不愿与其推手者。每一发劲，辄被扑跌寻丈以外，为弟子者，仍难领受其内劲滋味。余常问澄甫先生，教人何必如此，先生曰：非如此无以示其劲，若随随便便、模模糊糊，君等何必来，岂不徒耗光阴、虚糜金钱耶？十八年秋，杨为浙江国术馆教务长，余常与推手，某次比演双按，杨顺势一扑，其手指并未沾着余之衣襟，而余胸间隐隐作痛多时。照常理论，手臂既未接着，何来疼痛之感？殆所谓拳风耶？余询之杨，杨曰：内劲耳，气耳。余至今仍不解其所以然也。[1]

此后的杨澄甫，除了平日在国术馆授拳，就是继续教授他的几位门人。馆中名教习另有奚诚甫、高振东、刘百川、高守武、萧聘三等。李雅轩对其师杨澄甫推手情形有所记述：

> 我与杨老师推手时，只是一搭上了手，我便感觉没有办法，身上各部都不得劲了。杨师虽很松软的向我臂上一沾，我不知怎的，便觉得各部都被其吸住了，如同对我撒下了天罗地网一样，我无论如何动总是走不开，无论如何动都是对我不利。杨师之手虽是轻轻的往我身上一放，我便感觉到这一手来得非常严重，使我动也不行，不动也不行，用大力不行，用小力也不行，快动不行，慢动也不行，用刚劲不行，用柔劲也不行，无论如何，总是不行。如同与妙手弈棋一样，对方一下子，我就没办法。杨老师虽是很稳静的神气，但我不知怎的，就觉得提心吊胆，惊心动魄，有如遇万丈悬崖，将要失脚之感；又如笨汉下水，有气节填胸之感；自己似草扎人一样，有随时被其打穿打透之感；有自己的性命自己不能保障之感。但杨师确并未紧张，并未用力，只是稳稳的一起一落、一虚一实的跟随而已。我就捕风捉影，东倒西歪，如立冰上，自己之动与不动操之于人，自己不能自主。以上这种情形究竟是怎么一回事？直到现在我还不明白。如杨老师的高深功夫，我一生还未见第二人有。我虽是跟随杨师十余年，但限于聪明，我的成就只有杨师的十之二三。[2]

另据李雅轩叙述：

> 杨师发劲巧妙，入里透内，打人于不知不觉之中。曾在北京西京畿道杨老师的公馆内，亲见与崔立志推手时用肘底捶，杨师陡然一去，崔则感觉如用木塞子插进胁部一样，疼痛万分。又于上海募捐时，杨师与武汇川推手使用的按

① 黄文叔：《武术偶谈》，国术统一月刊社，民国二十五年（1936），第八～一〇页。

② 陈龙骧、李敏弟整理：《杨氏太极拳诠真》"杨氏太极拳练习谈"，北京：北京体育大学出版社，2008年，第229页。

劲，只见其略一抖手，武则疼痛多日始愈。又于民国十七年，在南京大戏院为赈灾事，杨师与董英杰推手时使用的挤劲，只见其身势往下一沉，眼神一看，臂微一抖，董则如断线风筝，一个跟斗翻出丈外倒地。又于民国十八年，在浙江省国术馆教务长办公室，见杨师与田兆麟推手时用的按劲，只见其轻轻两手往田臂上一放，田则动亦不行，不动亦不行，不得已而奋力挣扎之，只见杨师以两臂轻轻松松地向他一送，眼神一看，田则一个大仰身翻出，嗨的一声，五体朝天摔在床上。①

晚年时期的杨少侯

杨澄甫到杭州，生活似乎短暂稳定了。而其时正游走在南京街头的杨少侯，则处于另一番境地。杨少侯性情孤介，对复杂变幻、日渐趋新的社会环境颇难适应，因而时常处于贫困的窘境，终患精神抑郁症。及至民国十九年（1930）年初，这位身怀绝艺、代不二出的太极技击高手竟于南京自刎，抢救无效，两日后逝于鼓楼医院。

杨少侯自裁事件的究竟，长期谜团笼罩，约略归根于愤世，大体不差。据其门生刘希哲记述：

先生以前岁来宁，客于王部长伯群家。本年一月十五日愤世自裁，当由王家送往鼓楼医院救治，因失血过多，遂于十七日戌时去世，卒年六十有九。先生殁之前一日，犹能谈笑自若，与予言时，辄竖其拇指，不减平时豪气，并频言天理人心。噫！先生之死，岂有所恨耶？然则何以谈笑自若，视死如归耶？②

一月二十日，也就是杨少侯不治身亡后的第三天，某方面即拟就一篇新闻稿，直到二十六日，该稿才得以登载于南京《中央日报》，标题将原因刻意归结为"食

---

①陈龙骧、李敏弟：《杨氏太极拳法精解》，成都：四川科学技术出版社，1992年，第177页。
②刘希哲：《锻炼身心与故杨少侯先生》，《申报》民国十九年（1930）九月二十四日，第一张第三版；《民鸣》第二卷第五期，民国十九年（1930）。刘希哲：《修炼身心与太极拳家》，《体育》第一卷第二期，民国二十一年（1932）二月。

指浩繁，其子不事生产"，意即家中人口太多，已吃不上饭，据该文称：

　　交通部长王伯群家之寓客杨少侯，于本月十五日，在王宅内用剪刀自刎，经发觉后，送往鼓楼医院医治，卒因伤重难医，于前日在院身故，兹择志其身世及自杀原因如下：

　　由平来京

　　杨为直隶永年县人，精太极拳。现任交通部长王伯群氏前在北平时，经友人介绍，与之相识。十八年春，杨忽由平来京，王氏闻其为太极拳嫡派，乃与友朋数人，邀在寓中，请授拳术，藉以锻炼身体。杨年将古稀，既苦食指浩繁，又因其子不事生产，居恒不乐，且北人南居，尤成不惯，以故时有神经恍惚之患。于本年七月间，王部长乃厚给其资斧，派人送其返里。

　　再度来京

　　杨因北归数月事无闲居，嗣于十一月中旬，因其弟澄甫应浙江国术馆之请，由平南下，杨亦随同来京，仍寄寓王宅，其意欲请王部长于北平方面代谋枝栖。但杨为拳术专家，识字不多，况年事已高，别谋工作，殊非易事。王氏乃劝其稍待机会，复多方慰藉，盖欲待车通天暖，送之北上，介绍平津友人，央之教拳，以解决其生活问题。

　　自杀逝世

　　讵本月十五日，杨在房中觅用剪刀自杀。迨发觉时，询其何故，答云：家境艰困，不得已也。王氏立即命人送至鼓楼医院诊视，一面通知其兄弟子侄，前来照料。杨受伤后，徒以年老受伤，难以医治，在院数日，遂于前日在院物故。杨氏所传太极拳术，迄今已分数派，独少侯为正宗，鲁殿灵光，倾于一旦，国学废绝，良可慨叹。杨亡后，王氏极为悯惜，筹资交其弟侄辈，为之办理后事云。①

　　彼时的报纸新闻，并非完全信实，以曲笔文过饰非者并不少见，各有意图，不能尽信。结合其他史料，约略可知：杨少侯到达南京几个月后，即民国十八年（1929）秋，与交通部"某秘书龃龉，遂辞归北平谋事，不获"②，正赶上十一月浙江国术游艺大会即将开幕，身在杭州的杨澄甫被委派赴北平"延请北平国

---

　　①《太极拳家杨少侯自杀　原因为食指浩繁其子不事生产》，《中央日报》民国十九年（1930）一月二十六日，第七版。

　　②《太极拳北派名家杨少侯自杀》，《益世报》民国十九年（1930）二月三日，第二张第六版；《国术家杨少侯自杀》，《华北日报》民国十九年（1930）二月三日，第九版。另见《太极拳专家杨少侯自杀》，《顺天时报》民国十九年（1930）二月三日，第七版。

术家前往赛会"①，杨少侯随同南下。因未受到浙江方面聘请，行经首都南京即下车，仍赴交通部部长王伯群家寄寓。浙江国术游艺大会结束后，杨澄甫在杭州任浙江省国术分馆教务长，而杨少侯却在南京艰困异常。彼时已有精神疾患的杨少侯自尊心极强，宁折不弯，绝不隐忍过活，终至一死。其时，任职于南京的北平体育研究社"社友谭君，正拟在京邀致旧日友朋组织团体，请其担任教授，藉维杨君生活。甫将成立，不意杨君遽尔自杀，国术界人士因是均为惋惜"②。另据时任南京国民政府行政院院长谭延闿在民国十九年（1930）一月二十六日的日记中记载：

> 杨少侯者自杀于王伯群家，可谓末路穷途，遂寻短见。人不识字，虽有绝技不能自用，深为太极拳惜此人也。③

然而，实情却并非如此简单。一月十六日，杨少侯正在南京鼓楼医院救治，当初将杨少侯荐与交通部部长王伯群的军政部某君即向记者有所透露，该记者于十七日拟出一篇新闻稿，登载于二十日的《上海报》：

> 自国民革命军北伐底定江南后，李景林、张之江等起而提倡国术，国民政府鉴于全国人民除一小部分人对于体育畸形之发达外，大部分民众疲弱不堪，故由教育部拟就《国民体育法》呈立法院通过颁布施行，训练总监部更有军事教育之计划，两次派出大批曾经考试有经验之军事教官分赴各省中等以上各学校予学生以军事训练，此亦振发体育之意也。而其最能引动国人之注意者，则莫如国术馆是。最近杭州与上海之两大会，尤使一般民众不易忘去。惟当此国术潮汹涌澎湃之时，乃首都忽有太极拳老师杨少侯消极而自杀闻，诚奇事矣。昨晤军政部某君，为杨教师之友，为记者言之颇详，兹略记之：
>
> 当去春国术潮高涨时，各机关多有组织国术班者，各大人物亦有自聘教师，既以自学，兼为家庭教师。现任交通部部长王伯群氏，公务本甚忙碌，且时时因事由沪而京、由京而沪，往来勤劳。然王部长不以公务太忙而废弃锻炼体格工作，去年春，王部长由某君之介绍得识当代太极拳老教师杨少侯，据某君语记者，杨教师之太极拳在现代中为有数人物，门徒遍布京中各机关云云，

---

①《太极拳北派名家杨少侯自杀》，《益世报》民国十九年（1930）二月三日，第二张第六版；《国术家杨少侯自杀》，《华北日报》民国十九年（1930）二月三日，第九版。

②《太极拳北派名家杨少侯自杀》，《益世报》民国十九年（1930）二月三日，第二张第六版；《国术家杨少侯自杀》，《华北日报》民国十九年（1930）二月三日，第九版。另见《太极拳专家杨少侯自杀》，《顺天时报》民国十九年（1930）二月三日，第七版。

③谭延闿：《谭延闿日记》，北京：中华书局，2019年。

晤谈之下甚为相契，比即聘为教师，待遇优厚，有如上宾。为日既久，杨对王氏常日奔走京沪有劳身体有所劝诫，王乃笑而他顾。又久之，待遇略差。去秋杨因事旋里，迫杨返京，王部长直命杨宿于勤务兵室。杨经此挫折，神经刺激太甚，前晚突然用自备大刀割喉自杀，及至同居之勤务兵等觉察，则杨已血染遍身，躺卧地下。当时由勤务某报告王部长，王即命送杨至鼓楼医院诊治。据医生检验后称，生命或可保全，但杨教师所住为三等病房，乏人照应，病状能否进步，尚难言定也。①

杨少侯身死后，《上海报》又登一文：

> 太极拳老教师杨少侯，自受交通部部长王伯群之聘后，即迁寓王之公馆内，后王氏忽令杨与勤务兵同居宿舍，故杨受神经刺激，竟用自备大刀割喉自杀，送至鼓楼医院，住三等病房，嘱医诊治，详情已志本报。兹得京讯，杨氏因伤重故，又乏照料之人，竟已前日死于医院中。呜呼！国术前途能弗悲乎！杨氏之死，虽非杀于王氏之手，究原追始，是谁之杀杨氏耶？读者诸君，能与杨氏叫屈乎？舆论所在，谁能逃此杀人之罪耶？闻杨氏物故后，由某方面撰出一新闻稿，送交各报馆披露，藉蒙社会耳目而塞责任。讵知各报馆均拒绝不载，可见公理尚在，能否管强权之压迫。兹将该稿探录如左，以凭公论。②

文中探录之文稿，即前述南京《中央日报》所登载之原文，《上海报》对该文加以评论，称："综观上述，洋洋千言，诚属大观，惟此稿既系某方面所撰，则其用意何在，令人费解。吾人但一读其稿内文字之偏重处，即可知其内幕矣。"③由此可见，《中央日报》新闻稿的背后，或确有为交通部部长王伯群开脱的意图，以致引起时人不满。

正当所谓国术昌盛之时，如凤毛麟角一般的拳家杨少侯愤世自刎于国民党的新都南京，实属太极拳史上的重大事件。少侯先生在艰困境遇下的负气一去，使得杨家太极诸多精要如《广陵散》一般成为世间绝响了。

据当年二月二十二日北平《益世报》报道：

> 太极拳术世家杨少侯，曾于一月十八日在南京去世，曾志报端，兹由伊门弟子、北平太极拳术研究社教务主任徐岱山，邀集同门阎岳川、金锡五、王旭东、崔立志、李德芳、李雅轩、杨岳山等，于本月二十日五七之期，在北平杨

---

① 非非：《太极拳老教师杨少侯自杀记》，《上海报》民国十九年（1930）一月二十日，第三版。
② 菊：《太极拳师杨少侯终归一死》，《上海报》民国十九年（1930）一月三十一日，第二版。
③ 菊：《太极拳师杨少侯终归一死》，《上海报》民国十九年（1930）一月三十一日，第二版。

氏本宅举行追悼纪念，并由太极拳社吴丹忱、冯月亭代表全社同人往祭，以表景仰。是日致送挽联花圈甚多，吊者亦不少，颇称一时之盛云。[1]

三月十三日的《申报》对于杨少侯逝世也有所报道：

> 杨君少侯，年届七十，为太极拳名手，交通部部长王伯群氏延请在家教授。月前忽以自裁闻，殊为武术界前途痛惜。杨君已属高年，不知何以致此。致柔拳社社长陈微明前曾请益于杨君，有师生之谊，现择于本月十六日在七浦路白云寺设位追悼，凡仰慕杨君及与有雅故者，想届时参加者必多云。[2]

据当时身在上海开办致柔拳社的陈微明述：

> 先生性矜傲，喜饮酒，醉则更甚，故多忌之者。先生传田绍先、尤志学等。余从先生之弟澄甫先生学，屡请教先生，先生亦乐与余言，其言均拳中精义，余辄纪录之。先生年益高，拳法益紧凑，出手甚短，而意则远；势若止，则神欲行。倏喜倏怒，若猫之捕鼠、鹘之搏兔，知与不知，观者无不欢笑鼓掌曰："此老神足气完，叹观止矣！"去岁，致柔拳社开会，先生来沪演拳，意兴甚高，与余谈两日夜不离拳法，遂别去。

> 嗟夫！当兹武术振兴之会，正英雄得意之秋，而先生乃以自裁闻！虽其刚烈之性，至老不变。然以一餐之难，竟至计无所之而出于一死！安得不为之扼腕而长叹也哉？！[3]

杨少侯有一子，名振声，未能接续父艺。关于少侯拳技传承，民国二十六年（1937）出版的吴图南《国术概论》载有东润芳、马润之、尤志学、田兆麟、乌拉布（即吴图南），另外尚有徐岱山、许禹生、李寿籛、刘希哲、张文炳（字虎臣，1898—1979）[4]、顾丽生（号履平，1904—1986）等，均仅得少侯一鳞半爪而已。据李寿籛自述：

> 余自幼好武，十余岁习少林拳，先后十余年。旋入保定速成学堂习军事，毕业后参与革命。辛亥之役积劳过甚，罹风湿甚厉，医药罔效，步履维艰。民二卧病燕京，遇太极名家杨少侯先生，得闻太极拳之精义及其功效，乃扶病从杨先生学，数月后病霍然愈。翌年在鲁，又遇到武当僧妙莲大师，先后从游八

①《太极拳家身后荣哀》，北平《益世报》民国十九年（1930）二月二十二日，第二张第七版。
②《定期追悼太极拳名家杨少侯》，《申报》民国十九年（1930）三月十三日，第四张。
③ 陈微明：《志杨少侯先生》，《申报》民国十九年（1930）三月二十二日，第五张第十九版。
④ 张虎臣主要传人有刘习文、韩世昌、王秀田、李顺波、梁礼、蒋林等。有关张虎臣事，参见张汉文《杨式太极技击架没有失传》（《武魂》2004年第7期），刘习文《谈谈我所知道的杨派太极拳》（《武魂》2005年第8、9期），刘习文、王秀田《杨派太极拳第四代传人——张虎臣先生传略》（《武魂》2005年第12期），刘习文《续谈我所知道的杨派太极拳》（《武魂》2006年第9期）等。

年，尽得此拳之奥秘。[1]

事实上，杨澄甫在浙江省国术分馆两三年间的生活也并非波澜不惊。据说，馆中太乙拳教习高守武素轻太极，对杨澄甫不甚恭敬。杨澄甫生性忠厚老诚，平时多忍让。某日，高在办公室边拉出推入杨的抽屉，边出言不逊，杨大怒。二人遂手持长枪至院中，高捻枪扎来，杨将枪头只稍一扣，高枪即脱手而出，飞落地上，高满脸羞愧，无地自容。另据杨澄甫再传、李雅轩弟子张义尚记述：

> 有杭州全国国术比赛第一名之某君，留杭州国术馆任教职，时澄甫先生任该馆教务长，专教太极拳，某君不信太极拳有技击作用，屡欲与先生较，先生皆谢绝之。一日早起，某君忍耐不住，乘先生浴面之际，即骤出手袭击，先生顺势一掤，将其粘起离地，随手一放，跌入办公桌下，内脏震伤，吐血数口。[2]

又据浙江省国术分馆首届学生陈天申于七十多年后披露：

> 1931 年的一天早上，大约已过了 8 时，当时正是南拳名师萧聘三在国术馆内教我们打黑虎拳。打黑虎拳是要发声、蹬脚的。功力深厚的名师每蹬一脚，水泥地上就会留下一个脚印。我们 30 余位学生纷纷提议萧老师露一手。后来，萧老师终于答应了我们的要求。他叫我们去搬来一些砖块，零散地铺在国术馆的水泥地上，并将一块很厚的青石板放在砖块上。
>
> 接着，萧老师便在青石板上打起了黑虎拳。只见他大喊几声，脚下一用力，下面的青石板和砖块都成了碎片……
>
> 我们 30 余名学生一起鼓掌大声叫好，声音惊动了还在睡觉的太极拳名师杨澄甫。杨当时是国术馆的教务长，有较晚起床的习惯。他披衣出门大声责问："什么事，这么吵？"萧聘三便回答说："是我在教学生练习黑虎拳。"杨说："这种东西有什么用！"这句话惹恼了萧聘三，他当即提出要与杨比武。杨说："好，你就在我的肚皮上打三拳吧！"
>
> 萧聘三运足劲一拳打在杨的肚皮上。我们看到杨的脸上露出了痛苦的状态。萧打第二拳后，我们仿佛察觉到杨的嘴里有血腥味。萧打出第三拳后，杨右手紧捂肚皮，左手一掌飞出，击在萧的心窝处。萧聘三顿时倒在了 2 米开外处，口吐鲜血。
>
> 杨萧之争也惊动了国术馆内的各位教师，他们将杨澄甫、萧聘三扶回各自的房间。

---

[1] 李寿籛：《武当嫡派太极拳术》"自序"，业余太极拳社，民国三十三年（1944），第八～九页。

[2] 张义尚：《武功薪传》"杨澄甫太老师略传"，北京：社会科学文献出版社，2012 年，第 321 页。

　　此后，这两位名师都由于伤情严重，不再教我们武术。不久，杨澄甫便离开了国术馆，由刘百川先生继任教务长一职。

　　我在国术馆共学习了两年时间，毕业后曾留在国术馆担任助教。1933年，我去南京国术体育专修学校继续自己的学业。不久就传来萧聘三老师逝世的消息。而杨澄甫先生也在1936年病逝。两位武艺高超的名师，就是为了这样一桩小事，而遭受重创，并都过早地去世了。[①]

　　未久，杨澄甫离开杭州，携眷属及董英杰等弟子转往上海，先是住在三马路福建路的惠中旅馆，之后濮秋丞为之租借圣母院路巨籁达路圣达里六号寓居，后又迁居巨籁达路大德村二十号。濮秋丞（1871—1960），名文波，字韵涛，又字海帆，号秋澄、秋丞，也号漱石，安徽省芜湖县人，清光绪三十年（1904）甲辰科进士[②]，补任江苏省阜宁县知县，民国初期退出政界，回归芜湖原籍，为某面粉厂和发电厂股东。因慕太极拳，约在民国七年（1918）杨健侯辞世前，曾相继邀请杨澄甫、杨少侯至芜湖短期授艺，此后濮家移居上海。当时，杨澄甫的门生陈微明开办致柔拳社，曾在杭州随田兆麟学太极拳的叶大密也于民国十五年（1926）冬在上海创办了武当太极拳社。但杨澄甫到上海却并未自开拳社，也未在这些拳社任教，只是时而受聘教授私人。

　　杨澄甫在杭州期间曾拍摄拳照一套，由其口授、弟子董英杰等协助整理的《太极拳使用法》于民国二十年（1931）一月在上海文光印务馆出版。据说，此书内容丰富，但体例杂乱，文字也多俚俗，叶大密认为此书或致杨家太极声誉受损，杨澄甫遂命弟子前往书铺收回余书焚毁，故原始版本流传不广。

　　随后，由杨澄甫口授、郑曼青笔录定稿的《太极拳体用全书》第一集于民国二十三年（1934）二月由上海大东书局出

《太极拳使用法》中的杨澄甫照

----

　　① 张学勤：《浙江省国术馆内的一桩憾事——武林前辈陈天申先生生前留下的一份口述史料》，见杭州市政协文史委员会：《杭州记忆》（第一辑），杭州：杭州出版社，2017年。

　　②《明清历科进士题名碑录》，台北：华文书局，1969年据美国夏威夷大学藏清光绪三十年（1904）本《国朝历科题名碑录初集》影印，第二九二一页。

杨澄甫推手图照

版，此后多次再版，成为习练杨家太极的经典。该书由钱名山题笺，郎静山拍摄作者肖像。蒋中正、吴铁城、蔡元培、张厉生、张乃燕、吴恩豫、张人杰、庞炳熏等国民党军政要员均为该书题词。其中，蔡元培题曰："可以御侮，可以卫生，愿以此百利而无一害之国粹，为四百兆同胞之典型。"书中"自序"有云：

　　余始则授徒于旧都，嗣以局促一隅，为效褊坡，更南走江淮浙间。复嘱陈生微明，以余口授者，刊为一书。历十余载，而太极拳之风行，自河南北，及于江左右，甚且粤水之滨，习之者大有其人矣。顾陈子之书，仅述单人练习之程序，且翻阅十数年前之拳架，又复不及近日，于此见斯术之无止境也。今因诸生之请，复继续将体用之全，编次成集。基本练法及推手大将，附以最近图

《太极拳使用法》中的对敌图

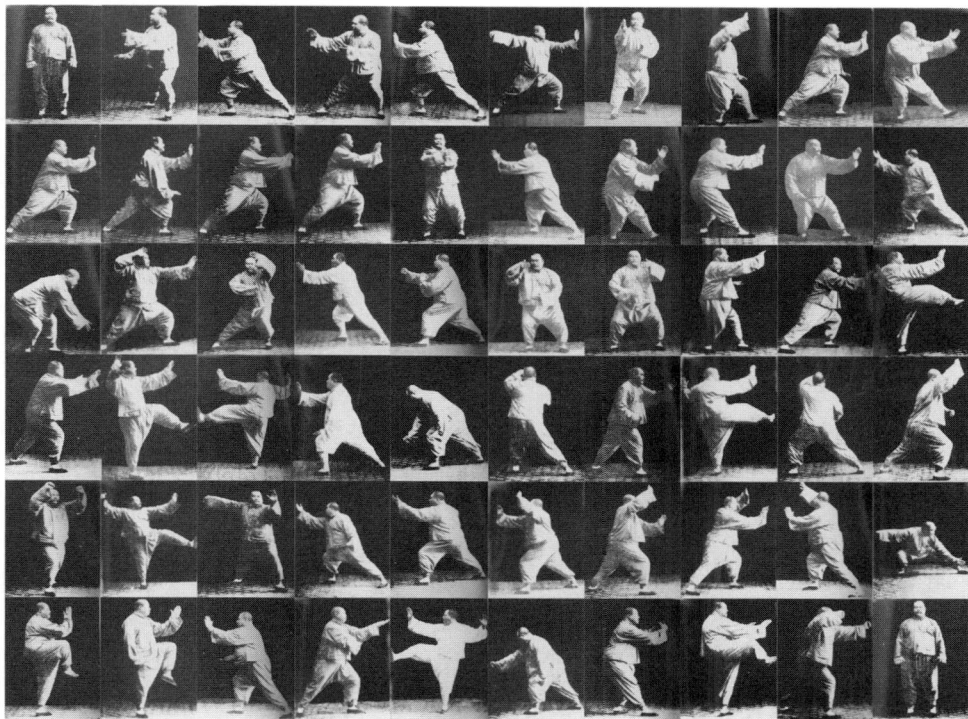

《太极拳体用全书》中的太极拳照

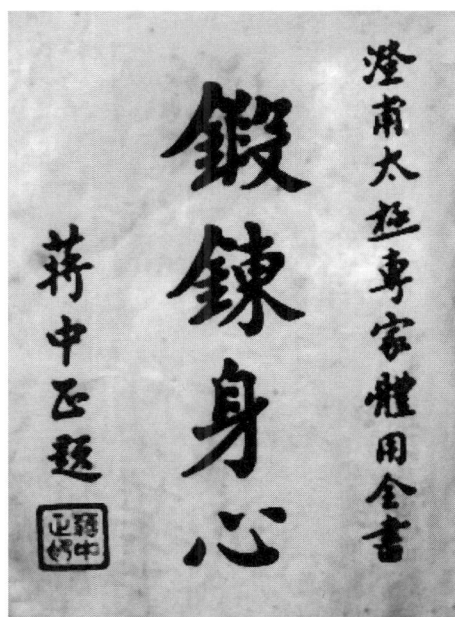

蒋介石为《太极拳体用全
书》题词

影，付诸梨枣以公于世。剑法及枪戟刀等，拟为第二集续刻。非敢以术自鸣，窃欲宏先人振人救世之志云尔。[①]

杨澄甫容貌魁伟，性格温厚，继承其父杨健侯之风度，推手技巧精妙，善化善发，出手绵软而听劲至灵，动之至微，引之至长，发之至骤，尤以丹田劲足见长，杨家弟子李雅轩评价称："露禅之轻快，班侯之冷劲，健侯之神粘手，少侯之软打，澄甫师之丹田劲……以上前辈先生的功夫，已到最上乘的功夫，吾辈要时常思想才有进步。"[②]杨澄甫发劲时内劲大、落点准、速度快、距离短，故而凡身受者，未觉其动而已腾空跌出丈余，却不觉痛。其教人多传大架子，绵里藏针、刚柔相济、放得开、收得拢、舒展大气，为人向慕而仿效。

杨澄甫推手功力深湛，对于推手的论断颇精。陈微明记述了老师杨澄甫的一段推手言论：

> 世间练太极拳者亦不在少数，宜知分别纯杂，以其味不同也。纯粹太极，其臂如绵裹铁，柔软沉重，推手之时可以分辨（太极有二人推手之功夫）。其拿人之时，手极轻而人不能过，其放人之时，如脱弹丸，迅疾干脆，毫不费力。被跌出者但觉一动，而并不觉痛，已跌丈余外矣。其粘人之时，并不抓擒，轻轻粘住即如胶而不能脱，使人两臂酸麻不可耐，此乃真太极拳也。若用大力按人、推人，虽亦可以制人，将人打出，然自己终未免吃力，受者亦觉得甚痛，虽打出亦不能干脆。反之，吾欲以力擒制太极拳能手，则如捕风捉影，处处落空。又如水上踩葫芦，终不得力。此乃真太极意也。[③]

杨澄甫善于用剑，剑法精妙，因不欲伤人，与人比试时往往换作竹剑。杨家素来"出手见红"，杨澄甫内劲充沛，有时难免无意伤人。据傅钟文记述：

> 澄甫尝应刘氏聘游武汉，武汉武术界有邀与比剑者，澄甫一再谢。既而固辞不获，乃相约请以竹剑抵宝剑，免伤人。讵对方来意叵测，举剑直刺，澄甫以竹剑击其腕，腕伤剑脱。又有人擅点穴，欲试澄甫，澄甫与约，试乘不备而进，终不能入。[④]

杨家太极大枪素负盛名，杨澄甫的大杆子功夫也是造诣精纯。据黄景华[⑤]弟子

---

① 杨澄甫：《太极拳体用全书》"自序"，上海：大东书局，民国二十二年（1933）。
② 陈龙骧、李敏弟整理：《杨氏太极拳诠真》"杨氏太极拳练习谈"，北京：北京体育大学出版社，2008年，第235页。
③ 陈微明：《太极拳》，《申报》民国十四年（1925）九月二十一日，第六张第二十二版。另见陈微明：《太极剑 附太极长拳》"太极拳名人轶事"，上海：中华书局，民国十七年（1928），第八页。
④ 傅钟文：《永年杨家拳艺述略》，《永年太极拳社十周年纪念刊》1954年，第十九页。
⑤ 有关黄景华事，参见瞿世镜《忆念恩师黄景华先生》（《武林》2002年第8期）等。

瞿世镜记述：

> 澄甫公所用之白蜡杆，粗如酒杯，与对手练太极黏枪之时，两杆紧贴，往复粘黏，毫无声响，只听得澄甫公猛喝一声，对手即腾空跃出。澄甫公门徒武汇川，身躯魁伟，体重 200 余斤。景华师曾观看澄甫公与汇川师伯练习黏枪，枪杆甫交，澄甫公出声发劲，武师伯被腾空扔出三丈之遥，从堂屋跌出天井，将分隔堂屋与天井之柳木隔栅撞得粉碎，武师伯倒地之时，枪杆尚未脱手。余幼时听景华师讲述澄甫公之枪技，心中窃以为凡人决无此等神力，老师必定有所夸大。80 年代，我于上海爱兴公园结识吴鑑泉门人江长风老先生。据江先生云，当年曾见澄甫公与武汇川表演太极黏枪，杨公大喝一声，将武掷出数丈之外，澄甫公仙逝之后，从未见此绝技。吴门长于柔化，无人有此猛劲。江老先生并非杨门弟子，对杨公决无溢美之意。于是我深信景华师当年所言不虚。澄甫公之枪法，不仅在太极门中赫赫有名，并且受到其他门派拳师高度赞赏。查拳名家杨洪修、马金镖所创之"十二路棍点子"，就吸收了澄甫公四黏枪、四散枪部分技法。[1]

因杨澄甫的太极拳声名远播，时任国民党西南执行部和国民政府西南政务委员会常委、集广东党政军大权于一身的陈济棠函聘杨澄甫赴粤授拳。杨澄甫携外孙女婿傅钟文于民国二十三年（1934）自上海乘坐意大利邮轮"康特鲁索"号南下广州。

杨澄甫性情惷厚，不善言辞，在外人面前对其他门派之长短一概不谈，并且一再告诫众弟子不得妄议人短。据说，国立中山大学校长邹鲁特地聘杨澄甫前去中山大学讲学，"但杨极不善辞令，在欢迎会上，数次拉傅钟文之衣裾，傅只好敷衍了几句。之后，杨先表演了一趟拳、一趟剑，又同傅表演了推手，博得盛赞"[2]。

杨澄甫在广州会客、赴约、讲学或表演，均由傅钟文等人陪同。傅钟文称，"从游岭南时，每有比试，辄令钟文当之"[3]。杨澄甫在广州陆续授拳于陈济棠第一集团军总部、广西李宗仁与白崇禧驻粤办事处、第四集团军总部、广州公安局、国立中山大学、国立广东法学院等处。原拟半年即北返，而广东法学院院长曾昭然（如柏）为使其能安心教拳，请陈济棠在第一集团军总部为杨澄甫谋一谘议职务。杨澄甫至广州后，所受礼遇远远高于从前在北方授艺之时，对广

---

① 瞿世镜：《太极宗师杨澄甫》，《武林》2001 年第 5 期。
② 冯文彪：《傅钟文和杨澄甫》，《武林》1981 年第 2 期。
③ 傅钟文：《永年杨家拳艺述略》，《永年太极拳社十周年纪念刊》1954 年，第十九页。

1934 年 12 月 23 日，杨澄甫与广州市政府国术组成员合影

1934 年 12 月 23 日，杨澄甫与任外孙女婿
傅钟文于广州合影

杨澄甫在广东法学院

州生活颇感适意，遂有意长驻广州，还特嘱曾昭然"缮具门生帖，遵旧规矩正式拜师"①。

三个月后，杨澄甫长子杨振铭（守中）等家人已南下广州定居，弟子董英杰亦应师命赴广州助教，傅钟文则返回沪上。据当时正在广东法学院读书的金承珍晚年口述：

> 我学院的院长曾如柏先生（曾任西南执行部官员）过去在北平读书时，曾从杨老师学过太极拳，深知太极拳的奥妙。到广州后，他向陈济棠推荐，故陈特邀杨老师来广州教拳。杨式太极拳之所以南下广州，与曾如柏先生是分不开的。我恳求曾如柏先生在我院设一太极拳班。后他征得杨老师的同意，学员由我召集，并推选我为班长。于是，我院特设的这一太极拳班，荣幸地得到了杨老师及其大儿子杨守中师傅的悉心指导。但自己资质愚钝，只知皮毛。
>
> 杨老师教拳是十分公开的，每班约十至十二人。教拳时，由守中师傅带拳，杨老师在旁指导，严格要求，一招一式，一拳一腿，言传身教，不厌其烦，直到动作符合要求为止。学员有不明白处，百问百答，十分耐心细致。即使最低能的学员，他也是和蔼可亲，满腔热情，纠正不正确的动作及姿势。他这种诲人不倦的精神确实令人敬佩。
>
> 杨老师为人大方，平易近人，谆谆教诲每个学员，指出学太极拳的目的就是"健身、为国、除强暴，以振兴民族精神"。要求学员做到"吃苦耐劳，坚忍不拔，持之以恒，百折不挠"。
>
> 杨老师气宇轩昂，功夫到家，集杨式太极拳之大成。拳术风格是"动之至微，引之至长，发之至骤"。在讲沾黏连随时，用一条普通的洋纱线，用手捏住一端，让别人捏住另一端站立，规定在一定范围内，让对方以任何形式，用最快的速度和力量，向任何一个方向拉去，而他总是紧紧相随，使对方始终无法拉断这根线。有时他出一个右掤手给学员做练劲，要学员用力推动，他脸不变色心不跳，神态从容自若，像没有丝毫东西搭在他手上一样。当对方的手搭在他的手上时，他稍微一动，对方已经横倒或往其他方向跌出。有时让人推其身躯部分，如触棉絮，用尽最大力，最快的速度突然去推他，也毫不受力，稳如泰山。
>
> 一次有个学员，特学过南拳及其他外家拳，要求与杨老师比试一下。刚

---

① 曾昭然：《太极拳全书》"自序"，香港：友联出版社，1960年。

一出马，只见杨老师五指抓住其头顶，如泰山压顶，立即使他下蹲扑地（不少人尝试过）。杨老师随即提他起来，那学员佩服的五体投地。杨老师一次赴香港，有一南拳名师要与之比手。其人如猛虎扑来，杨老师稍闪化马步，用右手食指一指，观众也未觉其手指触及对方身体，对方即已跌出二丈（发劲速度快，肉眼看不见），以后就不敢再较量。观众纷纷议论，认为杨老师有神打功夫。又一次，杨老师和守中师傅前去总部教拳，遇到陈济棠的一名警卫员，此人善南拳，能敌多人，身强力壮，有"小水牛"之称。他以讽刺口吻说："太极拳这样慢，一摩一摩，是否能打人的啊？"要求与守中师傅比试一两手。比手时，守中说："你不要用那么大力啊！"警卫员单刀直入，如猛虎下山之势向守中扑来，只见守中轻轻一捋，就将其挤出丈外。守中即上前拉他起来，并对他笑着拱手表示道歉。警卫员心悦诚服地说："杨家太极拳真是无敌于天下。"[1]

民国二十四年（1935）四月，杨澄甫尚在广州，上海则出版了杨的新书《太极拳实用法》。据上海报刊消息：

> 国内太极拳泰斗杨澄甫氏，近费其数年之心血，将其平生之经验，编著《太极拳实用法》一书，内容关于太极拳、太极剑、太极枪各种练习步骤以及实用等等，靡不详细剖述，俾阅者能一目了然，可以有无师自通之妙，闻该书现托本市鲁班路东亚体专贩卖部代售云。[2]

经历大半生的奔波劳顿，杨澄甫在广州的生活稳定下来。在安逸的环境下，原本肥胖的他日益发福。由于不适应南方的湿热气候，水土不服，得水臌之疾。民国二十五年（1936），杨澄甫返回上海就医，居福煦路圣母院路东首安乐邨二号。终以受病太深，无法疗治，于三月三日（农历二月初十）一时逝世，次日下午一时大殓，终年五十三岁。

是年农历闰三月廿七，上海国术团体在功德林为杨澄甫举行了规模不小的追悼会。据次日的《申报》报道：

> 沪上国术团体昨在功德林为太极拳名师杨澄甫氏开追悼会，到者除杨氏家属外，有浙江省国术馆馆长褚民谊、中华体育会徐致一、章启东，上海市国术馆吴鑑泉，南京太极拳家姜廷选、吕殿臣，武当太极拳社叶大密，汇川太极拳社武汇川，致柔拳社陈微明、黄叔文、胡朴安等百余人。挽联挽词悬挂满壁，

---

① 金承珍口述、金继中整理：《杨澄甫南下广州传拳轶闻》，《武林》1982 年第 7 期。

② 《杨澄甫〈太极拳实用法〉出版》，《新闻报》民国二十四年（1935）四月二十五日，第四张第十四版；《国术统一月刊》第一卷第七、八期，民国二十四年（1935），第八十三页。

大致南北各省俱有。十时余，公推陈微明氏主祭，陈铎鸣司仪。全体肃立致敬后，即由陈君报告杨先生历史（辞略），次由褚民谊氏致辞，略谓杨先生一生道德功夫，极为全国同志所钦佩，先生为强身救国，提倡太极拳，北自幽燕，南至两广，可谓不遗余力，惜乎天不永年，顿失所宗，惟望后起同志，继续杨先生遗志，努力做去，则不但民族复兴有望，而杨先生之精神亦不死矣。次由孙存周君略述杨先生与其先公禄堂先生幼年苦志练功之经过情形，勖勉后起者之努力。末由杨氏家属致谢而散。①

追悼会后，起枢北上，至南京浦口，与停厝南京多年的长兄杨少侯灵枢会合，一起归葬于河北省永年县闫门寨杨家祖坟地。

杨澄甫一生所传甚众，在传授过程中将杨氏太极拳大架定型，被视为一代拳宗，世称"杨老师"。②

1954 年上海《永年太极拳社十周年纪念刊》中的"永年杨公澄甫遗像"，1934 年 12 月 23 日拍摄于广州

四、广为流传：遍布南北西东的杨家后辈

杨禄躔有三子，长子早亡，次子杨钰（班侯）仅有一遗腹子杨兆鹏（凌霄），三子杨鑑（健侯）又有三子，次子早殇，长子杨兆熊（少侯）仅有一子杨振声，三子杨兆清（澄甫）有四子，长子杨振铭（1911—1985），次子杨振基（1921—2007），三子杨振铎（1926—2020），四子杨振国（1928—2013）。可知，杨家杨禄躔——杨健侯——杨澄甫这一脉较为兴旺。

民国二十五年（1936），杨澄甫辞世时，其长子杨振铭二十六岁，次子杨振基十五岁，三子杨振铎十岁，四子杨振国八岁。

---

① 《太极拳名师杨澄甫追悼会》，《申报》民国二十五年（1936）五月十八日，第三张第十二版。
② 谢啼红：《杨澄甫先生及其高足》，《艺文画报》第二卷第八期，民国三十六年（1947），第十九页。

杨振基（右）与杨振铎童年合影

杨澄甫与继室侯助清及次子振基、三子振铎、四子振国合影

杨振铭（守中，1911—1985）　　《太极拳使用法》中的青年　　中年时期的杨守中
杨守中

杨振铭，字守中，其母为杨澄甫元配，于民国七年（1918）早逝。翌年，杨澄甫回永年娶继室侯助清（1899—1984），民国十年（1921）仲夏，于北京城生次子杨振基。

杨守中八岁随父习拳，年十四解悟拳经，为父助教。民国十七年（1928），不足二十岁的杨守中应聘赴安徽芜湖授艺年余，转赴南京国民政府交通部审计处任教。杨澄甫携夫人及八岁的次子杨振基、三岁的三子杨振铎、刚出生的四子杨振国举家南下上海后，杨守中也去了上海，并辗转南京、杭州等地。民国二十年（1931），杨澄甫自杭州返回上海后，杨班侯之子杨兆鹏从永年老家到上海跟杨澄甫学拳，杨澄甫将杨振基兄弟交由杨兆鹏管教。

民国二十三年（1934），杨澄甫受聘南下广州，一家人住在东山的一幢小楼。楼下有一宽大的客厅和后院，客厅是杨澄甫和长子杨守中教拳之地，杨守中妻和杨振基兄弟几人在后院练习，平时杨守中协助父亲外出授拳。杨振基入国立中山大学附属中学读书，住地离学校远，他一大清早步行去学校，放学就得往家赶。全家人都不看电影、不听戏，有空即练拳。杨澄甫规定杨振基兄弟每晚练拳架三遍以上。若练不好或不够数，不能睡觉、不能上学。

民国二十五年（1936），杨澄甫返沪疗疾，医治无效，病逝上海。翌年七月，抗日战争全面爆发。迫于生计，杨夫人决定把杨守中留在广州教拳，携振基、振铎、振国三兄弟和杨守中的一个女儿回河北永年县老家避乱。兄弟三人由杨夫人督促，除了上学就是闭门练功。

河北被日军占领后，当地青年常被抓丁。此时的杨振基已近成人，杨夫人命其到北京、天津投奔杨澄甫的弟子们。杨振基经人介绍到了天津，先后在万华银号和大华公司当职员，期间常与友人切磋拳艺。

日军侵占广州，杨守中妻和儿子到乡下避难，途中翻车身亡。后来，杨守中续娶梁帼义，生三女。

直到民国三十七年（1948），身在广州的杨守中向上海傅钟文打听家人下落，得知二弟杨振基在天津，且因战乱已无工作。不久，杨振基便接到杨守中寄来的路费，他先从天津坐船到上海，然后从上海乘飞机到广州。动乱患难之际，长期杳无音讯的兄弟二人终聚一处。

杨振基在广州待了数月。杨守中白天外出授艺，杨振基自己在家练拳。晚上，兄弟二人一起练。杨振基后来说："父亲在世时，我年纪还小，太极拳的很多东西是从我哥那里学来的。"

其时，广东中山县有人请杨守中任教，杨守中让杨振基前去。随后，杨振基只身到了中山县，住在石歧镇图书馆。中山县第一中学曾聘其授拳，后杨振基又兼教广州世光小学国术，课余指导当地求学者。中山县不少人奔走于香港、九龙、澳门之间做生意，一些人得知太极拳的益处，便来跟杨振基学，其中有不少地方名绅。杨振基在中山期间，间或与杨守中相聚研拳推手，如此一年多。

1949 年，杨守中举家迁往香港，蛰居元朗三年余。1953 年移住湾仔路骆克道 315 号 4 楼，闭门授徒，著有图书《双人图解太极拳用法及变化》（1961 年香港版）、*Practical Use of Tai Chi Chuan*（1976 年波士顿及香港英文本）。杨守中在《双人图解太极拳用法及变化》一书的"自序"中写道：

> 余八岁习拳，年十四解悟拳经，通晓刀、剑、枪各法，并为父之助教。年十九只身赴皖，应芜湖电灯厂厂长之聘，授拳年余，转任教于南京交通部及审计处，以后随先父仆仆于沪、浙、闽、粤间，或为团体之教授，或为私人之导师，积教拳三十余年之经验，凡祖宗遗传之拳法及功架，不敢擅自增损、有所变更。是以经余亲自教授者，未有不合乎先人之规矩。惟我国幅员之大，人口之多，甲于星球，岂能尽余亲授，是以特将祖传之秘法及余所得之经验，公之于世。

其弟子张世贤在《双人图解太极拳用法及变化》序言中描述了杨守中的太极技艺：

> 杨师家学渊源，功夫深湛。出手之重，其足之稳，逾于常人。而其身体各部，均可任人拳击，惟人所击之处，即系其发劲之点，跌人寻丈之外，实属易事。至于其与人搏击，则出手之快，变化之多，更不同凡响。是以国内外从其

学者，不可胜计。

由于历史原因，杨守中在大陆影响不大，而海外弟子众多。夫人梁帼义，女帝儿、玛丽、伊丽，均从其学。拜门弟子有叶大德、朱振舜、朱景雄三人，得其传者另有张世贤、黎学笋、邓煜坤、宋耀文、伍宝钊、潘炎流、区荣钜、罗琼、马伟焕、徐涛、邓颂棠、马容根，等等。

1985 年三月七日（农历正月十六），杨守中进厨房打开水，因地板滑，仰面摔倒，后脑磕碰硬物，待家人发现，已抢救不及，得年七十有五。①

杨守中迁往香港后，杨振基继续留在中山县。新中国成立之初，铁路通车，杨振基得以返回河北永年老家。1950 年 9 月，杨振基到中国花纱布邯郸分公司当保管员，业余在家中练拳不辍，并一直保持半夜子时练拳的习惯，同一单位的人也不知晓。20 世纪 50 年代末，中共中央华北局第一书记李雪峰跟上海傅钟文学太极拳。经傅举荐，杨振基于 1962 年被调到河北省体工大队任太极拳教练（实际不在此处教拳），此后至"文革"前，一直在河北省委、华北局教拳，并且在北京、天津、上海等各地教授领导干部，李雪峰与林铁、刘子厚等均从其学。有时杨振基甚至跟随领导人到青岛、南京、秦皇岛等地视察，于闲暇时间教他们练拳。当时教领导干部练拳还需保密，因而杨振基很少看电影、看戏，与朋友交往亦少，每天安排紧凑，空闲下来也要随时待命。"文革"开始后，杨振基又回到邯郸市，被安排为体育场的编外人员，非常苦闷。随着"文革"的深入，杨振基因传播太极拳以及其兄长杨守中的"海外关系"，成为审查批斗的对象，停止工作。生性倔强、为人谨慎的杨振基从此不在外人面前谈及自己的家庭背景和太极拳。但他颇有涵养、正直谦逊、中正平和，无论别人用什么手段激他，他也从不恼火反驳。

直到 1978 年后，杨振基的家传太极拳艺才重新展现出来。1981 年 3 月，全日本太极拳访华团一行十多人到河北省永年县"寻根"。在有关部门的安排下，杨振基接待了访华团，其太极推手深受日本人称赞。访华团原定在此逗留三天，其中两天半游览古迹，后临时改变计划，三天全部向杨振基学拳。

杨振基膝下无子女，自 20 世纪 80 年代初起，将拳技悉数传授给其夫人裴秀荣。为使杨家太极得以延续，他开始在小范围内有限度地教授。1987 年退休后，时常有人上门求教，杨振基来者不拒，并在自家门外空地上向人讲拳。20 世纪 90 年代初，太极拳在邯郸引起人们的高度关注，且成为群众的健身运动，杨振基才

---

① 严翰秀：《杨守中二三事》，《武术健身》1994 年第 2 期。

开始从跟他学拳的人中正式选定几个弟子，并出版了《杨澄甫式太极拳》一书，披露拳谱，悉述家传。

杨振基自幼随父辈兄长习艺，胸怀坦荡，经八十余年精修苦练，积淀了浑厚的功力，形成身法中正、结构严谨、动作简洁、架式舒展、行拳顺畅、虚实分明、轻灵自然的大家风范。[①]

自 20 世纪 90 年代以后，杨家太极则以杨澄甫三子、久居山西太原的杨振铎（1926—2020）[②]影响较为广泛。

民国时期，陈炎林曾有一番评述：

> 大凡艺事，往往一代逊于一代，拳术亦然。以杨氏论，则露禅可谓登峰造极，莫与之京，然传至其子已较逊，传至其孙而越逊。今少侯澄甫子，亦各得遗传。幸其子孙，克绳祖武，黾勉有加，则杨氏令名，得以保存矣。[③]

当年，杨澄甫的二哥杨兆元颇有其二伯父杨班侯遗风，性格暴烈，虎食狂饮，又因只生二女，郁闷不乐，后得绞肠痧，英年早逝。所遗长女杨聪（1888—1962）、次女杨敏，均由杨健侯老夫妇照看。此后，杨聪在永年嫁于赵澍堂（1882—1951），生子赵斌（1906—1999），续生二女，长曰赵桂珍（1908—1975，傅钟文之妻），次曰赵秀珍。民国中期，赵斌[④]与傅钟文（1903—

---

① 有关杨振基事，参见罗士民、焦玉庆《一代名师杨振基义务授徒逾四千》（《武林》1992 年第 7 期），严翰秀《太极拳奇人奇功》"杨式太极拳传人杨振基的传奇生涯"北京：人民体育出版社，1996 年），严翰秀《练死拳，死练拳——杨露禅第四代孙杨振基答记者问》（《武魂》2002 年第 8 期），严翰秀《杨振基的习武生涯》（《少林与太极》2004 年第 3 期），张兴洲《怀念杨振基先生》（《武当》2008 年第 9 期），王凤英口述、龚建新采写《我和杨振基老师的太极情缘——杨式太极拳传人王凤英忆旧》（《中华武术》2011 年第 5 期）等。杨振基主要传人有严翰秀、常关成、郑豪、王凤英、张国胜、胡贯涛、贾智林、靳凯英、高振东、杨松林、李厚同、江义蓉等。

② 有关杨振铎事，参见樊云芳《祖传技艺献人民——访杨式太极拳嫡派传人杨振铎》（《光明日报》1982 年 6 月 21 日，第 2 版），晓锐《杨式太极嫡传人——访全国武术工作会议代表杨振铎》（《武林》1983 年第 7 期），田玉生、乔凤梧《宏扬太极有遗风——访杨式太极拳传人杨振铎》（《中华武术》1988 年第 8 期），严翰秀《太极国手杨振铎》（《武当》1991 年第 6 期），谢文德《太极大师杨振铎》（北京：中国方正出版社，2005 年），杨丽、杨择令《武林泰斗　和善老人——访中国十大武术名师之一、杨式太极拳宗师杨振铎先生》（《少林与太极》2006 年第 4 期）等。杨振铎主要传人有杨军（长孙）、杨斌（次孙）、谢文德、杨礼儒、姚国安、药俊芳、梁秀芳、杨永芬、王德星、李寿堂、贾承平、田宪文、李存厚、宋斌、罗海平、简桂妍、张素珍等。

③ 陈炎林：《太极拳刀剑杆散手合编》"杨家小传"，上海国光书局，民国三十八年（1949），第 7 页。

④ 有关赵斌事，参见路迪民《杨式太极拳及其西北传人赵斌》（《武林》1984 年第 5 期），扎西、马文涛《辛劳数十年　功德留人间——为赵斌恩师逝世一周年而作》（《武当》2000 年第 2 期）等。赵斌主要传人有王广璘、路迪民、赵子华、扎西、崔鸿培、张全安、郝宏伟、庞大明、苏学文、吴金华、英辉、董德全、黄抗美、翟金录、崔彦彬、韩婷玉、范雪云、刘选利、刘进宝、赵浩业、胡克禹、赵廷铭、周振、王天玉、孙羽、关志刚、杨志超、朱秀杰、魏高良、张世昌、刘庆武等。

杨澄甫与侄外孙赵斌（右）及外甥张庆麟（中）于杭州合影

傅钟文太极拳照

1994）①均曾受教于杨澄甫，后分别定居于西安和上海，皆为杨家太极的主要传承和传播者。抗日战争胜利后，民国三十五年（1946）十一月二十四日，傅钟文在上海成立永年太极拳社。据《民国日报》报道：

> 上海市永年太极拳社于廿四日假座金陵东路冠生园开成立大会，市党部包伯义、社会局杨知方莅场指导，来宾有精武体育会、致柔拳社、诚社及张庆麟先生等，社员到者马公愚、黄翰良、蔡柏森等数十人，情况至为热烈。该社由近代太极拳泰斗杨澄甫令甥傅钟文义务教授，现社南教练场于英士路西门中教道义会庭园，北教练场于乍浦路武昌路，即日起招收新学员云。②

傅钟文此后长期在该社义务教授太极拳。赵斌又传其子赵幼斌③等，傅钟文传其子傅声远（1931—2017）④等。

---

① 有关傅钟文事，参见吴金祥《记傅钟文先生》（《永年太极拳社十周年纪念刊》1954年），马公愚《太极拳和傅钟文先生》（《永年太极拳社十周年纪念刊》1954年），文扬《风华不随春色减——记上海市武协副主席、杨式太极拳名家傅钟文》（《中华武术》1985年第10期），朱惠兴《古剑伴银须　太极佐高寿——写在傅钟文授拳六十周年之际》（《少林武术》1986年第6期），奥菲《一代太极名家傅钟文》（《武当》1991年第4期），张朝铭《太极国手　永年精神——随傅钟文先生学拳散记》（《中华武术》1987年第12期），张朝铭《踏破铁鞋磨功夫——从傅钟文老师学拳散记》（《武术健身》1992年第3期），严翰秀《方法对头　下苦功夫练——杨式太极拳名家傅钟文谈太极拳练法》（《武术健身》1992年第5期），顾树屏《谦谨淡名利　义务传拳艺——忆傅钟文老师》（《武林》2004年第6期），傅声远《忆傅钟文先生》（《武当》2008年第7期），翟金录、唐才良《驳瞿世镜对傅钟文的贬损》（《武魂》2011年第10期），王嘉林《勤恒礼诚　永年太极——纪念傅钟文恩师逝世二十周年》（《武当》2014年第12期）等。傅钟文主要传人有王新武、顾树屏、陈国桢、许学鹏、莫汝东、王建、张广海、悉桂忠、洪日镜、王志远、王庆玉、王嘉林、李剑方、刘永平、谢玲霞、彭学海等。

②《永年太极拳社举行成立大会》，《民国日报》民国三十五年（1946）十一月二十六日，第二版。

③ 有关赵幼斌事，参见蒋剑、刘伟《太极王国写春秋——杨式太极拳第五代嫡传赵幼斌先生印象》（《武当》2011年第7期）等。

④ 有关傅声远事，参见焦玉庆《让太极拳传遍世界——访杨式太极拳传人傅声远》（《武林》1993年第12期）等。

第二章

绵里藏针

——杨健侯父子的门生

北京城杨家的太极拳，在杨禄躔、杨班侯在世时，真正得其传的外姓人不多。清末民初，岁近晚年而生计艰难的杨健侯被荐至京师警察厅消防音乐队中教授太极拳，以此为业。一批年轻队员得到杨健侯传授，此后被老先生安排为杨少侯、杨澄甫二人的弟子。杨少侯、杨澄甫昆仲二人也陆续传授了几位门徒。杨家太极拳直到杨澄甫这一代，随着时代风气的转换，才广泛传布开来。

民国二十年（1931）出版的杨澄甫《太极拳使用法》中列举了截至该书出版时杨澄甫的传人：

> 杨兆鹏、武振海、田兆麟、董英杰、王旭东、阎月川、牛镜轩、田作林、徐岱山、褚桂亭、刘论山、李得芳、李春年、陈微明、杨凤岐、张钦霖、郑佐平、王其和、崔立志、王镜清、杨振声、杨振铭、杨振基、姜廷选、陈光恺、张庆麟、王保还、形玉臣、刘尽臣、匡克明、杨鸿志、（师孙）杨开儒、于化行、（女士）濮玉（与弟二人）、（女士）滕南璇、奚诚甫、朱纫芝、郭荫棠、（师孙）吴万琳、（师孙）孙件英、李万程、张种交。

以上杨澄甫传人中，杨兆鹏为杨澄甫二伯父杨班侯之子，杨澄甫的亲叔伯兄弟；杨振声为杨澄甫长兄杨少侯之子，澄甫侄；杨振铭、杨振基为杨澄甫长子、次子；张庆麟为杨澄甫内侄。杨开儒、吴万琳、孙件英，皆为师孙，不能以弟子论。

此外，杨澄甫门生还有陈月波[①]、刘东汉、金振华、吕殿臣、韩佩儒、张子玉、郭清杰、叶大密、郑曼青、武志信、吴志青、汪永泉、赵斌、傅钟文、傅宗元、蒋玉堃、曾如柏等。其中，赵斌、傅钟文分别为杨澄甫二哥杨兆元的外孙和外孙女婿，傅宗元[②]为傅钟文之弟。据说，京剧名家梅兰芳也自称杨澄甫弟子。[③]

如上诸人，有的是杨健侯与少侯、澄甫在北京城中传授，有的是杨澄甫南下之后所传，其中有部分人的具体情形已不甚清晰。

---

① 关于陈月波事，参见张楚全《129 式太极拳的历史》（《精武》1999 年第 10 期）等。

② 傅宗元主要传人有傅秋花（女）、王河江（婿）、郭庆亭、贾保安、韩兴民、乔振兴、韩清民、李保书、颜守信、张志远、苏志江等。

③ 傅钟文：《梅兰芳与杨澄甫》，《武林》1983 年第 8 期。

一、杨健侯传授的消防队员

因庚子事变影响，清廷禁止民间习拳，杨健侯郁郁不得志，生计艰难。所幸溥伦贝子师事杨健侯多年，将其荐至京师警察厅消防音乐队教太极拳。此时的杨健侯收入微薄，聊以自给。其时，田兆麟（绍先）、尤志学等年轻人正是消防音乐队的队兵，阎仲魁（岳川）也是消防队职员，牛春明（静轩）则为消防队医士，皆因此机缘得到健侯老先生亲自指教。消防队中从杨健侯学者，必不止此数，只是如今已难具体核实。[1]据说，当时队兵中田兆麟、尤志学二人"习此功最善"[2]，可惜尤志学的生平详情没有太多史料记录，仅知他与田兆麟被杨健侯记在长子杨少侯名下。

像杨禄躔教出几个外姓门徒而后命拜杨班侯门墙称弟子一样，晚年的杨健侯或许考虑到子辈势单力孤，遂命他亲自执教的这些年轻队员分别拜在杨少侯、杨澄甫门下。民国七年（1918）秋杨健侯辞世后，他们又分别得杨少侯、杨澄甫昆仲继续教授。

（一）田兆麟：功深技湛的南传先驱 [3]

田兆麟（有作肇麟），字绍先，满人，清光绪十七年（1891）生于北京城，兄

---

① 当时消防队职员名录可查阅《消防队、侦缉队、清洁队、医院职员职务登记名册》，民国元年（1912），北京市档案馆藏，档号：J181-003-00777。

②许禹生：《杨健侯先生传》，《体育》第五卷第四期，民国二十七年（1938）四月。

③ 本篇主要参考黄德发《田兆麟先生在上海》（《中州武术》1984年第2期）、金仁霖《我所知道的太极拳家田兆麟》（《上海武术》1995年第1期）、姚国钦《杨氏太极拳传人田兆麟二三事》（《精武》2003年第1期）、姚国钦《"凌空劲"大师田兆麟——"劲、精"计较太极拳》（《精武》2000年第6期）、姚国钦《杨式太极拳问答堂奥》（《精武》2000年第8期）、田颖嘉《杨氏太极拳传人一代名师田兆麟小传》（《精武》2001年第1期）、孙以昭《一帧弥足珍贵的老照片——兼怀田兆麟先生》（《精武》2001年第1期）、瞿世镜《身手佼佼 群星璀璨——杨门弟子素描》（《武林》2001年第7期）、殷勤《太极大师田兆麟两件小事》（《精武》2001年第8期）、孙以昭《杨式太极真功》（北京：人民体育出版社，2010年）、二水居士《有关杨式诸名家轶事——为〈杨式太极 两岸一家〉勘误（1）》（《武魂》2011年第11期）、唐才良《太极大师田兆麟死于何因》（《中华武术》2013年第5期）等。

妹四人，行二，幼年丧父，为家中唯一男
丁（长兄走失），全家靠田母为人洗涤缝
补艰辛度日。①田家距北京城太极杨家不远，日久
引起杨健侯老先生注意。杨健侯对田兆麟
审察有年，只因田兆麟年龄尚小，无以为
助。在田兆麟十三岁前后，杨健侯才与田
母商议，让田兆麟进京师警察厅消防音乐
队任队兵。杨健侯平时在队中教习太极拳，
常宿队中。

田兆麟（绍先，1891—1959）

　　杨健侯授艺讲究规矩，一势未合，不
往下教，目的在练功，而非传习套路花法。
据田兆麟回忆，当初最为简易的无极式站
桩和太极起势就足足练了半年之久，而这正是真正入门之根基。田兆麟天资聪慧、
勤学苦练、不嫌枯燥，根基牢固。此后，每有来讨教者，杨健侯常叫田兆麟应付，
平日每在谈笑间授以各种劲技。田兆麟后来曾跟黄元秀（文叔）叙述过自己所见
识的杨健侯老先生的太极功夫，被黄元秀记录在《武术偶谈》里：

　　　当年学习时，以拳尽力击杨健侯老先生之腹，老先生腹一鼓，绍先跌出
　　庭外，而老先生仍安坐椅上，手持烟筒呼吸如常，若不知有所举动者。后与
　　澄甫比试，被击于右胁而痛于左胁者月余。凡此种种，皆为技术上不可思议
　　之事。②

　　民国四年（1915），二十四岁的田兆麟被选为消防音乐队领班。因其功力技艺
突出，杨健侯将其记于长子杨少侯名下。

　　民国七年（1918）前后，杨健侯应浙军之聘教授官兵，无奈不久即卧病不起，
临终特意嘱咐家人，要田兆麟代为前往。田即遵嘱赴杭州，除在浙军教授外，又
受聘在浙江省立工业专门学校等处讲授"国技"。民国十年（1921）后，守孝已满
三年的杨少侯一度南下杭州，因不善交际应酬，也不善教学，只能依其徒田兆麟
等人为生。

　　田兆麟在杭州还曾任浙江国技传习所主任。据民国十一年（1922）夏的报纸

　　①以上参见田颖嘉《杨氏太极拳传人一代名师田兆麟小传》，《精武》2001年第1期。
　　②黄文叔：《武术偶谈》，国术统一月刊社，民国二十五年（1936），第一〇页。

《太极拳使用法》中的田兆麟

晚年时期的田兆麟，摄于上海

报道：

上板儿巷浙江国技传习所，本学期由田绍先主任教课，专授太极拳等各技术，就学者均中小各校教职员，现定十八日举行毕业式。①

此后，田兆麟又相继受聘于浙江省警官学校、浙江省军政府、浙江师范学校、浙江陆军第二师第八团团部等处授拳，而私人聘请者更多。叶大密、张景淇、陈一虎、陈志进、郑佐平、杨开儒、钱西樵、陈志远、张强、何瑞明、沈尔乔、何士鏮、周学渊、周学芬、张宝凤、崇寿永等，陆续从学。②早年在日本曾与孙中山、黄兴等筹组同盟会并为浙江主盟人的革命元老黄元秀，因患肺痨，退出军政界，居于杭州西湖边的"放庐"，也来向田兆麟学艺。③

国共北伐后，南京国民政府成立。未久，田兆麟被蒋介石聘为总司令部警卫团技术教官。民国十七年（1928）一月二十九日，上海致柔拳社开会欢迎李景林，其时，田兆麟"新膺蒋总司令之聘，由杭赴宁，道出沪上，亦被请莅会"④。据《申报》二月十五日报道：

国民革命军总司令蒋介石，对于中国固有之武术非常注重。现已派由前充

---

① 《杭州快信》，《申报》民国十一年（1922）八月十四日，第三张第十版。
② 杨澄甫：《太极拳使用法》，上海：文光印务馆，民国二十年（1931），第三页。
③ 顾坚：《当风纵怒马　跨海屠海鲸——忆武当剑传人黄元秀先生》，《武当》1989年第3期。
④ 《致柔拳社昨日欢迎李景林》，《申报》民国十七年（1928）一月三十日，第四张第十三版。

师长之郑佐平君来沪，聘请外家拳师刘百川（子潮），并到杭州聘请太极拳师田绍轩（少林），同委任为总司令部警卫团少校衔技术教官。又，向在李景林处充当团长之剑术家于鹏飞，同时亦受有委任。闻三君均已受委分别就任。①

另据《申报》二月十七日报道：

> （蒋总司令）委田兆麟、于化行、刘百川、袁济时等为警卫团技术教官。②

三月三日下午三时，南京国民政府"在府内大校场举行国技游艺大会，各界具有武术专长参加斯会者，甚形踊跃，分四组表演，谭延闿、李烈钧、李宗仁、张之江等各委员暨各机关、各团体男女来宾入场参观者千余人"。田兆麟在第二组，表演了武当太极拳、太极剑、火棍，该组另有袁济时、于化行、朱英粹、张希圣、李树同、柳印虎、任鹤山、任虎臣、陈志进、叶大密、周孝芳、郑佐平、刘百川、张景淇等。③是月二十四日，国术研究馆在国民党新都南京正式成立。

五月二十八日，上海徐家汇的第一交通大学举行武术大会，田兆麟与杨澄甫的门生陈微明等前往参加。据《申报》三十日报道：

> 徐家汇第一交通大学，于国技一科素为注重。前日午后三时，该校技击部为鼓励国人对于国技兴趣起见，在校内体育馆举行武术大会，到师生来宾千余人。表演团体有精武体育会、公共体育场、南京国技馆、上海武学会、竞武学校、致柔拳社、中华国技传习所、武强国技所等十余处。当代技击部泰斗如刘守铭、陈微明、田兆麟、萧格清、施家骝、刘得胜、徐致一、叶大密、朱国福、任子鳌、卢炜昌均亲显身手，刀光剑影，极一时之盛。至六时半始尽兴散会。④

六月一日晚，田兆麟参加了中华体育会在上海东新桥洋货公所举行的联欢宴会，"到者有国技专家孙禄堂、田兆麟、于化行、叶大密、萧格清，及李景林之男女公子毅伯、书琴，吴志青。商学政各界巨子到郭标、刘鸿源、魏庭蓉、孔廉白、徐锡之等共五十余人"⑤。

七月一日，江苏省国术分馆在南京城内教敷营水陆公安管理处旧址开始办公，江苏省政府主席钮永建兼任馆长，孙禄堂为教务主任，田兆麟受聘担任武当门教务长，金佳福为少林门教务长。⑥是月下旬，上海法租界中华义勇团为募集建筑基

---

①《蒋总司令提倡国技》，《申报》民国十七年（1928）二月十五日，第四张第十三版。
②《南京快信》，《申报》民国十七年（1928）二月十七日，第三张第九版。
③《南京举行国技游艺大会》，北平《益世报》民国十七年（1928）三月十四日，第二张第七版。
④《交大开武术大会纪》，《申报》民国十七年（1928）五月三十日，第三张第十二版。
⑤《中华体育会开联欢会》，《申报》民国十七年（1928）六月二日，第五张第十七版。
⑥《本馆职教员进退记略》，《江苏省国术馆年刊》民国十八年（1929），"职员录"第一页。

1931年田兆麟在杭州与黄元秀太极推手、粘杆及对枪照

金，组织演艺大会，李景林受聘为该会国术组主任。在李景林的邀请下，田兆麟也到上海参加此次活动。据《申报》五日报道：

法租界中华义勇团为筹募建筑基金事，决定本月二十日至二十三日假座顾家宅花园，特开游艺大会。近日各组主任正极力筹备，各组事务游艺部接洽就绪者已有十之八九，如新剧电影之详细节目，已见昨日本报。兹悉国技组亦已定妥，由该组主任李景林君集合国内著名技击家男女计四十余人，并由李君暨其夫人躬自到场，表演对练武当剑、太极拳、单人剑等术。李君剑术，早已蜚声海内，以连年囿于军务，未得向民众一显身手。是以仰慕李君之技术者，无不望穿秋水。此次中华义勇团为筹募建筑基金事，请李君担任国技组事务，竟得同意，足见李君热心公益。兹将该组加入之全体技术家姓氏录下，至担任表演之节目，以其名称类多相同，故不备载。李景林君、李景林夫人、李锦文女士、周孝芬女士、濮玉女士、吴梦月女士、吴冀英女士、林蘩香女士、叶慧观女士、孙禄堂君、田绍先君、李书泰君、郑佐平君、陈微明君、陈志进君、叶大密君、萧格清君、林笃哉君、张景淇君、范供甫君、任虎臣君、于化行君、柳印虎君、朱英粹君、李庆兰君、林志远君、李树桐君、张茂胜君、孟宪忠君、刘长胜君、刘双贵君、王积义君、宋长喜君、林福顺君、陈化臣君、叶季龄君、林超夏君、叶梦庵君、濮伟君。[①]

又据《申报》三十日报道：

日前中华义勇团举行空前之游艺大会，有新剧、京戏、国技、歌舞等等，车水马龙，大有万人空巷之概。其尤足动人者，为国技一组。因李景林将军之竭力提倡，且有与夫人对剑之披露，故为万众所注目。观者虽挥汗如雨，而屹立不动，足见其号召之能力。李之剑术，闻系得异人之传，惜只略显身手，未尽所长，不免使观众失望。孙禄堂前辈亦加入表演，所演太极、八卦、形意，已有五十余年之功夫。现虽年将七十，而矍铄异常。田绍先与某君对练太极拳及大捋，目到意随，极纯熟自然之致。其门人中国太极拳社陈纪成，单独表演，柔中带韧，功力亦复不浅。是日游人如织，国技场尤为拥挤，妇女亦多有登高而望者，足征群众之注意国技也。[②]

十二月九日，江苏省国术分馆查照该馆修正组织大纲，加聘孙禄堂为教务长，

---

①《中华义勇团游艺会消息　国技四十余人节目亦已定妥　李景林与其夫人躬自加入表演》，《申报》民国十七年（1928）七月五日，第四张第十五版。

②咨:《国技小识》，《申报》中华民国十七年（1928）七月三十日，第五张第十七版。

杨澄甫与武当门教务长田兆麟、少林门教务长金佳福三人担任该馆一等教习。[①]

杨少侯于民国十七年（1928）到达南京，此后一度与田兆麟游历上海。据20世纪40年代末开始在上海外滩公园跟田兆麟学太极的黄德发记述：

　　一九三八年，我在上海光大热水瓶厂工作，该厂经理陈泽民和厂长徐文甫都是"致柔拳社"的基本社员。一日，他们谈论田兆麟先生太极拳功夫如何了得，不愧为杨家嫡传弟子。据说：有一次，杨少侯在上海表演一趟快慢相间的太极拳，博得全场观众不断喝采。待收势后，更是掌声经久不息。这时突然冒出一位洋人，上台用指责口吻对主持这次表演会的负责人说："刚才我们表演拳击打得那样出力，并未有人鼓掌，他一个人在台上摇摇晃晃，倒有这许多人鼓掌，这说明瞧不起我们。现在我要和他比一比武艺。"负责人忙向他解释说："你们表演的拳击，我们看不懂，所以没有鼓掌。杨先生表演的是中国武术，我们大家看得懂，他表演得好，所以大家为他鼓掌祝贺。"这位洋人蛮横无理，纠缠不休，非要与杨少侯比武不可。这时杨少侯有点不耐烦，便叫一声："兆麟，把他打下去。"田上台向洋人一招手说："来！我和你比一下。"说完，抬右手与肩平，左手护胸。洋人见田中等身材，觉得可欺，举起双拳直向田的面部击来。田见洋人来势甚猛，用双手由下向上同时向后"引进"，洋人觉得这一招"落空"。正欲向后跳动变招，不料田顺其势，双手翻掌按出，正击中洋人胸部。洋人从台上一跤跌到台下，全场掌声如雷。陈、徐他们谈及此事，有时间，有地点，对田出手之准确、利落非常佩服。[②]

民国十八年（1929）二月二十八日，田兆麟与杨澄甫即辞去江苏省国术分馆一等教习职务。[③]七月，浙江省国术分馆成立。此后，杨澄甫在黄元秀推介下出任教务长，田兆麟担任武当门门长兼太极拳高等教习，杨家其他几位门生牛春明、董英杰、李椿年等，也相继到馆任教。

浙江省国术分馆成立后，酝酿了近一年的浙江国术游艺大会在杭州举行。田兆麟与陈微明、褚桂亭、武汇川、叶大密等杨家门生均担任大会纠察委员。

据说，就在这次国术游艺大会前夕，由杨健侯老先生亲授的田兆麟与杨澄甫还进行了一次比手。田兆麟原以为自己跟杨健侯老先生学艺多年，并拜在少侯大先生门下，已将杨家技艺集于一身，未承想分别十余年，已与杨澄甫造诣相差悬

---

①《本馆职教员进退记略》，《江苏省国术馆年刊》民国十八年（1929）。

② 黄德发：《田兆麟先生在上海》，《中州武术》1984年第2期。

③《本馆职教员进退记略》，《江苏省国术馆年刊》民国十八年（1929），"职员录"第二页。

殊。之后，重新向杨澄甫叩头拜师。①

　　田兆麟因得杨健侯以及杨少侯、杨澄甫两代三人口传身授，太极功夫非同一般。他一身兼谙杨家父子三人拳架，推手、大捋、散手、刀、剑、枪，以及杨家秘传之八段锦、错骨分筋、点穴诸技艺，气势磅礴，轻灵、沉雄兼而有之，周身均能发人，每于一哼一哈之间，令对手有凌空失重之感。田兆麟在家抖白蜡杆子时，一丈几尺长的杆子，杆头距离窗户二三寸远，能震得窗纸沙沙有声。其用肩靠树，也是震得树叶簌簌作响。②

　　据说，在浙江省国术分馆时，若有人要同杨澄甫比试，田兆麟便主动承当。一次，来人使了暗劲，双按进肘，凿向田兆麟软肋，田兆麟用"如封似闭"一化，对手已蹲在地上，面如土色。看的人还没弄清何故，都问怎么了，田兆麟说："别问了，把他的暗劲还给他了，快去找医生吧。"③

　　关于杨家大、中、小架的来历，田兆麟曾口述过一些鲜为人知的事实。据他所说，杨家太极拳原仅小架一种，走架稍高，开合较小，动作时缓时疾，步法轻灵，劲主刚捷而不失柔绵，圈隐于内，似有似无，且圈中掺入发劲，哼哈有声，纯然为精、气、神合一之体现。如杨班侯及其侄少侯常演练者，出手快而猛，手触人肌肤辄痛，常使冷劲，动辄伤人，非常人所能受，无根基者领悟更难，故而鲜有从学者。杨健侯为习者考虑，遂将隐微内动之圈放大放缓，动作展现到位，外显柔绵、内蕴刚捷，以引发从学者盘圈之运行，逐渐进入紧凑之小架。由于传授仍受门规所限，且学练盘圈亦非容易，更不堪领受其内劲滋味，故而从学者仍不多。直至后来杨澄甫为便于习练，省去中架之走化盘圈，柔缓开展，少有变化，大开大合，广开传授，学者众多，流传推广，人称"大架"。杨澄甫曾言："先习开展，后求紧凑，始从无圈到有圈，再从有圈归无圈，则圈隐于内而不外显，动辄走化拿发于瞬间，神妙至矣。"然而，后世对于杨家小架、中架，已知之者少。④

　　民国二十年（1931）春，杨澄甫辞职离开浙江省国术分馆，携家人及董英杰等转赴上海。田兆麟则仍驻留杭州，除在浙江省国术馆教授师生外，继续在浙江工业学校、警官学校、师范学校等多处传授，并在寓所内成立"杭州田兆麟太极拳社"，董柏臣、施承志、林镜平、蔡翼中等陆续从学。民国二十五年（1936），黄元秀在《武术偶谈》中写道：

　　① 二水居士：《有关杨式诸名家轶事——为〈杨式太极　两岸一家〉勘误（1）》，《武魂》2011年第11期。
　　② 孙以昭：《一帧弥足珍贵的老照片——兼怀田兆麟先生》，《精武》2001年第1期。
　　③ 姚国钦：《杨氏太极传人田兆麟二三事》，《精武》2003年第1期。
　　④ 田颖嘉：《杨氏太极拳大中小架来历》，《精武》2001年第1期。

考绍先之功夫，其手法之妙，出劲之沉，实非普通太极拳家所能望其项背，余非为其宣传，凡习太极拳有历史者，莫不知田绍先为太极名家也。他与武汇川、褚桂亭、陈微明、董英杰诸君，同为澄甫先生入室弟子，行道于南北者亦有年，声誉籍籍，颇为社会人士所钦仰。而手法仍各有不同，理论亦各有其是，其他私淑者可知矣。[①]

尚不足二十岁的浙江温州乐清人南怀瑾（1918—2012）也于民国二十五年（1936）前后随其同乡辗转到杭州，考入浙江省国术馆学习。

全面抗战爆发后，杭州沦陷。田兆麟一度携家人避居乡间，后于民国二十八年（1939）迁至上海。据是年八月下旬上海《新闻报》《时报》等报纸消息：

杨派太极拳在上海曾获得多数人士之爱好，凡以之却病养生者，为数极夥。但近年来该派名师所存寥若晨星，致使有志者问津无门。兹闻前中央国术馆武当门门长、杭州国术馆教师田兆麟老师自杭州战事发生后，即避居乡间，最近因事来沪，经友好恳劝，始征得先生同意，设帐授徒。按田老师为杨健侯先生嫡传弟子，品学优胜，武艺超群，为拳术家所崇仰。现为爱好杨派嫡传太极拳而欲求深造者之良好机会，凡团体或个人欲从事学习研究者，可至汉口路延康里九号（电话九一五〇三）兴陈公接洽云。[②]

田兆麟在上海长期居住于巨籁达路庐山公寓，曾先后在白克路登贤里七十八号教董柏臣、金明渊、龚锡源等，在宁波路钱江会馆教沈荣培等，在申新九厂教王金声等，在新闻报馆教吴荫章等，并在南市珠宝公所设馆授拳，工商界人士慕名而来者颇多。田兆麟与国术界佟忠义、王子平等人时有来往。民国二十九年（1940），田兆麟在上海开办太极拳训练班，据《新闻报》消息：

太极拳正宗杨家嫡派田兆麟，技闻华夏，造就拳术界人才极众。自杭垣沦陷后，杨即来沪，仍以训练拳击人才为己任，特组太极拳训练班，欢迎同志加入，地点一在宁波路，一在白克路。章程备索。通讯处：汉口路延康里业成实业社。[③]

由于训练班成绩斐然，次年继续开办。民国三十年（1941）二月《新闻报》继续登载消息：

① 黄文叔：《武术偶谈》，国术统一月刊社，民国二十五年（1936），第一〇～一一一页。
② 《太极拳前辈田兆麟莅沪》，《新闻报》民国二十八年（1939）八月二十六日，第四张第十六版；《时报》民国二十八年（1939）八月二十九日，第一张第四版。
③ 《田兆麟组织太极拳训练班》，《新闻报》民国二十九年（1940）五月二十二日，第三张第十一版；《田兆麟组织夏令太极拳训练班》，《新闻报》民国二十九年（1940）六月二十八日，第三张第九版；《田兆麟组织太极拳训练班》，《新闻报》民国二十九年（1940）十一月六日，第四张第十三版。

  杨派太极拳名家田兆麟向在杭垣授拳，去岁来沪设班训练，成绩斐然，学员逾千。兹届春令，特开训练班，凡爱好太极拳运动锻炼体魄者，不限老少，均可报名加入。该班训练地点：（一）在白克路，（二）在宁波路。索章请至三马路延康里业成实业社。①

  此后，田兆麟又曾长期在外滩公园设场公开授拳。时局动荡不定，授拳不过勉强糊口。因备感授艺艰难，田兆麟让子辈另谋他业。

  由田兆麟口述、弟子陈炎林笔录的《太极拳刀剑杆散手合编》于民国三十二年（1943）由上海国光书局出版，上下两册线装本，详细记录了杨家太极拳大架、器械及内功基础，可惜未将健侯中架及少侯小架包括在内。

  抗日战争结束后的民国三十六年（1947），田兆麟迁至巨鹿路二百二十一号寓所。据黄德发讲述：

  一九四七年秋，有一位拳友告诉我说："外滩公园新来一位太极拳老师，功夫相当高深，他的名字叫田兆麟。"我一听这熟悉的名字，喜出望外，怎肯错过机会。第二天就到外滩公园田老师教拳的场地，由一位姓邬的师兄为我办理登记手续，开始学拳。最初也是由邬教我动作，田老师是坐在藤椅上观看各个学员练习。当邬教我练到"单鞭"时，回过头来对我一望，问道："你练过的？"我说："是！"邬立即对老师说："这位新来的，他会练。"老师听说我会练，从藤椅上站起身来，向我上下一打量。这时我向他一鞠躬，说了声："您好！我是向您求教来的，请多多指点。""你是学过的？"老师问。"是。"我又是一鞠躬。"跟哪位老师学的？"老师问。"邮务工会武术教练李老师。"我回答。"从头至尾练给我看看。"我认为这是对我进行考试，所以很认真地练了一套拳，满以为老师一定会另眼相看，收下我的。谁知老师用鼓励的语气对我说："你练得很好嘛！为什么还要来学呢？"我连忙说："我练的杨式与您教的不一样，您教的动作既多又柔。我要从头再学。""只要你坚持锻炼，日子久了，也会柔的。"老师说。这时我有点急了，看情况，大有拒我于门外之意。我又说："我只会练架子，不会推手，想来学推手的。"老师说："那便当，来！"遂边说边教道："你按，我掤，我变捋。你挤……"老师嘴里在讲，手上在动，我只觉得他两手像大石盘一样，其重无比，我捧也捧不动。就在这时，重量突然消失，但我已跌出丈外。这是我第一次接触到太极拳之奥妙，是最珍贵的见面礼，使我大大提高了学习和锻炼的兴趣。因此，在最困难的时候，我也没有间断过。

①《田兆麟组织太极拳训练班》，《新闻报》民国三十年（1941）二月十二日，第三张第十二版。

从一九四七年以后，外滩公园成了我练太极拳的主要场地。不久我也学会了定步推手，初步弄清了掤、捋、挤、按，但在许多人手上仍然是无所得逞，在老师手上就更不用说了。老师要我们同学们经常推推，以达到互推互学，共同提高。有时我觉得有个别人身手虽柔，但缺乏技击含意，就对他施用几手擒拿法。因我从一九三四年学过一个时期少林拳术，懂得几手擒拿方法，一旦遇到"柔而无意"的对方，我就用擒拿法试试。凡是被我拿过的人，他们就觉得奇怪，问我这手法从何学来，我也随口说一声："老师教的。"他们向老师提意见说："黄德发才来不久，您教他擒拿。我们比他早学好几年，反而不教我们。"言中之意，说老师偏心。老师听了，付之一笑。想不到我是在搬起石头砸自己的脚。我错误地认为：太极拳只是推手发劲而已，没有擒拿、散打等手法。万没想到，就在他们向老师提出意见之后，老师和我推手，刚一搭手，就被他"反缠腕"擒住了。从此，我和老师推手格外小心。第二次他又来这一手，我急速用压肘解掉。第三次又来这一手，我仍想用压肘解救，可这只"肘"已不听指挥，原来老师在"反缠腕"的同时用无名指和小指扣住我的手腕，食指和中指压住我的"三里穴"，使我肘部抬不起来，无法解脱。无奈，只好提出要求，下次不再拿这一手。这一手不拿，换一手就更厉害。有一次正在推手紧张的时刻，我的右手又被叼住了。待我感觉，已经迟了，正欲设法挽救，他又变了手法，转身换步，一个"左野马分鬃"，把我掀成仰面朝天，后背落地，当时动弹不得。老师连声喊："快起来走走！"从这一天起，又提高了我的认识。太极拳不单是推手发劲，还有摔打、擒拿。后来我才知道，田老师对于"抓脉、分筋、闭气、点穴"等技法，无所不精。可惜得到真传的人很少。[1]

新中国成立之初，田兆麟先是在工商经济研究会传授腾克勤等人，后在外滩公园开班教拳。淮海公园改建开放后，田兆麟就专门在外滩公园（星期一、三、五）和淮海公园（星期二、四、六）开班。不论功夫多深的徒弟，与田兆麟一搭手，就受其控制，不过数分钟，即汗流浃背，不能支持，需要替换。田兆麟几十个回合下来，仍头无汗珠、谈笑自若。早晨六时，外滩公园开门，田兆麟即开始授拳，约十时许，到点心铺吃一碗面，再与众徒推手，直到中午十二点回家。各方拳师慕名前来切磋者不少，田兆麟总是欣然接手，哼哈之间，对方即已跌出，从未失手。据说，有位练少林拳的码头工人，能举二百余斤石担，常在一边嘲笑田兆麟的推手并非真功夫。一次，田兆麟在外滩公园与徒弟推手，此人突然出拳猛击田

---

[1] 黄德发：《田兆麟先生在上海》，《中州武术》1984 年第 2 期。

兆麟后背。田并未回头，只大吼一声，其身前的徒弟与身后的码头工人均跌至一丈开外。田兆麟回过头来问码头工人是否摔痛了，那人满脸羞愧地说："老师请别见怪，我想试试您的功夫是不是真的。"当时上海各家的太极推手各有千秋，而得杨健侯老先生亲授的田兆麟确是与众不同，充分显示了杨家太极拳"出手见红"的风格。

据姚国钦记述：

50 年代初，师爷（田兆麟）在上海外滩授拳时，有位姓占的大个子要求推手，他本人介绍在静安寺杀牛公司工作，平时二三百斤的小牛抱起来就走，练过少林，也练过推手。师爷就找个子最小的王师叔陪他，他一脸不高兴。但不过三圈，师叔用双采加拿穴使他双膝跪地。他输得不服气，意思这不像太极推手，一定要同师爷推手。师爷答应了他，一边用一只手同他盘，一边侧着头与边上的徒弟说话，他见师爷不防，就一个箭步进裆，准备用双按这一招，边上的徒弟们见了马上说："师傅当心。"话没说完，只见师爷两眼向他一看，他顿时脸色一变，马上变灰，人像木鸡一样钉在那里。过了好一阵子才慢慢地向后退步。退一步，身子往下沉点，这样慢慢地退了六步，屁股才碰到地上。周围看的人都说："还好，还好，吃的生活不厉害。"话刚说完，只见他两脚像有弹簧一样地弹起，一个倒翻向后摔出。两掌和胸口擦过地面，起来后一条条的血痕。此时脸色才恢复过来。这时候周围的人又都叫了起来："这招好，打得好。"此时在王师叔边上有个和尚，拍了拍边上的人问："你们就知道叫好，这一招好在哪里？"边上的人答不出，和尚哼哼笑了笑，做了一个掤的动作，手一旋，眼往前一看，走了。[1]

新中国成立初期，为给抗美援朝部队捐献飞机大炮，上海市武术界发起义演，假座最大的剧院——天蟾舞台。表演项目有长拳、短打、刀、枪、剑、棍，各种对练，还有太极拳、形意拳、八卦掌等，热闹空前。最后观众要求田兆麟表演太极拳、剑，继则表演推手，由一位平时推手较好的弟子沈荣培上台。沈和田老师一搭手，觉得脚下浮动，站立不稳，只得采取雀跃法保持身体平衡，如此反复多次。事后，沈跟人说："在天蟾舞台推手，到后来我一出手，老师就不见了，平时从未发现过。我不断地要跌倒，没办法，只得跳。"[2]

另据瞿世镜记述：

1950 年，上海武术界在陕西南路体育馆举办抗美援朝捐献飞机大炮义演，

---

① 姚国钦：《"凌空劲"大师田兆麟——"劲、精"计较太极拳》，《精武》2000 年第 6 期。
② 黄德发：《田兆麟先生在上海》，《中州武术》1984 年第 2 期。

吾亦买票前往观摩。田兆麟表演推手，挥手即将对方弹放而出。某少林拳师不服，入场向田兆麟挑战。田兆麟乐不可支，一摸光头，就想动手施展当年在杭州打群架之身手。佟忠义一看光景不对，立即下场向两边作揖相劝，并且与孙女表演一套拐子进剑，作为打圆场。①

20世纪50年代，一些苏联专家也想学太极拳，他们说：太极拳好是好，可就是学起来时间太长，名称也难记，能不能缩短点。田兆麟说：不下苦功，学不好太极拳。后来在天津大使馆工作的一位拳家的晚辈把个别定式动作串起来（即二十四式太极拳的雏形），教会了苏联专家，田兆麟听后说："养养身，可以，要说功夫，差远啦，充其量只能算是太极操。"②

1956年，田兆麟与几位武术界人士同任全国第一届武术大赛裁判，并合影于北京天安门，而回到上海的他仍只能以民间艺人的身份在公园教拳，常憾未能尽传其技艺于世，有负先师厚望。在外人哄抬太极创派时，常有人怂恿田兆麟创"田式太极拳"，田兆麟总是说："我的拳全部得自杨家的恩赐，学到今天还只是一点皮毛，哪及得上杨老先生一根指头。老先生这么好的功夫都没说过创派，就算功夫再好也是杨家的，我岂能创什么派？"田兆麟在上海的最后十年可以说是晚景凄然。据瞿世镜记述：

> 顾留馨，1908年生，上海市人，1925年在上海南洋高级商校毕业，考入文治大学。1926年从刘震南学六合拳，1927年入陈微明致柔拳社，然后参加汇川太极拳社学杨氏太极拳，两次学拳均不满一年，养生拳架尚未练顺，更谈不上任何太极功夫。顾氏于1934年入共青团，不久又加入中国共产党。因其对革命有功，解放后曾任黄浦区区长，1950年任上海市武术协会主席，后来又主持市体育官工作，成为上海武术界最高领导人（当时杨门第四代传人张钦霖已入山修道，武汇川因病早逝，董英杰、杨守中、郑曼青在海外，牛春明在杭州，李雅轩在四川），地位崇高，极受尊敬。上海地灵人杰，为杨门传人最为集中之处。外滩公园有田兆麟，复兴公园有田作霖、叶大密、张玉、华春容（此人后来转至衡山公园设场），褚桂亭在人民公园，吴云倬在中山公园，武贵卿在襄阳公园，陈微明在宁波同乡会，傅钟文、傅宗元在南京路仙乐书场门外路边空地设场授拳。此外尚有不担任拳教师之黄景华、濮冰如。上海具有如此丰厚之杨氏太极拳第四、第五代人才资源，若顾氏不负党与人民重托，加以精心呵护，妥善管理，则发扬中华武术精华大有希望。可惜事态之发展并非如

---

① 瞿世镜《身手佼佼　群星璀璨——杨门弟子素描》，《武林》2001年第7期。
② 姚国钦：《杨氏太极传人田兆麟二三事》，《精武》2003年第1期。

此。顾氏本身并非武师，却以武坛盟主自居，说一不二。顾留馨组织各路拳师参加学习，首先关注田兆麟。因其继承健侯、少侯、澄甫三位宗师之大、中、小拳架及推手、散手、器械技艺，集杨家功夫之大成，故请其献宝，揭示杨家秘传真功。田兆麟功夫乃数十年挨打、苦练而成，岂肯无缘无故轻易泄漏？于是他摸摸光头装糊涂，推托道："吾年纪大了，都不记得了。"田作霖、陈微明只知练拳必须有真功夫，不知一切均须服从党的领导，见顾氏毫无功夫，自然心中不服。……顾氏深知功力深厚之第四代杨门前辈无法驾驭，一方面鼓吹陈王廷造拳谬论，褒陈而贬杨。另一方面，将傅钟文升格为杨式太极拳"代表人物"，借助各种传媒大树特树，并且故意冷落田兆麟、田作霖、陈微明等资深前辈，聘请傅钟文在体育宫教杨式拳架，聘请张玉在武协教杨式推手。陈微明因爱徒赵敌七被人暗杀、独子陈邦武英年早逝，心灰意冷，吃素念佛，又遭唐豪、顾留馨批判，愤郁而终。田作霖晚年贫病交迫，丧葬费由复兴公园武术组长张玉出面募集。田兆麟空有一身功夫，甚至不能在体育宫谋一个教练职位，只能以民间艺人身份，在公园设场授拳，无固定工资收入，有时不免借酒消愁。某弟子送两瓶高浓度白酒，与田师伯共饮。弟子走后，田师伯举杯独酌，将所剩之白酒饮完。翌晨，家属呼唤田师伯起床，始发觉其酒精中毒身亡。此后学习杨式太极拳者日渐增多，不过是徒有其表之柔软晨操而已。欲觅"哼哈二气""出手见红""四两拨千斤"之杨氏太极真功夫，可谓难上加难。[1]

瞿文的描述虽然生动，其中却带有杜撰成分，实际并非准确可靠。据田兆麟弟子孙以昭记述：

田师气管炎发作，生病住院，是在 1959 年 1 月底，弟子们甚感意外，纷纷去医院探视。笔者曾两次去广慈医院看望，那时田师病情已很严重，鼻子插上氧气管，身体半坐在床，已不能讲话。过了几天，噩耗传来，田师已于 1959 年 2 月 6 日晨遽归道山。田师住了好几天医院。有的文章说田师因心情郁闷，饮酒过量，酒精中毒而亡；有的文章说田师因气管炎发作，呼吸道阻塞，发觉太晚，送医院抢救无效而去世，都是不准确的。

田师身后之追悼会、做"五七"，笔者均曾前去叩拜。"五七"那天，场面很大，上海武术界前辈佟忠义、王子平二老都来了，田师的义弟陈志进先生也带学生来了。堂中挂的是黄文叔先生的挽联，其中有"西子湖边传绝艺"之句，在沪的新老弟子、学生更是来得很多。[2]

---

① 瞿世镜：《身手佼佼　群星璀璨——杨门弟子素描》，《武林》2001 年第 7 期。
② 孙以昭：《杨式太极真功》，北京：人民体育出版社，2010 年，第 69~70 页。

叶大密弟子金仁霖在田兆麟去世前曾短期向其学拳，据金仁霖记述：

　　我虽然早在一九四九年就认识了田老师，但正式向田老师学太极拳却一直挨到一九五八年十一月份，地点是淮海公园。那时，一则由于叶大密老师（上海武当太极拳社社长）的催促，他说："陈微明老师病了（中风），现在能听到杨家二代三人（指老三先生杨健侯、大先生杨少侯、三先生杨澄甫）东西（指劲技）的人，只有田老师了。你可以去听听他的东西了。"二则正好我的工作单位还在天山支路，离军工路自己家里太远而住宿在太仓路父母亲处，因而才有机缘在早上上班前顺路（正好是后门进，前门出）到淮海公园里去的。

　　刚开始我也和其他学员一样，每次来时都是先跟田老师练好一遍十二段锦，然后再跟着练拳架子，推手则一直要等到拳架子练好再学。而我则差不多每次都没有练好十二段锦就匆匆告辞去赶七十一路公共汽车了。不多几次，田老师发觉后，就在十一月二十日那天，一见我到场便主动走过来，先给了我一本《太极拳刀剑名称手册》，接着就亲切地向我提出："×先生，您没有时间就这样吧，今天我先教给您一个老三先生教我的起式，拳架子您自己去看看这本小册子就行了。以后您每次来，我就先和您打打手后，您就去赶车子吧！"这实在是我心里早就想着而巴不得的事。田老师那天教我的起式，也就和叶大密老师教过行功式中的"转太极"很相仿佛，不过"转太极"是向里滚转，而这个起式是向外穿转的。

　　就这样，从一九五八年十一月二十二日开始，我每次去淮海公园场地，田老师总是先和我推过手，重复对我说："老三先生和我打手时时常对我说：'打手时打人，要打得对方两脚噔噔作响弹跳出去，脚跟觉得疼而身上（被打处）不觉得疼才对。'"这倒很像是和打篮球拍球运行时的情况差不多，不拍中重心球就会运行得不好，而自己也会感觉到不适意。有人把这样发放出去的劲，认之为"断劲"，那当然是彻头彻尾的一种误解。

　　晚年的田老师，太极拳功夫已达到了炉火纯青的境界。有一次阵雨过后，他在外滩公园场地演练拳架子给学员们看，当练到转身蹬脚时，竟把粘在皮鞋底跟上的烂泥，"啪"的一声蹬到离他三四公尺远的一棵梧桐树身上去了。学员们齐声称好，他自己也笑了。

　　可惜的是，自从两年前田师母故世后，田老师悲痛之余，心情变得非常消极。加上二位师兄和一位师弟，又都各自成了家，没有和他住在一起；陪伴他的只是住在他隔壁后房间的一位耳朵极度重听的小舅子。每当田老师在下半夜睡不着时，就拿出根白蜡杆来抖个不停以消磨时间，早上五点多钟又要赶去公园教拳。寒冬腊月，大清早戴个大口罩，对于一个患有严重的气管炎的病人来说，是起不了什么大作用的。记得在一个例假日的星期六，我陪他在公园茶室共进早餐时，他突然开玩笑似的对我说："×先生，你知不知道（评书）《三国演义》里的张飞，最怕的是什么？"我被他问得一愣。他却很快地就接着道："不是怕庞士元手心里写的'病'字么。"原来，田老师把他自己和三国里的莽张飞作比，恰也名副其实，但也由此可见他当时对自己身患严重气管炎的害怕程度了。

在一九五八年十二月二日星期二、十二月十三日星期六那两天，由于田老师气管炎发作得很厉害而没有来淮海公园上课。为了生活，他老人家居然还是想尽办法来给学员们补课。像在十二月十九日和十二月二十五日，那两天都是星期五，照例他只是去外滩公园的。但他却老早赶到淮海公园，然后再赶去外滩公园。就这样地劳劳累累，他终于在一九五九年一月十日（农历戊戌年十二月初二）星期六最后一次离开了淮海公园，从此就再不能来了。

当我在一九五九年春节，二月九日大年初二那天，赶到外滩公园场地去打听消息时，正好碰到两个公园的组织者。噩耗传来，田老师在小年夜，一九五九年二月六日早晨，因气管炎发作，呼吸道阻塞而造成窒息，因发觉太迟，送广慈医院抢救无效而去世了。一位最早把太极拳带到南方来，并毕生为太极拳事业而辛勤劳苦的播耕者，就这样悄悄地离开了人间。[①]

关于田兆麟的死因，金仁霖的学生江澜认为：

田老师的死，或许与酒相关，但瞿文"酒精中毒身亡"一说，绝对是不靠谱的。田老师死亡的前夕，是南方人习俗里的小年夜。当晚陪田老师喝酒的几位田老师的学生依然存世。学生感恩老师一年来传授拳艺，请老师喝酒，自然也是人之常情，再者，田老师也是喜好这一口。在物质极度匮乏的年代，师生之间，在年尾"打牙祭"，喜庆之色，自不待言，怎么会是像瞿文所言"举杯独酌""借酒消愁"呢？1959年2月6日清晨，外滩公园的学员发现往日从不迟到的田老师尚未到公园，就去巨鹿路221号寓所问候田老师，一进门发现田老师脸色青紫躺在床上，于是急忙送往广慈医院（今瑞金医院）。名医陈道隆先生是叶大密老师武当太极拳社的常客，家师与之友善。解放后，陈道隆被聘为广慈医院的中医顾问。谈起田老师的死因，他说窒息而死。[②]

---

① 金仁霖：《我所知道的太极拳家田兆麟》，《上海武术》1995年第1期。

② 二水居士：《有关杨式诸名家轶事——为〈杨式太极　两岸一家〉勘误》（1），《武魂》2011年第11期。

田兆麟的弟子有叶大密、张景淇、陈一虎、黄元秀[①]、陈志进、郑佐平、林镜平、杨开儒、钱西樵、张强、何瑞明、沈尔乔、何士鏻、周学渊、周学芬、张宝凤、崇寿永、沈纪根、董柏臣、施承志、金明渊、王金声、龚锡源、霍殿銮、沈荣培、吴荫章、王成杰，等等。有子三人，田宏、曰颖嘉[②]、田颖锐。

（二）牛春明：波澜不惊入化境[③]

牛春明，字静轩，满人，清光绪七年（1881）生于北京城鼓楼后国旺胡同。八岁时入私塾读书三年。光绪二十七年（1901），二十一岁的牛春明到意大利教会在京开办的国施医院，在外科门诊跟意大利人茹拉氏学医，光绪三十一年（1905），二十五岁的牛春明毕业，分派至京师警察厅消防队任医士。杨健侯此时正在消防音乐队教太极拳，牛春明有幸得到健侯老先生直接传授。

清廷倾覆，进入中华民国，杨澄甫在北京城的中央公园等处公开传授太极拳。杨健侯老先生安排他亲自指点的消防音乐队几个年轻队兵在平时工作余暇随杨澄甫至公园助教，牛春明因而常去公园，得到杨澄甫的指教。

民国七年（1918）秋，杨健侯老先生辞世。此后，牛春明离开北京，以行医为生，经山西大同前往张家口，转而南下上海，曾在上海哈同路六十八号租房教拳。他与杨家门生陈月波、武汇川、褚桂亭诸人先后受聘为浙军官兵教授。[④]民国十三年（1924），牛春明又应聘至浙江兰溪体育学校和中医学校，任国技教员。因他是学西医出身，民国十六年（1927），曾在浙江保安一团及保安处当"司药"。

民国十八年（1929）秋，杭州举办首届西湖博览会，十一月中下旬举行了一次国术游艺大会，全国南北众名家莅临。杨澄甫及杨家诸多门生也都身与其盛。会后，杨澄甫留杭出任浙江省国术馆教务长。牛春明与田兆麟、李雅轩、董英杰

---

　　① 有关黄元秀事，参见顾坚《当风纵怒马　跨海屠海鲸——乙武当剑传人黄元秀先生》（《武当》1989 年第 3 期）等。

　　② 有关田颖嘉事，参见姚国钦《杨氏嫡传田颖嘉传略》（《精武》2001 年第 1 期）等。

　　③ 本篇主要参考丁水德《缅怀先师牛春明》（《太极》1997 年第 5 期）、孟宪民《一代太极宗师牛春明》（《武当》2007 年第 5 期）、丁水德《牛春明在杭州》（《武当》2008 年第 8 期）、陈海鹰《万年常青——记一代太极大家牛春明先生》（《中华武术》2012 年第 4 期），以及《牛春明小传》，严昭法《忆恩师牛春明》《牛春明逸事》，柏林《师父牛春明师训》（见牛春明、孟宪民、陈海鹰编著：《牛春明太极拳及珍藏手抄老谱》，北京：当代中国出版社，2015 年）。

　　④ 杨澄甫：《太极拳要义》"太极拳要义序"，杭州：浙江印刷公司，民国十四年（1925），第五页。

等也被召到浙江省国术馆任教。翌年，牛春明一度应聘到南京的中央国术馆教太极拳。

民国二十六年（1937）抗战全面爆发后，时年五十七岁的牛春明与妻杨柳英迁避至浙江武义县下杨村岳母家，跟亲戚学习治疗小儿疳积病，主要是服用中草药。抗战期间，又曾避乱于浙江永康县，以行医、授拳为生。

抗战结束后，牛春明于民国三十五年（1946）回到杭州，应聘到浙赣铁路局专职教太极拳。此后，在铁路局任教之余，又在开元路三十七号设立太极拳研究社，常与通背拳师马雨荪、八卦拳师王卓诚交流切磋，还曾在杭州青年会教拳，又将西湖之滨的六公园茶室前的空地作为晨练场所。由于牛春明技艺精湛，慕名来习者近百人。也常有人比试，牛春明不轻易出手，均由弟子应付。据其学生丁水德记述：

> 一天，来了一位浙江大学的体育教师，提出要与先师试手。该教师平时练举重以及单杠、双杠，身强力壮、腰圆背阔。先师就让陈师兄上前应对，结果陈师兄上前双手一按，就将他按倒在西湖边供游人休息的座椅上，引来了一片笑声。另有一位时常在湖滨六公园练石担的蒋姓人氏，人称"卷毛狮子"，平时与先师较为熟悉，也很敬重先师。他笑嘻嘻地走上前来，与先师说："牛老师，你的手按住我的手，让我也尝一下，是什么感觉。"先师见其并无歹意，欣然应允，以右手阳掌盖在他的右臂上，蒋即连声说："动不了，动不了！好重，好重！"商世昌、童钟麟两位师兄原是练吴式太极拳的，功底很好，但与先师推手后，都赞叹不已，相继拜在先师的门下。先师在浙江大学、浙江国立艺专等校授拳，从学者均是年轻的大学生。有一些学生，对先师的拳术抱有怀疑的态度。一天，一个年轻力壮的学生突然从背后偷袭，想试一下先师的功夫，被先师的翻身撇身捶所吓跑……先师经常教导我们："在武术界，不靠嘴上功夫，要以艺立身，以技服人。"[1]

民国三十七年（1948），牛春明参加杭州中医师公会，挂牌行医，治疗小儿疳积病，实际是牛春明出面挂牌而由其妻杨柳英出诊。

民国三十八年（1949），杭州解放，牛春明被浙赣铁路局解聘，之后长期靠其妻治疗小儿疳积病维持生活。牛春明曾多次应邀到浙江医科大学、浙江省军区医院、杭州铁路医院、杭州市邮政局、杭州制氧机厂、张小泉剪刀厂、都锦生织厂、浙江大学等处教太极拳。每天清晨，他都在西湖边的六公园或柳浪闻莺公园晨练，

---

[1] 丁水德：《牛春明在杭州》，《武当》2008 年第 8 期。

寒暑不易，陆续带出一大批太极拳爱好者。

向社会传播太极拳，是公开的；而真正授徒，则并非如此公开。20 世纪 50 年代，牛春明家住闹市口直街一幢沿街的老式木结构单开间楼房，门外挂一"小儿推拿诊所"招牌，后门是一苗圃，其中有块约四十平方米的空地。在这狭小的空地中，牛春明才真正毫无保留地传授拳艺，指点选中的几位弟子粘黏提放之术。

20 世纪 50 年代初，国内杨家老弟子还有多位，而推手技艺最精者，据说要属身处杭州的牛春明。据丁水德记述：

> 先师平时与人推手，从不脱手打人。有一次，外孙孟宪民与人推手，左臂拥住对方双按，侧身引化，用右掌轻按对方左胸。先师一见，马上厉声斥责："你怎么可以用掌按住他的胸门？"先师十分强调武德，常叮嘱我们："双方推手不可顶牛斗力。"一再告诫："推手如遇对方四手不齐者，不推！"全因拆手较技，已成散手，易伤和气。在湖滨六公园，我亲见一次先师与潘师兄推手的过程。潘师兄以双手按住先师的右臂，只见先师几许沉浮引化，突然隆起背脊，再瞬间一顺背，将潘师兄掷出了数丈开外。相传露禅公之轻灵、班侯公之冷劲、健侯公之神粘、澄甫公之丹田劲、少侯公之柔打都是太极之上乘功夫，所向披靡。先师的粘黏劲两臂如绵裹铁，忽隐忽现，发人脆快，实是继承了健侯公之遗风。[①]

又据丁水德记述：

> 平时，我们常去探望师兄潘志成（于 2006 年 8 月故世，享年 92 岁），并在探望时共同探讨、切磋太极拳的拳理和拳术。在聊天时只要一谈起我们的先师，潘师兄总情不自禁地要夸赞："老师故世已好多年了，但是我现在打拳，仿佛老师就在我的身边……牛老师的功夫了不起。一搭手，就动弹不得；一个提劲，脚跟就浮起；顺势一别，就跌出。根本无法化解。"他还说："有一年，牛老师生病，我去看望他。进屋后，老师人坐在末沿上，面容憔悴。一阵问候后，老师就叫我用双手死劲按住他，只见老师身一沉，以丹田之劲一下将我掷放到了床对面的墙上。然后，他满脸笑容地说：'还能活下去，死不了。'"又有一次，潘师兄去拜见先师，一进门，先师即嘱潘师兄站在门口，说："你想一下，怎么打我，让我猜猜。"潘师兄一时听不懂，有点丈二和尚摸不着头脑。经先师一再示意，潘师兄终于明白了先师的想法，就站在门口说："老师，我想好了。"先师笑答："你想右手打我。"潘师兄暗自吃惊："猜着了。"再试第

---

① 丁水德：《牛春明在杭州》，《武当》2008 年第 8 期。

二次，先师指着潘师兄的左脚说："你想用脚了。"又猜中了……潘师兄风趣地说："我到现在都想不通，真神了！"可见，先师的"听劲"和意识已达到遥测神明的境界。①

1956年，七十六岁的牛春明代表浙江省武术队到北京参加全国武术竞赛大会，获"优秀运动员"奖章。大会期间，各省青壮年选手来与之推手，其中有一参赛的东北壮年慕名来找，牛春明嘱咐他不要告诉别人，相互交流、点到为止即可。双方约定次日清晨五点在住所楼下花台旁见面，对方身材魁梧、年壮力大，出手插裆，使出狠招。牛春明随来势后坐化开，乘其收回，双手随之往前一送，竟把对方抛到花台后面。牛春明感到此人心术不正，过去将其扶起后便转身离开。而其时楼上不少人在透过窗户看热闹，随后大会代表中竟传出"牛大力士"的说法。当时，《新体育》杂志社、新民晚报等新闻单位的记者对牛春明进行采访，要求介绍经验。牛春明谦逊地说："我今年已经七十六岁了，不要说一桶水，就是半桶水，我也提不起来，哪算什么大力士！"记者又问："那你怎么能把一个身材魁梧的大汉摔出去呢？"牛春明回答说："这就是太极拳中所说的'借人之力，顺人之势'，对方打来的力越猛，我顺势化解后，对方要收回的力肯定也就越大，我是借了对方的力，轻轻送了他一下，实际上还是他自己在打自己，并不是我有什么大的力气。"事后，《新体育》《新民晚报》等都有报道，并刊登牛春明拳照，这在更大范围内引起社会各界对太极拳和牛春明的关注。

同年，中央领导人陈云、滕代远等在杭州接见了牛春明，指示有关部门安排原解放军报社摄影记者会同杭州市摄影师为牛春明拍摄全套太极拳架照片。陈云看过照片后表示满意，又觉静态照片还不能生动反映出太极拳的动态风貌，进一步指示有关部门，安排中央新闻纪录片厂与浙江电影制片厂合作，为牛春明拍摄了一部太极拳纪录片，取名《万年常青》。该片曾多次在全国主要城市公映。据说，摄制过程中，一些年轻摄影师不懂太极拳，要求这位清瘦老人展示一下。当时拍摄外景场地正好在西湖苏堤，周边树上挂着不少遛鸟者的鸟笼。牛春明示意工作人员取来一笼。摄影师不解何意，而牛春明一手伸进笼内将鸟抓出并托于掌心，放下鸟笼绕场一周。鸟在牛春明掌中光扑棱翅膀却无力腾飞，待送回笼中才纵跳如常。

人民体育出版社向牛春明约稿，要他编写关于太极拳的图书以向全国推广。经长时间撰写，书稿于1960年完稿，但始终未能在他有生之年如愿出版。

---

① 丁水德：《牛春明在杭州》，《武当》2008年第8期。

胸前佩戴着1956年全国武术竞赛大会"优秀运动员"奖章的牛春明

1956年全国武术竞赛大会期间太极拳名师合影。前排皆为杨澄甫弟子，左起：傅钟文、崔毅士、牛春明、田兆麟、汪永泉。后排为崔毅士家人及汪永泉弟子等

牛春明晚年太极拳照

1961年农历四月，正值春夏交替时节，八十一岁的牛春明像往常一样乘公共汽车去浙江大学授拳，下车时因路滑不慎失足跌倒，腿部受伤，但仍坚持教拳，半月后卧床不起，当年阴历五月与世长辞。得其传者主要有牛筱灵（女）、孟宪民（外孙）、商世昌、陈松海、丁水德、潘志成、瞿文、沈宝根、陈惠君、贺鸣声、潘正祥、严昭法等。浙江的太极拳习练者中，不少人直接或间接与牛春明有传承关系。

（三）阎岳川：往事未如烟

清末民初，杨健侯在京师警察厅消防音乐队教太极拳期间，阎岳川正是消防队职员，曾得老先生指教，后师从杨澄甫，在中央公园行健会习艺助教。阎岳川身材瘦小，若真较量，则难与健硕的田兆麟、武汇川诸人匹敌。当杨澄甫等人于民国十七年（1928）初秋受聘南下后，阎岳川接续其师，长期在中山公园行健会执教，据说与另一留守北平的杨家门人王旭东素善。关于阎岳川相对完整的人生经历，长期以来没有多少资料可供还原，目前仅从民国时期的报纸上发现些许与之有关的旧闻片段，使其尚未完全沉没于如烟的前尘往事中。

民国二十三年（1934）三月九日的《京报》上赫然登载了一条拳师比武的新闻，一时间，在春寒料峭的故都，引发不少人的兴致：

《太极拳使用法》中的阎岳川　　　　　　　《太极拳使用法》中的王旭东

中山公园行健会拳师严月川，日昨在园中指导会员演习推手之时，旁观者中之一少年，南方口音，与会员攀谈，愿与导师领教。严即与之过手，该少年出手不俗，严知悉有意试探己艺，忿不可遏，遽伸右手向少年双目打去，少年扑面一掌，迅速如飞，严退步不及，竟被击着。严羞愧难当，乘旁人挽少年之际，将少年扭住，少年心雄力大，翻起两手，齐落严之两肩，抓其离地，向外摔去，严跌落数尺之外。会员中有欲以群力相助者，该少年自谓："我为李占魁之四子，双名俊波，手不饶人，各自小心。"众人相视，无敢向前者。严向少年曰："比武可于下星期一正午，在园内社稷坛前相候，届时怯阵，便非丈夫。"少年应之，守园警至此始将双方劝开。十二日正午，社稷坛前当有一番狠斗也。据知其事者云：李占魁原主持行健会，李故后，其第五子峻崑继之。严月川因其老诚，似有过分处。后李推故不去。李氏河北武邑县人，李俊波曾游历湘鄂诸省，新自南方返平，不及一旬云。①

另据报载，阎岳川"名仲奎，大兴县人，年四十二岁，月川盖其号也。其弟景屏，与阎同居，阎妻与弟媳，母家均为张氏。阎又名岳川，膝下只有一女，年才二龄，方在襁褓之中。阎在行健会中，资格甚老"②。"阎月川之师为杨三（即杨澄甫）"③，"杨于未显贵前，即在行健会任太极拳教师，阎所习拳脚，悉为杨氏所授"④。"严曾任前警察厅消防队职员，身体短小灵捷，从杨学艺多年，颇得杨之真传，亦平市太极拳之一名手。在民国十七年间，杨三与其徒严月川正在公园教授拳术之际，曾有一少年前来比赛，被杨三战败，悻悻而去，其后即无人前来。在武术家对于此种争斗，谓之'过堂'，概即决一胜负之谓。胜则尚可占据此场，教授拳术，败则须远避他方，不能再出面授人。以故一般武术家对此'过堂'，无不认为一生荣辱所系，成败所关，视为第二生命之重大问题。"⑤上述民国十七年（1928）间杨澄甫在中山公园战败之少年，即毕业于北京农业专门学校的青年大学生万常（籁声）。⑥

至于此次打斗的另一方李峻波，"则系昔者闻名南北之单刀李（占魁）之子。

①《拳师比武　十二日在中山公园》，《京报》民国二十三年（1934）三月九日，第六版。
②《禁止两拳师公园比武　近于械斗影响治安》，《京报》民国二十三年（1934）三月十日，第七版。
③《中山公园拳师比武作罢　李峻波向阎月川道歉　如要交手可在国术馆不必公园　两位拳师心平气和打不起来了》，《京报》民国二十三年（1934）三月十一日，第六版。
④《禁止两拳师公园比武　近于械斗影响治安》，《京报》民国二十三年（1934）三月十日，第七版。
⑤《中山公园拳师比武作罢　李峻波向阎月川道歉　如要交手可在国术馆不必公园　两位拳师心平气和打不起来了》，《京报》民国二十三年（1934）三月十一日，第六版。
⑥季培刚：《杨澄甫万籁声比武旧案新证》，《搏击》2014年第3期，

单刀李生前尝从近代国术家孙禄堂游，精八卦形意门"①。《京报》记者为此"特访名武术家某君，据谈：'李占魁（李峻波之父）与余系总角交，其令尊即精于武术，现已八十余岁，犹不挂拐杖，健步如飞，故有'单刀李'之称。李妻亦精于此道，并擅长蹿纵之术，蹿房越脊，当之无愧。严月川则系杨澄甫之弟子……两家势均力敌，此次虽暂完结，然隐忧实多'云云"②。

"李占魁死后，其长子继父之业，亦充会中教师。所传主持会务之说，则属不确。后为阎所排挤，遂得取其位而代之。事隔数年，李之第四子俊波突然出现。据传李俊波多年来浪迹四方，访求名师，曾南游湘鄂，在长沙逗留尤久，技术大有进步，此次在中山公园与阎比武，蓄志已非一日，俨有'三年后再见'之慨。前日阎正在行健会前广场上与会员研究拳术，忽由西廊下松林外走入一人，作壁上观，继即近前攀谈，首询入会章程，旋即谈及拳脚，来人遽以双手直奔阎之胸前，口中犹谓'这叫什么着数'。阎此时即加还手，以相别日久，固已不识其为李子矣。两人交手以后，由在场会员及园警加以劝止，李俊波始悻悻而去。一场武剧，在前日不过为前奏之曲，经各报揭载后，已引起社会人士之注意，武术界中人纷纷议论，尤为重视。阎在行健会教拳系每逢星期二、四、六值班，平日并无其他事业，专以教拳为生。除行健会外，尚在其他拳社担任职务。现在阎李双方，均在磨拳擦掌，准备较量，鹿死谁手，犹未可知。"③

当阎李两拳师约期比武的消息在社会上传开后，"管内六区署长延庚，及中山公园办事员刘荩臣，均认为武术系锻炼身体，不必作私斗之较赛。因此已向双方劝解，但双方均不肯退让，闻内六区署届时将加派警察弹压，倘仍比斗，即强行制止，以免肇生事端。此外平市之国术家，如许禹生等亦纷纷出面调解"④。"双方友好正在进行和解，免致酿成重大事件。内六区警署当局，则正在调查真相，竭力阻止比武之实行，认为在私人友谊上，固不必出比举动，且如果比试拳脚颇含有危险性，双方必有一伤，在官方更因此事近于械斗，足以影响治安，殊有禁止必要。"⑤上述中山公园办事员刘荩臣，也曾在行健会从杨澄甫习太极拳，在民国

①《中山公园拳师比武作罢　李峻波向阎月川道歉　如要交手可在国术馆不必公园　两位拳师心平气和打不起来了》，《京报》民国二十三年（1934）三月十一日，第六版。

②《拳师不比武　李峻峰代弟道歉语气逼人　要交手勿在公园　严月川已表示息事宁人　区警署派赴社稷坛戒备　大家不妨游园但无比武可看矣》，《京报》民国二十三年（1934）三月十二日，第六版。

③《禁止两拳师公园比武　近于械斗影响治安》，《京报》民国二十三年（1934）三月十日，第七版。

④《中山公园拳师比武作罢　李峻波向阎月川道歉　如要交手可在国术馆不必公园　两位拳师心平气和打不起来了》，《京报》民国二十三年（1934）三月十一日，第六版。

⑤《禁止两拳师公园比武　近于械斗影响治安》，《京报》民国二十三年（1934）三月十日，第七版。

二十年（1931）出版的《太极拳使用法》一书中，列在"澄甫老师"名下，作"刘尽臣"。

九日，即事发第二天，《京报》记者即"分赴各关系人方面，探询此事真相。阎君对记者似有不愿晤面之意。当记者今晨至东城某庙内访问阎君之时，于庙外见有一年约四旬左右之绅士，衣履阔绰，态度庄重，偕着蓝布大衫之青年两人，匆匆出庙，一青年手中，且持有白蜡杆一根，向西而去。迨入庙晤一杨君，始知顷者所遇之绅士，盖即阎也。旋又追踪至阎之寓所，应门者似为其弟，经记者略述来意，即持名刺入报，良久始出，则谓已赴东安市场矣。询以阎君何时有暇，答称'不一定'。窥其态度，对于新闻记者，颇有怕见之意，记者乃出"[1]。

十一日，《京报》报道称：

记者于前日至阎月川寓所访问，由其弟口中得知严将于昨晨再至中山公园行健会教拳，故时只有八钟，记者便匆匆驱车至中山公园。投刺后，据传达人说："您来得很巧，全体委员都在此地呢。"遂引记者入，首由严月川加以介绍，乃行落坐。记者当向严月川氏探询经过及比武事，据彼谈称：余在此处，并非主持一切事务，只不过与全体会员共同研究太极拳术而已。李俊波君余并不相识，亦未悉其所自来，当时搭手，初未料彼系有意寻隙者，关于比武事，连日报纸盛传余气愤后所计定，非也，系彼于临行时谓："你如不服，可于某日十二时在社稷坛领教可也。"余当时并未应允，即现在亦殊不愿为，因此间纯系练习身体，并非为决斗而来，望先生能将此意公之社会，则幸甚矣。严于谈话间态度殊谦和，惟身体瘦消将及四尺，坐卧时毡帽尤未能摘下。记者询及原因时，遂由会员郑象山代答，窥其用意，颇有由律师谈话保无错误。据郑谈称，本会成立原因，系民国二年由朱启钤等多数名流联合各界组织此行健会，当时请有教师李占魁，继又请严月川先生担任，李占魁去世后，因会员中学少林过少，故请其子峻崑暂行休息，日昨乃兄峻波前来，是否为此，则尚不明云。

记者于行健会退出后，复趋至交道口东大街八十三号，往拜李氏昆仲。入门后，北屋三楹，满悬刀剑以及各种武器。桌面供有武圣、文圣之红牌位，旁有高香多束，一望而知为武术家，而且老家庭。旋一老太太出见，由其谈话间，得知为李氏昆仲之母，记者稍加酬应。不一时，李峻波由外走入，身量颇高，精神充足，除两眼略形光亮外，与常人无何差异。寒暄后，当即座谈，始

①《禁止两拳师公园比武　近于械斗影响治安》，《京报》民国二十三年（1934）三月十日，第七版。

知彼为河北武邑县人，家乡尚有祖父，人口颇众，昆仲共六人，在平者只峻波、峻崑而已。关于公园互斗事，据彼谈称：余于去岁腊月十六日，由湖南返平，得知舍弟遽而不上行健会，颇为气愤，屡欲至该会探询究竟，苦于时间不许，至心颇难遂。昨清晨得暇，乃趋至公园访问严月川，便中领教其与张三丰夜间所学之神秘武术。当时经过情形，一如报载，不过余与严交手时，第一手并未递过，如熟习武术者，当知此为预先之警告也。不料彼竟称"可再来"。余认为彼即如此，又何乐而不为，但偶一失手，竟将其摔倒，实为遗憾。自此事发生后，许多武术界老前辈，连日向余指教，当此中央提倡国术之际，不应使内部发生派别，否则届时如同李家店大家混战，何时得了，而仇反益深，故劝余不如道歉了事，将来仍不失为好友。余聆之，亦颇以为然，歉信昨晚已书就，送至严处，并附属书明，对于在社稷坛比武，并无其事，因该处系公共地点，盖不容私人间之斗争，如严非比不可，则须呈请市政府指定国术馆，约请全市南北武术界作证比试，余决不爽约云云。最后复知彼由民国二十一年即南下，首至海州、南京，勾留日期均甚短促，后到江西、湖北、长沙，以湖南勾留日期为最久，并在该处遇过高人颇多云云。[1]

中山公园将有拳师比武的消息轰动一时，多有拟于十二日赴公园观察究竟者。记者于十一日"特赴交道口东大街八十三号李宅访问，时李峻波及其兄峻峰、弟峻崑，皆在家中，并由其母与记者略事寒暄后，李峻波当作如下之谈话"：

> 余之所以往访严岳川者（报载"月川"系传闻之误），并非意在寻衅，实系前往领教之意。盖余自湘归平后，即闻严曾被祖师张三丰显灵附其身上神授其太极拳四手，能于八仙桌下打练。余以此系创闻，故拟前往领教。不意严某竟执意欲行较手，余仅施一小鬼叫门手法，彼竟被击中。至于严约余明日（即今日）假社稷坛比武，余个人本无不可，惟因种种碍难，故由家兄峻峰致函严岳川，一方向其道歉，并解释碍难之处，且现已由刘诚斋、赵兴周诸前辈，出面调解，如严岳川不再挑衅，余决不欲使事态扩大也。[2]

李峻峰于十日代其弟峻波致阎岳川的道歉书札内容如下：

岳川先生惠鉴：

> 迳启者，顷闻四舍弟峻波，于八日冒犯先生，至为抱歉。现已严加责斥，

①《中山公园拳师比武作罢　李峻波向阎月川道歉　如要交手可在国术馆不必公园　两位拳师心平气和打不起来了》，《京报》民国二十三年（1934）三月十一日，第六版。

②《拳师不比武　李峻峰代弟道歉语气逼人　要交手勿在公园　严月川已表示息事宁人　区警署派赴社稷坛戒备　大家不妨游园但无比武可看矣》，《京报》民国二十三年（1934）三月十二日，第六版。

禁其外出，以免再滋事端。舍弟年青气浮，作事孟浪，尚望先生海量宽宥，异日弟尚当亲往领罪也。惟闻当时先生曾有约于十二日再行比试之言，至为系念。想公园乃公共场所，决非斗争之处，既属有碍社会治安，复干国家法纪，而失提倡国术之本旨。设再不幸伤及要害，尤属有违人道。往事已矣，似不必再提。若先生仍欲赐教，敢请呈明市府，会同国术专家，规定时地，作技术之研究，弟当饬令舍弟，前往聆教。先生深明大义，当勿河汉斯言。如何之处，即希赐复为祷。专此即颂教安。

"记者由李宅出，复赴中山公园行健会访严岳川，惟严未到会。继赴东裱褙胡同六十四号严宅，亦未在家。至下午，始晤严于某处。据谈：当日情形，一如报载，李峻峰之信，现已收到，尚未作复。当此国难期间，余亦不愿此事扩大，再起纠纷。诸前辈关心调解，盛意实为可感云。①

"中山公园拳师比武的消息，自经报纸揭载后，引起社会上很大的注意。尤其在崇拜黄天霸、窦尔敦的北平，类似这种比武的新闻，最合一般人的脾胃，大家无不希望严岳川与李峻波在大庭广众之间各摆门户，拳来脚去，打一个落花流水，不管谁胜谁负，在云端里看厮杀的人们只觉得热闹，似乎比看一出杨小楼、郝寿臣的连环套还要有趣的多哩。在雨雪新晴之后，接着便又刮起大风。"十二日为原本约定比武之期，然而是日晨，"天空中尘沙弥漫，电线北风吹的呼呼价响个不息，宛如虎啸龙吟，这真是天公不作美了。公园内的一场热闹，一半被大风刮的云消雨散，一半因为调停的人奔走斡旋，使严李双方的怒气，在鲁仲连劝解之下，顿时丢到爪哇国去了，他们为顾惜体面起见，对于公园比武的事，遂一笔勾销，至于旁观者，却因为天气太冷的关系，也不愿意管这些闲事，乐得躲在家里，围炉取暖，谁肯冒着狂风去看比武。况且地方当局既然表示决定制止，那么比不比还不一定，又何必白跑一趟呢？"②"内六区署长延庚，深恐今日中山公园发生纠纷，特派武装警察二十名，赴公园戒备，以免届时发生意外。今日赴中山公园之欲饱眼福者，恐将乘兴而来败兴而返，大可不必多此一行也。"③

十二日这天，"上午十一时许，天已近午，公园门前只有二三个警察缩着手，站在那里值岗，形势并不紧张。公园里面，冷清清地见不到什么游客。行健会的

---

①《拳师不比武　李峻峰代弟道歉语气逼人　要交手勿在公园　严月川已表示息事宁人　区警署派赴社稷坛戒备　大家不妨游园但无比武可看矣》，《京报》民国二十三年（1934）三月十二日，第六版。

②《昨日狂风怒吼中　公园中拳师偃旗息鼓　许禹生坐待作和事老　严李未践约取销敌对》，《京报》民国二十三年（1934）三月十三日，第六版。

③《拳师不比武　李峻峰代弟道歉语气逼人　要交手勿在公园　严月川已表示息事宁人　区警署派赴社稷坛戒备　大家不妨游园但无比武可看矣》，《京报》民国二十三年（1934）三月十二日，第六版。

一个老拳师，仍在那儿摩摩摸摸，照例的用早功。看那样子，大概是太极拳会里的会员都没有到会。国术馆副馆长许禹生，却独自坐在屋里等候严月川。许氏在国术界是一个素有声望的老前辈了，这次恐怕两下里越闹越僵，只顾逞血气之勇，当真的比起武来，所以一清早便到公园，以便阻止。哪知严岳川与李峻波两人都没有赴约，许禹生一直等到十二时余，许知比武的事不致发生了，才离开公园，分别赴严李寓中，作彻底的调停。两方因为有老前辈在前，当然言归于好。比武的消息，空自轰动一时，严李日前因暂时的气愤，约期一决雌雄，终未致酿成重大事故，这实在应该归功于调停者及官方适当的处置啊！"①。

约定十二日在中山公园社稷坛的比斗，"经调人赵兴周、刘诚斋奔走调解，并由李峻峰致函道歉，遂终止实行，但至今仍未完全解决，不过形势暂为缓和而已。传闻严岳川方面认为李方之举动似欠诚意。李峻波方面，亦认为严方不免暗谋报复，故双方互相猜忌，暗斗形势，颇为险恶。闻赵兴周等一般调人，仍正在积极调解，务使两家言归于好，而免去将来之斗争，并有人拟请市长袁良出面调解，以袁市长众望素孚，且亦擅太极拳，一言既出，两家不难前嫌冰释云"②。

"拳师比武事，李阎双方皆行让步，经赵兴周、刘诚斋诸人从中调解，表面上已成过去，而隐忧实多。盖武术界中人，向不肯示弱也。近谣传阎岳川有嫂一，亦精通武艺，不肯善罢甘休，拟挺身而出，代其夫弟复仇。"为此，《京报》记者于十七日再赴交道口东大街，"门牌八十三号，访李峻波。适李外出，仅其五弟峻崑在家，李母亦在座。当讯以对阎嫂不服事有所闻否？李峻崑谓谈略有所闻，惟置之而已"。然而，李母闻听此言，却"陵然色变，作如下话"：

> 余（李母自称）十六岁即离家，奔走江湖，足迹遍全国，所见各路英雄，不胜枚举。现在虽年已六十三岁，而体魄犹健，对一切事，向未屈服。杨少侯（阎月川之师伯）强主行健会后，余曾亲赴西城西京畿道向杨质问，并拟与其过手比试，不意杨竟匿而不见。时杨之邻居以彼堂堂武术家竟不敢与五十许老妇交手，多异之。继亦经人解和，杨远走江南，行健会交乃弟杨澄甫接办。事搁未久，武术家万籁声路见不平，赴行健会与杨较量，杨不胜，亦走江南，遂阎岳川接办。如阎嫂欲出比试时，无须子辈出面，余几根老骨尚在，绝可与其周旋。占魁（李峻波父）于前清保镖时，京南各响马三百余名，占山为寇，数

①《昨日狂风怒吼中　公园中拳师偃旗息鼓　许禹生坐待作和事老　严李未践约取销敌对》，《京报》民国二十三年（1934）三月十三日，第六版。

②《拳师展缓比武　暗斗甚烈　赵兴周、刘诚斋再作鲁连》，《京报》民国二十三年（1934）三月十五日，第六版。

度与占魁为难。一次，被八百余人围困，余一把单刀，从外冲入解围，继乃言归于好。是虽年青时事，今虽年老，对于一切尚不肯甘居人下也。

记者称，李母"语至此，豪气逼人，如阎嫂果欲较量时，此老妇或将一显好身手也。又李峻波决定暂不离平，此次和解，并非示弱，实系为中人设想。阎某如有举动，李誓与周旋。由此看来，拳师比武事，绝难从此完结也"①。李母所述自身经历，显然带有夸大其词的江湖习气，至少杨澄甫南下并不是因与青年万籁声较量不胜，实情并非如李母所言。而杨少侯南下，也不是因怕与李母交手。

二、"杨氏首徒"武汇川

武振海，字汇川，清光绪十六年（1890）生于直隶顺天府昌平州。体壮有力，"身高约七尺，腰宽数围，身重一百七十斤，两手可举三担石，而各种拳术练过者不少，尤精于掼跤，后慕太极拳，先从少侯，少侯不肯授，乃从澄甫先生"②，其拳艺未经杨健侯老先生亲自传授，直接师承杨澄甫，是杨澄甫最早的徒弟。

杨澄甫日常授艺，只示范，不多言。徒弟唯有在推手或粘杆对练时，方可细心体会杨老师的身势和发劲。在杨澄甫众弟子中，武汇川身材伟岸，平时与老师共同演练推手、散手、粘剑、粘枪的机会最多、时间最久，常被杨澄甫发出一两丈外，对老师松沉发劲的体会最深。

民国七年（1918）前后，杨健侯老先生应浙军之聘教授官兵，无奈不久即卧病不起，临终嘱咐家人让田兆麟代往。此后杨家门生陈月波、武汇川、牛静轩、褚桂亭诸人也先后受聘为浙军官兵教授。③

民国十四年（1925）九月，杭州的浙江印刷公司印制了《太极要义》一册，所署编辑者为永年杨澄甫，襄校者为涿县陈月波、通县武汇川、顺义牛静轩、任邱褚桂亭。该书实际为杨家门生在浙军教授太极拳期间，胡铭勋、章梦三两人公

---

① 《两拳师明和暗斗中　单刀李老妻访问记　阎岳川之嫂欲一显身手　李峻波之母舍老骨周旋》，《京报》民国二十三年（1934）三月十八日，第六版。

② 陈志进：《记杨少侯之太极拳》，《金钢钻三日刊》民国十四年（1925）十一月六日，第三版。

③ 杨澄甫：《太极拳要义》"太极拳要义序"，杭州：浙江印刷公司，民国十四年（1925）九月，第五页。

余习艺，根据诸师口授记录下来的，并请陈月波、武汇川校正，遂成专书。[①]该书特意突出了杨澄甫至武汇川一脉，其序言中写道：

> 鼎革后，班师早世，镜师亦垂垂老矣，恐此道中绝，乃授其长公子梦祥、次公子澄甫，珠树双株，并传家学。而丈夫爱怜少子，澄师九龄从父，依依膝下，寝食不离，耳提面命，口授心传，故所得更详，所习尤专。盖镜翁晚年无事，每与小儿嬉戏，假此消遣且娱老也。梦师以家务累，不获多授徒，仅一田绍先君为亲炙弟子。澄师则父兄在堂，百无牵挂，专心致志，收揽群彦为传薪地。是以门墙桃李，南北遍栽。一肢一体，各有所获。惟陈月波、武汇川、牛静轩、延月川、褚桂亭诸公，均得升堂入室，探厥秘奥焉。尤以武君为独有心得，俱体而微，似圣门之颜子。[②]

民国十七年（1928）九月，杨澄甫受聘南下，武汇川与董英杰作为杨澄甫门下一文一武随往。武汇川的内侄张玉（字玺亭，1909—1988）因随武汇川习拳多年，此后也随武南下。十月十五日，第一次国术国考在南京举行。是月二十七日，上海特别市国术运动大会开幕，身在南京中央国术馆的杨澄甫应邀携弟子武汇川、董英杰等莅会，二十八日（即大会第二日）上午名家表演，杨澄甫与武汇川表演对枪。中午，国术运动大会会长张定璠等在四马路致美斋欢宴中央及各省来沪莅会表演的国术大家，武汇川参加了此次宴会。[③]

随后，武汇川即与褚桂亭在上海着手创办中华武当太极拳研究社，杨澄甫为名义社长，实际则褚桂亭与武汇川承担日常教务。该研究社于十二月底成立，社址在大世界西首爱多亚路恒源里九三〇号[④]，是继陈微明致柔拳社、叶大密武当太极拳社之后上海的又一家太极拳社。创社之后，场地很快即不敷用，只能另谋新址，翌年三月下旬迁至霞飞路华龙路口和合坊三十六号，学员来社学习或教师外出教授均可。[⑤]

民国十九年（1930）四月，李景林在济南创办山东省国术分馆，身在上海的武汇川因太极拳功力深厚，被李景林聘赴济南任该馆教务长。是年冬，又因杨澄甫之招，武汇川辞职，南下杭州，路过上海，之后在沪定居贝禘鏖路东蒲石路

①杨澄甫：《太极拳要义》，杭州：浙江印刷公司，民国十四年（1925）九月，第五、三二页。
②杨澄甫：《太极拳要义》"太极拳要义序"，杭州：浙江印刷公司，民国十四年（1925）九月，第四～五页。
③《市国术大会第二日》，《申报》民国十七年（1928）十月二十九日，第四张第十五版。
④《上海中华武当太极拳研究社启事》，《申报》民国十七年（1928）十二月二十七、二十九、三十一日，第二张第八版；民国十八年（1929）一月四日，第六张第二十二版。
⑤《中华武当太极拳研究社迁移启事》，《申报》民国十八年（1929）三月二十四、二十五、二十六日，增刊第一版。

一百七十四号开办汇川太极拳社。是年十二月，《申报》对此有所报道：

> 太极拳术风行沪上，已历有年所。现代名家，推杨澄甫为祭酒，但杨现任
> 浙江国术馆教务主任，不能来沪授徒。近日，其大弟子、前任山东国术馆教务
> 主任武汇川君，因杨澄甫氏之招，赴杭过沪，安徽省政府主席陈调元及东北海
> 军司令沈鸿烈，均厚币争聘。武君以海上男女弟子挽留情殷，慨允留沪教授。
> 武君现寓贝禘鏖路东蒲石路一百七十四号，凡赴寓求教者，武君亦一律指导。
> 学太极拳术而有志深造者，得此良师，可传绝诣矣。[①]

十二月中旬，上海闻人王一亭及顾联承、蒋维乔、丁福保、季融五、樊成、
吴蕴初、沈濬女、刘泉孙等联名刊登《汇川太极拳社广告》：

> 武汇川先生研究太极拳数十年，艺冠一时，闻名南北。近道过沪滨，同人
> 等因练习太极拳有却病延年之效，且已经练过者更须深造，特诚意挽留先生，
> 在东蒲石路一百七十四号设立汇川太极拳社，以广传授。[②]

武汇川心气甚高，标榜拳社为"杨氏首徒武汇川太极拳社"。因其身体伟岸，
功力深厚，技艺精湛，推手、散手皆能运用自如、从心所欲，善发寸劲，入内透
里，气势勇猛，与田兆麟一起被上海武术界称为杨门的"哼哈二将"。李雅轩晚

《太极拳使用法》中的武汇川

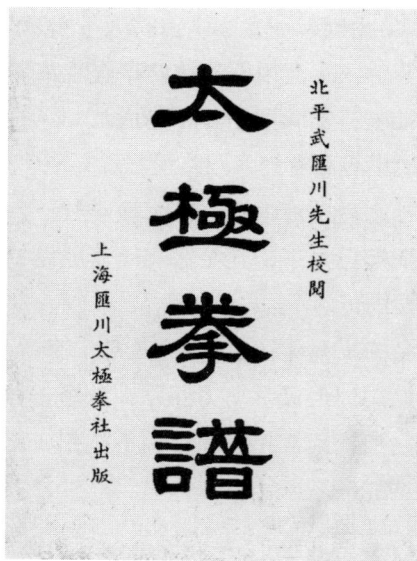

民国时期武汇川校阅的《太极拳谱》

---

①《太极名家武汇川莅沪》，《申报》民国十九年（1930）十二月八日，第三张第十一版。
②《汇川太极拳社广告》，《申报》民国十九年（1930）十二月十七、十八日，第三张第十一版。

年评价其"专打一点柔弹劲，不愧是杨家的弟子"①。武汇川根据他曾作为杨澄甫老师陪练的经验，精心挑选身材魁伟的张玉、吴云倬为弟子，此二人体重均在一百八十斤以上，武汇川与他们演练活步推手、大捋散手，如漆似胶，不即不离，突然发劲，则张、吴二徒必腾空飞出。

民国二十年（1931）三月二日，上海国术团体联合会成立典礼在青年会举行，武汇川作为汇川太极拳社负责人参加典礼并表演太极推手大捋。②

九月九日晚，在宁波同乡会参加水灾助赈国术游艺会，汇川太极拳社武汇川师徒表演太极推手。③九月十五日下午，武汇川前往参加上海市运动会国术竞赛，然而天公颇不作美，比赛刚开始，大雨忽至。④十八日，九一八事变爆发，日军开始公然侵华。

据早年从学于吴云倬、后为李雅轩弟子的张义尚记述：

> 一九三一年至一九三七年一段时间，我在上海江湾读复旦大学高中部（预科）和本科。一九三三年，中央国术馆张之江带领他的学员来我们学校表演武术，随后我校由吴剑岚教授（他是武汇川的弟子）带头成立了国术研究会，并发帖请上海各武术社来校表演，共到五十余人，都是武林高手，武汇川先生和他的入室弟子张玉、吴云倬都在场。各门各派的精彩表演，当然胜过中央国术馆的一般学员。其他门派不说，在太极拳方面，张玉和吴云倬表演了武当对剑，武汇川先生则和吴云倬表演了太极拳活步推手、大捋和散手。他们二人的身体重量都在一百八十磅以上，看起来似乎不会怎样灵活，谁知二人一搭上手，四脚如蝴蝶穿花，落在体育馆的地板上，一点没有声音，而身手翻腾起伏，如神龙天骄，尽管变化无穷，却似胶黏漆附，不即不离。每当武一发劲，吴则惊惶失措，辄被抛掷寻丈以外，其失重落地之势，犹如山崩地裂，地板下面的楼板子嚓嚓作响，如摧折一样，使观众大开眼界。所以事后学校即聘请吴先生来校担任太极拳教授，作为体育的一课。我的太极拳就是从他入门的。⑤

另据张义尚记述：

> 我曾亲见（武汇川）先生与吴云倬先生于复旦大学体育馆作推手表演，吴

① 陈龙骧、李敏弟整理：《杨氏太极拳诠真》"杨氏太极拳练习谈"，北京：北京体育大学出版社，2008年，第252页。
②《国术团体联合会成立》，《申报》民国二十年（1931）三月三日，第四张第十六版。
③《国术游艺会今晚表演》，《申报》民国二十年（1931）九月九日，第四张第十五版。
④《国术比赛预赛》，《申报》民国二十年（1931）九月十六日，第三张第十二版。
⑤ 忠义：《杨氏首徒武汇川及其门生》，《武魂》1987年第2期。

师亦身材魁梧，体重二百余磅，但武先生较吴犹高一头。以如是臃肿之身材，动作论理应不会灵便，谁知一经接触，两人四足如蝴蝶穿花、风驰电掣，又似水流云行，脚落于木板之上，毫无声息，一若微风不动者；但武一发劲，吴则张皇失措，每被击出寻丈之外，地下木板子轰然有声，若将倾圮毁折然。当时上海诸武术家如陈微明，犹谓大师兄之功夫，直似金刚之体，与之推手，全身如有电流，一着即触，无不跌仆于寻丈之外。①

武汇川太极拳功力深纯，在沪上名声越来越大。据张义尚说："当时上海武术界一致公认杨式太极拳功夫，除了澄甫先生本人，就要推武汇川先生为第一。"②至民国二十四年（1935），约有上千人参加了汇川太极拳社。顾留馨曾为该社社员，据顾口述：

> 杨澄甫功夫很好，体态魁梧，大约有300多磅重，个子高大，脾气很好。我的太极拳老师叫武汇川，是杨澄甫的学生，我和武汇川经常有机会接触到杨澄甫，得到过他的指导，跟他练过。在我所认识的前辈太极拳家中，很少有人练到杨澄甫这样的功夫，我那时个子小，身体轻，一碰到他就腾空而出了。③

民国二十四年（1935）九月十七日，第六届全国运动大会筹备委员会公布大会裁判员名单，武汇川名列其中"国术部·拳术器械组"。④二十八、二十九两日，上海市国术界赈灾游艺大会假北四川路横浜桥精武体育会中央大会堂举行，武汇川到会表演太极拳。⑤

民国二十五年（1936）五月十七日，上海国术团体在功德林追悼太极拳名师杨澄甫，武汇川参加追悼会。⑥

十月二十二日至二十四日，上海市第四届全市运动会在市中心区体育场举行，武汇川担任国术组裁判。

传说，"上海三大亨"之一张啸林聘请武汇川为国术教师，送他一辆包车，一块手牌，在张所管辖之青楼，均可免费出入，武汇川乐此不疲，酒食征逐，夜夜不虚；武汇川又与人合作投资股票失利，半生积蓄付诸东流；武汇川练推

①　张义尚：《武功薪传》"武汇川先生并其高足张玉、吴云倬、武贵卿略传"，北京：社会科学文献出版社，2012年，第325页。
②　忠义：《杨氏首徒武汇川及其门生》，《武魂》1987年第2期。
③　严翰秀：《太极拳奇人奇功》"太极名家顾留馨生前一席谈"，北京：人民体育出版社，1996年，第46页。
④　《全运会裁判员发表》，《申报》民国二十四年（1935）九月十八日，第四张第十三版。
⑤　《国术振灾游艺大会》，《申报》民国二十四年（1935）九月二十九日，第三张第十一版。
⑥　《太极拳名师杨澄甫追悼会》，《申报》民国二十五年（1936）五月十八日，第三张第十二版。

手喜发猛劲，失手将某资本家弹飞，令其撞墙而伤痛严重，此资本家衔恨多次雇用打手伺机报复未果，后竟驾汽车故意向武汇川冲撞，以致武汇川身受内伤。[①]如此种种，不一定尽皆属实。不过，武汇川确是于民国二十五年（1936），即其老师杨澄甫辞世当年冬，患急病暴逝（约为急性肝坏死），仅享年岁四十有七。

当年张义尚参加武汇川吊唁，与陈微明同席，张记得陈微明说："大师兄像金刚一样的身体，我们这些人谁也赶他不上，然而他竟这样早逝，真是武术界中不可补偿的损失，这也只能说是死生由命了。"[②]另据张义尚讲述：

> 一九四二年，我在成都入杨式太极拳澄甫先生另一重要传人李雅轩先生的门墙。李师与我多次闲谈，于其师兄弟中都少所赞许，惟对于武汇川先生则谓其真有本领，功夫既深湛，又全面（指太极门中所有推手、散手、刀、剑、枪等无一不精）。当澄甫先生在世时，只有武可以同他对练。虽然也免不了要被挫败，但比起其他师兄弟在杨师面前就强得多了。李师又说武的徒弟张玉功夫也不错，曾在杭州国术馆与该馆推手很有水平的杨某较量，一出手杨即被打得腾空飞起，跌出一丈以外。可惜李师和吴云倬、武贵卿未接触过，尚不知他们二位的功夫与张玉是伯仲之间否。[③]

张义尚又有所述：

> 家师李公雅轩，于其同门少所许可，常谓郑曼青先生颇聪明，深懂真正的太极拳味，可惜侍师不久，对于正式的散手比斗不行（我在重庆跟郑先生学过，真正不错，只是时间不长，得益不多），惟有武汇川不错，功夫也很全面（指刀、枪、剑法全盘皆精），可惜鸦片烟把他害了。盖先生曾为张宗昌之部下，以致沾染了鸦片毒害。先生在上海授徒，榜其门曰"杨氏首徒武汇川太极拳社"。据家师李公云：太老师之技击，无人能敌，确实惟汇川先生尚敢与其拼斗数合，虽然也一样要被打伤打倒。其弟子之技术，以张玉为最，李师犹称其能。[④]

不管是心高气傲、积怨过多、投资失利而积蓄东流，还是交游不慎、出入青楼、酒食征逐、鸦片毒害……武汇川，这位凭着真本事行世的"杨氏首徒"，带着一身纯正的太极技击功夫，于尚未"知天命"之年，草草地下世了。

---

① 瞿世镜：《身手佼佼　群星璀璨——杨门弟子素描》"武汇川"，《武林》2001年第8期。
② 忠义：《杨氏首徒武汇川及其门生》，《武魂》1987年第2期。
③ 忠义：《杨氏首徒武汇川及其门生》，《武魂》1987年第2期。
④ 张义尚：《武功薪传》"武汇川先生并其高足张玉、吴云倬、武贵卿略传"，北京：社会科学文献出版社，2012年，第325页。

　　武汇川生前教徒严肃认真，门生众多。其侄武贵卿及张玉、吴云倬三人得其真传实授，非同一般。张义尚 1987 年讲述：

　　张玉是上海的推手名家，过去曾有报道；吴云倬与武贵卿二先生，功夫也不在张玉之下。吴在上海办有"用中太极拳社"，可惜在新中国成立后的灾荒年月辞世了。现在张玉和武贵卿二先生还健在。我一九八三年到上海，还特别前去拜望了武贵卿先生。这三人都是得到了杨式太极拳真传的人，与一般徒有虚名的人不同。①

张义尚于 1995 年另有所述：

　　我曾问李师："杨太老师门下高足不少，您认为哪些人是得到衣钵真传的？"李师说："杨老师教人，从不隐秘保密，由于每人的资禀悟解程度不同，故每人成就也有差别。我们师兄弟中功夫最精深也很全面（指拳、剑、刀、枪无一不精）的，要数大师兄武汇川，可惜他 47 岁就死了！他的徒弟张玉也不错，杭州推手水平最高的杨炳如和他推手，刚一接触就被打飞出一丈以外去，是很有几下子的。"②

张义尚又述：

　　吴云倬先生之功夫，仅次于张玉，曾在复旦大学任太极拳教授三年有余，乃余初学太极之师也。我初练外家字门拳二年，后又改练金家功夫三年，仍两脚无根，气血不畅，从先生习太极后，仅半载而根力自生。盘架子时，虽冬日严寒如割，练到第一个十字手，即自觉热气蒸腾，直贯指梢，如沸水上潮，寒意全消。并且式毕之后，自感两脚轻灵有根，气沉丹田，腹实胸宽，飘飘如仙，欲为凌风之游，其进功之境界，直今日与昨日不同，甚至晚练较早练又别……

　　汇川先生之侄武贵卿，其功夫稍次于云倬先生。汇川先生早卒，时年仅 47 岁。吴云倬先生亦于新中国成立之后去世。故吴剑岚先生谓目前上海真正之杨式太极拳，仅有张玉与武贵卿二人而已，因剑岚先生亦私淑于武汇川先生者，虽功夫未达成熟，然犹知其孰为正门、孰是邪径耳。③

----

① 忠义：《杨氏首徒武汇川及其门生》，《武魂》1987 年第 2 期。
② 张义尚：《百岁诞辰忆恩师》，《武魂》1995 年第 4 期。
③ 张义尚：《武功薪传》"武汇川先生并其高足张玉、吴云倬、武贵卿略传"，北京：社会科学文献出版社，2012 年，第 325~326 页。

三、李雅轩：明哲保身　蜀山大隐 [①]

李椿年，字雅轩，清光绪二十年（1894）农历六月十四日生于直隶顺天府交河县。少时曾读私塾，十四岁拜陈殿福为师练少林拳。几年后，陈师与之辞别，嘱以日后当习太极拳。未久，宣统帝逊位，清廷倾覆。中华民国之初，李椿年又曾师从傅昆庭学绵掌。民国三年（1914）起，到北京中央公园从杨澄甫受学，又得杨健侯老先生亲自指点。据说，除拳、剑、刀、枪外，杨健侯还授之以弹弓绝技。李雅轩讲述：

> 我是20岁那年（1914年）拜在澄甫师门下学太极，有时住在北京的亲戚家里，有时住在澄甫师家大院里，经常得到健侯师爷的熏陶指点。有一次练完功后，健侯师爷勉励我们，说："你们要认真练架子，要细心去悟里面的东西。要吃苦，学不好太可惜了。这个拳来之不易。"其中讲到一点，"老爷子（指露蝉祖）当年到河南陈家沟去学拳，历尽千辛万苦，忍辱负重。陈家根本不传外姓，后见老爷子虔诚，品德好，才收为徒。一学就是八九年，以为练到家了，便离开了陈师爷。后来与人交手，一遇高手，才知道自己功力还是不行，便决心第三次再到陈家沟，向陈师爷求教。决心把自己的内在功力劲道再提高一步，增强出手打击力量。这次，到陈家沟又是好几年。陈师爷见老爷子苦专苦练，求学心强，估量将来大有发展，又是难得的天赋人才，便把拳经拳论（指注有"武当山丹士张三丰祖师遗论"的拳经拳论等）传给老爷子。后来老爷子对经论非常珍视，逐字逐句推敲领会，务必弄明白清楚。他认为此拳既出自武当道门，是修炼大道的功夫，当然要毕其全功，死而后已。从此之后便不惜财力，东奔西走，访寻武当丹士求教。后来终于得到一位高深道人讲炼内丹术，讲内家拳术，对太极拳经拳论以丹道内功的要旨一一加以指点，使他终于弄懂以心行气和拳架动作必须舒展以顺应人体，使气道经络圆活

① 本篇主要参考陈龙骧《杨氏太极拳在四川的传播者——李雅轩》《太极名家李雅轩》（《武魂》1992年第5期），严翰秀《以"拳"为宝　心血悟之——追记李雅轩先生》（《武魂》1999年第12期），王明伦《李雅轩在前"陆大"传拳纪事》（《武林》2004年第5期），金杨眉《一代太极拳大师李雅轩》（《武当》2005年第6期），陈龙骧《饮水思源　师恩永志——纪念恩师李雅轩先生诞辰一百二十周年》（《武当》2014年第10期），萝卜酒《老拳师的故事》（未刊稿）等。

自然的道理。[①]

李雅轩颖悟出众，肯下苦功。李雅轩女婿陈龙骧[②]记述：

　　为了锻炼下盘功夫，增强腿力，李师练习太极行步，为使不至有起伏，请师兄弟在用力把胯向下压的情况下迈步行走，一走即是数小时，汗水顺着行走的路线往下淌个不停。杨师教推手时，两臂如棉裹铁，十分沉重，其他人一上手一两分钟就感觉两臂、两腿酸麻，难以忍受；李师每次总能坚持几十分钟，虽汗流浃背，湿透衣衫，杨师不喊停止决不停止，常常吃饭、走路、睡觉都在比划打拳。经常半夜披衣起来，不管天寒地冻，总先把想到的心得体会记下来，然后比划杨师推手、发劲的神态动作，直到完全领悟为止。师兄弟们都说："雅轩练拳，就好像着魔一样。"杨师称赞说："雅轩学拳的天才你们众人不及，其刻苦耐劳，好学钻研的精神，你们也是不及他。"[③]

李雅轩在北京城随杨澄甫学了十四年太极拳，直到民国十七年（1928）九月杨澄甫应聘南下。李雅轩因家务羁身，未能随行。

由李景林、傅宜生、高志仁等人于民国十七年（1928）七月发起组织的河北省国术分馆，当年十月十日在天津成立，十二月二十三日"假天津南开学校大礼堂举行正式开幕，及商、张两馆长就职典礼"[④]。据民国十八年（1929）三月报载，李雅轩为该馆一百一十九位董事之一。[⑤]民国十八年（1929）秋冬间，杭州举行浙江国术游艺大会，李雅轩也到杭州参会。十一月十六日至二十七日间，在杭州

---

①　贺洪明：《杨式太极拳定型前曾得道门高人指点》，《武当》1999年第12期。

②　有关陈龙骧事，参见蒋家骏《"苟利太极，生死依之"——记杨氏太极拳名家陈龙骧先生》（《武林》2002年第7期）等。

③　陈龙骧、李敏弟：《李雅轩杨氏太极拳法精解》"杨氏太极拳在四川的传播者——李雅轩"，成都：四川科学技术出版社，2007年，第38页。

④　《河北国术馆　本月廿三日举行周年纪念　昨招待记者报告成立经过》，《新中华报》民国十八年（1929）十二月十六日，第六版。

⑤　据报载："河北省国术分馆自经南京中央国术分馆正式承认后，一切进行颇为顺利，馆长商震尤称热心，国术登记人数业达二百余名，各科职员亦已派定，开始办公。现在该馆所有董事，多系当代名流及学者。兹特觅得该馆全体董事姓名如下：董事长郑洪年，董事严智怡、恽宝惠、何其鞏、楚溪春、李和、李服膺、黄子芳、吕咸、殷文忠、李广仁、白子全、陈小钟、许承德、瞿垣、李冠群、李子英、张式如、夏子珍、郭松亭、延昌、许子山、金怡声、韩幼林、萧奉民、谢筱愚、范德标、韩文元、张维卿、宣燨、王赓臣、王克球、张佐臣、萧梦白、阮彬、郝树桐、洪用杭、叶香渠、葛庆惠、魏宾、王聘卿、李培基、许君武、白崇禧、李庆芳、章辑五、魏少安、穆文富、张轶群、王人杰、张钟沂、洪全、万禄、卢培元、程慕韩、毛云九、周仰贤、林图、王毅立、黄远峰、吴培寿、吴春源、周志仁、马清臣、李竟容、赵正平、崇右卿、齐锡棠、王谦、苏济锟、刘小兰、李子衡、胡阶平、赵星远、李君博、李博平、公旭升、张效光、魏文华、毕铨、熊秉三、李玉、赵以宽、舒双全、王用宾、赵世勤、李泰菜、郜子亨、杨润生、李椿年、钱福濂、刘普筠、陈怀让、常镇瀛、郭廷耀、金振华、姜希周、潘玉峰、范文海、王鹤亭、陈恒德、刘向武、王宝濂、武学易、吕葆初、袁德亮、李英初、孙寰、单子嘉、李绍猷、佟敬佩、李凌斗、白精一、赵振标、白权海、郝义、谢公伯、杨俊波、萧景惠。"（《河北国术分馆董事题名》，《新中华报》民国十八年（1929）三月九日，第六版。）

李椿年（雅轩，1894—1976）

《太极拳使用法》中的李雅轩

李雅轩（左）在杭州与黄元秀太极推手照

镇东楼旧抚署空地举行表演和比试。田兆麟、陈微明、褚桂亭、武汇川、叶大密等杨家门生均担任纠察委员，李雅轩和王旭东则报名上场，参与比试。游艺大会后，李雅轩在浙江省国术分馆担任太极拳教习，得以继续从师杨澄甫受学，每日与师兄弟及国术馆学生切磋。民国二十年（1931），杨澄甫自浙江省国术分馆辞职赴沪，李雅轩也离开杭州，到南京教太极拳。民国二十三年（1934），李雅轩与中央国术馆毕业的杨绍西（1907—1996）等人筹组太极拳研究社。十月八日报载：

> 太极拳为我国数千年来之国粹，亦即锻炼身心、强健体魄之要术。年来外人多以重金礼聘专家教练，或遣员来华学习。吾人若不提倡训练，行见国粹不惟不能保存，且将为外人所夺。兹有京人李雅轩、杨绍西、金竹畦、萧海千、段家麟、陈养元等卅余人，有鉴于此，特联名发起筹组首都太极拳研究社，已草就组织章程，连同发起人履历表，缮具呈文，于日昨呈请市党部，请颁发许可证书，以便组织成立云。①

十月二十五日报载：

> 昨日午后二时，首都太极拳社发起人李雅轩等三人，假座市党部会议室举行筹备大会，当推李雅轩为主席。嗣因患喉干，请杨绍西代理，并致开会词，略谓我国贫病已达极点，外人目为东亚病夫，兹值复兴民族之际，健全国民体格，实为当务之急，本社发起目的有三：（一）健全体格，增固其创造精神；（二）发扬祖先所遗国粹；（三）实行新生活，造成义勇坚贞之侠士古风。本日到会诸先生，均国术专家，热心提倡，踊跃参加，行见整个民族精神将因此集会而发扬光大云云。继由吴图南、刘慎旃、黄士桐、沈见谷，先后演说，阐扬太极拳术之源流功效，旋即选出李雅轩、杨绍西、吴图南、沈见谷、黄士桐、刘慎旃、赵树德七人为筹备委员。②

十一月十六日下午，南京太极拳社开成立大会。③十五日报载：

> 首都太极拳社，自开始筹备以来，各事业已就绪，定于明日午后二时，假府东街青年会大礼堂开成立大会，讨论简章，并选举理监事。闻该会筹备会已于昨日致函本京国术体育界名流褚民谊、张之江、马良、张炯、郝更生、吴蕴瑞、程登科、吴澂、萧忠国等，届时国术名家会聚一堂，定有极精彩之

　　①《李雅轩等发起太极拳研究社　呈请市党部颁许可证》，《中央日报》民国二十三年（1934）十月八日，第七版。

　　②《首都太极拳社开发起人大会　推李雅轩等为筹委》，《中央日报》民国二十三年（1934）十月二十五日，第八版。

　　③《首都太极拳社今日成立》，《中央日报》民国二十三年（1934）十一月十六日，第八版。

表演也。①

该社最终推定李雅轩、吴图南为正、副社长。二十一日报载：

> 首都太极拳研究社理事于昨日午后二时，假市党部会议室举行宣誓就职典礼。到市党部代表梁步云，市社会局吉德梁，正副社长李雅轩、吴图南，理事刘慎旃、赵树德、杨绍西等十余人。由市党部代表领导宣誓，并致训词，旋即举行第一次理事会议，分配职务，当推定教务主任杨绍西、总务主任王佐卿、编辑主任刘慎旃，至教授除由正副社长及教务主任担任外，并推定赵树德、黄士桐、沈见谷三先生讨论练习规约，暂定每日午后七时半至八时半，地点在娃娃桥十四号该社内。②

民国二十四年（1935），李雅轩在南京国民体育学校任国术设计员。

民国二十六年（1937）四月五日报载，"江苏省立公共体育场主办之第六届太极拳训练班，规定名额四十人，由李雅轩、郭宪三两先生教授，已于昨日开始练习"③。

是年夏，日军发动卢沟桥事变，全面抗战爆发。李雅轩离京避难，经徐州、郑州到达汉口。次年夏，武汉危急，李雅轩经沙市、宜昌，到了重庆。同年秋，又转至成都，由于人生地不熟，举步维艰。正好少城公园有比武大会，李雅轩游荡到此，便借了把刀，钻进圈中，抽空练了趟太极刀，被台上富商刘仲桥看到。刘是山东人，因抗战避乱到四川开纺织厂。刘派人请李雅轩到茶馆喝茶，问过师承，随即请李雅轩到公馆授艺。刘仲桥名为徒弟，实为恩人，礼数周到，李雅轩对他知无不言，言无不尽。后来刘回了山东，李雅轩还频频在信中跟他讲太极要义。

李雅轩后来的徒弟何其松、栗子宜二人都是刘仲桥的朋友，通过刘而拜师。何其松，湖北人，抗战时进四川。他本行是摄影，入川后在春熙路购置店面，开了当时成都最大的火星照相馆，设备齐全先进，用的全是最高档的德国货。直到新中国成立后，成都的国营照相馆几十年的主要家底，还都是当年何其松置备的。

李雅轩到成都后，受聘到北校场国民党军校担任太极拳教官。民国二十七年（1938）十二月，时任四川省长的王缵绪聘李雅轩为四川省国术指导及体育会设计员。

---

①《太极拳社明日成立》，《中央日报》民国二十三年（1934）十一月十五日，第八版。

②《首都太极拳社理事昨日宣誓就职　开首次理事会分配职务　派员讨论修正练习规约》，《中央日报》民国二十三年（1934）十一月二十一日，第八版。

③《体育场主办之太极射箭班现有余额欢迎参加》，《中央日报》民国二十六年（1937）四月五日，第八版。

民国三十三年（1944），李雅轩被调往重庆的陆军大学任军简三级教官，为陆军大学将官班太极拳教授。次年三月一日，陆军大学甲级将官班开学，该班学员都是国民党高级将领，当期学员定额四十名，其中卫立煌、黄维、孙蔚如、杜聿明、吉星文等二十人和陆军大学校本部的卢凤阁、吴奇伟、李奇文等二十余人皆报名参加学习太极拳，陆军大学的黄剑白教官为主持人。其时正在陆军大学任职并跟李雅轩学拳的王明伦记述：

　　老师和黄教官都住在陆大研究院教官宿舍，是邻居。黄教官专门空出一大间房子来，供练拳、推手用。他俩师徒一般是凌晨5点钟起床，练习拳、剑后，吃些早点，才到操坪来教拳。每次由黄教官整好队形，领头集体向老师敬礼毕，多由他带领大家复习。从"预备式""起势"练到新教会的动作为止。重复地练习好几遍。

　　1946年3月1日，陆大乙级将官班开学了，有少数学员来参加学习太极拳，老师就安排他们插在中间跟着练，一趟拳练完后，老师把几位新学员叫到一边，单独教他们几个动作，黄教官就带领老学员练剑、试练推手。对新学员一面叫跟着大家练套路，一面又单独教导动作，进步较快，兴趣也有了。

　　一次下课后，老师余兴未尽，心情甚好，和黄教官练习推手，由双推手衔接"活步推手"，接连"行步推手"，又连接"大捋推手"到"抹角大捋推手"。"抹角推手"见老师左手扶黄教官的右肩膀，右手扶其右手腕沿弧形走外线，黄教官则以手腕粘连着老师右手沿弧形走内线，走到8步时，黄教官含胸转身，左手扶老师右肩膀，右手粘扶老师右手腕沿弧形走外线向前推按，老师则以右手腕粘连领着黄教官的右手沿弧形走内线引化，又走8步，老师含胸转身，轻轻一推，黄教官跌出八尺来远，老师敏捷向前，一手牵着黄教官的右手，未致跌倒。黄教官笑着说："老师步法之敏捷，手法之轻灵，发劲之充实的功夫已是'炉火纯青''阶及神明'的最高境界了。"

　　太极推手，老师和黄教官只是在家里练习、演练，在操坪上还未教过人。

　　这天老师的心情特别愉快，我先向老师敬礼，请求教我"发劲"。老师笑着说："小伙子，来！体会体会！"我还未进到他身边，就落魂失魄地被弹出丈外。翻身爬起来，走到老师面前说："我不知不觉被打出这么远，您是怎样打的？"老师说："你刚进身，找到你的重心，对准方向，心神一动，就把你弹出去了呢！"又说："这种功夫，不是我说了你就能做到的，要照我教你们的方法去练拳，去练推手，日积月累，中气足，内劲好，一身松净了，那时心一紧，意一动，就能将人发出去，你好好练吧！"

这时是 7 月天气，我穿的衣服单薄，被突然推弹着地，肘部、膝盖部被地面擦伤，事后感到疼痛，回家换衣服时爱人赵玉贞发现了，心痛地说："你练拳就是了，不要去学推手学发劲嘛！明伦，你听我的！"加之跌这一跤，心里也有些害怕，听她这么一说，就起到消极的作用。至今想来，有负老师期望，深感遗憾！

1945 年 8 月日本帝国主义发动的侵略战争失败，无条件投降。举国城乡人民一片欢腾。1946 年 6 月，老师、师母、师弟李桐俊（时年十四五岁）、大师妹李惠娣（时年十二三岁）一家四口随陆大校部总务处、甲级将官班作第一批复员去南京，由重庆坐轮船前往。老师在陆大是德高望重的人，很受人们敬重，他的一些未走的朋友和学员们，都纷纷到他府上致意送行。我行前两天去拜候老师、师母，问老师还有什么事需要我做的。

老师说："这里有黄剑白照料，都收拾好了，后天上午去朝天门码头上船，校里派有汽车拉行李，上下车有人搬运，一切由学校负责办理，你可放心，你的工作忙，我走时就不用来送了。你的拳练得可以，推手还不行，可向黄教官学习。太极拳是个宝，坚持练习，持之以恒，则终生受益。还要勤修武德，尊师重道。这方面你还是好的。以后要经常联系。"

老师的临别赠言，我永志不忘！①

另有李雅轩再传弟子述：

四川原国民党某骑兵师师长徐俊，生得熊腰虎背，练就一身硬功夫。抗战初期，他坐船到重庆朝天门码头，因一场误会发生群斗，数十个码头工人都不是他的对手。他到重庆后，听到李雅轩大名。一天，骑着高头大马，带上两名背枪的马弁，找到李雅轩住所，见面便说："听说你的太极拳能够击人，我不信。今天特来会会你，看看到底如何。"李雅轩见他出言不逊，知道其来头不小。见他如此傲慢地轻视太极功夫，心中不免有些生气。徐俊生性好斗，说干就干，舞动拳头向李雅轩连连猛扑。李雅轩见不能避免，把心一横，顺势退步采挒，徐俊接连被摔几个大跟头，爬起来说："你的太极功夫很好，明日再见吧！"说罢拱手就走。

李雅轩心想，这下可闯祸了。谁知徐师长第二天摆了许多酒席，请雅轩公赴宴，还请了很多武术高手作陪，徐俊向李雅车磕头行拜师礼。徐夫人在敬酒时高兴地说："老徐今天找到真正的好老师了。"此后，原国民党第二十八集团

---

① 王明伦：《李雅轩在前"陆大"传拳纪事》，《武林》2004 年第 5 期。

副总司令郭勋祺，仰慕雅轩公武德高尚，也正式拜雅轩公为师。[①]

新中国成立之初，李雅轩按军衔成为成都市政协委员和体育运动委员会（简称体委）太极拳教练，平时无事，长期在成都各公园及省、市委党校义务授艺。1953 年，李雅轩代表西南地区参加在天津召开的"新中国第一届民族形式体育大会"，获得优等奖，其精湛的技艺被当时的天津报纸誉为"姿势雄伟，舒展大方"，李受到党和国家领导人接见。1957 年，李雅轩参加北京的全国武术表演赛，担任裁判。

李雅轩武人文相，不见威武，只见谦和，平时金口难开，而动手比斗绝不含糊。在太极拳推手、散手方面，化劲于无形，发劲巧妙，冷弹脆快，令人惊心动魄。他的笔记中有不少关于化劲和发劲的记载，地点和见证人等，皆一一记得清楚。张义尚记述：

> 当时成都有外家巨子陈某者，平素不相信太极有技击作用，且谓是骗人、哄人。有人谓之曰："李某是真有功夫，不要轻视。"陈不信，一日至李师前而言曰："闻你会太极拳，且有技击功夫？"李师见彼来意不善，因直告之曰："你是来较量功夫的，明说就是，何必吞吞吐吐！"陈曰："善。"遂交手，被师连败三阵，口服心服，要求向师学习。师曰："你的身体已经练成僵硬麻木不灵了，我的功夫你是无法学的，倒不是我不教。"彼遂将其子拜入师门。师身体魁梧，气魄雄伟，练拳架式特别开展大方，另具一种飘逸之姿态。生平较技，不计其数，从未败北。[②]

李雅轩对太极拳孜孜以求，到了废寝忘食的程度，吃饭时都会骤然放下碗筷，拉过纸笔来写他的灵感——练拳心得。李雅轩曾笑着对在一旁的弟子张义敬说："你看！我成了拳疯子了。学拳，没有点疯劲怎么成！"[③]晚年的李雅轩在笔记中记录了自己从前用过的发劲：

> 1955 年 1 月 3 日，在老玉纱街 25 号附 1 号，我与栗子宜练习推手时，我忽然找到一种劲道来，这种劲对子宜的这种身架的情形用之颇有效，特为记录如下：
>
> 这种劲在初发时没有一定方向，无一定着意点，若无所为，只是以松松软软的身势向对方缓缓地透去就是，以俟对方来化时，我便顺其化劲的去向随

① 金杨眉：《一代太极拳大师李雅轩》，《武当》2005 年第 6 期。

② 张义尚：《武功薪传》"李公雅轩老师略传"，北京：社会科学文献出版社，2012 年，第 322~323 页。

③ 张义敬：《太极拳理传真》"雅轩老师对拳的创见和贡献""雅轩老师佚事一则"，北京：人民体育出版社，2009 年，第 36、41~42 页。

之，在这种随动之中，一定会审出对方之根基重心点来，我便徒然出一个突击之劲向其重心点鼓之，其必跌无疑……

查此劲，我于1931年在杭州浙江省国术馆时，与杨开如的朋友华夷推手时，曾找到过这种劲。当时华夷的功夫很好，化劲很活，我比他的功夫稍高也有限。我以手法找住了他再发劲，总是打不干脆，在无可奈何之际，我忽然找出此劲来，连去了几个，屡试屡验。我这些年与人推手，因未遇过有好化劲者，所以二十余年未用过此劲了，几乎忘掉矣。今幸与栗子宜推手中又找了出来，心窃喜之。

按此劲澄甫老师善用，每与人推手打得很脆。当时我还体会不到，现在应当时时记住。

在杭州民权路大礼堂，我与周声洪打手用的反掌打。以右手向其面部虚扬一下，他以右臂往上猛架时，其右胁已露出，我便以右手由上往下一翻，向其右胁间轻脆的一弹，他便两臂抱胸蹲地，说不出话来，以手示意要回宿舍。我扶他起来，送他到宿舍，休养了七天，连吃了几剂七厘散而愈。盖因我去之劲虽是不大，但正在他呼吸的时候，于不知不觉之中被弹了一下，打隔了气，并非是打伤他。

我与刘湘女推手时，用的右腕打，以右手向其胸部一去，他便以右手由上往下向我右手腕往下压力，我便借其压力一松，露出右腕来，以腕向其胸部一鼓，他便如弹丸而出，碰门倒地。

我在杭州昆明路国术馆，与杨开如打手，他忽然乱其推手的规则，以双手向我腰部抱来，我当时心中一急，以双手向其胸部用寸劲一按，他便惊然倒地，后脑勺摔在地板上，"啪"地一声，头晕了数分钟，才恢复自然。

我在成都将军街夏宅，与杨绍西打散手之月腿，势如窝里放炮，"啪"的一下，使其不及逃脱。此事张英振在场亲眼看见。

我在轮船上的房舱中，与吴某某推手之发劲，势如连珠炮响，嘣嘣不已，吴之后背亦撞铁门者再。

我在成都西马棚街12号之堂屋中，与郑某某推手之挤劲，"嘣"地一声，将其打在隔板墙上，将板墙打裂宽缝数道。

我在成都天仙桥街永兴弹花厂中，与牟祖绶打散手之踢脚，我右手虚晃其面部，他以右手向上迎架时，其胁已亮出，我便经其右侧往其右后闯两步去，提右脚向其右胁踢去，其劲竟透至其左侧，疼痛不已。

我在成都西马棚街，打郑某某之小按，稍一松劲，他便墩在床上。

我在成都东胜街张英振先生家，与大力士王应亮动手，我以大腿膝胯部打

李雅轩晚年太极剑与太极刀照

的截劲，在其将用"大别子"上右脚时，我在其将来未到之际，以右腿出截劲向其右腿一鼓，王则滚出丈外。此事张英振先生在场亲眼看见。

我在成都槐树街请客吃饭时，有某某之朋友孟某者，素有通臂之功夫，言谈轻视太极拳，说太极拳没用，要与我较量手法，舞动双拳向我攻来，我便以迅雷不及掩耳的手法，陡然进身，分开其两手，便顺势以拳向其胸部点之，但不过意思而已，并未打上，然他因惊岔气，疼痛多日始愈。

我在成都藩署街文炽昌寓，与朱某推手之化劲。按朱力大势猛，推手向来无对手，素有坦克车之称。在闲谈间，朱忽然用十分猛的力量向我涌来，意图一下子将我推到墙上，以显示推手唯我独尊。但我知他之来力甚猛，不可以抵抗，遂用一种极柔轻妙，蚊虫不落，寸草不沾的极其虚灵的走脱之化劲。他连来了三四个猛劲，我也连用了几个一化再化的干净利爽，统统给他化掉。他因连扑了好几个空，身体打了一个大转转，站立不稳，背部向着侧面立柜倒去，我怕损坏了人家的家俱，遂速以手将其拉回，然立柜已撞得哗啦一响。后来朱对我说，你近来的这种横劲很好云云。他的意思是，以为他之所以撞侧面的立柜者，是我的横劲好，打着他。这种说法，是他对我用的虚灵巧妙的化劲还未了解清楚。[1]

李雅轩教拳严谨有法，循循善诱，有长者风。据陈龙骧记述：

先师在世之日，常常教导我们，要保持纯正的太极拳风格。他为我们留下的数百张拳照，气魄雄伟，舒展优美，沉稳庄重，不怒而威，给人以神威不可侵犯之感，敬畏之心油然而生。这些拳照是太极拳纯正风格的形象体现，是我们习练拳架的标准楷模。而他提出的"练时要大松大软，纯以神行"，"松软是太极拳的宝贝"，"我练功的方向，是找虚无的气势、神明的感应、莫测的变化"等等，更是习拳者的指南。先师在世之日，针对当时社会上传播太极拳的一些不良现象，提出了"教太极拳一定要真正的太极拳老师，学太极拳一定要找真正的太极拳老师"的意见，还提出了"不如此则恐普及面越广，失传性越大，而我们先民数千年来创造出来的太极拳就要在我们手上失传"的警告。他在1956年给国家体委毛伯浩的信中，和在四川省政协会议上的提案中，都特别提出了这个问题，可谓是苦口婆心。[2]

---

[1] 陈龙骧、李敏弟整理：《杨氏太极拳诠真》"杨氏太极拳练习谈"，北京：北京体育大学出版社，2008年，第251~253页。

[2] 陈龙骧：《饮水思源　师恩永志——纪念恩师李雅轩先生诞辰一百二十周年》，《武当》2014年第10期。

李雅轩晚年练习太极拳——白鹤亮翅

1964年，李雅轩已七十高龄，因罹患膀胱癌，做了手术。病愈后，他照常练功授拳。一次，在成都市人民公园内，李雅轩和弟子赵清溪推手。赵身材魁梧，体重二百多斤，拳学得很好，李雅轩经常夸他有天赋。这回李雅轩轻轻一搭手，赵毫无办法，脱离不开，不得已奋力挣扎。而李雅轩神气一扬，手往前一送，赵即仰面跌出。李雅轩在给弟子的信中也说：

　　我自1964年动了手术，到1967年体力才增加了。推手的功夫超过了以前，在拳的巧妙上，我觉得比以前还好些。可见太极拳功夫不比其他拳术，人老了体力虽差，但在智慧悟性上，并不比青年壮年时差也。[①]

　　"文革"期间，李雅轩又收了工人造反派头目为徒，故而没人来拳场捣乱，李得以继续教拳。1969年，李雅轩七十五岁时，讲解劈剑要领，让十多个青年拿竹剑围着他进击，他们一出手即被李的竹剑击中腕部。其身法之敏捷、步法之轻快，二十多岁的人都不如他。

　　1976年3月，李雅轩病情恶化，不得不动第三次手术，因年龄过大，于4月11日晚与世长辞，享年八十有三。

　　李雅轩传人概况，据其弟子张义尚所述如下：

　　师诲人谆谆不倦，即在川中所成就之人才，如周子能、黄星桥、栗子宜、何其松、赵清溪、陈龙骧、付如海、贺洪明等，皆足传其技艺、为人师资，陈龙骧功夫尤深，栗子宜次之。另有林墨根者，虽非正式弟子，然其人肯钻研，勤学苦练，故功夫与以上诸人不相上下，其子文涛，尤深得太极之精髓，惟稍

――――――――――
　　① 张义敬、张宏：《太极拳理传真》"雅轩老师书信摘录"，北京：人民体育出版社，2009年，第31页。

次于陈、栗耳。师有一子，曰同俊，二女，巨惠弟、敏弟，敏弟生于六十以后，然性喜拳术，能世其家，后与龙骧结婚……

见我问成都诸人，师回信，今附之于下。

关于你问成都练拳的人谁的功夫大小好坏的问题，今答之如下：老一班的人，如子能，功夫也有些，惜脚步不灵不随；黄星桥身势不大通，但他动作颇灵机，一般的人推手赢不了他；何其松功夫，身体太硬，但是身大有力；赵凯是后学，可是有聪明，有勇敢；赵清溪，大身躯，也柔，也聪明，有弹性，发劲不错；栗子宜功夫大，但个子矮，我以前在他身上下功夫，教他推手，也有几下子，如再有散手动作就好了，我因他是个自私自利资产阶级的脑袋，故未教他散手。以上这些人论推手比能力，都不相上下。还有个林墨根，以前练过些乱七八糟其他不规则的东西，后跟子能学，子能说他不诚实，所以我也未十分地教他。但他十分用功，身体壮，因功夫大，脚下稳，力量大，好胜，论推手比能力，不在以上些人之下。还有一个付如海，是老班的人，聪明，和林推起手来，比林手法好，可是林弄起勇力来，付胜他不了。

至于青年人：一、贺洪明，廿多岁，现分到陕西蔡家坡工作，他和这班老的人，差点有限，此人有智慧，有勇敢，能活学活用。二、陈龙骧，廿三岁，在一三二厂当工人，因其品性好，我教得多，他学了些散手，与推手结合着用。他是 8 岁从学，练出东西来规矩，论能力，要真的斗起来，很少有人比得上他。与林拼斗过几次，林用蛮力冲击，陈以散手打他，有过几次把林打伤，林偷偷地倒没了趣去。然陈龙骧散手是会得多点，也有缺点，他腰板子硬，胆量小，在勇敢方面不够，如无这两个缺点，那是很不错的。练拳要天天在松软上、灵感上、稳静上、舒适上、沉着上，及利用呼吸上仔细思悟研究用功，久而久之，才能长进。[1]

和杨澄甫的众徒弟比起来，李雅轩一生无惊无险、衣食不愁，大半生偏居四川成都，相对完整地保存了杨家太极拳、剑、刀、枪及推手、散手技艺。他好学不倦，晚年仍不断探讨拳理，常说：太极拳理论高深，尽平生之精力尚不能明其底蕴，打杨式太极拳，就要保持杨老师教授的纯正风格，推手就要有杨老师推手的味道，不然就不叫杨式太极拳。

---

[1] 张义尚：《武功薪传》"李公雅轩老师略传"，北京：社会科学文献出版社，2012 年，第323~324 页。

四、清末翰林陈微明与上海致柔拳社 [1]

陈曾则，原名曾德，字慎先，湖北浠水人，生于清光绪七年（1881）。曾祖陈沆，原名学濂，字太初，号秋舫，清嘉庆二十四年（1819）己卯科状元，授翰林院修撰，从六品，出任四川道监察御史等，以诗文雄海内，与魏源、龚自珍、包世臣等交往甚密，"秋舫先生以第一人及第冠世，自嘉道迄国光，殆无人不读简学斋诗者"[2]。祖父陈廷经，字执夫，号小舫，早年随父在京，师从魏源课读，通经世大略，道光二十四年（1844）甲辰科进士。陈廷经五十岁入都，擢御史，官至内阁侍读学士，为人耿直，抨弹不避权贵，晚年日课《金刚经》，精易数。父陈恩浦（子青），以国学生捐中书科中书。母周保珊（佩云），系前漕运总督周恒祺之女。

陈曾德，昆弟三人，行二，自幼致力儒家经史，后慕楚人屈原（名正则，字灵均），易名曾则，改字天均。清光绪二十八年（1902），二十余岁的陈曾则与其兄陈曾寿（字仁先，别号苍虬）、弟陈曾矩（字迨先）参加壬寅乡试，同科中举。光绪三十一年（1905），陈曾则二十四岁，发妻范氏难产离世。同年，科举停废，推行新式学制，陈曾则一度到京师五城中学堂教《左传》。自光绪三十四年（1908）秋起，他

陈曾则（慎先、微明，1881—1958）

① 本篇主要参考赵自《儒林武杰陈微明》，胡荣竹《陈微明与致柔拳社》（《武林》1983 年第 9 期），胡荣竹《晚清翰林陈微明艺海增珠》（《武魂》1987 年第 1 期），胡荣竹《太极名家陈微明》（《中华武术》1993 年第 6 期），艾山《学界名流太极巨子——陈微明与杨式太极拳》（《精武》2004 年第 9 期），陈微明著、二水居士校注《陈微明武学辑注》（北京：北京科学技术出版社，2016 年）等。
② 陈微明：《太极剑》"钱崇威序"，上海：中华书局，民国十七年（1928）。

在位于厂甸的京师优级师范学堂（民国元年五月改称北京高等师范学校）任国文教员。[①]

清帝逊位，民国肇造。政治鼎革兴替，世风唯新是求。"老旧几乎成了腐朽的同义词，所谓老师宿儒，大都被打入顽固保守之列，甚至等同于前清遗老。与之关系稍近的学界后进，也被视为遗少。近代学人所写的学术史，很少将老辈放入视野之内。受其影响，当代学人的目光，似也不及这一社会文化群体或类型。其实，民国时期的老辈在政治和社会生活方面，因为人脉、交游、学术渊源以及身世习惯等因素，常常自外于一般社会人群，犹如生活在另一个世界；但在学术文化活动方面，则反有较多闲暇来从事玩赏、研究和创作。他们或是从保守固有文化的立场希望抱残守缺而更加执着，成就不一定高，对内对外的交往联系却依然紧密频繁，有时甚至担当主角。"[②]

上述这批进入民国以后被视为老旧者，陈曾寿、陈曾则、陈曾矩三人皆身在其中。"湖北陈员外曾寿"且被时人视为"讲词章兼通政事、志趣卓然不为时俗所污者"之一。[③]民国三年（1914）六月和九月，中华民国政府继承前代传统设立的两个史馆相继开馆，一个是为纂修中华民国史而设立的国史馆，另一个是为纂修清史而设立的清史馆，均由老辈学人担任主角。陈曾则受聘为清史馆纂修。史学家金毓黻对清史馆人员状况曾有记述：

> 最初总纂为缪荃孙、马其昶、秦树声、吴士鉴，继则为柯劭忞、王树枬、吴廷燮、夏孙桐；纂修为金兆蕃、金兆丰、章钰、俞陛云、吴怀清；协修为张书云、李哲明、戴锡章、奭良、朱师辙，此皆成书时之氏名也。若最初之纂修，尚有姚永朴、张尔田、陈曾则、袁励准、王式通、刘师培、夏曾佑；协修有李岳瑞、朱孔彰、陈敬第、罗惇曧、邵瑞彭、赵世骏，皆一时知名之士也。[④]

民国四年（1915）五月，身在徐世昌幕中以形意拳、八卦拳著称的孙禄堂自刊《形意拳学》一书，以理学和丹道阐述形意拳理，文笔精练、图文并茂，颇负时誉。据陈曾则自述，他自幼倾慕武当派拳术，只是"心慕之而未遇知者"，闻孙氏名后，即前往拜访从习。对于年过而立的陈曾则来说，学习拳技并非易事。形

---

① 陈曾则为"国文教员"，就职年月为"光绪三十四年十月"。（《北京高等师范学校十周年纪念录》"前任职教员录"，第 188 页）关于"京师大学堂师范斋——京师大学堂附设师范馆——京师大学堂优级师范科——京师优级师范学堂——北京高等师范学校——北京师范大学"的演变历程，见汪懋祖：《本校沿革大要》，《国立北京师范大学民国十四年毕业同学录》，民国十四年（1925），第 1~9 页。

② 桑兵：《民国学界的老辈》，《历史研究》2005 年第 6 期。

③ 胡思敬：《国闻备乘》，荣孟源、章伯锋：《近代稗海（第一辑）》，成都：四川人民出版社，1985 年，第 296 页。

④ 金毓黻：《静晤室日记》第 6 册，沈阳：辽沈书社，1993 年，第 4226 页。

意拳以直劲闻名，八卦拳以变劲见长，陈曾则并无根基，未久即感身心不济，"每以年长难学为憾"。孙禄堂赏识其才，常予鼓励："子毋虑，凡学内家拳者，苟当有气，即可学。"①两年内，陈曾则从孙禄堂习完形意拳、八卦拳趟路。

在京期间，陈曾则听说广平杨氏精于太极拳，能以柔克刚，老幼皆可习练，此后得知杨禄躔之孙杨澄甫尚在北京城中，未经他人介绍，直接前往拜见。据陈自述：

> 丁巳秋，访得杨露禅先生之孙澄甫，不介往见。问曰：人言太极杨氏最精，而弗传人，然乎不乎？澄甫先生笑曰：非不传人，愿得其人而传也。吾祖受之河南陈氏，今将归之陈，君如好之，吾不秘惜。于是从学七年。②

这一年是民国六年（1917）。陈曾则年龄比杨澄甫还长两岁，二人实际是半师半友。另据陈自述：

> 余游京师，闻广平杨氏精太极拳，心慕之。问之与杨氏稔者，皆言杨氏不肯传人，而杨氏之徒言亦若是，岂不异哉！及遇杨澄甫先生，从之学，始知杨氏非不传人也。嗟夫！以得杨氏之传食其技者，乃诬其师门，造种种不实之事，闻之者即据以作为笔记、小说，其居心非百家所谓"不可传者"耶？③

旧时拳家授技颇为慎重，需择人而授，这种防止滥传的情形，与清初黄百家《内家拳法》所记"五不可传"及宋书铭所传《太极功源流支派论》中"此书十不传"的规诫一致。陈曾则作为通于旧学又有一定身份者，并未被拒之门外，因而，在他看来外界所流传的杨家保守"不肯传人"之语多是诬妄之言。

此后，应陈曾则之约而入杨门者，还有其友徐思允和陈农先。徐思允曾说："同学前后至众，或作或辍，唯余与慎先相约不少间断，奇寒袒衣，盛夏挥汗，未尝以为苦也，击撞创痛，屡起屡僵，未尝以为耻也。"陈曾则早年长期苦读群书，体弱多病，二十多岁已白发满头。自跟孙禄堂、杨澄甫习拳后，"精神发越，大异于前"④。

民国十三年（1924）年底，冯玉祥逼迫清逊帝溥仪搬离故宫，一批逊清遗老遗少愤然离京南下，天津、青岛、上海、香港等城市，成为他们的寓居之地。身为清史馆纂修的陈曾则，此时已随杨澄甫学艺七年，太极拳、剑、推手等均已学完。他离京后先是到了杭州，未久，转往前清遗民集中的上海。经历时代动荡、人生颠沛，陈曾则渐由儒家经史转入老庄之道，自号"廖志"，语出《庄子》"寥已吾志，无往

---

① 陈微明：《太极拳术》"徐思允序"，上海：中华书局，民国十四年（1925）。
② 陈微明：《太极拳术》，上海：中华书局，民国十四年（1925）。
③ 陈微明：《太极剑术》，上海：中华书局，民国十六年（1927）。
④ 陈微明：《太极拳术》"徐思允序"，上海：中华书局，民国十四年（1925）。

焉而不知其所至，去而来而不知其所止，吾已往来焉而不知其所终"之句。

民国初期的上海，武术、国技等社团众多，且吸纳了各流派门户不少拳家，习者影从。陈曾则到上海后，决定以教习内家拳术为生业，民国十四年（1925）农历四月初一日正式成立拳社，取《老子》"专气致柔，能如婴儿乎"之句，以"致柔"为社名。他本人也改以"微明"为号，概出《老子》"将欲歙之，必固张之；将欲弱之，必固强之；将欲废之，必固举之；将欲夺之，必固与之。是谓微明"句，从此鬻技沪上。当时《申报》曾做如下报道：

> 内家拳为太极、八卦、形意三种，而太极拳最为精妙。太极拳之善者首推杨澄甫，八卦形意首推孙禄堂。陈微明独兼二家之长，融会贯通，实为当今内家拳拳术中难能可贵之人物。现在沪创办致柔拳社，暂寓哈同路南口福煦路民厚里六百零八号，日来陆续有人报名，业已开始教授。沪上有名人物如王一亭、聂云台均就学。[①]

此时的陈微明毕竟不是一位具有较高江湖声望的拳师，虽自述此前在京已随杨澄甫习艺七年，实际还很难靠拳勇及技击之术立足。所幸"康健"话语自清末就在上海催化生成，连带着身体、疾病、卫生等一系列概念，随着种种西式媒介传播流行，深植人心，陈微明更强调内家拳的强身祛病功效。半个月后，《申报·自由谈》又报道称：

> 鄂省陈微明先生在沪筹办致柔拳社，教授太极、八卦、形意内家拳术。业于旧历四月一日成立，地址在哈同路南口福煦路民厚里六百零八号，并有分社两处。从学者已不下三十人，其中因体弱多病而来者居其半数，练习不过二十余日，有已获效验者，如江味农之痔疾，赵龙七之头痛，王鼎元之失眠等，皆已霍然，故学者均极踊跃用功。因此种内家拳术，纯任自然，自然则气血流通，故能除疾病、长精神，无论老幼妇孺，均能学习。盖不但为防身要术，抑且为却病奇方云。[②]

致柔拳社最初设立在陈微明初到上海时的寓所，又以新闸路西摩路北李诵清堂路二百二十五号为传授地点。[③]拳社由陈微明亲任社长兼教员，名誉社长为关炯，教授为陈志进（此前在杭州师承田兆麟）。陈微明之子陈邦武也曾助教，但不幸早逝。拳社以流传国技、注重养生为办社宗旨，传授内容以杨家太极拳、剑、杆和推手为主，兼教孙禄堂氏的八卦拳和形意拳。以祛病、养生为目的者，学制一年；

---

① 《内家拳术名人来沪》，《申报》民国十四年（1925）五月二日，第五张第十七版。
② 洁：《内家拳能却病》，《申报》民国十四年（1925）五月十九日，第五张第十七版。
③ 《陈志进来函》，《申报》民国十四年（1925）十月三日，第五张第二十版。

以体用兼通为目的者，学制三年。种种原因，能学完三年者很少，第一届总共有两人毕业。

拳社教拳，需教材以为学员参照。据致柔拳社早期学员介绍：

> 先生（陈微明）蓄道德，能文章，曾任清史馆纂修，以杨先生口授之太极拳，笔述成书，多所阐发，稿赠杨先生以酬答之。杨先生藏之数年，不以付梓。余与秦君光昭、王君鼎元、岑君希天闻之，请先生怂恿出之，以传于世。先生书往，杨先生欣然寄稿，并图五十余幅。①

陈微明收到杨澄甫寄来的书稿和拳照后，交由上海中华书局出版。因陈微明日常时与寓居上海的清遗民交游，此书出版前还得到一批清遗民的支持，郑孝胥②为之题写书名"太极拳术"，另有冯煦③、陈三立④、王潜⑤、朱孝臧⑥、胡嗣瑗⑦等人题词，这几位清遗民多为壬午年（1882）同科中举。

致柔拳社助教陈志进专门在《申报》的《出版界消息》栏目中刊登了"太极拳

---

① 陈微明：《太极拳术》"孙绍濂序"，上海：中华书局，民国十四年（1925）。

② 郑孝胥（1860—1938），字太夷，号苏戡，一作苏龛。福建闽侯人。光绪八年（1882）壬午举人。辛亥辞职赴沪，以遗老自居，以鬻书自给，一度任商务印书馆领事。民国六年（1917）五月，前清陕甘总督升允自宁赴沪，相晤商议复辟事。七月，张勋复辟，溥仪曾令召之来京候用，同月，复辟失败。民国十二年（1923），郑受荐为小朝廷"懋勤殿行走"，旋升"总理内务大臣"，赏紫禁城骑马，同年开去差事，复任"懋勤殿行走"。民国十三年（1924）十一月五日，国民军总司令冯玉祥"逼宫"，溥仪被逐出紫禁城，移居醇王府。同月29日，郑陪同溥仪逃往东交民巷日本使馆，复随溥仪至天津张园。民国十四年（1925），郑任张园行在"总管"。（中国社会科学院《近代史资料》编辑部：《民国人物碑传集》，成都：四川人民出版社，1997年，第591~592页。）

③ 冯煦（1844—1927），原名冯熙，字梦华，号蒿庵、蒿叟、蒿隐公。江苏金坛人。光绪八年（1882）壬午举人，十二年（1886）丙戌进士，授翰林院编修。清帝退位后，隐归故里又寓居上海，以遗老自居。曾被任命督办江淮赈务，受聘纂修《江南通志》。少好词赋，工诗、词、骈文，尤以词名，著有《蒙香室词集》《蒿盦类稿》《蒿盦续稿》《蒿盦奏议》《蒿盦剩稿》《蒿盦随笔》等，另辑有《宋六十一家词选》。（徐友春：《民国人物大辞典：增订本》，石家庄：河北人民出版社，2007年，第2042页。）

④ 陈三立（1853—1937），字伯严，室名散原精舍，江西义宁人。光绪八年（1882）壬午举人，光绪十二年（1886）丙戌进士。辛亥迁居上海。（中国社会科学院《近代史资料》编辑部：《民国人物碑传集》，成都：四川人民出版社，1997年，第409~410页。）

⑤ 王潜（1861—1933），又名王乃徵，字聘三，号病山，晚号潜道人，四川中江人。清翰林，官贵州巡按、湖北布政使。工书法，尤长北碑，清帝逊位后，隐于沪上，鬻字为生。

⑥ 朱孝臧（1857—1931），原名祖谋，字藿生，又字古微，号彊村，浙江归安人。光绪八年（1882）壬午举人，光绪九年（1883）癸未进士，授翰林院编修，历官会典馆总纂校、侍讲学士、礼部侍郎兼署吏部侍郎。光绪三十年（1904），外放广东学政，因与总督不和，引病退职，寓居苏州，不久，被聘为江宁法政学堂监督。宣统元年（1909），被聘为弼德院顾问大臣，因病未赴任。辛亥后，隐居上海。著有《彊村词》等。

⑦ 胡嗣瑗（1869—1949），字晴初，或琴初，又字愔仲，别号自玉，贵州贵阳人。光绪二十九年（1903）癸卯进士，授翰林院编修。以候补道，任公立天津北洋法政学堂总办。民国初期被直隶都督冯国璋聘为督军公署秘书长，充任幕僚，继随冯调江苏都督任，民国四年（1915）任江苏金陵道尹。在冯任江苏将军期间，胡为将军府咨议厅长。民国六年（1917），胡参与张勋复辟，出任内阁左丞，后被冯国璋免官，隐居杭州西湖。民国十一年（1922）冬，溥仪传旨赏胡嗣瑗"在紫禁城内骑马"。民国十四年（1925）三月八日，溥仪在天津张园成立"行在办事处"，命郑孝胥和胡嗣瑗管理总务处，任清室驻天津办事处顾问。（徐友春：《民国人物大辞典·增订本》，石家庄：河北人民出版社，2007年，第997页。）

术将有专书出版"的消息：

> 太极拳术为却病延年、最无流弊之运动。自广平杨露禅先生至京师传授弟子，学者渐多。然中国武术传授之际，师徒之分极严，心有不明不敢问也，必须为师者高兴之时，为弟子说其大意。杨少侯尝言，往往年余只能见其伯父班侯练习拳架一次，实难以揣摩。故杨氏所授之弟子，派衍流传，其拳架又微有出入，盖已不能得其正确之姿势也。惟健侯幼子澄甫，因钟爱，故极用心教授之，故欲求太极拳之正确姿势，当以澄甫之拳架为准。以其开展中正，处处动腰，无微不到也。陈微明君从学于澄甫先生，精研者七八载。而近世风气与前大不相同，往时学拳者多属不识字之辈，只知下苦功不知用脑力。太极拳精微奥妙，非用脑力不能得其深意。微明君以文人注意于此，澄甫又加以青眼，问者既格外详细，传者自不能不悉心指导。微明遂将澄甫先生口授之太极拳术笔之于书，又请澄甫亲自摄影，其缺者微明又补照之，又与余同摄推手之图，共六十余幅，加以说明，至详且尽。又将王宗岳《太极拳论》详加注释，微妙之理发挥无余。现付中华书局刷印，不日即可出版。余知是书之出，拳术界当放一大光明也。特不惮繁琐，介绍于世之好武术者。①

该书作为杨澄甫所传太极拳的早期著作，对于杨澄甫社会名声的扩展作用甚大。民国十四年（1925）十月十九日的《申报》上登载了"武当嫡派太极拳术出版"的消息：

> 此书乃广平杨澄甫口授，鄂陈微明笔述，内有钢版图式六十余幅，加以说明，至精至详。后附王宗岳《太极拳论》，微明君注释，微妙之理，发挥无余。前有冯蒿庵、朱古微、王病山、陈散原诸名人题词，诚内家拳术最有价值之书也。实价八角。总发行处：西摩路北致柔拳社。分售处：北京路佛经流通处、

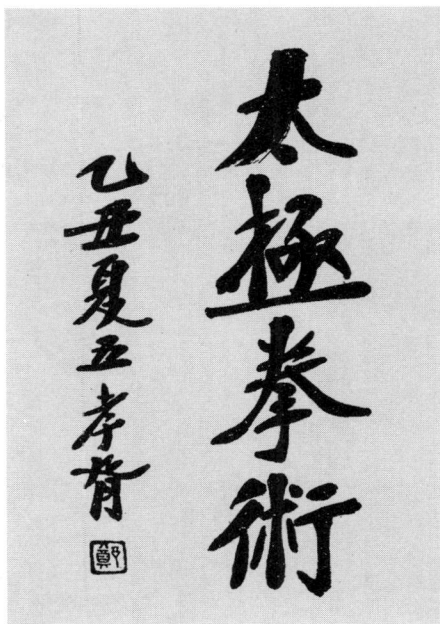

太极拳術

乙丑夏五孝胥

郑孝胥为陈微明著作所题书名

---

① 陈志进：《太极拳术将有专书出版》，《申报》民国十四年（1925）十月三日，第五张第十八版。

《太极拳术》中的陈微明拳照

棋盘街中华书局及各大书坊。①

陈微明寓居上海之时，军国民教育潮流已经退却，致柔拳社在初创的几年内，对外宣传时始终强调的是太极拳的治病功能。除了前述《申报》上介绍太极拳为"却病奇方"外，民国十五年（1926）致柔拳社迁至英租界七浦路二百八十八号的无锡同乡会时，也在报上登载广告，强调的仍是太极拳的医疗效果：

> 陈微明君教授太极拳术，创办致柔拳社于七浦路二百八十八号，报名学习者甚众。闻有郭鸣九、姚乃勳者，皆因肺病医治无效，知太极拳术能治疾病，乃入社学习，为时仅两月余，顿觉气爽神清、旧疾若失云。②

由于近代女权主义生发，致柔拳社在民国十六年（1927）春登载的广告中，还特意突出太极拳术对于女性的益处：

> 七浦路二百八十八号致柔拳社，由陈微明君创办，业已两年，社员日渐增多，其中练习太极拳较久者已能圆转自如，颇为雅观。察其运动之法，专尚柔软，于养生实有莫大之利益。闻有中兴煤矿公司经理周业勤君之女公子，年十七八，本有精神衰弱之病，练习数月，精神渐好。此可见太极拳术之有益于身体，而于女子尤为相宜云。③

在强调太极拳治病效用的同时，陈微明也有意注重派分，他显然接纳了清初黄宗羲、黄百家父子所记载的"武当"和"少林"、"内家"和"外家"的划分，以"武当"和"内家"自居。冯煦为其题词"武当嫡派"，被他相继印在《太极拳术》《太极剑》二书之中，似颇觉得意。陈微明曾于民国十五年（1926）发起张三丰祖师诞辰纪念，当年农历四月初九举行隆重聚庆并合影留念。民国十六年（1927）农历四月初九，再次举行张三丰诞辰纪念活动。据《申报》报道：

> 太极拳术乃元代张三丰传授而来，三丰在武当山悟枯坐之或有流弊，故传此动功，以辅佐静功之不及。习之可以却疾病，延寿年。虽流传到今，而不绝如线。陈微明前岁来沪创办致柔拳社，提倡太极拳术，闻者纷纷入社，莫不获益。社中友以四月初九乃三丰诞日，同人日习其艺，理应及时致敬，以伸景慕之忱。爰定于本星期招集新旧男女同学到七浦路该社庆祝，并各练习拳剑，比较学力之高下。入晚聚餐，以尽一日之欢云。④

致柔拳社对于张三丰的纪念活动不止一次，以所留下的报纸消息和纪念合

---

①《武当嫡派太极拳术出版》，《申报》民国十四年（1925）十月十九日，第三张第十二版。
②《内家太极拳术之功能》，《申报》民国十五年（1926）十二月二十二日，第六张第二十三版。
③《致柔拳社近讯》，《申报》民国十六年（1927）四月二十六日，第五张第十八版。
④《致柔拳社公祝张三丰诞》，《申报》民国十六年（1927）五月八日，第五张第十七版。

影来看，此后至少戊辰年（1928）、己巳年（1929）、辛未年（1931）、癸酉年（1933）、乙亥年（1935）的四月都曾举办。尽管陈微明对于所认定的"祖师"的尊重和纪念可能是发自真心，而并非特意以此为经营策略，但如此一来，在门户派分众多的拳技江湖中，确实已处于先天的优越位置。清初黄宗羲、黄百家父子所述的浙东"内家拳"，自黄百家之后即已无法寻绎传递脉络，与后世诸多拳技门户间并无明确的传承关系，但黄氏父子关于"内家"与"外家"、"武当"与"少林"的学说，却一直在后世读书人中不断延续，并深刻影响着读书人认知中的民间武艺门户派分的划定与塑造。实际上，陈微明所接触的形意、八卦、太极几个拳技门派此前留传的文献中甚少有关于张三丰的记载，尤其形意、八卦两个门户，似更与"武当""内家"及"张三丰"没有什么文字层面的关联，但这位逊清遗民从读书人的视野所主办的对张三丰这位被视为武当、内家祖师的多次纪念仪式，在当时的上海进一步强化了清初黄氏父子所记载的以张三丰为祖师的内家共同体的塑造，似将太极、八卦、形意三大门派均包容在内家共同体之中，而处于该共同体以外者，自然就成为与之相对立的少林或外家群体。

民国十六年（1927）年底，陈微明的《太极剑》一书也由中华书局出版。陈

《太极剑》中的 1926 年四月初九致柔拳社公祝张三丰祖师寿诞合影

的太极剑是杨家所传，但对剑之法却得自武当剑大家李景林（芳宸），据陈自述：

前闻李芳宸将军精剑术，得异人之传授，孙禄堂先生尝称之。今年将军过沪，往见焉。将军为人特俊爽，慨然以二人比剑之法相授。观其意，全运用腰腿，与太极拳之推手、听劲无异。惟有对剑不粘连，相离半寸许耳，真武当太极剑法也。澄甫先生所传，无二人相比之定法，得此则太极剑之体、用备矣。①

《太极剑》仍由郑孝胥题写书名，李景林题词"剑光凌云"，吴江钱崇威、泾县胡韫玉、求物治斋主人黄太玄作序。后附"太极长拳及太极拳名人轶事"，另有陈志进著《太极拳与各种运动之比较》《太极拳之品格功用》两文。

在陈微明《太极剑》出版的同时，《申报·自由谈》还登出陈微明门生胡育秀的文章，记陈微明与剑仙王显斋交往的一段奇闻：

陈微明先生，余之师也。尝言北京有一剑仙，王其姓，威其名，显斋其字，甘肃天水县人也。闻其名，欲一见，不知其居于何所。适友人石君供职于陆军部，导先生往城东陆军被服厂，至后院一室，甚狭小，可容一人居。显斋一乡人也，衣大布之衣，首编发为髻，默然不语。先生曰："久仰吾子之大道，愿乞赐教。"显斋曰："余不知道也。"他日又偕往，石君因询之曰："人言子乃剑仙，故余与陈君殷勤拜访，望先生不吝教，幸甚。"显斋曰："剑仙世诚有之，惟吾曹无缘，不得见耳。"久之，渐相稔。其室中置木工、缝工之具，衣履几椅皆自制，又善书篆隶，精刻章印。虽外貌甚陋，察其眉目之间含有肃杀之气焉。先生尝偕数友约之饮酒，众与之引满浮白，显斋举杯而尽，视之仍溢也。或以为显斋乃江湖之流，非有道者也，先生亦稍稍疑之。后遇善望气者黄桐生言："显斋之气，白而有光，中有青气，若剑之上腾，非常人所能有者。初见之，即知其异于他人。"询之曰："子有奇气，其有过者乎？"对曰："尔既知之，毋为他人道可也。"厥后，先生遇南海梁海滨，亦练剑者，曰："显斋剑气合一，其功甚深，数千里往还，不过食顷耳。余在京师时，与显斋饮于酒肆，一友戏曰：'惜无熊掌下酒。'少顷，显斋曰：'吾为公等市果品，请少待。'乃出门而去，久之不来。约熟斗米顷，显斋手捧树叶裹巨物置几上，开而视之，乃鲜血淋漓之熊掌也。众大骇异，海滨视叶树，乃桦树之叶，惟长白山有之，盖已往返数千里矣。"②

关于梁海滨，胡育秀另有专文记述：

梁海滨，粤之南海县人也。尝官至边防督办，遇事发愤，作为诗歌，兴至

---

① 陈微明：《太极剑》"序"，上海：中华书局，民国十六年（1927）。
② 胡育秀：《记王显斋》，《申报》民国十六年（1927）十二月二十四日，第五张第十七版。

陈微明太极剑照组图

作画，曲尽其妙。辛亥，弃官，漫游西北一带，名山大川无不登览。南至武当，舍于寺观，夜梦一道士披发执剑，自山而下，揖之而言曰："是五行金剑也，持之往就师于东南。"乃俯伏地上而受之，道士飘然而去，然海滨亦惊悟。其后游沪，旅居无聊，往过相者陆地神仙。相者视其面，揣其骨，曰："子有仙骨，可以学道。"海滨对曰："吾志于道有年矣，未尝得遇名师。"曰："子诚有志，予有师兄可为子师。候其来，为子介而见之。"曰："其人有何道耶？"曰："剑仙也。"海滨闻之，骤忆其梦，乃大喜，曰："果如是，诚愿见之。"乃候于逆旅数月。一日，相者召海滨导见其师，年逾不惑，垂发黑鬋，两目闪闪有神。即伏地稽首，起以番币三百六十为其师寿。老者笑曰："学道之人，何以钱为？"海滨告以梦，老者闻之大异，曰："予有剑，亦名五行金剑。子所梦者，必玄武大帝也，今以赠吾子。"因授以术。他日，海滨问其师之姓氏于陆地神仙，曰："不知也。然人皆称之为晋阳先生。"海滨既得其术，入山习之数年，剑长三尺有六寸者，今仅一寸六分矣，然不复变化减短。海滨来沪，冀遇其师。舍于南海馆，昼出阖门加键，往过其友李圆虚。忽忽数日，待师不遇，欲入黄山修道，已整装矣。一日，返入其室，见有小束于几上，书"文尚川一"四字。海滨见之大惊，而莫解其意。持问圆虚，圆虚曰："其意即武当山也。武之反而为文，当（当）去田而为尚，川合一而为山。"海滨亦以为然。翌日，方与圆虚促膝而谈，闻有声于耳傍曰："速归静候。"乃匆匆而行，闭门焚香以待之，自晨至晡不来，倦而假寐，及觉，见晋阳先生已坐于室中矣，视之微笑。海滨惶恐，趋起稽首而让之上座，容貌状态与昔无异，衣纱縠夹衣，曲襟短褂，辫发依然在焉，目光含五彩。先生曰："子何留连于此？宜往武当山以习剑也。"对曰："闻道途险阻，多盗贼。"晋阳先生曰："万事有天，吾子何惧耶？"因复授以术，曰："三年可成矣，子急行，吾待子于汉口。"乃拂衣而起，海滨曰："吾师将安适耶？"曰："明圣湖。"海滨伏地稽首。先生出门去。盖其规律不许送至门外，苟遇于途，师不言，亦不能趋前而谒问也。海滨之将行也，陈微明师往送之，海滨述之如此。[1]

民国十七年（1928）年初，致柔拳社在北西藏路宁波同乡会底层开设。一月二十九日，致柔拳社即在该处开会欢迎李景林。据《申报》三十日报道：

> 致柔拳社系设于西藏路宁波同乡会，昨由社长陈微明发起，于下午三时欢迎李景林氏。到会者有前上海特别市市长黄膺白氏，著名国技家刘君、赵

---

[1] 胡育英：《记梁海滨》，《申报》民国十六年（1927）十二月二十九日，第五张第十七版。

君，暨绅商学各界社员及眷属等约三百余人，济济一堂，颇极一时之盛。而太极拳名手田绍先君新膺蒋总司令之聘，由杭赴宁，道出沪上，亦被请莅会。李氏擅国技，尤精剑术，精神奕奕，态度从容，有儒将风。三时半到会，首由社长陈微明致欢迎辞，嗣由李氏演说：太极拳养气练神，有益身体，无论男女，均宜练习。盖强身即所以强种，强种即所以强国。本人下野以后，当从诸同志后，一致努力提倡云云，语颇精警。旋由该社社员演习太极拳，来宾田、刘、赵、徐诸君及社长陈君、教员陈志进君亦各一显身手。李氏侍从亦对演击刺之术，均纯熟自然，各极其妙。最后，李氏亲自舞剑，矫若游龙，莫可仿佛。据内家云：李氏纯动腰劲，为古今名剑手。散会后，该社假功德林欢宴云。[1]

民国十七年（1928）三月二十四日，由张之江、李景林等在国民政府新都南京发起的国术研究馆正式成立。陈微明应约带领致柔拳社胡朴安等十余名社员，于二十二日中午乘车赴南京，参加表演。据报载：

致柔拳社开办最早，成绩最著，二年以来入社者不下千人。凡入该社练习太极拳者，姿式莫不准确可观。前李景林氏到该社表演剑术，极赞该社之提倡武术有益社会者极大。前南京国民政府开武术六会，该社男女社员表演太极拳术，国府委员谭组安、李协和、张之江诸公俱极称赞。此次国术研究馆开成立大会，复约请该社社长陈微明到会表演。现闻陈君带同社员胡朴安、赵龙七、刘亚沐、但怒刚、李衡三、翁壮明、陈楚宝、李钊云、臧效贤、刘筠青、吴云倬诸人，于二十二日午车赴宁参加表演云。[2]

二十四日下午一时，国术研究馆在南京大舞台开成立大会，党国要人谭延闿、于右任、何应钦、李宗仁、蒋作宾、黄郛、邵力子、宋渊源等参加。除上海致柔拳社以外，参加表演的另有南京武术团、上海精武会、剑术研究社、金陵女子大学、江苏大学等各团体，"表演刀、剑、戈、矛、棍棒、角力诸艺各种拳术、柔术等共百余种，俱抖擞精神，兴高采烈，极一时之盛，并表演各种游艺，以佐余兴"[3]。

四月二十九日，孙禄堂应南京的国术研究馆之聘，由天津乘船到上海，而后转往南京。陈微明特在上海以致柔拳社名义召集开会，隆重欢迎。[4]南京国术研究

---

①《致柔拳社昨日欢迎李景林》，《申报》民国十七年（1928）一月三十日，第四张第十三版。

②《致柔拳社社长陈微明赴宁表演》，《申报》民国十七年（1928）三月二十四日，第四张第十五版。

③《国术研究馆成立》，《申报》民国十七年（1928）三月二十五日，第一张第四版。

④《致柔拳社今日欢迎孙禄堂拳师　地点在宁波同乡会》，《申报》民国十七年（1928）四月二十九日，第四张第十五版；《致柔拳社昨日欢迎拳师孙禄堂》，《申报》民国十七年（1928）四月三十日，第四张第十五版。

馆张之江、李景林二理事闻孙禄堂到沪，特致电陈微明转孙禄堂，询问到京日期，预备欢迎。^①在孙禄堂五月七日离沪之前的九天内，陈微明参加了精武体育会、俭德储蓄会、上海法科大学等分别举行的欢迎孙禄堂的活动，如五月五日《申报》报道：

> 北方武术名家孙禄堂，此次应国术研究馆之聘来京过沪，极受拳界欢迎。本埠精武会定今日（五日）下午二时开欢迎会，并柬邀武术专家陈微明、陈志进、叶大密、李圆虚等。闻节目除表演国技外，有该会之剑舞、庄舞、音乐助兴，并欢迎各界参观，不收入场券云。^②

其时，俭德储蓄会也开始组织太极拳社，聘请陈微明等前往传授。五月十一日《申报》刊登消息称：

> 俭德储蓄会为提倡体育起见，特与致柔拳社陈微明、陈志进二君接洽，至该会教授太极拳法，每星期三次。惟须有十五人以上始可开班，并须预缴六个月学费，每人每月洋六元，会员减收半价，余数由该会补助之。欲先事报名者，可向该会常务科接洽云。^③

五月二十八日，致柔拳社举行三周年纪念。据《申报》报道：

> 昨日为致柔拳社三周纪念年会，到会者男女新旧社员二百余人。先向武当拳祖师张三丰神位行三鞠躬礼，次由社长陈微明君为毕业生赵、秦二君授凭，训勉有加。来宾精武体育会卢韦昌君演说：凡人生作事，多努力一分必有一分之效果，即如此次毕业之赵、秦二君，因三年之努力，得毕业之成绩，此后持之以恒，功不间断，其成就未可限量。推而至于国家大事，何独不然？盖全视人民之工作勤惰如何耳云云，语颇切中时弊。嗣由社长陈微明、教授陈志进对演太极拳，以为社员楷模，各社员亦随意练习拳剑。黄膺白夫人亦社员之一，社长陈君请其演习，黄夫人以人多不允一显身手。晚餐后余兴，为王、朱二君及女社员陈夫人唱《洪羊洞》《四探》等剧，抑扬顿挫，极悲壮淋漓之致。王君者，人称为王道士，音节如孙菊仙，沉郁苍凉，尤为难能可贵云。^④

是年五月六日，《申报·自由谈》发表了一篇关于北京武术家万籁声的文章，引起陈微明的注意，随即致函北平，得到杨澄甫复信后，即于六月下旬在《申报》

①《欢迎老拳师孙禄堂》，《申报》民国十七年（1928）五月七日，第四张第十五版。
②《各团体消息　精武会欢迎孙禄堂》，《申报》民国十七年（1928）五月五日，第六张第二十二版。
③《团体消息　俭德会组织太极拳社》，《申报》民国十七年（1928）五月十一日，第五张第二十版。
④《致柔拳社昨开年会　授凭、致训、演拳、唱剧》，《申报》民国十七年（1928）五月二十八日，第三张第十五版。

上发表文章，澄清事实真相。陈微明的仗义执言，也算为其师杨澄甫及杨家太极拳挽回了声誉。[①]

是年七月三日至十五日，陈微明在《申报》上连续登载"女子致柔拳社"广告，倡导女子习练太极拳：

> 太极拳术可以消除百病，益寿驻颜，已著奇效。其运动之法，文雅柔顺，与女子体格尤为相宜。女子练习，实为强种之根本。今特别创办女子致柔拳社，暂附设于七浦路无锡同乡会致柔拳社内。另开一班，豪不淆杂，并有女社员帮同助教，大家闺秀如愿加入者，请至七浦路二八八号阅章报名可也。社长陈微明。[②]

奉南京中央国术馆训令，沪北国术总社于八月十九日开会员大会，宣布改名为"上海特别市国术分馆"。陈微明应邀参会，与其幼子分别表演了拳术。据报载：

> 沪北国术总社，昨日假座中央大会堂开欢迎会员大会，到社员及来宾一千余人。二时宣告开会，行礼如仪。首由主席陈稼轩报告开会宗旨及经过大略，并谓是日奉中央国术馆训令，本总社改为"上海特别市国术分馆"，则今后总馆与本分馆所希望于诸君者尤大云云。次征求委员李遵光报告征求经过情形。次总馆副理事长李景林训词，略谓"沪北国术总社，现奉中央国术馆命令，改为上海特别市国术分馆。今日加入会员如许之多，可见民众对于国术之信仰，殊为热烈。盖练习国术，不但可以强身强家，且可以强社会、强国族。又不仅于身体上有利益，且于道德上亦大有关系。吾人锻炼强壮的身体，以干职务。职务之余，复运动身体。一日间心身劳动，夜不安睡，凡百杂念与恶意，皆无自而起。故可藉是以高其人格。不宁惟是，练习拳术，虽恶衣恶食，未尝有碍。食易消化，何必珍饶？练拳术不须乎美服，况习拳者必少疾病，医药之费既可以免，是又于经济上大有裨益"云云。次董事叶惠钧演说，语多恳切隽妙。次陈微明先生之公子，年甫十一，及某先生之女公子，年甫七龄，表演太极拳，颇为精到。次启英女校表演《落花流水》。次陈志祥、冯光之独脚戏。次精武体育会、北平武士会、商务国技科、中华国技学会及该总社教授姚馥春、佟忠义、马华甫、张文发、杨振川、郭兆熊、朱剑光、叶良，均依次表演国术，佟忠义君并表演其摔角，深引起观众之兴趣。最后，由总馆副理事长李景林先生表演武当剑，矫如神龙，变化莫测，馆员无不惊叹观止。

---

① 季培刚：《杨澄甫万籁声比武旧案新证》，《搏击》2014年第3期。
②《女子致柔拳社广告》，《申报》民国十七年（1928）七月三、五、七、九、十一、十三、十五日。

而以致柔拳社社长陈微明八卦拳及王、周二君之对剑殿其后。主席乃于鼓掌声中，宣告散会。①

是年秋，南京中央国术馆举行首届国术国考，作为该馆董事，陈微明被聘为筹备委员，赴南京共襄盛举。据报载：

> 十月十五日，国术馆举行全国武术家大考试，为空前未有之盛举。特设筹备国考委员会，延请明哲共策进行。前日致柔拳社社长、国术馆董事陈微明，接奉国术馆聘函内称："夙钦台端学究天人，才兼文武。夙抱强邦志愿，满期武术发扬。前承倡导，仍冀赞襄。兹值国考伊迩，用特专函聘请筹备一切事宜"云云，馆长张之江、副馆长李景林。闻陈君不日拟赴京一行。②

为选拔人员参加南京国术国考，上海市于十月六、七两日举行国术考试，选拔国考人才，陈微明受聘为评判员。③

民国十八年（1929）五月十九日，致柔拳社举办活动，孙禄堂、杨少侯和杨澄甫等拳家应邀前来参加。据媒体十五日报道：

> 致柔拳社于夏历四月十一日公祝张三丰祖师寿诞，并举行四周年纪念，为钱慈严、胡朴安、孙闻远、戴俊卿四君赠毕业证书。该社已函请孙、杨诸拳师到会指教表演。闻孙禄堂前日已到沪，二杨亦将于初十日来沪云。④

与此同时，陈微明的《太极答问》交由上海中华书局出版。该书由陈微明自题书名。李景林题词"剖析毫芒"，褚民谊题词"柔能克刚"，陈微明自序。内容以问答形式，分作几大类，就初学者相关问题逐一加以详细解答。十月三十一日，《申报》刊发此书广告：

> 致柔拳社社长陈微明君，近著《太极答问》一书，对于太极拳精妙之意，阐发无遗。其目录分为源流、事实、姿势、推手、散手、导引、静坐、练太极拳者之体格、效益、单式练法、多种单式练法，专为远方不能入社者而作，为全国人普及练习，无师而可以明了，实具绝对之热心。闻此书业已付印，不久即可出版云。⑤

十二月底至次年一月初，上海特别市国术比赛举行，陈微明与李景林、褚民谊、

---

① 《沪北国术总社欢迎会员大会》，《申报》民国十七年（1928）八月二十日，第四张第十五版。
② 《国术馆聘请陈微明为筹备委员》，《申报》民国十七年（1928）九月二十六日，第四张第十五版。
③ 《本市国术考试今日预试　明日正试》，《申报》民国十七年（1928）十月六日，第四张第十五版。《昨日本市国术考试正式比试　评判结果明日登报公布》，《申报》民国十七年（1928）十月八日，第四张第十五版。
④ 《致柔社所请三拳师联翩来沪》，《申报》民国十八年（1929）五月十五日，第四张第十四版；《孙禄堂等联翩来沪》，《新闻报》民国十八年（1929）五月十五日，第四张第十五版。
⑤ 《太极拳伟著将出版》，《申报》民国十八年（1929）十月三十一日，第四张第十六版。

1929年农历四月十一，致柔拳社四周年纪念，孙禄堂、杨少侯、杨澄甫、吴鉴泉等名家参会并与社员合影

孙禄堂等担任评判①，其间，陈微明在大会表演②，并参加了一月七日的给奖典礼③。

陈微明创立致柔拳社并出版著作，进一步扩大了太极拳的影响范围。上海各界对太极拳由四年前的"知者尚鲜"变为"学者必太极拳者是学，教者必太极拳者是教，浸浸乎盛矣"。不仅上海本市，外埠亦受影响，此后如苏州、广州，皆有致柔拳社分社开办。

民国二十年（1931），致柔拳社成立六周年之际，孙禄堂前往上海参加庆典，在演说中指出："四十年前，习太极拳者尚少。自许禹生北平设立体育会，北京学者渐多；自陈微明南来，乃大盛于南方。"另据上海中华武术会的负责人吴志青说，陈微明在沪创办致柔拳社，"广事授徒，大有孔门之盛况，并著《太极拳术》一书风行全国。盖此时代，可谓太极拳之黄金时代也"④。

是年三月二日，上海国术团体联合会成立典礼在青年会举行，陈微明作为致柔拳社负责人参加典礼，并做表演。⑤

九月九日晚，致柔拳社在宁波同乡会参加水灾助赈国术游艺会，其表演的项目有"社员之推手比赛，徐文甫之拳械，陈志进之刀，邦勤、邦武之对剑，陈微明之八卦掌与陈铎民之散手等"⑥。

1931年，致柔拳社
六周年纪念摄影

①《国术比赛大决赛第一日记》，《申报》民国十九年（1930）一月四日，第五张第十八版；《国术比赛大会总决赛之结果》，《申报》民国十九年（1930）一月七日，第四张第十三版。

②《昨日国术比赛大会记》，《申报》民国十九年（1930）一月一日，第六张第二十二版。

③《昨日国术比赛会给奖》，《申报》民国十九年（1930）一月八日，第四张第十三、十四版。

④ 吴志青：《太极正宗》，上海：大东书局，民国二十五年（1936）。

⑤《国术团体联合会成立》，《申报》民国二十年（1931）三月三日，第四张第十六版。

⑥《国术游艺会今晚表演》，《申报》民国二十年（1931）九月九日，第四张第十五版。

民国二十一年（1932），陈微明受国立中山大学校长邹鲁聘请，专程到广州传授太极拳。九月中旬，随许崇清等赴广西游览山水并考察政治，据广西《南宁民国日报》载：

> 各省名流，近年以本省之政治日新月异，进展极速，相率来游者，络绎不绝。兹闻粤省省委许崇清、金曾澄、胡继贤，西南对外协会代表刘绍先，太极拳专家陈微明，天文专家张云，书画专家胡根天等十三人，又相率来本省游历考察，并由今（十）日由粤起程。①

另据报道：

> 陈伯南开府百粤，重文兴武，陈微明遂来广州，切志推行杨家太极，一时门生故旧纷纷延之授拳，习者多属机关职员，辄于下午散值，咸趋广场为踢拳推手之戏。时，何荦主广东省会公安局，一次值纪念周，微明适以事赴局，职员中执弟子礼者咸来围之闲话，公安局辖下某训练所有国术教师某，拳术蜚声于时，固非虚负时誉之流也。是日亦来局参加纪念周，见诸人奉陈若神明，不禁发为轻视语曰："太极拳殊不讲究习马发力，如是武技只足以练体强身，若言御敌，则吾誓不信也。"警界中人素好事，且欲煽动两人角技以快耳目，某督察遂为言激之曰："君如是言，亦敢与陈微明一较身手否乎？"武师固少涵养，闻言即捋袖握拳曰："谁谓不敢！"于是某督察直至陈前，谓之曰："本局某武师愿求赐教。"陈愕然，众人复涌耸之，陈亦欲一显其技，免被一般人讥笑太极拳为"表演的拳脚"，卒被众人前呼后拥抵于礼堂。何荦闻之亦下楼作壁上观，并曰："只求分出高下，慎勿伤及身体，则非研求武术之道也。"微明向武师谦让有顷，始脱长袍，立堂中，作白鹤亮翅之势以俟其来，盖以人客地位让其来攻也。武师立马挥拳迎头击下，陈左手立趋下格之，出右手夺其拳，武师乘势沉手一抄，向阴部埋位，为势甚险，陈急退马，武师复以左右横拳攻来，陈立刻用云手之变化左右消之，始终不取攻势。武师以为其怯，更进一步迫之，随捶出鹤拳，执五指从上下捶，左手则故作一扬以乱其视线。陈见鹤拳捶来，即仰首转身，转身时飞出一足，而武师亦早已退马跌坐，双手欲夺陈足。陈见势被破，脚未踢尽，中途即收回，乘势顿地作声，施出抱虎归山之势（以上陈之动作均太极拳出手名词），当时观者已目瞪口呆，肃静至蝇飞可听，移时忽见陈将身摇摆平退，武师即扑身而前，双掌一推，只见陈将

---

①《粤省名流来桂游历考察　许崇清等十三人今日由粤启程　省政府电饬沿途各县妥为招待》，《南宁民国日报》民国二十一年（1932）九月十日，第五页。相关情形另见《许崇清先生等抵桂林情形　各界于廿日开欢迎大会》，《南宁民国日报》民国二十一年（1932）九月二十七日，第五页。

身紧贴武师，双手傍其臂，借来势一拉，武师即被一交推跌二丈以外。跌时每欲留马而不得，卒倒于礼堂讲坛前，坛亦倒，坛后中门亦为震断门枢，门为之启，可见其力之猛。设无坛阻，尚向后再跌也。此际陈已趋前扶起武师，抱拳连声请罪。武师则满面羞愧，何苹亦使人扶之归客室。于是此一场公安局角技，遂告闭幕。[①]

陈微明在广州的国立中山大学、第四集团军等处任教半年多，因顾及上海拳社业务，于民国二十二年（1933）三月返沪。在穗期间，陈微明常跟该省名流谈及老师杨澄甫，成为此后杨澄甫得以受聘南下的要因之一。陈微明离穗返沪时，中山大学学生梁劲予慕其太极拳技，随其北上。梁日后赴美，把太极拳带到海外。

民国二十二年（1933），上海市教育局筹备举行第三届全市运动会，九月初确定筹备委员及竞赛部各组委员会委员，其中国术委员会委员为叶良（主席）、陈绪良、吴鑑泉、佟忠义、靳云亭、王壮飞、刘德生、徐致一、朱廉湘、章启东、罗叔青、陈微明、叶大密。[②]九月五日下午四时，上海市教育局在局内召集全

1933年秋，南京举行第五届全国运动大会及第二届国术国考，陈微明（右）担任裁判，其间与学生梁劲予陪杨澄甫同游莫愁湖合影

①《杨家太极拳陈微明公安局中打倒武师》，《星报》民国三十六年（1947）三月十二日，第二页。
②《全市运动会重要职员决定》，《申报》民国二十二年（1933）九月三日，第五张第二十版。

市运动会全体筹备委员及各组竞赛委员会委员开联席会议，陈微明到会。①第三届全市运动会的国术比赛于九月二十一日下午二时起在中华球房开赛，每天下午举办，连续三天，分为拳术、器械、摔角、测力、门球、射箭、弹丸等项目，其中拳术评判员为吴鉴泉、陈微明、徐致一、叶大密、罗叔青、叶良、靳云亭（兼器械），器械评判员为吴鉴泉、佟忠义、陈微明、叶大密、刘德生、靳云亭、陈绪良（兼弹丸）。②

十月，南京举行第五届全国运动会，陈微明为国术踢毽组裁判员之一。③十月二十日晨，运动会闭幕，第二届国术国考随即开幕，二十一日正式考试，陈微明为国考评判委员之一。④

民国二十四年（1935）五月五日，致柔拳社在宁波同乡会开十周年纪念会，据次日报载：

> 致柔拳社为陈微明君所创办，迄今已及十年，入社者不下数千人。南方之有太极拳，陈君实为首倡。昨在宁波同乡会开十周纪念会，到者男女来宾千余人。除社员外，有中央国术馆馆长张之江代表翁国勋，上海市国术馆叶良、吴鉴泉、孙存周、武汇川、叶大密等国术专家。由陈微明致开幕会辞，名誉社长关炯之授毕业证书。计本届毕业者男八人、女两人。嗣由社员表演太极推手，陈君及梁劲予八卦推手，又其男女公子对练武当剑。来宾吴鉴泉、武汇川、李春源太极拳，孙存周八卦掌、八卦剑，俱纯熟精绝。其余游艺，如粤乐、大同乐、会古乐、口琴、滑稽、昆曲、大鼓等。至七时散会聚餐，济济一堂，颇极一时之盛。⑤

九月十七日，第六届全国运动大会筹备委员会发出第五号通告，公布了大会裁判员名单，其中"国术部·拳术器械组"裁判员为：吴鉴泉、靳云亭、孙存周、陈微明、武汇川、吴翼翚、华翔九、赵连和、翁耀衡、郑灼辰、叶良、萧

---

① 《全市运动会比赛场地决定》，《申报》民国二十二年（1933）九月六日，第四张第十六版。

② 《国术今日开赛》，《申报》民国二十二年（1933）九月二十一日，第四张第十三版。

③ 《全运会国术裁判员》，《申报》民国二十二年（1933）九月二十七日，第四张第十四版；《国术职员》，《申报》民国二十二年（1933）十月十日，第十五张第五十九版。

④ 第二届国术国考"评判委员长李烈钧，评判副委员长何健、张之江，委员褚民谊、孙福全、张宪、李丽久、郑佐平、李剑秋、王成美、陈泮岭、马良、叶大密、窦来庚、王子平、张兆东、佟忠义、李星阶、李子扬、吴鉴泉、许禹生、吴图南、李剑华、黄柏年、褚桂亭、于振声、任鹤珊、张剑泉、阎追康、王首辰、李义三、张叔忠、陈微明、唐范生、陈公哲、龚润田、李宗黄、石杰、罗成立、张秀林、姚维藩、马庆雪、彭飞、金少山、吴峻山、姚馥春、程登科、宋俊杰、马永胜、查瑞龙、朱国福、刘崇俊、王翔斋、许兰洲、陈子祥、刘百川、向禹九、郎晋池、陈绩甫、徐致一、郝铭、徐士金"。（《国术国考·评判委员题名录》，《申报》民国二十二年（1933）十月二十二日，第五张第二十版。）

⑤ 《致柔拳社十周纪念会》，《申报》民国二十四年（1935）五月六日，第三张第十一版。

格清、郑怀贤、吴俊山、龚润田、姜容樵。[①] 二十八、二十九两日，上海市国术界赈灾游艺大会假北四川路横浜桥精武体育会中央大会堂举行，陈微明到会表演八卦掌。[②]

十月十日下午二时半，全国运动大会国术比赛开始举行单人拳术第一次预赛，由专家叶良、吴鑑泉、强云门、吴志青、靳云亭、赵连和、华翔九、姜容樵、陈微明、孙存周十人担任裁判，预赛分七组进行，每组十人参赛。[③]

民国二十五年（1936）五月十七日，上海国术团体在功德林追悼太极拳名师杨澄甫，陈微明主祭，报告杨先生历史。[④]

是年十月二十二日，上海市第四届全市运动会在市中心区体育场开幕，国术组进行拳术和器械表演，"徐致一、陈微明、武汇川、孙存周、吴鑑泉、刘德生、罗叔青、靳云亭等分任评判，国术评判长褚民谊亦到场监理一切"[⑤]。二十四日，国术比赛结束，当日上午为男子、女子单人拳术器械表演决赛，获决赛资格计男子拳术二十人、女子拳术四人，男子器械二十人、女子器械六人。由陈微明、武汇川、赵连和、孙存周等分任评判，国术评判长褚民谊及徐致一均到场监察。[⑥] 十二月六日下午，中华体育会举行援绥运动会，陈微明到会表演太极推手。[⑦]

陈微明在传授太极拳艺期间，也深受致柔拳社社员如关炯之、江味农、谢泗亭、沈星叔、赵云韶、释常惺、陈元白、赵炎午、欧阳正明、持松等沪上佛学居士、高僧大德的影响，接触佛学，先后与金山活佛妙善法师、白普仁喇嘛结缘。民国二十六年（1937），适逢能海法师到沪上设金刚道场，陈微明由此受戒，皈依佛教。赵朴初也是在致柔拳社初步悟解佛学，并且得识陈微明的侄女陈邦织，喜结良缘。

陈微明所传弟子众多，关门弟子林炳尧为其中主要一支。据林炳尧自述：

我是1942年到微明先生那里学习的，那时我在一家绸布店里当店员，每个月的薪水不到十块钱，当然交不出学费。但微明先生对金钱并不计较，对于真心学习拳术的贫寒子弟，他不但允许免去学费，而且教得特别认真，训练特

①《全运会裁判员发表》，《申报》民国二十四年（1935）九月十八日，第四张第十三版。
②《国术振灾游艺大会》，《申报》民国二十四年（1935）九月二十九日，第三张第十一版。
③《男女拳术预赛结果》，《申报》民国二十四年（1935）十月十一日，"号外"第四版。
④《太极拳名师杨澄甫追悼会》，《申报》民国二十五年（1936）五月十八日，第三张第十二版。
⑤《国术表演》，《申报》民国二十五年（1936）十月二十三日，第二张第八版。
⑥《国术比赛圆满结束》，《申报》民国二十五年（1936）十月二十五日，第四张第十六版。
⑦《中华体育会举行援绥运动会》，《申报》民国二十五年（1936）十二月七日，第四张第十三版。

别严格。他授课时一向是根据学员的不同年龄、不同体质以及领悟能力而采取不同的教法。

对于我这样的年轻人，他首先要求我站预备式，一站就是半小时、一小时。我认为这是老师在考验我的决心，所以硬着头皮站了一个半月。然后，他才教我单手掤式。我后来体会到，这其实是一种传统的训练基本功的方法。前辈拳术家常用这种方法训练初进山门的徒弟，其中有弓步桩、川步桩、马步桩、仆步桩等。站桩有了基础，太极拳的要领如"虚灵顶劲""舒胸顺背""舌舔上腭""沉肩坠肘""气沉丹田"等也就能自然掌握了。[①]

陈微明开办致柔拳社数十年，弟子门生天南地北。抗战胜利后，应台湾新竹门生谢镜湖和周敏益函邀，偕陈铎鸣（1893—1962）和徐文甫于民国三十七年（1948）六月二十四日乘机抵台，此时的陈微明已年届古稀。是年八月底，《民强报》登载陈微明之弟陈诒先文章：

余兄微明日前自台湾归来，谈及彼处人民学太极拳情形，有一记之价值。

日本人占据台湾有五十年之久，其本国人有柔道之练习，而禁止台湾人锻炼身体，不许有武术团社之组织。胜利后，台湾滨海新竹市有谢镜湖者，为微明弟子，在郑氏祠堂设一太极拳社，从之学者有二十余人。又有周敏益者，昔年特去上海从微明学拳，有五六年。两人来函约微明往台省一游，汇寄一亿数千万为川资。微明于六月二十四日飞台，到新竹时，谢周二君开会欢迎。先期在台湾《新生报》刊登有《上海太极拳大师陈微明来台》消息。在欢迎会中，闻风而来者二百余人。先由谢镜湖之学生表演，再由陈铎鸣演太极拳，徐文甫演少林拳、太极剑、双刀（两人为陈微明高足弟子，同时飞台者），极为精彩。微明兄演太极长拳、八卦掌，又与铎鸣动步推手，乃台下人所未尝见者，拍掌不绝。来宾有练外家拳者，亦请出表演。表演既毕，入内休息，而来参演者不散，某拳家请求比手，微明出来对众言："余此来纯为游览，非来比赛者，如定要比手，不妨研究研究。"某君即上前，身体结壮，微明出右手比一势，并未击之，某君猛然抓住微明右臂，欲拖动跌之，其力极大，微明随行数步，某君之力已消灭，继以左手微点其眼部，微示以意而已。然某君不知内家拳之窍绝，仍紧执微明右臂不放。微明将右臂略一抖动，此人受震，后退七八步，几至倒下，来观之众人始服，拍手而散。经过此会不久，微明"国术大师"之名，喧传于台湾各地。台北有人写信请微明去教拳，微明以欲回沪，

---

① 林炳尧：《杨式太极拳架详解》"跟随微明先生学拳"，北京：人民体育出版社，1997年，第209页。

时间不及，谢绝之。

　　微明于民十四年在沪创设致柔拳社，为南方提倡太极拳之最早者，现仍存在，社址在西藏路宁波同乡会中，二十余年来，从之学太极拳者极众，如名人邹鲁、许世英，及已故之谢持、伍朝枢、黄郛、胡朴安、关炯之诸人，均为其弟子。民二十一年，李宗仁、白崇禧两将军特请其至广西教拳，广西人知有太极拳，自微明提倡始。今又与台湾人以太极拳之新印象，不可不一记。[①]

深沉不露、朴实无华、外柔内刚、舍己从人，这是太极拳的个性，也是太极拳传续者陈微明的个性。

　　太极拳改变了陈微明的人生轨迹，让他从一个饱读经书的晚清举人转变为一位拳艺名家。太极拳伴随他经历了晚清、民国时期一连串的政治剧变，度过一次又一次时代风波。1951年，拳社解散，陈微明从上海西藏路宁波同乡会撤出，回到位于永嘉路的寓所。

　　陈微明对道家的兴趣与他对太极拳的切身体验关系甚大。他常引老子之言阐释太极拳理，著书《太极合老说》，把太极拳要领与老子之"道"生发贯通，论述精辟入理。太极拳理、老子之"道"也直接影响到陈微明的为人处世，成为其人生态度的自然流露。人生无常，"寄蜉蝣于天地，渺沧海之一粟"，陈微明一生经历了太多的世事变迁，政权频繁更替，战乱时有发生，死生一瞬两茫茫。晚年的他求仁得仁，吃斋念佛，一心修行佛教密宗。陈微明也亲眼目睹了上海解放，但他不是一个革命者，虽然他是一个爱国者。在那个革命激情燃烧的年代里，他坚守和传扬固有文化的立场，不知到底是对是错，也来不及被当时的人们认识和理解。1958年，一代太极拳名师陈微明病逝于上海寓所。

晚年时期的陈微明

　　[①] 陈诒先：《台湾人练太极拳》，《民强报》民国三十七年（1948）八月三十一日，第二版。

五、杨澄甫的任县籍门人

杨澄甫有直隶顺德府任县四门生：王其和、崔毅士、董英杰、姜廷选。他们得以从杨家习太极拳的因缘，皆起于任县三皇炮捶门的老镖师刘瀛州。

直隶自古武风盛行，武科出身者众，诸多总角弱冠有意走武举之途，王其和、崔毅士皆身与其中。清末庚子事变后，武科停废。此后，镖局转而成为民间武人寄身的行当，兴盛一时。此时，擅长三皇炮捶的刘瀛州早已告老归农，因亲友之介，门下聚集了一班少壮从之习艺。然而，清末的镖局也只是回光返照，未久即形衰落，年近七旬的刘瀛州推重太极拳，因与杨凤侯之子杨兆林（振远）、李亦畬弟子郝和（为真）交善，众徒皆被其陆续介往习太极拳。

《太极拳使用法》中的姜廷选

在刘瀛州门下，王其和、崔毅士等人原本有意将来从事镖行，董英杰等则纯因年少喜好。崔毅士、董英杰二人来自邻近村庄，相差五岁，刘瀛州让他们随李香远习太极拳（李早年从刘瀛州习三皇炮捶，后因刘瀛州之介，到广平府从杨兆林习杨家太极拳，后又从郝为真习武派太极拳），此后相继进京拜入杨澄甫门墙。虽时间早晚不一，但二人早年人生轨迹大致相当。直到抗战前一年，杨澄甫病逝，此后的崔、董一南一北，随后又是一内地一港澳，作为杨家门生，为太极拳的传习致力终生。

（一）王其和：学兼两派蛰乡野[①]

王其和，字春山，直隶顺德府任县塔台人，生于清光绪十一年（1885）正月，卒于民国二十一年（1932）七月。老师杨澄甫南下时，王其和未能随行，此后长年蛰伏乡野，过早谢世。但王其和毕竟一身太极纯功，在当时冀南乃至晋东一带仍有盛名。

王其和自幼在村中随人习洪拳及器械，擅长绳鞭。其时，适逢武举景廷宾（1867—1902）在任县、巨鹿及顺德府一带传授武场技法，王其和欲走武科之途，前往随其习练重刀，练至能挥动铸铁大刀，得心应手，并能抓住练功石舞得上下翻飞。清末庚子事变后，武科停废，标局兴盛一时。在此风气下，擅长武技的王其和打算从事标行，拜当地名标师刘瀛州为师，学三皇炮捶，历经数年。然而，标局未久即形衰落。晚年的刘瀛州推重太极拳，相继推介子刘东汉及门徒王其和、李香远等从盟友杨兆林习太极拳。王其和还得到杨兆元指教，且跟郝为真学武派太极拳多年，又曾外出从梁老温学散手，此后还在冀南一带遍访拳师。

王其和的出生地古称"壬地"，为大陆泽，王其和常在滏阳河从事水运业务。民国初年，广平府城一带发洪水。其时，王家木船正在附近泊岸，救出县城南关被困的杨澄甫夫人及一家老小。杨家人乘此船顺河直下天津卫，然后乘火车赴北京。此后，王其和得以进京师从杨澄甫学艺，其间又曾得杨健侯老先生和杨少侯指点。在杨家父子指教下，王其和以武派太极拳硬架为底子，将上身动作往开展处做了变动，形成独具个性的太极拳架。[②]

民国十七年（1928）初秋，杨澄甫受聘南下。据说，王其和奉师命到内邱火车站集齐，未料到车站后突患肠疾，不能成行，只身返回。此后王长年蛰居乡野，一生务农，兼事水运，精研拳技。在民国二十年（1931）出版的杨澄甫《太极拳使用法》中，王其和名列杨澄甫门下。

王其和一生授拳，北到衡水冀县，西到顺德西部深山区，远及山西晋阳，传

---

① 本篇主要参考王志恩《"王其和式"太极拳的渊源和发展》（《武魂》2003 年第 10 期）、《王其和与王式太极拳》（《武当》2003 年第 11 期）以及李剑方《王其和式太极拳的形成及功夫特色》（《武林》2006 年第 9 期）等。

② 李剑方：《王其和式太极拳的形成及功夫特色》，《武林》2006 年第 9 期。

人以大弟子刘仁海（1904—1982）①为著，其次是子王景芳（1913—1982）。另有门生张金榜（1912—1991）、吴振奎（1911—1998）、李英才、史云瑞等。其孙王志恩继承家传。刘仁海又传李剑方②、刘舜曾③、檀凤琳、杜春堂、张志祥、王占英、李运刚、卢玉海、张文斗、杨春怀、周芒、朱占中、夏广修、李计勋、王贵群、王朋军、刘云亭等，王景芳又传张占祥④等。

刘仁海太极拳照

（二）崔毅士：是何意匠雄且杰

崔立志，字毅士，清光绪十八年（1892）生于直隶顺德府任县大屯村，幼喜拳技，善练石锁。曾跟邻村老镖师刘瀛州习三皇炮捶，刘瀛州年老，让崔随弟子李香远习杨兆林所传太极拳。

清宣统元年（1909），崔毅士赴京继承祖上遗产，经营永聚号麻刀灰铺⑤，慕名

---

① 有关刘仁海事，参见刘舜曾《王其和太极拳传播者刘仁海》（《武林》2005 年第 8 期）、李剑方《王其和式太极拳的形成及功夫特色》（《武林》2006 年第 9 期）、李剑方《从师琐记》（《武当》2009 年第 4 期）等。

② 有关李剑方事，参见孟志斌、刘舜曾《武以载道——李剑方先生习武小传》（《武当》2008 年第 12 期）及李剑方《从师琐记》（《武当》2009 年第 4 期）等。

③ 有关刘舜曾事，参见孟志斌《武事文为——记王其和式太极拳传人刘舜曾先生》（《武林》2005 年第 10 期）等。

④ 有关张占祥事，参见杜军明《张占祥与"王其和太极拳"》（《武魂》2009 年第 8 期）等。

⑤ 崔仲三：《一代太极名家——纪念祖父崔毅士逝世 30 周年》，《武魂》2000 年第 5 期。

而从杨澄甫习太极拳，成为杨澄甫的早期弟子之一。民国七年（1918）杨健侯老先生去世后，崔毅士与老师杨澄甫闭门用功，揣摩拳理，苦练经年。

杨澄甫受聘南下后，崔毅士为追随老师，只身南下，相继授拳于南京、上海、杭州。民国二十五年（1936）杨澄甫病逝，翌年夏，全面抗战爆发，崔毅士此后独自辗转授拳于南京、武汉、万县、西安、兰州、蚌埠、合肥等地，并在西安成立致强太极拳社。[①]

民国三十四年（1945）抗战胜利，崔毅士返回北平定居，继续经营位于东华门大街路南的永聚号，并在中山公园教拳。

崔立志（毅士，1892—1970）

1949 年后，崔毅士授拳如故。据其孙崔仲三述：

> 我家祖上是做生意的，积累下一些产业。小时候，我和我爷爷奶奶住在一起，我们住在东华门附近的一处四合院里。这是我们家的私宅，几进几出，院子很大，屋里摆放的都是红木家具和各种古玩。从小受这种环境的熏陶，我也爱好这些东西。我的爷爷崔毅士虽然也经商，可是他的兴趣却在练拳上，就把生意托付别人管理，他自己一门心思练拳。[②]

20 世纪 50 年代，崔毅士当选为北京市武协委员，创办北京永年太极拳社，任社长。据崔仲三记述：

> 当年的牌匾就是我师叔吉良晨书写的。我还清楚地记得墙上挂着我祖父亲自书写的拳社宗旨，开头便是："吃水不忘掘井人，饮水思源。拳社起名永年，不忘师恩。"当年在全国各地有代表性的永年太极拳社创办人还有：傅钟文先生（上海）、牛春明先生（杭州）、李雅轩先生（四川）等。祖父在中山公园古柏荫下授拳，对"教""练"要求甚严，深得学员好评，享有"北崔南傅"（傅钟文）之美誉。[③]

[①] 崔仲三：《一代太极名家——纪念祖父崔毅士逝世 30 周年》，《武魂》2000 年第 5 期。
[②] 燕侠：《名门之后崔仲三》，《中华武术》2001 年第 11 期。
[③] 崔仲三：《一代太极名家——纪念祖父崔毅士逝世 30 周年》，《武魂》2000 年第 5 期。

在数十年的习练传授过程中，崔毅士继承了老师杨澄甫"明规矩而守规矩，脱规矩而合规矩"的老辈教法和练法，对自身、弟子门生均严格要求，对家人也不例外。据其外孙张勇涛述：

我家有个院子，大人们练拳，我们在后边比划，比如打搂膝，一遍一遍地重复，就这个动作，围着院子起码 10 圈以上，每圈打 30 到 50，然后再打野马分鬃。崔先生腿不好，拄着拐杖在旁边看着，时间长了，他在上厕所的过程中，看见大人练得不太规矩，就用拐棍点一下，对我们就用拐棍梆，让你知道错在哪儿，打得真疼，可是我们还得练，因为旁边插着几串糖葫芦，物质刺激嘛，谁练好了、练完了就可以吃一串！多年来，崔先生追随杨师授拳，深得杨师真谛，终身研修苦练，功夫日益精纯，从而成为北京传播杨式太极拳的主要代表人物。[①]

另据崔仲三述：

清楚记得我和姐姐崔仲萍刚刚开始练拳时，每当祖父说完拳便由我的祖母带我们练习。我的祖母高云景，生于 1899 年，仙逝于 1987 年。祖母一年四季几乎天天早晨不到五点起床，在我家的庭院中走上几百步，扶着院子里的树干左右各踢上几百腿，然后就开始练拳。一练就是几趟，虽然动作不是特别标准，但却是一丝不苟、一板一眼。练拳之后，才操劳家务。祖母几十年持之以恒的精神给我们留下极深的印象。

当年祖父住的房间很大，这也是祖父教拳的房间。我当时年幼，为了培养我的练拳兴趣，祖父就将冰糖葫芦插在方桌上，让我顺着房间练一圈搂膝。每练完一圈就吃一粒红果，一串冰糖葫芦吃完，几百个搂膝拗步动作也练完了。现在想起来虽然有些可笑，但扎实的基本功、深刻地体会动作要领，使我受益终身，一生难以忘却。[②]

又据崔仲三述：

那时我爷爷住的房间很大，中间放个八仙桌。为了吸引我们练拳，爷爷在八仙桌上放一串糖葫芦，我沿着房间打一圈搂膝，爷爷就奖励我一个红果。为了能得到红果吃，我就一圈一圈地练拳。桌子上除了糖葫芦，还放着一把鸡毛掸子，哪个动作练得不认真、不符合要求，爷爷就"啪"地一下给我一掸子把儿。那时我可真没少挨打。也正是爷爷这种严厉的教育，使我打下了

① 张勇涛：《忆崔立志（字毅士）二三事》，未刊稿。
② 崔仲三：《一代太极名家——纪念祖父崔毅士逝世 30 周年》，《武魂》2000 年第 5 期。

崔毅士早年太极拳照

比较好的基础。①

崔毅士一生专攻杨家太极拳械，凡太极拳、刀、大杆子、推手，均得杨澄甫真传实授。其拳式宽大舒展、浑厚庄重、气势腾然，符合杨澄甫早年太极拳的风格。崔毅士推手善化善发，出手绵软，柔中有刚，轻灵机敏，虚实分明，身受者未觉其动，已腾空跌出丈外。1956 年，北京举行全国武术竞赛大会，杨澄甫的几位知名弟子从各地赶到北京，得以聚会。崔毅士做东宴请，聊尽地主之谊。据崔仲三述：

> 记得 1956 年在北京举行全国武术会议，杨澄甫宗师的几位入室弟子从全国各地齐聚北京。祖父在东安市场北门内的东来顺饭庄做东宴请同门师兄弟，作陪的有我父亲、姑母、部分弟子和我。饭后一同到东安门大街路南的紫房子照相馆拍照，此相片一直保存到现在。②

据张勇涛述：

> 1956 年中央新闻电影制片厂摄制《太极拳》专题片，报道崔毅士推手功夫，作为中华武术经典予以收藏。崔先生身体魁梧，推手轻灵迅猛，干净利索，他深知推手容易伤人，所以在我家墙上专门钉上很大的厚垫子，将人发放出去，弹回来接着推手，有时候单手发人，发收自如，很少松手，同时还教导弟子要学会挨打，学会单腿雀跃，卸去挨打之力，以免摔倒。60 年代在北京中山公园推手时拿我和弟子做靶子，为了防止发放出去摔伤，特意安排两人接着，既体现出太极推手之威力，又表现了尊师爱徒之美德，很受武术界赞赏。③

另据崔仲三述：

> 祖父教授拳术要求甚严，尽现杨师遗风，而又有所创新。当年祖父为了使弟子们尽快地掌握太极推手发力的动作要领，在我家东屋北墙挂有厚厚的垫子，里面有棉絮和稻草帘，外面罩有布面。祖父经常坐在对面的凳子上轮番和弟子们推手，常常是推到妙处，祖父便把对方发到几米以外，碰得北墙嗵、嗵作响，喝彩声和笑声不断。为了增加弟子们的臂力和爆发力，几乎每天晚上我秀辰姑母、吉良晨师叔等都要各自单练抖大杆几百下，然后再对扎几百回合。每当这时，祖父总会叫我听一听，看一看，练一练。④

北京城藏龙卧虎、高人汇聚。崔毅士交游广泛，因其功力深厚，各路名家皆

---

① 燕侠：《名门之后崔仲三》，《中华武术》2001 年第 11 期。
② 崔仲三：《一代太极名家——纪念祖父崔毅士逝世 30 周年》，《武魂》2000 年第 5 期。
③ 张勇涛：《忆崔立志（字毅士）二三事》，未刊稿。
④ 崔仲三：《一代太极名家——纪念祖父崔毅士逝世 30 周年》，《武魂》2000 年第 5 期。

1957 年崔毅士（前排中）、金锡五参加汪永泉收徒合影

是座上宾，众人相互切磋交流，乐此不疲。前来从学者众，其中也不乏带艺从习者。据崔仲三述：

> 当年每天在我家练拳的人很多，祖父就特意做了许多供学生坐着休息的小木板凳，我和姐姐把它们称为"小羊"。每当有人来练拳时，我和姐姐就把"小羊""牵"出来；练拳的人走了，再把它们依次"牵"回，现在想起来十分有意思。有个叫吴斌芝的人跟我祖父学拳，他与当时在地坛教拳的吴式太极拳名家刘三爷（刘晚苍）、王举兴先生是挚友。他家住石景山，每天午后他就早早来到我家，在院子里等我祖父午睡后学拳，一直到深夜才返回，多少年如一日坚持不懈。
>
> 1957 年为了参加北京市武术比赛（在官园体育场举行），汪永泉先生几乎是每天晚上到我家向祖父学练太极剑，经常陪练的人有我的姑姑崔秀辰和师叔吉良晨等。这时我也会被祖父叫到一边，拿着竹剑跟着练。后来，汪老师收徒（孙德善、朱怀远等人），邀请祖父和祖母出席，宴会后一起拍照留念，当时我也在场。可惜这张照片在"文革"时丢失了。
>
> 祖父久居北京，广交武林朋友。如王芗斋、陈发科先辈和太极拳名家吴图南、李天骥，八卦掌名家陈紫江，形意拳名家骆兴武、王达三，吴式太极拳名家杨禹廷，陈式太极拳名家田秀臣、孙枫秋，三皇炮捶拳名家李尧臣，孙式太极拳名家孙剑云，还有大悲拳高手史正刚（奇云和尚）等，都经常是家中的座上宾。五六十年代北京的武术表演和比赛特别多，祖父和这些武林老前辈都经

常在各种场合出现。每当老前辈表演结束时都会赢得满堂彩。[1]

又据张勇涛述：

　　1958 年，"北京永年太极拳社"刚成立不久，一位素不相识的人来访。此人膀大腰圆，自称"醉鬼张三"的徒孙，单掌运力可将桌角剁掉。崔老将此人让进屋，对方提出互打腹部三拳，以试功力。对手说："我若经不起你三拳，甘拜下风，拜你为师大爷；你若经不起我三拳，摘下拳社牌子。"崔老对这种不讲武德的人好言相劝："咱们都是习武之人，还是以和为贵吧。"对手执意不允，崔老只好坐在椅子上说："那好，你先打吧。"说时迟，那时快，对手拳已击到崔老的腹上。崔老运用"太极丹田功"牢牢吸住对手，使其欲拔不出，欲进不得。对手正着急之时，崔老瞬间发功，此人连同背后的椅子一齐跌出，将椅子都砸坏了。对方爬起来跪倒就叫师大爷，崔老将他扶起，严肃地说："叫我师大爷实不敢当，你功夫不错，千万别糊涂啊！"[2]

另据崔仲三述：

　　京城武术界名人许维仁先生，他是"醉鬼张三"（张长桢）的徒孙。许先生身材魁梧，浓眉立眼，说话瓮声瓮气，待人和气、豪爽，手上有白癜，人称"花手许"。他尊称我祖父为"师大爷"，经常来我家坐坐。许维仁先生手掌大，手指粗，臂力、腕力特大，给我的印象最深的是我家的红木方凳许维仁先生常用食指、中指夹住一条凳腿，轻松一举就把方凳平端起来。还有练功用的 3 米开外的白蜡大杆子，他也是用食指、中指夹住大杆子的小头顶端，稍一用力就把白蜡大杆子平举起来。直看得我和姐姐目瞪口呆。我称许叔叔为师叔。我那时上小学，特别喜欢他到我家来。因为他一来就把我轻轻一提放到他的肩上，非常开心。一次祖父在我家东屋同许维仁先生说手，许先生提出要体会一下太极拳的沾、粘劲，祖父说"你拉个架势，我试试看吧"。当下许维仁先生就做了个马步，祖父走到他的跟前，用双手食指搭在他的双肩上，屏气、凝神，往下微微一沉，随即双手轻轻一提，许师叔就失去了重心。"不行，不行。"许师叔连忙说，这样接连又试了几遍，全是许师叔脚下拔根。祖父直说"多有得罪，多有得罪"，说罢俩人哈哈大笑，进里屋继续喝茶，谈笑风生。[3]

1963 年，年逾古稀的崔毅士邀请身在永年老家的杨澄甫夫人侯助清进京小住。

---

① 崔仲三：《一代太极名家——纪念祖父崔毅士逝世 30 周年》，《武魂》2000 年第 5 期。

② 张勇涛：《杨式太极名家崔毅士》，见张宝瑞：《北京武林轶事》，北京：北京燕山出版社，1987 年，第 282~283 页。

③ 崔仲三：《一代太极名家——纪念祖父崔毅士逝世 30 周年》，《武魂》2000 年第 5 期。

据崔仲三述：

> 1963 年杨澄甫宗师的夫人应祖父邀请到京旅游，就住在我家。我祖父、
> 祖母就像对待亲人一样尽心尽孝，并一同回忆澄甫先师当年在中山公园"行健
> 会"（现中山公园南门内东侧建筑物）带领弟子们习拳、练剑、推手的热烈场
> 面。那时，祖父总是早早出门、晚晚归家，风雨无阻，天天如此，时常伴随杨
> 宗师左右。当年杨家住在西城缸瓦市一带，杨老夫人经常带杨振基、杨振铎到
> 我家做客，一住就是几天。我祖母也经常带我父亲、我姑母到杨家问候，两家
> 相互走动很频繁。往事历历在目，真是感慨万千。更有趣的是提起当年澄甫宗
> 师在京城每当有聚会活动时，祖父就与师兄弟阎月川、王旭东共同签名落款
> "崔、阎、王"，一时被传为佳话。这次杨老夫人离京时，大家难舍难分，拍了
> 一张合影以资留念。[1]

20 世纪 60 年代，崔毅士仍一心致力杨家太极拳的传播。为在当时大搞工业
化的社会环境中推广普及太极拳，崔毅士将原架删减，改编为"杨式简化四十二
式太极拳"，另又编一套"杨氏太极棍"。据崔仲三述：

> 1964 年祖父在传统杨氏太极拳基础上，创编了一套简单易学、更适宜工
> 间进行练习的"杨式简化四十二式太极拳"，保留了传统套路的风格、特点和
> 动作精华，删减了重复动作，融入数十年的理解和体会，改进了传统杨式太极
> 拳拳势结构与动作方法。此套路推出后，受到广大太极拳爱好者的欢迎，至今
> 仍在海内外广为流传。祖父又根据几十年练习体会并结合武术中棍术的特点
> 创编了"杨氏太极棍"。同时也是第一位在北京传授开合太极拳（即现在的武
> 式太极拳）的名师。当代京城的武式太极拳名家吴文翰师叔早年就曾从师于
> 祖父。[2]

据吴文翰述：

> 崔老师身躯伟岸，体魄雄健，出手凌厉，变化莫测，年轻时人们戏称他
> "崔判"（旧时城隍庙中主人生死的判官，俗传姓崔），从这个绰号就可窥探出
> 世人对他拳技的评价了。他的卧室东壁所悬对联"是何意匠雄且杰，不著文章
> 世已惊"，堪为崔师写照。[3]

抗日战争结束后的近二十年中，崔毅士常年在中山公园的古柏下授拳，习惯
成自然，不稍间断。据崔仲三述：

① 崔仲三：《一代太极名家——纪念祖父崔毅士逝世 30 周年》，《武魂》2000 年第 5 期。
② 崔仲三：《一代太极名家——纪念祖父崔毅士逝世 30 周年》，《武魂》2000 年第 5 期。
③ 吴文翰：《武派太极传入京、津、西北等地之始末》，《武魂》1997 年第 12 期。

　　每年的大年初一，祖父如同往日一样照常到中山公园授课。每到这时，祖父就与弟子们演示太极推手功法。吉良晨、杨俊峰、张海涛、李鸿、黄永德等轮番上场。祖父就以他擅长的肩、腕、肘把人发出去，一发就是几米开外，围观的人群不断发出喝彩声。[①]

　　1970年，七十八岁的崔毅士去世。其终生授艺，从学者众，其中不乏军政要员，如肖劲光、周扬、王首道，以及著名作家丁玲、周立波，表演艺术家金山、侯喜瑞，画家李可染，还有外国驻华使节、中外专家等，以及高校教师、学生、工人、农民等。女崔秀辰、孙崔仲三、外孙张勇涛，皆承家传。此外，门生尚有和西青、吴文翰、吉良晨、杨俊峰、刘高明、张海涛、殷建尼、白志铭、马祥麟、韩敏英、杜星垣、李鸿[②]、王永桢、黄永德、沈德丰、崔彬、邱佩如、孙正、方宁、李连生、曹彦章、陈连宝、孙德明、朱习之、王守礼、滕茂桐、姜焕亭、张家驹、崔少卿、钮心玉、杨乐安、宋翊三、陈志强、于家岚、陈雷、松绪金，等等。

（三）董英杰：四海五洋成艺名

　　董文科，字英杰，号质斋，直隶顺德府任县北街人，生于光绪二十三年（1897）阴历十月初八，祖上务农，三代单传。董英杰幼聪慧，喜读书，性好武。从祖父老友、名镖师刘瀛州习三皇炮捶，经刘介绍，跟杨兆林弟子李增魁学杨家太极拳。董英杰后来在杨澄甫《太极拳使用法》中自述：

　　　　余幼读书时，性好武，余祖有老友刘瀛州，少林壮者，北方名素著，余求学，刘师曰我年近七十，无能为也，如愿学，有广平杨姓得武当秘传，惜我年老知之晚矣，仅知皮毛，与介绍杨传，拜师求学焉。[③]

　　董英杰弟子李琪佳在《董师英杰事略》一文中所述更详：

　　　　董师河北任县世家也，祖业农，幼聪颖，惜体弱。童年好读书，兼嗜习武事。请于祖父，许之。适其世好刘瀛州先生在座，刘为老拳术家，曾与广府太极拳名师杨老振先生为盟友，深知太极为最高之拳术。祖命拜刘氏学习，刘问其志，答曰："愿学天下最好之武术，健身自卫，他日功成，必发扬国术之光。"刘羡其志，随先授一个揽扎衣，时刘氏已年逾古稀，只可耳提口授。经数月，

---

① 崔仲三：《一代太极名家——纪念祖父崔毅士逝世30周年》，《武魂》2000年第5期。
② 有关李鸿事，参见黄淑芹《崔毅士高足——李鸿》（《武魂》2012年第3期）。
③ 杨澄甫：《太极拳使用法》"董英杰序"，上海：文光印务馆，民国二十年（1931），第七页。

请老振先生之弟子李增魁授完全套太极架子（即十三式）。①

刘瀛州与董英杰的祖父为同辈，之后又亲自带董英杰到顺德城西会宁村，命其拜弟子李香远为师学太极拳。据李琪佳述：

> 越年，刘氏携吾师往会宁村访李香远先生。李府石屋高耸，宅状如城。李迎刘于门外，见李年少儒雅，彬彬有礼。至宅坐谈未久，刘命跪呈帖拜师。李师遂命演拳一看，后又授以用法，使中指用内功微按肌肤，痛入骨髓，吾师神其技，知为隐居高人，遂留居苦练经年，技大进，李嘉之，命归家自练，约期造府传授。
>
> 自是辟室自居，文武兼修，广纳豪杰。每有访者，必留居之，日必酒肉盛待，以武会友而求博学。未几，好学慷慨之名不胫而走，身怀绝技者亦远道而来，面授精奥。②

董英杰年长后，慕北京城杨氏之名，于民国十五年（1926）进京投拜于杨澄甫门下。据李琪佳述：

> 吾师独爱太极拳，慕北平杨氏名，又别乡井再求深造。抵平时，友好每谓杨氏功夫代不外传，请毋徒劳。吾师曰："惟志诚能感天地。昔武侠剑侠皆义气，待师忠实，感情而得传，已有前例。厚待师传，得真传殊非难事也。拳如不外传，何以得自陈家沟？依法求学，得到而后已。"乃踵门拜杨师澄甫先生为师，求学不倦。③

两年后，民国十七年（1928）初秋，董英杰随老师杨澄甫南下。两个月后，杨澄甫被江苏省国术分馆聘为一等教习，董英杰则一度受聘到苏州的东吴大学教太极拳，并任教于西医吴谷宜家。其间，李香远担心董英杰在南方教拳有失，特意南下苏州为之压阵，并传授其内劲功夫。董英杰举荐李师到吴谷宜家接替执教。据李琪佳述：

> 迨杨老太师南来携吾师同行，随侍晨昏三年，功臻轻巧矣。时有机缘得游南京、上海、杭州、苏州各处名胜，游山玩水，藉以会友。寓苏州时，前师李香远先生来苏，吾师狂喜叩拜，李曰："知汝好学，随杨师足迹遍大江南北，今以师徒之份特来访，知汝功夫尚未到家，南方有功夫之拳术家甚多，恐汝吃亏，于师传名誉不雅，今再传汝内劲功夫。"嘱要悟、要练，自成，庶可放心矣。李师住苏州年余始北行。④

---

① 董英杰：《太极拳释义》"董师英杰事略"，香港：英杰太极健身院，民国三十七年（1948）。
② 董英杰：《太极拳释义》"董师英杰事略"，香港：英杰太极健身院，民国三十七年（1948）。
③ 董英杰：《太极拳释义》"董师英杰事略"，香港：英杰太极健身院，民国三十七年（1948）。
④ 董英杰：《太极拳释义》"董师英杰事略"，香港：英杰太极健身院，民国三十七年（1948）。

　　民国十八年（1929）浙江省国术分馆成立前后，董英杰应杨澄甫老师之邀前往杭州。在浙江省国术馆期间，董协助杨澄甫编著《太极拳使用法》一书，此书于民国二十年（1931）出版。与董英杰有过多年交集的李雅轩晚年评价他："董英杰力大胆大，敢打敢上，这是他的长处。""董英杰善揉措劲，他可以将人揉得东倒西歪而后倒也。""愈想董英杰的打法很好，他是指远求近大胆近身，粘他连他，揉他措他，顺势制他发他，就以这个法子在上海连胜 9 场。"[1]

　　因广东陈济棠、李宗仁函聘，杨澄甫于民国二十三年（1934）携全家及外孙女婿傅钟文南下广州。不久，董英杰受师命赴粤担任助手。

　　民国二十五年（1936），杨澄甫老师回沪就医，董英杰与师弟杨守中留粤继续传授杨家太极拳。据李琪佳述：

　　　　杨师应广州之聘，吾师随太老师南来，又得恭侍左右，时已随杨师十年，至诚感应，杨氏家学亦已得之矣。嗣后，与师弟杨守中共承衣钵，留粤宣传太极拳术，以继师志，十余载于兹，桃李芬芳，遍布国内外。[2]

　　是年四月，董英杰移居香港，在香港首传杨家太极拳。民国二十八年（1939），他曾应邀到澳门传授，首批弟子有黎柱石、黄豫樵等。此后董英杰定期到澳门授艺，由黎柱石助教。

　　民国三十年（1941）十二月初，日军偷袭美国珍珠港，次日即进攻香港。二十五日下午，港督宣布投降，香港彻底沦陷。董英杰匆匆移往澳门避居，此后由曾任澳门中华总商会副主席的弟子黄豫樵商借平安戏院作为教拳场地，广收门生。[3]据李琪佳述：

　　　　粤港陷落（董英杰）隐居澳门时，颇爱书画，日以品茗著述自遣，不问世事。其品格清高，殊堪敬佩。而偶一兴至，必演其身手，以示众徒，动如游龙，静似山岳，具轻灵沉静之巧。及试其运劲各种妙法，或舒猿臂，发人于丈外，或蓄劲含胸，化巨力如击絮，虚虚实实，裨乎其技。设非身历其境或个中健者，似未敢置信。夫子之道诚高深莫测也。吾师尝言："得杨师口授，得李师指点，不敢自当成功，但知真太极拳门径耳。"[4]

　　另据董英杰门生黄尊生述：

　　　　河北董英杰先生，今中国太极拳之名师也。出杨氏澄甫门，为杨学嫡传。

　　① 陈龙骧、李敏弟整理：《杨氏太极拳诠真》"杨氏太极拳练习谈"，北京：北京体育大学出版社，2008 年，第 240~241、246 页。
　　② 董英杰：《太极拳释义》"董师英杰事略"，香港：英杰太极健身院，民国三十七年（1948）。
　　③ 余功保：《董家太极——董英杰太极拳传承与精义》，北京：当代中国出版社，2013 年，第 152 页。
　　④ 董英杰：《太极拳释义》"董师英杰事略"，香港：英杰太极健身院，民国三十七年（1948）。

董文科（英杰，1897—1961）　　《太极拳使用法》中的董英杰

董英杰太极拳照

1941年，董英杰在香港与
门生合影

数十年寝馈斯道，未尝一日间断。足迹遍南北各省，所至授徒，善诱不倦，门人述其轶事甚多。当与人交手，从容若定，其人奋拳击先生，先生不以为意，略一推手，其人已跌出丈外，是先生之技，已由妙境而进于化境矣。余于南北内外各家之拳，均爱好而未尝学。廿五年冬，执役北平中法大学，闻有洪君者，精太极拳，始学焉。法国友人邵可侣先生，执教北京大学，亦学焉，惜为时未久。南归以后，强半荒废。及来濠镜，始识先生。①

抗日战争结束后，董英杰重返香港定居，往来于港澳两地，后迁居香港岛湾仔附近。

董英杰长期随师锻炼，集李香远之功劲与杨澄甫之轻灵于一身，所演拳势以杨澄甫气派宏大的架子为根基，予以收敛，轻灵与沉着兼备，不迟不速，外柔内刚，功底纯厚，别具风范。推手善用粘黏揉措劲，与人一搭手，对方即东倒西歪，立足不稳。董英杰不但在太极拳技术上有所体悟，理论研究也独有心得。移居香港后，鉴于欧美等国对本国拳击甚为重视，而太极拳为中国国粹，董英杰不忍任其湮灭不彰，遂于课徒之余，完成《太极拳释义》一书，该书于民国三十七年（1948）由香港商务印书馆出版、香港董英杰太极拳健身院发售。书中包括董英杰本人拳照及得自杨家的太极拳论。拳照为紧凑拳架，依董英杰所言：

外界有云：杨氏太极拳，有大中小三套架子。实则仅此一套。练熟之后，由熟而化，或高或矮，或快或慢，随心所欲。编者于四十年前，见凤侯先生之子兆林先生之拳，系杨班侯先生亲授，乃系紧凑之架子，打来不快不慢。澄甫先生系宽大柔绵而缓，少侯先生则紧凑而速。余乃集三位先生之意，收敛而不速不迟。此乃成功之后，随心所变者也。倘初习者，仍以澄甫先生之架子为根基，希读者勿疑架子为三套也。

该书旨在"发扬国粹，不湮真传"，所写心得，"辞不模棱，文不掩饰"，对太极拳做公开研究，相比同类著作，该书具有较高价值。

20世纪50年代以后的香港，董英杰与杨守中、吴公仪成为传播太极拳的三位核心人物。1954年1月中旬，澳门举办了一场轰动一时的"陈吴比武"擂台赛，一方是白鹤拳掌门吴肇钟的弟子陈克夫，时年33岁，据说曾习练过西洋拳击；一方是吴鑑泉长子、香港鑑泉太极拳社的社长吴公仪，时年53岁。董英杰担任裁判之一，并于正式比赛前代表太极拳做了表演。

---

① 董英杰：《太极拳释义》"黄序"，香港：英杰太极健身院，民国三十七年（1948）。

董英杰的开山弟子为刘同禄，在上海的传人著名的有乐奂之（幻智）[1]、董世祚，另有连忠恕、张忻、陈宁、颜福廷、郝奇、宗之鸿、宗毛三、孙僧龄等[2]。20世纪50年代，董英杰一直在港澳两地授拳，还曾应邀前往泰国、马来西亚等地教太极拳。其在香港的学生有钟广田、邹显光、麦大江、朱昌孝、周韵莲、朱象政、董群活、汤秉臣、方伯诚、马子登、崔萍、李锦图、方夏、彭子游、柯冰等，在澳门的学生有黄豫樵、郭绮文、谭耀川、李芹生、黄沛根、李琪佳、刘秉纲、邓丽朝、李伯卿、李翥图、罗苏、邱淑贞、温恭让、招赐、何新、黄仲良、李远昭、黄瑞英、潘丽珠、缪搉一等，在泰国的学生有林修悟、林圣韬、陈斯猷等，在新加坡的学生有林伯炎等，在加拿大的学生有麦英甫、徐立根等。[3]1957年11月21日，澳门董英杰太极拳同学会正式成立，港澳两地同学会每年都会互相邀请，举行观摩联谊活动。20世纪60年代，董英杰在曼谷耀华丽路华人区成立董英杰太极拳同学会，后改为"乐乐拳社"。

董英杰之子董虎岭（1917—1992）、董俊岭（1923—1983），女董茉莉（1940—2009），皆承其传。

董英杰毕生传习太极拳，严守老辈规矩，按部就班。董茉莉在《怀念父亲董英杰》一文中写道：

> 父亲一辈子没穿过西装，总是一身长衫唐装，斯斯文文的，走出去人家不会想到他是一个拳师。只要出门，无论天气多热，他都会穿长袍子，他说这是一种礼貌。

> 父亲规矩很多，表演太极拳更是如此，除非临时比画两下，爸爸和哥哥都是要穿唐装表演的。爸爸说："得很把太极拳当成一回事，打得好坏另说，基本的礼貌要讲究，不能太随意。要敬拳。"

> 看父亲平时为人平和，但对拳却是很固执的，如果有人乱改拳套，他就会很不高兴。我记得曾经有位学生跟父亲学太极剑，回去以后自己加了点儿花样，然后对父亲说："董老师我打给你看。"看完后，爸爸很生气，他说："你这个不是练剑，是跳舞，以后别再在我面前练剑。"爸爸对传统拳套的正确与否非常坚持。这也是对太极拳的一种尊敬。

---

① 乐奂之详情参见乐匋原著，钟海明、马若愚：《乐传太极与行功》（北京：北京科学技术出版社，2017年）。

② 杨澄甫：《太极拳使用法》"张三峰先师传拳谱"，上海：文光印务馆，民国二十年（1931），第3页。

③ 余功保：《董家太极——董英杰太极拳传承与精义》，北京：当代中国出版社，2013年，第206~214页。

　　父亲常说现在的人话说得太多。他如果看见学生自己静心琢磨，揣摸去练，就特别高兴。相反，如果练拳的时候有人站在一边说话聊天，他就会很不耐烦，挂起脸相，他到底是北方人，高兴、不高兴一眼就能看出来。"现在的人光说不练，不是你交了学费我就非得教你。"他觉得教那些光说不练的人是在浪费时间。

　　1961年7月5日，董英杰谢世，得年六十有四。1966年，董虎岭在美国设馆授拳，董茉莉执掌香港董英杰健身学院，并于1988年在澳大利亚悉尼创办了董茉莉武术太极学院，使董英杰一脉承续的杨家太极拳得到更为广泛的传播。[①]

六、张钦霖：闲云野鹤不耐都市繁华 [②]

　　张钦霖，清光绪十三年（1887）生于直隶顺德府邢台县大石头庄。少时曾习三皇炮捶，因父母早亡，家境贫困，二十岁左右进京谋生，在中央公园及杨家蒙杨澄甫传授太极拳，且得杨健侯老先生指点，化劲轻柔，发劲松沉，举手投足与杨澄甫酷似。[③]

　　民国七年（1918）杨健侯老先生辞世后，张钦霖继续从杨澄甫习艺，后于民国十四年（1925）至山西营商，家道渐兴。听闻身在山西的金丹派道长左一峰（莱蓬）内功卓绝，民国十六年（1927），张钦霖由道友韩佩海引介，在山西清原县梵宇寺得见左道人，拜师修炼金山派道功，道号"无畏"。因道家内功可与太极拳贯通，自是拳技更精。张钦霖在此后的游历中又曾得黄山陈道长亲授杨家三趟太极拳。据说，此拳是当年杨禄躔授于陈道长的独特拳架。

　　民国十七年（1928），国民党新都南京正倡导国术，风气大盛。是年秋，杨澄

<hr>

　　① 董虎岭、董茉莉详情参见余功保：《董家太极——董英杰太极拳传承与精义》，北京：当代中国出版社，2013年，第162~200页。

　　② 本篇主要参考王延年《张师钦霖小传》（《杨家秘传太极拳图解》，台南：台南专艺印刷广告有限公司，1972年）、张志柔《怀念我的父亲——杨派太极名家张钦霖》（未刊稿）、张章《杨式太极拳名家张钦霖》（《太极》第1期，1997年2月）等。

　　③ 参见王延年《张师钦霖小传》（《杨家秘传太极拳图解》，台南：台南专艺印刷广告有限公司，1972年），张章《杨式太极拳名家张钦霖》（《太极》第1期，1997年2月），万籁声遗著、慕选供稿《万籁声二谈国考前后之武术历程》（《武当》2000年第11期），金仁霖《从最长的杨氏太极拳套路说起——〈张钦霖小传〉〈杨氏太极拳名家张钦霖〉〈万籁声二谈国考前后之武术历程〉三文正误》（《上海武术》2001年第1期）等。

张钦霖（1887—1967）

张钦霖（右）早年与老师杨澄甫合影

1941年4月30日，张钦霖与诸生合影纪念

甫受聘携武汇川、董英杰二徒南下。十月十五日至十九日，第一次国术国考在南京举行，张钦霖也报名参加了此次国考。考试最后发给及格证书，最优等十五名、优等三十八名、中等八十二名、预试及格一百六十三名，张钦霖名列中等。[①]

此后，张钦霖到了上海。相关史料显示，直到民国十九年（1930）年底，上海仍有张钦霖的活动踪迹可寻。是年十二月份的《申报》上有一则关于叶大密武当太极拳社四周年纪念活动的报道，其中述及张钦霖：

> 本埠法租界望志路南永吉里武当太极拳社，定本月二十一日下午二时，在威海卫路一百五十号中社开四周年纪念会，特请国术界老前辈孙禄堂、吴鑑泉、姚馥春、陈子明、徐致一、刘希哲、孙存周、张钦霖等太极拳专家，及武汇川师徒到场表演。昨已发出请柬，遍邀各界前往参观。闻于是日下午六时，在跑马厅派克路功德林开会员聚餐大会，藉资聊欢。[②]

张钦霖在沪期间，濮秋丞得知其内功深厚，特意请张钦霖到芜湖别墅为其女濮玉（1907—1997，字冰如）授拳一个多月。名画家郑曼青也于此时向张钦霖学推手，并跟张学了道家金丹派内功。直到民国二十四年（1935），张钦霖尚在南京游历。据说，张钦霖在南京期间，国民政府监察院院长于右任曾向其学太极拳。

然而，张钦霖认为自己本是闲云野鹤，不耐都市繁嚣，决意北返，以作逍遥游。待回山西时，身在上海的黄群（溯初）特作《送张钦霖还恒山，兼呈左一峰道人》一诗赠别：

> 北岳有道人，鬐修颜似童。学道不计年，久住此山中。余事精拳术，远绍三峰翁。堂堂张先生，骨耸心且雄。竭诚师道人，技成道遂通。飘然海上来，忧道不忧穷。与我若有缘，数月笑语同。从学四五人，有侄权与聪。君谓皆可教，如苗被春风。佳节近重阳，明月丽碧空。恒山有高会，君行何匆匆？自愧无仙骨，况复困樊笼。未能随君住，问道致幽衷。人生苦有涯，短促如候虫。时至偶一鸣，忽焉乘化终。安得从赤松，万古居崆峒？[③]

另据叶大密再传、金仁霖弟子江澜述：

> 叶（大密）老师为了安顿张钦霖在沪上的起居生活，陆续又将他温州的一些拳友介绍给张钦霖。郑曼青、刘贞晦、黄溯初、黄达权、黄达聪等人，都是从1935年开始，相继从张钦霖学习道功的。张钦霖先生"忧道不忧穷"，1935

①《国术馆发给国考及格证书　分最优等、优等、中等三种》，《申报》民国十七年（1928）十月二十三日，第二张第七版。

②《武当太极拳社定期举行纪念会》，《申报》民国十九年（1930）十二月十二日，第四张第十五版。

③黄群撰、卢礼阳辑：《黄群集》，上海：上海社会科学院出版社，2003年，第249页。

年重阳节前夕，以"恒山有高会"，离开沪上去了恒山。黄溯初先生有《送张钦霖还恒山，兼呈左一峰道人》诗。刘贞晦先生也分别作《赠张钦霖先生之恒山》与《寄赠北岳左一峰道长》诗。[1]

张钦霖回到太原后，据说时任山西省政府主席的阎锡山也随其习拳健身，但张钦霖秘承的杨家三趟太极拳从未轻易示人。

张钦霖在晋期间，来访者络绎，被誉为"太极专家"。其太极拳势与杨澄甫最终定型的不同，是把左道长所授内功心法与太极拳融为一体，"俾学者可藉先天呼吸，能收延年益寿之奇效"。推手时脚踩中门，双手掤圆置于腹前，立如泥胎，丹田起伏鼓荡。

从张钦霖学者多人。山西榆次人胡耀贞（1897—1973），原学心意六合拳等，因与张比邻而居，欲拜门墙，请之再三，方得如愿。在太原开铸造厂的天津武清杨村人郭宝珊慕其名，经人介绍得拜张钦霖为师学拳，直到日军侵占太原，郭被迫逃亡至兰州。另有河北王善之、李云龙，山西刘志亮等，先后求教，仅学得推手，未能尽得所传。唯弟子苏起赓颖悟出群，可传衣钵。全面抗日战争爆发之初的民国二十六年（1937）秋冬之际，苏起赓参加太原保卫战，为国捐躯。

张茂林是张钦霖的师兄，同学于左道长，道号"无形"。民国三十四年（1945），张茂林将弟子王延年（1914—2008）[2]介于张钦霖学太极拳。张钦霖曾跟王说："学得此拳奥妙者，仅你师兄苏起赓与你二人，应多加珍惜。"[3]而王延年于解放战争后期去了台湾，师徒二人自此再未见面。

张钦霖与郑曼青同为杨

王延年（1914—2008）

---

① 二水居士：《求真悟道　洗心藏密——探寻叶大密老师生平与杨式叶派太极拳学脉络》，未刊稿。
② 有关王延年事，参见陈天岚《太极名师王延年在台湾》（《武术健身》1987年第3期）等。
③ 王延年：《杨家秘传太极拳图解》"张师钦霖小传"，台南：台南专艺印刷广告有限公司，1972年。

澄甫门生，在杨家本是平辈师兄弟，而在台湾，郑曼青对于王延年向来以"师弟"称之，这是从左道长金丹派的脉络上称呼的，而非太极拳的辈分。

另据郑曼青弟子吴国忠[①]述：

> 张钦霖师爷与先师在杨家是师兄弟平辈，并非师爷澄甫先生指定以兄代师，而是抗战胜利后，澄甫师爷已归道山，先师深恐拳艺有失，故特邀张师爷南下相传，因兄弟投缘，张师爷随杨家后又奇遇山西左夫子莱蓬，张师爷又授先师左夫子之秘，故先师尊张师爷为师……

> 先师传道，授左家左夫子莱蓬之秘（内功心法）均相当慎重，同门得之仅一二而已，先师均亲笔写下"左祖师莱蓬神位"，作为传道授艺叩拜大礼之张帖，而左一峰老先生，我等信另有其人。[②]

吴国忠认为"左一峰"与"左莱蓬"并非一人，尚须阙疑。

20世纪50年代末，古稀之年的张钦霖随其女张志柔及女婿党庆祥迁到河北宁晋郝庄村定居，直至终老。据张志柔讲述：

> 记得一九六二年夏天，一日有一冯氏拳师来访，其人数年太极纯功，名噪一方，言要领教。父亲随伸一手示意来人落座身旁，而来人亦伸单手与父亲手掌平贴，似接非接。似乎要试父亲的听力，然对方几欲出手，心思微动，在发劲之始已被父亲点破，使其不敢轻进，欲撤不能，父亲遂收手。来人不服，起身又出一掌来击右肋，父亲略一转身，一式"水倒流"搭其手腕引其落空，来人见拳势走空，连忙抽手，已然不及，其右臂已被父亲生生粘起，越粘越远，继而使其脚跟也离地。对方大惊："先生出手高妙，听力已阶神明，吾辈莫及。"后盘桓数日乃去。[③]

张钦霖也擅医道，同村多有从学者，大半为体弱疗疾而来。张钦霖授以道家吐纳之法与太极拳，虽用时长短有别，诸人均见良效，多人不药而愈。后张钦霖从中又收徒党庆昌、李双春（1917—2004）、高振东、高留柱、李文元等。张钦霖对女、婿的太极拳、剑同样要求严格，其太极拳术留传于河北宁晋郝庄村，唯太极杆授于四川霍云鹏。

1962年，张钦霖失去联系多年的早期弟子郭宝珊从兰州回到原籍天津杨村，以卖水为生。在1963年至1966年的"四清"即社会主义教育运动中，郭宝珊遭

---

① 有关吴国忠事，参见张章《立志高远　自强不息——记台湾太极拳明师吴国忠》（《武当》1999年第9期）等。

② 吴国忠：《文章千古事　史实应准确——谈〈台湾太极拳名师郑曼青漫忆〉一文中的几点失误》，《武当》2002年第6期。

③ 张志柔：《怀念我的父亲——杨派太极名家张钦霖》，未刊稿。

受冲击，曾有人找张钦霖调查情况。"文革"中，郭宝珊大受批斗，并被拘押六个月，被释不久即去世。[1]1967年，身怀太极绝艺、飘落河北乡村的八十岁老人张钦霖也悄无声息地辞世而去。

直到20世纪90年代，身在中国台湾的王延年辗转得知老师张钦霖曾落脚河北农村，于1995年夏率领一个由十七位中外弟子组成的太极拳团队到大陆访问。其时，张钦霖已故去二三十年，仅后辈数人得以相见。提起老师，八十岁高龄的王延年两眼含泪，师徒情深，言辞难尽。

七、褚桂亭：艺宗多门[2]

褚德馨，字桂亭，以字行，清光绪十八年（1892）生于直隶河间府任邱县郑州镇南关村一个小商之家。当地盛行练武，褚桂亭生性好动，七岁时家里为他重金聘请李铁斋为师，褚半天读书、半天习武，试图走武科之路。不久，庚子事变，郑州被毁。随即武科停废，清廷严禁民间习拳。一些拳师转而寄身于具有绅商担保的镖行，镖局在清末盛行一时。曾参与庚子天津老龙头火车站之役的拳师李存义在保定开设了万通镖局，聚集诸多门人，以维生计。褚桂亭十三岁时拜正在万通镖局护镖的姜玉和为师习形意拳，姜无暇授徒，遂托其师李存义亲授。姜的盟友、习练八卦拳的镖师陈德路也收褚桂亭为徒，后荐至八卦拳家梁振圃门下受教，梁与李存义也是八卦拳同门。技艺小成后，褚桂亭即在万通镖局护镖。其间，又曾向镖师于炳忠学醉八仙。

镖局在清末民初仅兴盛一时即形衰落。万通镖局关张后，晚年的李存义率部分门人到天津，与李瑞东、张占魁等在中华武士会执教。褚桂亭跟从李存义到天

---

① 崔佳辰：《张钦霖的弟子郭宝珊》，《武魂》2006年第8期。

② 本篇原稿主要参考吴永宁《忆褚桂亭老师授拳》（《武林》1984年第5期），王继振等《纪念武术名家褚桂亭》（《武林》1992年第10期），严承德《一代宗师　武林奇才——纪念褚桂亭老师诞辰110周年》（《武林》2002年第11期），张健《记太极形意八卦大家褚桂亭先生》（《武魂》2003年第8期），严承德《怀念恩师褚桂亭》（《武当》2007年第10期），唐才良《不灭的光辉——一代内家拳宗师褚桂亭》（《武当》2010年第9、10期，2011年第1、2期），逸名《我所了解的褚桂亭》（《武当》2011年第3期），王旭东《一代宗师褚桂亭移居上海拳场纪实录》（《武当》2011年第4期），严承德《神技真谛功造极　名震中外誉申城——纪念先师褚桂亭诞辰120周年》（《武当》2012年第9期），金尧森《追忆褚桂亭师父晚年病中的日子》（未刊稿），张庆保口述、唐才良整理《寂寞的"大内高手"》（未刊稿），唐才良《武术大家"神枪褚桂亭"》（未刊稿），唐才良《再谈褚桂亭大师的武德》（未刊稿），等等。

津，由此又得张占魁等名家传授。褚桂亭曾回忆，他当时向慕"神枪"李书文的枪术，一直练到扎中窗户纸上的苍蝇而窗户纸不破的地步，还可将大沙袋一枪挑起，旋上几转，颇富膂力。

为了谋生，褚桂亭常为戏班护镖，多往返于京津等地。

民国三年（1914），身在南方的褚桂亭闻知师叔郝恩光将东渡日本传授形意拳，遂先返乡探望老母，而后顺大清河岸步行至天津，为郝恩光送行。在郝临行前夜，褚桂亭还向他学了心仪已久的三合对刀，学到晚上十点多。

民国六年（1917），褚桂亭曾在保定陆军学校教武术。几年后，南下江浙一带，与乡人黄柏年、左振英、黄振远同在江苏督军李纯部下任教官，后又与田兆麟、陈月波、武汇川、牛静轩等杨家门生受聘为浙军官兵教授。[1]民国十四年（1925），驻军杭州的五省总督孙传芳请国技家到总督府表演，对褚桂亭的醉八仙颇多赞许，聘任其为总督府卫队教官。其时，田兆麟已受聘在杭州各处教授太极拳多年，杨少侯一度南下依其徒田兆麟为生，因此褚桂亭在杭州又得从杨少侯学艺。民国十四年（1925）九月，杭州的浙江印刷公司印制了《太极拳要义》一册，该书所署编辑者为永年杨澄甫，襄校者为涿县陈月波、通县武汇川、顺义牛静轩、任邱褚桂亭，付梓者为永康

褚德馨（桂亭，1892—1977）

褚桂亭坐像

① 杨澄甫：《太极拳要义》"太极拳要义序"，杭州：浙江印刷公司，民国十四年（1925）九月，第五页。

胡奠邦。由此可见，褚桂亭很有可能在此之前即已习太极拳，只是迄今尚无法明确褚桂亭从杨家习艺的起始。

民国十五年（1926）年底至次年年初，武当剑大家李景林离开军界，南下宁沪杭。褚桂亭与黄元秀等人在杭州同拜李景林为师学剑，学得武当剑单练、对练、活步对剑、对练散剑等。李景林收徒不少，但能有成就者不多，褚桂亭是主要传人之一。[1]

北伐战争后，国民党在南京建立国民政府。民国十七年（1928）春，南京成立国术研究馆，不久，孙禄堂等拳术名师受聘南下。因与馆长张之江等人对"国术"

《太极拳使用法》中的褚桂亭

的观念不同，李景林、孙禄堂等一度转到上海传艺，此时已身在上海的褚桂亭得以从学。受李、孙等人影响，褚桂亭对书法颇有兴致，暇则临池，体会出剑法与书法的相通之意。

民国十七年（1928）秋，上海市为选拔人手参加南京中央国术馆的首届国术国考，特于十月六、七两日举行国术考试，褚桂亭报名参加比试。此次上海国术考试录取四十一人，褚桂亭（即"褚德馨"）名列其中。据《申报》十日载：

上海特别市临时国考委员会通告云：本市国术考试，各应试员成绩，业经综合评定。除榜示外，兹将各员姓名次第列左：

左振英、朱国禄、马金荣、彭才、张文发、刘育才、张光宇、赵飞霞、王斌、包刚、王林祥、王健仙、何国梁、李连仲、陈宝璋、王少华、王德元、时蕴章、傅梦生、孙云浦、王成章、岳奇吾、费大根、时贵宝、任云龙、李遵恭、王亮、刘景春、张长义、赵国起、张长海、马汉章、张长信、周昌元、卢肯为、朱国祥、褚德馨、杨南孙、吴长庚、高瑞钰、卢旻孚。

又中央国考定本月十五日在首都举行，本市决择上列录取人员八名送首都

---

① 钱惕明在《太极拳内功心法全书》中提到，"剑仙"李景林"虽先后收徒二百余人，能成为十一代传人为数不多，仅李公的四大弟子杨奎山等人，以及郝家俊、姜容樵、褚桂亭等十数人"。

应考，日昨已先去函报名矣。①

十二日，《申报》又载：

本市国术考试录取各员共计四十一名，前经榜示并登报通告在案。查中央国术馆第一次国考定期系在本月十五日。所有本市列取各员均须期前于赴都报到，以便复试，为此通告，即希于本月十二日上午十二时以前，迳赴上海特别市公安局填具表格，以凭汇造名册转送，并希于是日午后十时在北火车站集齐，乘夜快车赴都，其车票一切业已派员在站照料。兹将赴都应试各员姓名列后，务各遵照准时齐到车站，幸勿逾时自误，特此通告。

左振英、张文发、王斌、何国梁、王德元、王成章、任云龙、张长义、张长信、褚德馨、高瑞钰、朱国禄、刘育才、包刚、李连仲、时蕴章、岳奇吾、李遵恭、赵国起、周昌言、卢肯为、杨兰生、马金荣、张光宇、王林祥、陈宝璋、傅梦生、费大根、王亮、张长海、朱国祥、吴长庚、卢旻孚、彭才、赵飞霞、王健仙、王少华、孙云浦、时贵宝、刘景春、马汉章。②

南京第一次国术国考后，上海特别市国术运动大会于十月底开幕，身在南京的杨澄甫应邀，携武汇川、董英杰等一同莅会并做表演。在二十八日（即大会第二日）上午的表演活动中，褚桂亭表演了单刀。中午，国术运动大会会长张定璠等在四马路致美斋欢宴中央及各省来沪莅会表演国术大家，褚桂亭与杨澄甫、武汇川、董英杰等均参加宴会。③

这年初冬，上海举办中华国货展览会，其间有游艺表演，十一月二十二日的游艺节目中，褚民谊、叶大密、吴鑑泉、褚桂亭、姚恩庆、姚馥春等表演国技。④

其时，褚桂亭与武汇川已在上海创办中华武当太极拳研究社，杨澄甫为名义社长，与叶大密的武当太极拳社并非一家。十二月底至次年一月初，研究社在《申报》登载启事称：

本社专授武当太极拳术，无论年龄老幼、体质强弱，均可学习，来社就学或外出俱听学者之便。详章函索即寄，社址：大世界西首爱多亚路恒源里九三〇号。社长杨澄甫，教务主任褚桂亭、武汇川启。⑤

①《上海市国考人员录取记　选送中央考试八人》，《申报》民国十七年（1928）十月十日，第十一版。
②《上海特别市临时国术考试委员会通告》，《申报》民国十七年（1928）十月十二日，第五版。
③《市国术大会第二日》，《申报》民国十七年（1928）十月二十九日，第四张第十六版。
④《中华国货展览会·今日游艺节目》，《申报》民国十七年（1928）十一月二十二日，第四张第十三版。
⑤《上海中华武当太极拳研究社启事》，《申报》民国十七年（1928）十二月二十七、二十九、三十一日，第二张第八版；民国十八年（1929）一月四日，第六张第二十二版。

创社之后，因学员众多，场地很快就不够用，只能另谋新址。民国十八年（1929）三月下旬，研究社又在《申报》登载迁址启事：

> 本社自创设以来，社员日多，恒源里房屋不敷应用，自今日起迁至霞飞路华龙路口和合坊三十六号新屋，照常教授武当正派太极拳、剑、刀、枪，家派纯粹教法谨，每日上下午均七时至九时教习，有志斯道者，或来社研习，或公馆特约教授均可。褚桂亭、武汇川同启。①

民国十八年（1929）春，褚桂亭还担任了上海国术同志会总教练，据五月七日《申报》报道：

> 蒙古路第一届国术同志会为联络感情发展会务起见，昨晚假离运楼邀集全体同志会餐，到者朱国福、佟忠义、褚桂亭、刘守铭、刘德生、张文发、包刚等二十余人。席次该会总务主任翁国勋发表意见：（一）须照章按星期到会练习研究，请佟、褚两总教练负责实行；（二）对外正当团体邀请表演者，本会例当参加，以资提倡。次朱国福发表本届国考恐在上海举行，本会自当准备一切，以图改进，如枪棍刀剑，当尽心探讨，以符国术之实际。次刘德生发表，对于第二届市考应试员，本会应否欢迎。经全体共同讨论，均认为要图，准每星期日练习二小时，共同研究，并订期欢迎本届应试市考同志。九时散席。②

五月九、十两日，中华武当太极拳研究社登载征求广告称：

> 太极拳为适合卫生之柔软运动，功能却病延年、反老为童，助长儿童发育，无论男女老幼，习之有百利而无一弊，有志者请早来社报名。习练时间：每日上午七时至九时，下午四时至六时、七时至九时。学费：甲种每星期六次，每月六元；乙种每星期三次，每月三元。如有学校及团体公馆等聘请出外教授，亦请来社面洽可也。褚桂亭、武汇川仝启。社址：霞飞路华龙路和合坊卅六号。③

是月十九日下午，致柔拳社开四周年纪念会，新旧男女社员、来宾五百余人，孙禄堂、杨少侯、杨澄甫、吴鑑泉、褚民谊、褚桂亭、徐致一等皆应邀参会且做表演，名手聚会，盛极一时，褚桂亭在会上表演了太极拳。④褚桂亭曾在杭州从杨少侯大先生学，一起从学的还有师兄田兆麟等人，但在师徒名分上，他与田兆麟一样，既是杨少侯的徒弟，又都归于杨澄甫名下。褚桂亭集形意拳、八卦掌和太极拳各家之长，举手投足间轻灵迅猛、干净利落，技击之时更显刚柔相济、变化

①《中华武当太极拳研究社迁移启事》，《申报》民国十八年（1929）三月二十四、二十五、二十六日，增刊第一版。
②《国术同志会开会记》，《申报》民国十八年（1929）五月七日，第四张第十四版。
③《中华武当太极拳研究社征求同志》，《申报》民国十八年（1929）五月九、十日，增刊第一版。
④《致柔拳社昨开四周纪念会》，《申报》民国十八年（1929）六月二十日，第四张第十六版。

无穷，被公认为"快手"。

十一月中旬，浙江国术游艺大会在杭州举行，名家高手云集西子湖畔。筹委会为防止场上出现混乱、斗殴现象，除由荷枪实弹的军警围侍之外，特邀擅长拳术的三十七人组成监察委员会维持秩序，褚桂亭是其中之一。二十二日，第三组比试完竣时，加入特别表演，"系李景林太极剑，李景林夫人与小姐对剑，李丽久双剑，刘百川进侠刀、风云刀、岳侠八卦刀，褚桂亭三合刀，赵道新六合剑，刘善亲子龙长枪，杨奎山六合八卦刀，傅剑秋五虎八门锁，姚馥春虎头钩，孙存周八卦剑，张兆东、张道新八卦双拳，王琴南长枪，王建东大刀，王执中单刀，佟忠义长枪，左振英双戟，马华甫拳术。演毕，均各摄一影"[1]。二十三日（即国术游艺大会第三日）下午，"比试完毕，时间尚早，乃参加表演。褚桂亭演龙形剑，萧品三老猴出洞拳，田绍轩太极剑，陈绍征十三剑、岳侠双铜、分水蛾眉刺，冯志先飞龙剑，左振英六合大枪，刘百川稍子加盘龙鞭，佟忠义双戟，奚诚甫七星四路棍、岳侠双铜，汤吉人日月双刀，马华甫飞龙剑，章选青少林棍，蔡元珮、黎立身对打，朱目敏山门拳，许鸿江二郎拳，叶华东宝拳，蔡元青罗汉拳等"[2]。

十二月，上海将举行国术比赛大会，参加浙江国术游艺大会的部分国术家转往上海。十日，上海特别市国术馆欢宴李景林及来沪国术大家，褚桂亭与吴鑑泉、佟忠义、萧仲涛、张文发、闵清祥、王凤桐、侯涌毫等作为该馆教授，表演国术。[3]下旬，上海国术比赛大会在四马路云南路口上海舞台举行。二十七日下午一时，第六日比赛开幕，

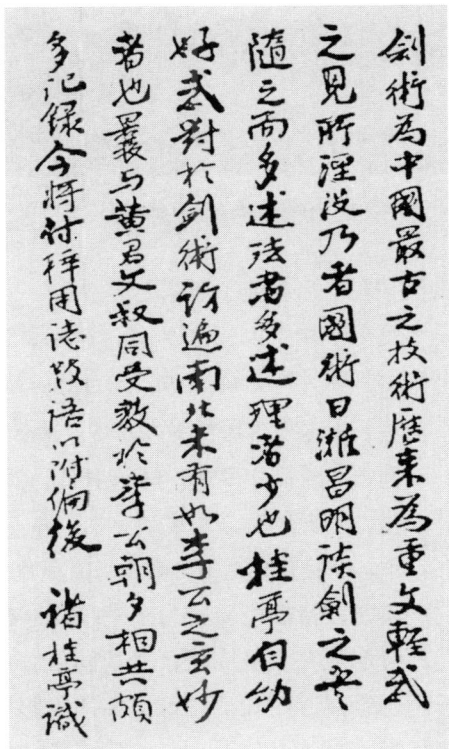

褚桂亭为《武当剑法大要》题词

---

①《浙省国术比试第二日》，《申报》民国十八年（1929）十一月二十三日，第三张第十版。

②《浙省国术比试第三日》，《申报》民国十八年（1929）十一月二十四日，第三张第十版。

③《市国术馆欢宴李景林及国术家》，《申报》民国十八年（1929）十二月十二日，第四张第十六版。

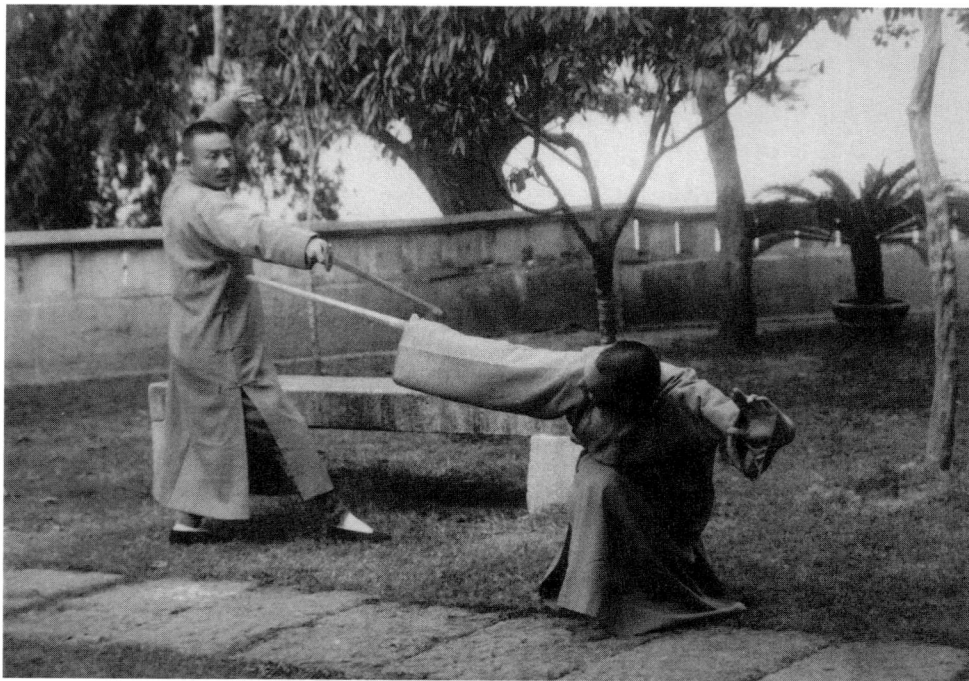

1929年，褚桂亭（右）与黄元秀在杭州放庐练武当对剑

褚桂亭在会上表演了形意龙形拳。①

　　民国十九年（1930）夏，黄元秀编写《武当剑法大要》一书，得褚桂亭相助，书中对剑图片即为黄、褚二人合照。褚桂亭为该书题词：

　　　　剑术为中国最古之技术，历来为重文轻武之见所湮没。乃者国术日渐昌明，谈剑之书随之而多，述法者多，述理者少也。桂亭自幼好武，对于剑术访遍南北，未有如李公之玄妙者也。曩与黄君文叔同受教于李公，朝夕相共，颇多记录，今将付梓，用志数语以附编后。

　　其时，褚桂亭受聘为金陵警官学校及南京国民政府侍卫队国术总教官。他授艺不分职业和名位高低，一视同仁。仅在南京一地，政府要员陈诚、李士贞、吴思远，警察厅厅长吴恩豫，文艺界影星袁美云，四大名旦之一荀慧生，商务会长李福海，总统府侍卫金尧、吴正祥，等等，都曾从其学。据说，褚桂亭在南京传授不下数百人，由于种种原因，他们的名字大都消失在历史的尘烟中。汪精卫夫人陈碧君和女儿也曾跟褚桂亭学太极拳。汪有一把名剑，因用不上，遂赠与连襟

---

①《昨日之国术比赛大会》，《申报》民国十八年（1929）十二月二十八日，第四张第十四版。

褚民谊。褚民谊认为由陈碧君送给褚桂亭更好，物有所归。褚桂亭得剑后极为珍惜，当时他住在国货路一号，后迁科替新楼，1949 年后住到上海，不论居住何处，褚一直把剑藏在床后墙角，不轻易示人。

民国二十二年（1933）十月二十日晨，南京全运会闭幕，第二届国术国考随即开幕，褚桂亭受聘为国考评判委员。[①]褚在担任南京国民政府侍卫队国术总教官期间，经济较宽裕，时常接济形意、八卦门的师兄弟，并以自身便利介绍他们到军队、国术馆等处任教。民国二十三年（1934），褚桂亭将傅长荣（剑秋）荐至无锡，在项致庄任司令的保安队担任国术教官。又以褚桂亭为主，二人合作编写教材，其中有五形拳八式、连环拳和形意刺枪术、形意劈刀术，以形意刺枪术和形意劈刀术为主要内容，训练官兵，再派各连队施教。此后，江苏保安队统一改用形意刺枪术和形意劈刀术。[②]

民国二十五年（1936），杨澄甫病故于上海，灵柩回籍时途经南京浦口，其时正担任国民政府国术教官的褚桂亭率人将一直停厝南京的杨少侯灵柩护送至浦口，与杨澄甫灵柩会合，并与南京国术界众人设灵台祭奠。

南京沦陷后，褚桂亭先到杭州岳父家安顿好家务，而后踏上流亡之路。他绕道河内，进入昆明，颠沛流离，终达重庆，直到抗战胜利后，才得以重返南京，一度在南京府西街的城隍庙授拳。[③]

民国三十八年（1949）年初，褚桂亭从南京迁往上海，最初落脚在银行家浦紫东家（浦于抗战中在重庆向褚学拳），几次择屋迁居，最终选定延安路连方路新城隍庙附近，此后以教拳为生，复兴公园的场地和徒弟都是孙福堂（傅剑秋弟子）让给他的。[④]据王旭东述：

> 褚师 1949 年定居上海，住斜徐路，褚师一到上海就被邀请在南京东路慈淑大楼教太极拳。一次，在复兴公园遇见孙福堂先生，孙与褚是莫逆之交，孙福堂是位中医妇科名家，宋庆龄常来上海向他求医，宋请他去北京，他不愿意去。褚与孙在公园相遇，一见如故。当时孙福堂住淮海路普安路，每天早上在

① 第二届国术国考"评判委员长李烈钧，评判副委员长何健、张之江，委员褚民谊、孙福全、张宪、李丽久、郑佐平、李剑秋、王成美、陈泮岭、刘丕显、马良、叶大密、窦来庚、王子平、张兆东、佟忠义、李星阶、李子扬、吴鑑泉、许禹生、吴图南、李剑华、黄柏年、褚桂亭、于振声、任鹤珊、张剑泉、阎追康、王首辰、李义三、张叙忠、陈微明、唐范生、陈公哲、龚润田、李宗黄、石杰、罗成立、张秀林、姚维藩、马庆雪、彭飞、金少山、吴峻山、姚馥春、程登科、宋俊杰、马永胜、查瑞龙、朱国福、刘崇俊、王翔斋、许兰洲、陈子祥、刘百川、向禹九、郎晋池、陈绩甫、徐致一、郝铭、徐士金"。（《国术国考·评判委员题名录》，《申报》民国二十二年（1933）十月二十二日，第五张第二十版。）
② 唐才良：《武术大家"神枪褚桂亭"》，未刊稿。
③ 吴永宁：《忆褚桂亭老师授拳》，《武林》1984 年第 5 期。
④ 张健：《记太极形意八卦大家褚桂亭先生》，《武魂》2003 年第 8 期。

褚桂亭习练太极拳——搂膝拗步

褚桂亭习练八卦掌

褚桂亭教弟子习练八卦掌

复兴公园（不是外滩公园）荷花池旁的三角地教太极拳，得知褚欲以教拳为生计，孙就将复兴公园拳场中的十五名学生推荐给褚老师，使褚老师生活有了保障。择日，十五名学生在福州路"大利酒家"（后改为大鸿运酒楼）设宴拜师，铺上红垫子，按年龄大小逐一磕头行大礼。褚师席间当众表演了"指功"，两手四指插入"八仙桌"台面下，将桌子轻轻举起再放下，使弟子们目瞪口呆，赞叹不已。褚师说："过去拜师要点香烛祭祖师爷，这些都免了，行磕头礼主要一是对老师的尊敬；二表示自己学拳的诚意；三是对老师要尽孝心，所谓一日为师，终生为父。"由此可见，褚老师心里对拜师涵义是很清楚的。弟子沈骏法任洪运楼襄理，所以弟子们经常陪褚老师在那里聚餐。从此，褚老师就开始在复兴公园设场授拳，场地在今"儿童乐园"东北侧处……余始从张玉老师学拳，后获悉有位褚桂亭老师在复兴公园授拳，褚师乃当代名师，武功高超。经张玉同意，我就转向褚老师学太极拳。当时在复兴公园向褚师学拳的还有姚秋园学太极形意，陈有为学八卦，朱某学太极及推手，时有褚师之儿子褚永洲（小名宝庆）来复兴练形意拳。不久，有四名小朋友来向褚师学太极拳，原来他们是严氏四兄弟，由其父引荐向褚师学拳，年龄最大的十六岁，叫严承德，我们以后都称他小严。还有位老李，做板箱生意的，不久亦带儿子来学形意拳。以后褚老师下午应邀前往上海电缆厂、中百一店等单位授拳。……有一次，褚老师说明早晨要去外滩公园看望田兆麟老师，我们几个年轻人都跟着去，二老久别相逢，格外亲切，我们还演练了拳术。[①]

据严承德述：

褚师到上海后，先后在哈同大楼、中百一店、永安公司、上海电缆厂等单位授拳，平时早晨在复兴公园及人民公园公开普及推广太极、八卦、形意拳，从未间断。我跟随褚师多年，门徒中皆知张玉为我们同门师兄，张玉拳场有人来"踢场子"时有所闻，张玉来请褚师（因同在复兴公园）前往他拳场调解纠纷。当时在复兴公园诸多拳师中，褚师是有一定威望的。[②]

又据王旭东述：

1952年10月1日，新改造的人民公园对外开放，褚老师获悉后，在人民公园亦设立了拳场，地点在公园内原游泳池南侧，有一亭子，名为"实践亭"（非青年亭），亭内有固定竹凳，供游客休息，四周有土山，犹如一块盆地，约

---

① 王旭东：《一代宗师褚桂亭移居上海拳场纪实录》，《武当》2011年第4期。
② 严承德：《神技真谛功造极　名震中外誉申城——纪念先师褚桂亭诞辰120周年》，《武当》2012年第9期。

有300余平方米，环境幽雅。褚老师开始是隔日两头跑，一天在复兴，一天在人民，随着人民公园学拳的人逐渐增加，最多达到一百余人，后褚师就不去复兴公园了，所以褚师从未在外滩公园设立拳场。人民公园拳场中非常热闹，练拳休息时，谈笑风生不断，有几位出名的活跃分子，季祥元（人称季胖子）、叫蝈蝈（人们已忘了她的姓名）、赵茂林（人称阿木林）、贡仲祥、老孙和他的老伴（人称孙四母）、刘颖富（称小刘）、严承德（称小严），还有一位老张，个子不高，平顶头方脸大眼睛，胸肩略宽背有些驼，口中常含烟斗，偶然会说上一句幽默话，逗大家笑笑，这位就是张庆宝先生的父亲，他向褚老师学太极拳，约一年后，亦将十五岁的儿子带来向褚老师学太极拳。人民公园学员多起来了，褚老师照顾不过来，就命小刘、小严、贡仲祥几位代教，集体练习时都命他们在前领操。

从复兴公园转到人民公园后，小严由他父亲陪同向褚老师磕头拜师，成为入门弟子。大家都传开了，相继有王文瀚向褚师磕头拜师，王每年春节去褚老师家拜年，都要跪下磕头，王对老师的尊敬，由此可见一斑。次年，由孙四母牵线引荐，贡仲祥、刘颖富、王敬宣、胡毓飞四位向褚老师磕头拜师，当时褚老师非常高兴。一天，褚老师与我和小严从复兴公园出门走到雁荡路处，巧遇华春荣老师，褚师即向华介绍，"他叫严承德，是我徒弟"，小严叫了声华师兄，原来华春荣是褚老师早期的弟子，上世纪五六十年代，师徒俩经常表演"形意三合对刀"，褚师与王禧奎常表演"武当对剑"，都精彩逼真，深受武术界同仁赞誉。在上海体育宫初次举行的太极拳推手讲解和表演会上，褚师表演推手及大捋，由小严做配角，年已古稀的褚师手法干净利落，放劲刚脆猛烈，深得人们赞赏，不少行家亦从中得益匪浅。

当时上海武术界前辈经常在"上海体育宫"等地为观众表演，为提高技艺，当时约定每星期一下午在复兴公园，由张玉、华春荣、王禧奎、武贵卿向褚师讨教，研究武当对剑、三合对刀、龙形剑、推手等，褚师命小严亦去，同时向华春荣学习"纯阳剑"，我偶尔去了一二次，见他们各个身手不凡。

人民公园有不少人逐步学会了太极推手，在集体练拳后，大家互相研究推手，阿木林最痴迷，且缠着要与褚老师推，给褚老师打得东跌西跤，他就高兴。一天在人民公园教太极拳的佘鸿亮（人称老山东。山东人，做大饼油条生意），来到场地，见大伙儿在推手，很感兴趣，他自以为身高力大（1.8米），欲试试，就与小严推手，结果被小严摔了一跤，从此他声称专心要向褚师学习推手。

…………

有一年夏天，褚老师命贡仲祥、王文瀚、王敬宣、小刘、小严、胡毓飞、王维金等几名弟子，每天凌晨三点，前往市工人文化宫对面，人民广场绿花内（现改建为人民大道），亲授形意拳法及推手技巧，练到东方发白，约五点钟大家才休息，与老师一起吃了早点后，进人民公园拳场活动，这样连续约四个多月。有一年，南京有几名弟子来沪看望褚老师，老师非常高兴，当天就在住家弄堂内教授太极对枪和抖大杆操练法，使弟子们得益匪浅。[①]

新中国成立之初，褚桂亭多次参加为抗美援朝捐献飞机大炮的义演活动。其时，全国开展"三反"运动。褚桂亭曾经在国民政府担任侍卫队教官，却安然无恙，他说自己是"三个清"：一不参加任何党派，二不与黑道搭界，三不欠任何血债。当年在南京总统府随褚桂亭学拳的翻译官董健吾是中共地下党员，新中国成立后，董在中共上海市委统战部任职。在清查敌特、审查国民党残留不明人员时，董为褚的政治清白作证。[②]上海市市长陈毅升任外交部长后，陪同西哈努克亲王到上海，曾安排褚在跑马厅观看中国武术表演，褚桂亭与王效荣、苏金标、张长信等武术家出场，褚桂亭的徒弟华春荣、张庆保等也允许入场观摩。

1956 年，体育领导部门开始反武术"唯技击论"，将武术向体操化方向改造，大力提倡全民体育运动。是年 7 月，受上海市体委、中国教育工会上海市分会委托，褚桂亭（主编），与蔡龙云、张玉、赵寿邨[③]、傅钟文、张达泉、武贵卿等二十余人共同编定《精简太极拳讲义》，专供是年上海市教工暑期太极拳学习站使用。同年，国家体委制定"简化太极拳"方案时，褚桂亭应邀与顾留馨、傅钟文等专家赴京参与其事。1957 年，国家体委指令上海市体委组织编写《杨式太极拳》一书，褚桂亭又被邀入编写小组，将杨家太极拳改编为八十八式，并进行推广。

据王旭东所述：

（20 世纪 50 年代末初春）一天，在人民公园实践亭前，褚师教完太极剑的两个动作，天下起霏霏春雨，晨练宣告结束，学生们大都离去走向各自的工作岗位，剩余的几个和稀疏游客都走向亭中避雨，褚师也坐在亭中小憩。蓦然，有一自称江湖卖艺人，寻访到亭中。据他称，到沪目的就是为了与教拳老师见手较技、讨教武艺。走访几处未能如愿，经辗转介绍慕名而来。为此，来者进亭见到褚老师后，当即直言来意，要求"试手"。褚老师听后，泰然自若，慨然应允，身不起立，随即说声："好，出手吧！"来者立即出右拳向褚老师胸

---

①王旭东：《一代宗师褚桂亭移居上海拳场纪实录》，《武当》2011 年第 4 期。

②唐才良：《不灭的光辉——一代内家拳宗师褚桂亭（上）》《武当》2010 年第 9 期。

③有资料写作"赵寿村"。

部进攻，只听褚师"嘿"的一声，手不见招，说时迟，那时快，来者已被放翻在地。此人起身后，猛然又出左拳攻击，只见褚老师面容一哂，来者又被放倒在另一方向的地上，褚师始终安坐在竹凳上，位置都未曾挪动，来者被放倒却无丝毫伤痛，非常轻松，连声钦佩，留下地址，礼邀褚老师去家中做客。回忆此事，发生在瞬间，真如迅雷之疾，旁观者都来不及反应，唯瞠目结舌，被精彩之情景震慑住了。别说分析动作，连手法和招法都看不见，只深深地留下难以磨灭的整体形象。当时，有夏昌耀及一位六合门的弟子也在场。①

1962年，国家体委委托上海市体委整理《龙形双剑》。褚桂亭帮助设计动作，研究编排套路。第一届世界青年联欢节之前，他又与王子平、卢振铎等武术名家共同为上海歌舞剧院编排指导集体剑舞，最终，由舞蹈家舒巧领舞的剑舞获得国际大赛银质奖。因褚桂亭年轻时为戏班保镖，对戏曲懂行，上海京剧团、人民艺术剧院的一些名演员也向他学拳学剑，以完善舞台形象。"文革"前举办的多次全国武术比赛，褚桂亭都应邀担任裁判。据说，某次大会开幕式上，"褚师表演了八卦掌，得到与会者热烈赞赏。此间李天骥（中国武术协会前秘书长）不巧出差在外不在北京，未能见到褚师表演，事后得知褚表演八卦掌，特地从北京来到上海，请褚师再表演几下，褚推托身体不佳，就活动几下其他拳术，李未能如愿，深感遗憾"②。上海武术队成立后，褚桂亭又应邀经常前往指导，所辅导多人均在比赛中获得好成绩。

另据严承德述：

褚师与武术名家王子平、佟忠义、马岳梁、海灯法师等，常在上海体育官等地多次同场献技，他表演的太极拳、三合刀、龙形剑、杂式捶、八卦掌等绝技，刚柔相济，虚实分明，妙趣横生。凡见过褚师表演的人，都深感他功夫非凡，身法有独到之处，动作轻灵快速，周身是劲。上海市首次举行的太极拳推手表演会上，年已古稀的褚师手法干净利落，放劲刚脆猛烈，深得人们的赞赏，不少行家亦从中得益匪浅。③

又据吴永霖述：

老师褚桂亭先生，推手时起承得手，立即转合发劲。旁观者甚至看不清先生用劲，只见搭手即出，被发者已跌出丈许，人不知其所以然。如果有劲敌用力抗衡，则反而被发出更远。如果褚老师加上挤法，则被发者两腿腾空而起，

---

① 王旭东：《一代宗师褚桂亭移居上海拳场纪实录》，《武当》2011年第4期。
② 王旭东：《一代宗师褚桂亭移居上海拳场纪实录》，《武当》2011年第4期。
③ 严承德：《神技真谛功造极　名震中外誉申城——纪念先师褚桂亭诞辰120周年》，《武当》2012年第9期。

跌出十几米之外，似拍球一般，妙不可言。此为笔者亲见，绝非虚构之言。太极拳运动，在练习者内部是一呼一吸，在外部则是起承转合。诚如王宗岳《太极拳论》中所云："引进落空合即出，粘黏连随不丢顶。"当然，练习者没有相当的功夫是修炼不到这个境界的。

至于呼吸，正如郝月如父子所说，"一吸气贴脊背，一呼气沉丹田"。杨氏太极拳的气沉丹田，是以意引导内气自然而然地沉落到丹田。陈氏也是同样的原理，只是多了一个内转而已，同样是通过松腹转脊达到气沉下丹田。习拳者当先求一式娴熟，等一式单练时气沉丹田做对了，再习下一式。总之当以松沉柔顺为好。气沉丹田才能练习发劲，陈氏太极拳有发劲的练法，而杨氏太极拳没有，明师授徒也是择人而传。习此上乘功夫，须等丹田有真气出现，出现真气的时间各人有快有慢。丹田气壮，即骨外的一层膜有了真气，董英杰称之为流动物。真气是靠练拳或站桩练出来的，长期练习都可达到此效果。气壮之后，以意导气，气随意走，意到气到。太极拳尚轻沉，只轻而不沉则是练而不对路，能沉才是功夫。有了沉劲，还须轻灵圆活。[①]

因自身转益多师、学宗多门，褚桂亭能因材施教、循序渐进、顺乎自然而不拘泥。"按照不同的对象，各人接受程度、悟性、品德，等等，授与不同的方式、方法，不是你想学什么就教什么，对年老体弱多病者，教练养生卫生太极拳，对年轻力壮的中青年，则授予一定的拳法及器械等，直至'文革'前，不少学生和弟子，学了形意和八卦、太极刀、龙形剑、三合刀、武当对剑，等等，弟子和学生们武艺更为全面。"[②]

据王继振等人记述：

褚师生前常晓谕我们："练武必须同时练德，拳理拳意要从苦练中得到精通，方能达到随心所欲的境地。但精通了绝不能以拳凌人、以武称霸、锋芒毕露，出手打人是武界败类。以武会友是友谊交流和技艺切磋……"他一生中也是这么做的。1928年全国武术擂台赛在南京举行，先生应邀参赛，当时不戴防护面具，被打者常鼻青眼肿、头破血流。先生感到既危险又不文明，当轮到他上台时，就向对手招呼"双方不打面部"。谁知对方当面应诺，心中却以为先生示弱，连向先生脸部猛击。先生连让数招，对方依然如故。第四招时，先生向对方虚晃一拳，乘势把对方右肩打塌了。对方自知理亏，慌忙认输。先生一拳予人重创，感到内疚，当晚专门买了水果前去探望。此事震动了武坛，认

---

① 吴永霖：《起承转合藏玄关　太极真功从此传》，《精武》2007年第8期。
② 王旭东：《一代宗师褚桂亭移居上海拳场纪实录》，《武当》2011年第4期。

为先生不仅赢了拳，而且弘扬了武德。[1]

褚桂亭在新中国成立之初过了一段安稳日子。但由于"文革"，褚桂亭被批斗，无法再继续教拳，他所收藏的武术书刊资料全部散失，手头那把名剑也下落不明。七十多岁的褚桂亭身心都受到严重摧残，被迫从上海市区迁居郊区闵行，生活也日趋艰难。据金尧森述：

> "文革"中，褚师的身心受到摧残，原住延安路连云路，1972年时，迁居闵行，每星期日上午来上海新昌路小学，与我们一些老学生相聚并教拳。每次由我负责接送，中午陪他外面吃午饭，再送到徐家汇乘沪闵线回闵行。1973年后，褚师开始尿血，他很倔强，不当回事，也不肯看病，自己开中药，叫我去抓药，说"没关系，吃吃药就会好"。中药吃吃停停，血也尿尿停停，这样拖了不少时间。[2]

没过多久，褚桂亭检查出了膀胱癌，然而他依然保持镇定。据金尧森述：

> 1975年12月9日，我陪老师去仁济医院做心脏会诊。会诊结果对我来说如五雷轰顶，令我终生难忘。褚师除膀胱癌晚期之外，还有非常严重的心脏重症，心脏房室传导阻滞。医生说："不说尿血，就是如此严重的心脏病，就根本不适宜外出，随时有生命危险。"而老师如此高龄，仍每星期坚持不懈地从闵行孤身一人换乘几辆公交车来市区教我们练拳，神态举止若常人，医生们都感到不可思议。
>
> 自此以后，我只得找一些理由，劝说老师保守治疗，褚老师非常聪明，他从不问我为什么，反而安慰我说："没关系，我有一张秘方，是以前老朋友传的，只有两味药，吃吃可能会有用的。"我听后也只好暗自垂泪。
>
> 老师药也不大吃，血尿尿停停，但仍坚强地生活，以超乎常人想象的毅力与疾病做顽强的斗争。
>
> 1976年10月，有一天我去闵行看望老师，老师仍旧神采奕奕、精神抖擞、身板笔挺。记得太极名家中有位老前辈陈长兴老先生，一生身板笔挺，人称"牌位先生"。褚师身患重病仍如此，在这一点上，毫不比陈老先生逊色。1977年后，褚师身体逐渐衰弱，不来市区教拳了。
>
> 褚师是1977年3月16日逝世的，3月14日我还曾去看望他老人家，他仍"坐如钟"，看不出有何异常。[3]

---

① 王继振等：《纪念武术名家褚桂亭先生》，《武林》1992年第10期。
② 金尧森：《追忆褚桂亭师父晚年病中的日子》，未刊稿。
③ 金尧森：《追忆褚桂亭师父晚年病中的日子》，未刊稿。

20 世纪 30 年代，褚桂亭夫妇与高振东合影

1963 年春节褚桂亭与弟子合影

在特殊的时代，褚桂亭一身的武艺未能如愿整理保存下来。据张庆保等人述：

在国庆十周年那时，褚桂亭老师也曾经热血沸腾，很想为社会做点贡献，把一身的武艺整理出来，贡献给国家和人民。但他没有单位与组织的力量可以依托，只能借助弟子的力量协助他整理。他的计划是文字工作（拳理、动作说明）由黄俊文执笔，太极拳术与剑术的部分由张庆保整理，王文瀚、刘颖溥整理形意拳术，胡毓飞整理八卦掌法。有些章节他还做了详细的讲解，如单鞭、玉女穿梭等动作的使用，反复示范，还将杨家传下的老招式一一展示对照。褚桂亭和傅钟文参加简化太极拳与88式太极拳的编写，但褚桂亭对这套新编的拳保留一定的想法。他只对少数人讲："现在国家提倡全民健身，编这套拳对推广太极拳是有好处的。我担心的是练得不好会成花拳绣腿，练成空架子，中看不中用。几十年后，人家不晓得真正的太极拳是啥样子的了。"有时，褚桂亭看到人家打的太极拳，会摇摇头叹息地说："可惜！都变成卫生拳了，啥都没了！"又说，"现在技击不能讲了，一提打人就不得了，其实拳就是打出来的，练拳不讲用法，同体操有什么两样？如果技击不能写，攻防不能讲，劲总还可以讲嘛。练拳就是要找劲，练五种劲，可以把劲的东西写下来，那么这些拳不至于过分走样，留几分拳的味道。"（1963年傅钟文在他编的《杨式太极拳》中就加入了劲点的内容）所以，褚桂亭对他的几位徒弟较多地讲解动作中的劲点和劲的变化，希望他们能整理出来。不管今后人家能否看懂，总要留点东西下来。可惜整理计划进展不久，国家进入了困难时期，人们吃不饱，脸有菜色，褚老师看着徒弟们都在挨饿，不忍心再提整理一事。当经济形势刚好转，肚子不那么饿了，可以重提旧事的时候，运动又接踵而来，"四清"未完，"文革"又爆发了，褚桂亭花一生心血收集整理的武术资料与文稿，也都被"造反派"付之一炬，整理武术的梦想永远地破灭了。现在回想起来真是令人扼腕，叹息不已！[①]

1949年后，受教于褚桂亭的弟子数以百计，所知者有于学培、马金余、马德元、王文瀚、王兰生、王玉英、王玉瑾、王宇生、王壮弘[②]、王荣根、王继振[③]、王敬萱、叶延龄、刘君石、刘卓英、刘颖溥、朱凤礼、阮云谊、陈章耀、贡仲祥、邵善康、沈书林、宋玉鹏、苏笑尘、吴正祥、吴永霖、吴伊雯、吴志高、吴钟夔、

---

　　① 张庆保口述、唐才良整理：《寂寞的"大内高手"》，未刊稿。
　　② 有关王壮弘事，参见徐谷鸣《天、地、人、敌、化——太极拳家王壮弘先生采访记》（《武魂》2004年第10期）、汤金石《王壮弘与"王氏水性太极拳"》（《武魂》2008年第11期）等。
　　③ 有关王继振事，参见虞荣舜《金丹太极　宝刀不老——记太极拳养生专家、气功医师王继振》（《武当》2011年第8期）等。

辛大国、严承德、严承璋、严荷英、杨良骅、张庆保、张英武、张明真、林发清、金尧森、费永祥、胡毓飞、施载煌、耿继义、顾鸣一、唐浩泉、唐纳德·辛、夏昌耀、徐文庆、徐薇、曹大铸、曹连舫、黄俊文、覃寿山、富继武、鲍关元、潘月琴、潘鑫梓、樊家忻，等等。其孙褚玉诚、褚正诚亦得其传。

八、上海武当太极拳社的因缘

（一）叶大密及其武当太极拳社[①]

　　叶大密，本名兆麟，后名寿彭，字祖羲，号伯龄，自号柔克斋主、紫霞山人，清光绪十四年（1888）阴历十一月十九日生于浙江省瑞安县公阳乡，前清贡生、浙江省咨议叶彦士之子。叶彦士"袭其大父岐黄学，弃举子业，而以医名乡里"[②]。叶祖羲十六岁前在其外祖公赵朝圭（号垣东）创办的锡类祠塾读书。光绪二十八年（1902），根据清廷"所有书院均改设学堂"诏令，瑞安的学计馆（孙诒让创办）、方言馆（项湘藻等创办）合并为"瑞安普通学堂"，设中文、英文、算学三个班，叶祖羲约于光绪三十年（1904）入算学班。次年，学堂停办一年，时年十七岁的叶祖羲回乡从父习医。光绪三十三年（1907），叶祖羲离开瑞安县公阳乡，进淮安江北陆军速成学堂辎重科（炮兵）学军事。宣统元年（1909）六月初一日，陆军部为叶祖羲颁发该校毕业执照，将其分配到江北陆军辖区某部任职。宣统三年（1911）十月，武昌起义后，叶祖羲应瑞安陈黻宸、杭州马叙伦等邀回浙，在杭州笕桥浙军八十一标任职。十一月，参加浙江光复。不久，又随朱瑞任支队司令官的三千多人队伍开赴南京，与沪军和钮永建率领的松江新军会合，十二月二日，南京光复。次年五月，叶祖羲随部队撤回浙江。

　　民国二年（1913）十月七日，叶祖羲被授予陆军炮兵上尉。[③]

---

　　① 本篇主要参考南馨《叶大密功夫惊人》（《武魂》1994年第8期）、金仁霖《太极名家叶大密》（《武魂》1995年第1期）、二水居士《有关叶大密老师——为〈杨式太极　两岸一家〉勘误（2）》（《武魂》2011年第12期）、《求真悟道　洗心藏密——探寻叶大密老师生平与杨式叶派太极拳学脉络》（未刊稿）等。

　　②濮秋丞：《前清贡生省咨议叶公彦士墓表》，民国三十八年（1949）。

　　③《政府公报》，"命令·临时大总统令"，民国二年（1913）十月八日，第五百一十三号，第五页。

　　叶祖羲因前代业医，家传"小八卦"。此系峨嵋内功，清同治年间由峨嵋僧人传入浙江瑞安，盛传于瑞安、平阳等地。民国七年（1918），叶祖羲在暂编浙江陆军第二师第八团任职时，始从刚受聘由北京城南下杭州的田兆麟习练杨健侯所传太极拳，并获田兆麟赠送的由吴根深代抄的《太极拳谱》。是年十一月二十二日，叶祖羲被加陆军炮兵少校衔。①

　　民国七年（1918）一月初，叶祖羲由浙江陆军第二师第八团第二营营长副官充任第三营营长，二月二十日，又被任命为第二营营长。②六月，为攻打粤军，浙军第一师留守南星桥，四团三营奉调赴闽。浙江督军杨善德另拨二师八团二营营长叶祖羲率兵两连填驻。

　　民国八年（1919），孙禄堂之子孙存周应浙军二师八团团长施承志之邀，到杭州该团教授拳术，叶祖羲始从孙习艺，并与孙结为金兰交。

　　民国九年（1920）五月三十日，叶祖羲被授陆军炮兵少校。③

　　民国十三年（1924）十月，江浙战争结束，孙传芳入浙，叶祖羲的瑞安同乡夏超被委任为浙江省省长。次年三月初，孙传芳委蒋健为浙军二师八团二营营长，叶祖羲为该师师部少校参谋。

　　民国十五年（1926）夏，国共北伐。此后，叶祖羲逐渐脱离军政界，到了上海，化名"叶大密"，创办武当太极拳社。该社于十一月十一日正式宣告成立，成为上海继陈微明致柔拳社之后第一家以"太极拳"命名的拳社，社址在法租界萨坡赛路望志路 205 弄南永吉里 19 号寓所，教授杨家太极拳、剑和推手。民国十六年（1927）六月底，《申报》登载消息称：

　　　　萨婆赛路望志路南永吉里武当太极拳社自创办以来，各界男女抱有神经衰弱、神经痛、头晕耳鸣、肝胃病、消化不良、便秘、气喘、阳痿、梦遗、腰腿酸痛等病症，以及关节强硬，姿势不正，儿童发育不完全者，前往学习，成效甚著。所以，近来就学者更形踊跃。张三丰祖师太极拳原书云："欲天下豪杰延年益寿，不徒作技艺之末也。"证之现在事实，确非虚语。其拳术之原则，纯与别种宗派不同。乃以心行气，以气运身。极柔软，然后极坚刚；能呼吸，然后能灵活。信乎其可疗疾也。故沪地人士，非但目之为武术，曾以唯一之医术视之。且社长叶大密君品学高超，教授精微，尤足以博学者之欢迎云。④

---

　　①《政府公报》，"命令·大总统令"，民国六年（1917）十一月二十三日，第六百六十六号，第六页。

　　②《政府公报》，"命令·大总统令"，民国七年（1918）二月二十一日，第七百四十七号，第三页。

　　③《政府公报》，"命令·大总统令"，民国九年（1920）五月三十一日，第一千五百四十三号，第一页。

　　④《武当太极拳社之近状》，《申报》民国十六年（1927）六月二十八日，"本埠增刊"第一版。

民国十六年（1927），被张作霖罢免而退出军旅的李景林到上海后，曾专门约见叶大密，并传授其武当剑术。据叶大密述：

> 丁卯（1927年）十一月某日，突来一不知名之客，持朱红色大名片访余，顾视之，原是三年前形意、八卦、太极名家老前辈孙禄堂老伯所说精通武当剑术之李芳宸将军。今得此机会，惊奇靡已。来使遂携余至祁齐路（今岳阳路）寓所拜见将军，一望而知是儒者风度之大将，无赳赳武夫气象。后观余练杨家太极拳剑毕，叹曰："不失武当真意，曩日在奉直各省所见者，夹有八卦、形意，非纯粹之太极可比。"回顾左右眷属及侍从者云："尔辈不习此拳，难得余剑之真传。"言罢，随手取剑起舞，矫若神龙，变化莫测，清灵高雅，叹为观止。当即恳求执弟子礼，果允所请，为余一生之大幸事。
>
> 时陈微明、陈志进诸友在沪办致柔拳社，约往学习，以资提倡。①

后来武当太极拳社和致柔拳社都增加了武当对剑课程。在李景林传人里，叶大密的武当对剑成就较大，叶自认为其太极拳是从武当对剑里悟出来的。这一时期，寓居上海的光绪甲辰进士、前清芜湖知府濮秋丞之子濮伟、女濮玉（字冰如，1907—1997），上海"张园"张叔和的眷属，前清廪生、爱国女中校董季融五，画家郑曼青，以及黄景华、胡厥文、张志骞、丁受三、叶敏之、沈田莘、沈日升、叶世琴、袁灵云等，相继入武当太极拳社学习。

民国十七年（1928）三月三日下午三时，南京国民政府在府内大校场举行国技游艺大会，叶大密在第二组，表演对剑，该组另有袁济时、于化行、朱英粹、张希圣、李树同、柳印虎、任鹤山、任虎臣、陈志进、周孝芳、郑佐平、田绍先、刘百川、张景洪等。②是月二十四日，国术研究馆正式成立，叶大密参加了下午一时在南京大舞台召开的成立大会。③二十八日，馆长张之江、副馆长李景林聘任叶大密为该馆董事。④

六月一日晚，叶大密参加了中华体育会在上海东新桥洋货公所举行的联欢宴会，"到者有国技专家孙禄堂、田兆麟、于化行、叶大密、萧格清，及李景林之男女公子毅伯、书琴，吴志青。商学政各界巨子到郭标、刘鸿源、魏庭蓉、孔廉白、徐锡之等共五十余人"⑤。

七月下旬，上海法租界中华义勇团游艺大会组织"国技组"，李景林为主任。

---

① 叶大密：《记奇遇李将军》，收于叶大密《柔克斋太极传心录》。
② 《南京举行国技游艺大会》，北平《益世报》民国十七年（1928）三月十四日，第二张第七版。
③ 《国术研究馆成立大会》，《申报》民国十七年（1928）三月二十六日，第二张第七版。
④ 《国术研究馆聘任状》（第五号），民国十七年（1928）三月二十八日。
⑤ 《中华体育会开联欢会》，《申报》民国十七年（1928）六月二日，第五张第十七版。

其时甫任江苏省国术馆教务主任的孙禄堂应李景林之邀，自南京赴沪参会。叶大密与上海国术界诸多人士参加了此次表演活动。[1]七月二十至二十二日，叶大密连续三晚参加了法租界中华义勇团的国技组表演。二十七日，叶大密还与任鹤山、郑炳垣、王化荣及法租界中华义勇团教练赵尉先等人在安乐宫公宴李景林，"并请法国正副领事、法国防守司令、中国武术名流孙禄堂等及各界知名之士蒋百器、张啸林、杜月笙等作陪，宾主共约五十余人"[2]。

十月一日，上海特别市国术分馆假座中央西菜社欢迎馆长张伯璇和副馆长王云五、袁履登，并举行第一届征求给奖典礼，叶大密作为来宾参加，并表演了拳术。[3]六、七两日，上海举行国术考试，叶大密受聘为评判员。[4]是年初冬，上海举办中华国货展览会，其间有游艺表演，十一月二十二日的游艺节目中，当时的国术名家褚民谊、叶大密、吴鑑泉、褚桂亭、姚恩庆、姚馥春等表演了国技。[5]

民国十八年（1929）十一月，浙江国术游艺大会在杭州西湖之滨举行，叶大密和陈微明、田兆麟、孙存周、武汇川、褚桂亭等三十七人担任监察委员。十二月底至次年一月初，上海特别市国术比赛举行，叶大密负责分组或编组[6]，并参加了一月七日的给奖典礼[7]。嗣后，叶大密又被南京中央国术馆聘为历次国术国考的评判员。据江澜述：

> 1929年冬天，叶老师支付二百大洋，事先瞒着杨澄甫老师，请匡克明给杨老师量身定做了一件狐开皮大衣，挂在匡克明的店里。叶老师邀请杨澄甫老师逛街，进了匡克明的成衣店，佯装请杨老师试衣。其实，以杨老师的身材，一般的成衣店是挑选不出合身的衣服的，没想到杨老师一穿上这件狐开皮大衣，既合身，又保暖。叶老师伙同匡克明等在一旁又赞不绝口，劝说杨老师穿上了这件衣服。之后叶老师顺水推舟，邀杨老师去亨得利表行，花了八十大洋，挑选了一块英纳格怀表赠予杨老师。杨老师感念叶老师的用心之专，特地

①《法租界中华义勇团游艺大会公告四》，《申报》民国十七年（1928）七月一日，第一张第二版。

②《武术专家公宴李景林记》，《申报》民国十七年（1928）七月二十九日，第四张第十五版。

③《市国术分馆欢迎正副馆长 同时举行给奖典礼》，《申报》民国十七年（1928）十月三日，第四张第十五版。

④《本市国术考试今日预试 明日正试》，《申报》民国十七年（1928）十月六日，第四张第十五版；《昨日本市国术考试正式比试 评判结果明日登报公布》，《申报》民国十七年（1928）十月八日，第四张第十五版。

⑤《中华国货展览会·今日游艺节目》，《申报》民国十七年（1928）十一月二十二日，第四张第十三版。

⑥《国术比赛大决赛第一日记》，《申报》民国十九年（1930）一月四日，第五张第十八版；《国术比赛大会总决赛之结果》，《申报》民国十九年（1930）一月七日，第四张第十三版。

⑦《昨日国术比赛会给奖》，《申报》民国十九年（1930）一月八日，第四张第十三、十四版。

回武当太极拳社，向叶老师传授了"靠壁运气，自在无碍，在胸口画作一个横的无形无象的连环形"的训练法。金老师说，这其实是杨家秘不传人之所在。1932年六月初八，杨澄甫老师五十大寿在上海举行，杨家诸多弟子及沪上各界名流为杨老师祝寿，其间有人询问杨老师，市井传闻杨式太极拳大架侧重养生、小架侧重技击，是否属实。杨老师说他大架的每一动作都能技击、都能打人。有学生故意抬杠，说杨老师您的十字手怎么打人呢。十字手通常是拳势的收势，一般不做技击而论的。杨老师酒兴正浓，说十字手当然能打人啦。然后当场叫了五位身强力壮者上来，每人按住杨老师的两只胳膊与手臂，杨老师便靠墙运气，左右胸口往复连环，相互借力，随后便将五个人发放出去，引得满堂喝彩。1967年6月，叶老师回忆这段往事时，依然感动不已，写下日记说："此法是先师河北永年杨澄甫老先生在沪时，来我家亲自传授……故我异常感动，特志此以纪念。"

叶大密老师把自己的学生濮冰如、濮伟、郑曼青、黄景华等相继介绍给杨澄甫老师，列入杨澄甫老师门墙。杨澄甫老师感念叶老师，于1932年2月10日将自己在上海宝记照相馆拍摄的相片，题签双款赠予叶老师。上款为："叶大密仁弟惠存。"下款："杨澄甫赠　民国二十一年二月十日。"[1]民国十九年（1930）十二月二十一日，叶大密的武当太极拳社召开四周年纪念会，众名家到场庆贺。据《申报》报道：

本埠法租界望志路南永吉里武当太极拳社，定本月二十一日下午二时，在威海卫路一百五十号中社开四周年纪念会，特请国术界老前辈孙禄堂、吴鑑泉、姚馥春、陈子明、徐致一、刘希哲、孙存周、张钦霖等太极拳专家，及武汇川师徒到场表演。昨已发出请柬，遍邀各

1932年2月10日杨澄甫赠叶大密的照片

---

[1]二水居士：《求真悟道　洗心藏密——探寻叶大密老师生平与杨式叶派太极拳学脉络》，未刊稿。

界前往参观。闻于是日下午六时，在跑马厅派克路功德林开会员聚餐大会，藉资聊欢。①

另据江澜叙述：

1930年12月张钦霖来上海，叶大密老师与濮冰如、濮伟姐弟陪同张钦霖从上海去芜湖小住。张钦霖不但传授给叶老师杨家秘传的功法和左莱蓬金山派道功，还将其所藏道功拳谱交由叶老师抄录。叶老师"获益于张先生者多多"，随笔录成《清灵集录附柔克斋随笔》，并撰《张耀西传》，以志不忘云尔。②

杨澄甫的《太极拳使用法》于民国二十年（1931）一月在上海文光印务馆出版。据说此书内容丰富，但编排杂乱，文字亦稍嫌俚俗，杨澄甫命弟子前往书铺收回余书焚毁。据叶大密弟子金仁霖记述：

一九二九年，杨澄甫老师带了眷属和学生董英杰（一八八八——一九六三），从南京来到上海。那时，杨澄甫老师还住在圣母院路巨籁达路（今瑞金一路巨鹿路）的圣达里。

一天，杨澄甫老师拿了《太极拳使用法》里的拳架、推手、大捋、使用法、对杆等照片和部分初稿，及家传《老谱》（即三十二目，实有四十目）等资料，来到望志路萨波赛路（今兴业路淡水路）南永里十九号"武当太极拳社"，交给社长叶大密老师，要叶老师为他整理订正好《使用法》草稿、图照等，准备出版。

由于当时叶老师白天忙于医疗业务，晚上又要在社里教授太极拳，耽搁了一段时间没有动笔。不久，杨澄甫老师又到杭州国术馆任教务长。在他未去杭州之前，叶老师就推荐当时正任"爱国女中"校长的社员季融五老先生和杨澄甫老师同去杭州，一边聆教，一边详加修改。叶老师希望这本书能够留传于后世，不得不郑重其事。

可惜杨澄甫老师出版之心甚急，未蒙采纳，匆匆将照片、原稿等资料交董英杰老师整理一遍后，送文光印务馆排印出版。一九三一年一月，该书由神州国光社发行出售。由于书中文言、白话、俚言、俗语混杂，很不协调，图解说明错漏又多，因此，出书不久，杨澄甫老师即命印务馆将原版毁去、发行社将存书收回。

一九三六年五月，上海武术学会出版唐豪编著的《王宗岳太极拳经·阴符枪谱》，在第四十二页"关于太极拳经"篇六，"十三势名目的说明与研究"一节中，有这样的一段文字记载："杨澄甫《太极拳使用法》出版后，交神州国

---

① 《武当太极拳社定期举行纪念会》，《申报》民国十九年（1930）十二月十二日，第四张第十五版。

② 二水居士：《求真悟道　洗心藏密——探寻叶大密老师生平与杨式叶派太极拳学脉络》，未刊稿。

光社发行。因为内容太质而不文，例如：书中（一四七页）'有说一力强十会'之下注'有礼'二字；（一四八页）'我说一巧破千斤'之下注'不错'二字。这都是江湖套语，号称能文章的杨氏弟子，看见了觉得面子上有些那个，反对将该书出售。所以，不久即行收回，现已不易购得。"

　　所以，在《使用法》这件事情发生之后的一段时间里，杨澄甫老师心里总是对叶老师抱有歉疚不安之意。一九三二年二月十日，正是农历壬申年大年初五，杨澄甫老师趁去叶老师家回拜年之便，就送给叶老师一张署有上下款的署名照片。杨澄甫老师送人照片，大多数是不署名的。①

　　民国二十年（1931）三月二日，上海国术团体联合会成立典礼在青年会举行，叶大密作为武当太极拳社负责人参加典礼并表演。②

　　九月九日晚，武当太极拳社在宁波同乡会参加水灾助赈国术游艺会，表演的项目有"叶大密之对剑，翁德勤女士之三才剑"③。九月十五日下午，叶大密参加上海市运动会国术竞赛，然而天公颇不作美，比赛刚开始，大雨忽至。④十八日，九一八事变爆发。十月二十日，唐豪（范生）在上海发起"国术同志抗日救国会"，叶大密积极响应，并被推荐为执行委员，呼吁各界国术同志奋起抗日。

　　民国二十一年（1932）年初，日军在上海发动"一·二八"事变，叶大密让长子叶梦庵参加胡厥文创办的大中机械厂，为支援十九路军抗战生产枪支弹药，又怂恿在黄金荣财团里负责贩卖烟土的表兄严春堂从事新兴电影业。是年十月，艺华影业公司成立，叶大密任创作室主任，积极联络田汉、阳翰笙、夏衍等左翼人士参与抗日剧

叶大密太极拳照

---

　　① 金仁霖：《我所知道的〈太极拳使用法〉和〈太极拳体用全书〉的编写经过——为〈太极拳体用全书〉正名》，《上海武术》2000 年第 2 期；（台湾）《太极学报》第二十二期，2000 年 7 月。

　　②《国术团体联合会成立》，《申报》民国二十年（1931）三月三日，第四张第十六版。

　　③《国术游艺会今晚表演》，《申报》民国二十年（1931）九月九日，第四张第十五版。

　　④《国术比赛预赛》，《申报》民国二十年（1931）九月十六日，第三张第十二版。

本的创作。

民国二十二年（1933）七月，叶大密与严春堂、刘达良两人携抗战题材电影《民族生存》《肉搏》赴南京送审，两部电影均受检通过，艺华影业公司发展成为左翼电影阵地。

其时，上海市教育局筹备举行第三届全市运动会，九月初确定筹备委员及竞赛部各组委员会委员，其中国术委员会委员为叶良（主席）、陈绪良、吴鑑泉、佟忠义、靳云亭、王壮飞、刘德生、徐致一、朱廉湘、章启东、罗叔青、陈微明、叶大密。①九月五日下午四时，上海市教育局在局内召集全市运动会全体筹备委员及各组竞赛委员会委员开联席会议，叶大密到会。②第三届上海全市运动会的国术比赛于九月二十一日下午二时起在中华球房开赛，连续三天，每天下午举办。叶大密为拳术、器械评判员。③

十月，南京举行全国运动会，叶大密为国术踢毽组裁判员之一。④十月二十日晨，南京全运会闭幕，第二届国术国考随即开幕，二十一日正式考试，叶大密为国考评判委员之一。⑤

十一月十二日上午，国民党特务机构蓝衣社捣毁并焚烧了艺华影业公司在康脑脱路金司徒庙附近新建的摄影棚。之后，艺华影业公司调整策略，表面上放弃了抗战题材，而暗地由叶大密出面，继续联络田汉、阳翰笙、史东山、应云卫、卜万苍等人，相继拍摄完成《中国海怒潮》《烈焰》《女人》《黄金时代》《生之哀歌》《逃亡》《凯歌》等十几部电影。

民国二十五年（1936）五月十七日，上海国术团体在功德林追悼太极拳名师杨澄甫，叶大密作为武当太极拳社社长参加追悼会。⑥

民国三十六年（1947）十二月，叶大密六十大寿。据江澜述：

> 叶老师决定低调处事，"以此洗心，退藏于密"。武当太极拳社众门人不敢违背叶老师的心意，于是商量后决定，以纪念武当太极拳社二十一周年名义举行餐聚，大家签名题赠，制作了一份《叶大密先生六十大庆纪念册》，赠予叶老师。这一册页，封面由马公愚题衁，扉页由沈田莘撰写缘由："武当太极拳

---

①《全市运动会重要职员决定》，《申报》民国二十二年（1933）九月三日，第五张第二十版。
②《全市运动会比赛场地决定》，《申报》民国二十二年（1933）九月六日，第四张第十六版。
③《国术今日开赛》，《申报》民国二十二年（1933）九月二十一日，第四张第十三版。
④《全运会国术裁判员》，《申报》民国二十二年（1933）九月二十七日，第四张第十四版；《国术职员》，《申报》民国二十二年（1933）十月十日，第十五张第五十九版。
⑤《国术国考·评判委员题名录》，《申报》民国二十二年（1933）十月二十二日，第五张第二十版。
⑥《太极拳名师杨澄甫追悼会》，《申报》民国二十五年（1936）五月十八日，第三张第十二版。

社成立，丙寅小春，迄届二十一周年，适值社长叶大密夫子五秩晋九寿辰。凡我同门，合伸公祝。吾师在读礼期间，并以时事多艰，一再谦辞。同人不敢违命，佥议以纪念叙餐，作为兕觥之献。爰设是册，请共题名，既慰登龙，复堪附骥，门墙桃李，俾与尼山并寿。中华民国三十五年十一月十一日　全体门人公识　沈田莘　敬书。"

此册页中有武当太极拳社门人题签，另有张大千画赠的荷花，大风堂张玉画赠的松岩卧虎图，李秋君的乔柯长年图等。著名琴家徐元白先生，堪称叶老师的知音，他的兰花图有题记云："大密老兄精剑术。当予抚琴，欣然起舞，剑气琴声融于一室，正不知人世芸芸，所为何事。适其花甲华年，为作孤芳，以志钦佩。徐元白。"

这一时期，叶大密老师以他独特的个人魅力结交了武术界、电影界、书画界诸多名流，出入于上海滩闻人达官之间，不将不迎。而内心深处则自居忧患、砥节砺行。十里洋场，千林摇落，叶大密老师以其冰魂玉骨，展现了他特有的高洁孤芳。[1]

1950年3月12日，上海市武术教师发起成立上海市武术界联谊会，徐致一担任主任，武当太极拳社作为成员单位参会。8月30日，六十三岁的叶大密向上海市人民政府卫生局提交《医事人员开业登记申请书》，10月，上海市卫生局给其颁发了中医师临时开业许可证。1951年元旦，武当太极拳社最后一次集会，以武当太极拳社二十五周年纪念名义拍摄合影。此后，武当太极拳社不再公开招生、授拳。

1951年8月，为给抗美援朝捐献"体育号"飞机，上海市武术界联谊会发起募捐会演，叶大密携弟子参会。1957年，担任上海市中医学会常务委员，同年多次受邀赴上海市体育官，与田兆麟、褚桂亭、张玉、顾留馨、傅钟文、王子平、吴云倬等研讨《杨式太极拳》的编写事宜。1958年5月2日，叶大密受邀赴上海市体育官，与田兆麟、褚桂亭、徐致一、张达泉、华春荣、王子平、佟忠义、王怀琪等参加振兴上海市传统武术大讨论。上海市武术队成立后，他推荐弟子濮冰如与蒋锡荣两人参加，而他被推荐为顾问。7月，受邀赴上海市体育官参加运动员政治动员会，欢送弟子濮冰如、蒋锡荣等上海市武术代表团成员赴京表演。1960年，上海市第三届运动会召开，在武术比赛中的太极拳比赛项目裁判组里，武当太极拳社占据一半席次。弟子濮冰如、蒋锡荣、金仁霖三人与张玉、傅钟文、

---

① 二水居士：《求真悟道　洗心藏密——探寻叶大密老师生平与杨式叶派太极拳学脉络》，未刊稿。

傅声远同为六人裁判组成员。1962年6月，叶被聘任为上海中医文献研究馆馆员，同期，叶受上海气功疗养所所长陈涛之聘，到上海市湖南路气功疗养所指导气功和太极拳。1963年1月13日，叶大密应邀参加上海市体育宫五式太极拳观摩会。①

叶大密在1967年6月25日所写的《谈谈我的推手体会》一文中，谈到"靠壁运气"的方法：

> 此法是先师河北永年杨澄甫老先生在沪时来我家亲自传授，师娘不知道，在他家是不会传我的，故我异常感激，特志此以为纪念。

是年12月，叶大密八十寿辰。弟子濮冰如、叶敏之、金仁霖、曹树伟、张晋良，与陈邦勤、何寿康等为之贺寿并合影留念。据江澜述：

> （金仁霖老师）说叶老师的八十岁生日是他筹办的。下午在公园看拳，张晋良还为叶老师、濮冰如老师等拍了拳照。晚宴合影后，金老师负责送叶老师回到武当太极拳社。到家后，叶老师兴致很高，意犹未尽，主动提出来要与金老师"打打手"。甫一接手，金老师整个身子像是炮弹一样，被直挺挺地往上发射，头顶硬生生地触碰到了天花板。金老师说，天花板的木板有碎裂痕迹，他头皮隐隐作疼，吃了半个月伤药。金老师一米六零的身高，叶老师家的层高估计得有三米多。一个一百多斤的人，直挺挺地往上被弹起一米多。金老师补充说："我至今还没想通，究竟是怎么被他直挺挺地往上发放的。"②

1968年春，八十一岁高龄的叶大密被批斗，三年后，1971年3月，八十四岁的叶大密得以平反，恢复工作，他于3月28日致函弟子金仁霖：

> 我近来仍然做半天工作，是经过劳保医院批准的。所以下午到单位里工作，上午每天都在家，不到别处去。你何时有空，希望你来谈谈。我们要做的未完成的救死扶伤，是革命的人道主义。这是我们师生俩的责任，你说对不对？

此后，在弟子金仁霖协助下，叶大密陆续整理完成《太极拳辅助行功式》《太极剑谱》《迎泻随补解》《太极刀谱》等书稿。

1973年9月22日晚，叶大密老师因病逝世，享年八十六岁。据江澜述：

> 曹树伟老师1973年9月20日写给金仁霖老师的明信片上说："仁霖兄：现通知你，老师病重住院已四天，目前情况变化较大，望你抽空来中山医院急症室一见。"由此可见，叶大密老师发病的时间是1973年9月16日。我问金

---

① 二水居士：《求真悟道　洗心藏密——探寻叶大密老师生平与杨式叶派太极拳学脉络》，未刊稿。
② 二水居士：《求真悟道　洗心藏密——探寻叶大密老师生平与杨式叶派太极拳学脉络》，未刊稿。

老师，照理叶老师的身体状况，似乎还应该更为长寿，具体是什么病？金老师说，很可惜。叶老师身体状况一直很好。即便是受了田汉、阳翰笙案的牵连，从牢里出来，屁股被打得皮开肉绽，叶老师依然挺过来了。9月16日发病，只是一场小中风，送到瑞金医院，当时医院里两派闹革命，斗争非常激烈，所有重症病人只是在操场上挂瓶盐水。两天盐水之后，耽搁了治疗，一下子大面积的脑溢血。后来通过关系转到了徐汇区的中山医院。明信片的背后，金仁霖老师记下"1973年9月22日（癸丑八月廿六）22时（亥时）"，金老师说这就是叶老师辞世的确切时间。[1]

叶大密的学生，1949年以后在上海的主要有"一大"（濮冰如）[2] "二丁"（丁受三、丁然清）"三小"（金仁霖[3]、蒋锡荣、曹树伟）。

（二）郑曼青：永嘉五绝[4]

郑岳，字曼青，清光绪二十八年（1902）阴历六月二十五日生于浙江省温州府永嘉县。自号莲父，又号曼髯，别署玉井山人。晚年勤学不辍、彻夜攻读，因此又号夕长楼主、学不厌老儿。以诗、书、画、拳、医闻名，晚年被誉为"五绝老人"。

郑曼青幼年失怙，从母张氏习诗书，过目成诵，颖悟过人。因体弱多病，常随母抓药。其母通儿科，每次抓药均至药铺亲自动手，郑曼青日后精擅中医，正起源于此。

九岁时，郑曼青因贪玩，不慎被颓垣砖块砸中头部，造成重伤，昏迷一昼夜，幸赖周鸣岐救治，卧床半年而愈。周氏行医于上海，据民国八年（1919）秋的一则广告称：

　　沪上毒门医生之多，几如过江之鲫。求其医理深邃、手术敏捷、药品纯正

---

① 二水居士：《求真悟道　洗心藏密——探寻叶大密老师生平与杨式叶派太极拳学脉络》，未刊稿。

② 有关濮冰如事，参见姜星谷、杜鳌《巾帼老将濮冰如》（《武林》1984年第6期），李品银《怀念尊敬的濮冰如老师》（《精武》2009年第6期）等。

③ 有关金仁霖事，参见二水居士《太极拳界的正眼法藏——记太极拳学家金仁霖》（《精武》2010年第11期）、金仁霖《慰苍先生金仁霖太极传心录》（北京：北京科学技术出版社，2018年）等。

④ 本篇主要参考徐忆中《诗书画拳医：五绝奇士郑曼青》、徐忆中《诗书画医拳五绝名世　中华太极苑一代奇才》（《太极》2000年第4期）、张章《台湾太极拳名师郑曼青漫忆》（《武当》2001年第12期）、吴国忠《文章千古事　史实应准确——谈〈台湾太极拳名师郑曼青漫忆〉一文中的几点失误》（《武当》2002年第6期）、路迪民《试谈郑曼青先生的太极拳理论贡献——为纪念郑曼青先生110诞辰而作》（《武当》2011年第6期）、严翰秀《郑曼青宗师对杨式太极拳的杰出贡献》（《武当》2011年第8、9期）等。

者，什不得一。盖若辈心理但求目前之利，罔顾贻人之害，固不足怪。惟周鸣岐先生于医理既极深邃，手术亦极敏捷，所需药品尤极纯正，于近今毒门医生界中实推唯一国手，用敢登报介绍，诊所在二马路天蟾舞台对面。[1]

郑曼青十岁起从其父生前好友汪如渊[2]学画，初期仅侍立研粉、观画养病而已，三年后身体康复，取其外祖母服药所剩包纸，涂画一花一叶、一虫一鸟，栩栩如生。十四岁时，汪师母命其画藤花，画面竟寓南田、新罗之意，汪师甚为惊喜，代他制订紫藤花馆润例。郑曼青自此鬻画养家，不但解决生计，尚有余资搜集任伯年、赵撝叔诸名家画轴，以作研习，日有进境，画艺渐精。郑曼青又在姨母、女画家张红薇指引下，致力双钩。某日，与表兄嬉戏，蒙双目悬肘写一竹竿，以双钩为之，枝节交错，一无差讹。

郑曼青十余岁便有诗名，诗翁鲁媵北介绍其赴杭州，得识沈寐叟、经子渊、马一浮、楼辛壶、王潜楼等大家，浸润日久，艺技大进。民国九年（1920），十八岁的郑曼青到北京，在报章上与名士罗复堪、罗瘿公昆仲以诗唱和，成为莫逆。郑应郁文大学之聘，担任诗学教员，并加入"甲子画会"，而有机会与名家陈半丁、齐白石等相识，一起讨论字画。当时郑曼青专攻王羲之、李北海等名家书法，笔走龙蛇，青出于蓝，加之精于诗、书、画，遂被坊间称为"三绝"，又得交郑苏戡、陈师曾、凌直支、姚茫父、王梦白诸名家，经六载熏陶，其画乃沿白阳、青藤而钟八大，俱见佳境。

民国十二年（1923），身在北京的郑曼青接触到太极拳。据其自述：

> 癸亥，岳任北京美术专门学校教授，有同事刘庸臣者，擅长斯术，以岳体羸弱，勉之学习，甫阅月，辄婴事辍，未得其趣。[3]

民国十五年（1926），郑曼青得蔡元培推荐，到上海国立暨南大学执教。又因吴昌硕、朱古微见重，郑曼青于民国十七年（1928）之初被定为上海美术专门学校国画系主任，时年二十六岁。[4]此后，他又邀聘了三家昆仲——马孟容、马公愚，张善孖、张大千，诸乐三、诸闻韵六人同任教席，上海美术专门学校因之名噪一时，也培养出不少杰出画家。

---

① 《毒门国手周鸣岐医士》，《申报》民国八年（1919）十月十二日，第三张第十版。

② 汪如渊（1867—1923），字芗泉，号香禅，本姓杨，出嗣外家，浙江龙泉人。光绪二十三年（1897）拔贡。善书画，擅写花卉，宗徐熙，间仿恽寿平、华端两家，惊才绝艳自舒机杼，并擅山水、人物。晚年嗜菊，多种植，供写生，因成百菊长卷，时称能手。筑有香叶楼，课画吟诗，著籍弟子甚聚，马孟容、郑曼青等从其学。当时聚其门下习画者三十余人，形成以他为代表的永嘉画派。名作有《瓯隐园花木册》《水绘风流册》《永嘉诗人祠堂图》等，还有作品《花鸟》发表在《瓯雅》上。温州博物馆藏有其《仙岩览胜图》《华盖寻秋图》《美人》等作品。著有《中西画法汇参》。卒年五十七。

③ 杨澄甫：《太极拳体用全书》"郑序"，上海：大东书局，民国二十三年（1934）。杨澄甫在北京的传授者有刘芨臣，此处"刘庸臣"疑为"刘芨臣"之讹，"芨"繁体为"蓋"，与"庸"近似。

④ 《上海美专本学期之内容》，《申报》民国十七年（1928）二月二十一日，第六张第二十一版。

郑岳（曼青，1902—1975）

郑曼青习练太极拳——单鞭

郑曼青作画

其时，比郑曼青小五岁的濮冰如也在张红薇的画社学画。濮冰如随父濮秋丞在沪寓居，未进新式学校，十七岁时，其弟濮伟十余岁，患肺结核病，经安徽籍名医宋幼庵老先生医治，病情好转。叶大密的武当太极拳社成立后，濮冰如每天陪其弟到叶大密处学拳健身，日久她也会练了。叶大密视其学拳悟性极高，免费收其为正式学生。

郑曼青是张红薇的外甥，自幼多病，此时患肺结核，四处求医，濮秋丞介绍宋幼庵为其医治，其病情得以好转。郑曼青由此拜宋为师，研习医术。民国十八年（1929），郑曼青与黄宾虹等人筹办中国文艺学院（未久，奉教育部令，改名为"中国文艺专科学校"），院长黄宾虹，郑曼青为总务主任，教授另有叶恭绰、吴待秋、余绍宋、徐悲鸿、刘贞晦、马孟容、方介堪、马公愚、张红薇、郑午昌、张善孖等。因创办学校过度劳累，郑曼青身体转弱，旧疾复发而咯血。郑的同事赵仲博是吴鑑泉的学生，郑、赵二人开始研习太极拳，濮冰如也将郑引到叶大密的武当太极拳社学习斯术，如此，郑病体转愈。据郑曼青自述：

> 庚午春，岳因创办中国文艺学院，操劳过度，甚至咯血。因复与同事赵仲博、叶大密研习斯术，不一月，病霍然，而身体遂日见强健。于是昕夕研求，锲而不舍。两年之间，与有力十倍于我者较，则数胜矣。始信柔之足以胜刚，然未知有不用气之妙也。[①]

民国十九年（1930）六月下旬，中国文艺专科学校即举行第一届毕业典礼，当晚同乐会上，吴鑑泉之女舞七星剑，赵仲博表演太极拳，郑曼青最后表演了击剑，颇为精彩。据身与其中的梅溪记述：

> 本月二十二日，法界祁齐路中国艺专学校举行第一届毕业典礼，余适假馆该校总务主任郑曼青君家，故得参与其会，特志盛况如下：
>
> 正午十二时，该校各生齐集礼堂，敦请蔡元培先生亲授文凭兼致训词，礼成。师生金以毕业诸同学行将别去，相处有日，不能无情，遂挽毕业诸同学合作山水、翎毛、花卉，以留纪念。而该校教授如张红薇、马公愚、方介堪诸先生亦各乘兴书长联分赠毕业诸同学，一时来宾中见此诸先生均当代书画名流，丐求不易，因纷纷乘机出纸索书画，诸先生亦欣然挥洒，以是得者莫不称意而去。是日午后八时，新旧同学临时发起同乐会以助余兴。首由来宾陈富年君（胡琴圣手陈彦衡少君）唱琴挑，佐以许姬传君吹笛，一曲方终，掌声雷动，而余音犹绕梁也。继以吴鑑泉君之女公子舞七星剑，极饶夭娇纷森之姿，不啻

---

① 杨澄甫：《太极拳体用全书》"郑序"，上海：大东书局，民国二十三年（1934）。

公孙大娘重现身手于今世矣。舞毕，赵仲博君太极拳登场，余不谙此技，未敢妄赞。他若该校新旧生唱歌或京戏，亦各有所长，尤以黄宾虹君之令侄女映芬女士歌《梅花三弄》曲最为清脆动人。至此略事休息，并进茶点毕，家兄雪琴唱《波簧断背》及《洪羊洞》各一段，由余操琴，众以为家兄韵味极似小余，可谓过誉矣。旋又为马公愚、方介堪两君各说笑话一则，全堂为之捧腹不置。余亦与某君合串《武家坡》对口一段，时富年君犹在座，而余是日嗓音失润，当不免小巫见大巫之诮也。最后殿以曼青君击剑最有精彩，盖以诗人本色而兼有古侠士之遗风云。十二时散会，濡笔记之，以志雪鸿。[1]

民国二十年（1931），三十岁的郑曼青任中国文艺专科学校副院长，未久即摆脱名缰利锁，摒除一切教职，独携行囊，赴常州阳湖投拜江南大儒、晚清进士、朴学名师寄园钱名山，攻读经学，以至诸子百家，三年足不出户，格物穷理，忘心入道。此后，郑曼青之诗淳朴真挚、不事雕饰；书则圆浑平实、力透纸背；画事逸笔草草，线条苍劲，运墨润滋，用水亦厚，构图大巧，望之若拙。数十年来综括心得，悬"厚、重、拙"三者以勉后学，一洗浮华纤巧风习。

此时的郑曼青腹笥充盈，对于宇宙法则、人生真义有所体悟，对诗、书、画、拳、医也有更深入的理解，又经若干年研探，更觉艺文杂技，皆"吾道一以贯之"。

民国二十年（1931），杨澄甫离开杭州的浙江省国术分馆，到上海寓居。翌年正月，郑曼青经濮秋丞老先生介绍，得以师从杨澄甫。据郑曼青自述：

壬申正月，岳在濮公秋丞家，得晤杨师澄甫。秋翁介岳，执贽于门。承澄师之教导，口授内功，始知有不用气之义矣。不用气，则我处顺，而人处逆。唯顺则柔，柔之所以克刚者渐也，刚之所以克柔者骤也。骤者易见，故易败，渐者难觉，故常胜。不用气者，柔之至也。惟至柔故能成刚。余至是遂恍然大悟。[2]

另据叶大密弟子金仁霖述：

郑曼青先生在一九二六年患开放性肺结核，是由濮冰如（玉，一九〇七——一九九七）大姐的父亲濮秋丞（文波）老先生介绍，到叶大密老师诊所，用"婆罗门导引"推拿法治疗，并结合参加"武当太极拳社"习练太极拳而得以治愈的。当时，先后被叶老师治愈晚期肺结核病的，还有"致柔拳社"第三届毕业学员周孝芬女士。周孝芬女士在病愈后即向叶大密老师学习"武当对剑"，因而和濮冰如大姐齐名于上海。

在杨澄甫老师来到上海定居后，叶大密老师又通过濮秋丞老先生的介绍，先

① 梅溪：《记艺专同乐会》，《申报》民国十九年（1930）七月三日，第三张第十一版。
② 杨澄甫：《太极拳体用全书》"郑序"，上海：大东书局，民国二十三年（1934）。

后让濮冰如大姐和其弟弟、郑曼青先生、黄景华医师，以及张园主人张叔和的子女和眷属，全部都投拜在杨澄甫老师门下，以保障杨澄甫老师在上海生活上的安定。

因而，郑曼青先生在一九三二年开始向杨澄甫老师学太极拳时，实际上已经在"武当太极拳社"学了六七年的太极拳了。《太极拳体用全书》的校订人黄景华医师也是一样。[1]

据说，杨澄甫的继室侯助清夫人患病，多方求治无效，经郑曼青悉心诊治，终告痊愈。杨澄甫深表感激，将太极拳剑要诀授于郑曼青。郑曼青勤习苦练，深得要旨，终成名师。对此，陈微明述：

> 名画家郑曼青，精于岐黄。杨师澄甫南来，从学太极拳六年。师德配侯夫人抱病垂危，得君投剂而起，师感之，悉以口诀相授，他人所未闻也。[2]

陈微明与郑曼青同为杨澄甫之高徒，所言应属不虚。郑曼青剑术因得杨澄甫亲授，造诣匪浅。据武汇川义女李淑兰说，武汇川曾赞誉郑剑是得了杨澄甫剑法精髓。[3]

《太极拳使用法》一书被收回焚毁后，杨澄甫把该书交由郑曼青编写定稿，更名为《太极拳体用全书》。据金仁霖述：

> 由于郑曼青先生有了《使用法》的前车之鉴，所以他在改定《体用全书》的稿子时，真是小心翼翼，唯恐有失。因而拳架动作、用法说明等等，基本上是依照了《使用法》里的文字，纠正了一些错漏，理顺了一些语句和内容，并没有作任意的变动。[4]

民国二十三年（1934）二月，由杨澄甫口授、郑曼青笔录修订的《太极拳体用全书》第一集由上海大东书局出版，此后多次再版。[5]据郑曼青自述：

> （太极拳）于真人与老氏之说，大《易》摩荡之训，究竟一理。虽然，岳犹恐闻吾言者，亦如岳昔日之滋惑。其将何以释而证之？乃与同门匡克明，共请于澄师曰："曩者师法继承，悉凭口授指示，未有专书。与其怀宝以秘其传，何如笔之于书以传后世？"澄师曰："然。"爰将体用之妙法，尽启其橐钥，摄图列说，缕析条分，

① 金仁霖：《我所知道的〈太极拳使用法〉和〈太极拳体用全书〉的编写经过——为〈太极拳体用全书〉正名》，《上海武术》2000 年第 2 期；（台湾）《太极学报》第二十二期，2000 年 7 月。

② 郑曼青：《郑子太极拳十三篇》"陈序"，香港：新联出版社，1978 年，第三页。

③ 吴国忠：《文章千古事　史实应准确——谈〈台湾太极拳名师郑曼青漫忆〉一文中的几点失误》，《武当》2002 年第 6 期。

④ 金仁霖：《我所知道的〈太极拳使用法〉和〈太极拳体用全书〉的编写经过——为〈太极拳体用全书〉正名》，《上海武术》2000 年第 2 期；（台湾）《太极学报》第二十二期，2000 年 7 月。

⑤ 有关该书版本情况，参见邵奇青校注：《杨澄甫武学辑注·太极拳使用全书》"导读"，北京：北京科学技术出版社，2016 年，第一～三一页。

并及剑法、枪法等，各有运斤成风之妙。编述成书，分为二集，世之欲摄生养性者，手各一编，瞭如指掌，非仅可以释疑解惑而已。自强强国之术，其在斯乎？[①]

后来，郑曼青也述及《太极拳体用全书》：

> 杨师澄甫以家传绝业，未肯轻易教授，正恐传非其人，故仅述体用之梗概，以传乎世耳。[②]

另外，张钦霖在沪数年间，郑曼青因叶大密等关系，得从张钦霖习练山西左莱蓬道人所传道功。道家内功心法无痕迹可现，纯以西式科学难以理解展示，貌似不着边际的玄虚空谈，而郑对此极为珍视，日后传授时亦极慎重，弟子中"得之仅一二而已"，传授时郑曼青"均亲笔写下'左祖师莱蓬神位'，作为传道授艺叩拜大礼之张帖"。[③]

民国二十七年（1938），郑曼青担任湖南省政府咨议兼省国术馆馆长。次年转往重庆，在中央训练团教授太极拳。民国二十九年（1940）至三十三年（1944），郑曼青任教育部编审委员，参与编写国术教材。

郑曼青敢于出手与世界各国孔武有力者切磋，展现了其非凡的胆魄和高超的技艺。郑曼青老友邓克愚对其在重庆与英国少壮军人的交手实况有详细记述：

> 予友郑君曼青，世称"永嘉五绝"。予则独服其拳术之精，允得杨师澄甫之心传。一日在渝，同应英吉利驻我国大使薛穆之邀，赴大使馆表演太极拳术，时英军访华团在馆，悉少壮军人，意气豪迈，见曼青矮小而少之。予曰："君等皆身材魁伟，实力雄厚者，得欲与曼青一试乎？"众皆连声诺诺。其中孔武有力者，以安君为最，即趋前询以试法，曼青曰："悉如君意。"乃于寻丈外，汹涌而来，攘左臂而揎右拳，曼青侧身左让其锋，则安君已颠仆数步之外；旋复攘右臂揎左拳，又从右颠仆如前状；最后变用双拳搏击式，向曼青迎头猛击，势殊惊人，甫见曼青头乍后仰，伸右掌于安君左腋下扑之，则安君已两脚离地，仰后翻跌于寻丈外，迫至场边，骤见曼青飞步随之，迅提其臂，得不仰出场外。众皆惊喜赞叹，余人睹状不敢较。[④]

据陈微明称，郑曼青"与美利坚驻华战士十五人较，败其六，余震慑不敢角，一时传为佳话"[⑤]。

---

① 杨澄甫：《太极拳体用全书》"郑序"，上海：大东书局，民国二十三年（1934）。
② 郑曼青：《郑子太极拳十三篇》"自序"，香港：新联出版社，1978年，第七页。
③ 吴国忠：《文章千古事　史实应准确——谈〈台湾太极拳名师郑曼青漫忆〉一文中的几点失误》，《武当》2002年第6期。
④ 郑曼青：《郑子太极拳十三篇》"邓序"，香港：新联出版社，1978年，第五页。
⑤ 郑曼青：《郑子太极拳十三篇》"陈序"，香港：新联出版社，1978年，第三页。

因郑曼青熟知医理，尤擅妇科、骨科，而治血友病更是名噪一时，曾担任全国中医公会理事长。民国三十六年（1947），当选中医公会国大代表。同年，郑曼青把学习太极拳的心得整理成册，书名《郑子太极拳十三篇》，尝试用医学、物理学等解释太极拳。据李雅轩述：

> 郑曼青善于打一种摸准了之后而后挺身进步将身攻出的打法，人虽小，但有功夫、有胆量，所以对方虽其有备，亦被其打伤。

> 郑曼青发劲的手法颇好，天才聪明也够，所以他与某某推手时，"啪"地一声，将其摔在墙上（在南京军校内，有张英振在场看见）。①

1949年，郑曼青随国民党去了台湾，与于右任、陈含光、张昭芹、马绍文、张镜微等结诗社，与马寿华、陶艺楼、陈方、张谷年、刘延涛、高逸鸿组七友书画会，并参与发起"中华民国画学会"，当选理事兼国画委员会主委，受聘为中国台湾地区美展、书画展筹备委员兼评审委员，台湾"中国文化学院"教授，在艺术研究所主授诗书画学，并担任"中华文化复兴运动推行委员会"纽约分会艺术组负责人。二十多年中，先后举行个展多次，其在巴黎国家画廊与纽约世界博览会的展出，使西方画家睹画心折，其人也被誉为"东方水墨大师"。

郑曼青常言："安得长广舌，为宣太极拳。"到台湾后，他与居住在台北的李寿籛、王延年两师兄弟共同研习。当时台北市市长游弥坚是郑曼青在重庆的旧识，特邀郑曼青在台开班授课，场地设在中山堂顶楼。1950年又设立时中太极拳社（后改称时中学社）。郑曼青曾将杨家太极拳架删繁就简，简化为三十七势，定名为郑子简易三十七式太极拳，通过当局高层及新闻界广泛宣传，此太极拳成为台湾上下普遍选择的锻炼方式。郑曼青的入门弟子有梁栋材、叶秀挺、刘锡亨、黄性贤②、陈志诚、宋志坚、徐忆中、罗邦桢、张肇平、鞠鸿宾等。

自1956年起，郑曼青的弟子叶秀挺、黄性贤先后前往新加坡、马来西亚等地授拳。1957年，陈志诚在纽约设馆，擅长散手。此后，梁栋材、罗邦桢分别在波士顿、旧金山设馆。1960年，郑曼青旅居美国，在纽约创立时中文化中心，往来于纽约、旧金山，专心于太极拳的传授，并在美国获得佳誉，曾应邀在联合国表演太极拳。1965年，他游历欧美，传播太极拳及经史书画等中国传统文化。1970年，在纽约设环球拳社，传授郑子简易三十七式太极拳。郑曼青晚年受聘于台湾文化大学，回台教授《易经》，此间所传太极拳弟子另有吴国忠、王品棠、林国

① 陈龙骧、李敏弟整理：《杨氏太极拳诠真》"杨氏太极拳练习谈"，北京：北京体育大学出版社，2008年，第241、234页。
② 有关黄性贤事，参见林应术、秋旭《海外武术的传播者黄性贤》（《中华武术》2010年第1期）。

瑞、翁朝彦、唐一安等。

郑曼青七十多岁时，曾访问西点军校，跟搏击主任教官切磋，赢得对方称赞，此后多次被邀请去演讲太极拳。西点军校一度拟聘郑曼青前往任教，待收到其个人资料后，才发现他已超过军校退休年龄，未能如愿。

1975 年 3 月 26 日，郑曼青夫妇返台，弟子们设洗尘晚宴。当晚，郑曼青心情很好，与诸弟子一一畅饮，但仍控制在平日酒量内。待弟子们送其回住处时，已过午夜，郑曼青说要调息一下，此后昏睡六十三小时，了无先兆，遂归道山。

1976 年，郑曼青弟子刘锡亨在台北恢复时中学社，刘退休后时中学社由徐忆中接手。宋志坚于 1978 年开始募集基金，1981 年在台湾省基隆市成立中华太极馆，自任董事长，其弟子吴荣辉任馆长，推广六十四式简易太极拳。在郑氏师生数十年锲而不舍的推广之下，体用兼备的杨家太极拳在海内外广为传播。

郑曼青一生著作悉以弘扬国粹为宗旨，诗词集有《唐诗针度》《玉井草堂诗集》《曼青词选》；书画著作有《郑曼青画集》《曼髯写意》《郑曼髯书画集》《曼髯三论》（诗书画）；医学类著作有《女科新法》《谈癌八要》《骨科精微》；太极拳著作有《郑子太极拳十三篇》、《太极拳》（英文本）、《郑子太极拳自修新法》（英文本）、《简易太极拳浅说》、《太极拳应用通则》及《阴阳妙用法》，另有《太极拳》《剑电影书》；国学著作有《老子易知解》《学庸新论》《人文浅说》《性本论》《论语释旨》《易全》《诗集注》等，皆属融会贯通、独抒己见之作。此外，郑曼青精于金石、长于棋术，据说他曾与象棋冠军谢侠逊对弈五局，以二胜三负居次，而围棋更精，《玉井草堂诗续集》有《赠吴生清源歌》及《与清源谈弈》，皆不为外人所知。

于右任称许郑曼青道：

> 一代奇才，他人视为至难之事，彼则优为之。

艺评家姚梦谷对郑曼青也有一段评语：

> 历代学人，擅一长以为世法，已足并辔前贤，昔广文博士三绝，千古叹为稀有，今之曼青先生，拥诗、书、画、拳、医五长以名世，复治群经以弘往圣之学，奋笔著述，不知老之将至，较诸广文实有过之，论者许为民国以来一奇士，当非溢美之词也。

郑曼青心胸豁达，个性率真，不萦名利，不惑权势，终身游于艺，自得其乐。其诗有云："无欲无为古圣贤，却从修己得知天。谁能具有千秋业，自信能传五百年。"彰显其气豪心壮，信心十足。他平时又告诫弟子门生："凡学一技一艺，必须专心一致，百折不挠，始克有成。"

九、汪永泉：留守北平的杨家门人 [1]

民国十七年（1928）杨澄甫受聘南下时，徐岱山、王旭东、尤志学、阎岳川、汪永泉等杨家门生未能随往，皆长期留于北平。徐岱山年龄较大，与杨少侯私交甚密，少侯在北平时是徐岱山拳场的常客。据说，杨澄甫太极刀的传人不多，徐岱山是其中一位。民国二十年（1931）冬，张三丰自画像被发现，当时天津《益世报》有关报道中提及徐岱山：

《太极拳使用法》中的徐岱山

> 张三丰为太极拳之鼻祖，著有太极拳秘诀，行世远广，所在多有，近年以来，体育家崇拜尤甚，除其门徒徐岱山（现年七十，寓北平）多无知其底细者。虽《明史》《图书集成》有传，然其生卒年月终不可考。[2]

崔毅士于抗战后期辗转回到北平。被称为"崔阎王"的杨澄甫弟子崔毅士、阎岳川、王旭东，在当时的北平是杨家太极拳的主要传人。

杨澄甫的几位留京弟子中，后来影响广泛的是年纪相对较小的汪永泉。

汪永泉，号在山，满族，生于清光绪三十年（1904）。其父汪崇禄是清末溥伦贝子府的总管，随溥伦一起从学于杨健侯老先生。汪永泉七岁开始跟随其父学拳，时常得见健侯老先生和少侯大先生。据汪永泉的学生魏树人述：

> 位高权重、俸禄优沃的溥伦贝子尤为赏识杨家太极拳绵里藏针的技击术，

---

[1] 本篇主要参考大彪、武年、春栋《杨式太极拳真传——访北京武协副主席汪永泉先生》（《武林》1984 年第 2 期）、齐一《功夫·情操·事业——忆汪永泉老师》（《武术健身》1990 年第 3 期）、汪脉拳友《纪念汪永泉老师》（《中华武术》2006 年第 6 期）、求实《杨式太极拳两个问题之我见》（《武当》2009 年第 4 期）、张光镟《汪永泉、魏树人的功夫是从哪儿来的？》（《武魂》2010 年第 7 期）、魏树人《杨式太极拳秘技承传源流简介》（未刊稿）等。

[2]《张三丰画像移津展览　太极拳之鼻祖》，天津《益世报》民国二十一年（1932）十月十五日，第六版。

特召杨公健侯进府教拳，赏金丰厚，恩宠有加，至此，健侯公不得不抖出家底功夫相传。至于后来此艺被一直侍奉着伦贝子学艺的府中管家汪崇禄潜心研习、领悟承继，实是伦贝子当年有心栽花，无意插柳，所以，杨式太极拳艺能在京都留下一脉香烟，确有赖于当年爱新觉罗·溥伦贝子提供的财力、物力、时间、场地等诸多因素所促成，从这层意义上讲，爱新觉罗·溥伦也是这一脉技艺得以传承的有功之臣，汪公崇禄则是健侯公太极技艺的早期继承者之一。

汪师曾说，他少年时自家与杨宅都住在内城的西南角，当中只有一直一斜两条街相隔，杨宅坐落在南沟沿的北头（后为纪念七七事变中牺牲的爱国将领佟麟阁将军，南沟沿更名为佟麟阁路），汪宅在东铁匠胡同。得天时地利之便，复遵师爷之命，汪师少年时每天都要到杨家走上一趟拳架请师爷指点，闲来帮师爷端茶倒水犹如孙辈一般。久之，师爷喜爱他勤快肯学，不时带他到住所西边的一座破庙里盘架子说拳。闲暇时常见师爷倒背着手，久久盯着庙檐下的风铃一动不动。汪师不解其意，便问师爷为什么这样看。师爷便将拳艺中以钟喻人的奥妙一一道来，直讲得汪师豁然开朗。汪师曾在师爷的房中见过一张图，上面标示着祖孙三代的功夫进阶。全图共有十三层台阶，最高处绘着一座南天门，第八层台阶上标着祖师爷杨露禅的名字，健侯公排在第六层台阶上，班侯公在第五层，少侯公在第四层。当时汪师曾就此图请教师爷太极拳的功夫等级，健侯公答曰，第一层为懂劲，第二层是能用劲……到第十三层才能达到出神入化之境，并说杨家没有人达到第十三层境界，自己没得到凌空劲……

清朝覆灭后，健侯公父子们到消防队任职，当汪师满十六岁时也追随老师进了消防队。[1]

清季民初，杨家生计一度仰赖溥伦贝子，汪崇禄作为溥伦贝子府的管家，与杨健侯来往较多。据说，杨健侯一再嘱咐："我教你的东西不能外传。"汪崇禄一直恪守承诺。[2]至于说汪永泉十六岁时追随老师进入消防音乐队，时间或许不准，因汪十六岁时为民国九年（1920），此时杨健侯已辞世两年，且杨少侯、澄甫昆仲并未接续杨健侯执教于消防音乐队。假若汪永泉确曾进入消防音乐队，至少也是杨健侯在世期间，即民国七年（1918）秋季以前，彼时的汪永泉尚不足十六岁。

在杨健侯老先生辞世前后，汪永泉拜杨澄甫为师。头三年只是盘功架，中间两年习推手，后两年习刀、剑、枪、杆等器械。据汪永泉讲，当时杨家授拳内外有别，打人技术不外传。汪家与杨家街坊相邻，又算世交，所以允许到杨家学。当时杨澄甫还

---

① 魏树人：《杨式太极拳秘技承传源流简介》，未刊稿。
② 张光錟：《汪永泉、魏树人的功夫是从哪儿来的？》，《武魂》2010 年第 7 期。

向他传授了推手技击的问、送、拿、弹、冷五种劲，此外还有拍断劲、掸劲和渗劲等。汪永泉晚年曾说："我的功夫还没学到家，当年杨家的功夫真了不得！"一次，汪永泉向杨健侯作揖行礼，杨健侯开了一个玩笑，用手指轻轻一点其手背，汪顷刻间被弹出一丈多远。汪永泉右腕内侧有一道隐约的伤疤，他说："这是有一次，杨澄甫老师让我使剑向他猛刺，结果他只拿一小木棍，猝然间，连防带进，发寸劲使我致伤，留下这永久的纪念。"[①]

民国十七年（1928），杨澄甫受中央国术馆之聘南下。汪永泉则留在北平，随师习拳一事自此中辍。另据魏树人述：

汪永泉（在山，1904—1987）

> 后来澄甫公南下上海时，想带着被少侯戏称为"小老虎"的汪师一同前往，但汪师因子女尚小而未能同行。[②]

民国十五年（1926），二十岁出头的汪永泉曾在今是中学教拳术。民国二十三年（1934），他开始在协和医院授拳，朱怀元、张孝达等自此从学。据汪永泉之子汪仲明说，当时的拳架是按老式教的，直来直去，架子也没那么好看，是以技击为主，当时练拳场地小楼墙上的灰都被撞得一块块地掉。

抗日战争胜利后，协和医院重新开张，汪永泉于民国三十六年（1947）后继续在此授拳，每天早上五点半在协和医院东花园。汪仲明也被父亲要求准时到场练拳。那时，汪永泉教的拳与以前不太一样，已做变化。

尤其是1952年6月10日毛主席"发展体育运动，增强人民体质"题词发表后，汪永泉的教学思路有了很大改变，他在拳架中加入了一些新东西，强调太极拳的强身健体作用。1957年，汪永泉正式授徒，朱怀元（1911—1999）、孙德善、张广龄、高占魁、张孝达成为汪永泉的首批弟子。[③]另据魏树人述：

> 1956年底，北京市为参加1957年举办的第一届全国民族形式体育运动会而选拔运动员组建武术队，先师代表杨式太极拳门派入选北京武术队，后在翌

---

① 大彪、武年、春栋：《杨式太极拳真传——访北京武协副主席汪永泉先生》，《武林》1984年第2期。
② 魏树人：《杨式太极拳秘技承传源流简介》，未刊稿。
③ 朱怀元：《汪永泉传杨氏太极拳功札记》"前言"，香港：心一堂，2007年，第11页。

汪永泉太极拳照

汪永泉弟子朱怀元推手发放

1957年10月6日，汪永泉（前排）授徒留影

1980年，汪永泉（前排中）与弟子合影

年的全国比赛中获太极拳组第二名。

由于先师技艺高超，在多次全国武术比赛中均获优异成绩，很多知情人纷纷登门要求学艺，但汪师恪守杨家当初"不得外传"的训诫而很少收徒。

1957年底，北京市武林界的知名人士聚集市体委召开武协会议，会上，崔秀臣、王侠林、孙剑云等皆向先师讨教杨家太极拳真功夫的真谛。当时先师毫不通融地表示不能在会上公开杨家的秘密，自此武林界朋友皆知先师珍视杨家绝艺，不肯向外界透露的刚直性情。①

"文革"结束后，汪永泉于1977年"在有识之士的劝导下解除了当初要为杨家保守拳秘之约束，受聘到中国社会科学院讲拳。讲拳场所先设在小礼堂内，后改在历史研究所门前"②。因社科院学拳者以老年人居多，汪永泉从拳架到理论均着重强调太极拳的养生保健功效。

1980年，孙德明、齐一、王平凡、孙耕夫、丁冠之、彭诚等成为汪永泉的第二批正式弟子。另有魏树人③（1924—2013）、卢志明等也颇受器重。据齐一述：

在我们学拳的日子里，汪老师间或讲些轶事或经历，以示武德之重要，教导我们练武应当遵循哪些行为规范。同时，在他身上也确实体现了某些可贵的修养。例如在和生人揉手时，他从不伤人或给人难堪；即使对方有较量的意思，他也总是适可而止。在同学生试手时，尤其注意分寸，当发劲较猛的刹那间，他惯于揪住对方的衣袖，以免弹跳腾空的人像断线的风筝，因失控而跌伤。④

另据魏树人述：

为了把这门优秀技艺传留下来，造福社会，先师开始有计划、有步骤地讲解拳理，示范揉手，并在学生的帮助下著书立说，将所知所会公诸同好。1987年春，汪师对学生树人等道出了太极拳的"时机与奥妙"，同年6月9日，人民体育出版社为汪师录制了揉手技法的录像带，当时汪师已站立艰难，但内功依然浑厚，搭手便把对手抛出数米开外，令围观的众人惊叹不已。⑤

汪永泉晚年任北京市武术协会副主席，向从学者言传身教，以期毕生体悟能留存于世，著有《杨式太极拳述真》一书。

---

① 魏树人：《杨式太极拳秘技承传源流简介》，未刊稿。
② 魏树人：《杨式太极拳秘技承传源流简介》，未刊稿。
③ 有关魏树人事，另见张光镪《魏树人印象》（《武魂》2009年第10期）、《精传太极绝技的一代大师——纪念魏树人先生逝世一周年》）（《搏击》2014年第8期），欧阳斌《与魏树人先生对谈太极研习》（《文史博览》2017年第5、6期）等。
④ 齐一：《功夫·情操·事业——忆汪永泉老师》，《武术健身》1990年第3期。
⑤ 魏树人：《杨式太极拳秘技承传源流简介》，未刊稿。

第三章

随曲就伸

——杨禄躔弟子与杨氏老拳

　　杨禄躔虽然在北京城授艺多年，但得其所传的外姓弟子并不多，仅富周、王兰亭、夏国勋、刘进宝等数人而已。另有旗人护卫万春、凌山、全佑三人，因身份较低，遵师命列于杨班侯门墙。

一、富周及其后传[①]

　　富周，旗人，裔出世家。这一支的传递脉络约为：杨禄躔—富周—富英—萧公卓—翟英波等。

　　此脉传承的太极徒手功法有十种：智捶、大架、老架、小架、长拳、小九天、后天法、三十散手、十三总势、点穴法，另有太极推手和太极球、剑、刀、棍、枪等器械，自成体系。据后传李正记述：

　　　　当年杨露禅先师祖初入京城王府授拳，不思保守也不敢传假，对弟子精心教导，悉数传授。后杨班侯进京助父教拳，对父亲将全部太极外传很不满，就把众门生召集起来说，家父年事已高，以后练拳都要按班侯教的架子改过来，专攻大架，不要再练其他套路，意为"收拳"。当时杨班侯正值壮年，武功高强，众人皆以班侯所传为真。唯有富周先生不肯改拳，"愿跟老师错下去"，并向班侯保证，所学技艺绝不外传。如此才将杨家全部十套太极功法完整地传留下来。[②]

　　富周之子富英，字桀臣，行二，晚年人称"富二爷"。富英起初拜在杨班侯门下，后遵其父之命，不再从班侯学。民国初期，杨澄甫弟子陈微明与其有交往。据陈微明记述：

　　　　杨班侯弟子，至今惟有陈秀峰及富二爷二人。秀峰武清县人，与澄甫先生

---

　　① 本篇主要参考李正《浅说杨式太极府内派功法》（《武当》2001 年第 1 期）、张颖《杨式府内派太极拳老架》（《少林与太极》2009 年第 12 期）及雍阳人、剑阁闻铃等在论坛上关于府内派的分析叙述。
　　② 李正：《浅说杨式太极府内派功法》，《武当》2001 年第 1 期。

同里，余未见之。富二爷住东城炒面胡同，余闻澄甫先生言，乃往访之，年七十余矣，气态若五十。其子年过五旬，不知者以为昆弟行也。余道钦仰之意，富二爷曰："吾虽为班侯先生弟子，未能传先生之技，盖不练者已四十余年。"余问："既得班侯先生之传授，何以弃置不练？"答曰："吾父不许练也。先是吾兄习摔角功夫极好，每日归必教吾摔角，后应募从军至甘肃，临行，嘱吾曰：'摔角功夫不许间断。'别数年归，一见即问功夫如何。答曰：'久不练习矣。'兄闻之，意似不悦。吾乃告以从班侯学太极拳，如何不用气力，如何能化人之劲。兄不信，以拳击吾。吾用搬拦锤还击，不意兄由堂屋跌出院中，仰卧于地竟不能起。吾大惊扶之起，已跌伤矣。卧养数日始愈。父大责斥，由是不许练习太极，殊为可惜，亦由年幼太冒失故也。"①

陈微明的这段记述颇有玄妙，其中隐情，或许连秉笔直书的陈微明也不明究竟。

富二爷所言，半实半虚。"吾虽为班侯先生弟子，未能传先生之技，盖不练者已四十余年"，若果真四十余年不练拳，何以年七十而"气态若五十。其子年过五旬，不知者以为昆弟行也"？实际富英并未说不练拳，只是说已四十余年不练杨班侯教的拳了。若以后来者之见，富英之后尚有传人，显然他练拳未辍。

陈微明又问富英："既得班侯先生之传授，何以弃置不练？"富英答称："吾父不许练也。"此句或许属实，但背后的真实原因也许在于，其父富周不让他再练杨班侯所教的拳，而专习富周学自杨禄躔的东西。后面所述因将堂兄打伤而受父责斥，自此不许练，则可能是富英不再跟杨班侯习拳的托词。这个托词也很高妙：一来是变相地奉承杨班侯功夫很高，于班侯颜面有光而不致有损；二来富英既惹此"大祸"，遭父责斥，也确实有不再去跟杨班侯练拳的理由了。

上述说法是青年富英给老师杨班侯的一个交代，也是数十年后晚年的富英给陈微明

民国初期的陈微明

① 陈微明：《太极剑　附太极长拳》"太极拳名人轶事"，上海：中华书局，民国十七年（1928），第三～四页。

的解释。当年，父亲富周一生履诺不外传所学之杨家太极拳，富英此时若将其拳合盘托出而又与杨家在外所传不同，必对杨家后人不利。如若富英没真本事，带艺拜师的萧公卓根本不会投在久不练拳且无多大名声的富英门下。

杨禄躔后传各脉几乎皆有口传，述及杨班侯的"收拳"之举，杨家众门人或者放弃不练，或向其承诺绝不外传，并敬而远之。据全佑传人口传，当年杨班侯因其父传授门徒毫无保留，颇为不满，认为如此则子孙恐无立足之地。父子间自此颇有分歧。后来，杨班侯将年迈的杨禄躔送归老家，全佑依依不舍，徒步跟在杨班侯赶的骡车后面，送了一程又一程。杨禄躔见后，与之共坐车沿，跟他说："回去好好练，站住中定往开里打。"全佑知老师言语不虚，自此通悟。杨班侯已不可耐，屡屡催促起行，师徒从此分别。

富英承其父富周单传，秘不示人。清帝逊位后，年迈的富英陷于穷困。其拳最终授于弟子萧公卓及高子范、庞天保。后来，高、庞二人不知所终，有无传人不详。

萧砥（1886—1979），字公卓，以字行，号哲泉，晚号燕南啸叟，保定人，生于晚清一武举家。幼年随父练武，及长，遍访名师，先后师从跤手张凤岩、八卦掌李文彪、太极拳郝为真、通背拳张策、形意拳赵庆祥等，八卦掌、通背拳、形意拳、跤术、器械等皆习练纯熟。后入北洋直系军队，担任连长期间，曾驻防沧州，偶遇京西莲花山武当下院萧道长。道人年逾半百，精擅技击，内功深厚，能将纸捻儿掷入木柱内寸余。因见萧公卓骨骼清奇、气宇不俗，且为同姓，遂予点悟，赐道号"悟通子"。数月内，萧道长将武当金蟾派内外功法倾囊而授，期间几番相劝，要萧公卓舍弃军职，随其南下武当进修上乘功法。萧公卓因军职在身，未能随行，此后晋至东北军中将旅长。

民国中期，萧公卓在历任军队要职后，目睹干戈四起、派系混战和百姓罹难失所、颠沛流离的苦难，对血雨腥风的戎马生涯日益厌倦，最终毅然辞官隐遁，回归保定。后迁至北平，偶遇同门，言及富英，萧公卓遂前往访谒。民国二十六年（1937）萧公卓得以师从富英，同时得到

萧砥（公卓，1886—1979）

王茂斋、恒寿山诸前辈指点，且习得李瑞东一脉拳术。其时，正值抗战，北平处于日军统治下，萧公卓结识了时为北池子小学教员的中共地下党员何润刚，被请传授几名地下党员防身之技，萧公卓慨然应允并悉心传授。不久，驻扎北平的日本密探认定其有通共嫌疑，决定夜间秘密抓捕。萧公卓闻得消息，于黎明前出城，返回保定，变卖部分家产，举家远避他乡。

萧公卓晚年与门生合影

　　新中国成立之初，萧公卓返回保定，在莲池等各大公园无偿授艺。得其传者有萧岱霞（女）、萧铁僧（子）、李金城、腾登斌、王贵深、王双聚、翟英波、王顺和、马原年、冉国颜等。

二、王兰亭—李瑞东一脉 [①]

　　在清末以京津为中心的华北拳家之间，"王兰亭"是个很响的名字。不过，也是传闻多而史料少。而且，当时人们口中所传的"王兰亭"，可能并非一人，一是

---

　　① 本篇主要参考孟正源《王兰亭折服鼻子李》（《武林》1982年第6期）、冯福明《武术名家李瑞东》（《中华武术》1987年第4期），李荫茹《霍元甲与李瑞东比武质疑》（《中华武术》1987年第8期），雍阳人《太极李派崇武当——李派太极拳与武当的渊源》（《武当》1989年第3期）、雍阳人口述、谭大江整理《北方武林大师李瑞东的故事》（《武当》1992年第1期），陈庆国《李派太极拳创始者李瑞东》（《武魂》1997年第1期），《武当》2000年第4期"李派太极拳专号"，马明达《李瑞东先生二三事——从此窥见武术的人文内蕴》（《武林》2003年第4期），杨兆麟整理《"黑风大侠"李瑞东的故事》（《武当》2004年第6期），李连科《李瑞东与李派太极拳》（《武魂》2007年第12期）等。

会友標局精于三皇炮捶的王兰亭（字玉玺，深县人），一是杨禄躔的弟子王兰亭（名永泰，新津人）。①这里只说作为杨禄躔弟子的王兰亭。

据说，王氏后传保存下一篇太极拳谱抄本的序言，是王兰亭作于同治十三年（1874）正月上旬，其中述及拜杨禄躔为师习拳的大致经过：

> 同治乙丑三月既望，余以十二连拳周岳图玩视不已。适逢窗友富仲权来顾，论诸家拳技，且言太极拳百战百胜，较在诸技之上，大略言其一二。后戊辰岁，余随官秀翁督直隶时，捻逆扑窜保阳，仲权兄奉差侦察军情，到省晤面时，复言太极拳之奥妙，拳理真切，其味无穷。余遂由羡慕而发奋，径至东都门，拜在杨禄躔先生门下，受教七载，荷蒙恩师循循善诱，将太极拳真传尽授余焉。②

其中所言"同治乙丑"，即同治四年（1865）；"富仲权"，疑为富周；"戊辰岁"，即同治七年（1868）；"官秀翁"，即官文，字秀峰，王佳氏，正白旗人，曾为湖广总督，同治五年（1866）被曾国荃弹劾，解湖广总督职，召还，执掌刑部，于同治七年（1868）复职，同治八年（1869）管户部三库，同治十年（1871）卒。王兰亭为官文长随，跟从官文去职返京。只是从该篇文辞来看，似有作伪之嫌。即便为真，也应被后人做过更动。

传闻王兰亭后被调入惇亲王府（惇亲王奕誴为道光皇帝第五子），掌管府内日常事务。经富仲权介绍，王兰亭师从杨禄躔，后把杨荐入惇亲王府授技。当时，万春、凌山、全佑等旗人护卫均从学。同治十年（1871），惇亲王奕誴的次子载漪十五岁，奉西太后慈禧懿旨，过继给已死去多年但无后嗣的瑞敏郡王奕誌为子，初为贝勒，光绪十五年（1889）加郡王衔，光绪二十年（1894）被正式册封为端郡王。

王兰亭师从杨禄躔，班侯、健侯昆仲也以师兄称之。据说，王兰亭身材高大健壮，曾有嵩山少林寺僧慕名来访，被王所败。民国初期的武术书籍对他也略有记载，但多不详，有的连其名字也未说明，只称"王教师"。

王兰亭后将所学授于李瑞东、李宾甫以及司新三。据陈微明述：

> 露禅之弟子王兰亭，功夫极深，惜其早死。有李宾甫者，闻系从兰亭学，艺亦甚高。访之者极众，而未尝负于人。一日有少年来访，口操南音，手离几

---

① 马伟焕：《杨露禅高足王兰亭踪迹寻探》，《武林》2004 年第 10 期。
② 雍阳人：《李派太极拳谱文献三篇》，《武当》1994 年第 5 期。因未能得见该文原件，此篇公开披露的文字，若非伪造，其中部分文辞也可能经后人更动，若"恩师""真传"等语，似非当时用法，均带后来习气。

椅数寸许，扬其手，几椅随之腾起，悬于空中，宾甫见之骇然。少年欲与比试，宾甫逊谢不获，少年遽进，时宾甫左手抱一小狗，仅右手与之招架。数转之后少年已跌于地，乃痛哭而去。[①]

李瑞东，名树勋，字文侯，号瑞东，又号烟霞逸士。因"幼病鼻而缺，拳家多称之为鼻子李，以其精太极拳也，又称曰太极李"[②]，又有说其"生而鼻缺，上翻，故江湖人称鼻子李，复称鼻子"[③]。李瑞东于清咸丰元年（1851）正月初二生于直隶武清县城关东后街，家资巨富，祖上挂过双千顷牌。至父辈，家有良田四十余顷，房屋八十余间。其父李小歧为县衙吏员，通医术，在城关开济生堂药铺，在当地声誉甚高。

李瑞东"家富而好拳，少年好客，有《水浒传》柴大官人风，故其所取也博"[④]。最初练过流行的少林拳，但他认为"多是乡屯把戏，花招虚套，惟求悦目而已"，后跟饶阳李老遂学戳脚门，及长，与沧州王子斌（大刀王五）结义，互换拳艺，得王五所传山东教门弹腿及子龙大枪之妙。李瑞东天资聪颖，有过目不忘之能，年近而立，已练出一身出众的功夫，未尝败绩，有名于当地。

民国初期杨明漪记载，李瑞东"末遇王兰亭，王故杨陆禅（杨班侯之父）之弟子也，遂专心太极"[⑤]。王兰亭某次途经武清，晚间与李瑞东闲谈，偶及拳技，二人一时兴起，遂起比较，结果李瑞东"三战皆北"，遂愿拜王为师。据其后传所保存的一篇李瑞东自序（作于光绪辛巳初秋）称：

> 曾于光绪庚辰岁（即光绪六年，西历1880年）四月念八日，忽有新津王兰亭兄因奉差由都赴坨，从武清过，顺便相顾，下榻舍间。夜晚燃灯闲话，偶尔谈及拳勇，一时投其所好，因问："兰

李树勋（文侯，瑞东，1851—1917）

---

　① 陈微明：《太极剑　附太极长拳》"太极拳名人轶事"，上海：中华书局，民国十七年（1928），第七页。

　② 杨明漪：《近今北方健者传》"李瑞东"，民国十二年（1923），第四页。

　③ 金恩忠：《国术名人录》"李瑞东"，天津：大公报社，民国二十二年（1933），第42页。

　④ 杨明漪：《近今北方健者传》"李瑞东"，民国十二年（1923），第四页。

　⑤ 杨明漪：《近今北方健者传》"李瑞东"，民国十二年（1923），第四页。

亭兄亦好此道乎？"彼云："昔日也曾练过，可惜荒废多年，久无功夫矣。久仰吾兄高明，不知可肯赐教否？"余竟然许可，遂于灯下比较焉。及至交手，孰知三战三北。余到此际，实觉惭沮，无地自容，几乎愧忿而死，宣誓从此不言拳勇矣。兰亭兄婉言劝之曰："为何所见若是之浅？气忿若是之盛耶？吾侪知己兄弟，又系读书明理之士，绝非俗人可比，岂能胜负为心哉？吾弟若不嫌弃，情愿将吾所学倾囊而赠。"余忽然省悟，因问兰亭兄云："吾兄所练拳术，门户为何名？令师为谁？"兰亭兄答曰："敝业师为广平杨禄躔先生，所学太极拳也。"余向兰亭问曰："京都有杨班侯者甚为著名，不知与兄相识否？"兰亭笑曰："伊非外人，即吾师杨禄躔先生之次子，吾之师弟也。"[1]

此后，李瑞东随王兰亭进京，经王引荐，进惇亲王府任"田亩总头"，从五品，一年中仅秋后较忙，平时赋闲。李瑞东得从王兰亭琢磨拳技，又曾跟董海川弟子程廷华、尹福等习八卦拳。李瑞东所传八卦拳只有陈继先等为数不多的门人继承。据李派老人所述，李瑞东为练出八卦功夫，用铁制钱串连起来做成铁上衣一件，重达八十余斤，练时穿上，仍能灵活自如，铁衣随其左旋右转，忽而转开，忽而闭合，犹如伞状，颇为壮观。后人将此铁衣一直保存，"文革"期间被抄。据说，李瑞东在京又曾与王兰亭一道拜岳飞后人岳青山为师，学岳家心意六合拳。河南嵩山少林寺僧龙禅法师慕名进京访王兰亭学艺，也将所学少林拳法授于李瑞东。李瑞东集众家于一身，外柔内刚，功力醇厚，又练大杆，十斤重的杆子抖动自如，提扎精巧，当时被推为此道一绝。

端郡王载漪幼好武技，由王兰亭教习，与载漪同庚的王府文案司新三（1865—1935，名世铭，字新三）也从王习艺。据说，杨禄躔去世后，性格刚强好胜的杨班侯人缘稀落，一意孤行，大举"收拳"，引发门内侧目。杨班侯与王兰亭也反目成仇，王为此极为苦恼，一时绝口不谈拳技。经司新三劝慰再三，王与司以"太极五捶"为本，结合别家拳技，编成"太极五星椎"（有作"太极五行椎"）。司新三是镶红旗人，博学多才，"太极五星椎"的歌诀即出自其手。[2]又有说该拳为王兰亭、司新三、李瑞东、龙禅法师、李宾甫五人创编，总共五趟，当时叫"五路子"，也叫"五子拳"。[3]

王兰亭后因故出家避祸（有说是与旗人冲突，王将对方击毙，按律当斩，遂

① 刘玉华：《杨禄躔名字被误传八十年》，《武当》2003年第11期。
② 张冠杰：《犹龙派太极拳大师司新三》，《武当》2007年第10期。
③ 陈庆国：《犹龙派太极的来龙去脉——兼述犹龙派与李派两家太极的亲缘关系》，《武当》1998年第3期。

削发为僧，释名"法静"）[1]，行前给李瑞东留下进山图一张，相约若干年后在山中相见。数年后，图纸因遭鼠啮，李瑞东未能践约。

王兰亭遁入空门后，端郡王载漪又从李瑞东学（据称，李瑞东三子李季英曾珍藏载漪给李瑞东的拜师帖，李季英弟子张万生亲眼见过）。光绪二十年（1894），李瑞东受端郡王举荐入宫，充四品带刀侍卫及侍卫教师。宫廷侍卫多为各派高手，据说，李瑞东刚进宫即被授以高位，众侍卫不服，借机比手，相继败北。其中有一母子门的侍卫张斌如，因在家时以卖包子为生，人称"包张"，多次出言不逊，后经宗人府官员牵线，二人至该府某厅内，李瑞东端坐椅上，让张斌如出招，张见李如此轻蔑，遂发狠劲进攻，随即跌出门外，进呈长跪不起，欲拜李为师，李瑞东让大弟子李进修教之。张斌如只比李瑞东小十来岁，此后一直以徒孙辈自居。

在清廷任职期间，李瑞东因偶然机缘，遇江南甘凤池曾孙甘霈霖（淡然）进京专访试手，得其南派太极拳及钓蟾功绝技。

李瑞东早年在摔跤上下过很大功夫，体形健硕而不累赘，身手敏捷，跤法灵活多变，曾多次到京城善扑营较艺，跤名很盛。[2]

庚子年（1900），华北的拳家遭到一场大劫难。此前，光绪帝己亥（1899）建储，端郡王载漪之子溥儁被立为大阿哥。是年，三十八岁的端郡王载漪出任总理各国事务衙门大臣，位高权重，显赫一时。载漪曾利用义和团围攻各国使馆，而当列强攻入京津一带，诸多拳家皆参与抵抗，载漪则作为亲信随慈禧太后西逃。据传闻，李瑞东曾与联军巷战，后被数百士兵包围于一四合院中，院内有一水井，李钻入井下，身贴井壁。联军士兵进院找不到人，向井底开了一阵乱枪后离去，李瑞东竟奇迹般生还。

事后，清廷与八国联军议和，八国联军要求惩办赞助义和团的"首祸诸臣"，从中央到地方，被监禁、流放、处死的官员共百余人。光绪二十七年（1901）签订的《辛丑条约》第二款明确列出了对以端郡王载漪为首的"伤害诸国国家及人民"的主要官员的处置：

> 端郡王载漪、辅国公载澜，均定斩监候罪名，又约定如皇上以为应加恩贷其一死，即发往新疆永远监禁，永不减免；庄亲王载勋、都察院左都御史英年、刑部尚书赵舒翘，均定为赐令自尽；山西巡抚毓贤、礼部尚书启秀、刑部左侍郎徐承煜，均定为即行正法，协办大学士吏部尚书刚毅、大学士徐桐、前四川总督李秉衡，均已身死，追夺原官，即行革职。又兵部尚书徐用仪、户

① 吴文翰：《杨派太极拳支系繁衍情况概述》，《武魂》2003 年第 3 期。
② 李瑞东擅摔跤术在金恩忠《国术名人录》〔天津：大公报社，民国二十二年（1933）〕中也有记载。

部尚书立山、吏部左侍郎许景澄、内阁学士兼礼部侍郎衔联元、太常寺卿袁昶，因上年力驳殊悖诸国义法极恶之罪被害，于西历本年二月十三日即中历上年十二月二十五日奉上谕开复原官，以示昭雪。庄亲王载勋已于西历本年二月二十一日即中历正月初三日、英年赵舒翘已于二十四日即六日均自尽。毓贤已于念二日即初四日、启秀徐承煜已于念六日即初八日均正法。又西历本年二月十三日即中历上年十二月念五日上谕将甘肃提督董福祥革职，俟应得罪名，定谳惩办。①

端郡王载漪在发配新疆的途中辗转北上，投奔其妻兄——内蒙古阿拉善旗罗王王府。大阿哥溥儁也被废黜，赶出皇宫，随后也到了罗王府。

庚子之后，众多并非义和拳民的拳家也大受牵连。清廷严禁民间传习拳棒，京城中人几不复敢言此。李瑞东被迫辞去宫廷侍卫职，与弟子李进修返还武清老家，闭门潜心于各派拳技。

据说，曾在端王府主管文簿的司新三也因端郡王被流放而离开王府，隐居京城南苑附近，约于光绪三十一年（1905）偶遇武当道人培元尘（有作"裴远臣"）。培元尘神奇古怪，谈吐不凡，以同门长辈自称，是武当龙门派人，司新三得以见识其上乘武功。此道人在司家不食人间烟火，悉心传授司新三武当太极功法，与司此前所学不同。司新三总结所学，作《艺学纲领总论》，仅传其外甥张振之（1894—1970），张后来在天津传授张鸿逵、王逸樵、周文清、吴子云、杜茂、阎行庄、曲朝露、熊春懋等。②

而李瑞东所传太极拳因已自成一格，被后人称为李派太极拳。套路为天盘拳三十六势，地盘拳七十二路（即太极八法奇门拳），人盘拳一百零八势（即太极五星椎），另有器械套数若干。此外尚继承其他一些拳法趟路，不少与富周一脉所传大致相合。

据说，当年李瑞东家中有一头大犍牛受惊，横冲直撞，无法制服。家人叫出李瑞东，李迎上去一手抓住牛角，另一手在牛肋部拍了一掌，牛顿时仆倒在地，吐血而死。武清城里的屠户李八将牛剖开后，发现牛断了三根肋骨，五脏淤血。据李进修的侄子李仰真说，当时他和叔叔就在李宅，还吃过牛肉。

民国初期，关于李瑞东的传闻已出现一些夸大不实的成分。据杨明漪《近今

---

① 《奕劻李鸿章奏照录画押条款全文缮单呈览折》，见王彦威、王亮辑编，李育民等点校整理：《清季外交史料》第9册，长沙：湖南师范大学出版社，2015年，第4942~4943页。

② 有关司新三事，参见雍阳人《太极李派崇武当》（《武当》1989年第3期）、陈庆国《犹龙派太极的来龙去脉——兼述犹龙派与李派两家太极的亲缘关系》（《武当》1998年第3期）、张冠杰《犹龙派太极拳大师司新三》（《武当》2007年第10期）等。

北方健者传》记载："有谓村牛疯，吾师掊之而牛死，骨且无寸完者；有谓猫形墙上，吾师戟指之而猫毙，云云。"杨明漪曾以此询问与李瑞东关系较近的周祥（程廷华弟子），肯定了以掌打倒牛的事，但说"骨且无寸完"，则是夸大其词了。据杨明漪记述：

> 以"掊牛毙猫"问诸周祥，祥曰："予与瑞东居最迩，又周旋久，掊牛牛仆属实，碎骨毙猫，传者之妄耳。然瑞东尝使予闭目坐石板上，以其掌离予首数寸际，曰：'祥乎，予将尔提起矣。'便悬悬然觉身在空中，须臾曰：'予坠尔矣。'便觉身由数仞落地焉。身实未离石，而气血随其掌上下其潮若斯，此则瑞东独到之处，未见他人有是。"[①]

民国时期以写武侠小说著称的郑证因在其代表作《鹰爪王》一书中也提及此事，大约是从杨明漪的《近今北方健者传》演绎而来：

> 八卦门周祥，亦为武清县人，与太极李过从甚密，一日互相印证所学与功夫之造诣。李瑞东戏令周祥坐石板上，谓之曰："师弟，余以掌心之力能将你提起，汝信乎？唯须闭尔目。"周诺之，瑞东声喝："起。"周祥立觉被提悬空，如腾云雾，复喝："落。"周祥复觉由数丈处疾坠，知身并未离石板，实则自身之气血随瑞东之掌力起落焉。是知武功有深造诣者，气能催人气血，信不诬矣。[②]

另据李仰真说，当年李瑞东在房屋内猛然全身一抖，窗户顿时一阵乱响，窗户纸全碎。

杨明漪在书中还记载了这样一件事：

> 闻之龚少将治初云，其族人龚雨苍内史令武清时，宴邑绅，询瑞东曰："闻君拳勇精，可得见乎？"瑞东请灭烛而伸掌，暗中见其五指之端皆明焉。[③]

李瑞东交游甚广，与当时京津一带的拳技名家，以及名医、名伶等各方人士多有来往，家中时常高朋满座，谈尽欢畅。李瑞东也因此博学多识、艺综多门。各地拳家到武清访者众多，当时李家有一不成文规矩：凡上门者，尽皆款待，但要"来时露一手，走时留一手"。由于来访者络绎，各门派江湖人士留在李家的拳械套路技法也不少。

另据《国术名人录》记载：

> 李除习武外，尚精医术，家资甚厚，尤好布施，素有"小孟尝"之称，家

---

①杨明漪：《近今北方健者传》"李瑞东"，民国十二年（1923），第六页。
②郑证因：《鹰爪王》第四册，长春：吉林文史出版社，1988年，第1580~1581页。
③杨明漪：《近今北方健者传》"李瑞东"，民国十二年（1923），第六页。

中食客常数十人，多为武术界人物，其门弟子亦甚众，县境曾啸集土匪数百人，劫掠乡民，官兵剿捕，常为匪人所败，瑞东仗义率领弟子数十人直捣匪巢，将匪首捉获，余匪惊散，于是官民，均感激之。[①]

李瑞东功夫虽高，却不讳言败，他在《太极拳谱序》中写道：

> 余自从兼习各家技艺，便觉快然自足，高傲之甚，又因屡用屡效，更觉自己已成绝技，从此必无敌手矣。岂不知人外有人手，细想皆是糊涂不通之故。当初若肯谨慎藏拙，何至后来当场出丑，岂非自满所取耶？

李瑞东一生与人较技，极少失手。据载，霍元甲名声最盛时，李瑞东闻之不悦，与霍较，已稍弱焉。关于李霍比手事，民国初期小说家向逵（恺然）有所记述：

> 李富东之弟子曰摩霸者，回回人也，游于津，见元甲曰："吾师敬慕先生，盍往游焉？"元甲以无暇谢之，三请乃许。元甲之弟子某，与摩霸拟其胜负，各崇其师不相下，乃以物为赌注。摩霸贫，署券质其居室。元甲至武清，富东大喜，款洽备至，与元甲观其徒所习技，元甲皆赞赏不置。越数日，与较。元甲年三十有五，富东且六十矣，衣锦袍褛即曳地。元甲请弛衣，富东笑而不答。格斗良久，富东少却。元甲进抵以肘，富东后格于炕，大呼曰"止"。元甲复留数日而归。摩霸与兄共居，患无以赎券，自缢而死。元甲初未之知也，闻其死往吊，哭之甚哀。[②]

此后，李霍二人成为挚交。李瑞东将此事记下，让后人引以为戒，也可谓胸襟广阔、率真坦荡。

李瑞东古道热肠，尚任侠，仗义疏财，"家备场所及碑帖笔砚之属，邑人之习拳临帖者，随时教之。其博爱及人又如此"[③]。每逢灾荒年头，即设粥棚，救济饥民。且因其继承祖业，医术高明，有求必应而不收诊费，对贫困者有时连药费也免去，每逢阴历初一、十五，必舍药舍粥，在当地声望甚隆。李瑞东虽家资雄厚，却也因此几乎散尽家产，家产由起先的四十余顷良田，变成后来的四顷多。

清末的天津与上海正是与日本往来的两个最主要的口岸，流亡日本的梁启超等维新改良人士、活动于日本及国内的革命党人、预备立宪的清廷官方都从各自立场提倡"尚武"，社会舆论对于"旧有之武术"或"固有武术"也加以提倡，处于暮气中的拳师日见生机，与北京城相邻的天津成为华北众多拳师的集散交游之

---

① 金恩忠：《国术名人录》"李瑞东"，天津：大公报社，民国二十二年（1933），第42页。
② 向逵：《拳术》附《拳术见闻录》，民国五年（1916）十二月，第二六页。
③ 杨明漪：《近今北方健者传》"李瑞东"，民国十二年（1923），第六页。

地。宣统元年（1909），毕业于日本早稻田大学的直隶深县人张恩绶与其同乡武进士杜晓峰，联络深县籍退伍士兵在天津创立了同乡性质的组织——军人会。宣统二年（1910），李瑞东与盟友李存义、张占魁在天津三条石创办中华武术会。[①]在此基础上，一个新的社团——中华武士会，于民国元年（1912）在天津逐渐浮出了水面。六月五日，《大公报》发表《中华武士会公启》，次日登载《中华武士会简章》，"定名为中华武士会（亦称中国武士会，意在武术普及全国之目的）"，"以发展中国固有武术、振起国民尚武精神为宗旨"，会所暂假河北三条石直隶自治研究会总所。同时登载《中华武士会传习所简章》，发起人为"王法勤等七十七人"。[②]据十三日天津《大公报》载：

> 直绅张继、王法勤、顾保德等八十余人发起之中国武士会，定于阳历六月十六日下午假河北三条石直隶自治研究所开成立会，后筹备开课事，广延拳棒击剑各名师为教习，以发展中国固有武术，振起国民尚武精神为宗旨。[③]

追究张继、王法勤、顾保德等人的背景，可以发现他们不少也是革命党人。就在民国之初，面临辛亥以后的局势，孙中山授意并委派人员在天津筹备中国同盟会燕支部。[④]几个月后筹备就绪，七月十四日在天津李公祠正式成立，张继为燕支部部长，王法勤为副部长。八月，经宋教仁全力鼓动，同盟会与统一共和党、国民共进会、国民公党等六党合一，在北京组成国民党，孙中山被推为理事长，宋教仁为代理理事长。八月二十四日，孙中山在天津劝业会演讲，提倡南北共和。二十五日，同盟会燕支部更名为国民党燕支部。为培养革命力量，创办中华武士会和武士会传习所是这一时期燕支部的主要活动之一[⑤]，燕支部主要成员张继、王法勤、顾保德、叶云表等都参与其中。九月九日下午，中华武士会召开正式成立大会，兼行开学礼。[⑥]十月二十八日，举行了盛况空前的秋季大会，"观者千余人"，算是中国首次大规模的武术赛会。据《大公报》载：

> 首由干事张泽儒报告开会词，继由干事叶云表报告近日办事手续毕，当由

---

①阎伯群、李瑞林：《中华武士会寻绎》，《搏击》2012年第11期，第5页。

②《中华武士会附设传习所简章》规定："学科：分为两种，一速成科，一专修科。速成科每日传习两小时，五个月毕业；专修科每日两小时，两年毕业。凡在本会传习所毕业者给与本会徽章。学费：凡在本会传习所习艺者，每月纳学费一元。传习时间：每日自午后一时起，至晚九时止，此时间中任学员自择适宜时间学习。报名处：河北三条石直隶自治研究会总所。发起人：王法勤等七十七人。"（《中华武士会传习所简章》，《大公报》民国元年（1912）六月六日，第三张第十版。）

③《武士会已成》，《大公报》民国元年（1912）六月十三日，第三版。

④民革中央宣传部：《王葆真文集》，北京：团结出版社，1989年，第39~41页。

⑤《同盟会燕支部始末》，《中国档案报》2012年2月13日，第4版。

⑥《武士会将开》，《大公报》民国元年（1912）九月五日，第二张第五版；《武士会成立》，《大公报》民国元年（1912）九月十日，第二张第六版。

各武士各献技能，掌声雷动，尤以广东卢杰之君舞铁线拳及长杆工夫为纯绝，武清县之太极拳更属文雅。此种技能不但为吾中华之粹，亦为民国之光，倘能从此极力提倡，未始非振起尚武精神之根本问题也。[1]

中华武士会的会址为天津原造币厂，李派在正房东屋，形意门在正房西屋。尽管李瑞东、李存义、张占魁三人为盟友，然而三派的门人各有所宗，聚集一处，日久难免口舌生隙。据说，"民国元年，以门人之互相构扇，与李存义约，角术于天津青年会，瑞东逾时不赴。其识体崇让如此"[2]。

民国二年（1913），李瑞东进京"任袁大总统拱卫军武术教练官"。[3]中华武士会的教学则由门人李进修之子李昭堂、李昭棣，之侄李昭荫代行。李昭荫后被请至张伯苓任校长的南开中学，与蒋治中（万良）创办广武学会。李瑞东本人长期在京任教，偶尔到天津中华武士会看看。"瑞东曾躬至河南陈家沟（太极拳之源地），旋京微言京派太极之稍异，其门人争以'京拳皆错，太极有真'喧，京派太极拳者群觊瑞东，迫与之角，瑞东卒袖手，以无听细言为释。其谦冲和蔼如此。"[4]

民国六年（1917）农历腊月二十八，李瑞东自京返回武清过年，因使用煤炉不当而煤气中毒，于正月初一逝世，终年六十六岁。

关于李瑞东之死，还有说是因与人交手失利而病故。对此说有确切记述的是杨明漪的《近今北方健者传》：

> 民国五年（此年记忆不清）阴历十二月二十八日晚，突有一军人谒李于京寓（李在京某宅教拳），佯请教而卑视太极。瑞东为婉言太极之体用，军人故不信。瑞东与之揉手，军人两掌依瑞东拦雀尾式而进及肋际，骤变双撞掌，瑞东未防，坐地上，军人揶揄数语而去。瑞东病，于次年正月初一日殁。闻军人

---

① 此处"张泽儒"即张恩绶，时为天津中华武士会干事。另据记载，"张恩绶（众），泽余，四三岁，深县人，保定大学生，日本早稻田大学毕业，法政举人，省议员，北洋法专校长，北洋法政会会长，中华武士会会长，前两栖议员"。（摄一：《铁牌人物考》，见《孤军》第二卷第二期，上海：泰东图书局，第三页。）《大公报》同时记载"是日到会奏技各武士地址、姓名"："国宪章、李振山、蒋杏园、蒋荫桥、徐奋标、马庆云、国云章、齐恒久、孟□夏（蠡县）、高永和、穆成泰、桂□、王桂林、宋永祥、张景星、张德忠、赵云起、张玉衡、马鹏图（沧州）、郭永禄、李素堂（山东）、郝恩广、李耀亭、黄柏年、左振英、王凤令、张世广（河间）、杨振明、翟景云、翟怡曾、翟尔勋、梁文曾（安州）、陈玲修、张如杰、柴振声、艾义峰、柴形著、齐剑龙、夏贤宾、常俊杰、韩殿甲、李增辉、王海田、叶锦花、李丕臣、段朝栋、柴寿彭、张心广、刘占甲（高阳）、李瑞东、李进修、李维全、杜锡庚、张鸿治、田永忠、刘序、李德芳、李庆芳（武清）、李存义、耿其善（深州）、司士铭（北京）、卢杰之（广东）、万玉瓒（吴桥）、武殿灵（枣强）、徐富广、韩秀山、韩保安（天津）。"（《武士会纪盛》，《大公报》民国元年（1912）九月二十九日，第二张第五版。）

② 杨明漪：《近今北方健者传》"李瑞东"，民国十二年（1923），第四页。

③ 金恩忠：《国术名人录》"李瑞东"，天津：大公报社，民国二十二年（1933），第42页。

④ 杨明漪：《近今北方健者传》"李瑞东"，民国十二年（1923），第四～五页。

隶模范团云……夫以瑞东之学、之技、之礼让，而卒撄某军人之撞以死，则徒党之妄喧招之也，可以鉴矣。①

杨明漪为天津中华武士会成员，曾在致友人函中提及："李瑞东被打身死一节，弟所闻不止海亭所道，尚有模范团中人言之。"②杨明漪主要师从李存义，其言论自然也站在李存义师徒一边，认为李瑞东被打身死之祸，乃其徒党"妄喧招之"，可见两派门人之间颇不融洽。

李瑞东交手失利尚不至于成为致死之因，只是祸不单行，交手失利与煤气中毒，两者凑在了一起。

据马明达评述：

在清末民初的京津武坛上，李瑞东的确是一位兀然壁立而胸纳百家式的人物。可惜天事难知，人生无常，这位体魄强健的一代武术大家，竟在一场意外事故中猝然辞世，得年仅 65 岁。李瑞东的早死是民初整个武术界的不幸，不然，以他的巨大影响力，他的武术活动——包括他所领导下的天津中华武士会的活动，特别是他的综合融贯的武术思想，必定会对当时北方武术的总体走向产生重要影响。③

李瑞东有三子二女：长女奇英、长子伯英、次子仲英、次女菊英、三子季英，均习拳技。有弟子百余人，名声较著者近二十人，有项润田、李进修、李子廉、

李瑞东去世后，门人在其遗像前合影

① 杨明漪：《近今北方健者传》"李瑞东"，民国十二年（1923），第五～六页。
② 该函见杨明漪《近今北方健者传》"作者杨明漪手迹"，台北：逸文武术文化有限公司，2009 年，第七页。其中"海亭"即程廷华之子程海亭。
③ 马明达：《李瑞东先生二三事——从此窥见武术的人文内蕴》，《武林》2006 年第 4 期。

李伯英

李季英

高瑞周（1900—1958）

张滔、陈继先、程安、蒋万和、蒋万良、文实权、罗子鸣、王凤鸣、刘子鸣、高瑞周、陈志杰、何学礼、孙晋巨等。本为通背门的名家王荣标（人称"大枪王荣标"），在李瑞东去世后，因仰其名，曾与李伯英结为师兄弟，从李伯英习李派拳法。

李伯英身高力大，拳法精湛，据说其所练杆子长两丈余，他时常挑着几十斤的铁锁练习。与人比试大枪时，常于一触之际，令对方之枪脱手。李伯英的杆子练得出神入化，有一绝招：李持杆子站立不动，令对方持枪扎杆头，对方无论如何也扎不到；双方互换，让对方持杆子随便动，李用枪尖只一招就刺中对方杆头。据说，为了练出一种粘劲来，李伯英常在李宅后面的水坑边上跑着练，边跑边用杆子抽打水面，久之练出这种粘劲。后来在场院内，李伯英用杆子往碌碡上一抽，杆子一抬，碌碡就被带得翻滚起来。另据民国时期金恩忠记述：

李（瑞东）子某，失其名，亦精技击，尤擅少林棍法，其日常练习之棍，重凡三十六斤，其膂力之雄厚自知矣，现仍健在。[1]

李伯英后在设于北平的东北陆军大学任教，月薪一百二十块大洋，远高于其他国术教师。其弟子有通县任万良、北京陈月舫等。

李子廉曾在北京城传授清廷皇族子弟太极拳，进入民国后又曾在天津东北军万福麟部任教。清末皇族后裔启功在《溥心畬先生南渡前的艺术生涯》一文中写道：

先生膂力很强，兄弟二位幼年都曾从武师李子濂先生习太极拳，子濂先生是大师李瑞东先生的子或侄（记不清了），瑞东先生是硬功一派太极拳的大师，不知由于什么得有"鼻子李"的绰号。心畬、

---

[1] 金恩忠：《国术名人录》"李瑞东"，天津：大公报社，民国二十二年（1933），第42~43页。

李瑞东太极拳第三代传人张万生（右）与贾仕文推手照

叔明两先生到中年时还能穿过板凳底下往来打拳，足见腰腿可以下到极低的程度。溥雪斋先生好弹琴，有时也弹弹三弦。一次在雪老家中（松风草堂的聚会中），我正在里间屋中作画，宾主几位在外间屋中各作些事，有的人弹三弦。忽然听到三弦的声音特别响亮了，我起坐伸头一看，原来是心畬先生弹的。这虽是极小的一件事，却足以说明先生的腕力之强。大家都知道写字作画都是以笔为主要工具，用笔当然不是要用大力、死力，但腕力强的人，行笔时，不致疲软，写出、画出的笔划，自然会坚挺得多。心畬先生的画几见笔划线条处，无不坚刚有力，实与他的腕力有极大关系。

先生执笔，无名指常蜷向掌心，这在一般写字的方法上是不适宜的。关于用笔的格言，有"指实掌虚"之说，如果无名指蜷向掌心，掌便不够虚了。但这只是一般的道理，在腕力真强的人，写字用笔的动力，是以腕为枢纽，所以掌即不够虚也无关紧要了。先生写字到兴高采烈时，末笔写完，笔已离开纸面，手中执笔，还在空中抖动，旁观者喝彩，先生常抬头张口，向人"哈"地一声，也自惊奇地一笑，好似向旁观者说："你们觉得惊奇吧！"①

溥儒，字心畬，号雪斋，大画家。其弟溥僡，字叔明。启功与溥儒家族有世姻关系，又曾在书画方面受教于溥心畬，所述大致是可信的。

民国时期，关于李子廉，社会上颇有些神乎其神的传闻，比如，其打拳时眉毛和手指都能发光，打人如飞。民国二十三年（1934）春，李子廉曾参加山东省国术考试，据四月十八日报载：

十七日风沙大作，鲁国术考试仍续开，上午为摔角二次正试、三次复试，短兵一次复试，拳术一次复试。年七十五岁老叟沙金亭表演铁板桥，单掌断寸五厚石板。李子廉在某方筵席间表演太极拳，眉手并未生光，亦未能飞人。②

李子廉又传杜咸三、郝铭。杜咸三为山东人，毕业于清华大学数学系，为民国期间的硕士研究生，任教于天津，后回山东。郝铭为京剧名家郝寿辰胞弟，曾任天津怀才学校校长。据其民国二十年（1931）发表文章自述：

我在少年求学时，体育先生很认真训练我们，我也注意柔软体操及一般竞赛，身体比较那不好运动的同学们都好些。自入社会服务，即沾染上种种恶习，摧残体魄，后来因为将要堕落，不可收拾，幸而猛醒，处处求进，但体力

---

① 启功：《溥心畬先生南渡前的艺术生涯》，《启功丛稿》（题跋卷），北京：中华书局，1999年，第七○～七一页。

② 《鲁国术考试　昨继续举行　太极拳专家表演　眉手并不曾生光》，《华北日报》民国二十三年（1934）四月十八日，第四版。

不给使用，于是自民国八年先后从友李祝轩先生、恒寿山先生练习太极拳，不数年的工夫，精神充实，体力也慢慢恢复了，因为得了他的好处，遂逢人便道，愿学的人就传授他，一来是因为没有组织，又因为作事地方常更动，所以没有成绩，总恨不能把所学的都告诉人。到天津办学，有了四年的长时间，好像比从前稳固了，近来我正想邀集几位同志组织一个健身房，把我国固有不肯传人的秘诀及锻炼体力的器械置备点，以助兴趣。[1]

郝铭后来任职于南开大学，民国二十五年（1936）担任柏林奥运会中国代表团的领队。当时中国代表团成员有不少国术运动员，所以派出的领队也是通晓拳术的。

河北廊坊的张万生早年随陈继先、李季英学太极拳多年，是继承李派的少数传人之一。

三、夏国勋及其后传[2]

夏国勋是杨禄躔的女婿，从杨禄躔习太极拳，兼取形意拳、八卦掌诸家之长。因杨班侯、健侯在外授拳为业，夏国勋一直未曾公开收徒，而是闲居家中写拳谱，年老返乡而终。

夏国勋私下教过的徒弟极少，有李永平等，李又传孙永昆，主要流传于鲁南一带。又有说夏还曾传授过时在燕京大学读书的学生、山东东阿人王恭甫，据济南洪均生述：

> 我曾见一个抄本，为夏国勋著作拳谱未印本，该书写法，甚为特别、细致，他虽然写的是杨式名称，却对每个式子的每一动作都起了小名，并说明其作用。我记得第一式分解为："顺手牵羊""猴爬竿"，近于陈式金刚倒碓的头几个动作；第三动作则为"二龙取珠"，是用两指直攻对方双眼的着法。对二起脚的转身手法名"仲由负米"，对转身的右腿则名为"乌龙搅柱"。可知当时

①《太极拳问答（郝铭君来稿）》，《新天津》民国二十年（1931）六月十三日，第四张第十四版。
② 本篇主要参考乔鸿儒《郭铸山与内功拳》（《武魂》2007年第3期）、《郭铸山先生武功事略——兼谈八卦太极拳的来源》（《武魂》2011年第10、11期），何曙刚《吴峻山传两趟八卦太极拳》（《武魂》2011年第6期），经元《中华武士会与天津净业国技研究社》（《武魂》2012年第12期）等。

的杨式也是每一个动作都讲技击作用的。我从他的说明，体会出太极拳不但有手的着法，也各有腿法，因为他是杨露禅的学生，后赘为婿，后来又是山东东阿王恭甫的老师。据知，王恭甫功夫极好，他是在北京燕京大学读书时从夏国勋学的，可惜我未见过。我的表弟武建中曾从他学拳，可惜他又改学社会上流传的架式，把原来学的全忘掉了。①

民国初年，王恭甫应南洋华侨之邀前往爪哇，曾与西洋拳师打擂，以太极拳获胜而名噪南洋，之后做贩卖南洋珠宝的生意。经商期间，带回一南洋女子为妻，居住济南多年，后至泰安，在泰安又和友人闹翻，被迫离开。王恭甫长期经商为业，极少教拳。王恭甫在济南的亲戚很多，自幼拜济南西关名拳师李奎祥为师、中年始从洪均生习陈式太极拳的许贵成，其老伴便是王家亲戚，故而知道一些情况，并和王恭甫的亲戚动手较量过，感到对方出手很快，可惜都没有什么传人。

关于王恭甫事迹，曾与其有所交往的济南秀才杨明漪在《近今北方健者传》一书中有一段记录较详：

王恭甫，山东东阿人也，自其父母奉耶稣教。恭甫幼，即好拳术，习醉八仙长拳等。十五入京都米市胡同某教会学校，因得从李彬浦授太极，沉潜致志者八年。辛亥武昌事起，十月间回山东，从友人走兖、徐、丰、沛，说匪首蔡武贵、李扒子等，投戈受降，坠匪中者三越月。遁归北京，赴南洋爪哇之比卢，值有英力士以重金招能打之者，藉自矜诩。华侨愤，请恭甫与角，恭甫谒力士曰："予力薄，欲与力士试较，幸勿相害。"力士以右手握恭甫腰带（皮为之者）擎之起，离地尺余，谓之曰："尔太不量力，予右手持子，左手打之，不几坏乎？退休，宜安分也。"恭甫曰："且放下，姑试之。请轻用力，可乎？"力士不悦，奋力进，恭甫以玉女穿梭击之，力士十步外仆，声如巨大之棉包由高处落地者然。力士疑恭甫力不至此，复进，又蹶，始惭予金。恭甫不受曰："予岂为金来也者？"恭甫于民国六年携巨金回国，值东阿县令宋世男贪婪，又以医见宠于某要人也，诡计鱼肉之，乃构匪类，攫恭甫金去，反不直恭甫，且诬之。恭甫于是赴欧充华工，在法与运输攻战之役。欧战平，自西比利亚归，近在东阿办赈务及筑坝等事。得人民欢，群拟树碑颂恭甫，县令弗之许，植没字碑焉。于是徜徉于游猎，不复与人间事矣。年未四十也，其弟某精八卦掌。

明漪曰：予初遇之拳术家，即恭甫也。与之游，盛称李瑞东。辄以揽雀尾戏击予，予仆，每觉体重逾二倍焉。恭甫不知法律，不知人情，并不知世事之

_____

① 洪均生：《陈式太极拳实用拳法》，济南：山东科技出版社，1989年，第294页。

艰阻，视中外人士，皆父兄子弟之亲也。其信仰之心一如主，其拳术精，其言行直，其心性坦率，而所受之颠仆险巇，遂层出不穷。于是热心浸冷，厌世习成，于龌龊政治之下，葆纯正之人品学术以自救，而得之负才尚气之士，不诚难乎？观力士手擎恭甫不啻狗若，而恭甫仆之如土木偶然。吾华武术之不以力胜，先民之言益信。[①]

王恭甫是杨明漪最早结识的拳家，二人肝胆相交，最后均淡出江湖，不复与拳界事，以至今人都不能较完整地写出二人生平。按照杨明漪早年记述，王恭甫的太极拳受自"李彬浦"，而不是夏国勋，并"盛祢李瑞东"。陈微明于民国十四年（1925）出版《太极拳术》一书，其中"徐思允序"中提到这个名字："思允于己酉岁（1909年），因张君立识李斌浦，始闻太极拳之名。"此处"李彬浦"与"李斌浦"当为一人，又有作"李宾甫"。如此一来，王恭甫的师承有可能与夏国勋无关，而属李瑞东脉络。如今山东东阿练杨家太极拳者，据说多为王恭甫后传。

夏国勋的太极拳，还有一条八卦门的传承脉络。晚清时，刘士俊门徒刘德宽经张某介绍得识杨禄躔，从其研究太极拳。夏国勋与刘德宽结交，曾以交换技艺为名，将其心得授于刘德宽，嘱勿传人。庚子年间，京城八卦拳家、经营眼镜店的程廷华遭枪击身死，其长子程海亭（有龙，1872—1928）顶立门户，往来于京津间。因李存义、李魁元、刘德宽等均与程廷华为盟友，均视程海亭若自家子。刘德宽将自身技艺传授给程海亭时，也将太极拳一并授之。程海亭后在天津又传蒋馨山（1890—1982）和郭铸山（1900—1967）。

郭铸山父亲郭庆年在天津老城北的三条石建立了名闻北方的郭天成机器铁工厂，在当时达官显贵、商贾巨富的"尚武"风气下，郭庆年也不例外，结交京津形意拳、八卦掌、太极拳名家高手甚众。中华武士会在津筹备成立期间及日后发展过程中，郭氏曾赞助经费，给予大量支持。郭铸山少时得以拜李存义为师习形意拳，程海亭、蒋馨山、郭铸山均为李存义弟子，以师兄弟相称，李也让程海亭代父传授郭铸山八卦掌，程海亭在津长居郭家。至于郭铸山得习太极拳，据说是因他十四岁时突患下肢风瘫症以至肌肉萎缩，程海亭见其求医无效，遂将刘德宽所传太极拳功授之习练，再三叮嘱勿轻易示人。郭初练卧功，继练坐功，不久即可下床，以后渐至庭院、公园锻炼，风雨不辍。两年后身体恢复正常，深受其益。

程海亭除将太极拳传授给蒋馨山、郭铸山两师弟，又曾授于吴峻山（1870—

1941）①、孙锡堃等。民国九年（1920）后，程海亭一度供职于天津镇守使署，后回京。毕业于北京法政学堂的蒋馨山与李景林是表兄弟，曾任李部下军需处长，因军务繁忙，很少授人拳艺。第二次直奉战争后，李景林出任直隶军务督办及奉军第一方面军团司令，驻扎天津，曾请郭铸山授其子女太极拳，又与蒋馨山将程海亭从北京接到天津，安置于天津金刚桥旁海河南岸的净业庵。李景林等人于民国十四年（1925）春发起成立净业国技研究社，程海亭任社长。民国十五年（1926）一月，李景林被冯玉祥国民军战败，冯军占领天津，正在天津尚未随部撤离的李景林被迫避入租界，又渡海经烟台转至济南，蒋馨山也自此脱离军界。此后，净业国技研究社陷入困境，程海亭生计艰难，在津经商的河北吴桥人孙锡堃拜程为师，倾资供养。民国十七年（1928）十一月，程海亭病故于净业庵，移葬于北平东郊向梓楼庄。蒋馨山接任净业国技研究社社长，弟子孙锡堃等由蒋馨山和郭铸山代授。是年底，河北省国术馆成立，董事十一人：李景林、傅作义、崔廷献、曾延毅、高志仁、贺芝生、蒋馨山、郭铸山、张宪五、霍双立、刘善菁。民国十八年（1929）十一月中下旬，浙江省在杭州举办轰动一时的国术游艺大会，蒋馨山被聘为评判委员。民国十九年（1930），中原大战爆发，身在上海的李景林于年底奉国民政府之命到济南策动反击。李景林到济南即成立了山东省国术馆，蒋馨山也到馆任职。民国二十年（1931）十二月，李景林去世不久，蒋馨山返回天津，在津授技直至晚年。

蒋馨山早年驻天津时，在津工作的青年孙宝林拜蒋为师，孙后到济南宪兵队任职。蒋馨山到山东省国术馆后，师徒二人相聚。孙也得以在馆兼职，然因公务缠身无暇授人。新中国成立后，处境陡然变化，孙宝林在街道小工厂劳动，更无心教拳。"文革"中，赵振生等人私下向孙学艺，不使人知，孙宝林才尽力传授，此一脉方得承续。孙宝林曾带学生刘诚义赴津拜访蒋馨山深造，可惜因蒋年龄已太大，身体不好，未能学成。

郭铸山在南京国民政府时期曾任河北省国术馆董事（1930），因分管郭氏在济南的产业，时常往来于天津和济南之间。山东省国术馆成立后，郭被聘为顾问，民国二十四年（1935）山东省第三届国术省考时被聘为裁判。此后经历十多年战争，直到民国三十七年（1948）济南解放，郭铸山在此定居。据济南乔鸿儒述：

　　1956年的秋天．一日我持孙文斌先生给我写的投师帖，去拜见郭铸山先生。郭先生当时在一家工厂里做传达员，兼烧热水小锅炉。我从1956年至1966年

---

① 有关吴俊山事，参见何曙刚《吴（峻山）式八卦掌的渊源与创传》（《武魂》2010年第11期）、《吴峻山传两趟八卦太极拳》（《武魂》2011年第6期）等。

初，之间不断向郭先生学习太极、八卦、形意三种内功拳术，短则一周学两次，长则一月学一次，多在晚上开完会才能去，一般学到晚 10 点甚至 11 点方结束。星期日多在早晨和上午，常在人民公园，有数十人随练。我是先学的太极拳，郭先生要求从零开始，千万不要与过去学的太极拳混了，这是他特别嘱咐的。本拳每式都具有起落、开合、鼓荡的特点。半年兼练八卦掌。八卦掌的内容是行桩 8 式及老八掌。行桩以托掌为主，转三个月后再学新式。老八掌以单换掌为主，转 3~6 个月后再学新式。以后凡练八卦掌先转托掌、单换半小时再接其他姿势。总之以上两掌是八卦掌的母拳。走的特点，讲究提、趟、拔、索。从而体会到郭先生教的太极拳含有八卦掌的某些运动特点和变式，在技击和保健的功能上有所提高。为了区分与其他太极拳的不同，1957 年我建议改名为八卦太极拳，郭先生同意，同学们都赞成，这样就延续下来。本太极拳源于杨禄禅，刘德宽得之，传于程海亭，海亭传于两位师弟郭铸山和蒋馨山，并经常在一起研究和改进，形成今天的八卦太极拳。某日济南实验中学张健老师提问，太极比八卦早，为什么把八卦二字列在前头？我解释说这是八卦门练的太极拳，有某些八卦特点，不是按先后次序排列的，他明白了含义也就赞成了。后来张老师还向我学习过八卦太极拳的揽雀尾，他说与平常练的揽雀尾不同。

　　我学习八卦太极拳、八卦拳，都是在郭先生任职的传达室门前空地上进行的。遇有下雨或天冷即移至室内作单式练习。总之还比较顺利。1959 年秋后，三年灾害开始了，先生被派至郊区养猪。居所院内，杂乱无章，不能教练。幸好宿舍宽大，两排六个床位，中间形成一走廊，我在那里学了形意拳，要求先硬后软，先打明劲，后打暗劲。先后学了五拳、连环、生克、四把、八式、五行对练等。第二年先生患了营养不良性水肿病，行动困难。十二形学了一部分，先生说教不了了，他给我说，就学这些吧！恐怕以后我不能教形意了。以后有来学形意的就叫他找你，形意拳是先生的入门拳，功力深厚，但在济南从不公开传授形意拳。因为当时有位李老师（他是李静斋的弟子）年岁高了，以教形意拳谋生，所以郭先生为了维护李老师的生计，故从不公开教形意拳。这种谦让爱护的精神，武林中曾传为佳话。

　　1961 年政府采风访贤，得知郭先生有一技之长，便聘至济南市立二院、济南市医学研究所设体疗室应诊，以治各种慢性病。1963 年济南市医学研究所以"八卦太极功的医疗保健作用"为题，立为科研项目。我和郭先生的助手杨素云大夫做具体工作。首先请了济南市体委胥瑞同志给郭先生拍照，仅八卦太极拳就拍了 50 个卷（每个卷 12 片），并拍了八卦太极功，之后请人画了动作图。照片冲洗三份，一份报济南市卫生局，一份存济南市医学研究所，一份由我保存。经过"文革"，只留有我存的一份照片了，其余资料荡然无存。郭先生 1966 年退休回天津居住，遇上"文革"清理阶级队伍，不幸去世，终年 67 岁。我单位派我到农村参加"四清"运动，运动还未结束，先生就退休回天津了，成为无法弥补的遗憾。另外，我在农村这一年，郭先生在人民公园教了刘德宽传授的四趟大戟，我无机会回济南学习。随后就接上"文革"，学过的人不敢练习。"文革"后我走访了学过大戟的人，都说记不清了。至此四趟大戟在济南未有传下来，实在可惜。[①]

另据济南拳师李静轩讲，他年轻时曾向其师兄郭铸山和某王姓拳师学拳，名"杨如禅式太极拳"。

程海亭、蒋馨山、郭铸山等人传的太极拳，风格独特，走梢节（以指带腕，以腕带肘，以肘带肩），进退步节节贯串，每式皆有起落、开合、鼓荡，讲求程序节律，已将八卦掌技术自然融汇其中。

四、刘进宝及其后传[②]

清代老北京城的显赫，除了皇上就是王爷。皇城只一座，王府好几十，领先的是享有世袭特权的八个（后为十二个）"铁帽子王"——礼亲王、睿亲王、豫亲王、顺承郡王、庄亲王、郑亲王、肃亲王、克勤郡王，以礼亲王为首。经两百年扩建，礼王府东邻皇城根，西靠西四南大街，北顶颁赏胡同，南接大酱坊胡同，老北京有民谚："礼王的房，豫王的墙。"

杨禄躔在京授拳时，礼王府有一太监刘进宝，直隶通州人，据说得晚年杨禄躔所传。原籍直隶顺德府的张正学（端溪）在京城经商，擅弹腿，结识刘进宝，被其技艺所折，拜刘为师。张晚年归里，将所学传授给同乡郑宝庆。郑于民国十三年（1924）任胡景翼卫队武术教官，民国中后期在邢台及山西阳泉等地教拳，传人有贾耕雨等。此拳因属杨式老架，与后来杨澄甫所定拳架多有不同。

---

① 乔鸿儒：《郭铸山与内功拳》，《武魂》2007 年第 3 期。
② 主要参考吴文翰《武派太极拳体用全书》（北京：北京体育大学出版社，2001 年，第 485 页）及吴文翰《杨派太极拳支系繁衍情况概述》（《武魂》2003 年第 3 期）等。

第四章

以柔克刚

——全佑和他的门人

一、全佑：独得柔化

清咸丰、同治年间，杨禄躔客居北京城充旗营教师时，"得其传者盖三人，万春、凌山、全佑是也。一劲刚、一善发人、一善柔化。或谓三人各得先生之一体，有筋骨皮之分"。因三人身份较低，不能与当时的王公贝勒同等，"旋从先生命，均拜班侯先生之门，称弟子"。①此三人之中，惟全佑"最著者也"②，后继有人。

全佑，字公甫，号保亭，正白旗人，满姓乌佳哈拉氏，生于清道光十四年（1834），卒于光绪二十八年（1902），籍贯直隶顺天府大兴县，即北京内城东部一带。明清两代的顺天府，包括二十四个州县，其中有两个县最为特殊，即大兴和宛平。因大兴、宛平的县衙都设在北京城内，以中轴线为界，东为大兴县（管理北京内城东部及东郊地区），西为宛平县（管理北京内城西部及西郊地区），皇帝"身坐金銮殿，脚踩两个县"，说的即是此二县。

全佑其人外柔内刚，为人慷慨，诚朴笃实。先跟杨禄躔习老架，又跟杨班侯学小架，技艺精湛，人称"全三爷"。

据全佑的孙女婿马岳梁述：

有位时贝勒想给他儿子请一位有名望的武术老师，武汝清得知，遂举荐杨露禅到时府，教其子绍南学习太极拳。另有岳柱臣军门，他是武状元出身，闻杨之名，也到时府学太极拳。他二人是正式拜在杨露禅先生门下的，当时有很多王公子弟来学太极拳，他们没有恒心，都没有正式拜门。凌山、万春、全佑三人因碍于级别，不能同贝子和将军称师兄弟，所以奉杨露禅之命，列入他次子班侯门下。

时绍南太极拳的功夫是上乘，杨露禅十分喜爱，不幸41岁生天花病故。露禅先生伤心之至，又因年老，遂回永年家中休养。全佑先生也脱离旗营，设馆于北京水磨胡同惠宅的箭院。他融汇杨露禅之大架和班侯之小架于一体，自创太极拳功架，教授学生，名望大盛，人称全三爷。惠宅是满马佳氏族，满族是一代一个姓。远一代姓惠排行兄弟十一人。惠新吾是行五，官居督察御史，

① 许龢厚：《太极拳势图解》"太极拳之流派"，北京：京华印书局，民国十年（1921），第十页。
② 吴图南：《国术概论》"国术史略"，上海：商务印书馆，民国二十八年（1939）。

任九门提督，乃管辖北京之地方官。因此商业、標行等均在他管辖之范围，如会友標局之大刀王五，名王子斌，就把他老师宋迈伦先生（人称宋老迈，南宫冀州人）举荐给惠五爷，教三皇炮捶门，也住在惠宅箭院。箭院很大，能跑马射箭，有大厅五间，中间三间，两旁各有一间耳房。宋老迈和全三爷各居一间，他们一处喝酒、谈心、论武，遂成莫逆。[1]

马岳梁另有一段叙述：

> 万春呢，他后来有没有传人，我在现场没有访到跟他学拳的，凌山也没有传人。只有吴式这一代。全佑公他外号叫全三爷。我为什么了解这么详细呢，因为，我五伯父做九门提督，就等于是现在的城防司令。全佑公一年到我家住的时间起码在二百天以上，因为原来就是亲家。我的三祖母喜欢全三爷，常叫他来喝酒，娘儿俩常在一起喝酒。[2]

又据全佑隔代传人刘晚苍述：杨禄躔从北京回老家，全佑依依不舍，跟随骡车送行，送了一程又一程。杨老说，回去罢，不要送了。全佑则坚持再送一程。骡车到了卢沟桥，杨老对徒步扶车送行的全佑说："回去好好练，站住中定往开里打。"据说，就是这句"站住中定往开里打"的指点，令全佑融会贯通，在拳架和推手方面，才形成他独到的风格。[3]

全佑虽外表柔和，却有任侠之气。据说，他曾于途中遇兵痞欺压商贩，遂上前阻止。兵痞自恃孔武有力，见全佑斯文可欺，一言不合，拳脚相加，却如蚍蜉撼树，倒地不起。

据全佑孙女吴英华等口传：

全佑家住北京城前门附近，一日有客求见，全佑乃出客厅。来者已进大门，身着长衫，疾步趋前，一揖到地，行礼时向全佑下腹偷袭，全佑技高一筹，拱手还礼的瞬间，稍经转化，便将那人发出，跌到四合院的门楼处。

一日，全佑路过北京东城泡子河附近，见有数十人围攻三人。那三人每人一支长枪，鼎足而立，与围攻人对抗，均已受伤。全佑夺过一根杆子，横打竖扫，把围攻者击散。三人叩谢，自言是回回，姓丁。此后某日，有客来请全三爷看鸽子。全佑爱好养鸽，即随此人到了东城一家，见笼内有佳鸽多羽，全佑爱不释手。兴尽辞别，门楼上忽然倒下一筐石灰，全佑两眼被迷，有多人戴着风镜用铁尺铁棍打来，全佑只用两臂抱头，听任毒打，遍体受伤，腿臂皆断，倒地不起，打人者一哄而散。

① 马岳梁：《吴式太极拳简史》，《中国太极拳》1993 年第 1 期。
② 张耀忠：《听马岳梁说太极拳是怎样传到北京的》，《武魂》2005 年第 2 期。
③ 刘光鼎：《怀念太极大师刘晚苍》，《武魂》2006 年 5 期。

等全佑家人闻讯赶来，人已不能动弹，而那家人已不见踪影。据说，当时有一规矩，伤者不能抬回家中，否则官方即不负责，只好在街旁临时架一席篷，设床将全佑放上，遍请名医，皆束手无策。时有一老翁，赠与药丸三粒，一粒用水化开敷在伤处，一粒口服，另一粒同鸽子煮熟当饭吃下。几天后伤势渐愈，一则老者的跌打药丸有奇效，一则全佑本人功夫深厚，可惜家人忘问老者姓名住址，未能前往答谢。

步军统领（俗称九门提督）惠五爷，得知打人者是全佑泡子河救人的前仇，他们是抬皇杠的，首领是尹太监。惠提督准备抓人，先请全佑到尹宅门前走了一趟，惠派兵跟随，尹太监得知全佑是惠宅教师，遂托人说情，愿赔礼道歉，因而在同兴楼饭庄设宴四十余桌，一时传闻颇盛。[1]

上述逸事，另有一个版本，为王培生的传人所述：

全佑为人正直，好打抱不平，爱管闲事。有一次巡逻，遇到两伙轿夫因赌博而相斗，全佑下令把他们拉开驱散。旧时北京轿夫由杠房组织管理，全城的轿夫分别由东、西两个杠房统管。全佑家住阜城六内官门口，对西杠房的轿夫较熟。可巧，这次互殴中，西杠房的人把东杠房的人打了，东杠房的轿夫便认为是全佑拉偏手，造成他们的人受伤，于是存心要报复全佑。

你可别小看轿夫，按当时社会地位，虽然轿夫排在下九流里，可他们之中也有通天的人物。比如东杠房的人就有在恭王府听差的，就跟今天给某领导开专车的司机一样，他们能跟上边说得上话，可是不好惹的。

过了几天，东杠房的人下帖子请全佑到大高殿议事。大高殿在今北海前门东边，是东杠房的上级机关所在地，当时属禁地。

全佑师毫无防备，持帖前往。他进了大院，静悄悄的没人迎接，便有点纳闷，再往里去，不由得有了林冲误入白虎堂之感，心说不好，正要返身退出，突然间闯出一群大汉，手持棍棒兵器围住全佑，大喊一声"捉贼"，便向全佑师乱打。刹那间，全佑师遍体鳞伤，骨断筋折，早已不能动弹了，手中的请帖也早被人抢去撕成了碎片。这时有个人假惺惺地说："误会，误会，原来是全佑巡官呀。"便吩咐人把重伤的全佑装进一个大筐箩里，抬着送回家去。

老天有眼，半路上来了一位黑胡子的道爷，自称是从武当山来的。他先叫人停下，给全佑师的伤口涂上药，而后又跟随到全佑师家中，给了全佑师内服之丹药。

七天之后，全佑师神奇伤愈，便雇了一顶小轿，打起轿帘到东城转了一圈

---

[1] 阎泗磊：《全佑轶事二则》，《武林》1989 年第 10 期。

儿，也算是示威游行吧，好让谋害他的人看看，"我全佑自有高人相助，安然无恙"。

全佑师伤好后，武当祖师又给他传授了一些武当内功，对太极拳法作了一些指点便告辞离开。道爷走后全佑师忽然悟到是三峰祖师显现相救。后来，全佑师把这套武当内功巧妙地揉进了太极拳之中。

武当祖师与吴式太极拳门有不解之缘，据全佑师之孙吴公藻讲，1979年他在武汉有灾，又是被武当山道爷所救，这位道爷跟当年救爷爷的道爷长得一模一样。[①]

从前拳技传习者多椎鲁不文，对人物生平往事少有确切文字记述，多靠口耳相传。全佑此事，望风捕影，几近奇闻异事，真相已难分辨。不过，从如上传闻来看，大约全佑确曾与人有过节，且遭不测。

二、光大门户的"南吴北王"

全佑的门人有"王有林（茂斋）、吴爱绅（鑑泉）、郭芬（松亭）、常安（远亭）、齐治平（格忱）、英杰臣（杰臣）"[②]等数位。其中，吴鑑泉为全佑之子。民国中期以后，王茂斋与吴鑑泉分别在北平和上海授艺，为全佑门人最著。因身在一南一北，后人称为"南吴北王"。

（一）王茂斋：遗世独立[③]

王有林，字茂斋，山东省莱州府掖县后武官庄人，生于清同治元年（1862）。

① 关振军：《吴式太极拳与武当内功》，《武当》2007年第1期。

② 见《太极功同门录》"太极拳术同门录序"，平津卫戍总司令部北平宪兵分所编制，民国十八年（1929）。

③ 本篇主要参考马长勋《一代宗师王茂斋逸事》（《武魂》1990年第5期）、王云龙《吴氏太极拳名家——王茂斋先生二三事》（《武术健身》1992年第6期）、战波《吴式太极宗师王茂斋》（《健身科学》2004年第5期）、张敬明《吴式太极大师——王茂斋轶事》（《少林与太极》2005年第1期）、王云龙《王茂斋先生二三事》（《武魂》2008年第9期）、梅墨生《太极先贤轶事》（《武当》2011年第5期）等。

金元时期"全真七子"之一刘处玄即该村人氏。王茂斋少时进京学徒，年长领东，成为同盛福麻刀铺掌柜，门面在北京城东四牌楼往北路西，仓库在东四钱粮胡同。机缘巧合，三十多岁得从旗人全佑学太极拳。据马长勋述：

> 说起王茂斋，学拳很不容易。因为全佑本来并不想教外姓人，旧社会技艺传子不传女的都是极常见的事，何况非亲非故。但他拜在全佑门下执弟子礼甚是谦恭，不管严寒酷暑，每次必是亲到老师门前迎接，练拳练完再送老师回家。这么日复一日，年复一年，天长日久，终于以诚感动了老师，从而饱受其艺。其实王茂斋真正开始练拳的年龄是三十六岁，那时他已经是"同盛福"的领东掌柜。一个没有"幼功"的人，年纪大，事务多，居然练出这么好的功夫，凭的什么？不是天才，不是恩赏，是老师的真实传授，是自己的苦练加巧练。由此可见得正确的方法手段是多么的重要，个人的"悟性"和努力是多么的重要。而王茂斋不遗余力推广传播太极拳，不图名、不为利，其功德之宏大，更是深受人们景仰。①

王茂斋在师兄弟中居长，其生性诚朴笃厚，尊师重道，用功最勤，有全佑遗风。据张思慎述：

> 保亭先生（全佑）为人和蔼，生平不轻与人较技，即较技亦必让人三着，盖其天性使然也。得其传者仅王有林（字茂斋）、郭芬（字松亭）与吴爱绅（字鑑泉）诸先生，且王茂斋先生造艺精纯，更能博通内外诸家。②

吴鑑泉早年在清廷禁卫军护军营任职，薪俸不多，王茂斋让吴没有钱粮便到柜上取，从而维持师父和师弟一家的生计。③辛亥鼎革，宣统逊位后，吴鑑泉解职居家，王茂斋交给吴鑑泉一张折子，凭此折子可去粮店、杂品店取日常生活用品，到年底由王茂斋结账。同盛福麻刀铺，前店后宅，有个后院，专为练拳之用，后宅是二层楼，二楼也用作练功。王茂斋与吴鑑泉、郭松亭诸师弟在同盛福的拳房研练十多年，参悟拳理、切磋技艺、相互印证，臻其深奥。郭松亭学历较高，民国初期曾任职于陆军部，平日对国画也有研究。④据马长勋述：

> 王茂斋先生和吴鑑泉先生两人推手，双方功力差不多，走着走着，一个劲走不开了。郭芬说你们都别动，赶紧用素描方法画下来，回到家拿角度尺用力学去分析。第二天，用力学原理解释这个劲该怎么解、怎么走化。"老哥仨"

---

① 马长勋：《一代宗师王茂斋逸事》，《武魂》1990 年第 5 期。
② 彭仁轩：《太极拳详解》"〈太极拳解释〉序二"，自刊本，民国二十二年（1933）。
③ 战波：《吴式太极宗师王茂斋》，《健身科学》2004 年第 5 期。
④ 平津卫戍总司令部北平宪兵分所：《太极功同门录》"叶华銮序"，民国十八年（1929）。

在一起十多年，用这个法子，聚精会神地研究站桩、盘拳和推手，吸收各家之长，其中聚精会神的研究就有八年的时间。因此，吴式太极拳有它独特之处，和这些老前辈做的这些研究是分不开的。

三人中，吴鉴泉先生最"柔"，王茂斋先生最"沉"。郭芬是大理论家，对拳论研究得非常深，当然作为一个文人，功力比两位老先生稍差。那个时期的大学生，都是千里挑一的人才。这三人能凑到一起研究十多年，可谓空前绝后，绝无仅有。

这些故事都是师叔温铭三先生讲的，他和王家是亲戚，打从梳小辫起就养在王家，所以他经历的多也听的多。①

太极拳要达到一定境界，必须得悟性高。有一传闻，是当年杨澄甫在一次国术大会当评委时，跟浙江青年胡海牙讲的。他说，有个山东人叫王茂斋，出名后有人找他推手，王茂斋怎么推都推不过，便躲起来用功了，可怎么用功都不上路。有一天见到石匠促磨盘，提着钎子敲凿，一下就开悟了。杨澄甫接着解释，就像钎子不是抵着一个点死敲，推手也不能只向一个地方死推，而要虚虚实实地来，千点万点地推。②另据王培生述：

师爷曾不只一次地讲过，他自己开始时也不明白，太极技击时接触点为什么不能用力，而靠后手发力。后来他在家乡看石匠干活，慢慢才悟透其中的奥妙。石匠凿刻石头，是一手持锤，一手握钎（或錾子），錾子本身并不发力，只是在石匠手里掌握下，用其尖头找好凿刻的地方（即接触点），再用锤子敲击錾子，錾子就按照匠人掌握的方向前进，该去掉的部分就凿掉了。发力在锤不在錾，太极技击不也是这个道理吗？攻击用的前手只是找准目标沾住对方，接触点不可用力，全靠腰掌握方向，后手发力。就跟用锤头敲击錾子一样。③

又据梅墨生述：

王茂斋从师于全佑，早先推手不是师弟吴鉴泉的对手。一次，回山东老家掖县（今称莱州市），要过莱水河，坐船上见艄公摇橹，忽然领悟太极拳劲。在家揣摩数月，半年后再与吴鉴泉推手，竟平手。吴问：师兄，你怎么长功夫了？王答：师弟，我是从艄公摇橹中悟出来的。④

民国初年，袁世凯的幕僚宋书铭（硕亭）自言为宋远桥十七代孙，其拳功名为

① 马长勋口述、王子鹏整理：《吴式太极·南湖传习录》，北京：华文出版社，2016年，第11页。
② 胡海牙讲述、徐皓峰整理：《习拳悟道（一）》，《武魂》2002年第8期。
③ 关振军：《传拳育英才　功绩照千秋——王培生回忆王茂斋老师》，《武林》2004年第12期。
④ 梅墨生：《太极先贤轶事（上）》，《武当》2011年第5期。

王有林（茂斋，1862—1940）

王茂斋坐像

1933 年初夏，王茂斋与师弟郭松亭及部分弟子在北平东四南同和饭庄合影。前排左起：张子和、郭松亭、王茂斋、赵铁庵。后排左起：吴季康、王子英、王子超、李子固、文朗清

"三世七"，推手法与当时北京流行的太极推手大致相同。当时北京体育研究社的武术教员纪子修、吴鑑泉、刘彩臣、刘恩绶等闻宋之名，皆相邀拜谒，与宋推手。时宋书铭已是七十老叟，但推手时众教员动静不能自主，皆奔腾其腕下，于是均执弟子礼，从学于宋。据体育研究社的实际主持者许禹生记述：

> 有宋书铭者，自云宋远桥后，久客项城幕，精易理，善太极拳术，颇有所发明，与余素善，日夕过从，获益匪鲜。本社教员纪子修、吴鑑泉、刘恩绶、刘彩臣、姜殿臣等多受业焉。[1]

除许禹生的记载外，又有王华杰（新午）的记述可为佐证。民国初期，山西青年王新午曾在京城从学于体育研究社附设体育讲习所诸教师，他于民国十八年（1929年）即大致写成，最终于民国三十一年（1942）正式出版的《太极拳法阐宗》一书中，对宋书铭的情况做了更为详细的记述：

> 清祖始屋，项臣袁氏秉政。时有遗老宋氏书铭参其幕，精研易理，善太极拳，时年已七十矣。自言为宋远桥十七世孙，其拳式名三世七，以共三十七式而得名，又名长拳，与太极十三拳势名目大同小异，然趋重单式练习，惟推手法则相同。其时纪子修先师，及吴鑑泉、许禹生、刘恩绶、刘彩臣、姜殿臣诸师，正倡导太极拳于京师，功行皆冠于时。闻宋氏后，相与访谒，与宋推手，皆随其所指而跌，奔腾其腕下，莫能自持。其最妙者，宋氏一举手，辄顺其腕与肩，掷至后方寻丈以外。于是纪、吴、许、刘诸师，皆叩首称弟子，从学于宋。时纪师年逾古稀，寿与宋相若，而愿为宋弟子，宋与师约，秘不传人，师曰："予习技，即以传人。若秘之，宁勿学耳。"于以见宋技之精，与纪师之耄而好学与坦率也。宋所传拳谱，名《宋氏家传太极功源流及支派考》，为宋远桥所手记者。其论太极拳种类原理，备极精详，并可信证太极十三式确为张三丰所传，为太极拳之一种。宋氏家传本，于民国初年宣露于世，前辈多抄存者，予于民国七年始得之。今之学者，守一师之说，诩诩自得，乃不知有宋氏，辄以考据自标，执笔学为如此之文，亦陋矣。宋氏在清季为词林巨子，所著内功原道明理诸篇，已播于世，允为杰作。惜其晚年因痹家居，抱道自娱，积稿盈屋。许公禹生数敦其出，皆不起。继以重金求其稿，亦不许，仅承其口传心授一鳞半爪耳。旋居保定作古，其遗著不知流落何所，徒令人向往而已。[2]

---

① 许靇厚：《太极拳势图解》"太极拳之流派"，北京：京华印书局，民国十年（1921）第十页。

② 王新午：《太极拳法阐宗》"宋书铭之太极拳"，西安：中国文化服务社陕西分社，民国三十一年（1942），第十二～十三页。

在杨澄甫的学生吴志青所编的《太极正宗》一书中，收入一篇《向恺然先生练太极拳之经验》，其中写道：

項城当国时，幕中有宋书铭者，自称谓宋远桥之后人，颇善太极拳术。其时，以拳术著称于北平之吴鑑泉、刘恩绶、刘彩臣、纪子修等，皆请授业。究其技之造诣至何等，不之知也。宋约学后不得转授他人。时纪子修已年逾六十，谓宋曰："某因练拳者，一代不如一代，虽学者不能下苦工夫，然教者不开诚相授，亦为斯技沦胥之一大原因。故不辞老朽，拜求指教，即为异日转授他人也。若学后不得转授，某已年逾六十，将于泉下教鬼耶！"遂独辞出。其从游者，终无所得。盖宋某拳师之习气甚深，其约人之不得传授他人，即不啻表示自之不肯以技授人也。①

向恺然此后在记其学推手经过时，也述及宋氏太极功：

1929 年在北京，从许禹生先生学习推手。他的太极拳是从宋书铭学的，是宋远桥的一派，专注意开合，配合呼吸。每一个动作，都要分析十三势，尤其以中定为十三势之母，一切动作都得由中定出发。可惜他那时主办北京国术馆兼办北京体育学校，工作太忙，不能和我多说手法，介绍了刘恩绶先生专教我推手。刘先生也是从宋书铭学过太极拳的。但他的推法，却跟以上诸位先生不同，忽轻忽重，每每使我连随不得，粘黏不得。有时突然上提，我连脚跟都被提起，突然一撤，我便向前扑空。②

如果就此认定宋书铭极其保守，绝不授艺于人，似乎也不尽然。宋氏所传下来的功谱《太极功源流支派论》中，有这样一段文字：

书及后世，万不可轻泄传人。若谓不传人，当年先祖师何以传至余家也？却无论亲朋远近，所传者，贤也！遵先师之命，不敢妄传，后辈如传人之时，必须想余绪记之心血与先师之训诲可也。

此外还有一段"十不传"的训诫。可知宋氏并非不传，只是不能妄传，而须得贤者才传。可是，如此的老辈经验做派，与当时北京体育研究社力图大批量培养中小学体育师资的取径，显然并不相洽。因而"其晚年因痎家居，抱道自娱，积稿盈屋。许公禹生数敦其出，皆不起。继以重金求其稿，亦不许，仅承其口传心授一鳞半爪耳"，也是必然。后来，时任北平特别市国术馆副馆长（实际主持者）的许禹生曾说：

宋氏三世七派，名书铭，字硕亭，项城当国时，曾居袁幕府。杨氏门徒如

---

① 吴志青：《太极正宗》，上海：大东书局，民国二十九年（1940），第二六九～二七〇页。
② 向恺然：《我研究推手的经过》，（台湾）《太极拳》第 97 期，1995 年。

吴鑑泉、王茂斋等，皆曾拜门墙。宋师与余颇善，常寓舍中，获益匪鲜。①

虽所述无多，但作为亲身经历者，许禹生留下的简短文字正佐证了王茂斋也曾师从宋书铭学习太极功这一历史事实。

不管怎么说，全佑的弟子们在民初得识宋氏以前，太极之功恐怕还都不是那么纯正的。在与宋书铭比试后，就连全佑之子吴鑑泉都"随其所指而跌，奔腾其腕下，莫能自持"，甘愿"叩首称弟子"，"受业于宋"。据后人口传，全佑弟子王茂斋、吴鑑泉、郭松亭三人关系很近，曾长期在王茂斋的同盛福麻刀铺后院一起切磋研究拳技。他们的太极拳参融了宋书铭所传的宋氏太极功，在全佑所传杨家太极拳架基础上，讲究龟缩蛇伸、动静有序，练就包括拿梢、抓脉、闭穴、卸骨等在内的独特打法，确立了全佑一脉太极拳的独立门户。据说，王茂斋炉火纯青的太极功夫，以轻灵著称，全身无处不发人，精微细密，巧妙准确。②

王茂斋的再传弟子刘晚苍说起王茂斋时总是盛赞不已，对于他的功夫，特别是品行，推崇备至。据刘晚苍晚年叙述：

有一天，王茂斋走在大街上，身后跟着他的儿子王子英和店伙计，迎面过来一位，截着王茂斋请安，说，师大爷，我最近怎样怎样，意思仿佛是过不下去了。王茂斋一听，回头叫伙计拿来钱袋，手提一角，哗啦啦倒了大半袋，钞票银元铜子都有，光钱串子数了数就四十来串，那时候两块银元能买一袋白面，这钱就是救命钱。那人谢过走了，王子英一边走一边问他父亲："刚才那人是谁？""不认识。""怎么您不认识就给他钱呀？"老爷子脸一沉："他家里不好过么！人家说出话来……没听他喊我师大爷呢！"③

另据王培生述：

在他的同盛福店铺里，东家与伙计在人格上是平等的，他对人和气，从来不呵斥打骂店员，对于伙计发生的小过失总是耐心地讲道理，指出应该怎么办。所以大家爱和他相处。温铭三是山东老家来的穷孩子，王茂斋把他接到店里住，跟对待自己的子女一样，吃穿样样照管好，还准许他练太极拳。后来命他拜弟子修桂臣为师。每当店里生意忙了，王茂斋便亲自参加劳动。当时没有地秤，称重量使用大杆秤。遇有大宗生意，过秤需要三个人，两个人抬，一个掌秤拨秤砣报斤数，大袋石灰等料要一秤一秤地约。王茂斋老先生看着嫌慢，

① 沈家桢：《现时太极拳多数未能与他拳种比试之研究》"许禹生按"，《体育》第一卷第二期，民国二十一年（1932）二月。
② 张敬明：《吴式太极大师——王茂斋轶事》，《少林与太极》2005年第1期。
③ 殷鉴：《何日再相逢——追念我所相知的刘晚苍先生》，《武魂》1991年第1期。

便让伙计闪开，一人顶三个人干。只见他右手提秤杆毫，左手拨拉秤砣，200多斤的袋子一提就起来，口中不停地报数，"二百一""二百三"，不一会儿就秤七八袋子，客户看了都惊呆了，不知这位老先生怎么这么有劲。所以在北京城里王茂斋老先生膂力过人是出了名的。[1]

20世纪20年代，王茂斋已名震北京城。他平日经营一大摊子买卖，余暇都用来练功授技，常在智化寺、东堂子胡同等处传授门生。王茂斋仁厚诚朴，热心助人，凡南来北往路经北京的明家里手，多前往拜访，与之切磋。如腰中缺少盘缠，尽在他家吃住。也常有投学试功者前往，据梅墨生述：

　　一次，王茂斋开的麻刀铺杂货店里来了位陌生男子，他一连几日都是到店里东看西瞧，既不说话也不买东西，店里的伙计们都觉得挺纳闷。有一日，这男子又来到店里，直接走到王茂斋面前，指着店铺角落里放的箩筐垛说："请先生把最顶上的箩筐取下来。"王茂斋按着顾客的要求，用一根三四米长的挑竿把垛顶的箩筐挑下来，隔着柜台直接递给顾客。谁知来者不善，这位"顾客"趁接筐之际，暗中用力，以筐带动挑竿闪电般地推向王茂斋。王茂斋先生隔着长竿早已听出了对方劲路，于是顺其势，手一松，那男子连人带筐一下子跌进了筐垛中，挑衅者没占到半点便宜，满脸羞色地溜出门去。[2]

北伐后，南京国民政府成立，北京成了旧都，改称"北平"。就在民国十六年（1927）至十七年（1928）间，孙禄堂、杨澄甫、吴鑑泉等名拳师先后受聘至南京、上海等地。王茂斋太极功力深厚精湛，也受到上海方面聘请，因自有买卖营生，向来不以授技为业，不便动身，故而留守北平。以他为中心的师徒群体成为此后北平的一大门户。

民国十六年（1927），王茂斋弟子彭广义（仁轩）开始组织编写《太极功同门录》，并于民国十八年（1929）九月由平津卫戍总司令部北平宪兵分所编印成册。桐城派古文家钟鹏年（震沧）为之序云：

　　王君茂斋者，今之振奇人也，精斯技，得广平杨班侯先生之高弟全君保亭之真传，先生固直造张三丰之室者也。王君天性醇笃，重然诺，有古侠士风，年逾六十而精神焕发，少年多不及，是不惟擅技击之长，且深合延年养生之道矣。君怀绝技殊不自秘，有请益者，无不悉心相授，以期国技之日昌，列门墙称弟子者不下数十人。[3]

① 关振军：《传拳育英才　功绩照千秋——王培生回忆王茂斋老师》，《武林》2004年第12期。
② 梅墨生：《太极先贤轶事（上）》，《武当》2011年第5期。
③ 平津卫戍总司令部北平宪兵分所：《太极功同门录》"钟鹏年序"，民国十八年（1929）。

吴鑑泉之弟子杨毓章序云：

> 自祖师传三丰，传王宗岳，以后速及满清，有杨六先生露禅独得全体。先生之子钰（班侯）、鉴（健侯），克振箕裘，能述其事。当是时，王公、工贾景慕从之学，而成名者不知凡几。先师祖全公佑，班侯先生之高足，而受艺于六先生较多，技之精妙不可名状。是由于杨氏之学有所本也。此及全公之子吴鑑泉、夫子之徒王茂斋师伯、郭松亭师叔各有所得，皆名世上。现大江南北知吾夫子之名者，莫不思一瞻丰采。今远游沪滨，声名尤振。①

郭松亭弟子李翰章序云：

> （郭）与王先生茂斋、吴先生鑑泉同受业于吴先生之乃翁全先生保亭，而保亭先生又与万春、凌山二君得广平杨班侯先生之真传也，独此一派至今为最盛，盖茂斋先生磊落光明，有侠者风，故愿受教拜门墙者凡数十人。今方有同门录之辑，将以昭王、吴、郭三先生之诲人不倦也。②

民国十八年（1929）冬，杭州举行浙江国术游艺大会，筹委会派杨澄甫到北平聘请国术家参会。王茂斋与身在北平的诸多国术界人士一同专程前往，并担任大会评判委员。

民国二十年（1931）五月二十三日下午，王茂斋参加北平汇文学校举行的全市国术表演大会，据《华北日报》次日报道，"汇文学校为提倡国术起见，特发起全市国术表演大会，昨日在该校操场举行，到会各团体表演员二百余人，观众约八百余人，开北平国术表演空前盛况。下午二时起开始表演，至六时始行散会"。参加表演的团体有汇文学校、师范大学、戏剧学院、第一中学、财商学校、燕京大学、体育研究社、交通大学、民国学院、税专。其中，体育研究社表演项目六十一项，王茂斋的太极拳是该社第二个项目。③

民国二十二年（1933）六月就任北平特别市市长的袁良（文钦）于当年八月一日兼任北平国术馆馆长。④袁氏与北平武术界的渊源至少上溯至民国元年（1912），当时，正值北京体育研究社成立前后，他被许禹生介绍参与有关"体育"活动。民国九年（1920），袁良以民国大总统府秘书、国务院参议的身份，兼任体育研究社社长。以目前所掌握的资料看，至少民国九年（1920）至十三年（1924）

---

① 平津卫戍总司令部北平宪兵分所：《太极功同门录》"杨毓章序"，民国十八年（1929）。
② 平津卫戍总司令部北平宪兵分所：《太极功同门录》"李翰章序"，民国十八年（1929）。
③《昨在汇文举行之国术表演大会盛况　全市专家二百余人表演》，《华北日报》民国二十年（1931）五月二十四日，第七版。
④《袁良昨就国术馆长　同时慰劳华北选手　表演太极拳颇壹精彩》，北平《益世报》民国二十二年（1933）八月二日，第七版。

期间他一直担任该职。①民国十八年（1929）秋，袁良担任上海市公安局局长，热心介绍北平国术界同人南下授艺。此次在北平国术馆馆长就职仪式上，他被一再邀请，当众表演了一趟太极拳。②袁良在太极拳方面一直颇有兴致，他清晨天不亮即起床习练，在一旁陪同指导的老师正是王茂斋，据报载：

> 市长袁良为热心提倡体育之一人，对我国固有国术，年来注重宣传，亦不遗余力。袁氏本人，自幼即习拳术，前从太极名家杨某习艺，迄今二十余年，颇有心得。最近袁氏更聘北平太极界名流、七十一岁老叟王茂斋，于每星期一、三、五晨四时，练习太极。据袁氏表示，本人自觉对于此道尚有相当心得云。③

民国二十五年（1936）冬，故宫博物院分院太庙内成立了太庙太极拳研究会。④王茂斋主持教学，实际主要由弟子杨禹廷代授，王茂斋本人时而过去看看。此处是当时北平太极拳爱好者的云集之处，也是当时商界等各行业知名人士练拳、交际、消遣之所。据王培生述：

> 我12岁拜杨禹廷先生为师学太极拳，才认识师爷王茂斋老先生。那时，他在北京东四北大街开办一座经营建材的商店，铺号"同盛福"。老先生虽年过70，但身体特别好，留着长长的黑胡子，行动敏捷，神采奕奕。后来因儿子受伤身亡悲伤过度，一夜之间须发变白。那时北平太极拳活动中心在太庙（今劳动人民文化官），王茂斋老先生是北平太庙太极拳研究会的总教练。每天早晨，我都早早地去那里，等着开门儿，进去之后，先到管理员钱先生屋里搬出桌椅放在大柏树底下，沏上茶，等老师和师爷来教课。杨禹廷老师主教拳架，师爷王茂斋坐在那儿看人们推手，指导高层次的学生。王茂斋老先生是吴式太极拳诞生及成长的见证人、奠基人。他常向我们讲述太极拳在北京发展的历史。

> 1937年1月8日，在东城区灯市口"同和馆"饭店举行王茂斋收徒仪式，收袁良、李文杰等7人。王茂斋的高足杨禹廷也同时收徒，收赵安祥、王培生、吴连祯等7人。当时太庙太极拳研究会非常红火，正式会员300多人。还

---

① 伊见思：《体育研究社十三年来社务经过》，见北京体育研究社、北京体育学校：《体育丛刊》，北京：京华印书局，民国十三年（1924）。

② 《袁良就国术馆长盛况　愿共努力使北平国术发扬　袁氏表演太极拳一套极佳》，《京报》民国二十二年（1933）八月二日，第六版。

③ 《袁市长每晨练太极拳　教师七十老叟王茂斋》，天津《益世报》民国二十三年（1934）十月二十四日，第二张。

④ 据报载："太庙内太极拳研究会，现已筹备就绪，该会特于昨日呈请社会局备案，俟批准后即可正式成立。"[《太极拳会筹备就绪》，《华北日报》民国二十五年（1936）十一月四日，第六版。]

有很多社会名流来此练拳。

15岁那年夏天，有一次在太庙与人比手，师爷见我推手真的不错，小小年纪竟能连胜几位名人，师爷认为"孺子可教"，定能青蓝得继。于是，叫我的老师杨禹廷告诉我："晚上到师爷店里去住。"从那天起师爷亲自教我拳、械，开始隔辈传心之举。旧时，武术界奉行隔辈不传之习俗，师爷直接教徒孙是犯行规的，要受时人之谴责。王茂斋老先生敢冒往俗之不韪，坚持了破旧立新的行为。每天晚上除了练功，师爷还让我用毛笔字工工整整地抄写拳谱。天天读，天天抄，对很多篇目我都能背得滚瓜烂熟，这为我打下了雄厚的武学理论基础。后来我能顺利地写出几部武学著作，大都得益于此。

师爷教拳主要是实际操作。有时是带我们推手，有时让我们互推。他手持一根藤条站在一边观看，发现谁的动作行为不准确，手的位置不对，就用小棍子敲你的胳膊，用浓重的莱州口音说："放在这旦。"没有更多的话，就是让你练。我那时年龄小不懂事，非常幼稚，总想试一试师爷到底有多大劲。有一次跟师爷推手，我见他老人家白发苍苍，70多岁，推起手来漫不经心、大大咧咧的。我心意一动，想乘其不备搞个突然袭击。刚用劲一挤，顿觉全身五脏六腑都空了，身体不由地晃起来，随后他胡子一扬，我跌跌撞撞倒退几步，倒在地上，一头扎进柜台底下，心里扑腾得好难受哇。师爷捋着胡子斜眼看我，连说两句："叫你坏，叫你坏。"过后师爷给我讲，他用的是太极拳推手中的"吞吐"二字，我刚一出劲，他用"吞"，引进落空，拔起我的脚底之根，中间加了一个采劲，使我晃荡起，随即一"吐"，把我打了出去。就这样口传心授、结合实际地训练了3年，我的功夫大长。我18岁那年，杨禹廷老师认为我足可独立施教，便举荐我接替他在北平第三民众教育馆武术教练的职务。经过师爷和老师的精心培养，我从一个不懂事的顽童成长为当时最年轻的武术教练。30年代末，师爷年事已高，但他还经常到太庙谈拳说手，做高层次的指导。①

不管怎么说，王茂斋在20世纪30年代的北平国术界名望甚高。而他本人经商为业，在盛极一时的国术活动方面，颇有与世无争的局外人心态。一些同道和社会名流，包括一些拳友和弟子劝王茂斋自立门户，王茂斋却不以为意。②据马长勋叙述：

自从1927年吴鑑泉去南方教拳传艺，北京城发扬光大全佑的杨氏小架最著声望者，公推王茂斋。王老先生非但教拳认真负责，讲解深入浅出，功夫精

①关振军：《传拳育英才　功绩照千秋——王培生回忆王茂斋老师》，《武林》2004年第12期。
②战波：《吴式太极宗师王茂斋》，《健身科学》2004年第5期。

深透彻，他的为人也值得称赞：学拳的弟子每天早晨五点钟来到王先生家，那时先生已经是自己练过一遍拳专等他们了。讲授完毕还要留他们同自己一起吃早饭——有谁见过老师义务教拳带管饭的！不管谁有了困难，只要你开口，老先生定准热情帮助，慷慨解囊。"吃学生""收份子"的事，老先生没干过。

正因如此，他的门下才出了杨禹廷、王子英、李文杰、张继之，再传刘晚苍、王培生、李经梧、温铭三这样的名家。像李文杰，原先拜在王老门下，可深受吴鑑泉的喜爱，王先生也看出他们爷儿俩挺投缘，就托付吴鑑泉给李文杰说太极拳架子。瞧，这就是武术大师的气魄！后来杨禹廷送徒弟去学形意拳，不能说不是受前辈的熏陶吧？！[1]

另据孙镜清之子孙占岵叙述：

我师伯温铭三吃住在同盛福，和茂斋宗师一家最亲近，同王子英师爷最好，王家什么事都知道。我家同王家是世交，几辈子的交情。我父亲来北京就住在同盛福柜上，跟伙计们一起睡通铺。父亲的工作都是师爷给安排的，先是到美术馆对面张子和麻刀铺学习司帐，后来张子和被日本人的吉普车撞死了，师爷又帮父亲到建筑公会找到工作。

温师伯讲：同盛福门房里有一张小铁床，茂斋宗师就睡在这小床铺上。每天，晚上九点钟开始打坐，一小时后睡眠。到凌晨三点起床练拳。到天快亮时收功。伙计们还没起来，老人家连院子都打扫干净了，又洒上清水。而后洗脸、漱口，准备吃早餐。他老人家同伙计们同吃一锅饭，从来不两样。

茂斋太师爷为什么这样练功呢？后来我到了六十岁之后，才体会到茂斋宗师是练太极内功。练内功必须要按子午流注的养生学说操练，才能取得良好效果。[2]

据说，就在王茂斋辞世前两年，即民国二十七年（1938）初夏，几个弟子向王茂斋请教，其中入门较晚的曹幼甫一直不懂拿放之理，也不相信它如所传般神奇。曹幼甫突然向老师胸前袭去，王茂斋手指一扬，曹只觉有股不可抵挡的巨大力量迎面而来，脚下一晃，摔出两丈多远，脱下小褂一看，背上起了好几处血痕，直到秋末还未消净，由此才彻底佩服老师的功夫。王茂斋的再传弟子王培生曾说：功夫好的人见过不少，没见过师爷那杆功夫的人。

---

[1] 马长勋：《一代宗师王茂斋逸事》，《武魂》1990 年第 5 期。

[2] 孙占岵：《听父辈亲讲王茂斋宗师的故事》，《吴式太极拳》（北京市武协吴式太极拳研究会会刊，内部资料）总第 27 期，2012 年 3 月。

在王茂斋的原籍山东掖县，迄今还流传着不少与他有关的逸闻。[①]而王茂斋在北京城的情况，则流传不广，很多前尘往事，都随着当事人或知情者的凋零而寻不到多少影迹了。

民国二十九年（1940）春，正值全面抗战期间，七十八岁高龄的王茂斋在沦陷的北京城辞世，归葬于山东掖县武官村北。据孙占峙述：

> 茂斋宗师的两个儿子王杰（子英）、王偰（子超）随其父在北京做生意，王子英武艺高超而脾气较怪。茂斋老人家原想把"同盛福"买卖交给性情温和、处事平稳的子超，不料子超英年早逝。失掉子超，他非常悲痛，精神受到极大打击，一夜之间胡子全白了。他无心再管买卖上的事，把铺子交给子英，就回山东莱州老家。可是到家之后琐事烦人，心情不爽，又回到北京。1940年春，在北京逝世，享年78岁。日本鬼子占领了北京，建筑行业很不景气。茂斋宗师经营同盛福时所挣的钱多用在发展太极拳上了，没有多少积蓄，丧葬之事多由朋友、弟子们资助。

> 弟子李文杰在东四史家胡同开寿材铺，赠师傅一口金丝楠木内棺。据说当时北京所有寿材店中只有李文杰的店中有两口金丝楠木棺，一口是由四块整板做成，一口是由散材拼成的。吴佩孚死时，李文杰将那散板拼成的楠木棺卖给了吴佩孚，将整板的给了师父王茂斋。

> 王茂斋宗师在北京去世，要回到老家安葬。灵柩先用车运到天津港，而后上船由海上运回莱州，先到烟台、龙口，最后到莱州湾的海后庙港上岸，还有十八里旱路到大武官村。子英护送灵柩，茂斋宗师家里只有女眷了。家里设灵堂办丧事，坟地里打坑、砌坟、发圈诸事，都由我爷爷孙公臣张罗操办。我们孙家与王家几代世交。我爷爷小时候，家里也很穷，非常苦，先在莱州城里做学徒卖包子，后来下关东到长白山挖人参，都乞不饱穿不暖，后来又到旅顺当厨师，总算是有了一口饱饭，不想又遇日俄开战，饭店关门，那老板还真不错，给了我爷爷一点钱，他回到莱州，在城里开了个小饭馆，日子还可以。我父亲在北京一直由王茂斋宗师和王子英师爷照顾，给他安排了工作，还让他和温铭三一起拜修丕勋为师学太极拳。所以爷爷帮王家做些事，是理所当然的。父亲和温师伯说，北京的各位弟子都为宗师尽孝。礼数最全的要数果品店老板李子固师爷。茂斋宗师活着时，每年春节，李师爷都要给茂斋宗师送去黄瓜五斤（那个年代暖洞子里种点鲜菜，全北京都没几个暖房，买一斤黄瓜都不得

① 参见王云龙《吴氏太极拳名家——王茂斋先生二三事》（《武术健身》1992年第6期）、王云龙《王茂斋先生二三事》（《武魂》2008年第9期）等。

呀），宗师逝世后，他为老师设牌位，每次祭祀，供桌上要摆上二十个大香蕉苹果。①

（二）吴鑑泉：神静柔化

全佑之子爱绅，号鑑泉，生于清同治九年（1870）农历十一月初五日戌时，隶满洲内务府旗籍。辛亥之后，顺应世风改随汉姓，"贯满族音译故姓吴"，又称"吴爱绅"或"吴鑑泉"。

吴鑑泉幼随其父习太极拳术，喜武功，善骑射，且"有镫里藏身以及在驰马背上做倒竖蜻蜓等绝技"②。年长后，"为人寡言语，性蔼和，待人接物，均出于至诚。以故文人雅士，多喜与之游"③。其父全佑过世后，吴鑑泉与师兄弟继续致力太极拳术研究，除了慢架外，还擅长快架，并对太极剑、对剑、刀、十三枪、大戟、大刀等各器械也颇精熟。

吴鑑泉"原任职清廷禁卫军护军营。辛亥鼎革后，由参谋总长荫昌举荐为总统府卫队旅中校武术教官"④，时为民国三年（1914）。当时政要如张一麐、段芝贵、陆锦等皆曾随其学太极拳。民国五年（1916），应北京体育研究社主持者许禹厚（禹生）之邀，吴鑑泉任该社附设体育讲习所（1920年更名为北京体育学校）教员。

其时，北京体育研究社诸武术教员耳闻袁世凯幕僚宋书铭太极功颇精，遂一起前去访谒，与宋推手，皆不敌，奔腾于宋之腕下，动静不能自主，遂叩首执弟子礼。宋书铭与众人有约，不许外传。吴鑑泉与师兄王茂斋、师弟郭松亭等人钻研琢磨，在全佑所传拳势的基础上，吸收了宋氏"三世七"太极功，窥得堂奥，功臻上乘，形成循规蹈矩、松静自然、缓慢连绵、不纵不跳、在开展中求紧凑、在紧凑中舒展自如、独具柔化之妙的风格。对太极推手也做了改进，使之端正严密、细腻绵柔、黏随一体、守静而不妄动。⑤据民国时期名噪一时的武侠小说家向恺然（笔名平江不肖生）述：

---

① 孙占岭：《听父辈亲讲王茂斋宗师的故事》，《吴式太极拳》（北京市武协吴式太极拳研究会会刊，内部资料）总第27期，2012年3月。

② 吴英华、马岳梁：《吴式太极剑》"吴式太极拳及鑑泉太极拳社"，北京：人民体育出版社，2001年，第1页。

③ 吴图南：《国术概论》"国术史略"，上海：商务印书馆，民国二十八年（1939），第六页。

④ 吴英华、马岳梁：《吴式太极剑》"吴英华自传"，北京：人民体育出版社，2001年，第3页。

⑤ 参见于志钧《宋氏太极拳源流述真》（《武当》2002年第2期）、刘习文《谈谈"宋书铭"》（《武魂》2006年第11期）等。

杨澄甫、吴鉴泉均以专练太极拳有重名于北平。或曰杨澄甫善发人而不善化，吴鉴泉善化人而不善发，以是二人均有缺陷，若兼有其长，则尽太极之能事矣。我曰：事或有之，于理则殊不可通。因发与化似二而实一，不能发则不能化，不能化亦不能发。故经曰"粘即是走，走即是粘"。不过原来体格强壮、气力充足之人，发人易远而干脆，杨体魁梧，且尝闻与其徒推手时，常喜自试其发劲，故其徒皆称其善发人。吴为人性极温文，且深于世故，不论与谁推手，皆谨守范围，不逼人、不拿人，人亦无逼之、拿之者。闻其在北平体育学校教太极拳时，学者众多，皆年壮力强，与吴推手任意进退，吴惟化之使不逞而已，始终未尝一发，故人疑其只善化，而不善发。我谓若吴亦尝发人，但发而不能动，或动而不能远，则疑其不善发人犹可，今吴始终未尝发一人，证以其平日温文之性格，可断其为不欲无端发人招人尤怨，非不善于发人也。①

民国八年（1919）十二月，北京体育研究社刊印《体育季刊》第三期，其中"本社记事"部分公布了该社此时讲授拳技的"教员"团队：许禹厚（禹生）、纪德（子修）、吴爱绅（鉴泉）、刘殿昇（恩绶）、刘凤山（彩臣）、兴福（石如）、杨兆祥②（梦祥）、杨兆清（澄甫）、白存福（寿臣）、张忠元（昇庭）、周峻山（秀峰）。该社附设专门培养学校体操教员的体育讲习所，此时所长为许禹厚（禹生），职员有金世荣（月东）、伊齐贤（见思）、施铠（健武）、张彝（景苏）、李德庆（仁甫），学科教员为胡培元（伦理学）、毛邦伟（教育学）、王不艾（体育原理）、柯兴耀（生理卫生）、张秀山（音乐）、郭家骐（图画）；术科教员为孔繁俊（普通体操）、毛侃（兵式体操）、王不艾（游技）、周峻峰③（新武术）、纪德（岳式散手）、兴福（长拳）、吴爱绅（太极拳术）、刘殿昇（岳氏连拳）、刘凤山（少林十二式、八卦拳术）。作为体育研究社太极拳教员吴鉴泉的同门，王有林、郭芬、齐治平三人都被列在该社的名誉干事（十七人）名单中，大约仅是"名誉"，并无实职，不实际参与该社事务。

民国十二年（1923）春，编创"中华新武术"的山东镇守使马良（子贞）在

---

① 吴志青：《太极正宗》"向恺然先生练太极拳之经验"，上海：大东书局，民国二十九年（1940），第二六八~二六九页。

② 此处"杨兆祥"应为"杨兆熊"之讹。

③ 此处"周峻峰"似应为"周峻山"之讹。据《北京高等师范学校十周年纪念录》，周峻山（秀峰），籍贯山东历城，时年三十四岁，兼任课外运动教员，到校时间为民国八年（1919）一月。（《北京高等师范学校十周年纪念录》"现任教员录"，民国七年（1918），第一百七十三页，见张研、孙燕京主编：《民国史料丛刊》，郑州：大象出版社，2009年，第1107册，第203页。）另据《国立北京师范大学民国十四年毕业同学录》，周峻山的履历为"随营军官学校毕业，北京体育学校教员"，在国立北京师范大学的职务为"拳术教授"。（《国立北京师范大学民国十四年毕业同学录》"教职员录"，民国十四年（1925），第六页。）

吴爱绅（鑑泉，1870—1942）　　任北京体育研究社教员时
期的吴鑑泉

吴鑑泉太极拳照

1923年春，北京体育研究社北京体育学校参加中华全国武术大会代表同人摄影，前排右一为吴鑑泉

上海召集了一次中华全国武术运动大会，邀请北京体育研究社同人参加。吴鑑泉作为体育研究社附设北京体育讲习所教师，与社长许禹生及另外几位教师赴会。上海中华武术会专门在宁波同乡会举行了两次盛大的欢迎茶话会，北京体育研究社同人在首次欢迎会上参加演艺活动。[①]武术运动大会上，北京体育研究社同人表演了二郎拳、形意拳、雄拳、八卦二十四式刀、插拳、八卦掌、纯阳剑、形意拳、太极拳、春秋大刀、飞龙剑、花枪等北京的多种拳械技术。吴鑑泉在其中主要演示太极拳。[②]由于这次武术运动大会遇雨延期，北京体育研究社一行人还到杭州西湖之畔拜谒了岳飞墓。[③]返回上海后，全国武术运动大会于二十日晚假南京路市政厅开中国拳术大会，吴鑑泉参与表演。[④]

吴鑑泉在北京任教期间，"当代知名之士，如褚民谊、熊式辉、屈映光、顾孟余、袁良、徐致一诸氏皆先后从之学"[⑤]。据吴鑑泉外孙马海龙述：

> 据母亲吴英华说：有一次姥爷的学生袁良带来一把宝剑，剑身是用俄国哥萨克骑兵用的马刀改的。剑鞘是用鲨鱼皮做的，剑鞘内部为薄的铜板焊成。剑身较短，没有开口。这把剑的钢材特别好，用手指弹上去，可听见清脆的响声，而且剑身十分软，是袁良先生特地托兵器厂的老师傅改造的。
>
> 姥爷拿到后十分喜欢，一时兴起就练了一套剑。当时在场的人都说，只见一片亮（剑）光裹着姥爷在飞速地转动，忽起忽落，连身形都看不太清楚！袁良在看完后，一直在说："太好了！太好了！我总算看见老师的真功夫了！"他说用杜甫写的《观公孙大娘子舞剑器行并序》中"耀如羿射九日落，矫如群帝骖龙翔，来如雷霆收震怒，罢如江海凝清光"形容一点也不为过！[⑥]

袁良（文钦）于民国初期在北京任国务院秘书时，即兼任北京体育研究社社长，其时，吴鑑泉、兴石如等均是该社教员。王茂斋之子王子英曾与刘光斗一同师从兴石如习宋永祥派八卦掌，兴石如晚年将自己的几乎所有器械都交给刘光斗，其中一件半刀半剑、鲨鱼皮做鞘的物件给了王子英。这个物件很可能就是吴英华所述的袁良的这把"宝剑"，"文革"之初随着王子英被抄家遣返而不知去向。

---

①《中华武术会欢迎会纪》，《申报》民国十二年（1923）四月十四日，第四张第十四版；《欢迎武术界之茶会》，《申报》民国十二年（1923）四月十九日，第五张第十八版。

②《全国武术大会开幕前之琐讯》，《申报》民国十二年（1923）四月十一日，第四张第十五版；《全国武术运动大会开幕纪　到会者五千余人》，《申报》民国十二年（1923）四月十五日，第四张第十三版。

③《北京体育研究社旅沪同人致谢》，《申报》民国十二年（1923）四月二十三日，第一版。

④《武术会前晚表演拳术》，《申报》民国十二年（1923）四月二十二日，第四张第十四版。

⑤ 陈振民、马岳梁：《吴鑑泉氏的太极拳》"吴鑑泉先生略历"，上海：康健书局，民国二十四年（1935）。

⑥ 马海龙2005年3月22日在上海鑑泉太极拳社成立70周年纪念会上的讲话。

1924年夏，北京体育研究社附设夏期国技音乐讲习会毕业会式摄影，前排右五为关鉴泉

民国十六年（1927），南京国民政府成立。在此前后，上海方面到北平聘请太极拳家，吴鑑泉受聘，于民国十七年（1928）南下。

关于吴鑑泉的南下，据后人传闻，民国十四年（1925），国民党元老、国立广东大学（后改称国立中山大学）校长褚民谊由广州赴北京，当时正是北京太极拳鼎盛之时，褚民谊对此兴趣浓厚，开始师从杨澄甫学艺。这位"三先生"并未顾及褚民谊的"官面"，照样接手即发，使褚民谊在杨澄甫众弟子面前很难下台。随后，褚改拜吴鑑泉门下，因吴氏为人随和，推手以柔化为主，很少发人，手上总给人留着面子。褚民谊回广东后，向黄埔军校校长蒋介石推荐，将在上海精武体育会任教的吴鑑泉长子吴公仪聘至广州，担任黄埔军校学生部及高级班太极拳教官，兼任国立广东大学体育系讲师。褚民谊得以与同门师兄弟吴公仪、王志群（润生）朝夕研习揣摩，拳艺长进很快。南京国民政府成立后，褚民谊在上海任职，特请吴鑑泉南下上海。①

吴鑑泉长子吴公仪后来所编著的《太极拳》（香港鑑泉太极拳社内部版）中《吴鑑泉宗师南来志略》一文则称："迨国府南迁后，先生应沪上闻人王晓籁、杜月笙诸人之约，来沪传习，是为吴师南行之始。"

还有一说，吴鑑泉是应当时的上海九福公司经理黄楚九之聘，带学生金玉奇（寿峰）、葛永德（馨吾）等到了上海。后来，吴鑑泉除担任上海市国术馆武当门主任和精武体育会太极拳教师外，私人前来聘请受教的也很多。九福公司还特地为吴鑑泉出版了《康健指南》一书。②

如上说法，以褚民谊邀请其师南下似更可信。从吴鑑泉此后在上海的种种活动看，其主要依托于时任上海中法工业专门学校校长的国民党中央候补监察委员褚民谊。吴门师生社会地位的大幅度提升，更多是起于南京国民政府时期的上海，与褚民谊的支撑作用关系甚大。全面抗战期间，褚民谊在汪伪政府担任行政院副院长、外交部长、中日文化协会理事长等要职，抗战胜利后在广州被国民政府军统局以汉奸罪逮捕软禁，后被押送南京看守所，于民国三十五年（1946）执行枪决。因此，原本以之为荣的吴家太极拳传习者对褚民谊尽量淡化甚或不再提及。

据上海《大晶报》民国十七年（1928）九月三日消息：

中华公记票房近延请武当太极拳名家吴鑑泉先生教授拳术，前晚，李景林将军特往拜访吴君，并演习拳剑多种云。③

①艾山：《褚民谊与吴式太极拳》，《精武》2004年第10期。
②金仁霖：《太极拳在上海》，《中国太极拳》1996年第4期。
③《中华公记票房》，《大晶报》民国十七年（1928）九月三日，第一版。

十月一日，上海特别市国术馆欢迎正、副馆长，并举行第一届征求给奖典礼，"是日来宾有李景林代表熊立之、周静斋、戴石浮、黄光斗、孙禄堂、吴鑑泉、张恩庆、叶大密、刘致祥、刘占五，及董事王晓籁、赵晋卿、成燮春、王延松、王介安、叶惠钧、王兰舫、邬志豪等五十余人"，"次由该馆教授佟忠义、姚馥春、马华甫、张文发、叶良、朱剑光、马汉章，及来宾孙禄堂、吴鑑泉、张恩庆、叶大密、刘致祥等依次表演拳术及器械，均极精采，掌声不绝"。①

据十月六日（星期六）的《申报》报道：

> 中委褚民谊于星期二晋京，筹备首都双十节事宜。兹以上海校务急待处理，复于昨晨由宁来沪。本报记者特往工商学校请谒，当蒙延见。褚氏正与名拳师吴鑑泉练推手拳。练完与记者说明该拳之重要，并又独演太极拳一通。其身位之稳健，手法之简明，实有足多者。次又示以吴鑑泉之太极拳照片全套。②

十月六、七两日，上海举行国术考试，吴鑑泉与其门生徐致一等皆受聘为评判员。③据六日《申报》载：

> 本市国术考试，定今明两日在西门公共体育场举行，报名者已有四十余人。……评判正主任李芳宸，副主任孙禄堂，评判员陈微明、叶伯龄、吴鑑泉、刘德生、罗叔青、林笃哉、卢炜昌、徐致一、张恩庆、姚馥春、叶良、佟忠义、朱国福、任鹤川、灵子光、刘守铭、袁良、姜容樵、吴心谷。监察处主任蒋百器，副主任熊天翼，监察委员王宁、胡德如、李遵先、翁国勋、叶寿泉、张菊生、陈绍宽、任光宇、王壮飞、王云五、袁履登、潘公展、韦捧丹。④

十五日至十九日，第一次国术国考在南京举行。吴鑑泉特地前往参观。据时任南京国民政府行政院院长谭延闿在十五日的日记中记述：

> 褚民谊偕吴鑑泉来，王润生先生之师，其父为全三爷，受太极拳于杨露禅，谈次颇以今之杨派为非。⑤

《申报·自由谈》二十日刊载文章，内称：

> 应试者中，颇多老叟。其最令人注目者，为考试委员长马子贞与太极拳

①《市国术分馆欢迎正副馆长　同时举行给奖典礼》，《申报》民国十七年（1928）十月三日，第四张第十五版。
②《褚民谊昨日抵沪》，《申报》民国十七年（1928）十月六日，第四张第十四版。
③《本市国术考试今日预试　明日正试》，《申报》民国十七年（1928）十月六日，第四张第十五版。《昨日本市国术考试正式比试　评判结果明日登报公布》，《申报》民国十七年（1928）十月八日，第四张第十五版。
④《本市国术考试今日预试　明日正试》，《申报》民国十七年（1928）十月六日，第四张第十五版。
⑤谭延闿：《谭延闿日记》，北京：中华书局，2019年。

名手吴鑑泉二先生，飒飒英姿，奕奕有神，令人于斑白长髯中可见其老当益壮之态。①

此次国考最后发给及格证书，分最优等、优等、中等三种。吴鑑泉门生吴桐为优等三十八人之一，郝树桐为中等八十二人之一。②

二十五日晚，吴鑑泉参加上海全国商会晚宴，表演太极拳。据当日报载：

> 全国商会临时代表大会自本月十三日开幕后，即分七小组会议审查提案，间亦有三次大会，每逢星期一、三、五举行。自第四次大会起，各小组提案大率审查完成，遂每日上下午举行大会。但提案过多，致不能如期闭幕。大会为答谢各代表远道跋涉起见，定今晚六时在总商会会所先行设宴，并请代表王晓籁君及周伯杨君演唱京剧，穆藕初君清唱昆曲《牡丹亭》《长生殿》，吴鑑泉君太极拳，特请舞蹈专家紫罗兰女士歌舞，韩蘭根君独脚戏，及沈易书拉戏等，想届时定有一番盛况也。③

据次日报载：

> 昨晚六时半，全国商会临时代表大会在商会大厅答宴各界，到熊司令、张市长、海军司令部陈志、要塞司令邓振铨等，及各代表约二百余人。酒阑由冯少山登台致答谢词……答词毕，林康侯报告举行游艺，为穆藕初之昆曲，王晓籁、陈伯初之京剧，沈易书之三弦拉戏，陈铸斋之扯铃游戏，吴鑑泉之太极拳及影戏等，颇极一时之盛。④

十一月六日下午，吴鑑泉到上海中法工专学校参加中华国术协会筹备会，据次日报载：

> 自上次上海特别市国术运动大会闭幕后，李芳宸代表中央国术馆宴请各省国术专家及热心提倡国术者，席间会由褚民谊、李芳宸等提议组织一国术研究会，一时众皆赞成，推褚民谊筹备其事。昨日，褚民谊特假中法工专学校开第一次筹备会议，到会人物有李芳宸、张定璠（岑德彰代表）、王晓籁、褚民谊、孙禄堂、刘崇峻、吴鑑泉、杨澄甫等二十余人。下午三时开会，先由全体合摄一影，嗣公推褚民谊主席，田守成纪录。⑤

---

① 《中央国术馆国考花絮录》，《申报》民国十七年（1928）十月二十日，第六张第二十一版。

② 《国术馆发给国考及格证书 分最优等、优等、中等三和》，《申报》民国十七年（1928）十月二十三日，第二张第七版。

③ 《全国商会第七、八次大会记·今晚大会答席》，《申报》民国十七年（1928）十月二十五日，第四张第十三版。

④ 《全国商会第九、十两次大会记·昨晚之宴会》，《申报》民国十七年（1928）十月二十六日，第四张第十三版。

⑤ 《中华国术协会筹备会》，《申报》民国十七年（1928）十一月七日，第四张第十五版。

是年，吴鑑泉的门生吴图南出版《国术太极拳》一书，其中记载了吴鑑泉此时的传人情况："（吴鑑泉）在京师教授太极拳二十余年矣。得其传者，在北方有吴图南、赵元生、吴润臣、赵寿椿、东锡珍、赵仲博、金云峰、金寿峰、葛馨吾等数人耳。在南方者，有褚民谊、徐致一、王志群等数人。"

民国十八年（1929）二月十六日，吴鑑泉应邀参加驻上海陆军第五师国术比赛，并表演太极拳。据二十七日《申报》载：

> 本埠枫林桥陆军第五师，昨日午前十二时国术比赛。到各国营战手一百廿余人，中央国术分馆、精武体育会、第一公共体育场国术部代表，中委褚民谊，国术专家吴鑑泉，交涉公署科长郭德华，及该部熊式辉师长以下官佐共计四百余人。主席熊式辉。行礼如仪，主席致词……此外尚有仕商邵如馨等演说后，即开始表演。第一单人拳术，第二单刀，第三对打，第四花枪，第五团体比赛，第六欢迎中委褚民谊表演太极拳，第七中央国术分馆参加，马汉章三路跑，姚馥春行意拳，佟忠义行拳，冯能和三路非，佟嘉祥逃闻跑，马汉章虎头钩，姚馥春生财剑，佟忠义双剑，冯能和青铜剑，佟嘉祥孙膑拐，第一公共体育国术部摘锦比赛，国术专家吴鑑泉太极拳，及精武体育会赵连和、第一公共体育场刘君等相继表演。旋即摄影，并请由王开照相馆摄一小照，分送各报登载，即散会。[1]

四月八日，浙江赈务会驻沪办事处在《申报》登载鸣谢各大善士募助赈款的启事，内称："上年秋间，吾浙遭霪雨之灾，区域之广达三十余县，损失之巨至数十百万。省政府恻焉悯之，乃有筹赈委员会之设，更组织办事处于沪埠，以便与旅沪士绅就近接洽。数月以来，赖各委员之劝募，诸善士之乐输，幸尚集有成数。现本处已结束撤消，爰将各善士助赈数目、支款赈略及未收回捐册号数登列报端，以扬仁风而资征信。"其中，时任上海公安局长袁良"自助洋十五元，经募许修直君洋念元，中华劝工银行洋十元，徐季亨、周述根、林一春、吴鑑泉、其顺堂、褚民谊诸君各洋五元，谢望苏君洋三元，齐格忱、葛馨吾、金寿峰、关介三、马润芝、陈文甫、周亮才、周志社诸君各洋二元，殷子谦、朱公度、季蔼石、孙星桥、傅怀九、武孟芹诸君各洋一元"[2]。可知此时除吴鑑泉外，其师弟齐格忱，学生葛馨吾、金寿峰等也随之身在沪上。

四月十八日，上海庆祝奠都南京两周年纪念大会在全国美术展览会大礼堂举

---

① 《五师昨日国术比赛》，《申报》民国十八年（1929）二月十七日，第四张第十三版。
② 《浙江赈务会驻沪办事处鸣谢各大善士募助赈款启事》，《申报》民国十七年（1928）四月八日，第三张第九版。

行，会后公开展览，十九日（星期五）下午，"褚民谊先生、吴鑑泉先生、孙禄堂先生、关君、葛君、金君、童子俞一鹏君、童子王象耀君、童子王守法君、童子王眉度君、童子王珽卿君、童子王定心君、童子王可久君、童子王建仁君等十四人表演国技"，其中"葛君""金君"当为吴鑑泉的学生葛馨吾和金寿峰。据十九日《申报》报道：

> 昨日庆祝奠都南京二周纪念大会，假南市新普育堂全国美展会大礼堂举行。该会特于庆祝大会散会后公开展览，免收票费，以资庆祝。一时观者骤增数千人，大有山阴道络绎不绝之概。今日（十九日）全国美展参考品部为叶玉甫、吴湖帆、李拔可、严家炽等值日，陈列品有李龙眠《十八罗汉精品》，张子政《桃花逸品》，元六家王、黄、吴、倪、赵、高纸本立轴《黄孟端枯木竹石图》，梅瞿山《山水缎本屏》，王若水《花卉卷神品》，唐六如、文徵明《山水》，以及清代名家精品，约有七八十件之多。闻潘静淑女士新藏宋刻孤本《梅花喜神谱》，宋汤正仲画《梅花双鹊图》纸本，亦送陈列云。星期六及星期日两天，闻参考品部除原定值日委员出其新藏外，尚有各收藏家之扇面展览。教育部部长兼美展会会长蒋梦麟氏以美展已开会多日，特于昨日莅会视察一周，并与孟寿椿总干事讨论会务多端。闻蒋氏于下星期一日再至该会详细观览云。今日下午三时起，有褚民谊、吴鑑泉、孙禄堂与童子俞一鹏及王晓籁之公子表演国技。美展会时间已于昨日起改为上午九时至十二时，下午一时至六时。昨日教育团体参观者，有新华艺大、大同大学及绘画研究会等七百余人。今日约定参观者，有暨南大学，巽奥、虬江、村基等学校六百人。该会三日刊《美展》内容极为丰富，昨日已出第三期，有叶恭绰、俞寄凡等名著十余篇，及刘海粟、褚民谊等铜版精图十余幅。[①]

四月二十七日，上海特别市第二次国术考试在南市大吉路第一公共体育场举行开幕典礼。吴鑑泉受聘为此次国术考试评判员。[②]据二十九日《申报》报道：

> 上海特别市第二次国术考试，昨为第二日。评判员孙禄堂、褚民谊、胡朴安、孙存周、杨澄甫、叶大密、陈微明、吴鑑泉、朱国福、刘德生、叶良、罗叔青、傅梦生、徐文甫、马华甫、佟忠义、赵联和、傅秀山等。监察员翁国勋、章启东、顾伯华等。来宾参观者约三千余人。上午九时起，先将全体应试员依体长、年龄分组，先作摘锦比赛，十二时完毕，午餐休息。下午一时举行交手比赛，三时考毕。各评判员开会讨论记分法及计算法，结果：各评判员将

---

①《全国美术展览会之第九日》，《申报》民国十八年（1929）四月十九日，第三张第十一版。
②《第二次国术考试今晨开幕》，《申报》民国十八年（1929）四月二十七日，第四张第十三版。

所记分数名册交评判主任孙禄堂汇集计算，尚须缓日发表奖品。[①]

此时，上海的致柔拳社正拟于农历四月十一日（阳历五月十九日）公祝张三丰祖师寿诞，并举行四周年纪念，同时为钱慈严、胡朴安、孙闻远、戴俊卿四君赠毕业证书。[②]十九日下午，致柔拳社开会，吴鑑泉应邀参加。此次纪念会聚老师名手于一堂，"孙禄堂、杨少侯、吴鑑泉、褚民谊、褚桂亭、徐致一及某君亦各表演太极拳，均极纯任自然"[③]。二十九日，《申报》报道：

> 国术泰斗鑑泉先生是褚民谊先生的老夫子也，虽校中时见其影踪，惜迄未一睹其表演大好身手。日前晨，由褚先生之导，在本校操场与褚先生练习太极拳，演来着实好看，同学辈叫妙不绝。最后，褚先生尚为之摄活动影云。[④]

六月八日，浙江省国术分馆在首届西湖博览会大礼堂补行成立典礼，邀请海内国术名家表演，吴鑑泉在其中与童文华共同表演太极拳，其学生褚民谊、王志群也分别表演了仪器推手和太极拳。[⑤]

沪上实业大亨黄楚九对身为国民党中央候补委员的褚民谊颇为殷勤，不惜巨资为褚民谊及其师吴鑑泉印制《康健指南》书册，其中也同时为自己公司推出的新产品"百龄机"大做广告。七月十二日，黄楚九的九福公司开始在《申报》刊登关于《康健指南》的新书广告：

> 九福公司印行《康健指南》一书，内有中央委员褚民谊说明太极拳功效及摄制太极拳专家吴鑑泉表演太极拳图五十余幅，后附百龄机百大功效及家庭急救法数十则。用道林纸精印一册。兹为改进国民体魄计，广事赠送。全国各界，欲得此书，请开明详细姓名地址，附邮票五分，寄至上海白克路九福公司出版部，即当寄奉一册。面索亦须开示姓名地址，同样附邮五分，以示郑重云。[⑥]

其中的太极拳图照，是民国十四年（1925）褚民谊在北京为吴鑑泉拍摄。七月十八日，《申报》又登载广告称：

> 本公司为救济国民身体衰弱起见，不惜巨万金钱，精印《康健指南》五十万册。内容系商请中央委员褚民谊先生说明太极拳功效，及褚先生所摄太

①《昨日二次国术考试盛况》，《申报》民国十八年（1929）四月二十九日，第四张第十三版。

②《致柔社所请三拳师联翩来沪》，《申报》民国十八年（1929）五月十五日，第四张第十四版；《孙禄堂等联翩来沪》，《新闻报》民国十八年（1929）五月十五日，第四张第十五版。

③《致柔拳社昨开四周纪念会》，《申报》民国十八年（1929）六月二十日，第四张第十六版。

④《吴鑑泉现身手于中法工专》，《申报》民国十八年（1929）四月二十九日，"本埠增刊"第五版。

⑤《西湖博览会国术名流表演与欢宴西湖博览会国术名流表演与欢宴》，《申报》民国十八年（1929）六月十日，第三张第九版。

⑥《九福公司康健指南今日出版赠送》，《申报》民国十八年（1929）七月十二日，第四张第十六版。

极拳专家吴鑑泉先生表演太极拳照片五十余幅，极为名贵，使人即可按图练习。末附百龄机百大功效及家庭急救法数十则。①

广告词后开列《康健指南》内容条目。该广告几乎每日登载，直至八月十八日。

七月二十日，《申报》还有新闻报道：

> 本埠九福公司本届所出《康健指南》有中央委员褚民谊关于太极拳之著表及其所发明太极拳推手器械之说明、太极拳专家吴鑑泉表演五十余幅，足供读者模习，后附百龄机百大功效及家庭急救法十余则，允为人人不可不备之书。自经登报赠送以来，各家索取者日不暇给，即沪市特别市政府第一科同人，亦函索乙百册，以之分发职员，广为宣传。其受人欢迎之热烈，足见一斑。现闻该公司赠送此书并不有所限制，凡开明姓名住址，附邮五分者，均行照发一本。面索办法相同云。②

八月十四日晚，吴鑑泉在上海中法国立工业专门学校参加赴比利时留学生欢送会，并表演太极拳。据次日《申报》报道："中比庚款委员会中国委员长褚民谊，于昨日下午五时在中法国立工业专门学校开会欢送此次考取赴比留学学生。到会者有比领事纪佑穆、法商会秘书弗兰台，委员方面有中委员褚民谊、黎照寰、曾镕甫、杨芳及刘锡昌等，比委员特波斯、赫斯得神父，委员会秘书夏诚，来宾有蔡元培、张群、沈彭年、陈世光、王晓籁、朱少屏等，留比学生有陈朝璧、赵同功、田成霈、赵梅伯、沈承麟、沈瑶英、方增善、聂增光、朱星门、易龢预、赵儒沅、贺德新等，宾主一百余人。五时许，全体就座。"首由主席褚民谊登台致辞，次张群演说，次赴比学生代表陈朝璧致答词，答词毕，"分给茶点，一面表演余兴。节目如下：一、中华公清唱；二、吴鑑泉太极拳及吴女士太极剑、太极刀；三、万籁声武当拳；四、两江女体专吴之乔等之表演；五、中法工专学生之音乐；六、赵梅伯之独唱；七、吴玉麟夫人披耶娜；八、向荣璋女士钢琴，均有精采。八时余散会"③。

八月二十一日，《申报》关于《康健指南》的广告内容重新调整，陆续登载，直到年底：

> 本公司最近精印《康健指南》五十万册，内容有褚民谊先生玉照及体魄，拳家吴鑑泉先生表演太极拳全图五十余幅，褚民谊先生著太极拳论，太极拳

①《一家必须备一本 强身补体〈康健指南〉》，《申报》民国十八年（1929）七月十八日，第一版。
②《市政府职员欢迎〈康健指南〉》，《申报》民国十八年（1929）七月二十日，第四张第十六版。
③《昨日欢送赴比生盛况》，《申报》民国十七年（1928）八月十五日，第三张第十一版。

经，十三势歌，十三势行功心解，打手歌，太极拳姿势之名称及次序，以及其最新发明之太极拳推手器械图及说明，百龄机百大功效，家庭急救法数十则。道林纸精印一册，内容丰富，成本昂贵。兹为指导同胞康健途径起见，凡备邮票五分，将下表填寄白克路十四号本公司者，即当寄奉一册。空函及邮票附不足数，均不回复，面索同例。①

该广告于次年年初缩短内容，又陆续登载了半年。

时任上海特别市警察局局长袁良，十余年前在北京任国务院秘书期间兼任北京体育研究社社长，其时，吴鑑泉一直是体育研究社教员。上海市国术馆成立后，袁良还任该馆董事。在袁的推荐下，吴鑑泉于十一月初担任上海市国术馆武当门主任。据十一月五日《申报》报道：

上海特别市国术馆武当门主任一职，自姚馥春因事停职后，物色人材，悬缺月余。兹闻已由该馆袁董事文钦介绍太极拳专家吴鑑泉担任斯职。昨日该馆特假座都益处酒馆，设筵欢宴吴君，藉表欢迎云。②

《申报》于十七日开始登载消息：

上海特别市国术馆近为发扬国术起见，特组织特别班一班，附设第六教练场内，延聘太极拳专家吴鑑泉君亲自教授，定于十二月二日开课。教授时间为每逢星期一三五日上午七时至九时。兹闻该班会员尚有余额，有志学习者，可至南京路九华绸缎商店隔壁三楼第六教练场，或闸北西宝兴路天通庵路口该馆办事处报名。会费每年只需十二元云。③

在随后的征求会员消息中，又称"吴君系武当派大师，得太极拳真传，循循善诱，教法周到"④。

十一月中旬，浙江国术游艺大会在杭州开幕，大会云集了全国的名家高手，吴鑑泉参与该会筹备。据报载：

会场设在杭城镇东楼之旧抚署空地，面积约三十余亩。筹备最忙者有刘崇峻、吴鑑泉、张绍贤、马玉书等。因筹备时间充足，会场布置，颇为周密。大门设售券处，每座售洋一元，并扎松柏牌楼两座于进出口处，上以红绿绸缠之，有"提倡国术发扬民气"等字。入场正中为表演台，台前悬有"愿全民众均国术化"横额，旁有联云："一台聚国术英雄，虎跃龙腾表演毕生工力，历

①《注意》，《申报》民国十八年（1929）十月一日，第三张第九版。
②《市国术馆武当门主任得人》，《申报》民国十八年（1929）十一月五日，第四张第四版。
③《市国术征求特别班会员》，《申报》民国十八年（1929）十一月十七日，第四张第十六版。
④《上海特别市国术馆征求特别班会员》，《申报》民国十八年（1929）十一月二十四日，"本埠增刊"第一版；十一月二十七日，"本埠增刊"第二版。

来运动会中无此壮举"，"百世树富强基础，顽廉懦立转移千载颓风，民众体育史上应有余思"。台悬总理遗像及党国旗，并有联云："五洲互竞，万国争雄。丁斯一发千钧，愿同胞见贤思齐，他日共供邦家驱策"，"一夫善射，百人抉拾，当今万方多难，请诸君以身作则，此时且资民众观摩"。上首为评判及监察委员席，上左首为军乐队，上右首为记者席，下首及台之两旁为参观处。场中四处，满贴标语，美不胜收，诚空前盛举也。[1]

吴鑑泉还担任浙江国术游艺大会评判。二十五日为大会比试第五日，选手比试结束后，"末由该会评判委员、检察委员表演精萃国技如下"：

> 田绍霖、陈惟铭双演推手，朱霞天混元剑、陈明征虎头双钩，窦乃根八卦拳，萧品三双飞刀，谌祖安奇门十三剑，高凤岭太乙单刀，左振英梅花双刀，刘百川梢子盘龙鞭，吴鑑泉太极拳，张兆东单刀，孙禄堂太极拳，李芳宸太极剑。[2]

浙江国术游艺大会结束后，因上海将举行国术比赛大会，部分国术家于十二月初前往上海。十日，上海特别市国术分馆设宴欢迎李景林及来沪国术大家，吴鑑泉等作为该馆教授表演国术。据十二日报载：

> 上海特别市国术馆，于前日（十日）假座中央西菜社欢宴中央国术馆副馆长李芳宸及国术大家张兆东、高凤岭、李星阶等五十余人。由副馆长袁履登代表馆长张岳军主席。酒半酣，主席起立致欢迎词，李芳宸致答，略谓兄弟由杭到沪，承本市国术馆热烈的欢迎，实不克当。兄弟此次在杭办理国术游艺大会，蒙诸位国术家协助，成绩甚好，这是我们所当欣幸的。比试结果，第一二三名他们都很有义气，对于应得之奖金，情愿与各优胜者均分，而他们并不是富有的人，如第一名王子庆，他家境很平常，现在每月只有三十元的收入，竟能如此，尤为难得。古语说："文官不要钱，武官不怕死。"现在国术界竟兼而有之，这是足使我们钦佩的。兄弟离沪，忽已一载，在津听得上海国术馆本届会员更比去年增加，而每天到场练习者竟有五六百人之多，足征贵馆诸君，办理妥善，方才有此成绩。兄弟提倡国术，所应当感的云云。次来宾王晓籁及该馆董事陈稼轩均有极恳切之演词。最后由该馆董事叶良及教授吴鑑泉、佟忠义、萧仲涛、张文发、闵清祥、王凤桐、褚德馨、侯涌毫等表演国术。来宾国术家中，如张兆东、高凤岭、李旦阶、李玉琳等亦均表演拳术一

---

[1] 陶咏春：《国术游艺大会琐闻》，《申报》民国十八年（1929）十一月二十五日，第三张第十二版。
[2]《浙省国术比试第四五两日·第五日情形》，《申报》民国十八年（1929）十一月二十六日，第二张第八版。

套。李芳宸氏兴致勃勃，并与某君表演推手，掌声雷动。直至九时余，宾主始尽欢而散。[1]

是月下旬，上海国术比赛大会在四马路云南路口上海舞台举行。在二十四日下午第三日比赛前，吴鑑泉表演了太极拳。[2] 二十六日下午第五日比赛，吴鑑泉与佟忠义负责挥胜旗，赛前表演中，吴鑑泉仍表演太极拳。据报载：

国术比赛大会，昨日下午一时，仍在四马路云南路口上海舞台举行第五日之比赛。虽微雨纷霏，中外观者仍踊跃异常，一时半已上下客满。会场中由李景林、褚民谊计时，任鹤山、章启东分组，刘得胜施令，佟忠义、吴鑑泉挥胜旗，灵子光唱名，贾恺忱纠察，翁国勋报告，姜侠魂纪录，并有红十字会王培元、蓝十字会谦益医院伤科秦鹤岐在场救护。一时，李景林主任致词后，先表演。有八十四岁老人崔振东无极拳、无极手散手，七十老人李惠亭燕青醉打，跛足老人王恩庆鲁智深醉打，老前辈张兆东六合剑，伤科名家秦鹤岐和合皇幼手，高凤岭太一醉拳，杨奎山八彩双刀，吴少川二郎拳，宫立曾、李静明双接棍对打，李好学四路查拳，王凤章六合拳，朱国祯形意八式拳，刘文友燕青拳，黄过魁梅花双刀，孙立源、朱传斌对打，田瑞五流星锤，郭宪三梅花双刀、八极拳，庞金山斜叉一枝梅，谌祖安六合单刀、双刀，朱传斌九节鞭，李星阶形意枪，胡占清六合大枪，小孩童卢庆根倒挂紫金冠，吴鑑泉太极拳，奚诚甫大洪拳，李景林舞剑以殿之。

比赛开始，获胜者姓名如下：第一组史凤起，第二组陈雅庭，第三组黄振山，第四组金盛元，第五组王永年，第六组辛正鹏，第七组高荣华，第八组张品三，第九组张孝田，第十组叶椿才，第十一组田瑞五，第十二组余文云、高仲武平均，第十三组孙宝林，第十四组张孝才，第十五组王喜林。

前数日获胜者复赛再获胜之姓名如下：第一组张英振，第二组高守武，第三组龚云峰，第四组张长信，第五组章殿卿，第六组郭世全，第七组郝家俊，第八组刘丕显，第九组盛长满，第十组王贵卿、黄振山平均，第十一组张孝田、李咸希平均，第十二组闵清祥、杜万清平均，第十三组杨鸿慈，第十五组薛恒元，第十六组梁纪振，第十七组马承智，第十八组韩其昌，第十九组王德元，第二十组张孝才，第二十一组钱瑞武，第二十二组朱国桢，第二十三组李树桐，第二十四组袁伟，第二十五组史凤起，第二十六组于长安，第二十七组曹晏海。

①《市国术馆欢宴李景林及国术家》，《申报》民国十八年（1929）十二月十二日，第四张第十六版。
②《昨日之国术比赛大会》，《申报》民国十八年（1929）十二月二十五日，第四张第十三版。

以上共四十二组，或声上击下，或应左顾右，进如迅雷，退若闪电，疾似施风，徐犹岫云。所谓白叟黄童，错综有致，确能使观者精神勃兴，英爽神飞。最后有褚民谊将新制藤质运动球以腿玩弄，上下翻覆，盘旋灵活，掌声雷动，且宣布此球乃锻炼下部腰腿最妙利器，尚有练习上部之运动球，定于本星期日当场演习。该球为钢制，奇巧非常，希观者注意。今日仍在原处续赛，且有种种不易见之奇技异术，尽量表演云。[①]

二十七日下午第六日比赛前，吴鑑泉与褚民谊表演"太极双辉"。[②]三十日下午第八日比赛前，吴鑑泉表演了太极拳。[③]三十一日下午第九日比赛，吴鑑泉表演了太极拳。[④]民国十九年（1930）一月二日起，上海国术比赛开始进行大决赛，在第一日决赛及一月六日的总决赛上，吴鑑泉与李星阶等人挥旗[⑤]，并参加了一月七日的给奖典礼[⑥]。

关于吴鑑泉南下，另有一说，是应上海市政府、精武体育会和中华公记俱乐部的聘请，到上海教太极拳，住在中华公记俱乐部，地址在大世界顶楼。不知此说是否确切，但确有史料显示吴鑑泉曾为中华公记俱乐部的国术教授，据《申报》报道：

中华公记为海上唯一之俱乐部，系一班闻人所组织，其主旨使娱乐要艺术化。内设国术、歌剧二种。国术教授即北平名师吴鑑泉君，歌剧由马宝刚、贾福堂、仇月祥等六人所教。有二口号："拳不离手，曲不离口。"每逢慈善游艺，或举行会串，辄人满不堪。现出《中华公报》，每星期六出版，星期三或出附刊，为发扬艺术之刊物。创刊号定明日出版。社址在爱多亚路广西路口一八○号。[⑦]

另据马海龙述：

在姥爷从北京到上海后，有一次是虞洽卿在家请姥爷吃饭。有众多上海的名流均在座。饭后大家都坐着聊天。只见走上一人，说为诸位大人助兴。他拿出一块花岗石，放在一个茶几上，然后用手一挥，那块石头就碎了！

当时姥爷知道，自己必须要显示一下，否则上海是无法立足了！于是姥爷

---

①《昨日之国术比赛大会》，《申报》民国十八年（1929）十二月二十七日，第四张第十四版。

②《昨日之国术比赛大会》，《申报》民国十八年（1929）十二月二十八日，第四张第十四版。

③《国术比赛第八日记》，《申报》民国十八年（1929）十二月三十一日，第四张第十四版。

④《昨日国术比赛大会记》，《申报》民国十九年（1930）一月一日，第六张第二十二版。

⑤《国术比赛大决赛第一日记》，《申报》民国十九年（1930）一月四日，第五张第十八版；《国术比赛大会总决赛之结果》，《申报》民国十九年（1930）一月七日，第四张第十三版。

⑥《昨日国术比赛会给奖》，《申报》民国十九年（1930）一月八日，第四张第十三、十四版。

⑦《中华公报明日出版》，《申报》民国十九年（1930）二月三日，第四张第十四版。

就把椅子往前移了一下，对那位说："我把手伸出来，劳驾你再破一下！"那人就上来一掌，当时所有在座的人都没有看出姥爷是怎样动的，只见那人已经飞了出去，跌在地上。那人起来后，恭恭敬敬地朝姥爷鞠了一躬后就走了。在座的客人们都站起来击掌叫好。那次陪我姥爷去的是我父亲和寿邺大舅，他们回家后，就问姥爷："您怎么发力的？"姥爷只是微笑地说：如果他用力再大，结果就更坏了。后来知道，那人是黄金荣的保镖，山东人，此人不仅是一身硬功夫十分了得，而且枪法也很准，能把子弹抛起，再发枪打中抛起的子弹。从此姥爷在上海树立自己的声誉。[①]

三月十日，褚民谊所在的上海中法工业学校举行门球场落成典礼，吴鑑泉参加，并与众弟子表演太极技艺。据次日报载：

中央候补监察委员褚民谊热心体育，尤擅太极拳，尝发明太极推手棍等各项运动器械，匠心独造，运用精妙，素为世人所熟知。最近又发明门球，为我国体育界上别树一帜之运动法。筹备三月，刻已成功，昨日举行门球场落成典礼。先期柬邀中外名人前往参观，到来宾七八百人。兹将各情分志于后：

礼场布置。中法工校操场门口高悬党国大旗两面，横额曰"门球场落成典礼"。门球场建筑在场之西南隅，场为直径六十英尺之圆形，中为直径十英尺之平地，上铺竹席，周用竹竿架成，周高中低之圆形竹架，二面清用长二十五英尺之竹竿编成圆盘形，边沿高度为四尺五寸，边沿上围以二尺五寸高之竹栏，边悬党国小旗，中央置直径四尺许之大竹球两个。场上除门球场外，太极推手棍及推手铜球各项器械亦张列场中。场东部设来宾席，四周编悬党国小旗，布置甚为壮丽。

中外来宾。昨午下午三时左右，中外来宾继续莅止。中央要人蔡元培、李石曾、王正廷、丁超五等均莅场参观，前驻比公使王景岐、铁道部次长黎照寰、海军编遣处军务局长任光宇、中央国术馆长张之江代表唐范生，及沪上名人叶恭绰、狄平子、王晓籁、太极拳专家吴鑑泉及外宾法比两国驻沪领事等七八百人，由褚民谊、戴春风、吴天侃等殷勤招待。

表演情形。下午三时，门球场落成典礼开幕，由褚氏亲自表演门球运动。褚氏立场之中央，初用手将两球相互盘旋上推，继以足踢身拦，全身四肢各随球之转动而乘势运用两球。在架上起落，转旋不已，观者莫不鼓掌赞叹。表演毕，继褚氏与太极拳专家吴鑑泉等表演推手球、推手棍等，亦俱有功劲。同时

[①] 马海龙 2005 年 3 月 22 日在上海鑑泉太极拳社成立 70 周年纪念会上的讲话。

摄制影片及来宾之持镜箱摄影者，殊形忙碌。亘五时许，始进茶点而散。

来宾表演。来宾中国术名家甚多。褚氏亲邀著名家表演国术，计有蒋主席之保镖刘百川之单刀及双刀，太极拳专家吴鑑泉之太极拳，吴鑑泉大女公子吴小姐之太极剑，国术名家刘得胜之双剑，佟忠义之双戟，佟嘉祥之孙膑拐。刀光剑影，叹为观止。继褚民谊、金秀峰之太极对拳，佟忠义、佟嘉祥师弟之摔角，弟子终被师两次摔地。吴鑑泉与金秀峰及关介三、马岳梁、徐致一之太极推手，吴老先生似乎全不用力，而金、关、马诸君每遇辄倒地数尺外，惟徐君抵御有方，未被推倒，然已难能矣。观者鼓掌不绝。

国外宣传。褚氏语人云，赴比出席博览会时，将太极推手球、推手棍等将携往陈列，并在瑞士万国体育会时，亦将带去宣传，以供世界体育家之同好云。[1]

六月三日，《申报》登载消息称：

市国术馆第六教练场太极拳特别班，原设南京路抛球场六十一号三楼，兹因该处房屋业已退租，定于六月四日移设新世界北部游艺场内，仍照原定每星期一、三、五三天上午七时至九时，由吴鑑泉君教授云。[2]

民国十九年（1930）初夏，吴鑑泉等人被添聘为上海市国术馆董事。据《申报》报道：

上海市国术馆前日假中央西菜社举行第三届征求会员大会开幕典礼，并欢迎新董事。到该馆长张岳军（岑德彰代表）（副馆长袁履登因公未到，又王云五因赴美未能出席）及新董事王晓籁，暨征求队正副队长及参谋、干事等七十余人。首由主席起立致词，略谓诸位，今天本馆举行第三届征求大会并欢迎新董事，张馆长因公不能亲自出席，派兄弟代表，只是对于诸位很抱歉的，请诸位原谅。今天的集会有两种意思，第一是欢迎新董事，本馆因谋馆务的发展，所以在最近添聘了王晓籁先生、杜月笙先生、张啸林先生、褚惠僧先生、张愇如先生、俞叶封先生、佟忠义先生、吴鑑泉先生、成爕春先生、闻兰亭先生等十位新董事，这几位对国术都是很热心的，我们相信将来对于本馆的力量一定增加百倍，前途很可乐观；第二层意思是第三届征求开幕，本馆为普及国术起见，所以每年举行一次征求，这一届征求的成绩我们相信比上届更好，因为现在社会人士对于国术已有很深的信仰心，再加诸位队长、副队长、参谋、干事这样热心宣传，这也是很可以抱乐观的。其余兄弟也不多说了，要请陈稼轩先

①《门球场落成》，《申报》民国十九年（1930）三月十一日，第三张第十一版。
②《团体消息》，《申报》民国十九年（1930）六月三日，"云埠增刊"第二张第七版。

生报告本馆一年来情形云云。次由该馆常务董事陈稼轩先生报告一年来状况及此次征求目的。宴毕，由该馆常务董事叶良先生表演少林拳及双刀，并请吴英华女士（吴鑑泉先生之女公子）表演太极剑，末由该馆各教员助教表演国术，至十一时始散。①

七月中旬，吴鑑泉参加上海市国术馆太极拳特别班聚餐。据报载：

> 市国术馆宣称，本馆太极拳特别班成立以来已将一年，会员加入者为数甚众。日前由场长叶良先生发起，假座大中华举行聚餐，以资联络。到有教授吴鑑泉先生、场长叶良先生及男女会员三十余人。一时觥筹交错，谈笑风生，至十时余始尽欢而散云云。②

十月一日下午，吴鑑泉出席上海市国术馆教务会议。据次日《申报》报道：

> 市国术馆于昨午二时开教务会议，出席者吴鑑泉、佟忠义等教员十余人。主席叶良，纪录章崧然。行礼如仪，主席报告开会宗旨，略谓兹届第三届征求结束之期，学员骤增，嗣后应请诸教员不惮辛劳，循循开迪。当即决议：（一）十月十二日假市商会议事厅举行欢迎新会员大会，应有国术表演，即责成各场教师精选优秀会员，充分预备；（二）表演者应一律着制服，式样由本馆规定，质料采用国货，颜色分教师全黑，学员上灰下黑两种，以资区别；（三）凡练拳已满二年者，须经考试，拟于本年底施行考试种类，少林分拳、刀、棍三项，武当分拳、剑两项，及格者准予初级毕业。议毕散会。③

十二月六日下午，吴鑑泉参加青年会武当拳术两周年纪念会并表演。据报载：

> 四川路青年会武当拳术组两周纪念会，定于今日下午二时在该会大礼堂举行。青年会会员平日研究斯道者甚众，自得名家姚馥春君之指导，成绩飞突猛晋。会员中若毕子陛、彭遵路、卢太育尤见热心，秩序中最令人注意者，厥为吴鑑泉等诸名家之表演云。④

十二月二十一日，叶大密的武当太极拳社召开四周年纪念会，"特请国术界老前辈孙禄堂、吴鑑泉、姚馥春、陈子明、徐致一、刘希哲、孙存周、张钦霖等太极拳专家，及武汇川师徒到场表演"⑤。

民国二十年（1931）一月十八日下午，国术团体在中央西菜社举办宴会，欢

①《市国术馆第三届征求并幕》，《申报》民国十九年（1930）七月四日，第四张第十四版。
②《团体消息》，《申报》民国十九年（1930）七月十五日，"本埠增刊"第二张第五版。
③《市国术馆昨开教务会议》，《申报》民国十九年（1930）十月二日，第三张第十二版。
④《青年会武当拳术两周纪》，《申报》民国十九年（1930）十二月六日，第三张第十版。
⑤《武当太极拳社定期举行纪念会》，《申报》民国十九年（1930）十二月十二日，第四张第十五版。

迎褚民谊赴比利时归来，吴鑑泉参加。据次日报载：

> 昨晚七时，浙江省、江苏省、上海市三国术馆，精武体育会，中华体育会，致柔拳社，上海武学会，上海市武术研究社九团体，在四马路中央西菜社设宴欢迎褚民谊氏。到有国术专家叶良、佟忠义、陈微明、吴鑑泉、刘百川，来宾翁德琴等二十余人。首由浙江国术馆代表苏景由主席致欢迎词，并请求褚氏向中央提议：（一）全国运动中应列入国术一门；（二）现今缺乏国术教师，应由政府设法多设师范班；（三）编辑国术丛书，以资宣传提倡。后褚氏起立答词，略谓此次赴比赛会，有工商、教育等物品，所带体育等书物原系教育中之一部分，不意竟引外人之特别注意，惜书籍中附印之照相图画均欠真美，又系中文，故外人不能详细了解。此殆筹备时间匆促之故，此后如有机会，不但要编中文书籍，且要多编各国文字之国术书籍，更应注意到要有美善的图画，以引起国术的兴趣。日本人常以我国之国粹，用文字并派人到西洋去宣传，致外人反以为日本所仅有者。此次游历各国，觉得专靠口头演讲，时间不甚经济，又不切实。华侨及外人颇有托聘国术家前往教授者。因此编辑丛书及训练教师，余觉均甚需要。又国术加入全国运动会一节，余以为此后之各种运动会，应分锦标竞争及健康比赛两种。运动会中之铁器、抛掷等类，不过是局部的运动，但因各国通行如是，故只须有少数之人材以敷国际间之锦标竞争即可。锦标竞争系直接的、少数的，健康比赛系间接的、团体的。外人向以贫弱视我，因此我们应提倡团体的健康。有健康之人民，才能各事振作而达于富强之民族，谁敢侮辱云云。继由武学会翁国勋及上海市国术馆陈稼轩先后提议。至九时半散席。定下星期日，征求体育团在褚宅扩大会议，讨论各提案，以便向中央建议云。①

三月二日，上海国术团体联合会成立典礼在青年会举行，吴鑑泉作为上海市国术馆教师参加典礼并表演太极拳。据次日报载：

> 上海国术团体联合会筹备就绪，昨假青年会举行成立典礼。参加者有市党部代表范争波，市政府代表岑德彰，中央国术馆张之江代表翁国勋、唐范生，江苏省国术馆代表孙存周等，暨国术团体代表褚民谊、吴鑑泉、刘德生、龚银笙、朱励公、章启东、陈微明、叶大密、武汇川、翁耀衡、彭遵潞、刘守铭、华翔九及来宾等六百余人。二时开会，褚民谊主席，行礼如仪，次主席报告筹备经过情形，略谓本会抱联络感情，研究国术，务使科学化、民众化，以达强

---

①《九国术团体欢迎褚民谊志盛》，《申报》民国十九年（1930）一月十九日，第四张第十四版。

国强民之目的，今已有十余团体加入。筹备就绪，故先宣告成立。甚望其他各国术团体踊跃参加，共策进行云云。次范争波、唐范生、岑德彰、孙存周诸君演说，大致期望国术界纪念总理遗教，打破门户主义，共同努力，普及民众，俾各自卫云云。次职员行就职礼，并由理事长褚民谊主领宣誓。次各团体会员表演国术，节目如下：褚民谊太极剑、太极拳、推手球棍；关介三太极刀；市国术馆佟忠义八仙剑，吴鑑泉太极拳，张文发长拳，叶良董宝拳，丁保元等摔角，马岳梁七星剑，马万隆梅花双刀；公共体育场王杏生青柳剑，朱剑云、宋保茂藤牌单枪及摘锦；上海武学会张长信八式拳，翁德琴三万剑，赵道新八卦掌；中华武术会顾良杰三路炮，罗叔青双掌入门，郑启亨、施家骝大刀破枪；致柔拳社陈微明八卦掌，陈铎民等推手；武当太极拳社叶大密与其公子对演散剑；汇川太极拳社吴云倬太极拳，武汇川等师徒推手大捋；精武体育会团体少林拳操及梅花单刀、空手对枪、八仙剑；上海青年会卢太育太极拳，吴少川形意拳；中国国技传习所梅子对子；利生中学华翔九鲁智深醉跌。并有来宾田雨三铁臂抱五行，孙存周八卦掌，宝显廷形意拳，董福霖绳鞭，龚子久醉八仙。次由褚主席致谢词，散会。①

吴鑑泉在上海除了被聘为上海市国术馆董事兼武当门主任，还任精武体育会教师。②

民国二十年（1931），在学生的协助下，吴鑑泉在威海卫路中社创办了鑑泉太极拳社，据三月二十九日《申报》消息：

鑑泉太极社系拳术名家吴鑑泉、褚民谊、徐致一诸君所发起，宗旨为提倡国术，使社会人士得享健康幸福。每日上午、下午、晚间分三次教导练习。有志研究者，不论性别，均得报名加入。各界名人之赞成者如张群、张啸林、杜月笙、王晓籁、盛丕华、俞叶封、谢培德、吴荫章、李孤帆、岑有常、张藕舫、游志航、郑耀南等诸君，均深加推许。闻社址系附设威海卫路一五〇号中社内云。③

该社定于五月一日开课。四月十八日起，《申报》登载鑑泉太极拳社征求广告称：

本社为鑑泉个人所设，志在传授太极拳术，以促进社会健康幸福。会同男

①《国术团体联合会成立》，《申报》民国二十年（1931）三月三日，第四张第十六版。

② 陈振民、马岳梁：《吴鑑泉氏的太极拳》"吴鑑泉先生略历"，上海：康健书局，民国二十四年（1935）。

③《鑑泉太极拳社成立》，《申报》民国二十年（1931）三月二十九日，第四张第十六版。

女专家专授太极拳、太极刀、太极剑、太极枪等技艺。不限年龄，均可入社，收费甚廉。每日上午七时至九时、下午五时半至六时半、晚七时半至九时半授课。兹定于五月一日开课，备有简章，承索即寄。报名处：威海卫路一百五十号中社内本社、辣斐德路桃源邨五号。社长：吴鑑泉；发起人：褚民谊、徐致一、马岳梁；赞成人：王晓籁、李孤帆、谢培德、张啸林、俞叶封、吴荫章、张群、张藕舫、周亮才、杜月笙、岑有常、郑耀南、盛丕华、袁文钦、林天声。[①]

九月九日晚，吴鑑泉到宁波同乡会参加水灾助赈国术游艺会，与马岳梁表演太极拳械。据当日《申报》预告：

水灾助振国术游艺会，今日下午六时至十一时在宁波同乡会举行，如上海市国术馆张文发、马万隆、丁宝元、佟忠义之少林拳械与摔角；马岳梁、吴鑑泉之太极拳械；精武体育会之各种拳术器械及粤乐与滑稽拳舞；中华国技传习所刘守铭、施孝正、张龙标、张龙清、孙柄权、邵华、朱慕沁、宋传英、周仁一之各种拳械对打；上海武学会吴少川、解智信、田景山、田瑞芳、马宝庆、解玉清、张长义、张长信、赵道新之形意八卦拳械及扑击；中华体育会章启东、庞学愚、茅晨更、萧格清、萧仲清、王凤章、庞学廉、郑怀贤之形意八卦太极拳械及飞叉；公共体育场周雨生、侯延寿、沈佛林、陈金发、程庆祥、王杏生、刘德生之少林拳械及摘锦；中华武术会与竞武国技传习所之各种拳械；中国银行国术部孙存周之八卦拳剑；汇川太极拳社武汇川师徒之太极推手；武当太极拳社叶大密之对剑，翁德勤女士之三才剑；致柔拳社社员之推手比赛，徐文甫之拳械，陈志进之刀，邦勤、邦武之对剑，陈微明之八卦掌与陈铎民之散手等。又承中华口琴会之口琴合奏，浙江省国术馆之全国国术比赛电影。刀光剑影，当必盛极一时，确为上海人士所少见云。[②]

九月十二日，第二届上海全市运动会开幕。十五日下午一时，国术竞赛在甲号田径场举行，全体委员有"（主席）陈稼轩；（委员）叶良、陈绪良、马岳梁、吴鑑泉、刘德生、叶大密、佟忠义、丁宝元、张文发、章启东、金振宇、顾留馨、武汇川、王壮飞、凌蔚川、朱剑光、劳伯视、刘守铭、张长信、翁国勋、吴云倬、张玺亭、吴梦月女士、陈铎民、华翔九、史凤岐、朱励公、许伯梅"[③]，然而天公颇不作美。据次日报载：

市运动会国术竞赛于昨日下午一时许举行开幕礼，到者有褚民谊、吴鑑

①《鑑泉太极拳社征求社员》，《申报》民国二十年（1931）四月十八日，第三张第九版。
②《国术游艺会今晚表演》，《申报》民国二十年（1931）九月九日，第四张第十五版。
③《今日国术比赛开始》，《申报》民国二十年（1931）九月十五日，第三张第十二版。

泉、佟忠义、武汇川、叶大密、劳伯视、刘德生，及裁判叶良、陈绪良、马岳良等。行礼如仪，首由国术部主席陈稼轩告知各会员规则上应注意各点及运动员应抱之态度。次褚民谊致训词，勖大家努力进步，为国术界争荣。次即宣布搏击开始竞赛。甫赛毕一组，大雨忽至，场中人员纷纷避往司令台及篮球房。虽方不及丈之席棚，亦避三十余人之多，大抵衣履尽湿，宛如落汤之鸡。三时雨霁，复行竞赛。但雨后台滑，致竞赛员曹祖发跌落一跤，臂上略受微伤。综计轻量级男子赛六组，轻中量级二组，女子一组，共赛九组。①

二十七日，中社举行年会，吴鑑泉应邀前往表演太极拳。据报载：

> 本埠威海卫路中社创立以来迄将一年，社务发展极为迅速。近于本月二十七日下午举行社员年会，以资联谊。闻该社已拟定节目如下：
>
> 二十七日下午三时至五时，马寅初先生演说《资本主义欤？抑共产主义欤？》，在三楼讲演室。五时至七时，社员年会。七时至八时半，聚餐大会（即席敦请穆藕初先生演说）。餐毕，并有中华口琴会合奏及吴鑑泉先生国技表演，以资余兴。②

九一八事变后，为转移国际视线并迫使南京国民政府屈服，日军于民国二十一年（1932）一月二十八日夜突然向驻守于上海闸北的国民党第十九路军发起攻击。十九路军在京沪卫戍司令陈铭枢的率领下，奋起抵抗。二月十四日，蒋介石命令由前首都警卫军八十七、八十八师和教导总队组成第五军，以张治中为军长，增援十九路军。三月初，由于日军偷袭浏河，中国军队被迫退守第二道防线。三月三日，日军司令官根据其参谋总长电示，发表停战声明。同日，国联决议中日双方停战。是月中旬，鑑泉太极拳社在《申报》登载启事：

> 外侮日亟，正同胞锻炼体格之时。本社由太极拳专家吴鑑泉先生亲自教授，地点适中，学费从廉。凡欲得太极真传者，幸早报名入社为要。报名处：威海卫路一百五十号中社三楼。本社章程，函索即寄。③

五月十四日，《申报》登载上海市国术馆近讯：

> 上海市国术馆原设闸北宝山路三德里，此次沪战爆发，该馆适当火线之冲，所有内部家具、武器等损失殆尽。近闻该馆以时局渐趋安定，虽市府原有协助费已经停止，惟为顾全各学员学业起见，勉力将北河南路天后宫第五教练场自本月十六日起先行恢复。特别与普通少林班，每日上午六时至八时并由佟

---

①《国术比赛预赛》，《申报》民国二十年（1931）九月十六日，第三张第十二版。

②《中社举行社员年会》，《申报》民国二十年（1931）九月二十六日，第四张第十五版。

③《鑑泉太极拳社招收社员启事》，《申报》民国二十一年（1932）三月十二、十五日，第二张第六版。

忠义教授。特别与普通太极班，每逢星期二、四、六、日下午七时至九时并由吴鑑泉教授。又浦东第九教练场亦同时开课。①

七月一日，全国体育会议筹备委员会第三次筹备会议，议决由教育部聘请体育专家，吴鑑泉及其学生徐致一均名列其中。据报载：

全国体育会议筹备委员会于一日下午四时在教部开第三次筹备会，出席委员褚民谊、张之江等。讨论事件：（一）招待日期案，议决：八月十六日起至二十一日止为招待会员日期；（二）聘请专家案，议决：请教育部聘请张伯苓、杜庭修、张信孚、吴蕴瑞、马约翰、方万邦、董守义、金兆均、马良、吴鑑泉、徐致一、陈凌云、刘慎旃、张咏、李淑清、张汇兰、许民辉、宋君复、谢似颜、徐炎之各专家；（三）凡与体育界有关系而不能聘为专家拟由会或教育部特请出席案，议决：通过；（四）请推定会场秘书案，议决：推教部吴研因、钟灵秀两科长担任；（五）议决：以后每逢星期五下午四时举行筹备会常会。②

七月二十三日晚，上海市国术馆在中央西菜社举行宴会，欢迎吴铁城馆长并征求会员。吴铁城于本年一月任上海市市长兼淞沪警备司令，按国术馆组织大纲规定，兼任上海市国术馆馆长。吴鑑泉与马岳梁等作为该馆教员参加宴会并做表演。据二十五日报载：

本市国术馆前晚（二十三日）为欢迎吴铁城馆长暨第五届征求会员事宜，特假中央西菜社举行盛大宴会。到有吴馆长代表殷汝耕及林康侯、王延松等六十余人。席间首由该馆副馆长袁履登起立致词，次由董事张抚丞报告自十七年创办，中间遭受"一·二八"事变，暨此次重新举办经过情形，以及以后工作之计划。再次殷代表致答词，林康侯、王延松相继演说，大旨均谓：我国国势积弱，外侮纷乘，其最大原因在于国民体格之不健全，此后我人欲言救国，必先强身，欲强以练习国术为最有效方法，诚以国术一道为我中华民族在数千年以前所发明、所训练而成的，其有益于身体固非他种运动所能及也云云。演说毕，开始欢宴。嗣由该馆教员佟忠义、吴鑑泉、马岳良等表演各项技术以助余兴，剑光飞舞，寒气逼人。时鸣九下，始各尽欢而散。③

八月三日报载：

中委褚民谊……昨日下午五时，特假教育部大礼堂，将自摄之考察新疆（二本），吴鑑泉与其高足推手、吴鑑泉女公子之舞剑（单双），褚民谊之全套

---

①《市国术馆近讯》，《申报》民国二十一年（1932）五月十四日，第三张第十二版。
②《全国体育会议聘张伯苓等专家》，《申报》民国二十一年（1932）七月三日，第五张第十七版。
③《市国术馆欢迎吴馆长》，《申报》民国二十一年（1932）七月二十五日，第三张第十一版。

太极拳及踢毽子等影片开映，以唤起国人注意开发西北及锻炼身体。据褚氏告本社记者，俟渠由平回京，即将在国民大戏院公映云云。[1]

八月九、十一、十三日，《申报》登载上海市国术馆征求会员启事，该馆科目分太极、少林两种，主教分别是吴鑑泉和佟忠义：

> 本馆负提倡全市国术之使命，所以平日对于教授方法趋重科学化，所聘教员均系一时名宿，所收会费比众低廉。现值第五届征求开始，有志研究国术者莫失此机会。

> （科目）太极吴鑑泉主教，少林佟忠义主教；（教练场所）北河南路天后宫内，闸北库伦路米业公会内；（会费）全年纳费洋十元；（章程）函索附邮一分；（馆址）法租界吕班路蒲柏坊一三七号。[2]

由于全国体育会议即将在首都南京举行，八月十四日，吴鑑泉与学生徐致一作为会员共赴南京，据十四日《申报》载："沪上太极拳专家吴鑑泉、徐致一今日首途赴京。"[3]上海《新闻报》载，吴鑑泉"受聘全国体育会议为鉴定专家，闻将于本月十四日早车，携其高徒徐致一晋京"[4]，十五日报到[5]。

八月十六日上午八时整，全国体育会议在南京励志社举行开幕典礼，来宾有中央党部陈立夫，国民政府何应钦，行政院彭学沛，训练总监部周亚卫，军政部蒋绍昌，最高法院周南陔，审计部冯卓，中央国术馆姜容樵，蒙藏委员会楚明善，国民政府库耆隽，司法院翁浩、朱汉杰，内政部陈鲲，司法行政部光晟，军事委员会冯晓军，参谋本部李友良，振务委员会孙亚夫，外交部瞿常，中央党部李俊龙，中宣会刘德荣，立法院张世德。[6]会员分为筹备委员十一人、体育方案编制委员三人、教部主管人员八人、特请出席者三人、部会代表八人、省市代表二十二人、专家会员二十三人、学校体育主任三十七人、省市国术馆长十人、特许列席者十四人。其中"专家会员"为张伯苓、杜庭修、张信孚、马约翰、方万邦、董守义、马良、吴鑑泉、徐致一、陈凌云、刘慎游、张咏、李泳清、张汇兰、许民

---

①《褚民谊自摄影片　新疆考察记及太极拳等　昨在教育部大礼堂试映》，《中央日报》民国二十一年（1932）八月三日，第七版。

②《市国术馆征求会员》，《申报》民国二十一年（1932）八月九日，"本埠增刊"第二版；十一日"本埠增刊"第三版；十三日，"本埠增刊"第二版。

③《行将开幕之全国体育会议·会员由沪赴京》，《申报》民国二十一年（1932）八月十四日，第三张第十二版。

④《吴鑑泉出席全国体育会议》，《新闻报》民国二十一年（1932）八月十四日，第四张第十四版。

⑤《全国体育会议开幕·昨日续到会员》，《申报》民国二十一年（1932）八月十六日，第三张第十二版。

⑥《全国体育会议第一日·昨日到会人物》，《申报》民国二十一年（1932）八月十七日，第三张第十二版。

辉、谢似颜、徐炎之、马巽伯、顾谷若、张元秩、陈家萧、许禹生、高梓。[①]振铃后，各会员陆续入席。朱家骅任会议主席，施玮任司仪。首由朱氏致开会词至九时一刻。彭学沛演讲毕，先行摄影，再行继续开会，会议改由褚民谊主持，报告筹备经过。至十时休息后，举行第一次大会。[②]所有会员分作审查员五组：目标、行政组织、研究、实施与推行、学成与其他组，吴鑑泉在第四组，该组有耿顺卿、张信孚、徐致一、顾谷若、李淑清、陈掌谔、沈昆南、黄炳坤、陈柏青、马巽伯、吴桐、叶良、刘昌学、金兆均、吴邦伟、陈凌云、谷毓琦、林荫南、凌道扬、周淦、吴中俊、张咏、李继元、袁敦礼、袁文凤、罗幼华、彭文余、徐绍武、谢鼎福、赵文藻、李洲、窦来庚、邵汝干、王叔澜、吴图南、许禹生、孙和宾、黄建侯、王仲猷、强云门、王庚、王咸美、陈体荣、张福铨、孙铭修、张培楼、王守方、王壮飞、冷杰生、许民辉、陈虚舟、苏景由、吴鑑泉、杨克敬、董守义、王立鉴、王泽民、王子佩、赵景纲、彭百川等六十人，由彭百川召集，在大会场开会。[③]二十日，大会行闭幕礼，当晚，会场所在的励志社"特备游艺，欢送全国体育会议会员，到会员来宾及军校学员约五百余人"[④]吴鑑泉与褚民谊、朱家骅等一同参观国术表演并合影。[⑤]据次日报载：

> 下午七时，励志社为欢送会员，举行露天竞技表演以娱会员。节目有吴图南之刀、吴鑑泉之剑、徐致一之拳、英美水手之拳击、国术馆之角摔、李成斌之钢丝车、褚民谊之踢毽子等，观众近千，外有军乐队助兴。

> 八时许，有军政部电信科勤务刘达洲强欲入内，与门岗冲突。宪兵出枪击伤大腿，当抬送中央医院。[⑥]

次日报载，枪击事件"系出于误会。缘该社正举行游艺时，有某部勤务数人强欲入内，致与宪兵冲突。宪兵出枪吓阻，致误伤。刘送医院后，旋即身死"[⑦]。事

---

①《全国体育会议开幕·会员资格分类》，《申报》民国二十一年（1932）八月十六日，第五张第十七版。

②《全国体育会议第一日·大会行开幕礼》，《申报》民国二十一年（1932）八月十七日，第三张第十二版。

③《全国体育会议第一日·第一次大会纪·报告五组审查员》，《申报》民国二十一年（1932）八月十七日，第三张第十二版。

④《全国体育会议第五日·昨晚励志社备游艺享会员》，《申报》民国二十一年（1932）八月二十一日，第四张第十四版。

⑤《全国体育会议第五日·南京光华摄》，《申报》民国二十一年（1932）八月二十一日，第四张第十四版。

⑥《全国体育会议第五日·昨晚励志社备游艺享会员》，《申报》民国二十一年（1932）八月二十一日，第四张第十四版。

⑦《全国体育会议第五日·昨晚励志社备游艺享会员》，《申报》民国二十一年（1932）八月二十一日，第四张第十四版。

发当晚，情况未明，吴鑑泉与徐致一等随即乘夜车返沪。①

九月十六日及二十日，《申报》登载《扬武国术社征求会员》广告：

> 设备：国术以外，并有高尚游艺以助余兴。会费：甲种每年洋四十元，乙种每年洋十五元，丙种每年洋五元，征求期内八折，九月底截止。会长：褚民谊。教师：太极班吴鑑泉、马岳梁，少林班佟忠义、刘福民等。时间：晨间六时至八时，晚间六时至八时。地点：康脑脱路小沙渡路五一六号，尚有中区闹市及南市等数处。报名处：（一）康脑脱路五一六号本会会所，（二）汉口路四川路江海关二楼税则委员会郑荻南君。附设：太极拳推手研究班，教师吴鑑泉、马岳梁，甲乙会员均可加入，每晚七时至九时。

十一月二十七日，上海的中华体育会举行运动会，吴鑑泉等到会。据翌日报载：

> 法租界东粉桥街中华体育会于昨日下午在市一体育场举行运动会，参加运动者百余人，观者五千余人。二时开会，由褚民谊、张之江（翁国勋代）、徐致一主席。莅会者有吴图南、叶大密、吴鑑泉、刘少筠、叶良等二十余人。②

十二月十九日，"救济东北难民游艺大会"在上海西藏路新世界举行，分为京剧、话剧、会书台、滑稽剧、申曲、苏滩、魔术、杂耍、国术、体育比赛等组，上海市国术馆的佟忠义、吴鑑泉、叶良到场表演国术。③二十日晚，吴鑑泉等三人继续参与表演国术。④

民国二十二年（1933）一月三十日，上海市国术馆开始在《申报》登载征求会员的广告：

> 同胞们！东北沦亡，已经周岁！最近，榆关失守，热河告急，东亚风云，日趋险恶！国人再不于此时猛醒，闻鸡起舞，奋发自强，国亡无日矣！本馆以提倡国术为职责，以强身救国为目的，兹特举行第五届第二次征求，务望爱国之士，速来加入。

> 教师：佟忠义、吴鑑泉、靳云亭等国术专家。学科：太极、少林、摔角、形意。纳费：半年六元。章程：函索附邮一分。馆址：吕班路蒲柏坊一三七号。附告：本馆教员经验丰富，教授有方，如学校、团体、公馆需要是项人

①《全国体育会议第五日·昨离京之会员》，《申报》民国二十一年（1932）八月二十一日，第四张第十四版。

②《中华体育会运动会记》，《申报》民国二十一年（1932）十一月二十八日，第三张第十二版。

③《救济东北难民游艺大会》，《申报》民国二十一年（1932）十二月十九日，"本埠增刊"第九版。

④《救济东北难民游艺大会》，《申报》民国二十一年（1932）十二月二十日，"本埠增刊"第五版。

才，可向本馆延聘，薪金从廉。①

四月九日，《申报》登载关于吴鑑泉的广告：

> 拳术家吴鑑泉先生，自幼聪颖，秉承家学，精研太极拳、太极剑、太极刀、太极枪，均有独步之誉。吴氏虽年逾花甲，而精神矍铄，对于学拳者悉心教授，且严而不厉，说明意义用法，绝无含糊之处。其高足遍于各省，盖内家拳无论老幼强弱均能学习，非特能强身，且能去病，故沪上闻人及大公司中延吴氏教授者，颇不乏人，往学者亦复不少。其寓所在法界辣斐德路桃源邨五号。②

五月下旬，教育部函聘暑期体育补习班教师，吴鑑泉为受聘者之一。据报载：

> 教部暑期体育补习班筹委会发送教授聘函，以本班名义即日发出聘函。教师姓名如左：褚民谊、袁敦礼、方万邦、吴蕴瑞、张信孚、许禹生、凌陈英梅、金兆均、吴邦伟、严家麟、张忠仁、沈克非、黄丽明、吴德懋、许明辉、郝更生、崔亚兰、张汇兰、高梓、涂文、吴鑑泉、孙禄堂、张秀林、马子贞、龚润田、郑佐平、吴峻山、吴图南、汪华亭、讠小鲁、强云门、王仲猷、关介三、黄健侯、李剑华等三十五人。③

六月三日，《申报》登载中华康健会《康健杂志》的预告称：

> 本志由第三期起，刊载当代太极拳专家吴鑑泉先生太极拳各种姿势图形，并加以详细说明，为极有价值之作，希阅者注意。④

七月的《康健杂志》第一卷第三期开始连载陈振民、马岳梁编写的《吴鑑泉氏的太极拳》。⑤

上海市教育局筹备举行第三届全市运动会，九月初确定筹备委员及竞赛部各组委员会委员，其中国术委员会委员为叶良（主席）、陈绪良、吴鑑泉、佟忠义、靳云亭、王壮飞、刘德生、徐致一、朱廉湘、章启东、罗叔青、陈微明、叶大密。⑥另据九月六日报载：

> 上海市教育局于昨日下午四时在局内召集全市运动会全体筹备委员及各组

---

①《市国术馆征求会员》，《申报》民国二十二年（1933）一月三十日，第三张第十一版；二月一日，第四张第十六版。另见二月二十日，"本埠增刊"第三版；二十五日，"本埠增刊"第二版；二十七日，"本埠增刊"第二版；三月一日，"本埠增刊"第二版；三月二十四日，"本埠增刊"第二版；三月二十六日，"本埠增刊"第七版；三月二十九日"本埠增刊"第三版，广告词略有变动。

②《杂闻·吴鑑泉精研太极拳》，《申报》民国二十二年（1933）四月九日，第五张第十九版。

③《教部暑期体育补习班聘教师》，《申报》民国二十二年（1933）五月二十七日，第三张第十二版。

④《〈康健杂志〉第二期出版·预告》，《申报》民国二十二年（1933）六月三日，第一张第四版。

⑤《〈康健杂志〉一卷三期要目》，《申报》民国二十二年（1933）七月五日，第三张第九版；《〈康健杂志〉结核病专号要目》，《申报》民国二十二年（1933）九月一日，第四张第十四版。

⑥《全市运动会重要职员决定》，《申报》民国二十二年（1933）九月三日，第五张第二十版。

竞赛委员会联席会议，到陈宇泽、王壮飞、叶良、佟忠义、舒鸿、王复旦、徐致一、陆钟恩、叶大密、冯建维、章启东、陈绪良、黎宝骏、陈锦江、凌希陶、刘德生、罗敬青、吴鑑泉、陈咏声、靳云亭、马崇淦、李飞云、余衡之、张子震、周斐成、申国权、陈白、陈微明、沈嗣良、周家骐、潘公展、彭三美、朱廉湘、宓季方、邵汝干、容启兆、王克永等。由潘公展局长主席报告筹备经过情形并感谢体育界之服务，继讨论案件。①

上海扬武国术会为筹募经费，定于九月十七日在湖社举行国术游艺大会，吴鑑泉应邀参加表演。据报纸预告：

> 扬武国术会为筹募经费，定于本月十七日在北京路湖社举行国术游艺大会，节目有著名外国大力士查利尼逊等表演希腊式及罗马式之格斗、石人望先生表演口琴、童子队惊险神技软硬功夫、魔术等。至国术表演，除该会同人暨女国术家并国术大家吴鑑泉、佟忠义诸老前辈外，特请最近由平到沪声威久震之剑术泰斗马润芝老先生表演九九连环盖天玄化剑，节目极为新奇，好观武技者必以先睹为快也。闻门票只售一元，惟须先向寄售处预购，当日停止售票。寄售处：（一）四川路青年会对面亨利西服号；（二）新闻报馆对过谭隐庐书店；（三）小世界对面鸿康祥磁号。并闻凭票入门后，更可换优待券一元。②

另据会后报道：

> 扬武国术会因筹募经费及欢迎马润芝，于九月十七日假座北京路湖社举行国术游艺大会。节目为国术表演，有吴鑑泉之太极拳、马润芝之玄化剑、佟忠义之八仙剑、忠义拳术社表演各种国术及大刀操法，最后殿以佟忠义君及中国摔角社社员之国粹摔角。各项表演均极精彩，尤以国粹摔角、大刀队操法二项更能引起观众之兴趣。表演大刀操法时，由忠义拳术社社员数人各执冲锋陷阵之锐利大刀操演，该社社长佟君领导操演时，姿势优美，神勇敏捷，颇为观众所称许。③

第三届上海全市运动会的国术比赛于九月二十一日下午二时起在中华球房开赛。拳术评判员：吴鑑泉、陈微明、徐致一、叶大密、罗叔青、叶良、靳云亭（兼器械）。摔角评判员：佟忠义、刘德生、朱廉湘。器械评判员：吴鑑泉、佟忠义、陈微明、叶大密、刘德生、靳云亭、陈绪良（兼弹丸）。测力评判员：徐致

　　①《全市运动会比赛场地决定》，《申报》民国二十二年（1933）九月六日，第四张第十六版。
　　②《扬武会开国术游艺大会十七日在湖社举行》，《申报》民国二十二年（1933）九月十四日，第三张第十二版。
　　③《忠义拳术社表演大刀队操法》，《申报》民国二十二年（1933）九月二十日，第三张第十二版。

一、朱廉湘、章启东、陈铎民。门球评判员：王壮飞、张毅海、项翔高。射箭评判员：佟忠义、朱廉湘、章启东。弹丸评判员：佟忠义、陈绪良、陈铎民。干事：王壮飞、刘德生。[1]

其时，南京举行全国运动会，吴鑑泉受聘为国术裁判员。《申报》九月二十七日公布的《全运会国术裁判员》及十月十日公布的国术职员名单如下：

正裁判长：褚民谊；副裁判长：张之江

拳术器械比赛暨拳术器械表演：陈泮岭、杨季子、刘彩臣、吴鑑泉、王润生、吴俊山、许禹生、许笑羽、郎晋墀、李剑华、王仲猷、向恺然、沈维周、吴子琴、徐致一、陈智侯、陈微明、项雄霄、杨澄甫、强云门、苏景由、刘丕显、窦来庚、陈照丕、张树声、孙禄堂、张秀林、许兰洲、郭述唐、关颖凯

摔角：宁海亭、马子贞、许兰洲、姜廷选、金寿峰、吴鑑泉、张树声

射箭弹：王新午、马子贞、宁海亭、杨价人、龚润田、顾震、李善甫、李剑华、黄健侯、吴图南

踢毽：杨价人、李春章、胡秀松、谭曙村、葛馨吾、叶大密、叶良、龚润田

测力：李剑华、吴图南、徐致一、杨季子、王润生、谭梦贤、张骧五、黄芸荪

助理裁判员：黄健侯、金寿峰、孙成之、李春章、龚润田、宁海亭、顾震、姜廷选、张岐山

管签分组：向禹九、徐致一、刘丕显、伊见思、郎晋墀、许小鲁、葛馨吾、范圣揆、张用武、王锡九、王泽生、李春章

计时：宝钰、王锡九、叶良、谭梦贤[2]

十月二十日晨，南京全运会闭幕，第二届国术国考随即开幕，二十一日正式考试，评判委员名录如下：

评判委员长李烈钧，评判副委员长何健、张之江，委员褚民谊、孙福全、张宪、李丽久、郑佐平、李剑秋、王成美、陈泮岭、刘丕显、马良、叶大密、窦来庚、王子平、张兆东、佟忠义、李星阶、李子扬、吴鑑泉、许禹生、吴图南、李剑华、黄柏年、褚桂亭、于振声、任鹤珊、张剑泉、阎追康、王首辰、李义三、张叙忠、陈微明、唐范生、陈公哲、龚润田、李宗黄、石杰、罗成

①《国术今日开赛》，《申报》民国二十二年（1933）九月二十一日，第四张第十三版。
②《全运会国术裁判员》，《申报》民国二十二年（1933）九月二十七日，第四张第十四版；《国术职员》，《申报》民国二十二年（1933）十月十日，第十五张第五一九版。

立、张秀林、姚维藩、马庆雪、彭飞、金少山、吴峻山、姚馥春、程登科、宋俊杰、马永胜、查瑞龙、朱国福、刘崇俊、王翔斋、许兰洲、陈子祥、刘百川、向禹九、郎晋池、陈绩甫、徐致一、郝铭、徐士金。[1]

十一月十三日晚，吴鑑泉应佟忠义邀请到上海四马路同兴楼欢迎河南国术馆副馆长刘丕显。据次日报载：

> 河南国术馆副馆长刘丕显君为国术名家佟忠义君之盟弟，此次因应全运会及张之江先生之聘，赴京担任国术评判。现因任务业已完毕，特顺道来沪小游。此间佟氏诸门人特于昨晚六时假座四马路同兴楼设宴欢迎。除佟君亲自莅临外，并邀请国术名流吴鑑泉、任鹤山、王向斋及上海市国术馆董事叶良等作陪。共到《申报》国术班代表陈凤鸣、徐越尘、诸荣春、丁寒生、潘绍岳，市国术馆代表叶玉书、朱文伟，忠义拳术社丁宝元、刘云祥、王振章，中国摔角社杨孝文、章伟川、翁康廷。席间由潘绍岳致欢迎词，继由刘君演讲《国术在强种救国上之重要》，至九时始宾主尽欢而散。[2]

民国二十三年（1934）一月，上海市市长吴铁城重新聘定上海市国术馆董事四十五人，吴鑑泉为其中之一。据一月七日报载：

> 本市国术馆自去年八月间由本市市长主张扩大改组后，经屡次之规划，已将该馆组织大纲修正，并已呈请市府及中央国术馆核准备案。现该馆特根据组织大纲第四条之规定，由市长吴铁城聘定王晓籁、杜月笙、张啸林、虞洽卿、闻兰亭、林康侯、袁履登、黄伯樵、潘公展、沈君怡、文鸿恩、杨虎、李廷安、徐佩璜、李大超、王延松、王云五、褚民谊、陈绪良、顾文生、李遵光、叶良、凌蔚川、邬志豪、顾竹轩、朱少沂、王壮飞、郑缄三、张子廉、陆文韶、胡凤翔、陈培德、张一尘、吴鑑泉、佟忠义、徐致一、范崇实、江长风、袁鹤松、朱廉湘、黄福庆、姚元干、朱剑光、郑乐天、宋子霞等四十五人为董事，其聘书已于前数日分别发出。兹为筹商召开第一次全体新董事会及促进新馆务起见，特于昨晚在青年会开欢迎新董筹备会议，到李大超、顾文生、叶良、陈绪良、凌蔚川五人，由李大超主席。闻所表决之问题除筹备欢迎新董事外，其他如新馆址之设备及征求新会员等事宜亦有详细讨论。[3]

一月十三日晚，上海市市长吴铁城在青年会宴请上海市国术馆新董事，吴鑑

---

① 《国术国考·评判委员题名录》，《申报》民国二十二年（1933）十月二十二日，第五张第二十版。
② 《国术同志昨晚欢宴河南国术馆馆长来沪》，《申报》民国二十二年（1933）十一月十四日，第三张第十一版。
③ 《市国术馆改组》，《申报》民国二十三年（1934）一月七日，第三张第十一版。

泉等三十人到场。据次日报载：

> 昨晚六时，吴市长假青年会宴该馆新董事。计到王晓籁、袁履登、王延松、李大超、文鸿恩、徐佩璜、李廷安、张子廉、陆文韶、郑缄三、郑乐天、佟忠义、吴鑑泉等三十余人，藉开第二届第一次董事会议，由市长主席，略谓国术近因中央和全国各地竭力的提倡，其蓬勃之气象，在去年全国运动大会及国术考试中已显露其相当之成绩，且以提倡国术为振作民族精神之唯一方法等云。继由叶良报告该馆过去情形及经济状况，陈绪良报告此次董事会改组经过，除市长担任当然馆长外，当即推举王晓籁、袁履登为副馆长，李大超、顾文生、叶良、陈绪良、凌蔚川、朱廉湘、袁鹤松、黄福庆、江长风九人为常务董事，闻兰亭、徐致一、王壮飞三人为监察董事。至九时许摄影后始尽欢而散。①

按上海市市长吴铁城的主张改组扩大并重新聘请董事后的上海市国术馆开始征求会员，吴铁城亲自担任征求队总队长，除吴鑑泉为主要教师外，其外甥赵寿邨也成为该馆新教师。据三月三日报载：

> 市国馆自本月二十日开始征求以来，各界之参加者极形踊跃。该馆为促进全市民康健而冀达普遍参加之目的计，除由馆长吴铁城担任征求队总队长及王晓籁君担任副总队长外，特请各界领袖担任各队正副队长，共分月笙、履登、鸿恩、金源、延松、公展、子康、郭顺、伯樵、啸天、少沂、开征、康侯、文韶、云五、兰亭等二十五队，进行征求各界会员，并编行征求特刊万余册以资宣传。更以会员日众，原有练习场不敷应用，特于人口稠密、交通便利之处添设分场以供练习。而该馆原定计划本年度中先设分场十处，现已成立及筹备就绪者有北河南路天后宫、闸北慈善团、民国路二七九号、福佑路煤炭公所等七处，尚有其他设在法租界南市及浦东者正在筹备中，最近亦可成立。教师除佟忠义、吴鑑泉、靳云亭、马万龙等十余人外，本届又添聘赵寿邨、王振章、马汉章等各专家，分配于各分场。②

三月十四日起，上海报纸登载市国术馆征求广告：

> 科目：太极、八卦、形意、少林、摔角、弓矢
>
> 教师：马万隆、佟忠义、吴鑑泉、靳云亭、赵寿邨、王振章、马汉章、刘云祥、孙润志、杨孝文
>
> 纳费：全年十元，半年六元

---

① 《吴市长欢宴市国术馆董事》，《申报》民国二十三年（1934）一月十四日，第四张第十四版。
② 《市国术馆征求会员》，《申报》民国二十三年（1934）三月三日，第四张第十五版。

　　练习场：（一）北河南路天后宫内，（二）新闸桥北闸北慈善团，（三）城内福佑路煤业公所，（四）民国路新开河总馆

　　报名处：（一）民国路新开河总馆，（二）北河南路天后宫内，（三）闸北长安路长春坊十号 [①]

十月十五日，上海市国术馆在天后宫第五教练场举行毕业考试，吴鑑泉等教师任评判。据次日报载：

　　上海市国术馆自开办以来已历有年数，本年度加入会员不下千人。兹悉该馆为奖励会员学术起见，特举行初级、中级毕业考试。凡会员之加入该馆满二年以上者，得参加初级考试；满四年以上者，得参加中级考试；满六年以上者，得参加高级考试。昨日上午八时，在天后宫第五教练场分别举行太极班及少林班初、中级毕业考试。与试会员三十余人，由叶良、佟忠义、陈绪良、朱廉湘、徐致一、吴鑑泉、靳云亭、朱仁航等分任评判。考试科目为拳术、器械、对手、摔角、推手，以及口试国术源流、党义等。考试结果计太极中级最优者为孙润志、杨孝文、陈雪亭；少林班中级最优者为朱文伟、贾志山、翁康廷，初级最优者为郑良钟、陶洁、刘国雄。各会员咸精神抖擞，成绩殊为可观云。 [②]

民国二十四年（1935）年初，鑑泉太极拳社迁到福煦路慈惠南里。[③] 一月二十六日，吴鑑泉在《申报》登载启事：

　　本社迁移新址，定于国历念四年一月念七日（星期日）开幕，恭请各界光临指导。吴鑑泉谨订。地址：福煦路九三〇弄西摩路口慈惠南里四十三号。[④]

二十八日，《申报》登载启事：

　　本社因社员增加，中社社址不敷应用，故假福煦路西摩路口慈惠南里四十三号成立分社。定于本月念七日开幕，为便利社员练习起见，特将时间放长，社费减少，教员增多。每日早六时至九时、午十二时至二时、晚六时至十时皆可来社学习。凡在征求期内报名者，社费每月只收三元。社员练拳除由鄙人亲自教授外，并由门生赵寿村、马岳梁、梁国栋、于荣臻等担任助教。本社

[①]《征求·上海市国术馆征求会员》，《申报》民国二十三年（1934）三月十四日，"本埠增刊"第二版；三月十七日，"本埠增刊"第三版；六月二日，"本埠增刊"第四版；六月五日，"本埠增刊"第四版；六月十三日，"本埠增刊"第四版；六月十五日，"本埠增刊"第三版。

[②]《市国术馆举行会员毕业考试》，《申报》民国二十三年（1934）十月十六日，第四张第十五版。

[③] 陈振民、马岳梁：《吴鑑泉氏的太极拳》"吴鑑泉先生略历"，上海：康健书局，民国二十四年（1935）。

[④]《吴鑑泉谨订》，《申报》民国二十四年（1935）一月二十六日，第三张第十一版。

并备有各种游戏品，以备社员消遣之用。凡我同志，曷兴乎来。吴鑑泉谨启。

发起人：褚民谊、徐致一、马岳梁；赞成人：张啸林、张群、王晓籁、杜月笙、李孤帆、俞叶封、张藕舫、岑有常、盛丕华、谢培德、袁文钦、周亮才、郑耀南、林天声、吴荫章、萧碧川。[①]

三月三十一日至四月初，上海市国术馆发布第七届征求会员广告，此时该馆教员有马万龙、王振章、吴鑑泉、马翰章、佟忠义、刘云祥、靳云亭、孙润志、赵寿邨、杨孝文，科目则有"太极、八卦、形意、少林、摔角、弓矢"[②]。

五月五日，致柔拳社在宁波同乡会开十周年纪念会，吴鑑泉应邀参加并表演太极拳。[③]据当时在上海复旦大学经济系读书的张义尚述：

> 就当时之声誉说，除澄甫先生外，则是吴鑑泉先生了。吴先生之拳，特别长于柔化，在致柔社周年纪念会上我曾亲眼见过先生表演，时年已 60 开外，然举止轻灵，动作圆活，完全看不出有一点棱角滞涩的地方，真是令人佩服。[④]

五月八日，上海市国术馆特开大会欢迎中央国术馆馆长张之江，吴鑑泉到会。据十日报载：

> 中央国术馆馆长张之江先生为我国国术界之先进，生平提倡国术，热心毅力，举国钦仰。此次莅沪，乘参加基督教救国十人团会议之便，并视察上海市国术馆。兹悉该馆于前日（八日）下午五时在戊国路新开河总馆特开欢迎大会，并请张馆长演讲国术，切实指导。计到会者除张馆长外，有中央国术馆李滋懋、翁国勋、姜蓉樵及该馆董事徐致一、叶良、陈绪良、杨镜澄、佟忠义、吴鑑泉等，及同学会执委王忠良、周彦超、章伟川等二百余人。首由徐致一致欢迎词，略谓我国国术经张先生在中央热烈提倡，全国景从，厥功甚伟，将来中华民族之复兴，胥赖于是。本馆乘张先生莅沪视察之便，特开欢迎大会，并请指教一切，以资遵循，藉作楷模云。次由张馆长演讲，意旨恳切，语多勖勉（词长从略）。后由该馆教师学员等表演各项国术，颇为精彩。表演毕，举行聚餐，至九时余尽欢而散。[⑤]

陈振民、马岳梁编写的《吴鑑泉氏的太极拳》一书正式印成，上海蒲石路

---

①《鑑泉太极拳社成立分社征求社员启事》，《申报》民国二十四年（1935）一月二十八日，第二张第七版。

②《上海市国术馆第七届征求会员》，《申报》民国二十四年（1935）三月三十一日，"本埠增刊"第四版；四月二日，"本埠增刊"第二版；四月四日"本埠增刊"第三版。

③《致柔拳社十周纪念会》，《申报》民国二十四年（1935）五月六日，第三张第十一版。

④张义尚：《武功薪传》"吴式太极诸名人传略"，北京：社会科学文献出版社，2012 年，第 326 页。

⑤《张之江视察市国术馆》，《申报》民国二十四年（1935）五月十日，第四张第十五版。

一〇三号康健杂志社为总发行所，上海福州路三八四号生活书店为总经售处，五月二十五日正式发售。十八日，康健杂志社在《申报》首版登载该书广告，称该书为"国术界最名贵之著作"，"渴望已久，今始出版"，并称：

> 北平太极拳专家吴鑑泉先生，其技术之高超，已为世人所深知。上年应本社之请，特将其生平从未摄影之太极拳全部摄出，计图一百三十余幅，为极名贵之作品。由其高足马岳梁、陈振民两先生以明白条达之笔，于各图动作系统以说明，并列各项基本动作及太极拳之功效、准备宜忌等于篇首，殿以太极拳之经论歌诀及吴派之系统表，无论初学已学，均可按图练习，诚无师自修唯一之善本也。[①]

七月，"吴鑑泉先生哲嗣吴公藻先生新著《太极拳讲义》出版"[②]。

七月二十八日，上海市选拔参加全运会的国术选手，吴鑑泉等任评判。据报载：

> 本届全运会上海市国术选手选拔，已于日前（二十八日）在天后宫市国术馆第五教练场开始举行。单双人拳术预选，由选拔委员会国术股主席叶良及委员徐致一、叶大密、朱廉湘、罗叔青，国术专家吴鑑泉等，分任评判。计预试者有男女选手八十人，分二次表演。[③]

九月十七日，第六届全国运动大会筹备委员会发出第五号通告，公布了大会裁判员名单，其中国术部名单如下：

> 甲、拳术器械组：吴鑑泉、靳云亭、孙存周、陈微明、武汇川、吴翼翚、华翔九、赵连和、翁耀衡、郑灼辰、叶良、萧格清、郑怀贤、吴俊山、龚润田、姜容樵

> 乙、摔角组：佟忠义、王子平、唐豪、赵寿村、强云门、徐庠涛、阮蔚村、张唯中、刘德生、叶大密、朱廉湘

> 丙、弹丸组：陈绪良、朱剑英、罗叔青、马岳梁

> 丁、踢毽组：杨价人、王壮飞、项翔高、王忠良、黄健侯

> 戊、测力组：王克永、杨镜澄、周彦超、谭梦贤

> 己、计时记录管签组：章启东、瞿涟沅、胡宗藩、朱文伟、朱仁航、钱味

---

① 《自修适用　吴鑑泉氏的太极拳》，《申报》民国二十四年（1935）五月十八日，第一版；六月十五日，第一版；九月十九日，第二张第七版；十月一日，第二版。
② 《吴鑑泉先生哲嗣吴公藻先生新著〈太极拳讲义〉出版》，《申报》民国二十四年（1935）七月十八日，第三张第十二版；七月二十六日，第三张第十版。
③ 《本市参加全运会国术选拔第一次预选》，《申报》民国二十四年（1935）七月三十日，第三张第十二版。

菊、顾舜华、叶玉书、于以胜、杨孝文、王振章、刘云祥、叶一清、陈莲德、张仁生、金月龄、沈实伦①

九月二十八、二十九两日，上海市国术界赈灾游艺大会假北四川路横浜桥精武体育会中央大会堂举行，吴鑑泉表演太极刀。据二十九日报载：

> 上海市国术界振灾游艺大会于昨、今两日假座北四川路横浜桥中央大会堂举行。昨为开会之第一日，到会观众颇形踊跃，计达千余人。表演节目除精武体育会之国术外，尚有该会之平剧，盛极一时。今日为第二天，完全为国术表演，节目更形精彩，计有市国术馆全体教师之拿手技艺，尚德武术会最精彩之石担表演，以及汇川太极拳社、致柔拳社、鑑泉太极拳社等太极名手表演，螳螂拳社、砖灰业国术、中华武术会、中华体育会等拳对器械。本市参加全运会国术选手全体出席，表演拳术、器械、摔角、踢毽等。更有国术名家吴鑑泉之太极刀，佟忠义之摔角，刘德生之猴拳，陈微明八卦拳，武汇川太极拳。此外复有沪上最著名之粤乐歌唱等，节目繁多。各项拳艺，世所少见。社会人士当先睹为快也。门票售洋一元，临时可在该会购买云。②

十月十日下午二时半，全国运动大会国术比赛开始举行单人拳术第一次预赛，由专家叶良、吴鑑泉、强云门、吴志青、靳云亭、赵连和、华翔九、姜容樵、陈微明、孙存周十人担任裁判，预赛分七组进行，每组十人参赛。③

十一月十日，上海市国术馆举行第四次会员成绩观摩会，吴鑑泉等教师为评判员，吴鑑泉还与朱廉湘表演了推手。据报载：

> 本市国术馆为促进会员技术、鼓励学习兴趣起见，特按月举行会员成绩观摩会一次。由该馆各教练场分班分次轮值办理。兹悉日前（十日）为第四次举行之期，在新开河总馆，由太极班主办，同时各场会员亦推派代表参加表演。计到场会员及男女来宾三百余人。聘吴鑑泉、佟忠义、江长风、朱廉湘、叶良为评判员。首由该馆教务科主任陈绪良致开会词。继则依次表演，计有团体太极拳及太极刀，并由各分场代表杨孝文、翁康廷等十四人表演拳术器械。申报馆震强国术社潘绍岳、诸荣春表演散打。最后有太极名家吴鑑泉与朱廉湘之推手，佟忠义表演摔角方法，均极精彩。观者掌声不绝。闻下月八日为第五次举行之期云。④

---

①《全运会裁判员发表》，《申报》民国二十四年（1935）九月十八日，第四张第十三版。

②《国术振灾游艺大会》，《申报》民国二十四年（1935）九月二十九日，第三张第十一版。

③《男女拳术预赛结果》，《申报》民国二十四年（1935）十月十一日，"号外"第四版。

④《市国术馆举行会员成绩观摩会》，《申报》民国二十四年（1935）十一月十二日，第三张第十一版。

　　民国二十五年（1936）五月十一日晚，上海国术团体特假八仙桥青年会九楼，为即将领导选手出国参加世界运动会的考试院长戴季陶饯行，吴鑑泉参加宴会，并合影。[①]据十三日报载：

　　　　考试院长戴季陶氏自奉派为参加世运政府代表，并于前晨出京抵沪后，本市国术馆、精武体育会、中华体育会、中华武术会等四团体以戴氏出国在即，前晚七时特假八仙桥青年会九楼举行公饯。大通社记者兹分志其情如次：

　　　　与宴题名：到有戴院长、褚民谊、张之江、杜月笙、张啸林、沈嗣良、杨镜澄、徐致一、佟忠义、朱廉湘、吴鑑泉、吴蕴初、傅映光、朱励公、章启东、劳伯视、翁国勋、韦朗轩、翁耀衡、郝铭、孟建丽、翁康健、钱味菊、叶玉书、朱文伟，暨外宾柯德等三十余人。

　　　　褚民谊词：入席后，首由褚民谊主席致词，略谓国术对于体育上至重要，殊急宜提倡推行以冀普及全民，此次戴院长领导选手出国参加世运，定能发扬国术，为国争光，沪地各国术团体甚表欢迎，用斯相饯云云。

　　　　戴氏答词：褚氏词毕，即由戴院长致答词，略谓我国近年以还，……外感国际之相迫，人民思想常阶于取巧苟安之域，唯一挽救，端在锻炼健全之体魄。盖有健全之体魄，始有健全之人格也。国术为强身卫国之唯一途径，抑亦吾国固有之运动，亦可谓我国之国道。试观各国致强之由，厥从文武合一而成，故我国亦当实行文武合一之教育，以为立国之精神。此次参加世运，虽不能与政治前进、体育猛晋之国家相颉颃，然藉此得一显我国之国立精神，亦殊有价值云。宴至九时余，始宾主尽欢，摄影而散云。[②]

　　五月十七日，上海国术团体在功德林追悼太极拳名师杨澄甫，吴鑑泉作为上海市国术馆教师参加追悼会。[③]

　　六月，上海市各界赞助航空救国运动，吴鑑泉等应邀参加义演。据二十三日报载：

　　　　中国航空协会扩大航空救国运动，发起募款购机，呈献政府，为蒋委员长五十寿辰纪念。本市各界同胞热烈赞助踊跃……北京路惠令登舞厅定后日（星期四）举行，收入悉数捐助。闻是晚请国术家吴鑑泉及其女公子、马岳梁表演太极拳、太极剑及角力、武力表演。[④]

---

　　①《图片·四国术团体欢宴戴院长（启昌摄）》，《申报》民国二十五年（1936）五月十三日，第四张第十五版。
　　②《国术团体公饯戴院长》，《申报》民国二十五年（1936）五月十三日，第四张第十五版。
　　③《太极拳名师杨澄甫追悼会》，《申报》民国二十五年（1936）五月十八日，第三张第十二版。
　　④《各界赞助购机祝寿》，《申报》民国二十五年（1936）六月二十三日，第三张第十一版。

另据二十五日报载：

> 惠令登舞厅今日举行游艺大会，收入移充购机祝寿捐款。特请全国太极拳名宿吴鑑泉暨女公子俊华女士、马岳梁、马慧民小姐，及市国术馆武术名手佟忠义、靳公亭、马万龙、王振华、刘云祥、田景星、贾志山、吕耀华诸氏，表演太极拳、剑、刀及国术云。①

八月三十日下午，上海市国术馆在民国路新开河该馆总馆举行征求半年会员开幕茶话会，吴鑑泉作为正队长到会。据次日报载：

> 上海市国术馆征求会员，除一年一度外，兹为促进全市民众国术化起见，特再征求半年会员。计分十队，分头进行，于日昨（三十日）下午四时，在民国路新开河该总馆举行开幕茶话会，到会者有总队长李大超，总参谋陈绪良，正队长佟忠义、吴鑑泉等六十余人。由李大超主席致开会词，继由陈绪良等发表意见。济济一堂，情形极为热烈，至六时始尽欢而散。②

十月，精武体育会"充实国术部"，"除原有潭腿、太极、翻子、螳螂、查拳各派由赵连和、吴鑑泉、赵寿邨、陈国庆等名宿指导，并每月举办国术演讲一次、表演一次外，对于西洋拳术，特设搏击班，聘陈汉强担任教授。最近在南洋群岛获得锦标之冯慰仁，亦加入练习"③。

十月二十二日，上海市第四届全市运动会在市中心区体育场开幕，国术组进行拳术和器械表演，吴鑑泉任评判。据次日报载：

> 昨日（二十二日）国术组上午为男子女子拳术单人表演，下午为男子女子器械单人及双人表演。参加拳术者，男子计五十六人、女子八人；参加器械者男子计五十人、女子八人。于十时开始表演，由各国术评判徐致一、陈微明、武汇川、孙存周、吴鑑泉、刘德生、罗叔青、靳云亭等分任评判，国术评判长褚民谊亦到场监理一切。本届参加国术者，人数之多为历届冠，表演成绩尤为优异。④

二十三日，上海市全运会国术组进行摔跤、射箭及弹丸比赛，其中，"男子共八人，轻量及中量二级由佟忠义、王子平、吴鑑泉、刘德生四君分任评判，国术评判长褚民谊君仍到场监理一切"⑤。据当日报载：

> 上午为摔角预赛，下午为射箭弹丸决赛，评判员为佟忠义、王子平、陈绪

---

① 《各界赞助购机祝寿》，《申报》民国二十五年（1936）六月二十五日，第三张第十一版。相关报道另见《惠令登热心购机祝寿》，《申报》民国二十五年（1936）六月二十六日，第四张第十三版。

② 《市国术馆征求半年会员》，《申报》民国二十五年（1936）八月三十一日，第三张第十一版。

③ 《精武体育会扩大征求会员》，《申报》民国二十五年（1936）十月二十二日，第三张第十版。

④ 《国术表演》，《申报》民国二十五年（1936）十月二十三日，第二张第八版。

⑤ 《国术比赛盛况》，《申报》民国二十五年（1936）十月二十四日，第四张第十六版。

吳鑑泉拳照

良、刘德生、吴鑑泉、章启东、朱廉湘、罗叔青，仍于上午八时十五分在民国路新开河市国术馆或河南路桥天后宫集合以便出发。凡参加国术摔角及射箭弹丸之运动员，务希于九时前至西司令台北首十六号看台报到。又悉市国术馆捐赠国术组各运动员评判员职员等之古铜纪念章，亦经备函送交大会奖品转予分送云。①

二十四日，国术比赛结束，吴鑑泉任当日下午轻量、中量摔角决赛评判。据次日报道：

昨日国术组上午为男子女子单人拳术器械表演决赛，获决赛资格计男子拳术二十人、女子拳术四人，男子器械二十人、女子器械六人。由陈微明、武汇川、赵连和、孙存周等分任评判，国术评判长褚民谊及徐致一均到场监察。下午为轻量中量摔角决赛及举重决赛，由佟忠义、王子平、叶良、朱廉湘、吴鑑泉、刘德生、罗叔青等分任评判，并由参加世运举重管理叶良，选手翁康廷、沈良等表演举重方法，次由各运动员挨次比赛。②

十一月二十二日，上海市国术馆举行国术表演大会，吴鑑泉参加表演。据十九日报纸广告：

上海市国术馆倡导国术运动，促进市民健康，积极进行，颇著成效。兹悉该馆定于本月二十二日在北京路贵州路口湖社举办国术表演大会一天，邀请国术名流王子平、佟忠义、吴鑑泉、靳云亭等，曾参加世运会选手郑怀贤、张文广、傅淑云小姐，暨尚德武术会、京沪铁路同人俱乐部国术组，及该馆教员等，各展所长，表演拳术、器械、对击、劈刺、射箭、弹丸、飞叉、直杠技能、飞舞石担等，精武体育会音乐组及国乐名家之国乐，并请第六届全运会轻量摔角亚军田毓荣君与本届市运会轻量摔角优胜者作友谊摔角比赛。各项节目，均极精彩。时间为下午二时半及八时二场，入座券分一元及五角二种。券资除开支外，余充该馆经费。售券处除民国路新开河该馆外，四马路中西大药房、云南路济华堂大药房、南京路抛球场集成药房、北泥城桥中法大药房等，均有发售。③

十二月六日下午，中华体育会举行援绥运动会，吴鑑泉到会表演太极拳。据次日报载：

中华体育会为绥远前线将士，特于昨日假座九星大戏院举行援绥行动大会，下午二时开始。计到社会局长代表邵汝干，及胡朴安、周邦俊等。由该会

①《今日秩序·国术》，《申报》民国二十五年（1936）十月二十三日，第二张第八版。
②《国术比赛圆满结束》，《申报》民国二十五年（1936）十月二十五日，第四张第十六版。
③《市国术馆举办国术表演大会》，《申报》民国二十五年（1936）十一月十九日，第三张第十二版。

会长徐致一报告。章启东、翁国勋、王荣海、孙一鸣、王胜白、顾舜华、李新华等分任待招，大夏大学之童子军维持秩序。节目有精武体育会音乐，中国女体师捕鱼人健身舞，育童福哑二校学生演说及四音合唱、叠罗汉，傅女士之钢琴独奏、踢毽舞，大同学会国乐，盲人吴少柴钢琴独奏，郑怀贤飞叉，胡朴安、陈微明太极推手，吴鑑泉太极拳，孙存周八卦剑，佟忠义、刘德生之八仙剑，世运国术选手傅淑云太极拳，张文广、郑怀贤及该会全体会员国术等精彩表演。来宾五百余人，对于爱国情绪非常热烈。所得券资悉数慰劳绥远将士，以唤醒全国同胞之注意云。①

十四日，《申报》登载上海市国术馆征求会员消息：

> 上海市国术馆征求本年会员已开始征求。征求总队长由李大超担任，副总队长由杨镜澄、叶良两君担任。征求队共十队，由佟忠义、吴鑑泉、靳云亭、赵寿邨、马万龙、王忠良、王振章、刘云祥、马翰章、孙润志等分任队长。凡该会会员均可加入该馆器械、摔角、拳脚、弓箭等科练习。②

民国二十六年（1937）春，吴鑑泉应邀赴广州等地表演。据《大公报》三月下旬报道：

> 武当派太极拳专家吴鑑泉氏，以南游之便，应广州精武会之请前来表演。十七日吴氏由沪乘招商局海贞轮过港，曾上岸至坚道太极拳健身研究社稍事休息，即晚趁原轮来省。闻在省表演后，将往澳门本港等地表演，宣扬国术。查吴氏研究太极拳有素，向任上海精武总会太极拳教师之职云。③

另有消息称，吴鑑泉"在粤省表演后，复由湘、桂等省当局邀往表演"④。

七月七日，日军发动卢沟桥事变，全面抗日战争爆发。七月九日下午，庆祝上海市政府十周年纪念运动大会开幕。十日下午二时起，进行国术表演，吴鑑泉表演太极大枪。据报载：

> 国术表演，今日下午二时起。裁判长叶良，表演选手名单如下：张宝厚出洞拳；陶然人太极拳；鲍希勇八面锤；王凤春扎拳；车振诚节拳；王凤冈单刀；徐少灵偷桃；苗玉龙花枪；陈国俊罗汉拳；成渭舫标台拳；柴樵四大拳；李深洪家扒；余树仁五节棍；李国才十三枪；郭子硕双剑；王栋材梨花枪；朱焕文栏门枪；方臻、李国荣单刀对拐枪；郑启亨、蔡炳樵大刀对单刀；

---

①《中华体育会举行援绥运动会》，《申报》民国二十五年（1936）十二月七日，第四张第十三版。

②《市国术馆开始征求会员》，《申报》民国二十五年（1936）十二月十四日，第三张第十二版。

③《东西南北·广州》，《大公报》民国二十六年（1937）三月二十三日，第二张第五版。

④《吴鑑泉氏行踪近讯》，《康健杂志》第五卷第四期，民国二十六年（1937），第五十二页。

贾志山梅花刀；马金叉蟠龙棍；钱云龙太极枪；戴启全一路炮拳；周德荫太极刀；章裕和潭腿；商世昌十三势长拳；顾新元太极拳；郭启通形意拳；毛信瑞、王鸿儒查拳对打；潘鑫之新式捶；顾逸尘扫子棍；吴守之连环拳；马保琛双匕；胡理臣十绝剑；陈贵林和合拳；靳海鹏八卦拳；施家骝、潘洪发单刀策枪；魏锦彪八卦刀；张秀仁五行拳；马翰章六合炮拳；许兆璇六合拳；靳云亭方天戟；荀武川伏虎拳；高君珠龙形剑；吴鑑泉太极大枪；袁彬常六合剑；佟忠义六合大枪；毛信洛梅花双刀；赵寿邨太极刀；萧德全空手对枪；马义龙春秋大刀；高新吾八打；孙志润太极枪；刘景山鸳鸯步；王振章双戟；沈辅卿蟠龙剑；杨孝文太极推手；陈立康八卦掌；邵春元武当双剑；陈瑜摔角；贡福生扫子棍；许炳华摔角；萧仲清三扎枪；杨关寿摔角；刘文友环子拳；吕耀华摔角；王允亮空手对枪；郑怀贡飞叉；田毓荣摔角；佟贵云笛箭；朱汝鳌摔角；康馨琯射箭；魏振卿摔角；李梅青射箭；郭心明摔角；贾志山射箭；王东来弹丸；赵陈根弹丸；王极国弹丸；张仁根弹丸。尚有国体拳术及器械表演五种云。[1]

八月十三日，中日双方的第一场大规模战役"淞沪会战"开始，直到十一月十二日正式结束，国民革命军全线溃退，上海沦陷。十一月十三日的《申报》临时夕刊上登载了一则题为《鑑泉太极拳社广征学员》的广告：

> 吴鑑泉氏为我国太极拳名家，在沪设社多年，加入者极为踊跃。盖太极拳不论文人武士，均能学习，实为锻炼体魄之捷径。吴氏近鉴抗战军兴，凡属民众均应具有健全之体格而为国用，故兹广征社员，尽力传授。社址设法租界辣斐德路桃源邨五号，凡有志学习，可前往报名。

该征求广告仅登载了一次即未再继续，此后，吴鑑泉与其子孙经长沙南下广州，避居香港。据黄汉勋记述：

> 八一三淞沪之战展开时，太极拳名师吴鑑泉氏适在沪主持上海中央精武教务。因最高当局宣示焦土政策，春申处在火网之内，而吴鑑泉师是时又届古稀之年，门下弟子俱劝吴鑑泉氏避地以居。吴鑑泉亦以"君子不立危墙"自警惕，于是间道南下，辗转来港。
>
> 是时港精武由罗光玉主持教务，吴鑑泉曾到精武访罗，畅叙甚欢。时笔者亦侍立于两老左右，是为初睹吴鑑泉氏丰采也。
>
> 未几，战火南烧而延及吾粤，中央精武主干卢炜昌氏方主持"佛山元甲学

---

[1]《国术表演下午二时起》，《申报》民国二十六年（1937）六月十日，第五张第十八版。

院"院长职，以铁蹄下实难赓续精武事业，乃亦于斯时避难香岛，暂假精武作居停。每与罗光玉氏谈及精武之随地域沦陷而停顿，占精武系统上之半数为可惜，但亦可知精武同寅能随大时代转进为可嘉也。卢炜昌闻吴鑑泉氏亦已履斯土，急谋一见，藉知中央总会之情况，乃于翌日由香港精武主干周仰之先生宴几位精武老者于思豪餐厅，笔者被邀作陪，于是得聆几位前辈，畅谈精武往事。卢炜昌氏意欲吴鑑泉氏为港会效劳，但吴鑑泉氏表示港会范围不及沪会之大，既有罗氏主持教务，足以发展矣！且其此次来港，久居与否，尚未决定。自此会后，吴鑑泉、卢炜昌之间，乃时有往还。

民二十七年（1938年）春，吴鑑泉氏创办鑑泉太极拳社于湾仔，成立未久，为吴鑑泉氏盛名号召下，纷纷加入练习太极拳术。老友如郑荣光、李志楠等，即为初期加入者，今日多已独树一帜，为太极拳术宣扬矣。[1]

民国二十七年（1938）六月中旬，《申报》（香港版）登载消息称：

精武体育会太极班，除现有吴宝祥教师担任外，现特聘太极拳宗师吴鑑泉每星期一、三、五晚八时至九时，到该会担任教授太极拳。[2]

十二月十五日下午，中国妇女慰劳会在跑马地香港足球会球场举行伶星足球义卖游艺大会，吴鑑泉应邀表演国技太极拳。[3]大会之前，十二月十三日的消息称：

伶星两界定于本月十五在跑马地香港足球会球场举行之足球游艺义卖大会，现仍由各发起人在积极工作中。除已分发入场券请学校、戏院、茶楼、酒馆预期代销外，日来又由电影明星如吴楚帆、邝山笑、林妹妹、杜宇、杨君侠、刘桂康、张瑛、陈倩如、许曼丽、邵曼娜、葛佐治、罗永祥等，热心组织沿街劝销团，向各大商店及酒馆等处亲身劝销。钱大叔、石友于、李连治等则向九龙各学校、酒楼、戏院劝销。尤为难得者，则有杨君侠、刘桂康两著名谐角、背着劝销牌，不避艰辛，为难民伤兵请命。闻劝销成绩甚佳，各代售票处销流亦畅，预料到时收入成绩当大有可观。该会近又征得远东中学学生擦鞋团到场擦鞋，得款亦尽拨作义赛捐。至歌唱与表演，既俱由著名红伶红星担纲，且由播音机播放，自是清楚玲珑、不同凡响。

表演国术之武师吴鑑泉乃武当派张三丰祖师内家拳七传子弟，拳界共认之

---

①黄汉勋：《武林知闻录》，香港：螳螂国术馆，1954年。

②《简讯》，《申报》（香港版）民国二十七年（1938）六月十二日，第一张第四版。

③《足球游艺大会串　伶星两界点将录》，《申报》（香港版）民国二十七年（1938）十二月十四日，第二张第五版；《足球游艺大会串　伶星界齐显颜色》，《申报》（香港版）民国二十七年（1938）十二月十五日，第二张第五版。

太极拳宗师；林祖教师为吾粤名教师，黄飞雄入室弟子，林世荣令侄，为少林派真传；刘锦东技师表演头颅碎石等硬功，亦非易得而见之绝技，俱足表示我国尚武精神。

　　至于到时决必临场担任义卖之女明星，则有黄曼梨、陈云裳、林妹妹、白燕、李绮年、小燕飞、张月儿、黄笑馨、李幽慈、陈倩如、容三意、容小意、许曼丽、黄耐梨、梁上燕、罗大钳、罗小钳、陈清华、苏珊珊、苏惠兰、周兆兰、邹曼娜、朱影梅、文雪贞、梁露西、郑冰冰、郭秀珍、李小曼、陈影梅、李惠支、苏萍、李婉馨、陈燕兰、遵宝媛、冼丽贞、周绮兰、霍雪儿、冯洁贞。[①]

十六日，《申报》（香港版）关于此次伶星足球义卖游艺大会的报道评论称，"吴鑑泉父子表演太极拳和太极剑，倒是真工夫"，且登载了吴鑑泉在会场表演太极拳的照片。[②]

民国二十八年（1939）二月一日，香港中国新闻记者体特会召开各项队长会议，决议聘请篮球、乒乓、足球、国技、网球、羽球、排球、游泳指导员，其中国技指导员为张礼泉和吴鑑泉。[③]

香港九龙塘学校"为发扬民族尚武精神、提高儿童体育兴趣"，于二月十二日下午一时起开第一届运动会，并请吴鑑泉等国术名手表演太极拳、太极剑等国技助兴。[④]

四月四日下午，香港中国新闻记者体特会召开委员会议，决定太极拳训练班自十一日正式开班，据报载：

　　香港中国新闻记者体特会，昨日下午三时假座布卢召开委员会议，出席者有黄育根、黄喆明、黎之明、邵绯新、冯向、唐碧川等。首由主席黄育根宣读上期议案，随开始报告事项，关于太极拳训练班，议决定下星期二（十一日）开始，每逢星期二、四下午五时至六时为训练时间，训练地点假坚道中华中学，由吴鑑泉担任教授。日前未报名之会员，可于下星期一以前向《工商报》冯向或《循环报》黎之明两君填报。[⑤]

---

①《伶星界足球游艺大会串》，《申报》（香港版）民国二十七年（1938）十二月十三日，第二张第五版。

②《足球游艺大会伶人队小胜一球》，《申报》（香港版）民国二十七年（1938）十二月十六日，第二张第五版。

③《记者体特会昨日举出各组主任》，《申报》（香港版）民国二十八年（1939）二月二日，第二张第七版。

④《九龙塘学校开运动会》，《申报》（香港版）民国二十八年（1939）二月十二日，第二张第七版。

⑤《记者体特会昨开会议　太极拳训练班开始》，《申报》（香港版）民国二十八年（1939）四月五日，第二张第七版。

据四月十一日报载：

记者公会体特会为锻练会员体魄，组织太极拳训练班，经已筹备就绪。决定今日下午五时在坚道中华中学运动场开始，同时开会欢迎吴鑑泉教师。凡已报名各会友，希依时到场。未报名而欲参加者，可向《工商报》冯向或《循环报》黎之明填报。①

该太极拳训练班实际由吴鑑泉、吴公仪父子二人任教，据十二日报载：

香港中国新闻记者公会举办之太极拳研究班，蒙中华中学出运动场，昨日下午五时举行开始礼，到者多人。行礼如仪后，由体特会主席黄育根致词，随由国术组主任冯向报告筹备经过及教师吴公仪训词，对于太极拳之益，发挥尽致，并勉各同志持之以恒，则强身强国，实有利赖。最后茶会尽欢而散。闻该班已定本星期四下午五时第一次练习，由吴鑑昊先生及其公子公仪任教，各会友仍可报名参加云。②

五月七日，《申报》香港版登载消息称：

"鑑泉杯"男女团体乒乓比赛会主事人因鉴于内地难民伤兵待救正殷，为尽国民天职起见，决定将是次冠亚季军决赛时举办义赛，门券收入全数拨交伤兵难民之用（不动公款）。昨该赛会已得会长吴鑑泉、黎景夏、唐希文、黎景殷、叶文珊、吴公仪、吴公藻、何小孟、廖少彭等同意，并乐予协助是次义赛费用，完成美举。③

上海的鑑泉太极拳社筹资建设练功场馆，征得位于上海西藏路八仙桥的基督教青年会（Y.M.C.A）同意，于民国二十八年（1939）在青年会南楼的楼顶加盖一层，建造了一个约一百平方米的室内练武厅，外面有约五十平方米的室外练习场地，取名为"鑑泉厅"。

民国三十一年（1942）一月二十五日，日军攻陷香港，吴鑑泉只好返回上海。三月二十五日起，汪伪上海《申报》登载鑑泉太极拳社征求社员广告，持续到五月十七日：

太极拳宗师吴鑑泉老先生亲授，不分性别、年龄，皆可学习。教练场设八仙桥，地位适中，空气清洁，有淋室，早晚皆可练习。社费不加，爱好康健者

①《今日开始吴鑑泉担任教授》，《申报》（香港版）民国二十七年（1938）四月十一日，第二张第七版。

②《记者国术班昨开始礼　吴鑑泉父子任教》，《申报》（香港版）民国二十八年（1939）四月十二日，第二张第七版。

③《鑑泉杯举行义赛》，《申报》（香港版）民国二十八年（1939）五月七日，第二张第七版。

速来加入。报名处：辣斐德路桃源邨五号。①

此时的上海仍处于沦陷期间，吴鑑泉身患重症糖尿病，缺医少药，"五月间忽患外症，投红十字会医院疗治，不久即告愈。月前突然膀胱发炎，来势很凶，终于年事已高，无药可救"②，不幸于民国三十一年（1942）八月九日（农历六月二十八日丑时）撒手长眠，得年七十有三。其时，吴鑑泉之子吴公仪居澳门、吴公藻居香港，二人闻讣星夜抵沪奔丧，遵礼成服，择于九月十三日（星期日），即农历八月初四假贵州路寿圣精舍诵经，择期扶枢回籍安葬。③上海《申报》登载讣告及启事：

敬启者：吴鑑泉先生为国术界一代宗师，自民国十七年南来提倡太极拳术，不遗余力。除于上海成立本社外，并于香港、九龙、澳门等处先后成立分社，又遣其哲嗣公仪、公藻二君及门弟子等分赴湘鄂应各省国术馆之聘，因此长江、珠江两流域之人士得悉道拳之奥秘而获强身强种之效者，几于不可胜数。先生身怀绝技而谦抑自持，其教诲后学尤能不自矜秘，善于批邻导窾，使学者心领神会，豁然贯通。授课时间，无论风雨寒暑，皆准时而至，盖十数年如一日。综其工夫之深，道德之崇，施教之勤，岂惟国术界之光荣，且足为社会之楷式。不幸本年八月九日病故于红十字会医院，爰经敝理事会议决定于三十一年九月十三日星期日公奠，将是日公奠余资为先生谋一永久纪念。除我本社同人请概厚赙现金外，凡先生之戚属、故旧以及公私机关团体，如荷赞同斯旨，亦请免除花圈挽诔之类。敝社当将赙赠者之台衔勒于将来之纪念物上，永志弗谖，谨布悃诚，敬希垂察。专此附达，并颂台祺。

鑑泉太极拳社理事长袁鹤松，理事许晓初、吴蕴斋、江长风、周德荫、朱国梁、姚中一、朱公俦、姚俊之、王安庆、施济群、汪鉴轩、陈月阁、张伯勋、程锡甫、张月波、杨润荣、张仁忠、潘启祥、张文魁、钱仰高谨启。

社址：辣斐德路桃源邨五号④

九月十三日，鑑泉太极拳社理事会设宴公祭吴鑑泉。⑤此后，因战乱交通不便，灵枢难以北归，葬于沪郊闵行。

---

①《征求社员》，《申报》民国三十一年（1942）三月二十五日，第二张第八版。
②《吴鑑泉作古》，《新闻报》民国三十一年（1942）八月十三日，第二张第七版。
③《讣》，《申报》民国三十一年（1942）九月十日，第一张第三版。
④《追悼吴鑑泉先生启事》，《申报》民国三十一年（1942）九月十日，第三版；十一、十二、十三日，第四版。
⑤《讣》，《申报》民国三十一年（1942）九月十日，第一张第三版。

吴鑑泉与学生何联第合影

晚年时期的吴鑑泉

吴公藻著、吴公仪校正《太极拳》(香港
鑑泉太极拳社出版)中的"吴鑑泉先生遗相"

三、王茂斋的门人

民国十八年（1929），身在北平的王茂斋门人组织刊印了一册《太极功同门录》。这是王茂斋门人以印刷形式完成的首份文献资料，也算是民间武艺史上第一部公开刊印的门人谱。其中简单记录了太极拳的源流传承关系，尤其是王茂斋、吴鑑泉、郭松亭三人及其弟子门生，甚至连每位人物的姓名、别号、年岁、籍贯、住址等都一一标明，为后人了解该门户的师徒状况，留下了详细资料。

根据《太极功同门录》的记录，截至此时，王茂斋的门人大致有王杰（子英）、王�（子超）、赵崇佑（启庭）、路其炳、赵超、汪恒秀、周海山（振东）、修丕勋（桂臣）、马俊杰（英臣）、杨瑞林（雨亭）、宗殿顺（佑芝）、陈炳武（允中）、张万秋、朱家茂（松九）、张文惠（济芝）、李增华（滋益）、李文杰（蕴颖）、彭广义（仁轩）、朱家和（介平）、边普祥（振如）、安英凯（武臣）、王宗茂（新如）、段锡震（筮初）、彭顺义（寿延）、孙强新（健堂）、李延寿（喜庆）、张毓桂（燕生）、杨庆梁（祝忱）、王步曾（省吾）、吴在泮（芹生）、盛福涛（波臣）、马宝祥、桑胜芳（胜芳）、刘芝周（彩臣）、毛赓起（庚起）、孔宪埔（崇幽）、桂荫良（仲三）、何佑（保芝）、黄金鉴（镜涵）、郑培福（衍五）、刁志凤（翔千）、苏绍唐（伯陶）、苏宗泽（侃如）、李桂岩（桂岩）、李桂钧（桂钧）、韩乃炎（晋午）等。[①]

须略做说明的是，此同门录并非完全无缺，如王茂斋之侄王悦（历生）、之甥张式聚，以及刘光斗、李子固、董焕

王悦（历生）

---

① 平津卫戍总司令部北平宪兵分所：《太极功同门录》，民国十八年（1929），第一九页。

堂、文朗卿、易仲贤、吴季康、陈子和、曹钢等，均不在列。原因不一：有的也许是无意的疏漏；有的可能在编辑同门录前后刚入门不久，尚未定性；有的则是此后才师从王茂斋。其中，真正成手并有后传者，实际并不太多，绝大多数早已湮没无闻。因地缘关系，王茂斋的门人中，胶东人（尤其掖县人）不少，如王杰、王倜、修丕勋、朱家和、朱家茂、宗殿顺、胡万祥、张万秋、孔宪墉、孙强新、毛赓起、马俊杰、桑胜芳、盛福涛、吴在泮、李延寿、刘芝周、王历生、张式聚、刘光斗、刘晚苍、李经梧、孙枫秋、郑和春，等等。在此仅就王茂斋门人中影响至今的王子英、修丕勋、杨禹廷、刘光斗、张式聚、郑和春、刘晚苍诸人略做表述。因相关文字史料缺乏，诸人事迹以传闻居多。[①]

（一）王子英：无形无象[②]

　　王杰，字子英，王茂斋长子，生于清光绪二十八年（1902）。自幼随乃父及诸师叔习练太极拳，后曾从王茂斋友人尚云祥习形意拳。十八岁时得了太极劲，虽本力十足，推手却不以力胜，与人接手常使对方有泰山压顶之惧，又不知其力点隐在何处。

　　王茂斋又将其子王子英、徒刘光斗二人荐至北京八卦名家兴福（字石如，旗人，人称"兴三爷"）门下，从学董海川高徒宋永祥（云甫）所传宋派八卦功。王子英一生没有几个后传弟子，却是北京城中少有的高手。据刘晚苍弟子马长勋述：

　　　王子英是王茂斋先生的次子，眼眉以上的额头两旁长了很厚的骨头棱子。老辈人都说，这样相貌的人，都力气大。王子

王杰（子英，1902—1968）

---

　　① 有关王茂斋门人逸事，可参考马长勋口述、王子鹏整理《吴式太极·南湖传习录》（北京：华文出版社，2016 年）。
　　② 有关王子英的文字资料很少，此篇主要参考黄志宇在武术万维网等网站所发起的"吴氏太极名家王子英先生"讨论帖，参与者有"云晓""study"（网名）等人。另参见马长勋口述、王子鹏整理《吴式太极·南湖传习录》（北京：华文出版社，2016 年）。

英先生身高一米八以上，力大无穷。

在柜上的时候，伙计拿扁担挑灰，两个伙计挑一大筐，他两只手就能平端。但是，他跟人推手，却从来没有"力气活"。他推手的特点是"大"，但不是力气大，而是气魄大，感觉一下就被他"吃"进去了。这是一种技巧，你进他化，不顶你的劲，你使多大劲都落不到实处。①

王茂斋有个本家侄子，叫王振邦。此人身强力壮，那时候到王茂斋先生家去的人，数他力气大，块头也大。他在面粉厂干活，说他有多大力气呢，当时面粉厂用的是电磨，电磨里头要是渍住东西，得掀开磨，用刀片"咔哧咔哧"。一般需要两个人用铁棍撬起来，然后另一个人下手去清理。但是，这活他一个就能干，还不用铁棍，用手抠住那个缝，轻轻一颠，手就插进去，然后就掀起来了。他也很喜欢练拳推手。有一天，他到王家去，老先生（王茂斋）在柜房里头，库房里就只有王子英先生。他一看是个机会，就打算在王子英身上试试。他练太极拳也有些日子了，但还是用的"功夫力"。虽然他力气大，又有功夫，但是一伸手，还是被王子英先生从屋里打到屋外头去了。摔了一跤，爬起来就不干了，直接找王茂斋，说三叔我不练了。老先生说，你练得好好的怎么不练了？他说，我跟二哥推推手，他往死里打我，看我摔得这样。老先生说，你是不是没跟人规规矩矩推？他说，我要规规矩矩我弄不了他啊，我就用了点蛮力。老先生笑了，那你吃亏就不赖人家了。②

抗战后期，刘光斗在京津一带下落不明，其门生刘晚苍后来常到王家跟王子英学推手。原籍山东掖县的李经梧最初从学于王茂斋和吴鑑泉共同传授的弟子赵铁庵，后正式拜陈发科、杨禹廷为师，也常到同乡师叔王子英家请教推手。据李经梧弟子梅墨生述：

经梧先生的吴式推手功夫颇得益于师叔王子英，四五十年代居京期间，李师经常去王师叔家推手，王子英十分喜欢经梧师，几乎是倾囊相授。刘光斗高足刘晚苍先生之徒刘培一先生告诉我，晚苍先生说过，那时他们常在王子英家相遇推手切磋。王子英是宗师王茂斋的次子，乃一脉嫡传，推手功夫饮京城一时之誉，但性情孤僻而刚烈，极少收徒，更不当人打拳。③

---

① 马长勋口述、王子鹏整理：《吴式太极·南湖传习录》，北京：华文出版社，2016年，第38页。
② 马长勋口述、王子鹏整理：《吴式太极·南湖传习录》，北京：华文出版社，2016年，第42~43页。
③ 梅墨生：《大道显隐：李经梧太极人生》"我读李经梧"，北京：当代中国出版社，2007年，第149页。

1950年6月以后，在全国工商业所谓的"合理调整"下，东四的同盛福与其他各私营字号一样，不能再继续经营了。同盛福关张后，王子英一直居住于钱粮胡同，原本的王门旧人仍私下到王家请教太极拳。据马长勋述：

> 从王茂斋到王子英，这两代人，几十年的时间，家里天天有人。在"文化大革命"之前，每天晚上还有十几个人，朋友、徒弟、师侄、徒孙辈的都有。别的不说，就是这份耐心就难能可贵。[①]

自1956年国家体育领导部门开始反"唯技击论"以后，王子英与京城一些真正有能耐的拳家更是很少在公开场合露面了，不过他家中依然每天都有门人聚集。据马长勋述：

> 从王茂斋到王子英两代人，一直到"文化大革命"时回老家为止，家里一直有人来学习。本门的人，不分谁的学生，到这儿学都毫无保留地传授。我的上一代人，包括我的老师刘晚苍先生都是受益者。我的老师一天"王师大爷"不知道要说多少句，佩服得不得了。包括王培生先生，一提起王子英先生也是非常佩服。李经梧先生也是受益者，对王子英先生的技艺和为人推崇备至。[②]

> 我的恩师刘晚苍先生对王子英先生推崇备至。用他的话说，王子英先生性情随和，手也柔和，但是你不能想着制他，你要这么做，那可就要吃大亏，那可是个"活老虎"，多少劲都能给你"吃"下去。[③]

> 我年轻的时候去王家，院里都是练推手的，只要看见有较劲的，王子英先生就说，这个推法用练吗？这种本能的力气，谁都有，推过来搡过去的，这个不用学，这是本能，咱们练太极就一定要克服本能。用意不用力，用太极拳的技巧，上来就撕拉扯拽，就练不出太极拳的劲来。所以王家练拳是绝对反对较劲的。他能培养出人来，和他们的教拳方法很有关系。[④]

> 王子英先生身材魁梧，孔武有力，但从不进手攻人。他是大气大度，接上手，能把你的劲吃尽了，不管什么劲都能化掉，有气吞万里的感觉，他用软弹

① 马长勋口述、王子鹏整理：《吴式太极·南湖传习录》，北京：华文出版社，2016年，第24页。
② 马长勋口述、王子鹏整理：《吴式太极·南湖传习录》，北京：华文出版社，2016年，第39~40页。
③ 马长勋口述、王子鹏整理：《吴式太极·南湖传习录》，北京：华文出版社，2016年，第38页。
④ 马长勋口述、王子鹏整理：《吴式太极·南湖传习录》，北京：华文出版社，2016年，第39页。

劲发人的时候，发人很远，但对方却没有不适之感，尤其值得研究。[1]

我记得在王先生那里学习的时候，他很少去主动发人，几乎没有。一般都是你送上去的手，听准了劲拿你。他要用的时候，也要把你的反作用力问出来，然后拿你这个劲，拿得很准，手推得非常干净，推完了很舒服。这就是劲合、气顺。[2]

王子英先生常说一句：一推手要叫人家心悦诚服。你力大手狠，人家心里不服，这不叫太极劲，所以要悟拳理。跟王子英先生推手，你只要一接手，你脚底下就站不住，没根儿，你只要一挣扎，点一暴露，人家正好拿上。他推手技巧极高，引人入胜，让人入迷。[3]

"开窍"，应该属于顿悟之一种，从渐修积累而来，到一定程度豁然而悟。王子英先生对此专门讲过多次，开窍得靠自己，得多练。他打过一个比方，说这三间屋子，里头藏的都是太极拳，我开开门，把你推进去，你也学不会，看也看不懂。什么叫"开窍"呢？你整天想，我怎么就练不出来呢，脑瓜子整天就想这个。猛然间，用唾沫把窗户纸点开，看见一块，哦，明白了一块。原来这就是太极拳啊，这就叫"开窍"。开一次窍，就多明白一点。[4]

另据李经梧之子李树峻述：

王子英师爷在教我练拳后特意嘱我一段歌诀："接手如有胶，起腿不过腰，发劲箭射雕，太极本无手，浑身都是招。"我觉得后人的千言万语，也不如这20个字准确。[5]

山东掖县的刘馨斋年轻时在北京从学于王茂斋的徒弟杨禹廷，很有一把力气，当年常替杨老师应付外来访客。因同乡师侄关系，也常去王家。说起王子英的推手，虽时隔数十载，崇敬之情仍不减分毫。有一次，他被王子英发到一个老式立柜上，"那立柜高呀，我爬都爬不上去，怎么上去的？！"。

掖县郭某是李经梧的老徒弟，早年在北京跟很多名家都推过手。讲到王子英

① 马长勋口述、王子鹏整理：《吴式太极·南湖传习录》，北京：华文出版社，2016年，第12页。
② 马长勋口述、王子鹏整理：《吴式太极·南湖传习录》，北京：华文出版社，2016年，第40页。
③ 马长勋口述、王子鹏整理：《吴式太极·南湖传习录》，北京：华文出版社，2016年，第41页。
④ 马长勋口述、王子鹏整理：《吴式太极·南湖传习录》，北京：华文出版社，2016年，第9页。
⑤ 李树峻：《曾经沧海难为水》，见梅墨生：《大道显隐：李经梧太极人生》，北京：当代中国出版社，2007年，第124页。

1952 年 4 月，王子英与杨禹廷及众门人在北京中山公园唐花坞前。前排左起：王培生、王子英、杨禹廷、李子固。后排左起：冯士英、张福有、王辉璞、李植林、刘馨斋、李秉慈

时，郭说："唯独王子英的手，那是爆炸啊，与那些都不一样。"

另据马长勋述：

王家有个好东西，兴三爷晚年送给王子英先生的。

兴三爷跟王茂斋是很好的朋友，在北京非常有名，是满族人，名字我记不太清。

兴三爷送的这个东西原来的名字我也记不得了，就叫它"断臂剑"，也叫"单背剑"。外形跟剑一样，剑鞘剑把都一样，区别就是剑身后半截只有一面刃，有血槽，前头部分是剑尖，一半刀一半剑。这是很古的东西，折铁打造的，天蓝色。折铁的折印，一毫米一个，形如鱼鳞，真是个宝物。

这个东西还能围到腰里头，很轻巧。现在有的刀剑也能围在腰里头，但一抽出来稀里哗啦跟纸片似的，那没用，人家的家伙很有韧性，是真家伙。我掂量过，有一斤多重，一斤半左右，刀背有 5 毫米左右。刘晚苍老师知道东西的来历，我们不太清楚，也就见过几次。

有一年，刘晚苍老师带着我们到王家拜年，刘老师管王子英叫师大爷。说师大爷您把那个宝贝拿出来让他们开开眼吧。这么着见过两回。这家伙有多锋

利呢？王先生家经常吃涮羊肉，拿它切羊肉片。

我们去王先生家拜年，他就在钱粮胡同东口住。我们一般是5点钟到，摆上香炉，把老爷子（王茂斋）的照片摆出来，我们到那儿磕头。6点钟，天不亮就收起来。那时候虽然是"文革"前，但是讲究阶级斗争，怕人家看见。可惜，"文革"开始以后，这些好东西就找不到了。[①]

新中国成立之初，国家领导人罗瑞卿曾从王子英学太极拳。1965年12月，在中央政治局常委扩大会议上，罗瑞卿被先后解除党政军领导职务，在随后的"文化大革命"中遭到残酷迫害。据马长勋述：

1966年"文革"开始后，武术界广受波及。等到9月份"第七号通令"发布当天，王子英先生怕受波及，连夜回山东老家了。但是，他不该把户口也销了。这下吃了亏，回不来了。到老家得了病，那几年正是"文革"的高峰，一切都乱套了，赤脚医生又给看反了，用错了药，就这么去世了。

他遭的罪可不少，红卫兵押着他走到济南。也不知道谁说了一句，他会武术。红卫兵说会武术啊，揍他。用大棍子打，一打棍子两截，一打两截，一连打断十来根。王子英先生一看，这样轮番打起来没头儿啊，好几十个红卫兵，都是不要命的小青年。那些红卫兵看你把棍子弄折了更来气，越打越来劲，几十个轮流打，甚至把棍子钉上铁钉打。王子英先生没办法，只好装疯。这才躲过一劫，要不就给打死了。后来村里来人，这才接回去。离开北京之后，回北京两次。想回北京来，可是户口已经销了，回不来了。

王子英先生能把大棍子震断，并不是练过硬气功。他用的是太极的听劲。棍子打在身上不是一个点，而是一条，他能在棍子挨身的瞬间弹起极细微的一个点，这样棍子的力量都打在了一点上，等于棍子的力量把自己"掸"断了。

王子英先生一去世，好多东西都失传了。

再也没有那么好的手了。[②]

另据孙占峙述：

我父亲（孙镜清）和温师伯（温铭三）都亲见到，同盛福店铺神龛上供的是太极祖师张三丰的牌位，据师爷们说，这是茂斋宗师从师父全佑那儿接过来的，代代相传。茂斋宗师逝世后，又由王子英师爷主持供奉。直到1966年"文化大革命"，红卫兵扫"四旧"，把神龛当作封建迷信扫除掉。王子英把牌位悄悄藏了起来。1967年他被造反派押送回山东原籍，万不得已，才把张三

① 马长勋口述、王子鹏整理：《吴式太极·南湖传习录》，北京：华文出版社，2016年，第50~51页。
② 马长勋口述、王子鹏整理：《吴式太极·南湖传习录》，北京：华文出版社，2016年，第52~53页。

丰的牌位秘密地交给了东四十一条的小王保存起来。①

1967年，六十多岁的王子英被当成"牛鬼蛇神"，步行遣返还乡，禁闭在自家老宅中，门外也有红卫兵把守，连乡里乡亲也不好见。一切邻里故旧、亲朋好友等前来探望，都得到村里登记，写明姓名、身份、住址、见面时间等，方可会面。

这一趟回来，王子英连气带累，病了，而找来的赤脚医生又给用反了药，从此他一病不起。1968年，王子英病逝。

（二）修丕勋：变转虚实 ②

山东掖县有两个连在一起的村庄——前武官和后武官，统称大武官。王茂斋是后武官人，前武官村的修丕勋是他的弟子，在北京受教八年，此后回乡授艺终生。

修丕勋（1894—1976），字桂臣，少时曾拜掖县埠上村的徐奎新为师习练尹派八卦掌。在北京城经商的王茂斋每两三年回乡探亲一次，每次数十天。按邻里辈分，修丕勋称王茂斋为三爷。民国七年（1918），王茂斋去修家做客，机缘巧合，正遇修丕勋在院中练八卦掌，汗流浃背。王茂斋让修丕勋出手试试，修与王一接触，有力用不上、有招使不出，浑身招数化为乌有，连试连败，遂拜王茂斋为师。

修丕勋昆仲四人，二哥也在京城

修丕勋（桂臣，1894—1976）

① 孙占峥：《听父辈亲讲王茂斋宗师的故事》，《吴式太极拳》（北京市武协吴式太极拳研究会会刊，内部资料）总第27期，2012年3月。

② 本篇主要参考修占《大武官村的太极拳》（《莱州文史资料》第3辑，1989年），张敬明《吴式太极大师——王茂斋轶事》（《少林与太极》2005年第1期）、《吴式太极大师——修丕勋》（《少林与太极》2005年第3期）、《吴式太极大师——修丕勋》（《武当》2005年第3期）、《修丕勋与林占令》（《武当》2005年第4期），刘全刚《王茂斋故乡的吴式太极拳大家——记修丕勋先生》（《武魂》2009年第5期）及牟维春发表在博客上的《吴式太极大师修丕勋简介》。

经营麻刀铺，字号"泰源福"。修丕勋随师进京，吃住均在其二哥处，名为三掌柜。[①] 修丕勋在京一学八年，并教了温铭三、孙镜清等人。后奉老父之命回老家主持家务，并在村里授拳。修丕勋为人谦和，身在上海的吴鑑泉曾多次邀其南下助教，修皆因家事未能成行。

民国二十四年（1935），掖县成立国术馆，县长刘国斌兼馆长，聘修丕勋为教务长兼太极拳教员，林占令教形意拳、"馒头郭"教八卦掌。

林占令（1874—1958），掖县王门村人，小王茂斋十二岁，大修丕勋十八岁。十五岁起在北京拜白西园高足齐德元学形意拳。齐见其颇具天赋，又将其送到山西诸形意拳名师处深造六年。后林又回到北京城，因与王茂斋同乡，是同盛福常客。林占令后来返回掖县，被聘为掖县国术馆形意拳教员，但对修丕勋任教务长心有不服。林与修宿舍仅隔一壁，某晚，林见修在屋，便以拳击打墙壁，咚咚作响。修丕勋知林占令是想比试。第二天学员放假，早饭后，修与林走了个碰头，见四周无人，便邀林一试。客气之后，两人遂拉开架式，修让林出招，林进步一个崩拳，未想出手就被黏住并拿了起来，抽手抽不出去，打又打不出。修说："林老师，你那里不有一只手闲着吗，怎么不进了？"林说："好了，服了服了。"林与修自此成为莫逆之交。后来，两人各在村里授徒，二十多年一直交厚，林占令对徒弟们说："不论到什么时候，都不能忽视大武官的太极。"

20世纪50年代，修丕勋参加山东莱阳专区武术比赛，回家路过刘家洼村，他的徒弟请他小住几天。村中有练地功拳的听说修丕勋来了，一定要请他吃饭。晚上在场院点上汽灯、摆上酒席，热情款待。酒席间有人请修老师指点指点，实际是要切磋一下。村里一功夫最好的下场比试。此人练拳近二十年，当时正值壮年，修丕勋已是年过花甲。对方上拳下脚同时进击，修向前一上步，对方便被发出倒地，他站起后再进招，又是一脚一拳，修接手

晚年时期的修丕勋

① 刘全刚：《王茂斋故乡的吴式太极拳大家——记修丕勋先生》，《武魂》2009年第5期。

一掌，对方即向后跌出。刘家洼村人从此对修丕勋十分佩服，重新请喝酒，一直留了修三天。

1957 年，掖县平里店贾邓战家数人欲学太极拳，请修丕勋住村教拳。头天有肉有菜、白面馒头。在修丕勋演练拳架后，众人开始怀疑，次日中午将饭菜降为玉米面饼子和咸菜。修丕勋心下明白，下午便让徒弟们见识松柔练出的真功。该村人多练外家。任廷弼少时在吉林长春学艺，擅长少林、螳螂；冯和升，父亲冯宝是当地名拳家，旧时镖车过其家门都得下车下马；张义成，任廷弼弟子，曾为掖县游击队支队长。修丕勋让三人同时出手。张义成站修对面，冯和升居左，任廷弼在右。修丕勋说："进招吧。"张一拳打来，修稍一捋，张就趴在地上。冯和任从两侧同时打来，修两手同时黏住，二人后脚离地，修用掤劲同时发出，一边一个跌到丈外。任廷弼还不服，单独用擅长的"小抄"对修，还没看清修怎么出招，自己就噔噔噔退出丈外。任以为自己出手慢、用劲小了，复又向修进招，又噔噔噔退出去十几步，摔倒地上。修丕勋站在一个砖砌的照壁前，笑说："我还是这个姿势，你从后边打我一拳。"任廷弼瞅准修的后腰，一个螳螂拳的滑步，出右拳打去，可是拳到修身时，修稍一转身即移到任的身后，任收拳不迭，一拳打在照壁上，一块砖都被打松了。修丕勋跟他们说起王茂斋功夫高超，当年王在掖县国术馆宴请桌上，手里放上麻雀，光扑棱翅膀飞不起来。众人问修丕勋能不能做到，修让他们抓一只来。当晚，好事者找来梯子搭在房檐上，从瓦缝里摸出一只麻雀放在修的右手上，麻雀扇动翅膀却飞不起来。修右掌试完，又换左掌，也是同样。当时在场亲眼所见者有任廷弼、冯和升、张义成、彭世臣、战和庆诸人。

另据刘全刚述：

修先生回乡后，广为传授太极拳，自回乡定居至 1976 年去世，从学者逾万，入室弟子七十多名，开创了乡间太极拳蓬勃发展的壮观局面。1928 年前后，在国民政府的支持下，从中央到地方逐级成立国术馆。掖县刚一成立国术馆，先生即被掖县县长委任为掖县国术馆教务长。

在高手云集的国术馆当教务长，不服修丕勋者大有人在。有位获得过全国大枪比赛第三名的"铁枪林"，经过多位名师培育，堪称一代高手。他对太极拳的"摸鱼"不甚理解，怀疑太极拳的技击能力，结果与先生一动手，即被先生完全控制，进则倾，退则倒，一身武艺无以施展，经此碰撞，"铁枪林"对修丕勋的太极拳口服心服。二人结成莫逆之交。

一善用枪者登门拜访，修先生就院中折了一段秫秸说你可以用枪刺我。两人交手，为防误伤，善枪者将长枪头取下，用棍当枪，集平生功力向先生当胸刺去，修先生略一侧身，手中秫秸即粘住枪杆，使对方身体失重，进退不得，撒手抛枪拜服。

邻家在集市买牛一头，春天耕地使用时，牛如何也不上套，原来是头从未犁过地的生牛。后来牛耍脾气，一下把主人顶在墙上受伤，后退数步欲再顶，恰逢先生路过，几步跃至牛前，口骂"你这个畜生"，一只手抓住牛犄角，顺其前冲之力将牛庞大的身躯整体扭翻在地。上述可见修先生之太极劲收放自如之一斑。

还有一事，令传者至今莫测高深：一练太极拳兼气功者，功力甚高，气团可显肢体，并随心游走，走南闯北未逢敌手，慕名上门与修先生比试，刚搭手尚未见动作，即一笑认输，对先生言：平生从未遇见如此高手。而旁观者一头雾水，仅一接触安能高下立判？个中味道也只有体验者心知肚明了。

修先生对太极劲运用出神入化，沾手轻如鸿毛，人已跌出尚不知劲从何处来，倒是有很多人亲眼目睹或有过亲身体会的：

一刘姓拳师，内外兼练，在当地名气不凡。一日骑自行车 30 公里来访，修先生沏茶相待，坐炕头与之聊天。修先生一生抽老旱烟，旱烟袋杆长约 30 厘米，装烟毕欲点火，刘拳师讲"我来点"，趁划着火柴凑至烟锅之机，突发一拳击向修先生胸部，先生一瞪眼迸出三个字："你作死。"话音未落，刘拳师直向后飞出，后腰直顶在两米开外的一躺柜柜沿上。事后刘对好友谈及此事时讲，确实未见先生有任何动作即被打出，腰部被撞得生疼，无法再骑自行车，只好推车走回家，休养半月方好。概因刘之偷袭手段太过分，故修先生予以惩戒。

有周姓弟子，出师后闯东北，在沈阳教拳，回家探望师父时，言及练硬功，出手难化。修先生与之共演，周一出手，即被发出，踉踉跄跄退出 20 余米方一屁股坐地，更难能的是再退一步即会撞到一棵枣树上，当时修先生老伴儿在屋内听到周倒地声音，嘱先生别打坏了人，先生一笑：我有数。[1]

据说，修丕勋晚年在家闲居，一天，任廷弼来访，欲试试手。修丕勋遂至院中草堆旁。任廷弼以形意拳的劈拳进攻，刚接触到修丕勋，就立足不稳，跌入草堆。后起身复攻两回，皆跌进草堆。

修丕勋弟子门生有温铭三、孙镜清、王咸正、周凤岐、郭振亮、战波[2]、毛云传、张书臣、蔡全真、徐梦九、王伦盛等。子修良、修占继其学。

---

① 刘全刚：《王茂斋故乡的吴式太极拳大家——记修丕勋先生》，《武魂》2009 年第 5 期。
② 有关战波事，参见高伦真《战波和吴式太极拳》（《武林》2006 年第 4 期）等。

（三）杨禹廷：松柔平和 [1]

王茂斋有一门生，在北京终身以授拳为业，后传众多，大约是王茂斋门下授徒最多的一位，影响深远。

杨瑞林，字禹廷，别号雨亭，清光绪十三年（1887）十一月二日生于京城平民之家。幼时体弱多病，九岁起练功强身，先后从周相臣、赵月山、田凤云等拳家习练弹腿、通背、三十六短打、少林长拳、黑虎拳等拳术及剑、刀、钩、棍、枪、戟、镗等器械，后从高克兴（子明）习八卦掌。

所谓转益多师，一般是徒弟跟从一位老师学得差不多了，再由老师根据自身交游和见识，将徒弟荐与另一高人深造，而非徒弟自己主动随意拜师，否则难免有用心

杨瑞林（禹廷，1887—1982）

不专之嫌。民国初年，杨禹廷曾多次欲投拜王茂斋门下，皆被婉拒，最后请其八卦掌师父高子明亲率前往，才得以进入王家门墙。[2] 时为民国五年（1916）前后。自此，每日清晨，位于东四的同盛福麻刀铺一开门，杨禹廷便去向王茂斋学拳，多年不辍。因吴鑑泉也是王家常客，杨禹廷在此又得到师叔吴鑑泉传授，每一招式都按规矩研究劲路之来龙去脉，日积月累，其拳艺渐入佳境。[3] 据说：

> 他（杨禹廷）在向王茂斋老师学太极拳时，每天都是第一个到场，最末一个离开。他去城外练拳时，往返数里，常常是一步一个拳式，或一步一个搂膝拗步地做，练枪的基本功时，每天要扎八百枪。因此，他的黑虎拳，摔跤的技艺当时都是有名的。四十多岁时，他还能在城墙垛子上竖倒立。他常说："艺

---

[1] 有关杨禹廷事，另参见马有清《沉痛悼念杨禹廷老师》（《武林》1983 年第 4 期）、张全亮《太极拳技艺的至高境界　与社会和谐的人格风范——杨禹廷先生诞辰 115 周年有感》（《武魂》2002 年第 12 期）、张全亮《吴式太极拳在北方的发展》（《少林与太极》2011 年第 6 期）等。

[2] 李秉慈、翁福麒：《德艺并重——忆杨禹廷老师》，《武踪》（《中华武术》大型丛刊）1984 年 6 月。

[3] 冯大彪：《教拳八十载　桃李满天下——访九十五岁武术名家杨禹廷》，《武林》1982 年第 11 期。

精必须功勤。"①

杨禹廷在跟高子明学艺时，就开始跟着老师教拳，边学边教。从 20 世纪 20 年代起，杨陆续在中法大学、民众教育馆、智化寺等处教太极拳。30 年代初，北平太庙太极拳研究会成立，名义上是王茂斋执教，实际主要由杨禹廷代授。40 年代初，王茂斋、吴鑑泉等老师相继去世，杨禹廷更是责无旁贷，广授太极拳术，有教无类。

民国时期社会普遍趋新，在崇尚科学的风气下，杨禹廷的太极拳教学也走上"科学化""规范化"的道路，推行以奇偶数表示开合的分动教学法，创制"八方线"，利用圆周角度代替八卦名词，以确定步、身、手法。②为便于推广，杨禹廷从民国十三年（1924）开始编写《太极拳教学讲义》，直到 1961 年方出版《太极拳动作解说》一书。③

据杨禹廷的弟子李秉慈、翁福麒讲述：

> 一九二八年，有个显贵曾把他（杨禹廷）带到南京，并在盐务总署为他安排个既显赫又有油水的职务，但他不为所动，随即跑回北平，继续当穷拳师。日伪时期，侵华日军头目冈村宁次曾派人请他去教拳，他断然拒绝了。国民党反动派统治时期，物价飞涨，普通老百姓难得温饱，杨老师为了一家糊口，只得卖掉了唯一的贵重之物——代步的自行车，每日从后海走到太庙（现劳动人民文化宫）去教拳，而绝不去巴结当时的日伪以及国民党的军、警、宪、特，以谋取不义之财。④

杨禹廷注重修养、诚信谦和、虚怀若谷、坦荡无私、广结善缘、诲人不倦，没有门户之见。因自身曾从学于多位老师，因而也常引荐学生拜师访友，广学众家之长。⑤据其弟子说：

> 杨老尊重武术各门派之长，胸怀宽阔，从不计较个人名利得失。四十年代末，李子久从他学拳几年后，又想拜陈子江先生学形意拳。他得知后欣然应允，并亲自带李去拜见陈先生。他说："哪位老师的武艺高，都可以去学。但是，无论跟哪位老师学，最要紧的是下苦功夫把技艺真正学到手。"马汉清师兄愿意再去学螳螂拳，他不仅同意，还亲自参加马师兄的拜师仪式。⑥

1951 年，太庙的拳场被迫停办，杨禹廷又开始在中山公园来今雨轩后面的投

---

① 李秉慈、翁福麒：《德艺并重——忆杨禹廷老师》，《武踪》（《中华武术》大型丛刊）1984 年 6 月。
② 李秉慈、翁福麒：《太极拳一代宗师杨禹廷》，《武魂》1995 年第 11 期。
③ 李秉慈、翁福麒：《杨禹廷太极拳系列秘要集锦》"前言"，北京：奥林匹克出版社，1990 年。
④ 李秉慈、翁福麒：《德艺并重——忆杨禹廷老师》，《武踪》（《中华武术》大型丛刊）1984 年 6 月。
⑤ 李秉慈、翁福麒：《太极拳一代宗师杨禹廷》，《武魂》1995 年第 11 期。
⑥ 李秉慈、翁福麒：《太极拳一代宗师杨禹廷》，《武魂》1995 年第 11 期。

壶亭（俗称"十字亭"）授艺，每天前来练拳的有一二百人，是当时北京最大、人数最多的拳场。

杨禹廷家住北池子大街69号一座老宅，据说：

> 六十年代初，在他（杨禹廷）年近八旬时，仍然寒暑无间，风雨无阻地坚持每天清晨五点多钟第一个到中山公园为上早班的同志教拳，十一点多最后一个离开。他教课时，十分注意言传身教，循循善诱。他常常是边讲边示范。为了使学员们更快学会套路，他还不时蹲在地上详细地给学员们画动作路线图，直到每个人都看清楚、学明白为止。更可贵的是他不保守，不固步自封，常常给自己出难题。他常向学生们说："你们不懂就问，把我问倒最好，这样才能教学相长。"①

另据其孙杨鑫荣述：

> 童年时，留在我记忆深处的是中山公园来今雨轩的豆沙包。
>
> 那时，我在中山公园第三幼儿园上学，而爷爷也在中山公园的十字亭教授太极拳。十字亭紧挨着来今雨轩，来今雨轩的点心和小吃非常有名。每天早晨，爷爷都把我带到拳场，等幼儿园开门了，再把我送走。这时，跟爷爷学拳的师叔、师大爷们就经常到来今雨轩给我买点心吃。我最爱吃的是豆沙包，那甜美的滋味让人回味无穷！
>
> 今天回忆起来今雨轩的豆沙包，让我越来越怀念的是那时师徒之间、师兄弟之间真挚的感情，那么真纯！让我明白了爷爷多么受人爱戴尊敬！这些师叔、师大爷们是因为尊敬爷爷进而爱护他的孙子，那种情谊，年代越久，越让人怀念。②

又据杨鑫荣述：

> 我虽然从小就出入爷爷的拳场，看爷爷教人练习太极拳，可是小时候我并不喜欢太极拳，觉得它慢悠悠的，是老年人的健身拳。我那时调皮好动，喜欢的是蹦蹦跳跃的长拳。爷爷就投其所好，教我弹腿、通背拳等拳术。这样练了几年后，我非常骄傲，认为自己练得已经很不错了，就到爷爷面前显摆。爷爷说，练得不错，你的气已经到胸口了，再练下去，血就要喷出来了。
>
> 我知道爷爷在批评我练得不对，可是我错在哪儿了？当时我并不懂。爷爷就让我摸他的劲。这一摸，可就让我体会到了太极拳那种空、松、透的劲力。我感觉自己被粘上，进不得也退不了。我以前那么看不上的太极拳，原来这么奥妙无穷！从此，松柔缓慢的太极拳就把我迷住了。那时，我也就十三四岁。③

① 李秉慈、翁福麒：《德艺并重——忆杨禹廷老师》，《武踪》（《中华武术》大型丛刊）1984年6月。
② 龚建新：《在前辈的光辉照耀下——杨禹廷长孙杨鑫荣自述》，《中华武术》2002年第6期。
③ 龚建新：《在前辈的光辉照耀下——杨禹廷长孙杨鑫荣自述》，《中华武术》2002年第6期。

1947 年 12 月，王茂斋—杨禹廷一脉太极拳传人在北平太庙晨练

1957 年 5 月 5 日，杨禹廷收徒合影。二排左起：曹幼甫、董焕堂、李子固、杨禹廷、吴图南、王子英、易仲贤。前排：右二孙枫秋、右三戴玉三、右四李秉慈。三排：左二李经梧、右一温铭三。四排：左二王培生、右一冯士英、右二张福有、右三翁福麒、右四赵任情

1966 年 6 月 19 日，杨禹廷在中山公园的拳场也被迫停办。1968 年，杨又在天安门内的东阙门北侧皇城拐角处继续教拳，每天来学拳的有四五十人。

1976 年 7 月唐山大地震后，已是九十岁高龄的杨禹廷撤销了外面的拳场，仍坚持在家为学生说手，讲解拳理。在教学过程中，杨禹廷长期精心参悟、研究太极拳技艺，他功纯技高，劲力圆韧，轻灵微巧，意念顺遂。通过不断总结升华，形成了自身的独特风格。据自 20 世纪 60 年代末随杨禹廷学拳的祝大彤[①]讲述：

> 当时，杨老拳师的周围云集不少追随者，我也混在其中听他说拳。胆子大了，也伸手"听劲"。有一次老拳师伸开双臂，左边三人搋臂，右边三人紧紧攒住右臂，两个人推住后背，我则用拳紧紧顶住他的后腰。当时并未感觉老拳师有什么动作，可不知怎么回事，左右六个人摔出去了，背后的两个人也飞身而出。我更惨，因为我用的是实实在在的力，背后又是官墙，我胸口一憋闷就上了官墙，疼痛好几天。

> 老爷子每次外出，手持无拐直杖，行走时双手垂直横握放于身后。有一次，我跟随其后，到他家门口时，冷不防从他左边用右手猛夺他的手杖，说时迟那时快，我糊里糊涂上了他家三四米远的东墙，坐在地上半天才站起来。进屋后，我问老人怎么一摸手杖，我就摔出去了。老人家没正面回答我，问我摸手杖干什么。我诡称手杖有花纹真好看。老人家心里十分明白，知道我试劲偷袭他。他笑了笑，说："你喜欢这根手杖，送给你吧！"偷袭未果，摔了一跤，得柄手杖。这根手杖，至今已成为了文物，现存我手中。将来返还杨家或赠武术博物馆，最终要有个归宿。

> 1978 年元旦，在老拳师家中。跟随老人数年，深知不要错过学拳听劲的机会。我扶他身上哪个部位，脚下就发飘，老人一看我，我便飞身而出，这些都没有动作，是无形无相中进行的。玩了半个多小时，老人兴致极高，让我踩他的脚。开始我不敢踩，为了听劲，我便虚虚地踩在他的脚面上。当时我感觉胸口十分难受，呼吸困难，身子飘浮，想撤脚不踩却已经晚了，像是有一种强大的打击力，从脚到顶欲破墙而出，吓得灵魂出了窍。老拳师拽住我的手，笑着说："这是玩艺儿，别外边说去。"

> 从 1974 年到 1982 年老拳师仙逝，到老人家中习拳九年。九年来，老人对我的恩情我难以忘怀。他就太极拳对我讲了三句明白易懂的话："太极拳就

---

① 有关祝大彤事，参见王玉生《"大道以虚静为本"——访太极拳名家祝大彤先生》（《武林》2005 年第 10 期）等。

是一阴一阳两个势子，脚下阴阳变动，手上不着力，明白了这个理儿就一通百通。"……

九年来老拳师说拳，让我从顶到脚，从胸到腰，听劲遍全身。老拳师全身透空，摸在哪里哪里空松，什么也摸不着。他坐在太师椅上像一个人影，或者说，像衣架上悬挂着一件衣服。站在他面前，脚底下无根发飘，眼前似有一个无底大深坑。他左手放在老式八仙桌上，让我去按。我刚按上，他没有任何动作，我便飞身直起一米多高，这便是老拳师神奇的太极功夫。按他的肩，似什么也没按上，有栽入地下的感觉。手推上腰，似什么也没推上，是一个极深的深洞。轻轻扶上他的胸，是一个更大更深的没有尽头的大深洞。用一个指头随便按在他前后左右任何一个部位，都是一个空虚点，或是坚硬点，把你打出去。这就是"太极无手，浑身上下都是手"吧。用手或指头捏上他的大小关节，关节之间也是空洞。①

杨禹廷老先生功夫高深，宽容厚道，与人推手较技，点到为止，从不伤人，故敌怨无人。他说：太极拳的好处就是调节精神，使心平气和；调节肢体、脏腑、气血，使阴阳调和；调养性情，虚己从人，与人和睦相处，进而与社会、与自然相谐，这才叫进入化境，"和"是太极拳的灵魂。②

杨禹廷也是健康长寿的样板，于 1982 年 11 月 15 日以九十五岁高龄无疾而终。他授拳终生，桃李满门，受教之众逾万人，其中知名人士有刘秀峰、陈云涛、李星峰、周学鳌、傅作义、楚溪春、叶浅予、戴爱莲、赵君迈、李万春、张云溪、曾维琪等，还有不少国际友人和使馆人员。后来传其衣钵者，主要有赵任情（1900—1969）、赵安祥（1906—1968）、李经梧（1912—1997）、王辉璞（1912—1995）③、冯士英（1914—2003）、郑时敏（1914—1997）、张福有（1914—1981）、王培生（1919—2004）④、戴玉三（1920—1993）、马汉清

---

① 祝大彤：《浑身是手的杨禹廷》，《武魂》1998 年第 4 期。

② 简启华：《其实就一个"和"字——杨禹廷先生诞辰 120 周年有感》，《武魂》2007 年第 11 期。

③ 有关王辉璞事，参见田立国《传播"健身术"的老寿翁——访著名吴式太极拳师王辉璞》（《中华武术》1988 年第 12 期）、张方《王辉璞先生印象》（《武魂》2011 年第 11 期）等。

④ 有关王培生事，参见高志其《名扬四海的奇人——中国武术家王培生》（《武林》1984 年第 11 期），壮飞、大彤《记北京吴式太极拳名家王培生》（《武魂》1992 年第 9 期），纪斌《众人目睹的太极奇功——记王培生先生的一次演示》（《武魂》1998 年第 8 期），关振军《王培生与安宝亭　不打不相交》（《武林》2000 年第 1 期），纪有文《文武并修识真趣——王培生先生的习武经历》（《武魂》2001 年第 4 期），程城《年过八旬尚能武　只缘太极底蕴深——记实战技击家王培生》（《精武》2002 年第 8 期），关振军《身居陋室的一代武学宗师——王培生老师生平事迹》（《武林》2005 年第 1 期），张耀忠《王培生先生接待美国太极拳访华代表团时的谈话》（《武魂》2005 年第 4 期），张全亮《王培生老师风范长存》（《武魂》2005 年第 8 期），关振军《王培生对中华武学的重大贡献》（《武林》2006 年第 7、8 期）等。

（1920—1997）[1]、马有清
（1928—2012）、邓来儒[2]、李
秉慈[3]、翁福麒、孙枫秋、刘
馨斋、吴连祯、陈文艾、龚
树庆、李德贤、沈家立、王
光宇、辛国华、周忠枢、李
植林、王松年、石兰田、李
福寿、王书功、郑治涛、邵
瑟安、刘吉仁等。杨禹廷有
子杨家栋、杨家梁，孙杨鑫
荣[4]等。此后，以北京为中
心的北派吴式太极拳习练者，
多当年直接受教于杨禹廷，
或为其再传、三传乃至四传，

晚年的杨禹廷在小院中走太极拳架，杨老夫人在一旁观看

形成一个以杨禹廷为宗的规模庞大的传习群体。

　　杨禹廷晚年时常跟弟子门生说："拳术并不是到我这里就结束了。你们一定要继续发展，传留后世。中国武术源远流长，代有圣贤。我只是将前辈的艺业转手给你们。你们要珍惜它、爱护它，将太极拳推向高潮，不要辜负前辈先贤的功德！"[5]

　　杨禹廷临终前一天，正是其九十五周岁寿辰，很多弟子门生前往拜寿，杨禹廷感慨地说："我对不起我的老师啊！我还没来得及把我所学过的东西都捡起来，整理出来。我没能把前辈的遗产很好地传给你们……"[6]

　　20世纪80年代初北京吴式太极拳研究会准备成立时，杨禹廷的弟子翁福麒等人前去征求与杨禹廷关系甚笃的曹幼甫的意见，曹老先生说：

　　　　你们老师练了一辈子拳，教了一辈子拳，年岁又最长，知道他的人很多。遗憾的是，没有把他的心得全都传下来，把他的著作公开发行，这些都是国家

　　① 有关马汉清事，参见张永春《回忆马汉清老师》（《武魂》2004年第11期）等。
　　② 有关邓来儒事，参见小舟《邓来儒——杨禹廷弟子谈拳录》（《精武》2005年第9期）。
　　③ 有关李秉慈事，参见窦凤山《弘扬国粹　桃李欣荣——记老武术家李秉慈》（《武林》1993年第7期）、龚新建《闲不住的李秉慈》（《中华武术》2000年第6期）、《吴式太极传人李秉慈》（《中华武术》2002年第3期）、昌沧《一个大写的人——秉慈书序》（《武当》2005年第4期）等。
　　④ 有关杨鑫荣事，另参见昌沧《代有传人——记杨禹廷长孙杨鑫荣》（《武林》2001年第1期）等。
　　⑤ 李秉慈、翁福麒：《太极拳一代宗师杨禹廷》，《武魂》1995年第11期。
　　⑥ 李秉慈、翁福麒：《德艺并重——忆杨禹廷老师》，《武踪》（《中华武术》大型丛刊）1984年6月。

的宝贵财富，丢了太叫人痛心，你们大家团结起来，把老前辈的功夫传下去，留给后代，造福后代。①

杨禹廷的门生李经梧也曾不无感慨地说："他的功夫我明白，是学不到了！"②

（四）刘光斗：求柔成刚③

刘光斗，又名光魁，字正刚，号元化，民国元年（1912）生于山东省蓬莱县城。祖辈多有功名，且大都以教读为业，或为县学训导，或为书院山长。④其父刘本钊（字康甫，号远哉，1892—1968）少读私塾，稍长入蓬莱新式学堂。民国五年（1916）前后，考入北京朝阳大学，为专门部法律别科第一班学生。该班学生共三十四名，其中籍贯山东蓬莱县者达八人。⑤毕业后参加第一届高等文官考试及格，在顾维钧担任总长的北京政府外交部任主事。⑥刘光斗为家中长子，随父进京读书，期间开始师从人称"钩镋张"的谭腿名家张永泰（玉连）习练教门谭腿拳械，陆续学成十路谭腿（包括谭腿对练和单操）、十路行谭、查拳、二十四式、串拳、谭腿门四大兵器——钩、镋、镰、带（即虎头钩、燕翅镋、双镰、双手带），以及如意刀、春秋大刀等。由于北京自清末便有推重太极拳的风气，刘光斗继拜胶东同乡王茂斋为师习太极拳、剑、刀、粘杆、推手和华枪等。

刘光斗曾就读于京兆公立第一中学。其时，国共北伐，国民党在南京建立国民政府，原本任职于北京外交部的刘本钊脱离政界。民国十七年（1928），清华大学改为国立，新任教务长杨振声（今甫）⑦与刘本钊是同乡故旧，将刘引入国立清华大学担任会计主任。

刘光斗于民国十九年（1930）考入其父亲的母校朝阳大学（1930 年 12 月改

---

① 翁福麒：《吴式太极拳名师曹幼甫》，《吴式太极拳》2006 年第 1 期。

② 冯大彪：《教拳八十载　桃李满天下——访九十五岁武术名家杨禹廷》，《武林》1982 年第 11 期。

③ 本篇主要参考刘培一、刘培俊《刘氏传统武术集》（北京：北京燕山出版社，2002 年），刘明甫《太极拳论汇宗》（北京：人民武警出版社，2003 年），刘培一《武术泰斗刘晚苍》（自印本，2006 年），刘培俊《吴氏太极拳械集——刘光斗传茂斋架》（烟台：黄海数字出版社，2010 年），刘源正、季培刚《三爷刘晚苍——刘晚苍武功传习录》（北京：北京科学技术出版社，2016 年），等等。

④ 刘本钊：《蓬莱刘氏志略》，刘源正、季培刚：《三爷刘晚苍——刘晚苍武功传习录》，北京：北京科学技术出版社，2016 年。

⑤ 《北京朝阳大学戊辰毕业同学录》"已毕业及未毕业同学一览表·专门部法律别科一览表"，第二页。见国立中央大学档案，档号：六四八（4）-178，第 232 页，中国第二历史档案馆藏。

⑥ 《国立青岛大学一览》"教职员录"，民国二十年（1931），第一五七页。见国立中央大学档案，档号：六四八（4）-183，第 170 页，中国第二历史档案馆藏。

⑦ 有关杨振声生平详情，参见季培刚《杨振声年谱》，北京：学苑出版社，2015 年。

称"朝阳学院"），为该校大学部法科法律系第十班学生。[1]在王茂斋的门生中，刘光斗年龄虽小而学历最高。民国二十年（1931）五月，正是刘光斗大学一年级下学期，刘本钊由北平转往国立青岛大学任职。该校于民国十九年（1930）成立，此前在国立清华大学相继担任教务长、文学院院长、中文系主任的杨振声被南京国民政府任命为国立青岛大学首任校长。杨到青岛后又将刘本钊聘为青岛大学总务长兼会计课主任。[2]时任外文系主任兼图书馆馆长的梁实秋，晚年在《雅舍杂文》中对杨振声、刘本钊均有记述。[3]

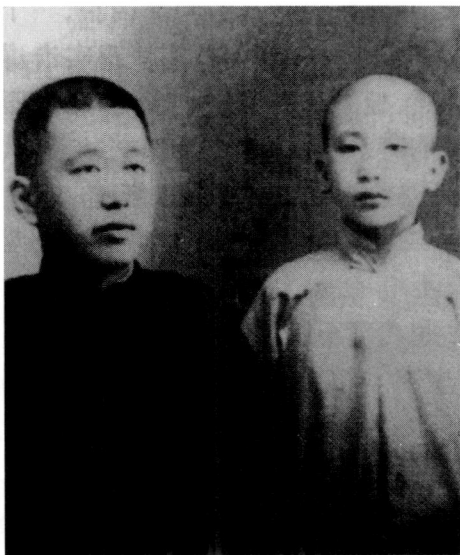

少年时期的刘光斗（右）与父亲刘本钊合影于北京寓所

　　其时，北平特别市国术馆的指导员兴福，字石如，清朝正蓝旗人，满姓他塔喇氏（满语 Tatara Hala，亦称"他塔拉"或"他他拉"），辛亥鼎革后改汉姓"唐"，因而又有作"唐石如""唐兴福"。行三，人称"兴三爷"。与其师宋永祥（云甫，董海川弟子）一样，兴石如早年亦自外家入门，后师从于宋，又从刘德宽习六合大枪。兴石如自民国初期开始在许禹生创办的北京体育研究社附设体育讲习所任教员。南京国民政府成立后，以体育研究社为主组建北平特别市国术馆，兴石如任指导员，平日与王茂斋多有来往，但岁近晚年一直没有真正的徒弟。刘光斗的习艺经历和拳技功底与宋永祥、兴石如类似，王茂斋便将刘光斗荐去，让刘正式拜兴为师，并让子王子英与刘光斗结伴前往从学。

　　刘光斗跟兴石如陆续学了燕拳（掩手母子）、短拳（短打母子）、练手拳、六家式、马眉刀、六合大枪以及八卦门的宋派八卦掌（老八掌和后四手）、八卦

---

　　① 民国二十年（1931）上半年编印的《朝阳学院大学部毕业同学录》中，"在校同学名录·大学部法科法律系第十班（即本年大法一）"部分有刘光斗之名，可知此时他为大学一年级学生，由此推断其入学时间应为民国十九年（1930）。学制四年，毕业时间应为民国二十三年（1934）夏季。
　　②《国立青岛大学一览》"教职员录"，民国二十年（1931），第一五七页。见国立中央大学档案，档号：六四八（4）-183，第170页，中国第二历史档案馆藏。
　　③ 梁实秋：《酒中八仙——记青岛旧游》，《梁实秋散文集》（第六卷），长春：时代文艺出版社，2015年，第438、440页。

刀、八卦变剑、八卦转枪。在兴石如门下几年后，刘光斗去看望老师王茂斋，王有意试探其功夫长进，与其搭手，一个捋手，刘光斗身一沉，王茂斋未捋动，颇为称赞。此时的刘光斗虽年纪不大，但在北京拳界已然有名，人称"铁胳膊刘"。

刘光斗在朝阳学院读书期间，经人介绍，收了正在东四七条石桥复兴米庄学徒的蓬莱同乡刘培松（晚苍）和刘焕烈（仲仁）二人为徒，并在学校教授于希祖、赵光国、周家元、庚瑞奇等二十多个同学。刘晚苍常到朝阳学院跟刘学拳，并代教谭腿。未久，刘光斗与浦昭明成婚，住在京八条。然不久，浦昭明不幸病故。之后经人介绍，刘光斗又与国民革命军第二军军长孙岳的侄女孙白锦成婚，住在大佛寺西街 37 号（孙白锦的姨夫、时任甘肃绥靖主任邓宝珊的宅院）。当时，渐入老境的兴石如将自己得意的刀、剑等兵器传给刘光斗，其中一把独刃剑传给了王子英。据刘焕烈回忆，当时刘光斗还曾让他将这些兵器拿到打磨厂压光。然而，不久后，孙白锦因肺病亡故，年轻的刘光斗再遭丧妻之痛。因父亲刘本钊身在青岛，母亲董琳（德玉）在蓬莱老家，刘光斗在北平举目无亲，让刘焕烈帮忙办理了孙白锦的后事。

民国二十三年（1934），刘光斗大学毕业，去西安禁烟局工作，并在陕西省国术馆挂职，月薪二十银元，常参加当地的国术活动，时有比手之事。据说，曾有一身壮力大的练家崔云祥各处寻找高手比试，扬言打败过十五位老拳师，慕名找到刘光斗。刘光斗正坐在椅子上读《金刚经》，见来者不善，把椅子一挪，说："来吧。"崔云祥连连出手，却被刘光斗连番打倒在地，没有喘息的机会，最后趴在地上叩拜，请收为徒，否则不起。刘光斗后来回北平，曾告诉刘焕烈："以后见到崔云祥，你们都是同门，我教了他八卦老八手。"

刘光斗在西安期间曾受到杨虎城接见，并在杨家就餐。民国二十五年（1936），在杨虎城的举荐下，刘光斗于当年十月初到南京中央国术馆任教。到南京后，即捎信给北平的刘晚苍、刘焕烈，让二人前去。刘晚苍因粮店生意脱不开身，派其徒廖叔廷跟刘焕烈一起前往。二人在中央国术馆内的南大院 5 号见到刘光斗。

刘焕烈到中央国术馆后，得知刘光斗已与馆内一教练有过比试，当时馆长张之江等人在场。比赛规定：任何一方不得出手伤人，否则按战犯处置。对手是练炮捶的，据说功力很深；刘光斗是练太极拳的，胸戴怀表，文质彬彬。对手先发制人，出重拳猛击刘光斗胸部，刘光斗一挺身，稳如泰山。对手复来一拳，刘光斗侧身闪过，已摸清对手虚实，待再来一拳时，在其已发未至之际，刘出左手采带其左手，用挒劲击对手左肩，发之于丈外，未伤其身，随后抬起一腿说："我若用此腿，你非死即伤了。"旁观众人当场称赞这是真正的以柔克刚。

刘焕烈与刘鸿甫（张之江外甥）、严玉振同住馆内南大院一屋，相处甚洽，无话不谈。严玉振跟刘焕烈说："刘光斗功夫是高，但对抗日本光靠国术不行，还得靠国力，一个大学生到这里搞武术，太可惜了。"时值日本步步紧逼，刘光斗慷慨激昂，作诗明志。未久，"西安事变"发生，南京国民政府一片混乱。因有杨虎城推荐这层关系，刘光斗觉得不宜在南京久待，而他在西安禁烟局的工作已失，只能与刘焕烈于春节之前回了北平。刘光斗在中央国术馆是教授待遇，乘坐火车免票。因与

刘焕烈（仲仁，1911—2009）

馆内一教师交往甚厚，临别时把从西安带去的大腊木杆子赠其留念。

民国二十六年（1937），刘光斗又独自去过南京。是年夏，全面抗战爆发，刘光斗因战争关系失业回到蓬莱城，与其祖母、母亲及弟妹多人一起住在下洼小河子故宅。是年冬，国民党政府依据《何梅协定》，命令华北各大专院校南迁，教职员工一律停薪留职，到大后方报到。刘本钊趁机回乡探母，也有在老家寻求谋生之路以侍奉老母、守护妻儿的想法。回蓬莱县城不久，济南韩复榘不战而退，胶东几乎处于无政府状态，日军逼近县城，城中地主豪绅有资敌之意，又恐引起民愤，暗中计议找人垫背，恰好发现刘本钊处于半失业状态，就请他当维持会长。刘本钊推辞不就，并于次年正月十五元宵节前携大女儿刘光裕匆匆离开蓬莱，辗转到了云南昆明的国立西南联合大学（全面抗战爆发后，北京的国立北京大学、国立清华大学和天津私立南开大学三校南迁，合组为"国立长沙临时大学"，未久迁至昆明，改称"国立西南联合大学"），其时，杨振声作为教育部代表，担任该校校务委员会四常委之一，同时为文学院教授并曾代理文学院院长。刘本钊到该校后得以担任校务委员会秘书。[①]刘光斗在山东蓬莱的几个妹妹刘光运、光

---

① 《国立西南联合大学职员录》"常务委员会办公室·秘书"。见国立中央大学档案，档号：六四八（4）—171，第3页，中国第二历史档案馆藏。据《国立西南联合大学职员录》记载，此时西南联合大学校务委员会秘书为章廷谦、刘本钊、沈刚如三人，其中刘本钊年龄四十八，在昆明的居住地为文化巷二二号。

耀、光荣、光礼等，先后离家参加游击队等抗日组织。

经人介绍，刘光斗在蓬莱城中结识陈伯侠（当地开明进步人士，参与过辛亥革命登州起义光复活动，人称"铁老头"，习螳螂拳）之女陈铎。刘母对陈不太满意，但刘光斗两次婚姻难比翼，急于完婚。刘本钊在昆明感觉收复失地之前可能会有危险，通信与上海、香港的熟人商议好，安排人沿途接济，让长子刘光斗和次子刘光鼎到云南去。而刘光斗新婚不允，迟迟未动。不久，汇兑也出现困难，刘更难动身了。

民国二十七年（1938）三月二十六日，三军二路进蓬莱城建立胶东第一个县抗日民主政权。刘光斗的母亲很高兴，反映城内情况——谁人恶霸、某人通敌，又逐连慰问士兵，将平日搜集到的中草药拿去救治伤病员，还在群众中进行宣传和募捐活动，又将自己结婚时的银手镯捐献。刘家宅院成了抗日战士出入城乡的交通站、救护伤员的转运站。夏天过往人员很多，屋子不够用，刘母就将柴草屋、磨房打扫出来，让战士们休息，搬出大铁锅在树荫下烧开水为战士们沏茶、洗衣。抗日政府为此送给她"光荣抗属"的称号，召开军民祝捷大会时请她上台讲话。她成为本地抗日队伍里的名人，被战士们誉为"抗日妈妈"。当然，她公开赞助抗日的支前活动，必然使她在形势逆转时成为敌伪残酷迫害的对象。

刘光斗在蓬莱的几年中，与陈铎育有一子一女。陈铎不安于内，与抗日武装部队三军二路第二大队队长郝铭传有私情，城中多有非议，刘光斗因此颇感烦心，常捎信让已回到城东南六十里东许家沟老家照料父母的弟子刘焕烈进城比手，同时开始教刘焕烈的三弟刘焕炳（明甫）等人学拳。据刘焕炳述：

> 刘光斗经过三位老师传授武术，内外功法得成一体，刚柔兼施。我与他推手时，他用手贴到我身上，你就别离开，你要稍一用力即被弹出丈外余，他拿着你就像打皮球一样，稍一用力，想打哪里就打哪里，你想沾他，就像拳经上讲的，一羽不能加，蝇虫不能落，蓦地往他身上一沾，就像用锤击鼓即被崩出。[1]

未久，蓬莱城二次沦陷，被日本宪兵盘踞，郝铭传此后叛变，成为伪军大队长。在这之前，刘光斗参加游击队的妹妹刘光耀特地告诉母亲，敌将扫荡胶东，要母亲防备坏人告密，并留下自己的手枪给母亲做防身之用。此事只有她二人知道。民国二十八年（1939）春节过后，刘母写信叫已回蓬莱东许家沟老家的刘焕烈到蓬莱城，随后刘光斗也写信叫刘焕烈到城里切磋。正是农历二月农闲时节，

---

[1] 刘明甫：《太极拳论汇宗》"自序"，北京：人民武警出版社，2003年，第3页。

刘焕烈起身步行六十余里进城，刚到县城就被日伪特务盯上。特务以"八路密探"为名将刘光斗师徒二人抓进大牢。二人吃尽苦头，险些丧命，并无口供。日伪转而逼刘光斗交出参加游击队的三个妹妹，但她们早已随游击队转移；又逼刘光斗交枪赎命，深夜押解囚首垢面、遍体鳞伤的刘光斗回家起枪，翻箱倒柜抄家搜查之后，毫无所得。敌伪向刘母逼要枪支为儿子赎命，刘母始终未露分毫。敌伪恼羞成怒，抄起碗口粗的松木棒子，将刘母打得腰部重伤而倒地不起，并限令次日中午十二点前交枪为子赎命。刘母生于儒医之家，生平重名声气节，常以"士可杀不可辱"为训导，受此屈辱异常激愤，遂服安眠药而死，终年四十七岁。刘光斗师徒在狱中九死一生，幸有武功底子，二人才保住性命。后经亲友多方营救，二人才被保释。

刘光斗家族有遗传性精神疾病，在这之前，妻子陈铎已让他很不省心，而此番虽一身功夫竟遭厄运，本打算回家向母亲诉说苦衷，到家得知母亲已遭毒打自尽，及见遗体，深受刺激，从此精神恍惚乃至疯癫。刘光斗在蓬莱城的住所是一个五间房的敞屋，精神失常后，因时常出手打人，其妻便用木头在屋内东北角钉了个围栏，把他关在里面。

当时，蓬莱东许家沟有一批长期习拳练武的人，其中有一人叫刘焕庆。一次，他在路上碰见三个人从车上下来把邻村一顾姓人打了（顾家是大户，家中聘有拳师传授），立即上前把那三人制服。刘焕庆平日一般不服人，听说刘光斗功夫很高，不大相信，便找机会跟刘焕炳一起骑自行车去蓬莱城见刘光斗。当时刘光斗正在屋子角落里，木栏未关，一见刘焕炳来了，高兴地说："焕炳！"陈铎在一边赶紧跟刘焕炳二人说："别靠前，他打人！"而此时刘光斗已披散着头发、脚踩着鞋拖拖拉拉走了出来，缓缓地说了句："来吧。"刘焕庆应声上前，刚一出手，便被刘光斗两个手指头打到五间敞屋的另一角。二人比试了一上午，刘焕庆中午要骑自行车返回时，已上不去车了。他回村见人就说，刘光斗的功夫确实是高，一直说了很多年。

后来刘光斗的六妹刘光仪因其嫂陈铎行为不检，二人关系破裂。民国三十三年（1944），郝铭传败逃，陈铎变卖家产，携刘光斗及儿女随郝离开蓬莱，从烟台乘船去了天津，又从天津辗转到北平。由于在北平没有落脚处，陈铎曾与刘光斗去东四隆福寺街路北的孙家坑胡同，到刘光斗的前妻孙白锦家认亲。因二人见到孙家老太没有跪拜叩头，孙家老太认为其礼数不周、心不诚，不认这门亲，也可能是看出陈铎心思不正，遂拒出。陈铎又与刘光斗到安定门外大街恒记米庄见了刘晚苍，在那儿待了些时日。其间，刘光斗曾写一封介绍信给刘晚苍，让他拿去找王子英学玉摩杖。未久，刘光斗一家离平返津，解放战争期间，刘光斗逝于天津，葬于北辰，年仅三十余岁。一位天赋异禀的奇才，在时代和命运的摧残下早早凋零了。他的三位弟子终身习练其所传谭腿、太极拳、八卦掌等多门技艺，均得高寿，刘晚苍（1906—1990）八十五，刘焕烈（1911—2009）九十九，刘明甫（1914—2011）九十八。

（五）张式聚：粘连黏随

张式聚（1912—2006），生于山东掖县吕村，家境富足。其父在东北哈尔滨经商，做日用百货生意，与王茂斋是连襟。张式聚是王茂斋的外甥，与王子英为表兄弟。

张式聚的父亲热心公益，吕村一所建筑讲究的小学就是张父捐建的。民国十二年（1923），早期同盟会会员赵踵先[①]在黄县创办志成中学，也得到过张父的支助。是年，十二岁的张式聚从掖县到了黄县，入该校读书。

王茂斋在北京城经营同盛福麻刀铺，有时夏天回乡歇伏，年底回家过年。民国十五年（1926），十五岁的张式聚趁姨夫王茂斋回乡的时机开始学拳，之后一度跟王茂斋到北京同盛福专习太极拳架。据张式聚说，王茂斋给了他一张名片，拿着名片到北京城的大小各家拳场，均不受阻拦。王茂斋还将所得太极功谱交给张式聚，让他正正规规地抄下一份，张式聚将其题名为"武当派拳集册"。

年稍长，张式聚到哈尔滨，在其父经营的杂货店坐堂，当账房会计。做生意路过北京，或暑期及年底回乡与王茂斋父子碰面聚在一处时，便继续随王茂斋学拳，并跟王子英学推手。张式聚为人聪慧，习拳过目不忘，三遍即能模仿到位。据他跟后人说，刚学推手的时候，王子英已成名多年，有一次推手，他两肘往后一带，把王子英挂了起来，心中正窃喜，王顺势一进，又把他腾空发了出去，这让他一直记忆犹新。民国十六年（1927），王茂斋的几个身在北平的弟子发起编写《太极功同门录》，刊印后，王茂斋给了张式聚一本，张一直保存下来。因张当时不在北平城，其中并没有他的名字，但他的功夫确是王家所传无疑。

① 赵踵先（1888—1970），字竹容，黄县城关二圣庙村人，幼承家学，十八岁留学日本，毕业于日本宏文学院师范科，入中国同盟会。辛亥鼎革前，在本省及大连宣传策动革命。辛亥鼎革期间参加登黄之战，而后又参加过讨袁活动。民国二年（1913）夏，任县立中学堂英语教师，不久任学监，民国九年（1920）任校长。民国十二年（1923），县立中学爆发第一次学潮，赵踵先遭地方势力排斥，被迫辞职。因得学校师生及社会工商界支持，赵踵先于当年八月创办黄县志成中学，任校长。民国十七年（1928），志成中学与县立中学合并，赵任校长。抗日战争时期，日伪政府诱逼赵担任维持会长和蓬莱、黄县、莱阳三县联中校长，均遭拒。

张式聚到哈尔滨后也教了一些人太极拳，最有名的是当时的东北实业家、双合盛总经理张廷阁[1]。张廷阁也是掖县人，年长于张式聚的父亲，且二人是挚交，均爱好京剧。张廷阁京胡拉得非常出色，因而，张式聚教张廷阁太极拳，张廷阁则教张式聚拉京胡。

张式聚虽出身商家，但重义轻利，常周济乡邻，对一些手头不便的商友也常肯赊付账款。随着山东人闯关东的大潮涌动，双合盛在东北地区更是商友众多，生意兴隆。众人彼此间诚信为本、互通有无、互惠互利，甚至多年只是账目往来，无须现金结算。

东三省被日军占领后，张式聚从哈尔滨回到了掖县老家。当时，北方各省各县的国术馆都十分兴盛，掖县国术馆也不例外。彼时张式聚的师兄修丕勋在县国术馆授拳，张认为都是一师之徒，不必去抢饭碗，并且自己家资富足，且外面仍有生意，遂隐居村中不出。张在家除了练拳，也十分爱好京剧、吕剧。他喜欢交朋结友，平日家中厢房聚集一大群人，吹拉弹唱，乐此不疲。本村及邻村有人爱好拳术，张也免费教授，却绝不收任何报酬，也不外出授拳。除戏曲之外，张式聚还喜好读书，自修医学，从天津、上海等各大城市购买图书资料，包括上海商务印书馆函授学社等处。

某年暑期，王茂斋和王子英回乡歇伏，张式聚每天骑自行车到村西南二十里外的后武官村跟二人学器械，有太极剑、十三刀、推四枪、春秋大刀、虎头双钩、瘸子棍、玲珑刀等。此时的王茂斋已七十多岁，坐在院中太师椅上，让王子英代教，只教三遍。张式聚极其认真，学得很快，盯准手、眼、身、步，三遍下来，基本不走样。王茂斋对其大为赞赏，并吩咐，前来学拳的其他人都由张式聚带。张式聚还跟王子英学了弹弓绝技，王子英把自己用的弹弓也送给了他，他一直保

---

[1]　张廷阁（1875—1954），字凤亭，掖县石柱栏村人。年轻时在海参崴一家茶庄学生意，很快熟悉业务，并通晓俄语，颇得同乡双合盛杂货店老板赏识，被委以货店执事（副经理）掌管业务。清光绪末年，张利用日俄战争和帝俄两次增税机会，大发其财。后在海参崴租地建房，扩大经营范围，派驻专人到莫斯科等地开拓业务，双合盛遂成资金充足的大型百货商店。清末民初，张廷阁积极劝说其他股东抽资回国，发展民族工业。民国元年（1912）开始，他回国办理转商为工事宜。民国二年（1913）设黑河分号；民国三年（1914）改建北京双合盛五星啤酒厂；民国四年（1915）买哈尔滨俄商经营的制粉厂；民国五年（1916），又在哈尔滨买下双城堡制粉厂，并迁总账房至该城，管理双合盛一切事务，任总经理；民国八年（1919），建哈尔滨双合盛制油厂。至此，将资金全部抽调回国。此后，张廷阁又与人合资创办奉天航业公司。民国十四年（1925），双合盛股份无限公司在哈尔滨市成立，张廷阁任总经理。在其悉心经营下，公司成为东北几个著名的企业之一。民国十四年（1925），"五卅惨案"发生后，张廷阁为上海工人捐赠现款和面粉。民国二十年（1931），又捐赠钱款和面粉支持马占山抗日。民国三十四年（1945）日本投降后，张廷阁出任哈尔滨市代理市长。民国三十五年（1946）四月，民主联军解放哈尔滨，张廷阁积极出资为人民解放军制作军服。新中国成立后，他又积极投身于国家建设。抗美援朝期间，他代表公司捐献了价值一架飞机的资金，而后还主动支持公司参加公私合营。1954年2月，张廷阁病逝于哈尔滨。

张式聚（1912—2006）　　　　张式聚青年时期　　　　张式聚抄传的《武当派拳
集册》

青年时期的张式聚

存下来。学器械的同时，张式聚继续跟王子英推手，每次骑车返回时，边走边琢磨，一有心得就马上放下自行车，到路边比画演示。

民国二十六年（1937）夏，抗战全面爆发。不久，华北地区沦陷，山东各地被日军盘踞，这也增添了张式聚对商友安危的牵挂和对自家生意的担忧。正当焦虑惶恐之时，失去联系多年的哈尔滨商友来函，让张式聚北上结算货款。

那次，从烟台去东北，上船之前要排队经过日寇关卡，接受盘查。关卡里三个日本兵并排站立，详细盘问来人。张式聚相貌堂堂，便服长衫，引起日兵怀疑，没让上船。第二天，张式聚又去，还是不让上船。其中一个日本兵可能是练过柔道之类，上来拧着张的胳膊就使出一个大背摔。因兵枪围立，张式聚也不敢造次，任由其使出拿摔招式，只用太极劲顺化，纹丝不动。日本兵不明其理，出尽洋相，仍不能动张式聚分毫，最后恼羞成怒，坚决不许其过关。旁边的中国翻译似乎看出了点什么，把张式聚拉到一边说，你快拿出二十块大洋给日本人，让他们放你过去，不然你会很麻烦。而后又到日本兵面前叽里呱啦说一通，从中调和说情。日本兵接了银元，又对张式聚痛下狠手，向他小腹狠狠打了三拳解气，而张式聚凭借多年的太极功力，轻松化解三拳之力，通过了关卡。张式聚后来感慨说，练了一辈子拳，真正用上的，其实就这么一回。

抗战结束，紧接着就是解放战争。张式聚一度走上战场，为共产党的军队抬担架。

新中国成立后，因爱好戏曲，张式聚家中常聚集一大帮人，时常接受政治任务，在村里给党做宣传工作。入冬时节，村大队出房，让张式聚带人在里面演唱京剧、吕剧。掖县吕村是个有好几百户人家的大村，一些爱好拳术的人也来跟他学太极拳，有三五十人。张式聚早年在哈尔滨教了不少人，也有因事到烟台时专程到掖县吕村拜访的。

村里人称"铁牛"的张元正，有个外甥在济南，练螳螂拳，蹿蹦跳跃，非常到家。听说张式聚的太极功夫好，心中不服，专门到张家试手。他出手即被张式聚发出去，再出手，又被发出，招法完全失效。中午他在"铁牛"家炕上吃饭，仍然不服，说下午还要再去。"铁牛"一只手握着饭桌腿，连桌带饭菜盘碗一齐平端起来，跟他外甥说："你能这样吗？能这样你再去。"意思是我这么大力气都赢不了他。其外甥一看，只好作罢。

"文革"开始后，张式聚因政治成分遭受管制，每月初一、十五还要汇报自己半个月的情况，练武的器械也都遭到破坏收缴。比后张常年足不出户，就在自家炕头上练静功，得一外号"炕头王"。

到了20世纪80年代，全国各地出现武术热，掖县体育委员会曾找张式聚出去教吴式太极拳，此时已年近古稀的张式聚因耳背不愿教授。此后时有慕名前来试手者，张式聚岁数大了，大都让儿子张继先应付。

（六）郑和春：抱朴守真 [①]

王茂斋回山东掖县老家时，对附近山上一个天资聪颖的小道士颇为赏识，授以太极功。后来，该道士竟成为茂斋老架的主要传承者。

郑和春（1909—1985），山东莱阳县人，自幼家贫，五岁时便被舍到掖县崮山道观。当时道观中有张万秋、胡万祥（1887—1973）、于万东、姜万年、刘万春等多名道士，每人都有小徒弟。郑和春被师父于万东赐号"宝山"。道士们正课时念经、礼拜、做道场，其余时间种地打粮、练拳护卫。

王茂斋的老家大武官离崮山道观不过二十里。每逢回乡，王茂斋便抽空上山盘道。道士们起初不知王茂斋太极功高深，

郑和春（1909—1985）

后为胡万祥得知，遂从学。当时该道观练的是罗汉拳，胡万祥学太极拳有悖道长张万秋之意。春节后，王茂斋携徒上崮山，张万秋奉茶坐定，辗转谈起练拳来，随即与王茂斋试手。张万秋出手即被拔根，手脚皆不能动，有力使不出，招数化为乌有，一连几次皆如此。切磋后，张万秋不得不服，不仅同意胡万祥练太极拳，自己也向王茂斋学。因王茂斋只是逢年过节或歇伏避暑才回乡，所以道士们习拳进展很慢。

胡万祥私下也教年仅七八岁的郑和春练太极拳。在后来的十几年中，王茂斋每次回乡都去崮山道观指点，郑和春也常同师伯胡万祥到王家受教。民国

---

① 本篇主要参考薛圣东《太极沉香——"茂斋老架拳"》（《少林与太极》2002 年第 11 期）、张敬明《吴式太极大师——王茂斋轶事》（《少林与太极》2005 年第 1 期）、张敬明《修丕勋与林占令》（《武当》2005 年第 4 期）等。

二十八年（1929），身在北平的王茂斋门人组织编印了《太极功同门录》，胡万祥、张万秋均名列其中。王茂斋传给郑和春《太极功同门录》一册，以示郑和春为门内人。

20 世纪 30 年代，郑和春因师父、师伯闹矛盾，于民国二十五年（1936）还俗，只身闯关东，过海到大连，当了码头工人，靠出苦力为生。某日，郑实在累极，躲在货垛缝中稍歇，两工头见后抡起手中的镐把儿冲着郑和春当头就打，郑出手採拿，轻易将镐夺下。工头自此不敢再小看郑和春，且在大连寺儿沟码头工人的居住地红房子租了几间房，请郑和春教太极拳。当时学拳的人不多，有时教拳的收入只够交房租，糊口都成问题，拳场时办时停，后来的一百多个人都是断断续续跟着郑和春在他家里练。

郑和春早年出家，半生为生计奔波，四十多岁才成家。其亲侄郑玉庆从小和他住在一起，能继承其艺。1987 年，郑玉庆的徒弟去上海造访吴式太极名家马岳梁，马称道说："这是吴式太极拳的老架子，老架子是技击用的。"1990 年，为迎接亚运会，北京举行太极拳比赛，王培生看到郑玉庆的表演后说："他打的拳是吴式太极拳的老架，老架他那是正确的……是我师爷王茂斋王有林教的，最早的老架子。"

1979 年 10 月，郑和春（左）与徒弟在大连老宅外推手照

（七）刘晚苍：沉粘宏伟 [①]

刘晚苍比王茂斋的不少徒弟年纪都大，他早年师从比自己小六岁的刘光斗，因而只能算是王茂斋的再传。他是北京城一位大器晚成的拳家，自述其师刘光斗成名甚早，而自己有成则在四十多岁，实际也正是他在抗日战争结束后至新中国成立初期到王茂斋之子王子英家请益切磋期间。

刘晚苍，清光绪三十二年（1906）生于山东省登州府蓬莱县城东南六十里东许家沟。刘父名焕廷，生于清同治十二年（1873），在光绪十三年（1887）去烟台聚茂栈学徒，后升管事，做花生出口的生意，买卖兴隆。刘焕廷的元配张氏是蓬莱县潮水集人，生长子培桂、次子培兰、三子培松。刘培松就是刘晚苍，"晚苍"是他后来的号。刘晚苍还不满周岁，父亲刘焕廷在烟台娶了二房褚氏，母亲张氏在老家想不开自尽了，年仅三十六岁。之后，刘焕廷把褚氏领回老家理家。刘晚苍十二岁前后，其父亲和继母相继去世，只能跟着祖父刘桐森生活。不到两年，即民国八年（1919），刘晚苍祖父过世，刘晚苍生活陷入困境。在这之前，刘晚苍在北京做粮店生意的三叔祖刘桐枫已将刘晚苍的二哥刘培兰带到北京，让他在粮店学徒谋生。民国九年（1920）秋，刘晚苍也跟三叔祖到了北京，起初是在东四七条的复兴米庄 [②] 学徒。

刘桐枫身材魁伟，略通武技，八国联军进京时，刘桐枫曾看护过粮场，与刘光斗的父亲刘本钊为世交。刘桐枫到刘本钊家时，常见刘光斗在院中练拳，并领教了刘光斗的太极功夫，随后让喜好拳术的次子刘焕烈到刘光斗处从学。刘光斗上手就教形意拳，刘焕烈感觉难度太大，学不了，刘桐枫又介绍年龄比刘焕烈稍大的刘晚苍去学。

刘晚苍比刘光斗大，个头也高，少时在村里随人学过左习拳、仙人拐篓等拳术，心中不服刘光斗。刘光斗看出了刘晚苍的心思，主动提出让他出手比试。刘

---

① 本篇主要参考赵绍琴、胡海牙《怀念刘晚苍老师》（《中华武术》1991 年第 1 期），殷健所著《何日再相逢——追念我所相知的刘晚苍先生》（《武魂》1991 年第 1 期）、《北海晨早》（《武魂》1993 年第 3 期）、《在武术家刘晚苍身边》（《武魂》1993 年第 11 期），刘培一、刘培俊《刘氏传统武术集》（北京：北京燕山出版社，2002 年），刘培一《武术泰斗刘晚苍》（自印本，2006 年），刘光鼎《怀念太极大师刘晚苍》（《武魂》2006 年第 5 期），马长勋口述、王子鹏整理《吴式太极·南湖传习录》（北京：华文出版社，2016 年），刘源正、季培刚《三爷刘晚苍——刘晚苍武功传习录》（北京：北京科学技术出版社，2016 年），等等。

② 徐珂：《增订实用北京指南》"第七编　实业·五米庄"，上海：商务印书馆，民国十二年（1923）。

晚苍年少气盛，也不客气，上去就是一拳，结果拳打到刘光斗身上，竟然没有着力点，憋了浑身的力气也使不出，而刘光斗也不费什么力，顺势稍一比画，刘晚苍便被弹放而出，如是再三。刘光斗说："你那套不行，得丢掉，跟我从头学起。"刘晚苍这才从学于刘光斗。两年后，刘焕烈也重新去跟刘光斗学拳。

刘光斗经张玉连、王茂斋、兴石如三位老师传授，所练拳械种类很多，且当时正在朝阳学院读书，时间有限，便将谭腿门拳械分开传授给刘晚苍、刘焕烈，并让二人以后互相教对方，而太极拳、八卦掌等主要拳术则二人同学。据刘焕烈晚年回

刘培松（晚苍，1906—1990）

忆：当年学拳时，他与刘晚苍每个周末都去刘光斗家，先练拳，后推手，一天下来，他俩被摔得满地滚，由于摔出时手先扑地，时间久了，两手都磨起老茧。刘光斗两臂极轻柔又极深沉，身法敏捷灵动，出手冷脆快，搭手便使人深感有泰山压顶之势，刹那间放人于丈外。在刘光斗的精心传授下，刘焕烈、刘晚苍二人拳架中规中矩，当时推手也不相上下。

刘光斗大学毕业后，于民国二十一年（1932）到西安禁烟局工作。刘晚苍随师同往，在陕西国术馆任教，主要传授谭腿门拳械，曾参加陕西的国术比赛，获大枪第一名，被誉为"大枪刘"。刘晚苍还曾与西安太极硬气功师赵宝元比手，赵服输后二人结义，刘又收廖叔廷、蒋自珍为弟子。刘晚苍在西安跟随老师刘光斗三年，练功刻苦，技艺日臻精熟。民国二十四年（1935），在华山之巅递帖，正式拜刘光斗为师。后来，刘晚苍的二哥在北平交道口十字路口西北角安内大街开了一家恒记米庄，粮店不大，只有两间门脸，七八个伙计，刘晚苍被叫回北平打点生意，当了三掌柜。不久，刘光斗受张之江函请，去中央国术馆任教。到南京后，刘光斗写信给身在北平的刘晚苍、刘焕烈，要他们同到南京，刘晚苍因生意脱不开身，一直留在北平。刘晚苍还得到王茂斋、兴石如等前辈亲自点拨传授。据后人说：

刘先生练武，大半是出于爱好，年轻时喜欢练拳、书画、听戏、下棋，因为下棋太爱着急，放弃不玩了，晚年则一直练武、写字不辍。但练武并不

20 世纪 30 年代刘晚苍
（左二）在西安期间与弟子合影

是单为了玩，年轻时在粮行，运粮卸粮都需有把子力气；身上背了几千块大洋去送钱，走村越岭，夜里住在大车店，决不敢宽衣睡个踏实觉，没有点真本领是不敢出来跑的。他练功也苦，无论是运粮宿在荒郊旅店，夜半在院里看护货物的时候，还是回到北京，独自跑到天坛外的苇子地里，他都刻苦用功。也有时约上几个朋友，带了吃食，在荒野地泡上一天，练练聊聊，直到天黑才散去。[1]

太极拳讲功力，但到高深处，熟极而化又不唯功力，而功力自在。没有当年的刻苦积累，就不会成就以后的轻松灵活，老辈名家皆如此。

民国二十八年（1939），刘晚苍回乡途经烟台，一客人与洋车夫在一家旅馆前发生口角，动起手来。刘晚苍好意劝解，谁知被三十多个洋车夫聚在一起围攻。刘晚苍临危不惧，指东打西，先后将十多人打翻在地，其余洋车夫也不敢妄动。后经人调解，他们宴请刘晚苍，握手言和了事。[2]

另据刘晚苍弟子马长勋说：

刘老师生性耿直、刚正不阿，平生做过很多主持正义、打抱不平的事。譬如，解放前安定门大街有个粪霸，有一次他们好几个人推着粪车，把粪溅在了别人身上，别人说了他们几句，他们还出言不逊，刘老师在旁看不过就帮着说了几句，这帮人就冲着刘老师来了，脱了光脊梁要打架，结果一动手就

---

[1] 殷健：《在武术家刘晚苍身边》，《武魂》1993 年第 11 期。
[2] 刘培一、刘培俊：《刘氏传统武术集》"刘晚苍"，北京：北京燕山出版社，2002 年，第 173 页。

让刘老师给放倒了一个，这事才算罢了。再如，早先安定门一带有个"赵阎王"，一次欺负了刘老师的街坊，刘老师也是挺身而出打抱不平。抗日时期的北平有一帮无赖之徒倚仗日本人之势欺负中国人，一次，他们到刘老师二哥开的粮店来，拿了白面不付钱就想走，刘老师二哥一个生意人也不敢言语，刘老师就上前阻拦并让他们交了钱再走。这伙人开始还蛮横地说，我们拿谁的东西也没给过钱，刘老师毫不相让，说你们拿这儿的东西就得给钱，说着说着这伙人就翻脸了，要动手，刘老师见状顺手抄起卖粮用的一把大铁勺横在了门前，说今儿你们不拿钱这白面就拿不走，这伙人一看刘老师这架势和块头，只好悻悻地走了，临走时嘴上虽还威胁说"你等着"之类的话，但过后也没敢再来。还有一次，刘老师二哥的粮店上午进了一车粮等着卸车，去找脚行的人没找到，因等不及，刘老师他们就自己卸了。下午脚行的人来了，说车你们自己卸了，按我们的规矩也得交钱。刘老师跟他们理论说，我们不是没去找过你们，你们不在，我们也不能等着，就只好自己卸了。我卸的时候是夹着一包扛着一包卸的，如果你们真的要钱也可以，只要你们也夹着一包扛着一包给卸出来，我们就给你们这钱。脚行的人听刘老师这么一说，知道遇上不信邪的了，也就只好作罢。刘老师就是这么一个一身正气、嫉恶如仇、不畏强暴的人。①

民国三十三年（1944），刘光斗精神失常辗转平津时，曾写信给刘晚苍，让他去跟王子英学玉摩杖。刘晚苍早年在天坛练拳，到20世纪40年代末，与师伯王子英常在地坛南门外切磋太极推手技艺。这段时间，正是刘晚苍自认为成手的时期。另据刘光斗的八弟刘光鼎院士讲述：

> 1941年，我12岁时，在老家山东蓬莱遭受侵华日军的残酷迫害，家破人亡，孤苦无依，只身流浪来京。蒙表伯曹伯垣收留，到北新桥竞存中学寄宿读书。这时，交道口恒记米庄就成为我每个星期日必去之处，因为这里有我的三哥刘培松。尽管培松三哥在恒记米庄打工，但每次都热情地接待我，一壶茶可以谈笑风生两小时；有时逢上吃饭，还会有一碗面条和一盘猪头肉拌黄瓜，再加上三哥的趣闻轶事，每每使我流连忘返。这样，使初到北京的我在孤寂的学习生活中产生了热乎乎的家的感觉。
>
> 我在蓬莱时，曾经跟随大哥刘光斗（刘元化）学过几天拳，照葫芦画瓢般地比划一番，实质上却是一窍不通，什么也不懂。到北京与培松三哥接触后，

---

① 马长勋：《回忆恩师——刘晚苍先生》，见刘培一：《武术泰斗刘晚苍》，自印本，2006年，第75~76页。

很快就萌生出学拳的想法。培松三哥同意了，并亲自传授了我谭腿、八卦、太极和七星杆、马眉刀，其中讲解和指点最深的是太极拳术。

　　应该说，我与晚苍先生交往达半个世纪之久，不仅得到先生亲传拳术技艺，而且在先生诚朴的言谈身教中受到熏陶。不论我在北京大学物理系读书期间，还是后来在国内外进行油气和海洋地质勘探时，凡有机会到北京，我必然要到交道口恒记米庄来探望，或者直奔安定门外地坛公园去练拳推手。晚苍先生和善朴实的形象就像一块强大的磁铁吸引着我。每次在地坛公园西南角的松林中与晚苍先生习练太极推手，我大多沾上即受到发放，像遇上弹簧一样被弹击出去，而晚苍先生则是引进落空合即出，就如同弯弓射箭一般。这样的太极推手习练煞是好看，人被打得满场乱飞，可是切实地加深了对"沾粘连随""不丢不顶""站住中定往开里打"等太极拳术古典理论的体会与认识。休息时，拳友们都围绕晚苍先生而坐，聆听他讲述拳术源流，杨露蝉、董海川等祖师爷们的故事，以及茶馆宋（永祥）、煤马（维琪）等前辈练拳行功的逸闻。这样，在喂招、讲解中改正动作，领会精神，提高技艺，同时又在讲授做人的道理。[①]

新中国成立之初，刘晚苍原先经营的粮店在工商业的合理调整中被查收了，自此失去正当职业。1956年，武术界反"唯技击论"开始。其时，国家体委组织部分专家，以杨式太极拳为主体，选取二十四式，编成"简化太极拳"，用以向社会推广健身。套路定好后，曾组织武术界的太极名家连续开了几天会进行讨论。刘晚苍一连两天保持沉默、不置一词，第三天再次征求他意见时，他说："还不如去跳芭蕾啦！"

　　此时的刘晚苍已开始在地坛练拳授徒，在习拳悟道中，他强调尊亲敬长、重师、仁爱，注重实战，在老拳架的基础上，慎重吸收各家之长，逐步发展形成自己的独特风格。在太极推手上尤具特色，功力深厚，身法中正。听劲敏锐，化劲灵活多变，使对手如临深渊；发劲圆整准确，有排山倒海之势。镇定自若，顺势应变，出神入化，洒脱飘逸，令人叫绝，人们习惯称呼他"刘三爷"。据马长勋述：

　　我个人是从50年代中期开始跟刘老师学太极拳和推手的，后来有幸成为老师的入室弟子。还记得那时候，大约有一年的时间我是到刘老师家里去学推手的。他家在交道口，家中有个约30平方米的小后院，我每天下班后，晚上

---

① 刘光鼎：《怀念太极大师刘晚苍》，《武魂》2006年第5期。

八九点钟就在院里跟刘老师练推手。去了以后，刘老师的二哥都给我们师徒打好洗脸水，还常跟刘老师说："老三（刘老师在家排行老三），可劲儿摔，要不手练不出来。"刘老师真心实意地教我，而且分文不取。[①]

据胡海牙述：

1957年，我随老师陈撄宁先生来京，参加道教协会的工作。在工作之余，便到北京的各个公园游访，以期得遇武术方面之先进。地方走了不少，但如我所愿者却未曾相逢。

一日，走到地坛公园，遇一先生教人打拳，我便主动上前与其攀谈，知是刘晚苍先生。我以前虽来北京参加过武术会演，但由于时间关系，与京城中武术前辈交往较少，也了解不多，而与刘晚苍先生一见如故，交谈甚洽。……以后数日，便常来地坛向刘晚苍先生学习。刘晚苍先生的太极拳是讲推手的，我最初学太极拳时，教我的老师认为推手作用不大，所以我也不看重推手。跟刘晚苍先生学习了一段日子，见他经常与学生们推手，我也想试一试。搭上手推了几圈，我稍稍一用劲，不承想自己却被轻轻地弹了出去，摔了个仰面朝天。因为我那时候还很瘦，刘先生见我摔倒，也是吃了一惊，赶紧拉我起来，问我有事没有。当时地坛的地面还是泥土地，而刘晚苍先生的推手也很有水平，我一点也没有感觉到疼，只是感觉很奇怪。这时，我才相信了推手的作用，并心悦诚服，跟刘晚苍先生学习太极推手。不少人说刘晚苍先生的推手能发人丈外而不使感觉痛苦，确实不假，这在我遇到的太极拳家中也不多见。[②]

在此时期，孙南馨等也开始在地坛随刘晚苍学拳。据孙南馨的弟子讲述：

1962年冬，孙师经人介绍认识了太极拳名家刘晚苍先生。有了名师的指点，加之孙师天性聪颖，嗜武入迷，功夫日有所长。当时和孙师一起在北京地坛公园练习的同学还有马长勋、赵德奉、赵兴坤等。除刘老师外，还有其二师兄张继之、王少斋等前辈亦常去指导。[③]

"文革"时期，刘晚苍习武用的大枪、双手带等器械，包括当年八卦掌大家兴石如传给刘光斗的刀、剑等部分兵器，皆被收缴，很多器械套路也都因自此不能再练而丢光了。据赵绍琴和胡海牙二人述：

---

① 马长勋：《回忆恩师——刘晚苍先生》，见刘培一：《武术泰斗刘晚苍》，自印本，2006年，第74~75页。

② 胡海牙：《记一代宗师刘晚苍先生》，见刘培一：《武术泰斗刘晚苍》，自印本，2006年，第80页。

③ 草世木：《恩师·名师·明师——追忆孙南馨先生》，《武魂》1997年第6期。

在"文革"浩劫中，……刘老师并没有因为环境恶劣而改变自己的志向。非但自身练功不辍，且坚持在地坛公园义务教拳，先后授艺几十载，不收费、不受礼、不保守、不自秘，受益者百余人，桃李满门。①

据陈耀庭说：

1967年夏，"文革"已进行了一年，市内中山公园、劳动人民文化宫、统子河等练拳场所，纷纷受到冲击，跟崔毅士一起教拳的吴彬芝老师也来到了位于城郊的地坛公园，吴老师热情地跟我说："要找三爷，我给你介绍！"他带我到了地坛西南角的小柏树丛中，对刘老师说："我给你带个学生来，小陈是北京化工学院的老师，曾跟牛春明、崔毅士学过杨式，喜欢推手，你教教他吧！"刘老师热情地说："行！"聊了几句就让我摸摸手（即推一推手），我右手一伸，手在他胸前就像被粘住似的，被"拿"住了。还没有反应过来怎么回事，我已被发出丈远。回转身来，刘老师再让我推，我一伸左手，手腕像吊上了绳子，被拉了一下，我一下往他的右边栽了过去，他顺手一把拉住，翻手又把我捯到了他的左边，我连蹦带跳跳了好几步，被其他学生接住了。真是"百闻不如一见"，我心中的敬意慕然而起，从此一直跟随刘老师十几年，直到老师逝世。

刘晚苍老师推手，气势宏伟、动作舒展，真有雄鹰搏兔的豪迈气概。他全身能拿人、放人。放时确如拳谱所说"发人如放箭"，一发丈远。人说："高手拿梢，平手拿根"，与刘老师接手，只要手一碰到他，无论他是手接、臂接、身接还是胸接，你都会感到通过手梢，全身都被拿住的感觉，外人看不出，但伸手的人自己明白，真的有点"神"！一次我伸手抓他的手腕，还未抓实，他手腕往胸前一钩，我顿感他手腕中发出一种不可抗拒的爆发力，心中一怔，已被发出十几步外，真是"整、稳、狠"！我惊问："这是什么劲？"刘老师笑着说"单鞭"，后又轻轻地补充一句说，这叫"摘花捎叶"。当时的情景至今我还历历在目，这也成了我最喜爱的手法之一。②

新中国成立后的数十年中，刘晚苍一直在地坛公园练拳、教拳。以刘晚苍为中心的地坛公园拳场，每星期天云集四面八方的武林同行，最多时有五六十人，最少也有二三十人。经常来地坛公园的除了刘晚苍的弟子赵兴坤、马长勋、王举兴、赵德奉等以外，还有拳艺名家刘谈峰、吴彬芝、李文杰、温铭三等，以及名中医赵绍琴教授和胡海牙先生，可以说是从普通工人到大学教授、从十几岁的孩

---

① 赵绍琴、胡海牙：《怀念刘晚苍老师》，《中华武术》1991年第1期。
② 陈耀庭：《德高望重　拳艺精湛》，见刘培一：《武术泰斗刘晚苍》，自印本，2006年，第84页。

子到七八十岁的老人都有。刘晚苍胸怀宽广、诚恳坦荡，凡来者不管是门生还是同行，都热情接待，亲自过招。对初学者则认真示范，一招一式讲解清晰，从学者受益匪浅。据马长勋述：

> 刘老师武德高尚在武术界也是人所共知。他团结同道，交游甚广，与人为善；从不议论他人之短或对别的拳种品头论足。他生前在地坛公园义务教拳几十年，地坛公园当时是北京许多知名老拳师汇聚的地方。刘老师与他们经常见面，在一起切磋技艺，相交甚欢。记得当时有师祖王茂斋老先生的亲传弟子董焕堂、王子英、张继之，有练八卦的知名拳师刘谈锋、周俊佛，有老武术家李文杰、温铭三、王荣堂、张越迁等名家，另外还有吴彬芝（杨式传人）、鲍全福（纪子修的高足）、何老（吴鑑泉先生的外甥）及练三皇炮捶的郝老师、练摔跤的尚德全、李增富等各位前辈。这些老先生们常常欢聚一处、谈笑风生，友善融洽，醉心痴迷于切磋交流武艺，彼此之间心无芥蒂，更不相互嫉妒，这种良好的风气在地坛持续了很多年。

> 上述这些老先生中既有刘老师的前辈，又有其同辈，刘老师鼓励我们这些弟子多向这些老拳师学习，了解其他门派的长处，增长见识、丰富自己的阅历。刘老师的开明做法使我们这些年轻后辈有幸接触到很多的前辈、贤师，得到他们的指点和大力帮助，在武术方面得以开阔眼界、博采众长，确实获益匪浅。我们的拳艺在那个时期得到很大进步。

> 刘老师传授太极推手、培养学生同样从无门户之见。那时从别的老师那里来向刘老师学习推手的有骆兴武的弟子刘敬儒（习八卦，自身已有很好的功底）、李天骥的弟子刘庆洲、汪永泉的弟子孙德善等，大家均出于对推手的爱好慕名前来学习，刘老师都一视同仁，毫无保留，热心传授。其他来向刘老师求教的后学也很多，如孙德善的学生石匠高等。由于来的人较多，所以大家干脆以其姓氏和职业相称，如木匠王、汽车张、架子王等，他们也都有自己的老师，到这儿来就和我们一起跟刘老师学习，当时的气氛很好，非常融洽，所有跟刘老师学习过的人无不得到极大的教益。[①]

习内家拳的高明者有道家隐逸的特性，往往一生也难得用上几次，真正能表现出来的机会并非那么多，往往终生默默无闻。而人们又往往喜欢记住和述说那些浮出水面、昙花一现的事情来证明技艺的高低，这当中其实透露着无奈。关于刘晚苍，后人叙述较多的，是他 20 世纪后期多次接待日本代表团并交流技艺的一

---

① 马长勋：《回忆恩师——刘晚苍先生》，见刘培一：《武术泰斗刘晚苍》，自印本，2006 年，第 74 页。

些事情。

20 世纪 70 年代初，中日建交后，日本多次派武术代表团来中国进行武术交流。1974 年 6 月初，以团长后藤隆之助和秘书长三浦英夫率领的全日本太极拳联盟首次学习访华团来到中国。三浦英夫是日本柔道六段，国内需有高手出面接待，以免丢了中国人的脸面，国家体委想到了身居民间、与世无争的太极拳高手刘晚苍。

国家有关部门安排刘晚苍和他的弟子门生以及其他一些人来完成接待工作，还特意交代，在与日本客人切磋拳艺时，既要注意维护国家的尊严、显示中国太极拳的魅力，又要避免给日本客人带来难堪的局面。尽管任务艰巨，刘晚苍还是圆满地完成了。

1974 年 6 月 9 日，在丰泽园饭庄举办答谢宴会，中方有关部门领导赵正洪、董守义、毛伯浩等出席晚宴，陪同人员有叶书勋、刘晚苍、李秉慈、谢志奎、刘佐新（翻译）等，日方有驻华使馆人员及日本访华团十五人（其中女四人）参加。宴会上，日方三浦英夫为了不虚此行，带了中国女翻译过来拍刘晚苍的肩膀，刘晚苍回头一看是他。三浦通过翻译跟刘晚苍说："我们国家有几种手法，看你们破得了破不了，看你们怎么化。"刘晚苍一听，心中很不痛快。离开桌子，从容地跟三浦说："就我所知，有拿就有解。你有什么手法请使。"刘晚苍伸出手，三浦用怀中抱月把刘晚苍的手臂死死擒住往里卷，而刘晚苍则顺势往里卷，这时，三浦的手力已到极限，不能再往里卷了，得缓劲再卷。就在他缓力的间隙，这一招就被刘晚苍全化掉了，三浦站立不稳，退出五六步，瞬间一个回合结束了。刘晚苍再伸出手，三浦使用外折腕把刘晚苍腕子彻底拿死，满意后，通过翻译传过话来，刘晚苍才动劲。此时，刘晚苍的身体完全成了背势。三浦准备发力将刘晚苍扳倒，就在这一瞬间，刘晚苍身体顺其势一松沉，又忽而力往上走，身体一挺，三浦就跳起了一尺多高，被崩弹了出去。三浦这两招全部被破解。刘晚苍问他还有什么手法，同时伸出手去。三浦接过刘晚苍的腕子就拧，刘晚苍一想这是第三次交手，不能老让他，于是顺他挪腕时向前上了半步，就反过来把他擒住了。三浦一条腿着地，走又走不了，化又化不了，就在那里不停地跳动，还直喊叫。①

以刘晚苍当时的功力，紧接着一掌按下去能将三浦发出一两丈开外。不过，

---

① 关于刘晚苍与三浦英夫较技的情形，版本较多，此处为刘晚苍自己的文字记录，较为详尽可靠。详见刘晚苍《与日本代表团秘书长三浦英夫切磋技艺》（刘培一：《武术泰斗刘晚苍》，自印本，2006 年，第 102 页）。

20世纪70年代，接待日本武术访华团后，教练组合影。左起：李德印、李秉慈、刘晚苍、谢志奎、叶书勋、马长勋、刘高明

刘晚苍并没这样做，而是含笑收住了。

对方一共用了三招，刘晚苍凭着高超的太极推手技艺，听劲准确，一一破解，以其雍容大度、不卑不亢、彬彬有礼的风范，在谈笑之间，不但使日本友人领教了中国武术的精妙，也让这位日本柔道高手输得心服口服。次日上午在机场，三浦请教刘晚苍是如何化解那三招的，刘晚苍说是以"顺势破解法"解之。三浦临行前，将自己的手表赠送给刘晚苍。刘晚苍按规定交给了国家外事有关部门。手表核价为一百二十元，有关部门问刘晚苍是否要。这在当时是一笔不小的费用，但为留作纪念，刘晚苍还是自己掏钱买下了。

三浦英夫回国后发表文章讲到刘晚苍，并邀请他到日本交流，但中国武协另派他人代往。对此，国家体委解释说：刘老是国宝，他的东西不能叫外国人学了去。

国家领导人叶剑英后来得知刘晚苍与日本人比手的事，将他聘为叶家教练。刘晚苍在叶府的那段时间，为了保密，他的老伴儿跟弟子们说："刘老师回山东老家了。"

在与三浦英夫比手之后，慕名到地坛公园访刘晚苍的人更多了，据说最盛的

20世纪80年代初，刘晚苍在地坛公园留影

1980年冬，刘焕烈带四子刘培俊到北京向刘晚苍习艺，父子二人在颐和园合影

时候每天能有六七十人跟他学招，有初学者，也有很多专门来学习太极推手的各派弟子门生。刘晚苍必然是挨个儿推一遍，一推就是小半天。"既然人家来了，就是想得点东西，咱不能让人家失望。"这习惯一直保持到刘晚苍八十岁以后。[①]

当然，也时常会来些比手较量者。就在 20 世纪 70 年代的一天，有两位美国人慕名前来找刘晚苍交流。据刘晚苍弟子赵德奉说：

> 我们推手推得正高兴，有人带来两个美国人，介绍人说：他们练过长拳，闻名来访，要和老师交流一下。老师和美国人客气了几句，便和他们搭手。这美国人，身材魁梧，膀大腰圆，有一米八五的个子。其中一人横眉怒目，像猛虎扑食一般扑向刘老师，说时迟那时快，双手将要沾到老师胸前，只见老师微转身形，顺势一拨，回身一个挤手，把他打出一丈多远。美国人连叫厉害厉害，说他去过不少地方，没见过这样的高手，太妙了。另一个美国人没敢交手。客套后，两个美国人走了。[②]

刘晚苍的散手并非一般轻搭听劲，而是出手就带很重的劲力，对手接不住就直接走人。若遇对手出劲相抗，他的劲力马上隐于无形，忽隐忽现，十分难测。据赵德奉说：

> 有一年春节，我和师兄马长勋，还有我胞兄一起给老师拜年。一进门，说些家常话，又谈了些名人手法、故事，老师说得兴起，站起来给我们说手。我胞兄跟老师先推手，开始比较柔和，打打轮，不到十分钟，老师右手往我胞兄左肩轻轻一按，一抬手，将他沾起一尺多高，随后一抖手，把他抛了出去。此时马师兄赶紧扶了一把，我胞兄倒退了三四步，结果还是撞到门上了，只听哗啦一声，门玻璃碎了两块，我们都很不好意思，大春节的，老师忙说："没事，没事，岁岁平安，岁岁平安。"[③]

20 世纪 80 年代初，香港方面听闻北京刘晚苍太极技艺精深，聘他前往任教。据陈耀庭述：

> 我还清楚记得，改革开放后，香港有人重金请他去教拳，他婉言谢绝了。我还建议说："刘老师，去吧！"因为我想一可改善生活，二也可扩大点影响。他只是摇了摇头，微微一笑。[④]

其时，刘晚苍授拳的地点已从地坛公园改到了北海公园。每天早晨天不亮，

① 殷鉴：《北海晨早》，《武魂》1993 年第 3 期。
② 赵德奉：《我的老师刘晚苍》，见刘培一：《武术泰斗刘晚苍》，自印本，2006 年，第 79 页。
③ 赵德奉：《我的老师刘晚苍》，见刘培一：《武术泰斗刘晚苍》，自印本，2006 年，第 79 页。
④ 陈耀庭：《德高望重 拳艺精湛》，见刘培一：《武术泰斗刘晚苍》，自印本，2006 年，第 85 页。

刘晚苍就赶到公园里北海餐厅前的空地，随后便是胡海牙和赵绍琴两位老大夫，而后才是众多从学者陆续到来。刘晚苍喜爱推手，凡是到北海一块儿晨练的，都要推几下，不论长幼生熟，一视同仁。凡是遛早从这边过的人，没有不羡慕老先生身体矫健、能够和大小伙子较力的。①

据当年在刘晚苍身边学拳的学生殷健②自述：

因为从小时候起，我的体质与身体素质都非常的差，初中的体育课都是将将及格，差点就没毕业。另外，我的性格也不太合群，喜欢一个人独处，所以家大人就托同巷的一位老邻居，把我带到北海公园学练太极拳。幸运的是，我接触太极拳的第一人便是北京城太极拳界响当当的人物——刘晚苍。虽然我俩的年龄相差六十岁，但我们的交情很深。自从他去世后，我又看到大大小小的武术家近百位，但没有一人能达到像刘先生那样的派头与功夫，更何况他的人品。

在最初的一段时间里，我得过刘氏弟子赵兴坤的严格指教，但这时候虽然兴致是相当的浓，但恰逢高考，不可能下更大的心力。随着开放搞活，赵先生亦忙商务，去北海、地坛的机会少，我就贴紧刘晚苍先生学艺。在1986年至1990年，我上大学的四年里，几乎是天天泡北海学习太极拳。也就是在这段时间，刘先生向我传授了许多东西。可惜那时候我还太年轻，不懂得珍爱，但刘氏走架、推手的身法神采，则铭刻我心，令我终生难忘。其实从刘氏身上所体会到的东西，是在他去世后，我不断地追忆体会，再与别人分析比较，才产生更深刻、更清晰的认识。在当时来说，无论是我的鉴赏力还是技术水平，都是十分肤浅的。值得一提的是，这个时候，刘晚苍、胡海牙、赵绍琴三位明达给予我的人生劝谏和社会经验，乃至学术风格，都对我产生了深远的影响。③

为了将太极拳艺的微妙之处传递下去，刘晚苍在教拳时都结合着一些小故事或生活中观察总结出来的经验讲解，通俗易懂，让人过耳不忘。据殷健讲述：

刘先生在教学时全没有课堂上那种严谨的学术味道，完全是民众化的，轻松活泼，极富启发性。

我问他什么是功夫。"什么是功夫，拿走道儿来说吧。平常人两三岁走路，

①殷鉴：《北海晨早》，《武魂》1993年第3期。
②殷健，笔名殷鉴，其事参见张浩《缅怀殷健先生》（《武魂》2007年第1期）、殷鉴《〈卧病说武集〉我与武术的因缘》（《武魂》2005年第2期）等。
③殷鉴：《〈卧病说武集〉我与武术的因缘》，《武魂》2005年第2期。

走路可得说是人人都会吧！比方说，前面有条小溪，刚没脚面，水面挺宽，又没有桥，你还不想湿了鞋，怎么办？旁边有一位抬脚'问'了'问'溪边的石头，挺悬乎，人家借着劲一蹿身过去了，你也抬腿探探路，觉着挺扎实，往上踩，'扑通'掉水里了。这就是有功夫和没功夫的差别。"

凡是看过刘先生盘架子的人无不称赞他所演练出来的大气磅礴、古朴苍劲的气势，把太极拳由健身的技术升华为养性的艺术。我在尊崇叹服之余又问他我的架子对不对，他说："太极拳架子虽对，就是味道差，内行人一看就知道。外部动作可以纠正，可味道只能凭自悟了。例如写字，颜真卿、柳公权的字有多好！可你看郑板桥的字，七扭八歪的，也得说好，为什么？劲对味儿好。你说他的味儿好让我拿出来尝一尝——没有。你写出字来一笔一画的，人家一看知道是什么字，可不说它好，就是没味儿。这味儿就是神韵，太极拳叫做气势。"

太极拳并不在乎外面的架式而在乎内在的劲路，"架子好学劲难找"，那么到底什么是刚柔相济的太极劲？多少人向他请教，他每每这样回答："太极劲，太难了！使劲不对，不使劲也不对，怎么叫对？"话音一顿，用目光反问对方，颇似禅宗的"禅门关"，常使对方精神一怔，哑口无言。他这才平缓地接着说："合适才算对，它一来就得能听出来，说没就没，它还没回去可已然消失了，说有就得有，早把它拍出去了。"太极劲以它的忽隐忽现、极刚极柔、静如处女动若江河而被冠以"神拳"之誉，神者，莫测也。

对一些教学方法他也有个人的意见。有人把经络运气方法大胆引进到太极拳里，走经串络不亦乐乎，刘先生强调：不宜轻易运气。太极养生犹如往平桌上滴水，水可垒起很高但并不流散，倘若拿火柴棍轻轻一划，水便顺着划道一泻而去再无回头。运气不成功则真气散漫难聚拢，故而气以直养而无害，谨记腹内松净气腾然，日积月累自出功夫。"内功拳就像养育婴儿，刚满月的小孩不能随便乱跑，大人须不断哺育，他身体强壮了才能行走。"

一提起练推手要放松，我们常常畏畏缩缩谁也不敢出劲，生怕"顶"着对方。结果是相互游斗，谁也不能把谁怎么样。可我见刘先生推手时完全是争取主动，凡一搭手深沉猛烈之劲便专注于对方重心。待你稍加抵抗，转瞬间消息皆无，让你如坠五里雾中，其实他还在粘着你，继之而来的是更迅猛的、摧枯拉朽的一撞，一哼一嗨，你腾空而起。我问他其中的奥妙，他答："推手时第一要听对方来劲，第二要自己主动'问'。'问'出对方的劲来更要能化解，比如说你钓鱼，一会儿鱼围过来了，你却背着鱼竿往回跑，难道说那鱼还能跟在

刘晚苍太极拳照

你后面往岸上跑？"像这样的比喻有很多，都是生活中大家熟知的例子，亲切简朴而耐人寻味。

为了说明太极拳的基本功粘黏连随，刘先生常用一个词——不丢不顶。即推手时必须要不丢、不顶、不丢顶。"不丢不顶"好理解，可我对"不丢顶"就不知所措。刘先生这样答复："怎么不丢顶呢？比方说一面墙要倒，你要想拿杆子顶着就非得有块木板贴在墙上，再在板上支杆子，要不然杆子在墙上穿个洞，不等你修，照样塌。"我起先并不明白这是怎么一回事，待后来在胡同里见到实物，才恍然大悟，知道是用木板分散杆子的支力使力量均匀分布。那么粘黏连随也就是主动敷盖于对方身体，侦察情况、控制敌人的有效方法，细微而灵动。

常挂在刘先生嘴边上的是"真假虚实灵"，大概是推手的秘诀吧，因为它体现了武术的斗争艺术，也是千百年来中国军事思想的高度概括。吴氏太极拳以轻灵著称，怎么是轻呢？搭手要轻。"如同踩在初冬的薄冰上，你稍一用力就掉进水里了，得提起千百倍的小心。"听劲要轻。"如同人家细声小语地附耳和你商量件事，你却咋咋唬唬大声嚷嚷，那么听清楚？"柔化要轻。"什么叫做轻？轻就是顺着来劲收回去了，便虚了。怎么能说不使劲呢？没劲你缩得回去吗？"

太极拳的发法包括"掤、引、松、放"四字，诀云：掤起彼身借彼力，引到身前劲使蓄，松开我劲勿使屈，放时腰脚认端的。刘先生认为："发人犹如推碌子，不能让它把你卷了，只可时时沉下劲来，松沉到底才能送得出去。发劲仿佛铁路工人用大铁锤砸下去，锤到了，浑身的劲也压到了，落到就是一个整力。一是要有个准点，二是要干净痛快。"

刘先生并不是一个很好的"宣传家""开拓者"，他宁愿甘于寂寞、不求闻达，但也不是保守自秘，相反，他愿意无私地奉献自己毕生所得。只是由于种种原因，能够学习他的拳术、聆听他的教诲的人仍嫌太少。这里记录的沧海一粟，是我平时的点滴笔记，虽不能窥见刘先生的武学全貌，然亦聊胜于无吧。[①]
另据王云龙述：

解放前刘老回老家，是从天津乘船到龙口，再坐自行车回蓬莱。那时港口水不深，较大一点的火轮船是靠不到岸的，靠大舢板把人或货物运上岸。到了岸边，还得踏桥板才能上岸。刘老在港口看到工人运煤，悟到了太极拳的合

---

① 殷鉴：《何日再相逢——追念我所相知的刘晚苍先生》，《武魂》1991 年第 1 期。

劲。他说："云龙，过去你们那儿由大船运来的煤，都得用大舢板运到岸边，再靠两人抬筐走二十多米的桥板上岸。两人抬一筐煤，在桥板上的配合就像推手的合劲。两人如果合不上点，就会掉到水里。两人必须合好，随着桥板上下起落，步子劲力一致才行。阴阳合一很舒服，在太极图上，阴阳鱼的中线就是阴阳合一。与对方一接劲，就要阴阳合一。如果合不好就顶，就没有粘黏连随，就会互相顶撞拉扯，两人谁也推不出谁，形成摔大跤。这样下去是练不出四两拨千斤劲来的。"

他还讲空劲：一只鸟往树枝上落，但枝条朽透了，鸟踏空，差点摔到地上。功夫深的人的劲力就是如此，你一推就起根，就落空。这就是所谓吸能吸得起。鸟又落在一树枝上，枝条柔软且有弹性，鸟落上去给空了一下，接着被枝条反弹劲给弹出去。这是"引进落空合即出"之劲。但引劲必须不即不离，引到对方空了想恢复平衡时，你接着合，将对方发出。所谓"引进落空合即出，粘黏连随不丢顶"。

刘老说，有人爬山，山坡极陡，两脚踏不住要滑下来时，身边恰有一棵草，他伸手抓住，一用力，草突然断了，把人空下山坡。这是个断劲。你往高手身上一按或一搂，自觉能按上，但突然断开没有了，把你给空出去，就是这个劲。[①]

"文革"期间，处于闲散状态的刘光鼎与刘晚苍合作写成了《太极拳架与推手》一书，20世纪80年代初出版，印数达33万册，由此可以看出人们对于刘晚苍太极拳艺的推崇。1984年初，北京成立吴式太极拳研究会，刘晚苍被推选为首任会长。

刘晚苍崇德尚武，平时又颇有闲情逸致，常常在家泼墨挥洒，作画自娱。在他居室的墙上就挂着自己画的《寒林鸲鹆》《寒雪山鸡》《溪山暮雪》和《雪溪渔父》等水墨画。据殷健说：

（刘晚苍）晚年无所事事，每天在家里写大字，他极喜米芾和何绍基的字，以前家中也曾珍藏几卷古人书画，后来连同一些兵器都寻不见了。"练武人有个得心应手的器件，也跟富人家有个宝贝似的。我有个双手带，旧的，四五个铜板叠起来，一刀下去就能劈开，想请一位熟悉的刀枪匠朋友修饰，他反复看了看，说我照样给你打个新的，这个归我吧。我想了想，没答应。人一辈子遇见个可心的物件不容易，这和读书人爱惜书、爱惜笔砚的意思一样。"我送他

---

① 王云龙：《回忆恩师刘晚苍》，《中华武术》2014年第10期。

20 世纪 80 年代初，北京吴式太极拳研究会成立时，刘晚苍被推选为首任会长

20 世纪 80 年代北京吴式太极拳研究会人员合影。中排坐者（自左二起）：李秉慈、王培生、戴玉三、刘晚苍、马汉青、翁福麒、骆舒焕

一部《历代行书墨迹精华》，他前后仔细看了一遍，尤其注意米芾和何绍基，衷心说好，退给我不肯要。我也深知老人的倔强脾气，想法哄着他收下了，他问我这书多少钱，我告诉他四块钱，老人冲口说："真便宜呀！"接着解释道，"这么些古物，早年间想见上一件就得花去多少银子，今天科学发达了，能够汇聚一块儿印出来，这是我们的福分呐！拿着它再不好好练，真是有愧于古人。"

刘先生练字像练武一样勤奋，用的是旧报纸，有时还裁剪出式样，一有空就正襟危坐研墨涂抹，字体朴素、雄厚，正如他的为人、他的派头、他的"范儿"。所书字句大多是青年时背诵下的诗词名句，随念随写十分过瘾，就是"一不留神就弄脏别的东西，哪儿都是墨黑，她（刘老夫人）就说我：'瞧你那臭字，还写呢！'我说是墨臭，我的字不臭！"。可是刘先生的书作也从不轻易示人，有人向他讨要，他只爽快回答："好，我写——等我练好了的。"

刘先生再也没有机会说"我把字练好了"。

日前刘氏亲属整理其生前书画墨迹，嘱我取走一册以为纪念，突想若是刘先生将他的推手技艺也留在纸上能有多好，自己也情知是痴话，一个人一辈子含辛茹苦练就的功夫，留得下来吗？[1]

刘晚苍一辈子钻研拳艺，安贫乐道，八十岁前后，还每天自交道口乘坐公交车前往紫竹院附近的北京市农林科学院值夜班看大门，早晨返回，直接到北海公园练拳。据殷健述：

刘晚苍先生是急性子，说来别人恐怕都不信，八十多岁的人，走路时挂着拐棍一顿一摇的，可是眼看汽车快到站了，自己还差着挺远，他能提起拐棍跑着赶汽车！因为脾气急，在八十岁那年得了轻度中风，胡海牙大夫天天晚上到家里去给他扎针灸。一个月后刘老康复如初，急着遛早上北海，家里劝不听，胡大夫也帮着劝："不要早，天亮一点再出门，风大、下雪不要来，人多不要挤车。"刘老答应爽快，可是该多早来还是多早来："我睡不着，来北海走走，心里就舒坦了，这一天也觉得得劲，要不然总觉着差点什么。"[2]

刘晚苍及其师刘光斗都并非单纯练太极拳，而是有教门谭腿的底子、太极拳的劲、宋派八卦掌的手。杨禹廷曾称赞刘晚苍："刘老师所传习的宋永祥派八卦掌是较为罕见的流派，目前能如此完整地继承下来的人恐已不多了。"[3]刘晚苍以毕生

① 殷健：《在武术家刘晚苍身边》，《武魂》1993 年第 11 期。
② 殷鉴：《北海晨早》，《武魂》1993 年第 3 期。
③ 赵绍琴、胡海牙：《怀念刘晚苍老师》，《武魂》1991 年第 1 期。

精力传习谭腿、太极拳、八卦掌等各门技艺，内外家兼修，早年师从刘光斗习艺，中年长年跟王茂斋之子王子英请益切磋，与在京王家传人多有往来，见多识广，慎重吸取众家之长，融会于推手、散手之中，形成自身沉粘古朴、灵潜宏伟的独特风格。

得刘晚苍亲自传授者，主要有刘光鼎（刘光斗弟）、马长勋、赵德奉、赵兴坤、王举兴、刘培一、刘培俊、刘培良、陈耀庭、孙连顺、潘鸣皋、张洪祥、胡海牙、赵绍琴、孙南馨、陈惠良、李春生、王云龙、刘源正（刘晚苍孙）、张楠平（张洪祥子）、孙长青（孙连顺子）、王磐林（王举兴子）、王克南、殷健，等等。

1988 年夏，刘晚苍在北海公园推手照

四、吴鑑泉的后传

吴鑑泉一生相继在北京、上海两地授艺，从习者众多。据民国十八年（1929）刊印的《太极功同门录》记载，截至当时，其弟子门生主要有子吴润泽（子镇）、吴润沛（雨亭），婿马嵩岫（岳梁），甥赵惠福（寿邨），以及柏锟（镇庸）、赵学安（仲博）、赵曾善（元生）、吴荣培（图南）、吴奎芳（润臣）、崔冠云（仲华）、舒国曾（益卿）、关慕烈（仰益）、东锡源、东锡珍、苏学曾、苏景曾、孙国祥（效虞）、孙国瑞（效铭）、魏元晋、吴钟岳（子明）、金庆海（云峰）、何玉堂、周广志（光远）、马普安、杨德山（辅仁）、赵文恺（俊山）、刘钧（秉衡）、金玉奇（寿峰）、胡绍梅、郝树桐、钟毓秀、吴桐、杨毓璋（小华）、段方（经义）、任文清、葛永德（馨吾）①。如上大多为吴鑑泉在北京时所传。此外尚有女吴英华、吴俊华，婿李立荪，侄吴公展（耀宗），甥于森，以及王志群（润生）、徐致一、陈振民、萧碧川、梁国栋、曾半僧、唐希敏、邓幼亭、杨孝文、郭启通、郑荣光、杨华彪，等等。吴鑑泉南下后，有教无类，实际得其所授者远不止此数。"社会人士，因练习太极拳而身心获益者，不可胜计。党国名流如焦易堂、王用宾、谭延闿、褚民谊、屈映光、顾孟余、荫昌、荫昶、段芝贵、张春甫、方鼎英、钱能训、吴铁城、刘斐、袁良、彭养光、熊式辉、吴思豫、谷正伦、朱绍良、何键、张发奎、薛岳、蒋光鼐、冯祝万、朱晖日、王若周诸君，均从学吴师，或从其公子等练习，以至风气所至，遍及全国。"②在此仅对至今仍有传承的数位略作表述，其中多为吴鑑泉的亲属。

（一）吴公仪与吴公藻：远播家传至海外

吴公仪（1901—1970），名润泽，字子镇，吴鑑泉长子。吴公藻（1904—1983），名润沛，字雨亭，吴鑑泉次子。昆仲二人幼承庭训。当乃父吴鑑泉还在北京任教时，他们已将太极拳带出京城，传授于山东、上海、广州。吴鑑泉南下上海后，他们又分别在广州、长沙教习太极拳，随后共同在香港、澳门地区及东南亚等地传播。

吴公仪年少时为杨少侯器重，常得少侯点拨，执礼甚恭。据吴公仪的香港门生卢柏棠述：

> 公仪老师的拳艺多传自于杨少侯。先前，公仪老师随父学艺常受斥责，父亲要求甚苛，饱受皮肉之苦。推手过程中，将对方打倒不对，为此非常苦恼，曾有放弃学拳离家出走的念头。此事偶给隔邻的杨少侯知道，乃唤公仪过府，执手向他解释推手的作用是锻炼不丢不顶和粘连黏随等道理。指出丢者，离也；顶者，抵也。不脱离不抵抗，不抢先不落后，乃其要义。并亲和公仪推手，加以点化。公仪初聆教诲，稍明所以，兴味大增，对少侯大叔产生亲切感，佩服之情油然而生。从此经常过府去亲近少侯大叔，一来在生活上伺候，二来专诚求艺，少侯有抽大烟嗜好，公仪乘机在左右侍奉，递茶送巾，执礼甚恭。少侯认为孺子可教，传他一套太极拳，但吩咐公仪勿告鑑泉。此拳盘架时马步略高，圈小而紧凑。

---

① 有关葛馨吾事，参见郭环琦《葛馨吾先生传略》（《武魂》2004 年第 12 期）等。
② 吴公仪：《太极拳》"吴鑑泉宗师南来志略"，香港鑑泉太极拳社内部版。

公仪老师后来追忆此事，很是感激，并表示太极拳一脉相承，传与有缘人，不能相强。甚至说，纵然是自己儿孙，若不来亲近也不能得，反会给弟子取得真传。[1]

关于此事，卢柏棠另有更详细的叙述：

吴鑑泉有二子，长子公仪，次子公藻。吴公仪在童年时便得开拳弄掌。至少年时更饱受其父或师兄辈施与的跌扑之苦。公仪吃了皮肉之苦，还会因父亲恼他缺乏太极的悟性而受到斥责。偶尔他亦会把对手推倒，但父亲见到了又说这是犯了顶的毛病。给人打跌是不对，打跌他人亦不对。怎样才对呢？公仪不断思索，苦恼非常，精神亦沮丧起来，他甚至有放弃练武的念头。他想如果学外家拳只要专心练气力，练快速的身手，横来直格，直来横挡，桥来桥上过等道理，多么明朗爽快。有力胜无力，手慢让手快，理所当然。太极何必要多生枝节地练以弱敌强呢？

由于想不通，当父亲没有留意时，公仪便悄悄地往外溜。也有点厌倦家庭，怕见到父亲。然而，杨少侯一向对公仪很好，还常讲许多武林掌故及趣味的故事给公仪听。公仪也常会侍奉少侯抽大烟。虽然旁人皆说杨伯父难相处，公仪却觉得杨伯父是一个和蔼可亲的人。一天，公仪在街上闲荡，觉得很无聊，心想何不去探望杨少侯伯父解解闷。

杨少侯见公仪来探望他，很是高兴。亲切地问他的生活近况，功夫长进得怎样了。听杨伯父问，公仪便把练拳的苦恼一股脑儿地都倒了出来。少侯听罢哈哈大笑，轻轻拍拍公仪的肩膀，携手将他带到后院空地上，对公仪详尽地解说太极拳的精义。一面说一面动手比划。少侯解释高级的太极拳所走的圈子要小，用劲要巧。受人打是犯了丢的毛病，要是打倒了他人，又犯了顶的毛病，功夫尚属肤浅。我们的太极拳非常注重舍己从人。舍己从人即舍弃自己的意见，配合他人的来去而做势。这是一项最难达至的事。因彼此相交手，好胜之心人皆有，都不愿相让。舍己从人四字，还有更深的解释，惟务养性。养性之说，最应时常致力修养。潜心揣摩，心领神会，日久自能了然，超以象外，得其寰中。功夫练到精微，可以造机造势，不愁没有得机得势处。能处处随曲就伸，则无往不利，如此乃能舍己从人。……此外，还说了很多，公仪当时还是不能十分理解，然而，却兴趣大增。少侯吩咐公仪若对太极的信心恢复了，可以日日来学拳，但不能让鑑泉知道。公仪高兴地答应了。

　　自此，公仪常瞒着父亲，偷偷地溜往杨府跟杨少侯学技。公仪越来越知太极拳更多的道理。为什么太极拳要慢而不用力。因用力则笨，用气则滞。沉气松力是贵。慢能静，静能安，安能定，此即心气之中定。心定才能静，静才能神安，神安才能气沉，气沉才能精神团聚。乃能聚精会神，一气贯通。慢出于心细，心细则精神。神清则气爽，才可以无气滞之弊。快念心粗，心粗会急，急便气浮，气浮不沉，心急不静，不沉不静，心无所守，则散乱之病生。虚灵二字，更无由求，以静制动，以柔制刚者，由于感觉使然。故其拳架系锻炼身心为体，功夫出自推手而为用。推手能产生感觉。自有所感，心有所觉，感应精微，致用无穷。故能知己知彼，其滋味则心领神会。其变化之无穷皆由感觉之灵敏。故能知其虚实，而便利从心。此慢与不用力之义也。杨少侯亦云，发人不在猛远，而贵在取别人的重心离地，重心已起，即别人已在自己掌握中，要怎样便怎样，又何须发人于千里？原处起原处落会更凶更猛。我们不患力薄，而患其力之不能集中。每个人都有他起码的力度。只要我们能屈伸手臂，则已具十斤之力矣。若能集中成劲击人，人必伤或毙。习他拳者，好张牙露爪，自以为够威武，殊不知其力已陷肩背，徒为他人攻击之目标。虚实更必须注重，所谓兵不厌诈，计胜人也。计者，虚实也。知虚实而著运用，虽虚为实。虽实为虚，避实击虚。指上打下，声东击西。先重而后轻，或先轻而后重，隐现无常，沉浮不定，使敌不知我之虚实，而我则处处求敌之虚实。随机应变，听其劲，观其动，得其机，攻其势，察其声，问其症。故云，虚实宜分清楚，一处自有一虚实，处处总皆有一虚实也。

　　一天清晨，吴鑑泉偶然进后院见吴公仪在练习杨少侯教的小圈子太极拳，拳套紧密，动静有致。因恐公仪功夫尚稚，自己并未教过儿子这套拳架，他怎会知道此套拳架而且演练得中规中矩呢？很觉惊奇，不禁隐身树后，注目而观。直至公仪打完全套架子，才显身问他跟谁学的此拳。公仪只得怯怯相告，是杨大伯父教的。鑑泉听后，面露欢悦之色。

　　后来鑑泉带公仪去授拳场所，唤一名前些日子经常推跌公仪的同门习技者和公仪推手，现在公仪可以随曲就伸，顺对手之来势一一化解，不至跌下。粘黏功夫大有进境，能粘黏即能连随，能连随，而后方能灵敏，距悟不丢不顶的道理不远了。从此鑑泉便耐心地不断向公仪传艺，使儿子知道太极拳中的十三势以中定为主。有了中定，才产生开合、虚实、触觉。中定亦即枢纽。左右开合之枢纽在脊部，上下开合之枢纽在腰间。力由脊发，尾闾中正，气贴背敛入脊骨，自然顶头悬。公仪对父亲的教训也不再像以前如水过鸭背般忘记。因现时他已得知太极拳蕴藏的妙处。祖父及父亲用了无限诚意与恒心才求得此技，自己怎能再轻率放过？

公仪专心地练技，遇有不明处，便问父亲或往访杨府请教杨少侯。少侯很乐意指点。拳余亦陪少侯抽两口大烟。当公仪的功夫成熟了，便离开父亲的身边往别处授拳，自此便很少有机会接触家庭和杨少侯了。他的功夫集父亲和少侯于一身，所以拿劲最巧，寸劲尤精彩。他取人如一善玩足球者控球于脚下，不即不离。亦如魔术师之弄牌，置牌于掌中，随意摆布。对手给他拿动时，旁人往往看不到有什么大波动，仿佛没有什么大不了，亦没有什么先声夺人的威势，而身受者却已有魂无所主、魄无所归般的感受了。他能使对手有突然失去了地心吸引力般的感觉。如用劲不巧、不速、不准，哪有如此威力？他有时取人的方向是往头顶而去，受者于瞬间如置身太空中般。[①]

民国八年（1919），吴公仪任山东省省长屈映光"武术总教练"，后又任张宗昌"搏击队总教官"。[②]吴公藻则任国民革命军第十三军教练。据马海龙述：

我的大舅吴公仪，从小就显示出练武的天分，悟性很高。但姥爷对他要求也很高。平时练拳时，姥爷从不教他。有时大舅很生气，就自己埋头苦练。在我大舅19岁时，就应山东督军的聘请，到济南去教拳。一去就是三年没有回家。等三年回到北京后，姥爷所有的学生和徒弟，没有一个能胜过他的。[③]

民国十三年（1924），经时任国立广东大学代理校长的褚民谊向黄埔军校校长蒋介石推荐，吴公仪到广东担任黄埔军校学生部及高级班太极拳教官，兼任国立广东大学体育系讲师。当时许多名流如方鼎英、谭延闿、朱培德、陈嘉佑、吴思预等，皆曾从学。

吴公藻在其父吴鑑泉抵沪后，于民国十八年（1929）也到上海精武体育会助教。民国二十二年（1933），"随褚民谊先生来湘观光国术，承主席何公之邀，担任湖南国术训练所太极拳教官"[④]。据说，吴公藻在欢迎会上表演太极拳，得到省长何健器重，被聘任为湖南国术训练所教官，兼在省党部教习太极拳。吴公藻在湖南国术训练所任教期间，当时著名的武侠小说家向恺然为省府秘书，在湖南国术训练所兼授国术理论。其时，向恺然与原配杨氏所生次子向一学也在湖南国术训练所向吴公藻学太极拳。后来向一学到上海投师国乐专家郑觐文，向名演奏家卫

① 卢柏棠：《杨少侯与吴公仪》，（香港）《星岛月刊》1972年7月。
② 吴公藻：《太极拳讲义》"自序"，上海：鑑泉太极拳社，民国二十四年（1935）。
③ 马海龙2005年3月22日在上海鑑泉太极拳社成立70周年纪念会上的讲话。
④ 吴公藻：《太极拳讲义》"自序"，上海：鑑泉太极拳社，民国二十四年（1935）。

吴润沛（雨亭，公藻，1904—1983）

吴公藻编《吴家太极拳》中的吴公仪太极拳照

仲乐学习琵琶演奏，时常前去拜见身在上海的吴鑑泉，受其指教。

吴公藻在湖南国术训练所前后三年，从学者众。民国二十三年（1934），南京中央国术馆举办第二届国术国考，吴公藻为湖南省领队教练。考试赛出甲等三十四名，其中湖南九名。民国二十四年（1935）七月，吴公藻新著《太极拳讲义》出版，据报纸新书广告称：

> 公藻先生年来执教三湘，声誉四溢。兹应学者之请，本其渊源家学，参以平日之讲述，编成是书，要言不繁，道人所未道。现第一编已经出版。为普及斯道起见，照定价一元特价八折，实售八角。有志内功拳术者，诚不可不人手一编也。发行所：上海辣斐德路桃源邨五号、福煦路西摩路口慈惠南里四三号鑑泉太极拳社。四马路作者书社、棋盘街启新书局均有出售。①

民国二十六年（1937）抗战全面爆发后，吴公仪、公藻二人与父吴鑑泉到香港避居，成立鑑泉太极拳社，吴公仪自任社长，随后又在澳门成立鑑泉太极拳分社。民国三十一年（1942）仲夏，吴鑑泉在上海病逝，吴公仪、公藻二人赶回上海奔丧。未久香港沦陷，二人留在上海，吴公仪担任鑑泉太极拳社社长。直到民国三十四年（1945）八月十三日，吴公仪还在《申报》登载了《鑑泉拳社征求社员》。②

民国三十七年（1948），吴公藻于战乱中得到弟子向一学帮助，想方设法弄到前往香港的车票，与吴公仪重返香港，恢复鑑泉太极拳社（社址香港湾仔骆克道三八七号四楼）。

其时，香港部分人士对太极拳持怀疑态度，在报刊上与太极拳界人士做笔墨讨论。1953年秋，香港《中声晚报》刊载了鑑泉太极拳社社长吴公仪的谈话，内有"本人深知太极拳之妙用，本社不论何时何地，都可与中西拳师研究"之语。此言一出，波澜迭起，公开表示要"研究"的是澳门泰山健身学院院长陈克夫。陈时年三十五岁，习白鹤门拳术，兼擅拳击，曾获香港拳击冠军。吴公仪与陈克夫的公开比武由澳门康乐会筹办，定名为"慈善比赛大会"，作为港澳慈善事业的筹款活动。1954年1月3日，双方在香港新光酒店签订了合约。这场比武名义为"公开研究国术的合演"，实质是一场商业运作。比武于17日下午在澳门新花园举行。由于新闻媒体竞相报道，此事在当时的港澳地区引起极大轰动，观众多达一万余人，时任澳门总督的史柏泰夫妇也到场观看。大会总裁判何贤（何厚铧之父），裁判员梁昌、梁国荣、彦光、李剑琴、董英杰等。两个回合后，总裁判即宣布停赛，

---

①《吴鑑泉先生哲嗣吴公藻先生新著〈太极拳讲义〉出版》，《申报》民国二十四年（1935）七月十八日，第三张第十二版；七月二十六日第三张第十版。
②《鑑泉拳社征求社员》，《申报》民国三十四年（1945）八月十三日，第一张第二版。

虽然未分出胜负，却影响广泛。[①]梁羽生就此写出武侠小说《龙虎斗京华》，在香港《新晚报》连载，人人争读，致使《新晚报》销路大增。该报编辑金庸的首部武侠小说《书剑恩仇录》，也于一年半后面世，开启了金庸的武侠小说创作生涯。

吴陈比武之后，太极拳风行于港澳地区乃至东南亚，各地团体纷纷致函邀请吴公仪授艺。吴公仪命长子吴大揆在九龙开设鑑泉太极拳分社（社址弥敦道七四五号 D 六楼），次子吴大齐、侄吴大新赴新加坡、吉隆坡、马尼拉等地设立分社。据卢柏棠述：

> 数年后，公仪老师从新加坡返港居留，大揆师兄推荐我们一班同门跟其父深造。公仪老师重新教授他那一套关节动作的太极拳，使我们眼界大开。此拳动作紧凑，开合有序，虚实分明。推手过程中，顺次为偷机偷势，得机得势，知机知势，趁机趁势；进而随时造机造势，定位定势。由拳套伸展出来的用法，关节间的配合，巧妙多姿，触点不丢，后关节不顶，即是松了，立即可使对手如堕陷阱、失机失势。
>
> 大揆师兄取人的动作大开大展，姿势美妙，但在其父面前，却处处受制，缚手缚脚。公仪老师每次略动手，便将大揆抛离。向我们身上喂劲喂招之时，也是稍作移动，便引起我们失重，恍如飘浮太空，无以为依，十分狼狈。时日渐久，当我们明白其中的来龙去脉，更佩服公仪老师的武学智慧。
>
> 公仪老师曾批评大揆虽然身手灵敏，反应快捷，但多用外表的形态动作，少研究更上一层楼的意劲功夫。常向我们训示，太极拳分三大进程，即形态、意劲、气神，气神功夫为最高境界。公仪老师自谦尚未完全掌握气神动作，并因此深觉没有功力相等的高手对练为憾！
>
> 公仪老师课拳时，为了使我们增广见闻，一向诲人不倦，比如讲揽雀尾，先纠正了我们的拳式姿势，再讲解为什么要这样盘架及其用法。下次继续教单鞭或白鹤亮翅式样亦是如此。课余，更讲了很多武林旧事。[②]

因鑑泉太极拳分社日渐壮大，又购买九龙佐敦道保文大厦顶楼为总社新址，原本位于香港骆克道的鑑泉太极拳社改称鑑泉太极拳社香港分社，由吴公仪之女吴雁霞及女婿郭少炯主持。自此，吴家太极拳流行于中国港澳地区及东南亚各地，

---

① 有关吴陈比武事，参见叶若林《香港武坛的世纪之战——五十年代香港吴陈比武追忆》（《武当》1996 年第 6 期）、高臣《关于吴公仪与陈克夫之战》（《武魂》2002 年第 10 期）、合肥吴氏太极拳研究会《是他错了，还是你的东西有问题——"陈吴比武"留下的思考》（《武魂》2002 年第 10 期）、润章《也谈吴、陈比武》（《武魂》2003 年第 6 期）、剑竹《太极拳传统散手功夫亟待提高——回顾吴公仪、陈克夫之战有感》（《武魂》2003 年第 11 期）、磬斋《吴公仪其人其事》（《武魂》2010 年第 2 期）等。

② 卢柏棠：《记吴公仪老师》，《武林》1996 年第 1 期。

并传播到加拿大等国。据吴公仪的香港门生卢柏棠述：

> 在他（吴公仪）教授的小圈太极拳套中，每一移动、每一小节都有莫大深意，只是学者智力能领悟多少。从他学艺的弟子众多，而能有所表现及令他满意的却只寥寥几人。其中最突出的弟子当然是钟岳平了。
>
> 钟岳平随吴公仪习技整整二十八年，二十八年的岁月中，他对老师唯恭唯谨，尽量表现了中国传统的尊师品行。钟岳平随师之余，并代老师掌管教务，十余年如一日。可惜他亦于辛亥年终辞退教务了。据云是专意念佛，去探索人生的真消息。此后，传播太极拳重任的执掌者，当然是吴公仪的长子吴大揆先生无疑了。吴大揆先生承自祖父吴鑑泉，对父亲的拳技却少亲近。吴先生性情豪爽、率直、敢说话，与他父亲含蓄的性格稍有不同。[①]

吴公藻家学渊源，直到 1980 年七十多岁时，还在香港出版了《吴家太极拳》一书。

1981 年，吴公藻曾到上海一游。1982 年秋，由于早年长沙故交旧事时刻萦怀，又回长沙，住在湘春路西园北里弟子向一学家，未想竟陷入不可预料的前尘往事和人情是非之中，失去安宁，很快住进医院。尚未病愈，又被人接出，改住在一家旅社里。1983 年 2 月中旬某日清晨，吴公藻辞世，距其回到长沙仅四五个月。

吴公仪有子二人，长名大揆，字元弼，次名大齐，字一民；吴公藻有子二人，长名大政，字元直，次名大新，字化民。作为吴鑑泉的孙辈，四人均长期担任鑑泉太极拳社教务。吴公仪在内地的弟子主要有上海李仁柳（1911—1995）等，李仁柳又传其子李宏达、李宏廷等。

（二）马岳梁与吴英华：广传家学至耄耋[②]

吴英华（1907—1996）和马岳梁（1901—1998）是吴鑑泉的长女和长婿，跟

---

① 卢柏棠：《杨少侯与吴公仪》，（香港）《星岛月刊》1972 年 7 月。

② 本篇主要参考颜紫元《吴式太极历代宗师传略》"马岳梁宗师传略"（《武当》2000 年第 9、10 期）。另参见张纯本《马岳梁和鑑泉太极拳社》（《武林》1982 年第 6 期）、洪宛平《滋兰树蕙　春满中华——记吴式太极拳传人吴英华、马岳梁夫妇》（《中华武术》1985 年第 12 期）、严翰秀《四两拨千斤　耄耋能御众——记吴式太极拳嫡系传人马岳梁》（《武林》1991 年第 9 期）、李立群《吴式太极宗师马岳梁传略》（《武林》1994 年第 1 期）、金仁霖《太极拳在上海》（《中国太极拳》1996 年第 4 期）、阎泗磊《世纪老人马岳梁轶事》（《武林》1996 年第 9 期）、马江燕《我的母亲——忆吴氏太极拳第三代传人吴英华》（《中华武术》1996 年第 10 期）、阎泗磊《悼念吴英华老师》（《武林》1997 年第 7 期）、王继振《颜紫元中伤余洪亮应公开道歉》（《武当》2001 年第 1 期）、林太民《关于〈澄清有关吴式太极拳的若干史实〉的澄清》（《武当》2002 年第 1 期）等。

吴鑑泉一起生活了十多年，得家传。他们也是长期习练太极拳而长寿的典型，一位享寿九十，一位九十八，皆入耄耋之年。

马岳梁，名嵩岫，满族人，生于北京城。父辈昆仲十一人，其父惠昌排行最末，满姓马佳氏。五伯父惠新吾，曾任京城步军统领（俗称九门提督）。九伯父总管京城粮仓。当年，全佑及三皇炮捶宗师宋迈伦等均曾在惠宅箭院教拳授艺。

马岳梁五岁入塾读书，十五岁家道中落，中学毕业即辍学。民国八年（1919）在北京协和医院当杂务员。检验科主任英国人麦科伊（Macoy）见其工作勤奋、聪明伶俐，便将其介绍进协和医学院读书，并予以资助。四年后毕业，马岳梁进了协和医院检验科，任细菌血清化验师。

因自幼喜好拳技，马岳梁先后学过通背拳、查拳及摔跤等，后改从吴鑑泉学太极拳。据马岳梁早年讲述：

> 余与吴师鑑泉夙具世谊。余幼嗜外家拳术，练习十稔进步殊鲜。师谓余曰："练拳贵专一，汝若弃所学而从余，余当以技授汝。"自是余遂从师专攻太极拳，数历寒暑，不少辍，渐知太极拳之妙用。[①]

另据马岳梁晚年口述：

> 全佑公他外号叫全三爷。我为什么了解这么详细呢，因为我五伯父做九门督察御史，就是九门提督，就等于是现在的城防司令。全佑公一年到我家住的时间起码在二百天以上，因为原来就是亲家。我的三祖母喜欢全三爷，常叫他来喝酒，娘儿俩常在一起喝酒。但是，我年轻的时候，不相信太极拳，我练的是硬功夫，曾拜刘（月琴）老师学通臂，还学过摔跤，学过查拳等很多东西。但是后来跟太极一干总干不过人家，后来我才改学太极拳。从20岁学起，一直到现在。[②]

民国十七年（1928），吴鑑泉南下上海。翌年，马岳梁应医学教育家颜福庆之邀，赴上海参与创办第一间由中国人开办的西医学院——中央医学院，并创办中山医院，当时有三十多位医务人员。同时，马岳梁在上海红十字会总医院任检验科主任，并在附属护士学校兼任教师。此后又在上海妇科医院、中德医院、上海协和医院等任检验科主任。民国十九年（1930），经师兄金寿峰作媒，马岳梁与吴鑑泉长女吴英华在上海成婚。

吴英华自九岁起从父习太极拳，拳架柔和、工整大方，十七岁即在北京同仁

---

① 陈振民、马岳梁：《吴鑑泉氏的太极拳》"自序一"，上海：康健书局，民国二十四年（1935），第一页。

② 张耀忠：《听马岳梁说太极拳是怎样传到北京的》，《武魂》2005年第2期。

堂药行等处代父授艺。民国十四年（1925），经同仁堂乐镜宇介绍，吴英华南下上海，"到当时西门子洋行教拳，住在总经理管子卿家。并在中南银行、金城银行吴蕴齐先生等处任教"[①]，半年左右返回北京。据其子马海龙述：

> 北京同仁堂乐家和我外公有通家之好。乐家的老夫人对母亲十分喜爱，并认为义女。在母亲19岁时，便经乐家介绍，只身来到上海，受聘于中国西门子公司总裁管家中教拳。在上海，母亲迅速建立了个人的威信，相继有多家士绅请她任教。[②]

从民国十九年（1930）起，吴英华、马岳梁二人一直与吴鑑泉同住一处。民国二十年（1931），吴鑑泉在威海卫路中社创办鑑泉太极拳社，马岳梁与褚民谊、徐致一为发起人。[③]马岳梁在医院工作之余，即协助办理拳社，在拳社教拳。民国二十四年（1935）春，该社迁至福煦路西摩路口慈惠南里四十三号，马岳梁与吴鑑泉的门生赵寿邨、梁国栋、于荣臻等担任助教。[④]是年五月，由褚民谊、徐致一、唐豪等在上海创办的国术统一月刊社发起国术讲演会，由各团体推选讲师，其中鑑泉太极拳社的讲师即为马岳梁。[⑤]据是年十月十三日消息：

> 鑑泉太极拳社为太极拳名家吴鑑泉氏创办，社址设福煦路西摩路口慈惠南里四十三号。成立以来，各界人士加入练习者颇众。近应多数社员之请，特于每日清晨在公园中由该社教授马岳梁君担任指导，故练习者人数愈形踊跃。该社为联络全体社员感情

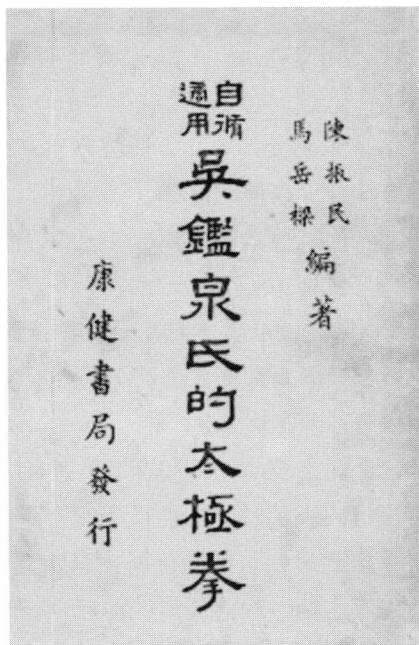

1935年，马岳梁与陈振民编著的《吴鑑泉氏的太极拳》出版，上海康健书局发行

---

①吴英华、马岳梁：《吴式太极剑》"吴英华自传"，北京：人民体育出版社，2001年，第5页。

②马海龙：《纪念母亲吴英华——上海鉴泉太极拳社社长马海龙在纪念太极拳大家吴英华诞生一百周年大会上的发言》，《中华武术》2007年第8期。

③《鑑泉太极拳社成立》，《申报》民国二十年（1931）三月二十九日，第四张第十六版。

④《鑑泉太极拳社成立分社征求社员启事》，《申报》民国二十四年（1935）一月二十八日，第二张第七版。

⑤《国术统一月刊社等发起国术讲演会》，《申报》民国二十四年（1935）五月二十九日，第三张第十二版。

马岳梁练太极拳——斜飞势

起见，特于前晚假座四马路致美楼举行聚餐会，到者甚众，觥筹交错，极一时之盛云。特志之，以见一般。[①]

民国二十五年（1936）六月，上海市各界赞助航空救国运动，为蒋介石祝五十寿辰，据二十五日报载，"惠令登舞厅今日举行游艺大会，收入移充购机祝寿捐款。特请全国太极拳名宿吴鑑泉暨女公子俊华女士、马岳梁、马慧民小姐，及市国术馆武术名手佟忠义、靳公亭、马万龙、王振华、刘云祥、田景星、贾志山、吕耀华诸氏，表演太极拳、剑、刀及国术"[②]。

全面抗战之初，吴鑑泉避居香港。民国二十九年（1940）五月，上海《申报》登载广告称：

> 鑑泉太极拳社现由马岳梁主持，教授太极拳、太极刀、太极剑及各种推手架式。本月份征求新社员，凡在征求期内前往报名者，收费便宜。社址：辣斐德路桃源坊五号。[③]

全面抗战期间，从学于吴鑑泉的褚民谊，先是担任南京汪伪政府外交部部长，后任行政院院长，特聘马岳梁为南京市卫生局局长。马岳梁闻讯，束装离沪。因日军加强封锁，交通已断，马岳梁辗转行程四千多里，途经浙江、江西、福建、湖南、广西，颠沛流离，前后六个多月，最后到达重庆，找到原上海商务印书馆经理石九云，由石介绍给名中医张锡君（后任重庆中医学院院长），此后即住在张家，教张锡君习练太极拳。

国民党高级将领、蒋介石办公厅主任刘斐因身体不好，也派人请马岳梁传授太极拳，以祛病强身，每天用车接送。之后，张群、李济深、黄炎培、卫立煌、

---

①《鑑泉太极拳社》，《戏世界》民国二十四年（1935）十月十三日，第三版。

②《各界赞助购机祝寿》，《申报》民国二十五年（1936）六月二十五日，第三张第十一版。相关报道另见《惠令登热心购机祝寿》，《申报》民国二十五年（1936）六月二十六日，第四张第十三版。

③《鑑泉拳社征求社员》，《申报》民国二十九年（1940）五月九日，第二张第八版。

李明扬、何键等政要和民主人士都曾跟马岳梁学太极拳。蒋介石几次传言要学，事忙未果。

据说，寄居张锡君家期间，因当时社会环境复杂，张曾告知马岳梁不要随便外出。未想某日下午，忽有一车开至门口，数位便衣涌入，不由分说将马岳梁双眼蒙住，架上车开走。一路崎岖颠簸很久，下车又行走一段，马岳梁才被摘掉眼罩，发现置身于一庙宇大殿。斯时走出一位被尊称为"天师"的头领，在神龛前坐定，虔诚闭目，念念有词，挥笔疾书，少顷，书成掷笔于地，闭目缄口。旁边侍者将写好的纸条拿给一头目，头目读罢偈语，走到马岳梁面前，宣布其无罪，命人开车送回。对此有惊无险的离奇经历，马岳梁始终觉得不可思议。①

民国三十四年（1945）抗日战争结束，马岳梁回到上海，在鑑泉太极拳社及各公园授艺。据说，一日练毕，马岳梁身着长衫正从外滩公园往外走，忽听身后有人说："这下你可跑不了了。"马岳梁未待偷袭者抱紧，身腰一捌，偷袭者从马岳梁背上飞跌而出，半天未能起身。又一次，马岳梁正坐凳子上看表演，精武体育会鹰爪拳师朱廉湘忽从马岳梁身后夹住其脖子，马含颏拧肩，朱飞跌而出。上海有通背拳名家孙鹤云，是清末通背名师刘玉春的徒孙，一日想试马岳梁功夫，双方一搭手，孙即被粘住，攻不得进，退不得脱，又变化不了，穿掌起腿都使不出。

1951年，马岳梁在政治运动中被捕，与道长潘华龄关在一起。三个月后，才被上海协和医院院长保释出狱。1953年，又赶上镇压反革命"取缔反动会道门"的运动，马岳梁被判三年徒刑，罪名是"天道传道师"。1955年上海市高级人民法院成立，马岳梁被释放，在医院工作，直到1962年退休，此后一心教太极拳。1966年，"文革"开始，马岳梁与上海另外九位武术名家被批斗，不准其再教拳，家也被抄，许多珍贵的太极拳资料被毁，同时住房也大部分被占，全家近十口人被赶进一间房内居住。

1978年，马岳梁复出，先去无锡教太极拳。1979年，徐汇区体委主任徐道明率先请四位拳师（马岳梁、卢振铎、纪晋山、王壮飞）在徐汇区网球场开班教拳。

1980年11月，八十岁的马岳梁和七十四岁的吴英华为继承和传播太极拳，将"文革"期间被迫解散的鑑泉太极拳社恢复起来，照旧由吴英华任社长，马岳梁任副社长。此后，马岳梁、吴英华二人常在体育馆、公园表演太极拳。马岳梁常演示太极中定劲，即单腿金鸡独立，六七个人齐推马胸腹，马一"哼"，截其来劲，六七个人都仰跌在地。年近九旬的马岳梁曾应香港某影业公司之约拍摄此金

1982 年 12 月，上海吴式太极拳名家吴英华、马岳梁与同门合影留念。前排左起：李秉慈、刘晚苍、马岳梁、吴英华、王培生、翁福麒

鸡独立拳姿影片，以让世界观众共睹吴式太极拳风采。表演开始，导演请马岳梁站出金鸡独立势，六人分为两排，各用双手推着前面的人，最前面的左右二人各用双手推马岳梁腹部。开拍后，六人齐力向前推，马岳梁腹部一震，两排人一齐轰然跌倒，并且右排三人向右倒，左排三人向左倒。某次，马岳梁在上海卢湾体育馆表演金鸡独立中定劲，结束后，上海一颇有名气的拳师在观众席上叫嚷不信，想要一试，征得同意后，该观众双掌用力推向马岳梁腹部，却被反弹出去仰跌在地。该观众红脸起身说未准备好，要再试一次。这次他双掌朝马岳梁按去，突一转手，双手抓住马岳梁那提着的右腿脚跟猛往上托，意在将马掀翻。马岳梁右脚脚尖自然向下一扣，伸出的右腿往后一收，此人竟顺着马岳梁腿下冲出。由于用力太猛，冲得也猛，整个人脸朝下仆跌丈外，衣袋中的物件散落在地，全场轰动。

年近九旬的马岳梁某日在和平公园表演推手，忽有三人冲其而来，是公园朱某拳师之徒。朱某因不满马岳梁在此表演，遂让徒弟上去将马岳梁推倒。马见来者不善，未待第一个出手，便先发制人，凌空一掌，此人即跌出，背撞墙上，当场昏厥。第二个又上来，马岳梁将他粘起又往下一掷，势同掷球，其人被重摔在草地上，半天起不来。第三个见状不敢上前了。

另有一次，应弟子李元庆之邀，马岳梁、吴英华二老去湖南，长沙市体委主任设宴招待。未料，宴席结束，湖南太极名师邱某带着两个徒弟来，要求切磋。马岳梁说太晚了，待有机会再说。邱见与马切磋不成，转而向吴英华要求推手。马岳梁见状说："你想推手就过来吧。"也不盘手，搭手便一引，

20 世纪 80 年代初，吴英华、马岳梁与曹幼甫在北京天安门合影

随即发放，邱某站立不住，直往后退，坐到椅子上，把椅子腿坐断了。其徒有身材高大者，见老师被打，也上前动手，马岳梁一采一掷，这壮实的年轻人竟被摔在饭桌上，把整个桌子砸塌了。

1986 年，马岳梁、吴英华二人应邀前往联邦德国（西德）杜塞尔多夫、波恩、慕尼黑、法兰克福以及荷兰鹿特丹，为爱好者表演、讲授吴式太极拳，并一度与当地柔道、空手道、合气道等习练者切磋，令对方折服。

1990 年 8 月，马岳梁九十岁高龄，吴英华八十四岁，应义女施某邀请，赴新西兰小住半年。据义女婿颜紫元讲述，在此期间也发生了颇多故事。[1]

1992 年，上海市政府聘请马岳梁和吴英华夫妇同时担任上海市文史研究馆馆员，以表彰其为弘扬太极拳做出的贡献，时任上海市市长的汪道涵称："夫妻俩同时担任上海市文史馆馆员是第一次。"[2]

马岳梁与吴英华二人一生著作颇丰，有《吴鑑泉氏的太极拳》《吴氏太极拳详解》《吴式太极拳推手》《吴式精简太极拳》《吴式太极快拳》《吴式太极剑》，等等。二人育有五子三女，皆曾从习。

---

① 具体可见颜紫元《吴式太极历代宗师传略》"吴公仪、吴公藻、吴英华三位宗师传略"（《武当》2000 年第 8 期）、颜紫元《吴式太极历代宗师传略》"马岳梁宗师传略"（《武当》2000 年第 9、10 期）、林太民《关于〈澄清有关吴式太极拳的若干史实〉的澄清》（《武当》2002 年第 1 期）等。

② 马海龙：《纪念母亲吴英华——上海鉴泉太极拳社社长马海龙在纪念太极拳大家吴英华诞生一百周年大会上的发言》，《中华武术》2007 年第 8 期。

吴英华与马岳梁练太极拳——金鸡独立

吴英华与马岳梁在家中练习对剑

（三）赵寿邨与吴耀宗：吴家亲族两明家

赵寿邨与吴耀宗分别是吴鑑泉的外甥和侄子，都得到吴鑑泉的传授。后来，二人成为上海吴式太极拳的两位明家。

赵寿邨（1901—1964），名惠福，自幼在北京城从舅父吴鑑泉学练太极拳。据马海龙述：

> 在我上一辈中，出了许多有名的太极拳专家。除了我的二位舅父和我父母外，最有名的就是寿邨舅父。他非常灵活，悟性也特别高，功夫也好，姥爷特别喜欢他。他是我母亲的表哥，为人十分诙谐，喜欢开玩笑。他的笑话是层出不尽的。他从小就住在姥爷家里，和我大舅感情特别好。听我母亲说，在他们十七八岁时，有一次我大舅和寿邨舅二人到天桥去玩。看见有一个马戏团在演出。他们二人就一直往里走。当时的马戏团都是用布围起一个大棚，门口有人收钱。当时大概舅父们一时玩心大发，就笔直朝里闯，马戏团门口都是彪形大汉，看见他们就上前拦，不料被我舅父二人一一化开，就是拦不住。这时，在大棚里面的高台上坐着的一位老者说话了："你们也不张开眼睛看看，拦得住吗？还不请二位上来坐。"于是我舅父二人被请到高台上坐，边看马戏边和老者聊天。临走时，二人留下门票钱，老者就是不收，但舅父们还是留下钱说："我们下次再来看您！"不料次日那位老者到家拜访，姥爷知道后，非常礼貌地招待了他。老者走后，姥爷把舅父们狠狠地教训了一顿，并带他们去马戏团致歉！由此可见，姥爷是多么地重视武德，从不允许自己的子弟过分招摇。[①]

民国十五年（1926），赵寿邨受聘南下苏州教拳。民国二十四年（1935）初，鑑泉太极拳社迁到福煦路慈惠南里。赵寿邨应舅父吴鑑泉之召，从苏州到上海。一月二十八日，《申报》登载以吴鑑泉名义发布的征求会员启事，内称："社员练拳除由鄙人亲自教授外，并由门生赵寿邨、马岳梁、梁国栋、于荣臻等担任助教。"[②]三月三十一日至四月初，上海市国术馆发布第七届征求会员广告，此时该馆教员有马万龙、王振章、吴鑑泉、马翰章、佟忠义、刘云祥、靳云亭、孙润志、赵寿

---

① 马海龙 2005 年 3 月 22 日在上海鑑泉太极拳社成立 70 周年纪念会上的讲话。
②《鑑泉太极拳社成立分社征求社员启事》，《申报》民国二十四年（1935）一月二十八日，第二张第七版。

赵寿邨与吴耀宗推手照

邺、杨孝文。^①赵寿邨自此开始长期担任上海市国术馆太极拳教练，也像吴鑑泉一样，时常到精武体育会的太极拳班做指导。民国二十五年（1936）十月，精武体育会"充实国术部"，"除原有潭腿、太极、翻子、螳螂、查拳各派由赵连和、吴鑑泉、赵寿邨、陈国庆等名宿指导，并每月举办国术演讲一次、表演一次外，对于西洋拳术，特设搏击班，聘陈汉强担任教授"^②。

民国二十六年（1937）七月七日，日军发动"卢沟桥事变"，全面抗战爆发。七月九日下午，庆祝上海市政府十周年纪念运动大会开幕。十日下午二时起，进行国术表演，赵寿邨到会表演了太极刀。^③

全面抗战初期，冯汉文等十人请赵寿邨到上海复兴公园教拳，学员初有十人，后慕名前来者日多，发展到一百多人。赵寿邨为人谦虚谨慎，在公开场地不随便与人推手，推辞不了时也很客气。入门弟子有胡金华、金志礼、王肇础、俞善行、周千里、陈福康、庄云龙、徐亦庄等。

新中国成立之初，已是天翻地覆慨而慷的时代，政治运动不断进行，对于赵寿邨来说，能安心传授太极拳的日子一去不复返了。1964年，年仅六十余岁的赵寿邨带着满心的困惑和迷茫离开人世。

吴耀宗（1909—1990），生于北京，原名文义，满族人。辛亥鼎革后改随汉姓，列吴家"公"字辈。名公展，号敬修，"耀宗"为其父为其另取之名。^④与弟吴公望皆从吴鑑泉习太极拳。

吴耀宗对太极拳、太极刀、乾坤剑、二十四枪、推手、散手，无一不精，学有所本又自成一格。其推手技艺在沪上被公认为擅长"用脚"，脚有黏劲，为常人难

吴公展（耀宗，1909—1990）

---

①《上海市国术馆第七届征求会员》，《申报》民国二十四年（1935）三月三十一日，"本埠增刊"第四版；四月二日，"本埠增刊"第二版；四月四日，"本埠增刊"第三版。

②《精武体育会扩大征求会员》，《申报》民国二十五年（1936）十月二十二日，第三张第十版。

③《国术表演下午二时起》，《申报》民国二十六年（1937）六月十日，第五张第十八版。

④ 林太民、瞿兴华：《太极名家全佑可以称他姓吴——关于"吴全佑"的由来》，《少林与太极》1991年第2期。

以企及，如被其管上就束手束脚、动弹不得。他的口头禅是"化拿打，拿打化，打化拿"。

　　吴耀宗曾任教于精武体育会、闸北体育馆等处，与当时沪上武术界同人褚桂亭、傅钟文、朱廉湘、顾留馨、周元龙、张玉、纪晋山等多有往来。1958年，徐致一整理出版的《太极拳（吴鑑泉式）》一书，太极推手照片即为赵寿邨、吴耀宗二位演示，二人推手劲意饱满、纯正大方。

　　20世纪50年代，吴公仪远在香港，上海鑑泉太极拳社社务由吴耀宗代理。1980年，吴耀宗被公推为副社长。民国十四年（1925），吴鑑泉在北京拍摄了一套拳照，由上海九福公司刊印在《康健指南》杂志中。吴鑑泉将照片原版交与吴耀宗保存，直到后来吴公藻来上海时，拳照才让人借出，不知去向。

　　20世纪80年代初，上海市武术协会和精武体育会曾接待日本武术访华团，请吴耀宗出面，吴先生手拄拐棍到场。日方有一高段武士，名叫小山曾成，通过翻译要求请教。甫一交手，小山曾成即被太极沾劲漂起脚跟，站立不稳，东倒西歪。吴耀宗手并未与对方相接，而对方已受其笼罩，试之再三，甚至在其背后也一样被沾起。是时，吴耀宗已七十四岁。小山曾成佩服之下通过翻译恳请与吴耀宗合影留念。

　　吴耀宗性情直爽、平易近人，不仗艺欺人，也不以艺敛财，反对拿技艺骗人，反对一切神奇之说和太极拳表演化，当然这也都是意有所指的。上海太极拳界都知其善教、肯教，故闻风从学者多能受益。吴耀宗晚年应跟随他数十年的学生再三恳求，收及门弟子二十八人。

（四）吴图南与徐致一：著书立说树师门

　　吴图南和徐致一是吴鑑泉的两位主要弟子，均有诸多太极拳著作出版。早在20世纪30年代，二人便在国术界颇负盛名，对扩大吴鑑泉门户的影响发挥了不可低估的作用。

　　吴图南，蒙古族人，原籍喀喇沁左翼旗，原姓乌拉汗，名乌拉布。清光绪二十八年（1902）生于北京。辛亥鼎革后，改汉姓吴，名荣培，号图南。晚年为推广自己的"长寿学"，自称生于光绪十年（1884）农历正月二十三日，给后人造成较多争议。[①]

吴图南祖上随清入关，屡有战功，据说，"其祖父武功将军子明公（名祥煌）是清朝三品一等带刀护卫"[②]。吴图南幼年体弱多病，患先天性黄疸肝炎、脾肿大、肺结核等，常咯血，又因癫痫抽风，导致左腿比右腿短约两寸。皮黄骨瘦，行动不便，被称为"槐子水洗的孩子"。家人托请御医李子余诊治，总算在一两年后把各种病症大体治好。之后，吴图南拜吴鑑泉为师习太极拳，前四年练基本功，学拳、剑、刀、杆，后四年习推手。经八年持续锻炼，吴图南体质渐好。据其自述：

> 李大夫向家长建议说：最好叫这孩子练练功。那时清朝北京地方上有各种功房，比如学写字、绘画的叫书画房，练弓刀石的叫弓刀石房，练拳的叫拳房。于是我在九岁那年由家长带我到练拳的功房去。教拳的老先生是全佑先生，由他的儿子爱绅号鑑泉教我。我一方面由李大夫给治病，一方面练拳。练什么呢，就练太极拳。我跟鑑泉先生学了八年，后来由鑑泉先生介绍又跟杨少侯先生学了四年。前后共学了十二年。[③]

吴图南出生那年全佑去世，教其练拳的不可能是全佑。身材魁梧的吴鑑泉沉默寡言，待徒弟练定一式，认为徒弟可休息时，他才指点一下，嘱咐换练下一式。如此往复，一次要练好几个式子。吴图南后来才明白，老师这样做，是为了让他练太极桩功。[④]据吴图南自述：

> 那时候练拳练得很苦。传统的太极拳有一种形式的练法叫定式。比如揽雀尾分六个动作，按每个动作去练定式，定着不动。要定多少时间呢？定六个呼吸，然后再换势。揽雀尾要用三十六个呼吸，差不多两分钟才能定完。正常人每分钟十八个呼吸，以此类推，全套拳有二百六十八个动作，你看要定多长时间？所以那时定得我筋疲力尽，汗流浃背。到冬天天气严寒，练完拳穿的鞋像蹚过水一样，一脱掉可以倒出汗水。可是这么一定，把肝炎、肺结核、癫痫全定没啦，身体逐渐强壮起来，也不一着急就死过去了。我的两条腿因为抽风，左腿比右腿短二寸，后来练拳要练抻筋，结果也抻好了。提起抻筋好厉害，找一棵树，叫我背靠着树，我的两只手向后反抱着树，身体扳直，老师在前边用

---

① 其后传如马有清、于志钧、李琏等皆持师说，认定其师生于光绪十年（1884）农历正月二十三日。有关争论文章不一一列举。据民国十七年（1928）中央国术馆给吴图南颁发的《国考证书》、民国十八年（1929）版《太极功同录》、北平市国术馆编《体育》月刊民国二十三年（1934）第二卷第一期所载《国术教师一览表》等诸多史料中关于其年岁的记载，可知其生于光绪二十八年（1902）。

② 李琏：《根茂实自遂　膏沃其光晔——记太极寿星吴图南先生》，《精武》2001年第3期。

③ 吴图南讲授，马有清编著：《太极拳之研究》，香港：商务印书馆香港分馆，1984年，第14页。

④ 朱钦堂、郭粤生：《太极泰斗　德高望重——访我国著名太极拳家吴图南》，《武林》1983年第1期。

吴荣培（图南，1902—1989）

吴图南晚年太极拳照

脚把我的底腿勾住，树上钉一滑车，有一皮兜兜住我一条腿的脚后跟，往上拉，把脚趾拉到脑门，再把拉绳拴住，定住不动。这样还好些，往后揿筋要把脚心拉贴在后脑勺上，这个罪真够受的。那时我做梦都害怕它。如此类推，什么撼腰、踢腿、铁板桥等等，先折腾出来弄好了才开始练拳。过去练拳不是像现在这样，一开始就去摸鱼。要把上面说的功夫练出来，其实人人练都能成，就看你练不练，如真练就能成功。那时像我这么个病孩子，一折腾实在是受不了。我曾经想跳井自杀。有时老师看见我怕苦，责备我说：又想病好又怕吃苦，没出息。后来我想一个人为什么叫人说没出息呢。我是蒙古族人，我的祖先在元朝时曾经打到日耳曼。我怎么变成没出息的，一定要有出息的。

就这样我把定式练拳练完了，再练打手。

打手就是推手，那时叫打手，后来传到上海以后才改叫推手。练打手先练单手推，两人谁也别不住谁之后再练双手推。有平推、立推、斜推，好像个女字形，把这些路子推纯熟以后，两个人身体逐渐向下矮，边往下矮边推，一直到身体擦着地而去推。如用手一捋对方，自己的身体向后擦着地撤回去，等向前出去时，身体又擦着地出去，如同蛇一般左右回旋。各位听起来容易，可练起来就难了。记得有一次老师跟我说：你拿个筐去砖瓦铺买二斤疙瘩炭去。我以为老师有用处，就到砖瓦铺多买了一斤，交给老师。老师说：我在跟你说笑话，叫你把炭烧红了，好烤一烤你的筋。经过苦练，不动步的推手才算练成了，再练动步的推手。不动步的推手是正的，叫掤捋挤按四个正方；动步的推手是斜的，叫采挒肘靠四个斜角。当然不是绝对的，正与斜是互相牵涉的。老师教你时，他站在中央，身子一转，用手一采，你在外圈要随着紧跑，跑了多少步，刚追到头，他一转身又去了，你又紧跑再去追，所以练得满头大汗。后来我研究易经才知道，这就是得其圜中不支离，意思是围绕着一个圆心去跑外圈时，不支也不要离。听着也很容易，但这劲头很难掌握好的。总之这仅是素材，也就是才练了个大概，然后才开始练功。

练功自先要练松功，这松功可难了，要由脚趾、脚腕、膝盖、腰、两肩、上臂、小臂、手腕、手指、脖颈的第七个颈椎，除了头颅之外全要松开。这么一练差不多把人给拆散了。然后再练太极拳的三步功夫：第一步功夫叫着功，太极拳毕竟是个拳种，这么一来干什么使，那么一去干什么用，如揽雀尾是干什么的，单鞭为什么要那样一转，一着一式，二百六十多个动作都弄熟了，都会使了，但还不算成，因为你只知道死谱，不知道变化，故此还需要进一步研究变化。第二步功夫叫劲功，为什么叫劲功不叫力功呢，因为它不尚拙力，都是柔柔韧韧的，但这里边东西很多，等把劲功练完了，往下练更难了。第三步功夫叫气功，我说的气功不是外边练的气功，我说的是太极拳里边的气功，它的练法可分两部分：一部分是运气，运气是把气运到周身，想叫它到哪里它就到哪里。周身内外由五脏六腑到四肢百骸，无一处不能运气，身体也无一处不能打人的。你如不信可以试试，我用手指指你的手心，你会感觉有气的。你也可以随便往哪里按我，我哪里就能打你。另一部分是使气，既然能做到运气了，如何能使气出于你的身体之外，而又能达到对方的身体上去，然后要使你的气跟对方的气沟通，两个人变成一个，这个时候就可以运用自如了。你想叫他跪下他就跪下，你想叫他躺下他就躺下，他这个人就受你控制了。这个功夫很不好练，我前后练了十二年，十二年的时间很长了。我再愚鲁也不至于糊涂，为什么跟它干上没完呢？其中必然有它的兴趣和滋味。就如同吃橄榄一样，初食很涩，愈吃愈清香可口。这时候我练出甜头来了，身体也强壮起来了。

　　我是吴鑑泉先生的第一个徒弟，后来他又介绍我跟杨少侯先生学拳，这位老师很厉害，连摔带打，跟他学拳，他一伸手我就来一个后仰，又一下把我撞到墙上去。我们家那时候住的房很大，练功的大厅当中有六扇风门，晚上关门要上木栓，门的两边各有一个铁套环钉在柱子上，上栓时把木栓横插进去。我印象最深的一次是，老师一撒手，我的腰正撞到门柱的铁套环上，疼痛难忍。老师说：怎么啦，没志气。我连忙说：有志气，有志气。可是再来的时候，我要躲着点那柱子上的铁套环了。那时我家里的桌子椅子是红木的，椅子背打掉了变成个凳子，凳子面板砸没了，变成个火炉架子。后来每逢老师来家里教拳，我祖父叫人先将家具摆设挪开，预备着摔打。练功时老师怕我偷懒，由厨房抬来四张油桌，油案桌腿较高，是厨师专为站在那里切菜用的。把这四张油桌拼起来，叫我钻到桌子底下去练，如同练太极拳着功里有个矮式叫七寸靠，就是用自己的肩膀去靠对方小腿上的七寸之处。差不多的老人都知道那时候我受的许多罪。总之我认为要把太极拳练好，除了要有真传之外，你必须要有万夫不当的勇气，要有百折不挠的毅力，否则必然是功败垂成。我和杨少侯先生学完四年，他说：你差不离了，我要走。那时候的老师有良好的风格，虽然他依靠教徒弟吃饭，但当他教完之后，就告诉你教完了，他就走了，你再请他也不来了。只是到过年过节时大家再聚会。[①]

---

① 吴图南讲授、马有清编著：《太极拳之研究》，香港：商务印书馆香港分馆，1984年，第14~16页。

吴图南早年曾学习西医，同时还向御医李子余学中医，博学多才、爱好广泛，在文史、考古、医药、经络、心理学等方面均有所通，并懂英语、法语等外语，精于太极拳，骑射、摔跤、八卦拳、形意拳、通背拳以及少林拳均有涉及，后来他常说："各种拳都好，不好的流传不下来。要练好太极拳，必须知道其他拳的特点，不能故步自封，这样才能取长补短，共同提高。"

民国初期，吴图南基于旗人身世，与逊清遗老遗少（如宣统皇帝溥仪的族兄溥侗等）多有来往，因而对太极拳在晚清京师及王府的传授情况了解较多。[1]民国九年（1920）左右，吴图南任教于北京西山万安小学，结识了天源御酱园张凤歧的后人张伯允。据说，杨禄躔初至北京即落脚于张家教拳。[2]吴图南从张伯允处得到一些杨在张家教拳的史料，据说其中《张氏随笔》在"文革"中失落。吴还曾在友人张熙铭处得到《宋氏家传太极功源流支派论》，手抄六本分别赠与北京体育研究社的许禹生、吴鑑泉、纪子修、刘彩臣、刘恩绶及杨少侯诸先生，该书与宋书铭所藏《宋远桥太极功支派源流论》仅书名不同。[3]民国十三年（1924），吴图南还在万安小学教书时，始著《太极拳》一书，最初名为《太极功》，并将书稿交与吴鑑泉一份。时逢京津战事，书稿未能出版。[4]

民国十七年（1928），吴图南随师吴鑑泉到南京参加第一届国术国考，参加完预赛后因病未能正式比赛。此后一度赴浙江南浔中学教书，又至上海法租界，在同门褚民谊任校长的中法国立工业专门学校（1931年改名为中法国立工学院）任教。

民国二十年（1931）五月二十三日下午，吴图南作为北平体育研究社成员参加北平汇文学校举行的全市国术表演大会，表演了太极拳。[5]另据报载：

> 北平市国术馆为发扬中委褚民谊先生所创之太极操起见，邀请国术专家吴图南担任讲师，组织太极操讲习班。闻学员均系平市小学校体育教员，现已开始上课云。[6]

民国二十一年（1932）八月，全国体育会议在南京召开，身为上海中法国立工学院体育主任教员的吴图南参加了会议。[7]在十七日的第三组（即研究组）审查

①李琏：《品味吴图南师爷的功夫》，《武魂》2010年第8期。

②又有说为天义顺酱园张排武家，大约两说所指相同。具体参见本书第一章。

③李琏：《根茂实自遂　膏沃其光晔——记太极寿星吴图南先生》，《精武》2001年第3期。

④吴图南：《科学化的国术太极拳》"赵序"，上海：商务印书馆，民国二十年（1931），第五页。

⑤《昨在汇文举行之国术表演大会盛况　全市专家二百余人表演》，《华北日报》民国二十年（1931）五月二十四日，第七版。

⑥《北平国术馆发扬太极操　组织太极操讲习班》，《华北日报》民国二十年（1931）六月十一日，第七版。

⑦《全国体育会议》，《申报》民国二十一年（1932）八月十日，第三张第十一版；八月十一日，第三张第十二版；八月十七日，第三张第十二版。

会上，吴图南被临时推定为主席，公推其为国民体育实施方案整理委员。[①]之后，吴受聘至南京的中央国术馆担任国术理论教授。民国二十二年（1933）五月下旬，教育部函聘暑期体育补习班教师三十五人，吴图南为其中之一。另有褚民谊、袁敦礼、方万邦、吴蕴瑞、张信孚、许禹生、凌陈英梅、金兆均、吴邦伟、严家麟、张忠仁、沈克非、黄丽明、吴德懋、许明辉、郝更生、崔亚兰、张汇兰、高梓、涂文、吴鑑泉、孙禄堂、张秀林、马子贞、龚润田、郑佐平、吴峻山、汪华亭、许小鲁、强云门、王仲猷、关介三、黄健侯、李剑华等。[②]吴图南还担任是年全国运动会筹备委员会职员。[③]全运会筹委会常会决议组织比赛规则审查委员，分为"运动"和"国术"两组，"第二组运动，聘张信孚、马约翰、郝更生、沈嗣良、袁敦礼、蒋湘青、吴邦伟为委员，由张信孚召集；第一组国术，聘褚民谊、张之江、马子贞、许禹生、吴图南、张信孚、吴峻山为委员，由褚民谊召集"[④]。同时，吴图南也担任是年秋季南京全国运动会的国术裁判员。[⑤]全运会闭幕后，第二届国术国考随即开始，吴图南为评判委员之一。[⑥]

民国二十三年（1934），吴图南在南京全国国术统一委员会做研究整理工作。是年冬，与李雅轩等人筹备成立南京太极拳研究社，任副社长。[⑦]

为传承太极拳，吴图南深入研究太极拳名家套数，同时还收集大量有关太极拳的史料，整理汇集。民国十八年（1929）著成较早的一部太极拳著作《科学化的国术太极拳》。20世纪30年

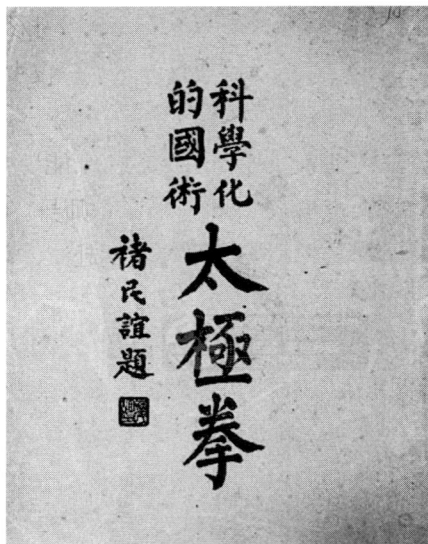

1929年，《科学化的国术太极拳》由上海商务印书馆出版

---

　①《全国体育会议特刊·研究组第二次会议》，《申报》，民国二十一年（1932）八月十八日，第三张第十二版。

　②《教部暑期体育补习班聘教师》，《申报》民国二十二年（1933）五月二十七日，第三张第十二版。

　③《全国运动会筹备委员会职录》，《申报》民国二十二年（1933）九月十四日，第四张第十四版。

　④《全国运动会积极筹备》，《申报》民国二十二年（1933）七月二十二日，第四张第十六版。

　⑤《全运会国术裁判员》，《申报》民国二十二年（1933）九月二十七日，第四张第十四版；《国术职员》，《申报》民国二十二年（1933）十月十日，第十五张第五十九版。

　⑥《国术国考·评判委员题名录》，《申报》民国二十二年（1933）十月二十二日，第五张第二十版。

　⑦《首都太极拳社开发起人大会　推李雅轩等为筹委》，《中央日报》民国二十三年（1934）十月二十五日，第八版；《首都太极拳社理事昨日宣誓就职　开首次理事会分配职务　派员讨论修正练习规约》，《中央日报》民国二十三年（1934）十一月二十一日，第八版。

吴图南青年时期太极拳照

代他继续著书立说，陆续完成《弓矢概论》（1933）、《内家拳　太极功　玄玄刀》（1934）、《太极剑》（1936）、《国术概论》（1937）等，均由上海商务印书馆出版。

全面抗战爆发后，吴图南因褚民谊的关系，起初在南京汪伪政府任事[①]，后辗转于西北地区，任教于西北联合大学、西北工学院。抗日战争结束后，吴曾与齐白石、徐悲鸿等名家任教于北平艺术专科学校，主教陶瓷学，著《陶瓷学》一书，由徐悲鸿题写书名，但未出版。其间，吴又曾担任故宫博物院专门委员。

历经数十年的不断习练和细心揣摩，吴图南拳艺臻于完善，对太极拳的理论和历史皆有研究，融养生与技击于一身，为弘扬国术不遗余力。

新中国成立之初，吴图南曾担任首都博物馆保管主任等职，并先后任全国武术协会委员，全国体育科学学会武术学会委员，北京市武术协会副主席、顾问等，多次参加武术研究整理和武术教材审定工作。

关于吴图南的功夫深浅，其学生于志钧曾说，自己"投师吴图南先生是带艺投师，试验过吴老的功夫才拜师的"。据于志钧述：

> 1950年，笔者入北京清华大学读书，这时我已经学武接近十年，主要是学习形意拳，兼学戳脚翻子。当时，清华大学的武术教师是李剑秋先生，也是练形意的，是家传，他父亲师从著名形意大家单刀李存义。我老师刘自久先生与形意拳宗师郭云深同乡，是河北深县人，小时候从郭师爷学习形意，后来到了关东（东北吉林市），从杨永蔚学习山西派形意，从杨俊峰学习戳脚翻子。一天，在清华大学体育馆二楼练功房，我见到李剑秋先生，当时他五十多岁的模样，我是十九岁的大学生。寒暄之下，我说是学形意的，报了师爷的名号"郭云深"。当时我不懂什么叫谦虚，一下子我比李先生高一辈。李先生说了一声："胡说！不知深浅。"他伸手说："我试试你！"李先生也太大意，我也太鲁莽，我一个劈拳把李先生打出一米多远撞在墙上。李先生修养很高，没红脸，反说："我信了。"1954年，李剑秋先生去世。接替李先生在清华大学教武术的是徐致一先生。此时，笔者已毕业离校，未能受教。

> 1950年秋，笔者到中山公园，大约是上午十点左右，有二十来位年纪较大的人打太极拳。我看不出来打的是哪一家的太极，问了一下，说是"郝派太极拳"，老师是从上海请来的，并介绍给我，见是一位中年人，四五十岁的模样。当时我对太极名家一位也不认识。今天回想，应该是郝少如先生。当时我手中有二本吴图南先生所著《科学化的国术太极拳》和《内家拳　太极功　玄

①于志钧、马明达：《对吴图南先生某段历史的看法》，《武林》2000年第2期。

玄刀》的书，所以我知道吴图南这个名字，看来是有缘，我随便问了一句："您认识吴图南先生吗？"他们马上告诉我说："他刚走，明天你早点来，他准在。"第二天，我从学校赶到，很早，见到了吴图南先生。我说明想学习太极拳之意。他约我星期天上午到他家见面再谈，地点：西直门里晓安胡同八号。当时还有西直门城楼和城墙，今已拆掉了，太可惜！

　　星期天上午，我如约找到晓安胡同八号。院内很清静，一排五间瓦房，住两家，西面三间住的是大名鼎鼎的大成拳祖师爷王芗斋一家，吴老住东边二间，外间作客厅，摆着八仙桌、太师椅和一些古文物。吴老是考古学家和陶塑家、历史学家。我再说明想学太极拳。吴老问我学过拳没有，我说学过形意，他让我练练看，我练趟五行拳，劈崩钻炮横。吴老说有十年功夫，我说没有，练的东西很杂。吴老让我用最擅长的功夫打他。他当时有六十多岁，我才十九岁，我练形意有六七年的功夫，不是白给的，但我终不好意思，手软，我随便糊弄了一下。吴老说："不行！要真打。你如果把我打了，我还不如你，你还向我学什么？"当时我也想试试他到底有多大功夫，反正打出去，我也就不学了。我一个劈拳打出去，打在吴老身上，觉得一股反弹力一下把我弹出一米多远，撞在一口大水缸上。这下我服了。从此，大学生活，三年如一日，往返清华园和西直门，从师吴图南先生学习太极拳。1953年，我们当时大三学生奉教育部命提前一年毕业，结束清华大学的学习生活。当时，吴图南先生仅我一个徒弟，没有其他人从学，可以说是手把手地教，推手都是亲身和我推，当靶子。吴图南先生的这种反弹力是太极的高层功夫，正是我所追求的。①

这一时期的吴图南连续写出《中国武术史》《长寿学》《太极枪法》《中国陶瓷史》等著作。"文革"开始后，吴图南因新中国成立前诸多政治背景而被抄家，其收藏的一些珍贵资料、笔记，以及即将交付出版的手稿，皆被抄走，荡然无存。而后吴几次变更住所，最后被赶至城外一农舍。20世纪70年代初，一部分抄家物资退赔给吴，遗憾的是大部分书稿和笔记均已丢失。

　　吴图南曾提出，研究武术要摒弃私欲，不能冤枉古人，不能欺骗今人，不能贻害后人。②然而，作为"旧社会"过来的知识分子和拳师，更因民国时期曾长期在国民党机构任职，且与抗战期间叛国投敌的褚民谊私谊颇深，各种历史问题加在一起，1949年后的吴图南可以说是小心翼翼，对与自身相关的很多实情，皆含

---

① 于志钧：《澄清有关吴式太极拳的若干史实——致颜紫元先生的公开信》，《武当》2000年第10期。
② 李琏：《品味吴图南师爷的功夫》，《武魂》2010年第8期。

糊其辞、讳莫如深。经历了镇压反革命等一系列政治运动和思想清洗、改造，始终处于警觉状态，甚至不得不以谎言谋取生存的权利。此后所述多方面问题，非但与其自身相关者常有不实，即便有关的太极拳史，也时有出于一己臆造者。由于吴图南自称相继跟吴鑑泉和杨少侯两位太极拳老师学艺，所以后世不少人将其视为半个练吴式太极拳的，甚至至今还有人认为不该将其归入吴式，而应归入杨式。也有人说，吴图南并没有跟杨少侯学过小架，他的拳都是跟吴鑑泉学的。实在是众口不一。[①]

据自 1968 年起随吴图南学拳的李琏讲述：

师爷教太极拳或许与别人不同，他从定势入手，继而连势、推手、刀剑……一板一眼，十分认真。开始定势时，对于每一个动作要停几个呼吸，我们中间有的人不明白，便去问师爷。师爷回答说："老师怎么教我，我就怎么教你们。定势是吴家练习功力的拳法，是太极拳的基本功，开始一定要好好练习才是。"师爷从不吹毛求疵地讲那些虚浮的东西，平时看着大家练拳，如果哪里不对，他马上一丝不苟地加以纠正，我们把这称之为"掰拳"。他常常一边往烟斗里填烟叶，一边回忆往事说："我们教拳的不是卖拳的，你们是练拳的不是说拳的。所以练才是最根本的。当年我们在吴鑑泉先生拳房里学拳时，常常挨老师的竹棍。练起拳来，即便是在冬天，地上也能见一溜汗迹。到了杨少侯先生那儿就更惨了，干脆把你赶到八仙桌底下去练。只有练才能让功夫上身，功夫就是时间的积累啊！"我那时还小，只能一面闻着师爷烟斗里冒出的带有辛辣味的轻雾，一面似懂非懂地记下了老人说的话。

当时正是"文化大革命"如火如荼的时期，练习太极拳和提倡养生长寿，常常被人污蔑成宣传封建、搞活命哲学。师爷曾难过地对我说："这是中国人的文化遗产。活得时间长有什么不好，对人民贡献还多呢。我自在西北联大（抗战时期）以来就开始研究太极拳健身，没想到现在被人说成是搞活命哲学了。"老人家也有办法，不知从什么地方找来了一本"红宝书"，其中有一句话大意是这样的："有了病不要着急，既来之则安之，要散散步，游游泳，打打太极拳。"自此，师爷有了练太极拳的"理论根据"，后来有谁再说师爷搞活命哲学，老人就给他读《毛主席语录》。

记得刚开始学习推手时，师爷每每将我轻轻地向墙上送，后来渐渐地向墙上发放，师爷说这叫"贴碑儿"。等我内气足了，完全不怕打了，才开始任意

① 具体参见于志钧《澄清有关吴式太极拳的若干史实——致颜紫元先生的公开信》（《武当》2000年第 10 期）及林太民《关于〈澄清有关吴式太极拳的若干史实〉的澄清》（《武当》2002 年第 1 期）等。

吴图南演练杨少侯所传拳架

发放。和师爷推手，时而像激流放舟，时而像被电击，时而吸气无底，时而气塞胸中……感觉不一，不胜枚举。记得有一次在天文馆练罢拳，见四周无人，就对我说："你尝过太极劲吗？"我奇怪地说："您天天打我，用的不就是太极劲吗？"他说："是，不过让你尝个足的！你先活动活动。""不用了。"我随说随向老人伸出了手。谁知刚刚和他的手一接触，我的身体就像触了电一样，哆哆嗦嗦任其摆布，忽然又像被电击了一下，双脚离地腾空飞出，我极力想用雀跃之法解其劲道，但终是不能，最后还是仰面朝天倒在水泥地上，又像在冰上一样溜出了好远才停住。我起身一看，离老人足有十五六米远，身上的衣服也被搓破了几处。我依仗年轻全然不顾，跳起来又跑到师爷面前，冲着师爷伸手就是一下。师爷盯着我，前手食指朝前一探，我心里忽悠一惊，就觉得气冲到喉头，人也脚跟离地悬了空，随之又感腰间被人托了一下，眼前一片空白，竟从师爷肩头飞到身后，我急忙藏头缩背，一个翻滚躺在地上，半天才缓过劲儿来。这种从肩头扔到身后的打法，我只挨过一次，从没再见。师爷说过："凌空劲也叫失惊手，是双方刹那间劲气神的组合，应用要具备条件，抓住时机，在一瞬间以眼中之神拿住对方，方能奏效，若你给瞎子使凌空劲就没用。"

吴图南师爷极其博学，我和他聊天就如同在知识的海洋中遨游。为了和老人多学一点东西，我每天同他一起走到天文馆，又和他一同走回家。在这段路上，不知留下我们多少脚印与笑语。当时正值"文化大革命"，各学校全都停课闹革命。那时候，师爷除教我太极拳、太极剑、太极刀、太极拳小架与一部分太极功以外，还指导我学习了中国古代汉语、中国历史、哲学史，阅读了《老子》《庄子》等古籍。他不止一次地讲："做人要具备仁、义、礼、智、信，要正直、有道德。"记得有一次师爷生了病，几天没去天文馆。我觉得老人生活太清苦了，就向父母要了点钱，买了两只鸡，用报纸包了，又为了避开"革命群众"的眼睛，少给被管制的师爷、师奶找麻烦，就把鸡揣在大衣里面，溜进了师爷那间仅有七八平米的小屋。没想到，我诡秘的样子却引起了师爷的怀疑，他严厉地对我说："小李子，你这鸡是哪里偷来的，快给人家送回去。"我委屈地说："是买的。"师爷反问："你是学生，锛子儿没挣，哪儿来的钱呐？"我急忙说："我看您病了，很着急，钱是和爸爸要的。"师爷听了，责怪说："大人挣钱不容易呀，可别乱花钱。你快拿回去吧！"我只好说："这是我爸爸的意思，您留下吧！"师爷见我执意不拿，才勉强留下。在那个与人斗其乐无穷的年代里，师爷不但教我练拳，还教我如何做人。

师爷不仅是一位和蔼可亲的长者，而且也是一位神入化境的太极拳大师。

他在"文化大革命"中可谓大起大落，颠沛流离。六十年代的一天，师爷家被抄，一生所存的古玩、古书尽皆被席卷而去，屋里所剩无几。忽然，他见地上有亮光，师爷低头一看，是一分钱，老人便捡了起来，忽又哈哈大笑。这下可把师奶吓了一大跳，连忙扶着师爷问："你怎么了，不要紧吧？"不料师爷诙谐地说："这下子我有号了，以后这家就叫半文轩，我就是半文堂主。"后来师爷辗转流徙，住到了城外一家农舍里，然而身处逆境、生活清苦的师爷，竟写下了"白云朝朝过，青天日日闲。万安一老儿，独坐半文轩……"的诗句。①

据祝大彤讲述：

记得在"文革"初期，一次，吴老的家被红卫兵闹了个底朝天，我到吴老家时，吴老正坐在一堆被践踏的家具中，他指着一堆乱七八糟的家具说："抄完家和老伴儿找了一阵，找出一分钱，我们一人一半，我是'分半堂'主人。"说完轻捋美髯哈哈大笑，多么乐观的一位老人啊！我掏出身上仅有的三毛钱，可以买十个烧饼，下午一毛可买半筐处理的西红柿。后来街道安排吴老拳师扫街，老伴儿挖防空洞，每天三角钱工钱。就是在这样条件艰苦而且不被人理解的环境中，吴老依然笑对生活，活得十分坦然，更别说落泪了。

20世纪60年代末，在夹缝中生活的太极拳爱好者常到北京紫竹院公园听吴图南大师说拳。练罢拳到茶座休息，学生们又根据个人情况，每月拿出一斤粮票，二三元钱给吴老师糊口。各研究单位的高级知识分子时常到拳场或到家中，在经济上小有补助吴老先生的生活。在众多学子的关爱中，吴老拳师健康地生活并创造了一个生命的奇迹。

在"四人帮"横行的70年代初，联合国教科文组织有一位美籍华人张先生来到北京。他习练中国传统太极拳，久闻吴图南大师之名，也读过他的著作，这次他借度假之机特意寻访心中的偶像吴图南先生。

在北京他先找到体委，一位干部冷冷地告诉他吴图南死了。一个"死"字，可见"四人帮"十分恨吴老先生。张先生半信半疑，开始了在北京寻师问祖之行。他打听到吴老可能住在马驹桥，却无功而返。经过多方面打听，张先生终于在紫竹院公园找到了吴图南，并随其学艺数年。②

另据李琏讲述：

吴图南师爷对我说，他早年间曾珍藏过一本从端王府中流传出来的《武坛随录》，内里在太极拳的修炼方面与《太极拳法说》多有相似之处。可惜"文

①李琏：《根茂实自遂　膏沃其光晔——记太极寿星吴图南先生》，《精武》2001年第3期。
②祝大彤：《我所认识的吴图南》，《精武》2002年第6期。

革"抄家期间，此资料与另一本珍藏的张氏随笔一同被抄走，不知下落。①

即便横遭抄家多次，乃至被赶出城，生存环境极其艰苦，吴图南还是伏案笔耕，撰写了《太极松功》一书和大量文章。"文革"结束后，吴图南被"恢复名誉"，凭着自身在时代风浪转折变迁中对人情世故的历练体验，继续从事推广普及太极拳和养生长寿之学。他认为，"太极拳同书法、国画、戏剧等一样，是一种文化艺术，通过这种艺术，悟出养生长寿之道"，"他不但这么教别人，自己也是这么做的。他乐观豁达，平易近人，和蔼可亲，遇事不着急，落难不忧伤，任何情况下都不生气，别人说他好和坏，当面的、背后的，他都付之一笑"。②

据杨家仓记述：

> 我记得在七十年代的一个星期天，在北京西郊紫竹院公园，吴师与一身材健壮的小伙子试手，他虽已银须飘飘，却能将小伙子连连打出几米开外，跟跄而倒。围观的人很多，人们无不叫好。

> 又有一天，吴师正在紫竹院公园教拳，来了一位四十多岁的拳师，自称是东北来的，慕先生之名来求教的。吴师请他先演练点功夫看看，他在谦虚了几句后，从河沟旁捞上一块石头放在地上。抬手一掌，石头便被劈碎了。

> 当时我见状后，只咂舌头。接着，吴师便说："你功夫很好，何须再请教我呢？"那拳师还是谦虚求教。最后吴师说："那好吧，你朝我身上劈吧，随便往哪儿都行。"

> 对方一听，急了，说："那怎么行呢？"吴师说："既要想听听太极劲么，就不必客气，只管朝我劈来，越真的越好。"

> 此时，吴师右手拄着拐杖，左手拿着烟斗吸烟，那拳师用右手掌向吴师左脖根劈来。只见吴师身子略动，眼神一提，那拳师向后仰倒跌出。那拳师直起身子，问道："老先生，这是怎么回事？请指点。"吴师说："你回去好好琢磨琢磨便琢磨出来了。"当时围观的人很多，也都惊叹不止。③

20世纪70年代后期，中央领导人乌兰夫得知吴图南在"文革"中的遭遇，于1980年派人将吴图南及其老伴儿刘桂贞一起聘为北京市文史研究馆馆员。吴图南老两口至此才搬进新家，生活条件也有所改善。

此后数年，正是传统文化复兴的时期，全国上下，海内海外，武术和气功等中国文化的典型代表，呈现出前所未有的热度。吴图南多次参加这一时期的各类

---

① 李琏：《掌握"知觉运动"是修习太极拳的基础》，《武魂》2010年第7期。
② 中央国术馆史编辑委员会：《中央国术馆史》"吴图南"，合肥：黄山书社，1996年，第204页。
③ 杨家仓：《斯人已去　风范永存——忆老武术家吴图南》，《中华武术》1990年第2期。

武术活动。1984 年 2 月，中国武术协会主席徐才、北京市副市长孙孚凌和统战部负责人等一起到文史馆为吴图南祝百岁寿辰，并颁发了一面"武术之光"锦旗，以表彰其对武术界的贡献。同年 4 月，吴图南应邀出席在武汉举行的国际太极拳剑邀请赛，登场表演，做学术报告《太极拳四种功》，报告中划分了修炼太极拳的阶段，吴还获得了中国武术协会颁发的"武术教育奖"。同年，吴图南口授、弟子马有清编著的《太极拳之研究》一书，由商务印书馆香港分馆出版。1987 年夏至 1988 年春，吴应邀分别参加全国武术学术研讨会、首届中日太极拳比赛交流大会。1988 年 12 月，获中国国际武术节组委会颁发的"武术贡献奖"。数年之中，为传播长寿学和太极拳知识，吴图南还不断接待国内外各界来访者，心情愉快地度过了晚年。据李琏讲述：

> 师爷临终前也未卧床不起，他坐在沙发上，有人来看他，他都朗声接待。尤其是谈起太极拳来，依然端坐悬顶，神采不减。不知情者还以为老人病不重，一聊就是半天。我看了心似火烧，劝老人躺下休息，老人对我说："虎死不落架，人死道不灭！"[1]

1989 年 1 月 10 日，吴图南因肺炎合并心衰，辞世于北京福利院。其弟子门生有马有清、沈宝和、于志钧[2]、陈惠良等，亲传徒孙李琏。[3]据陈惠良述：

> 1988 年 11 月 27 日，我和吴老的弟子杨家仓兄前去探望吴老，临走时，吴老让老伴取出自家的相机，命杨兄为我俩合照一张相。照片冲洗后，我去画报社取相片时，旁边一位陌生人惊叹道："嗬！这老爷子，瞧这神气！"是啊，相片上的吴老，当时已年过百岁，虽因病小腿有些浮肿，但正襟危坐，那神气确似一柱擎天、奇峰突起。哪像是留影四十四天后会与世长辞的人呢？！[4]

吴鑑泉先生的另一弟子徐致一，与吴图南相较，似没有多少逸闻流传，相对平实。然而，从种种史料来看，民国时期上海、南京等地的国术及体育活动中时常出现他的身影，有时他担任要职。洗尽铅华，尘埃落定，徐致一留给后世的最深记忆，是他出版了两本太极拳著作，这两本书也是太极拳界难得的好书：一是出版于民国十八年（1929）的《太极拳浅说》，一是出版于 1958 年的《太极拳（吴

---

① 李琏：《根茂实自遂　膏沃其光晔——记太极寿星吴图南先生》，《精武》2001 年第 3 期。

② 有关于志钧事，另参见严翰秀《华夏存国术　书生有武魂——记教授太极拳名师于志钧先生》（《武当》2003 年第 4 期）等。

③ 有关吴图南事，另参见黎明《采访散记——访全国武协委员、北京武协副主席吴图南先生》（《武当》1983 年第 1 期）、杨家仓《斯人已去　风范永存——忆老武术家吴图南》（《中华武术》1990 年第 2 期）、祝大彤《道骨仙风吴图南》（《武魂》1999 年第 7 期）、陈静瑛《追随吴图南老人学拳的日子》（《精武》2000 年第 10 期）、李琏《我的师爷吴图南》（《武魂》2010 年第 7 期）等。

④ 陈惠良：《问尽天下众英豪　谁不翘指赞吴老》，《中华武术》1999 年第 4 期。

徐致一（1892—1968）

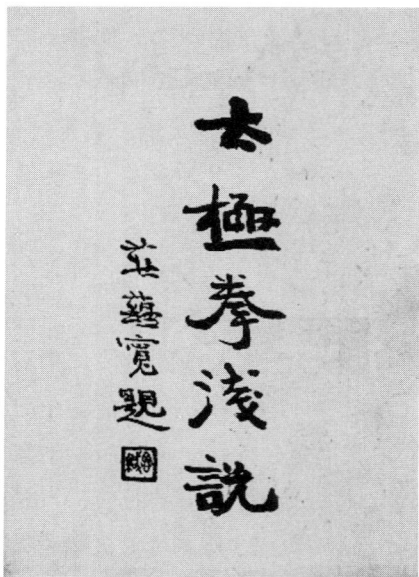

徐致一著《太极拳浅说》

鑑泉式）》。

　　徐致一，生于清光绪十八年（1892），浙江余姚人，"浙人居上海，幼入澄衷小学即以好身手著名。逮后由中学而专门大学，同学咸推为选手，与他校角球无战不胜，由是运动家之名大著"。徐致一于北京法政大学毕业后，"派赴江苏审计分处任事"，"民国五年后奉调入审计院"。公余即与同事陆鸿吉"纵谈武事"，并延请一武术教师"讲授各种拳法及刀棍等术"。[1]民国六年（1917）在北京从北京体育研究社教员吴鑑泉学太极拳。[2]据陆鸿吉述：

　　适都中体育研究社成立，延请太极拳泰斗吴君鑑泉，余与徐君乃偕往求见，执贽为弟子。吴师鉴余辈之诚亦悉心教授，十稔以来苦心练习，几于寒暑无间，其门下高足弟子，复日与余等游，更相印证，借资历练。徐君天资绝高，三四年间即已尽得此中三昧，每与人角辄得心应手，无往不利，余固望尘莫及，即吴师门下亦鲜能与之抗手矣。[3]

　　时任北京民国政府审计院院长的庄蕴宽慧眼识人，将侄女庄禾嫁与徐致一。庄蕴宽为清末民初著名的革命人物，光绪年间为地方官员，辛亥鼎革后曾出任江苏都督，而后进北京任民国政府都肃政使、审计院院长等职，是故宫博物院的创建人之一。

――――――――

　　[1]徐致一：《太极拳浅说》"陆序"，上海：文华美术图书印刷公司，民国十八年（1929），第九页。
　　[2]民国十三年（1924）十一月初版的《体育丛刊》（北京体育研究社、北京体育学校编，京华印书局印刷，北京体育研究社发行）中有徐致一之名，可为佐证。
　　[3]徐致一：《太极拳浅说》"陆序"，上海：文华美术图书印刷公司，民国十六年（1927），第九～一〇页。

民国十六年（1927），因政局变化，徐致一回上海谋职，在水泥公司工作，得识同门——国民党元老褚民谊，在太极拳方面令褚受益匪浅。是年九月，徐致一所著《太极拳浅说》一书由上海文华美术图书印刷公司出版，在以科学为利器的时代风气中，该书以力学、生理学等解释太极拳，深入浅出。该书再版时，褚民谊为之作序称：

> 徐君体仅中人，膂力亦不逮余甚远，余初意非余敌手，孰知每与推手，稍不经心，辄被挤于寻丈以外，其造诣之深于此可见。[①]

是年冬，徐致一应上海精武体育会聘请，业余讲授太极拳，受薪仅三月即要求改为义务教拳。[②]

民国十七年（1928），徐致一与姜容樵、马步周在上海组建健康实验社。是年十月六、七两日，上海举行国术考试，徐与其师吴鑑泉皆受聘为评判员。[③]

民国十九年（1930），徐致一离开水泥公司，此后一直任职于工商界。

民国二十年（1931）初春，旅沪绍兴同乡会开办俱乐部，设有太极拳项目。三月一日下午，徐致一到同乡会事务所开会，据次日报载：

> 绍兴七县旅沪同乡会为谋乡人正当娱乐，开办俱乐部，分书报、文艺、音乐、体育四组。兹悉书报组决定购备沪地各报，兼搜集七县各报，以资阅览；文艺组已将文虎奕棋等积极进行；音乐组先设备丝竹一项，大致均已购备；体育组先设备乒乓球、太极拳两项，太极拳已聘定吴鑑泉高足关教授练习，时间定每星期二、四、六及星期日下午八时至九时。其余各组于每日下午四时至十时开放。该会会员均可报名加入，即非会员亦得由会员介绍入会，共同娱乐。该会俱乐部委员昨在爱而近路二十六号该会事务所开会，到有胡熙生、寿孝天、徐致一、杜就田、王汉礼、鲁指南、朱重三、翁允和等，当即议定于本月十二日正式成立，各组同时即开始娱乐云。[④]

民国二十一年（1932），徐致一担任大中华火柴公司总事务所协理。是年春，曾教顾留馨等人习太极拳。

七月一日，全国体育会议筹备委员会第三次筹备会议议决由教育部聘请体育专家，徐致一及其师吴鑑泉均名列其中。[⑤]八月十四日，徐致一与吴鑑泉作为

---

① 徐致一：《太极拳浅说》"褚序"，上海：文华美术图书印刷公司，民国二十年（1931），第一四页。

② 金仁霖：《太极拳在上海》，《中国太极拳》1996年第4期。

③《本市国术考试今日预试　明日正试》，《申报》民国十七年（1928）十月六日，第四张第十五版。

④《绍兴同乡会筹办俱乐部》，《申报》民国二十年（1931）三月二日，第三张第十版。

⑤《全国体育会议聘张伯苓等专家》，《申报》民国二十一年（1932）七月三日，第五张第十七版。

会员共赴南京，据十四日报载，"沪上太极拳专家吴鑑泉、徐致一今日首途赴京"①，十五日报到。②八月十六日上午八时整，全国体育会议在南京励志社举行开幕典礼。会员一百二十二人，分为筹备委员、体育方案编制委员、教部主管人员、特请出席者、部会代表、省市代表、专家会员、学校体育主任、省市国术馆长、特许列席者。徐致一为"专家会员"二十三人之一。③所有会员分作审查员五组：目标组、行政组织组、研究组、实施与推行组、学成与其他组，徐致一为"实施与推行组"六十人之一。④二十日，大会行闭幕礼，当晚，会场所在的励志社"特备游艺，欢送全国体育会议会员，到会员、来宾及军校学员约五百余人"，徐致一表演太极拳。⑤由于门岗发生枪击事件，情况未明，徐致一当晚即乘夜车返沪。⑥

　　十一月二十七日，上海的中华体育会举行运动会，徐致一为主席之一。据翌日报载：

　　　　法租界东粉桥街中华体育会于昨日下午在市一体育场举行运动会，参加运动者百余人，观者五千余人。二时开会，由褚民谊、张之江（翁国勋代）、徐致一主席。莅会者有吴图南、叶大密、吴鑑泉、刘少筠、叶良等二十余人。⑦

　　民国二十二年（1933），上海市教育局筹备举行第三届全市运动会，九月初决定筹备委员及竞赛部各组委员会委员，其中国术委员会委员为：叶良（主席）、陈绪良、吴鑑泉、佟忠义、靳云亭、王壮飞、刘德生、徐致一、朱廉湘、章启东、罗叔青、陈微明、叶大密。⑧九月六日下午四时，上海市教育局在局内召集全市运动会全体筹备委员及各组竞赛委员会委员开联席会议，徐致一到会。⑨第三届上海全市运动会的国术比赛于九月二十一日下午二时起在中华球房开赛，连续三天，

　　①《行将开幕之全国体育会议·会员由沪赴京》，《申报》民国二十一年（1932）八月十四日，第三张第十二版。
　　②《全国体育会议开幕·昨日续到会员》，《申报》民国二十一年（1932）八月十六日，第三张第十二版。
　　③《全国体育会议开幕·会员资格分类》，《申报》民国二十一年（1932）八月十六日，第五张第十七版。
　　④《全国体育会议第一日·第一次大会纪·报告五组审查员》，《申报》民国二十一年（1932）八月十七日，第三张第十二版。
　　⑤《全国体育会议第五日·昨晚励志社备游艺享会员》，《申报》民国二十一年（1932）八月二十一日，第四张第十四版。
　　⑥《全国体育会议第五日·昨离京之会员》，《申报》民国二十一年（1932）八月二十一日，第四张第十四版。
　　⑦《中华体育会运动会记》，《申报》民国二十一年（1932）十一月二十八日，第三张第十二版。
　　⑧《全市运动会重要职员决定》，《申报》民国二十二年（1933）九月三日，第五张第二十版。
　　⑨《全市运动会比赛场地决定》，《申报》民国二十二年（1933）九月六日，第四张第十六版。

每天下午举办。徐致一任拳术和测力评判员。①

其时，南京举行全国运动会，徐致一受聘为国术"拳术器械比赛暨拳术器械表演""测力"裁判员和"管签分组"成员。②

十月二十一日，第二届国术国考正式考试，徐致一为评判委员。③

民国二十三年（1934）一月，上海市市长吴铁城重新聘定上海市国术馆董事四十五人，徐致一为其中之一。④吴铁城为馆长，王晓籁、袁履登为副馆长，李大超、顾文生、叶良、陈绪良、凌蔚川、朱廉湘、袁鹤松、黄福庆、江长风九人为常务董事，闻兰亭、徐致一、王壮飞三人为监察董事。⑤

六月二十日，褚民谊由南京到上海太极操讲习班表演，时任上海招商局秘书长的徐致一作为褚民谊的同门也到场参观。据二十二日报载：

> 去岁之夏，教育部以褚民谊氏之提倡太极操，主办体育班，内设太极操一科，即由褚担任教授，各地遂竞相仿效。海上体育班同学会亦组织太极操研究会，推沈宝伦、顾舜华、阮蔚村、蒋集成、李实五人为委员，会员共二十余人，先后应海上各校之聘为义务教授，日来益形发达，致人数不足分派，乃与中华体育会同作，设立太极讲习班，以期普及。班址则设于城内万竹小学及法租界东新桥研究会本址，仍以褚为导师。开办以来，颇著成效。前日，褚由京来沪，于万竹举行讲习班表演。来宾参观者甚众，有教育局长潘公展、招商局秘书长徐致一、国术分馆太极拳教师赵寿邨等，徐、赵二人皆为太极拳第一名手吴鑑泉之门人，精太极拳，与褚为同门。两江女子体育师范太极操班亦到会参观。先由褚演说太极操之效用与练习方法，并操演手法，次全体摄影之后，即由两江女子体校太极操表演，动作齐整。操毕，有一老者同十岁小儿表演太极拳，甚精粹可观。继后即讲习班表演，由交通大学体育教员呼口令，全班共四十余人，皆能动作不逾范围，非易事也。褚复拟请徐、赵二君演太极拳推手，则以为时已晏，自八时开会，已迄十二时余，故未能表演，只可待诸下次开会时矣。⑥

十月十五日，上海市国术馆在天后宫第五教练场举行毕业考试，由叶良、佟

---

①《国术今日开赛》，《申报》民国二十二年（1933）九月二十一日，第四张第十三版。
②《全运会国术裁判员》，《申报》民国二十二年（1933）九月二十七日，第四张第十四版；《国术职员》，《申报》民国二十二年（1933）十月十日，第十五张第五十九版。
③《国术国考·评判委员题名录》，《申报》民国二十二年（1933）十月二十二日，第五张第二十版。
④《市国术馆改组》，《申报》民国二十三年（1934）一月七日，第三张第十一版。
⑤《吴市长欢宴市国术馆董事》，《申报》民国二十三年（1934）一月十四日，第四张第十四版。
⑥南宫生：《太极操讲习班表演记》，《申报》民国二十三年（1934）六月二十二日，第四张第十六版。

忠义、陈绪良、朱廉湘、徐致一、吴鑑泉、靳云亭、朱仁航等分任评判。①

是年，徐致一担任中华体育会副会长，同年被聘为上海市国术分馆监察董事，被精武体育会聘为理事，并在该会任教。

民国二十四年（1935）年初，鑑泉太极拳社迁到福煦路慈惠南里。一月二十八日，《申报》登载《鑑泉太极拳社成立分社征求会员启事》，褚民谊、徐致一、马岳梁三人为发起人。

五月八日，上海市国术馆特开大会欢迎中央国术馆馆长张之江，徐致一作为该馆董事到会。②同月，由徐致一与褚民谊、唐豪等在上海创办的国术统一月刊社发起国术讲演会，由各团体推选讲师，其中精武体育会的讲师为徐致一，据报载：

> 国术统一月刊社为褚民谊、徐致一、唐豪等所创办，由姜侠魂主编。其内容以理论技术、历史建设并重兼蓄，其宗旨以内外各家不偏不倚，公开提倡。出版以来，风行全国，声誉超著，定户逾万。凡中央各省党政、军警、文化各机关，莫不购备。兹本发扬武道之素志，联合各国术团体，并敦请褚民谊先生主持，发起国术讲演会，由各团体推选讲师，讲演国术之学理、技术、历史诸题。现得精武体育慨允借座，以最适中地点南京路大陆商场特区一分会为讲演场所，决定第一讲计十次，准于六月二日（星期）上午十时第一次开始讲演。嗣后按期风雨不更，欢迎听众，无券入场。兹将各团体推选出席讲师列下：中华体育会、国术团体联合会、国术统一月刊社为褚民谊，市国术馆为唐豪，精武体育会为徐致一，致柔学社为胡朴安，武当太极社为章乃器，青年会国术组为吴一非，鑑泉太极拳社为马岳梁，进德国术会为姜容樵诸君。尚有专家不及参加，拟举行第二讲十次云。③

七月二十八日，上海市选拔参加全运会的国术选手，由选拔委员会国术股主席叶良及委员徐致一、叶大密、朱廉湘、罗叔青，国术专家吴鑑泉等，分任评判。④

十二月二十二日，徐致一就太极拳派分问题复函田镇峰，内称：

> 《求是》二卷二期内说："现在太极拳的内容，虽日形减色，但太极拳的派

---

①《市国术馆举行会员毕业考试》，《申报》民国二十三年（1934）十月十六日，第四张第十五版。

②《张之江视察市国术馆》，《申报》民国二十四年（1935）五月十日，第四张第十五版。

③《国术统一月刊社等发起国术讲演会》，《申报》民国二十四年（1935）五月二十九日，第三张第十二版。

④《本市参加全运会国术选拔第一次预选》，《申报》民国二十四年（1935）七月三十日，第三张第十二版。

别，已渐有增加……"不知道的人，必说兄存心挖苦，其实正足以见到吾兄苦口婆心的地方，不怕得罪人，偏要说出来；也正足以见到吾兄的大无畏精神，而值得钦佩的地方。这些并不是客气话，无非见仁见智而已。不过兄说上海有一个吴派，我却不能不说明几句，吴先生的功夫够不够成派，及吴先生的成派，是不是公认的事实，我在此处不想说它，我所要说明的，是吴先生常常对人说，他的太极拳是从杨家学来的，可见得吴先生自己没有称派的意思（至少没有这种表示）。至于吴先生的学生们，据我所晓得的，也没有说吴先生的太极拳与人不同，应该自成一派的。学生中赞美吴先生功夫好的，却不能说没有，但说得过于离奇的也没有，如果外面有人说上海吴派，只能认为外界代吴先生造作派别，吴先生同他的学生们，都不应该负责任的。兄说对不对？①

民国二十五年（1936）五月十一日晚，上海国术团体特假八仙桥青年会九楼，为即将领导选手出国参加世界运动会的考试院院长戴季陶饯行，徐致一参加宴会。②

五月十七日，上海国术团体在功德林追悼太极拳名师杨澄甫，徐致一作为中华体育会会长参加追悼会。③

十月二十二日，上海市第四届全市运动会在市中心区体育场开幕，国术组的拳术和器械表演于十时开始，各国术评判——徐致一、陈微明、武汇川、孙存周、吴鑑泉、刘德生、罗叔青、靳云亭等分任评判，国术评判长褚民谊亦到场监理一切。④

十二月六日下午，中华体育会举行援绥运动会，徐致一作为中华体育会会长到会报告。据次日报载：

中华体育会为绥远前线将士，特于昨日假座九星大戏院举行援绥行动大会，下午二时开始。计到社会局局长代表邵汝干，及胡朴安、周邦俊等。由该会会长徐致一报告。章启东、翁国勋、王荣海、孙一鸣、王胜白、顾舜华、李新华等分任待招，大夏大学之童子军维持秩序。节目有精武体育会音乐，中国女体师捕鱼人健身舞，育童福哑二校学生演说及四音合唱、叠罗汉，傅女士之钢琴独奏、踢毽舞，大同学会国乐，盲人吴少柴钢琴独奏，郑怀贤飞叉，胡朴安、陈微明太极推手，吴鑑泉太极拳，孙存周八卦剑，佟忠义、刘德生之八仙

①徐致一：《徐致一太极拳研究》"太极拳研究文存·太极门派形成之因素"，太原：山西科学技术出版社，2010年，第47~48页。
②《国术团体公饯戴院长》，《申报》民国二十五年（1936）五月十三日，第四张第十五版。
③《太极拳名师杨澄甫追悼会》，《申报》民国二十五年（1936）五月十八日，第三张第十二版。
④《国术表演》，《申报》民国二十五年（1936）十月二十三日，第二张第八版。

剑，世运国术选手傅淑云太极拳，张文广、郑怀贤及该会全体会员国术等精彩表演。来宾五百余人，对于爱国情绪非常热烈。所得券资悉数慰劳绥远将士，以唤醒全国同胞之注意云。[1]

民国二十六年（1937），徐致一被聘为精武体育会理事长。

民国二十八年（1939），徐任上海难胞生产消费合作社筹募委员会筹备委员，筹备国术表演。

民国三十六年（1947）春，身为精武体育会常务理事的徐致一和会长张文魁等人成立了精武摔角团。民国三十八年（1949）年初，徐担任精武体育会的会务复兴委员会主席。

1949年5月，上海解放，徐致一到上海市轻工业局工作，并与翁耀衡、朱廉湘等共同主持精武体育会会务。1950年3月12日，徐任上海体育会下属的上海市国术联谊会主席，同年参加中华体育总会在北京召开的武术座谈会，探讨竞技武术的发展。1953年9月，徐致一为华东区第一届人民体育运动大会主席团成员。是年，天津市召开全国民族形式体育表演及竞赛大会，徐任武术竞赛评判长。1956年下半年，精武体育会下交虹口区体委管理，徐致一被调到北京。1957年，在北京举行的全国武术评奖观摩大会上任总裁判长。1958年，当选为中国武术协会第一届委员。是年，年近七旬的徐致一从上海市轻工业局正式退休，因其子徐亦庄在清华大学任教，遂随子居于清华十六公寓四〇二号，平日教一些大学生爱好者习练太极拳。是年7月，人民体育出版社出版了徐致一编著的《太极拳（吴鑑泉式）》。该书除使用吴鑑泉的拳照，还使用了吴鑑泉亲属赵寿邨和吴耀宗的拳照。次年，还在北京体育学院学习的武淑清开始跟徐致一学拳，据武淑清述：

北京体院离清华大学很远。步行得四五十分钟。我们学校当时规定，学生不准随便出校门，我每次去徐老师家练拳都是吃过晚饭或利用其他业余时间去的。徐老师不顾年迈，有求必教。我担心他劳累过度，每次都给他搬过一个小竹椅子。可他哪里坐得住，每教一个动作，都反复几次甚至几十次地讲解示范，一丝不苟。有时师母把饭菜做好催他几次，他却认真地说："教人要教到底，送人要送到家，等把她教会了再吃也不迟呀！"直到我把动作要领、劲力、姿势掌握正确，他才满意地离去。徐老师这种精神深深地感动了我，使我的太极拳水平提高得很快。

徐老师不仅教我练武，更重要的是教我如何做人。他以身作则，待人接物

---

[1]《中华体育会举行援绥运动会》，《申报》民国二十五年（1936）十二月七日，第四张第十三版。

光明磊落。由于他公务很多，会议也多，每次开会时，他都提前把要带的东西准备妥当，从不迟到早退。他常对我说："不管做什么事，都要一丝不苟，决不能马马虎虎，更不要做违反纪律的事，要行得光明，走得正大。"

徐老师在生活上对我的关心也是令人难以忘怀的。我在北京体院上学期间，家庭经济条件很差，家里没有能力供我上大学。学校只发给我七块钱的助学金。而在体院学习又需要一定的营养。徐老师得知我的情况后，解囊相助，每月给我一定的生活费用供我上学，而且鼓励我说："你只管好好上学，有什么困难，我会帮你解决的。"寥寥几语，点燃了我心中发奋向上的烈火。在徐老师的帮助下，我顺利地完成了五年的大学学业。[1]

徐致一的弟子白玉玺也记述了一段随师习拳的经历：

我自 1960 年经师妹武淑清介绍和恩师徐致一先生相识，在恩师那里我领略了他所习传的吴先师架势和技击的风采和魅力。从此，我就跟随恩师学习吴式太极拳和技击，直至恩师仙逝。徐老师教拳的风格和我以前的老师不同，强调必须先由理论入手，要求将拳理弄清楚，然后在拳理的指导下再练拳；开始习练应严格按照老师的要求规范动作，要"循规蹈矩"；练到较高的程度后，才可重意不重形，进而将拳架打出轻灵、潇洒之意。讲解推手时，徐老师要求首先重"听劲"，以化为主，不丢不顶，劲法轻灵，绝不用拙力。徐老师的多年教诲和一招一式手把手的传授使我受益匪浅，也使我在对太极拳的理解上少走了许多弯路。时至今日，回想起和徐老师在一起的日子，他的风采仍历历在目。

徐老师当时住在清华大学，我一周要去学习几次。其子徐亦庄大哥是清华大学教授，我国著名的物理学家、光学家；同时他还是赵寿邨的弟子。我们时常在一起推手。他们的为人都十分谦虚，平易近人，没有所谓知识分子的"架子"。我当时是一名普通工人，经常穿着工作服去老师家里。徐老师给我说拳，手把手地拆解推手的技击招式，一练就是大半天，有时就在老师家里吃饭。师娘与大哥、大嫂对我就像自己家人一样。虽时隔多年，但今天想起来仍心中很温暖。

徐老师对我很器重，也非常关心我，并毫无保留地将他的武学传授于我，使我非常有幸能在他晚年得到那些宝贵的吴式太极拳真传。徐老师的功夫高、名望大，当时经常要出席武术界的一些活动，这时徐老师都会要我陪同。20 世

---

[1] 武淑清：《我的老师徐致一》，《中华武术》1984 年第 4 期。

纪 60 年代我在太平湖教拳，徐老师每个月都去一两次，亲自指导。当时有军队高层请我去做专职的武术教师，但徐老师对我说："我是业余的，作为我的传人，希望你也能做一名业余的武术工作者。"我遵从了他的教导，直至今日，一直业余从事武术工作。当时不甚了解，后来回想起来，我才体会了徐老师的良苦用心，他希望我能在不受外界功利的影响下潜心研究太极拳。①

1964 年 8 月，《太极拳（吴鑑泉式）》第五次印刷，徐致一重新修改补充后，改名为《吴式太极拳》。关于徐致一流传于世的太极拳著作，杨澄甫再传、李雅轩弟子张义尚有所评述：

> 先生（吴鑑泉）之弟子，以徐致一为最著名，能以生理、心理与物理力学解释太极拳之内涵，其所著《太极拳浅说》与《吴式太极拳》，比所有的太极拳著作都好，乃能知道太极拳之真正味道者，不特陈、武、孙诸式著作不能望其项背，就是陈微明、郑曼青编著之杨式的《太极拳术》《太极拳体用全书》，也要稍逊一筹。杨式太极没有一本像样的书籍，李师的书很好，但又未能出版，确是憾事。②

晚年时期的徐致一

"文革"期间，徐致一之子徐亦庄惨遭造反派毒打近死，幸赖白玉玺相助。据徐致一之孙徐弘讲述：

> "文革"中父亲被造反派抓去，

造反派说你不是会武功吗，那就把头蒙起来打。当时把父亲的眼睛蒙上，强迫他站在凳子上，四个人从四个方向打，打了几天，直至打得父亲遍体鳞伤昏死过去，后被当成死尸半夜悄悄从清华大学科学馆的后门扔了出来。父亲醒来后，爬了四五个小时才回到家中。当时他伤势非常严重，正当祖父和家人不知所措时，白叔叔来到我们家（当时"文革"中差不多所有的人都远离我们家，

---

① 白玉玺：《回忆老师——为徐致一著作再版而作》，见徐致一：《徐致一太极拳研究》，太原：山西科学技术出版社，2010 年。

② 张义尚：《武功薪传》"吴式太极诸名人传略"，北京：社会科学文献出版社，2012 年，第 326 页。

只有白叔叔还时常来家中看望祖父和我们）。当白叔叔得知父亲的情况后，当天就把他的老师张作芬先生请到家中为父亲疗伤。尽管白叔叔当时已经在正骨方面很有名了，但为了更好地为父亲治病，他还是请来了他的老师。张老师用白酒为父亲全身按摩、敷药，并将全身用纱布包裹。父亲在床上躺了三个月方得以康复，而度过了那最危险的日子。[1]

1968年初，徐致一辞世。[2]

五、绵延不绝的常远亭支脉[3]

常安，字远亭，蒙古族人，生于清咸丰十年（1860），卒于民国七年（1918）。晚清进宫廷充任四品侍卫，后晋升为二品带刀侍卫，兼教技击，人称"七大爷"。常远亭师从全佑多年，据其孙讲述：

> 当年全佑祖师将杨式太极拳传给我爷爷常远亭，常远亭又传给我伯父常庆禄（常云阶）、我父亲常庆寿（庆松年）、刘林贞、刘林生、鲁贵昌等人。我伯父常庆禄（常云阶）在1930年左右随吴鑑泉师爷去上海发扬吴式太极拳，所传弟子也不太多。
>
> 我家是蒙古族人，每辈一个姓，找起来也很困难。我爷爷常远亭昔日乃杨式太极拳传人，有些遗物、手抄歌诀、太极拳本以及书信、相片等。[4]

常云阶（1904—1970），幼随其父习艺，家教严格，据说每天练拳几十遍，每个动作都要合乎法度。常云阶练拳谨守规矩，深得家传。

抗战初期，常云阶随消防队由北平南下上海，先是寄居在师叔吴鑑泉家，协助授拳。后为生活所迫，一直在上海太古码头当警卫，经常省下口粮接济工友。

常云阶推手擅长柔化，发劲雄浑而不失轻灵，能将人腾空掷出。常云阶定居上海浦东民生路铜山街期间，邻居王成祥年长其十几岁，擅长技击，二人友好，

---

① 徐致一：《徐致一太极拳研究》"编后记"，太原：山西科学技术出版社，2010年，第60页。

② 有关徐致一事，另参见李嘉福《向徐致一先生学拳的二三事》（《武魂》2008年第6期）等。

③ 本篇主要参考朱伟《常式太极拳创始人常云阶先生》（《武林》1983年第10期）、庆继宗《有关"常式太极拳"》（《武魂》2002年第9期）、顾福元《濒于失传的全佑老架太极拳》（《武魂》2004年第1期）、刘泰山：《宫廷（常氏）太极源流及精要》（广州：暨南大学出版社，2013年）等。

④ 庆继宗：《有关"常式太极拳"》，《武魂》2002年第9期。

时而聚谈拳技，一次王想试试太极拳，与常交手，三两下便跌出，随后率众徒拜常为师。

新中国成立之初，常云阶在友人劝说下开始择徒授艺，但从不收费，也不滥传，因材施教，内外有别。其拳架称为老架，也称"七大爷架"，似苍龙盘缠、游蛇觅路，幽沉古朴、起伏绵柔、轻灵舒展、柔韧挺秀、神意充沛、婉转折叠。先后从习者不下五十人，因所传拳架低、要求高，能持之以恒者不多，而能得其意者更少。坚持习练十年以上者，只有张伟功、马殿臣[①]、吴邦才、戴笔、张玉涛、魏道胜、汪波[②]、淡玉华、丁胜之、陈连喜、卜培甫等数人。常云阶授徒多为全佑老架，杨班侯"三连架"仅传马殿臣（1940—2003）[③]。

1976 年秋，时为上海市武术协会主席的顾留馨认为：

> 常拳既有别于吴式又不同于杨式，其架式低沉，劲走螺旋、内意丰富、起伏自如，具有浓郁的古典太极拳色彩。经研究，一致认为这是吴式的老架子、杨式的大架子，经常家父子二代人学而后化，独具一格的太极拳。[④]

---

① 有关马殿臣事，参见王祥富、李保发《愿常式太极拳走向全国——访马殿臣》（《中华武术》1986 年第 1 期）；刘泰山编著《宫廷（常氏）太极源流及精要》"常氏太极文史录·马殿臣老师"（广州：暨南大学出版社，2013 年，第 52 页）。

② 有关汪波事，参见顾福元《洋洋武海一汪波》（《武魂》2004 年第 4 期）等。

③ 刘泰山：《宫廷（常氏）太极源流及精要》"常氏太极文史录·前辈常云阶"，广州：暨南大学出版社，2013 年，第 51~52 页。

④ 刘泰山：《宫廷（常氏）太极源流及精要》，广州：暨南大学出版社，2013 年，第 2 页。

第五章

理法融通

——武禹襄和他的后传

在杨禄躔父子进京授艺期间，直隶广平府城的武禹襄（1812—1880）也在家中潜心琢磨拳术。其两位兄长皆进士出身，而武禹襄因故绝意仕途，放弃科考，终身以教读为业，结合所得山右王宗岳《太极拳论》，其拳术自成风格，并总结出多篇经验，传授其甥李亦畬（1832—1892）。李为儒生，亦有拳论传世。到第三代郝为真（1849—1920）时，顺应时势，拳艺广为传布。郝氏弟子徐震等人，接续武派文脉，考订拳技，著述甚丰。

一、广府武氏

武河清，字禹襄，号廉泉，以字行，清嘉庆十七年（1812）生于直隶广平府城。武氏自明初永乐年间从山西太谷迁居至此，到武禹襄已是第七世，为广平府永年县四大望族之一。武禹襄曾祖武镇（静远）是武生，"卫千总衔"[1]。祖父武大勇（德刚），少时因体质羸弱，废读改骑射，成为武生。[2]但自觉贻误一生，遂禁止子侄习武。光绪《永年县志》有载：

> 武大勇，字德刚。少业儒，体羸，废读改骑射。弱冠入郡庠，性慷慨，遇事果断有为，能得大体。有艰巨事，郡司必延主办，从容措之，裕如也。尤喜排难解纷，邑人因争产急构讼，得大勇一言，立解。轻财好义，累散千金，有以患难告者，虽非素习，必极力拯恤之。敬礼士人，子侄欲习武，辄禁止曰："吾已误，尔曹不可再误也。"轶事甚多，邑人至今称道不衰。子烈、煦，均游庠。[3]

武禹襄父亲武烈（丕承），庠生，遭母丧，因哀痛过度，很早过世。在光绪《永年县志》也有一段记载：

---

① 王树枬：《武禹襄墓表》，见武敬绪：《永年武氏族支合编》，民国二十年（1931）。
② 王树枬：《武禹襄墓表》，见武敬绪：《永年武氏族支合编》，民国二十年（1931）。
③ 清·光绪《永年县志》卷之二十九"笃行"，第十页。

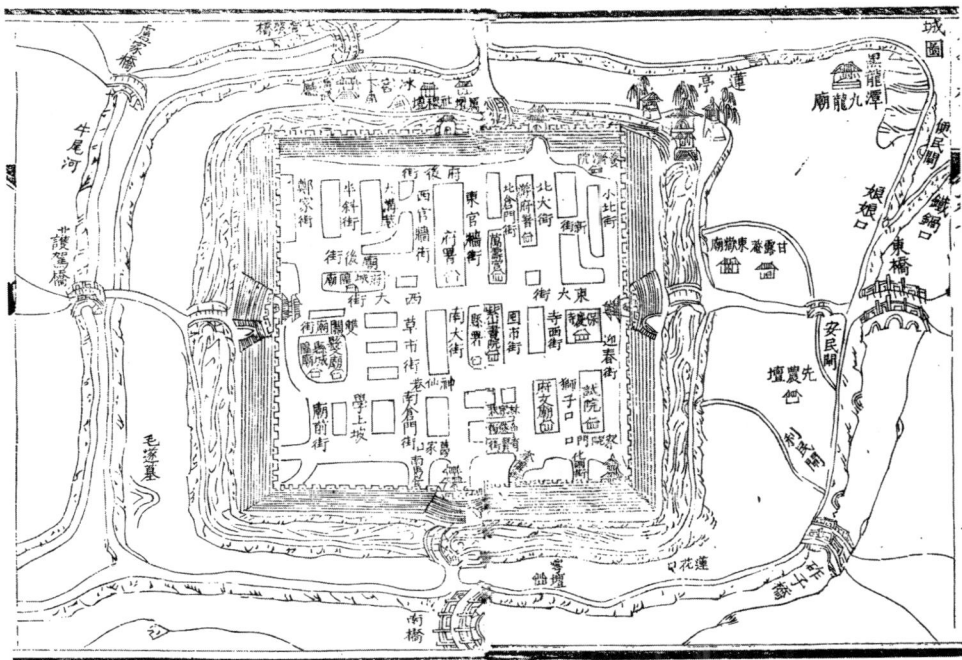

清光绪《续修永年县志》中的广平府城图

　　烈，字丕承，邑庠生。性质厚，寡言，不轻喜怒。事亲至孝，体素丰，遭母丧，哀毁骨立。生平不妄交，惟与同里夏发荣称莫逆。侪辈或以非礼相加，怡然任之，久则人人感服。卒年三十三岁，闻者莫不太息。[①]

　　武禹襄母亲赵氏，"宣化镇君子堡把总宏勋女。幼熟经书，达大义。十九子归，事舅姑，以孝闻。姑疾，奉汤药，涤厕盂，昼夜不假寐。尝中夜露祷于庭，得寒嗽病。自课诸子，口授指画以六经四子书，如是者六七年。夫病瘟，医药无效，或谓以口吮胸，汗出则愈。病者愈，吮者必病。赵曰：'果尔，死不恤，病奚辞。'遂吮之，烈终不起，赵病几危，时年二十九。翁殁，家益贫，昼操作，夜纺绩。尝自制冬衣，缀以敝葛。子通籍后，荆布如故，亲族有以缓急告者，则倾资不恤"[②]。

　　武禹襄有二兄，"长讳澄清，次讳汝清，君其季也"[③]。父殁时，长兄十八，仲兄十四，武禹襄年方六岁。孤儿寡母，家贫如洗。其时，长兄为诸生，名重乡里，

①　清·光绪《永年县志》卷之二十九"笃行"，第十页。
②　清·光绪《重修广平府志》卷五十六"列女传二·永年"，第十九页。
③　王树枏：《武禹襄墓表》，见武敬绪：《永年武氏族支合编》，民国二十年（1931）。

授徒养母，兼课两弟读书。

武澄清（1800—1884），字霁宇，晚号秋瀛老人，道光十四年（1834）甲午科中举，主讲于秀洺书院，成材甚多。武汝清（1803—1887），字酌堂，号兰畹。道光二十年（1840），武汝清得中庚子科进士，授刑部四川司员外郎，为人廉正。其时，曾国藩署刑部侍郎，谓某大臣曰："武某清正，若辈不如也。"此后，昆弟三人"瞻材亮迹，并声于时"[①]，而武禹襄"博书史，有文炳然，晃晃埒伯仲，而独摈绝于有司，以诸生终"。王树枏在《武禹襄墓表》中记述了事情的原委：

> 道光二十九年，朱侍郎尊视学广平，能君文，以为老宿，冕同试生，将选贡成均。而是时，祖墓适陁陊于盗，当事某稽，不即贞治。愤争于庭，继以号泣，卒以憨直忤某，惙其行，上之学使。时榜且发矣，竟铲君名，而易以他人之不逮君者。君既不幸见黜，复连试京兆，再荐再黜，幡然曰："得之不得命也，竭力目心思，囚神瘁形，壹从事于毕生不可知之名，而于曩昔圣贤所谓求则得、舍则失者，竟死傎倒而罔知一返，其在我者之所为，此何为者哉！"于是绝进取志，迥迥独达，以才干志行为当时大人所器。[②]

武禹襄性至孝且耿直，因祖坟被盗，愤争于庭，得罪官员，累及科考，屡试屡黜，遂绝意仕途，"未能以科名显"[③]。

据说，"初，道光间，河南温县陈家沟陈姓有斯术（拳术）者"，武禹襄"急欲往学，惟时设帐京师，往返不便，使里人杨福同往学焉"。[④]同乡杨禄躔赴河南怀庆府温县陈家沟从陈长兴学，十余年后技成返里，其技与众不同，称为"化拳"或"绵拳"。武禹襄"见而好之，常与比较"，仅得大概。关于武禹襄的习艺经历，其外甥李亦畲于光绪七年（1881）所作的《太极拳小序》中说：

> 太极拳不知始自何人。其精微巧妙，王宗岳论详且尽矣。后传至河南陈家沟陈姓，神而明者，代不数人。我郡南关杨某，爱而往学焉，专心致志，十有余年，备极精巧。旋里后，市诸同好。母舅武禹襄见而好之，常与比较，彼不肯轻以授人，仅能得其大概。

① 武莱绪：《先王父廉泉府君行略》，见贾朴：《〈先王父廉泉府君行略〉简注：武派太极拳创始人武禹襄史料之一》（《武魂》2000 年第 10 期）。

② 王树枏：《武禹襄墓表》，见武敬绪：《永年武氏族支合编》，民国二十年（1931）。

③ 武莱绪：《先王父廉泉府君行略》，见贾朴：《〈先王父廉泉府君行略〉简注：武派太极拳创始人武禹襄史料之一》（《武魂》2000 年第 10 期）。

④ 武莱绪：《先王父廉泉府君行略》，见贾朴：《〈先王父廉泉府君行略〉简注：武派太极拳创始人武禹襄史料之一》（《武魂》2000 年第 10 期）。

素闻豫省怀庆府赵堡镇，有陈姓名清平者，精于是技。逾年，母舅因公赴豫省，过而访焉。研究月余，而精妙始得，神乎技矣。[1]

又据民国期间武派传人徐震叙述：

露蝉归自陈家沟，虽身怀绝技，以单门寒族，不为乡里所重。武氏兄弟慕其技之精妙，皆折节与交，露蝉以武氏为永年望族，亦倾心结纳。[2]

咸丰二年（1852），武禹襄长兄武澄清得中壬子科进士[3]，"甲寅（1854）补河南舞阳县县令"[4]。

武禹襄"应豫抚之聘，偏道过陈家沟"[5]。其时，陈长兴已老病（翌年而殁）。因素闻河南怀庆府温县赵堡镇陈清平亦精此技，又访温县赵堡镇陈清平，"研究月余，奥妙尽得"[6]。据传，武禹襄到赵堡镇访陈清平时，陈正为官司牵连。怀庆府知府与武家为旧好，武禹襄请其出面了结，陈深为感激，遂留武禹襄在赵堡镇居住月余，将太极拳技之窍要悉数授予。[7]据民国时期杨明漪记述：

杨由河南归，述之武禹襄。武至河南，值陈清平病，半身不遂，然亦详细传之。李载堂述之甚详，载堂闻之陈秀峰，秀峰广平人，班侯弟子也。[8]

武禹襄"返里后，精益求精，亦神乎其技矣！常持一杆舞之，多人围绕以水泼之，而身无湿迹"[9]。

其时，南方太平军北征，工部左侍郎兼署刑部左侍郎吕贤基奉旨于江右督办团练，肃书币招武禹襄入军幕，禹襄以母老辞。[10]而长兄武澄清则在舞阳任上联络

---

① 李亦畬著、二水居士校注：《王宗岳太极拳论》，北京：北京科学技术出版社，2016年，第二三～二四页。

② 徐震：《太极拳考信录》"杨武两家拳谱异同第七"，南京：正中书局，民国二十六年（1937），第一六页。

③ 王树栯：《武禹襄墓表》，见武敬绪：《永年武氏族支合编》。另，《进士题名录》载：武汝清，清道光二十年（1840）庚子科三甲二十八名；武澄清，清咸丰二年（1852）壬子恩科三甲九十二名（参见朱保炯、谢沛霖：《明清进士题名碑录索引》上，上海：上海古籍出版社，第585页）。清·光绪《永年县志》载：武汝清，道光五年乙酉科举人；武澄清，道光十四年甲午科举人；武汝清（刑部），道光二十年庚子科进士；武澄清（河南舞阳县知县），咸丰二年壬子科进士（见光绪《永年县志》卷二一三　选举　四十三至四十六）。

④ 武敬绪：《永年武氏族支合编》，民国二十年（1931）。

⑤ 《武禹襄传》，见吴文翰：《武派太极拳体用全书》，北京：北京体育大学出版社，2001年，第441页。又有说，武禹襄赴豫省乃奉母命前往探望长兄武澄清。

⑥ 武莱绪：《先王父廉泉府君行略》，见贾朴：《〈先王父廉泉府君行略〉简注：武派太极拳创始人武禹襄史料之一》（《武魂》2000年第10期）。

⑦ 吴文翰：《武式太极拳学派及其传人》，《武魂》1994年第8期。

⑧ 杨明漪：《近今北方健者传》"杨陆禅"，民国十二年（1923），第一七页。

⑨ 武莱绪：《先王父廉泉府君行略》，见贾朴：《〈先王父廉泉府君行略〉简注：武派太极拳创始人武禹襄史料之一》（《武魂》2000年第10期）。

⑩ 王树栯：《武禹襄墓表》，见武敬绪：《永年武氏族支合编》，民国二十年（1931）。

乡团，亲练壮勇，与犯境之捻军作战，入山剿捕，督率民勇困守危城，先后两次击退万余捻军攻城。后因协同拿获头领张文成，奉旨赏蓝翎并加同知衔。正拟予调升时，武澄清念老母年逾八旬，禀请归养。在任五年，廉洁自励，革除弊政，听断明决，案无留牍，裁徭费以宽民，设书院以兴教，捐廉补普济堂经费，严惩凶徒以安良善。去任之日，士民备酒浆，焚香而送者迤逦数十里，立德政碑于城东关。武澄清读书稽古，经世致用，"司教则称人师，出宰则能为健令。及其归田养母，则不愧为孝子，为高人"[①]。

至庚申（1860）、辛酉（1861），因捻军入畿南，顺天府丞加左副都御史毛昶熙、河南巡抚郑元善相继礼聘武禹襄，皆不就。惟日以上事慈母、下课子孙，究心太极拳术为事，明哲保身，不求闻达。而在外人看来，武禹襄"独深自孙辟，寥居洿处，以泽其躬，而养其亲，卒抱其才略，一无所施以没"[②]。

据说，武禹襄自河南舞阳盐店得到一份拳谱，以自身练拳经验心得，在旧谱之中又补入数篇，重新整理。

武禹襄昆季三人对太极拳均有所通，长兄澄清尚著有《释原论》《打手论》《太极拳跋》《揆字诀》《释名》等篇。仲兄汝清后亦辞官归里，主讲于晖清书院十年、磁州书院三十年，著有《结论》一篇。武禹襄为世族儒生，颇为自珍，不轻以授人，而以教书自任。杨禄躔次子杨班侯在永年广府城时曾跟武禹襄读书，据唐豪、顾留馨记述：

> 禄禅尝问班侯读书之资禀如何，禹襄以为读书不甚聪敏，习拳极为领悟。禄禅遂请禹襄多课以拳技。故班侯之技多得之禹襄；禄禅学于陈氏者为老架，姿势宽大，而杨氏所传有大架小架之别者，以班侯学于禹襄者为紧凑架式之故。

> 禹襄尝监修县城，方巡视间，班侯自都中归，将及城，见禹襄，遥为致敬，禹襄谓曰："别来技进如何？我试击汝，汝试应之。"因作进击势，班侯作势为对，禹襄曰："未可。"三试皆不当意。班侯有疑色，禹襄因曰："趋至我家，我即回，不征实，汝且不信。"归与班侯试，班侯三进，禹襄三仆之，并语以所以然之故，班侯乃大服。班侯性刚骄躁，于人言词无所让，独于禹襄之技，终身钦服。[③]

---

① 参见史梦兰所撰武澄清《墓志铭》、李鸿藻撰武澄清《传》及武勋朝撰武澄清《墓表》，俱载于武敬绪《永年武氏族支合编》，民国二十年（1931）。

② 王树枬：《武禹襄墓表》，见武敬绪：《永年武氏族支合编》，民国二十年（1931）。

③ 唐豪、顾留馨：《太极拳研究》"清·武禹襄传"，北京：人民体育出版社，1996年，第160~161页。

光绪六年（1880），武禹襄卒，年六十九。直至临终，犹为侍疾者讲论技巧，娓娓不倦。其生前为廪贡生，候选训导，以子侄贵，赠封文林郎、中宪大夫、兵部郎中加二级。

四年后，即光绪十年（1884），年高八十有五的长兄武澄清去世。再过三年，八十五岁的仲兄武汝清也辞世而去。

武禹襄有子五人：用康（郡庠生，候选府经历）、用悏（同治壬戌举人）、用咸（县学生，候选鸿胪寺序班）、用昭（县学生）、用极（国学生）。[①]女二人，孙十五人。次孙武延绪，字次彭，光绪十八年（1892）壬辰科进士，翰林院庶

武河清（禹襄，1812—1880）

吉士，湖北省京山知县，宣统元年（1909）调署归州，辛亥鼎革后回乡事母，精考据，宗汉儒，亦习太极拳。八孙武莱绪，号小宣，用昭之子，晚清秀才，工诗词，善书画。[②]

二、武氏传人李亦畬与李启轩

李经纶，字亦畬，以字行，武禹襄外甥，生于道光十二年（1832），广平府永年县望族出身，家学深厚。其父李世馨，字贻斋，咸丰元年（1851）贡生，同治元年（1862）举孝廉方正，不仕。[③]同治间军兴，永年修城竣池，举办团练，世馨助力为多。

李亦畬昆弟四人，亦畬居长，人称"李大先生"。长弟承纶，字启轩，勤著

---

① 武莱绪：《先王父廉泉府君行略》，见贾朴：《〈先王父廉泉府君行略〉简注：武派太极拳创始人武禹襄史料之一》（《武魂》2000年第10期）。

② 吴文翰：《武禹襄的家族》，《武魂》2002年第12期。

③ 吴文翰：《一个古老的太极拳世家——记广平廉让堂李氏》，《武魂》1993年第6期。

述，好考古；次弟曾纶，字省三；三弟兆纶，均有声于庠序。惜兆纶早卒。

咸丰三年（1853），李亦畬年二十二，始从母舅武禹襄习拳技。其时，武禹襄刚从河南归里不久。李亦畬在《太极拳小序》中述及：

> 予自咸丰癸丑，时年二十余，始从母舅学习此技。口授指示，不遗余力，奈予质最鲁，廿余年来，仅得皮毛。窃意其中更有精巧。①

李亦畬和李启轩皆从武禹襄习太极拳，亦畬造诣更深。成书于民国二十年（1931）的《永年拳术》中记述，李亦畬从学武禹襄，"心领神会者二十年，得其精妙"，常招致门客，择其力大气勇者相较，实践总结，以明其理。

武禹襄次孙武延绪在《李公兄弟家传》中对李亦畬的习拳经过有详细叙述：

> 先王父（武禹襄）好之（太极拳），习焉而精，顾未尝轻以授人……惟公（李亦畬）来，则有无弗传，传无弗尽，口诏之，颐指之，身形容之，手足提引之，神授而气予之。公亦步亦步，趋亦趋，以目听，以心抚，以力追，以意会，凡或向或背，或进或退，或伸或缩，或萦或拂，无不穷极幼渺，而受命也如响。倘所谓用志不分，乃疑为神者耶？

李亦畬身材瘦短，双目高度近视，然数十年纯功，精微巧妙，以虚灵为体、因循为用，打手发人备极分寸。据载，"拜门墙者益众，其最有心得者如葛福来、姚洛朝、葛顺成、李洛同、魏庆祥，本境郝和、王明德尤为精巧"②。姨甥马同文亦得其所传。葛顺成（显斋）又传其郎舅霍梦魁等。

民国时期，李启轩之孙李福荫（集五）记载，李亦畬之孙李槐荫（子固）述其先祖逸事甚详：

> 有苗兰圃者，公之表弟也，武生，有膂力。某日公与饮酒后，兰圃公曰："兄真能打人乎？"公曰："弟如乐试，请来打我。"当时亦畬公坐椅上，两手扶椅肘。兰圃公用两手扶公肩，极力按之，曰："能让我动乎？"公一哈曰："你坐于对面凳上吧！"言未终兰圃公已坐凳上矣。兰圃公曰："兄双手未动，竟能置我于八尺之外，神乎技矣！"
>
> 有葛福来者，清河人，业镖师，精八方捶。某年过永年，托沿村刘洛香介绍来访，要求比试。公再三谦让，未与动手。翌年复来，坚欲一试。公再让不获，遂曰："有门人郝和（即为真先生）尚未学得一半，请与他试。"即唤郝和至。公曰："不许郝和动，请君打他。"福来起手连打三次，反被打出。福来惭甚曰：

---

① 李亦畬著、二水居士校注：《王宗岳太极拳论》，北京：北京科学技术出版社，2016年，第二四页。

②《永年拳术》"李经纶传"，民国二十年（1931）手抄本。

"我业標二十年，奔走四方数千里，闻有名家辄往领教，终未有能胜余者，不意公技之神妙若是也。"即跪地请收其为门生焉。

　　某日，公在家有喜庆事，贺客盈门。有老僧者，相貌魁伟，亦来与贺，饮之酒，不辞。席罢告退，亦畬公同启轩公（先生之弟）送之门外。当老僧来时，亦畬公以其为弟友，启轩公以其为兄友，均不介意。及送僧去后，互相询问，则均不识，更不知其因何来。次日，门人郝和到温姓茶馆品茗。温姓谓郝和曰："昨日一老僧到李府贺喜，席散后来此处饮茶，言李大先生之武技甚精，洵名不虚传。温某曰：'李大先生向不与人交手，如何知之？'僧曰：'我练拳一生，云游四方，终未遇有敌手。久闻其名，特来造访。适李府有喜庆事，我即冒然往贺。贺毕，李大先生兄弟送我门外，我以二膊让回，李大先生亦以二膊强送，当两方之膊相接触时，我即站立不稳。惜乎吾老矣，不能投拜门下也。'言毕，犹歉歉不置"云。此郝为真所目睹而详述者。①

李亦畬为同治元年（1862）壬戌举人，曾赴京参加会试，未中，后放弃科考。李启轩为光绪元年（1875）乙亥举人。二人文学赅备，名噪一时。武延绪《李公兄弟家传》记载：

　　捻乱期间，郑元善督师河南，延请李亦畬入幕，参赞军机，报请朝命以巡检用。后辞归，以经商为业，又从次弟曾纶习种牛痘技术，兄弟二人救活小儿患痘疹者甚多。广平府知府长启（满人）闻而善之，为立局开诊，先后二十余年。

李亦畬堂号"敬善堂"（并非后世讹传的"廉让堂"），有二子（一名宝廉，一名宝让）、五女。约于光绪七年（1881）间，李亦畬在母舅武禹襄所传拳谱之后，增补自己所作《太极拳小序》《五字诀》《撒放密诀》《走架打手行工要言》等篇，合为《太极拳论》，手抄三份，一份自存，一份交胞弟启轩，一份授门人郝为真。据李亦畬之孙李槐荫于民国二十四年（1935）在《李氏太极拳谱》序言中写道：

　　此谱系先祖晚年所著，中经多次修改，方克完成。每得一势巧妙，一着窍要，即书一纸贴于座右，比试揣摩，不断实验，逾数日觉有不妥应修改，即撕下，另易他条，往复撕贴必至完善而始止，久之遂集成书。

李亦畬的三份抄本内容略有出入。自存本之后还有他本人所作《打手法》和《武禹襄母舅太极拳四字不传秘诀》两篇。另外，自存本封面题"太极拳论"，而"郝和本""启轩本"则题"王宗岳太极拳论"，"王宗岳"由此出现。纂修于民国

---

① 李集五：《太极拳前辈李亦畬先生轶事》，见《李氏太极拳谱》，山西太原版，民国二十四年（1935）。

的《清史稿》中有一段关于太极拳的记载：

> 清中叶，河北有太极拳，云其法出于山西王宗岳，其法式论解，与百家之言相出入，至清末习练者颇众云。①

《清史稿》所说"云其法出于山西王宗岳"，即由李亦畬所传《王宗岳太极拳论》而来，然而"王宗岳"到底是真人还是假托，迄今尚无定论。至于"与百家之言相出入"，则是针对明末清初黄宗羲和其子黄百家所说的"内家拳"而言的。在黄宗羲《王征南墓志铭》中，有最早的拳分内外两家一说。文曰：

> 少林以拳勇名天下，然主以搏人，人亦得乘之。有所谓内家者，以静制动，犯者应手即仆，故别少林为外家，盖起于宋之张三峰。②

黄宗羲此说应自友人王征南处闻得。王征南，名来咸，浙江鄞人，"生于某年丁巳三月五日，卒于某年己酉二月九日，年五十三"。王氏有内家拳法传承在身，曾与梨洲"叙其源流"，大致见《王征南墓志铭》：

> 三峰为武当丹士，徽宗召之，道梗不得进。夜梦元帝授之拳法，厥明以单丁杀贼百余。三峰之术，百年以后传于陕西，而王宗为最著。温州陈州同，从王宗受之，以此教其乡人，由是流传于温州。嘉靖间，张松溪为最著。松溪之徒三四人，而四明叶继美近泉为之魁，由是流传于四明。四明得近泉之传者，为吴昆山、周云泉、单思南、陈贞石、孙继槎，皆有授受。昆山传李天目、徐岱岳。天目传余波仲、吴七郎、陈宏茂。云泉传卢绍歧。贞石传董夫舆、夏枝溪。继槎传柴元明、姚石门、僧耳、僧尾。而思南之传，则为王征南。③

"征南未尝读书"，内家拳起自张三丰，当为王征南口述。而所谓"三峰为武当丹士，……厥明以单丁杀贼百余"，或为黄氏结合其他史料所加，所述内容尚不能为人确信无疑。不过，自陕西王宗、温州陈州同以下的张松溪起，传承脉络清晰，或许可信。

黄宗羲与王征南的过从，与其子黄百家大有关系。黄百家少时师于征南，有《王征南先生传》一篇，所述甚详，内言：

> 余少不习科举业，喜事甚，闻先生名，因裹粮至宝幢学焉。先生亦自绝怜其技，授受甚难其人，亦乐得余而传之。④

---

① 赵尔巽等：《清史稿》卷五百五，"列传二百九十二·艺术四·王来咸"。

② 黄宗羲：《王征南墓志铭》，见《南雷文定》卷八，清康熙刊本，第十一页。

③ 黄宗羲：《王征南墓志铭》，见《南雷文定》卷八，清康熙刊本，第十一页。

④ 黄百家：《王征南先生传》，见《学箕初稿》卷一，箭山铁镫轩刻本，第十九页。另见黄百家：《内家拳法》，《昭代丛书》别集，世楷堂刻本，第一页。

该文又载"内家"根源云：

> 自外家至少林，其术精矣。张三峰既精于少林，复从而翻之，是名内家，得其一二者，已足胜少林。[①]

黄百家之后，浙东内家拳技基本未见后传，后世视之已绝。正如黄百家的切身感慨：

> 昔以从学于先生而自悔者，今又不觉甚悔夫前之悔矣。先生之术，所受者惟余，余既负先生之知，则此术已为广陵散矣。余宁忍哉？故特备著其委屑，庶后有好者，或可因是而得之也。虽然，木牛流马，诸葛书中之尺寸详矣，三千年以来，能复用之者，谁乎？[②]

《清史稿》中说"其法式论解，与百家之言相出入"，可知当时之人已认为太极拳与清初"内家拳"是有所区别的，并非一脉相承。

李亦畬胞弟启轩，光绪十五年（1889）己丑科大挑二等，候选训导，喜考据学，与兄终生研习太极拳技，惟用功不及其兄，著有《一字诀》及《太极拳行工歌》等。

李亦畬、启轩为永年世族儒生，不以拳师自居，不轻以拳技授人，子弟均以课读科举为业。李亦畬有子二人：长子宝廉（石泉，1873—1932）；次子宝让（字逊之，1882—1944），宝让著有《初学太极拳练法述要》和《不丢不顶浅释》等。李启轩有子三人：长子宝琛（字献南，1865—1922）、次子宝箴、三子宝恒（字信甫），均曾习太极拳。李宝廉传子李槐荫（字子固，1903—1956）、李棠荫（字化南，？—1948）；李宝让传子李池荫（泽溏），徒孙姚继祖（1917—1998）[③]、魏佩林、刘梦笔、赵蕴园等；李宝琛传子李福荫（字集五，1892—1943）。李槐荫又传子李光藩；李棠荫传子李殷藩，族侄李屏藩（1920—1944）、李锦藩（1920—1991，亦曾从学于族祖石泉、逊之）[④]，徒李迪生、赵振国，李池荫传子李旭藩、李

---

① 黄百家：《王征南先生传》，见《学箕初稿》卷一，箭山铁镫轩刻本，第十九页。另见黄百家：《内家拳法》，《昭代丛书》别集，世楷堂刻本，第一页。

② 黄百家：《王征南先生传》，见《学箕初稿》卷一，箭山铁镫轩刻本，第廿二页。另见黄百家：《内家拳法》，《昭代丛书》别集，世楷堂刻本，第五至六页。

③ 有关姚继祖事，参见李剑方《武式传人太极名家——记太极名家姚继祖先生》（《武林》1990年第5期），李利敏《姚继祖宗师本是性情人》（《精武》1997年第10期），谷风《脚下日月长 太极写春秋——记当代太极拳名家、武式太极拳第四代传人姚继祖先生》（《武当》1998年第6期），高飞《武式太极拳第四代传人姚继祖》（《中华武术》2000年第4期），钟镇山、崔志光《怀念恩师姚继祖》（《中华武术》2001年第6期），翟世宗《不慕荣华研拳自乐 好凭清心授艺留芳——忆念姚继祖先生》（《武林》2004年第4期）等。

④ 有关李锦藩事，参见严翰秀《访永年武式太极拳传人李锦藩》（《武术健身》1992年第2期）等。

李宝让（逊之，1882—1944）

昶藩、李永藩；李福荫传子李正藩及徒霍梦魁（1890—1982）[1]等。

另据李启轩之孙李福荫在《李经纶传》中写道：

> 尔时禹襄年已高迈，凡有习此拳术者，远近皆来从学于亦畬……子宝廉、宝让，均不得其传。[2]

李亦畬拳技，以门人郝为真最精，逢前来访技比手者，李常令郝为真周旋。李曾纶之子李宝极、李宝相（辅臣）也从伯父李亦畬习太极拳，颇有心得，宝相自谓与杨班侯、郝为真相伯仲。

光绪十八年（1892）秋，因老母去世，李亦畬哀毁过度，至当年十一月八日继卒。

三、李氏传人郝为真

民国中期，马立伯曾说："近代太极拳共分三派：一曰河南陈家；二曰永年杨禄躔；三曰永年郝派，即为真先生而师事李亦畬先生者也。……郝派尤长应用，至练习方法，亦较简捷。其所授架式最为紧凑，如干枝老梅，枝叶全去，圈儿小、路数简便，而又最经济，洵不负武、李两家之教授也。"[3]

郝和，字为真，直隶广平府永年县城火神庙街人，生于清道光二十九年（1849）。"生而颖悟，秉性诚孝，读书数遍辄不忘，塾师异之。未几，家道中落，乃废学经商"，从业于舅父所开米号，"以养双亲，先意承欢，毕敬毕恭，孝声斐

---

① 有关霍梦魁事，参见李康永等述《在东北设场教武派太极拳之第一人——太极名家霍梦魁先师》（《武魂》1999 年第 3 期）、李新芳《武派太极拳第四代传人霍梦魁小传》（《精武》2000 年第 12 期）、李新芳《艺高技精　黑土地上播太极——回忆武式太极拳技击家霍梦魁》（《武当》2001 年第 2 期）等。

② 《永年拳术》，民国二十年（1931）手抄本。

③ 《李氏太极拳谱》"序"，民国二十四年（1935）。

于乡党"。①

郝为真"为人敦厚强毅，体长而鸿，容貌温伟，出言高朗，其声弦然。有大度，与人交豁如也"②。"奉亲经商之余，酷嗜拳艺，好读书，先习外家拳，后以其不轻妙灵活非击技上乘，改习太极拳。"③

"始从亦畬学，仅得粗迹。历六载，农力不怠，奉事敬谨。亦畬曰：'可谓诚笃也已。'乃授之真诀，殚极精微，自此发悟，日月有获，能置椅寻丈外，无所依傍，投人安坐其上，屡试不一蹉跌"，"又能手摄壮士，使桌兀行，不能自主，有如击鞠"。

"尝观剧，见邻童被挤，涕泣号呼，亟排众人，掖置身前，环两臂翼蔽之，众涌激若潮，屹立不少动。曲终人散，顾视足下，砖悉裂矣。"

郝和（为真，1849—1920）

"永年罗建勋者，矫健多力，能超登厦屋。挟其技，踵门请角，公笑许焉。勋作势疾进，公从容如平时，逮其近身，振手触之，勋如飞鸢踣堕，起而谢曰：'真神技也，吾不敢再试矣！'"

"清河葛老泰精八方锤，授徒千余，闻亦畬名，请师事。亦畬使从公，泰不惬也。亦畬知其意，命相搏。甫合，公遂擎泰膊。泰臂不能脱，足不能移，身不能转，呼曰：'释我！释我！'公曰：'能动乎？'曰：'不能也。'乃释之。泰自此心服，且命其子顺成来就学。"④

另据民国《永年拳术》一书记述，郝为真"尝袒腹卧榻上，令人以拳击之。有时其若无物，有时如击棉絮然，有时如以胶粘物，臂不能缩"。

"凡公服人多类是，故负者亦无苦。夫其能致此者，要以虚灵为体，以因循为

①吴文翰校勘：《郝为真先生行略》，《武当》1994年第6期。
②徐震：《太极拳大师永年郝公之碑》，见吴文翰：《武派太极拳体用全书》，北京：北京体育大学出版社，2001年，第443页。
③吴文翰校勘：《郝为真先生行略》，《武当》1994年第6期。
④徐震：《太极拳大师永年郝公之碑》，见吴文翰：《武派太极拳体用全书》，北京：北京体育大学出版社，2001年，第444页。

用，其功在动以习静，而静不挠乎动；静以处动，而动不离乎静。其法始于守中，中于行气，归于凝神制虚。其道合于庄子之依乎天理，乘物游心，故遣物而无弗顺，宜知止而神欲行也。"①

郝为真"从邑绅李亦畲先生学，潜心致志，二十年如一日，造诣精纯，犹不自矜。每有来访者，……常谦逊和蔼，无凌人气。偶与之较，辄能随手凑效，奥妙莫可言喻，以是访者必拜为师而后去"。郝为真"亦必谆谆教导，不遗余力。学拳艺者，无士农，无远近，咸师事焉，以故桃李满门，演为一派，流传弗替"②。永年洛阳村刘寿，长于拳技，能手绝铁链，身遏滚石，每与人斗辄胜。请与较技，及晤面，郝曰："我不动，请来击我"。刘挥拳而进，甫挨其身，即被掷出，再试再跌，心始诚服。

郝为真"性敦朴，黜粉华，不慕荣利"，有侠义之风。光绪二十六年（1900），岁荒，饿殍集野，郝不忍坐视，每外出，必怀京钱数十吊酌授乞者，活人无数。光绪末年，直隶总督袁世凯重金礼聘郝公赴津"教其子侄，使使持书来，却之；又托邑绅胡太史月舫就进敦劝，卒以病辞"。③郝为真托病不就，荐杨班侯弟子陈秀峰前往。

其时，郝为真次子月如在顺德府（邢台）天吉货栈管账，东家申老福久闻郝为真老先生大名，借机重金延请郝为真居家授其子侄申文魁、申武魁。在顺德府邢台县城居住的三年间，郝为真还陆续传授了李香远、王延久、李圣端、郝中天等弟子。

民国三年（1914），郝为真"入京访友，适武术学社成立，屡聘为教授，不就"④。北京城"名拳师咸萃。蒲阳孙福全习形意、八卦数十年，年逾五十，久负盛名。闻公至，亟迎致于家，自列为弟子。都中有愿委贽而不得者，乃至归怨孙氏，曰：'胡独擅其便，令吾人不易进见耶！'其为人向慕如此"⑤。

郝为真在京罹患腹泻，幸遇孙禄堂请医煎药救治。郝无以为报，知孙禄堂正研究比较各派拳术使之合一，惟不知太极拳之究竟，遂将所知心得理法悉数相告。

---

① 徐震：《太极拳大师永年郝公之碑》，见吴文翰：《武派太极拳体用全书》，北京：北京体育大学出版社，2001年，第444页。

② 吴文翰校勘：《郝为真先生行略》，《武当》1994年第6期。

③ 吴文翰校勘：《郝为真先生行略》，《武当》1994年第6期。

④ 吴文翰校勘：《郝为真先生行略》，《武当》1994年第6期。

⑤ 徐震：《太极拳大师永年郝公之碑》，见吴文翰：《武派太极拳体用全书》，北京：北京体育大学出版社，2001年，第444页。

是年秋，郝为真返回永年。城中河北省立第十三中学和永年县立高等小学校闻其归，皆来延聘，郝"以情关桑梓，不获辞，乃兼充两校武技教授，时年六十余岁矣。颇好古书，授课毕，退居斋内，观古人格言及各种史书，寒暑不易，故人咸服其诚"。学生有时打闹，见郝为真自外来，即"遥相戒曰：'郝先生至矣！'率走散"①。

"常语弟子曰：'亦畬先生短小而弱，吾终不能敌，知此术之妙，不在禀质强弱也。亦畬卒未几时，吾即追及之，知有生之日，固有进无止也。'又曰：'自始悟暨于有成，走架之境凡三变：初若植立水中，与波推移尔；功稍进，如善游者之忘乎水，足不履地，任意浮沉尔；又进，则如行水面，飘飘若凌空焉。'又曰：'方走架，必精神专一，若有敌当前也；及遇敌，又当行所无事，如未曾有人也。'然弟子承指授拳不能久，故莫能竟其术。卒赖月如先生绍述家学。"②

武、李为永年世族儒生，不轻以拳技授人。郝为真弟子虽多，而其本人犹售卖谷物以自给，终不受人贽币，惜艺重艺如此。

传闻郝为真初在其舅父米号从业，按时送米至李亦畬家，久之得以从习。李见其勤学而薪给微薄，资助其自设米号，郝为真家用渐裕，而子辈不能助理，郝愤而歇店，改业饴糖，亦不敷浩繁人口之支出，遂析产令子辈各立门户，自己则出任永年中小学拳术教员。据称，"郝为真在清末民初时，任直隶省广平府中学堂（即后来的河北省立第十三中学）和永年县立小学堂（即后来的永年县立高等小学校）武术教授时，为了便于集体教学，适合一至四呼发口令，将架式中的懒扎衣、搂膝拗步等式后面添了开合，即成郝派的'开合太极拳架子'"③。另据郝为真弟子阎志高所述，"郝先生在永年中学给学生上课时确实是站着教拳的，但在传授入室弟子时，不仅要除去长衫蹲身下势，甚至会脱掉上衣让弟子看清'内功'的轨迹"④。

郝为真有子四人，妻苏氏所生者曰文勤、文桂（月如），继室王氏所生者曰文田（砚耕）、文兴。惟郝文桂、文田继承家学，而以文桂最精。

中华民国九年（1920）十一月，郝为真卒，年七十有二。

---

① 徐震：《太极拳大师永年郝公之碑》，见吴文翰：《武派太极拳体用全书》，北京：北京体育大学出版社，2001年，第444页。

② 徐震：《太极拳大师永年郝公之碑》，见吴文翰：《武派太极拳体用全书》，北京：北京体育大学出版社，2001年，第444页。

③ 姚继祖：《武氏太极拳全书》，太原：山西科学技术出版社，1999年，第14页。

④ 张方：《武派太极拳源流考》，《精武》2004年第1期。

四、郝氏门徒

武禹襄及其传人李亦畲、李启轩昆仲均系望族儒生，后辈多不专研拳技，直至郝为真时，技艺始广传于世。此拳民初传入北京时，有人称作"李架"，待郝为真之子郝月如、孙郝少如于民国中期去南京、上海教拳时，人称"郝氏架"。

郝为真门下传人众多，以年岁为序，主要有：孙福全（禄堂）、马印书（同文）、郝文桂（月如）、范念祖（述圃）、王彭年（延久）、阎志高、张振宗（玉轩）、韩文明（钦贤）、李斌（圣端）、李宝玉（香远）、郝景云（中天）、李福荫（集五）、郝文田（砚耕），等等。此外，河北任县王其和、刘东汉，隆尧县孟和春、毛根元、郭三刚等，也曾直接或间接受教于郝为真。

（一）家传郝月如

郝文桂，字月如，郝为真次子，光绪三年（1877）生于永年广府城火神庙街。少时孱弱，三岁头犹倾欹，及十余岁，习太极拳，颖悟异常，体力转健。月如既得家传，又从李亦畲读书，得其私下传授，日有所悟。

郝月如早年经商，一度在顺德府（邢台）天吉货栈管账。民国九年（1920）后，始接续父业，在永年县城的河北省立第十三中学及永年县第一小学任拳术教员。民国十七年（1928），永年县县长许之洲倡议组建国术馆并兼任馆长，初由他人任副馆长，未久即改任郝月如，聘请韩钦贤、李福荫、李集峰、张安国、陈秀峰等担任教员，学员多达八十余人。[①]

民国十八年（1929），江苏省国术分馆由南京迁至镇江，孙禄堂任副馆长。孙民初得习太极拳于郝为真，故特荐郝月如为该馆教习。年余，郝月如遭共事者嫉，乃辞职而去。其时，郝为真弟子李香远正在苏州，郝月如受其举荐，于民国十九年（1930）到南京授拳。刚到新都，人莫知之，惟江苏吴江人张士一（南京中央

---

① 吴文翰：《郝门四代　太极世家》，《武林》2002年第4期。

郝月如弟子徐震（前右）与吴图南（前中）、李雅轩（前左）、郑怀贤（后右）等合影

大学英文教授）因曾在苏州从学于李香远，故而知其梗概，陕西人冯卓（南京国民政府审计署官员）也从其学。二人为之揄扬，学者日众。郝月如崇柔尚静，课徒极严，授初学者专重矫正姿势，每学一势，务求规范，以外引内，由内及外，使内外合一，稍有不合，辄令更演，常于三五日内只授一势，而仍以"欲速则不达"为言。学者不解其意，不耐久习，以是中辍者累累，然郝月如终不改其教学方法。寓居南京五载，先后从学者近三百人，然或月余即去，或数月去，仅张士一、徐震、冯卓及湖南人吴知深数人相从为久。

徐震，字哲东，生于清光绪二十四年（1898），江苏常州人，章太炎弟子。时任中央大学国文教授，他曾感叹："世言太极拳者，每以伪乱真，精粹日昧没"，郝月如"急欲发抉究奥，传之其人，奔走南北三十余年，而知者难得，或知之矣又不肯竟学"[1]。徐震早自民国八年（1919）始，先后跟马锦标学查拳，跟周秀峰学形意拳和太极拳，民国十八年（1929）在南京又曾向杨少侯问技，并跟杜心五学自然门拳术，据其记述：

（郝月如）师尝语余曰："少时体至孱，三岁首犹倾欹；赖习太极拳得以自

---

[1] 徐震：《徐震佚文集》"吊拳师郝君文"，太原：山西科学技术出版社，2006年，第69页。

保，年逾五十，已出望外，生死无所荣心，独惜此技至精至妙，惧其斩焉遂绝。今子与少如已有所得，吾愿毕矣。"少如者，师之子孟修字也。然独居京中久，生事日迫，见售伪者颇能致多金，亦不能无愤慨。①

此篇为文言，所述并不详尽。新中国成立后，徐震在复金仁霖的一封长信中，述及自己随郝月如初学太极拳时的情形，更为清晰：

1931 年暑假前，我因张士一之约，受教于郝月如师。但我和张先生目的不同，他是以养生保健为主，虽然也要求了解一些技击术，并不以此为重；我则以学技击为唯一目的。我从郝师两个多月，学会了郝家太极的套子，全不了解其作用，却主观地认为这也没有什么，不愿意继续学下去了。过了整整一年，张老来找我，鼓动我再到郝师处去。我很直率地向他说："我要学的是打法，你可否和我试一下？"张老说："我不注重这方面，但我确知郝老师技击功夫极高，你可以直接和他试。"当我随着张老去见郝师和他较试时，凭了有一些实打的经验（这是和杜心五师打出来的），胆子颇壮，可是一举手就像落到了电网上一样，再也不好动了。心上正想抽手拗步，只微微一动，身子就侧过去摇摇欲坠，这时郝师把手轻轻一送，如风飘落叶，我就翻倒在大约五尺距离的床上。从此我才信服他，诚心诚意从郝师学习。因此我对张士一师兄是十分感激的，要不是他第二次来找我，我会当面错过最好的机会，到今天还是好龙的叶公。②

据说，中央国术馆副馆长李景林曾陪同郝月如到上海游玩，邂逅某太极拳师，李景林要郝与拳师切磋一番。乍一搭手，对方身体即浮起向前欲跌，郝月如迅即将其稳住，该人称赞："老先生的拳艺实在高妙。"③

郝月如先后在民国最高法院、中央审计署、度支部、武进正德学社等处授艺。民国二十一年（1932）秋，因徐震、张士一介绍，郝曾到上海新亚制药厂教经理许冠群及其家属、职工等。翌年，其子郝少如由吴上千介绍到上海，教私立上海中学师生，并代其父在新亚制药厂教拳。之后，郝少如成为该厂职工，授拳成为业余活动。到上海未及半年的郝月如则返回南京。④民国二十四年（1935）春，张士一言于国立中央大学校长罗家伦，聘郝月如兼任教员，据报载：

中央大学体育科为提倡国术起见，特聘请郝月如为太极拳教师，庶能于课

---

① 徐震：《徐震佚文集》"吊拳师郝君文"，太原：山西科学技术出版社，2006 年，第 69~70 页。

② 金仁霖供稿：《徐哲东谈太极拳》，《武魂》1996 年第 1 期。

③ 吴文翰：《武派太极拳体用全书》"武派太极拳的创始和发展"，北京：北京体育大学出版社，2001 年，第 13 页。

④ 金仁霖：《太极拳在上海》，《中国太极拳》1996 年第 4 期。

外指导在校教职员及同学练习，并不列为必修科，闻日内郝君即到校授课云。[①]

是年秋，郝月如患足肿之症，至十一月而剧。时其子郝少如在上海授拳，闻讯去南京侍疾，十一月三十日，郝月如竟卒于南京，年仅五十九。张士一、冯卓为之办理后事，子郝少如、侄孙郝向荣（1911—1980）[②]扶柩北归，将郝月如安葬于原籍。其弟子徐震感慨万千：

> 呜呼！藉令其术大显，心安体适，尽意讲授，年岂遽止于斯？余始闻张士一言，即往受学，初亦不深信也，历三月，则天服。自二十一年五月至去年九月，师方许为庶几焉。未几，余往湖北，相离且一载，今年秋见诸京中，因演拳请正，师称善者再。余谓此时若常承指授，获益可胜前十倍也。师亦欢笑。别逾三月而凶闻至，伤哉！张士一、冯卓既经纪其丧，孟修将奉柩北归，以明年某月某日葬诸某乡之原。余惟耽乐此技，十有余年，曾无隙之明，幸而遇师始得发悟，及师疾逝，而余羁身军旅，不获东行与执丧纪，追惟语言，宛然心目，乃为文以抒哀，执笔泫然，悲不自胜焉！[③]

郝月如遗稿有《太极拳图解》约七万言，主要传人有子郝孟修（字少如，1908—1983）[④]、侄郝振铎（1909—1973）以及徐震、张士一等。此外，魏佩林、姚继祖等也曾向其学。其中，徐震的不少著作与太极拳有关，如《太极拳考信录》《太极拳谱理董辨伪合编》《太极拳发微》《太极拳泛说》《太极拳渊源简介》等，大都于民国时期出版。关于徐震的武技，南京大学中文系程千帆教授在其回忆录《桑榆忆往》中也有所述及。抗战期间，民国二十八年（1939），徐震避难至四川，曾向友人李雅轩习杨家太极拳。抗日战争胜利后，又相继任教于武汉大学、安徽大学国文系。民国三十七年（1948），徐震到了上海，任常州旅沪中学校长，并执教于沪江大学、震旦大学，课余则竭力提倡太极拳。

新中国成立之初，徐震一度向田作霖学通背拳和推手。但作为旧社会过来的"知识分子"，在经历了连续的思想改造之后，徐震于1957年响应党和国家支援大西北建设的号召，自上海被派赴甘肃兰州的西北民族学院，任语文系教授兼汉语

---

① 《中大体育科提倡国术　聘定太极拳教师》，《中央日报》民国二十四年（1935）四月十四日，第八版；《益世报》民国二十四年（1935）四月十六日，第六版。

② 有关郝向荣事，参见杨志英《武派郝氏第四世传人郝向荣》（《武魂》2004年第3期）、杨志英《身存精艺　默默耕耘——记武派太极传人郝向荣》（《武林》2004年第8期）等。

③ 徐震：《徐震佚文集》"吊拳师郝君文"，太原：山西科学技术出版社，2006年，第70页。

④ 有关郝少如事，参见郝吟如、孙懋林《崇高的武德　精妙的拳艺——纪念武式太极拳名家郝少如逝世一周年》（《武林》1984年第4期），郝吟如《艺理俱精达妙境——忆太极拳名家郝少如》（《中华武术》1988年第4期），郑正之《怀念郝少如先生》（《精武》2000年9月），岵栳《忆少如恩师二三事》（《武魂》2003年第3期）等。

组组长，还曾担任兰州市武术协会第一副主席，其实却与下放相类。

1961年4月24日，郝月如之子郝少如受时任上海体育宫主任的顾留馨之聘，在体育宫开设武式太极拳学习班并授课。1963年6月，人民体育出版社出版了郝少如编著的《武式太极拳》一书，使武式太极拳广为人知。

1966年，"文化大革命"开始后，身在大西北的徐震身遭迫害，他一生积累、整理、校注的书籍和文稿，尤其是晚年尚未发表的著述，除少量在其友人和学生中抄传外，大都散失一空。珍藏多年的古玉器、古兵器也荡然无存。刚至古稀之年的徐震，无论身体还是精神，均已不堪重负，于1967年3月突患脑溢血而偏瘫。同年5月，徐震病情略见稳定，决意返还江苏常州故里，由其学生马国瑶护送而回。延至是年9月，其病情遽然恶化，几天后，一代太极拳研究家便撒手人寰。[1]

（二）"太极圣手"李香远 [2]

李宝玉（1889—1961），字景清，号香远，清光绪十五年（1889）生于直隶顺德府邢台县城西会宁村，父李德恒行医为业。李香远幼随任县老镖师刘瀛州习三皇炮捶，刘瀛州晚年推重太极拳，与杨禄躔之孙、凤侯之子杨兆林交善，便让其子刘东汉与门徒李香远等皆跟杨兆林习艺。

京汉铁路通车后，邢台一带商业渐兴，郝为真次子郝月如在此处天吉货栈管账。货栈东家富商申老福得知永年郝为真精太极拳，礼聘郝为真到邢台教其子侄申文魁、申武魁等。其时，李香远在邢台县城开磨房，慕郝为真之名，经人介绍得以师从郝氏。李香远貌甚文弱，一旦与人较技，则叱咤风雷，发力迅捷，对方往往无法防御，被人尊为"太极圣手"。

民国十二年（1923），陕军第一师师长胡景翼驻军邢台，闻李香远名，派人请李来较。胡身高体健，拜名师习练拳技多年，见李长衫布履、举止文雅，便让其

① 有关徐震事，另参见林子清《怀念徐哲东老师》（《精武》1985年第1期）、马国瑶《忆武术家徐哲东》（《武魂》1995年第12期）、金仁霖《太极拳研究家徐哲东先生传略》（《上海武术》1997年第4期）、郑正之《怀念徐哲东先生》（《武魂》2003年第11期）、林子清《难忘的情谊——和徐哲东先生、唐豪先生相处的日子》（《武林》2004年第4期）、郑正之《怀念先师徐震先生》（《武林》2004年第8期）等。

② 本篇主要参考李长源《太极圣手李香远的惊人武技》（《武林》1991年第5期）、吴文翰《"太极圣手"李香远》（《武魂》1994年第12期）、秦文礼《我所见过的李香远先生》（《武魂》2004年第4期）等。

出手先攻。李再三推辞，胡执意要比，纵身挥拳打来。李揉身一个进步懒扎衣，将胡打出一丈有余，仰跌在地，二人自此结交。次年，胡景翼移军河南，邀李香远同往，李以"老母在堂，不便远游"辞。

李香远在河北邢台、山西太原等地授艺多年，多有轶闻，学生有董英杰、李万全等。南京国民政府成立前后，北方名拳师相继南下，董英杰随老师杨澄甫南下后，一度寓居苏州，在东吴大学授艺，并任教于西医吴谷宜家。民国十七年（1928）夏，李香远南下苏州，受学生董英杰举荐，至吴谷宜家教拳。其间，来学者还有南京中央大学英文教

李宝玉（景清，香远，1889—1961）

授张士一。张是吴江人，清末秀才，早年留学，时已四十余岁，因家居苏州三多巷，与董英杰相识，得以从李香远习拳。

某次，李香远与张士一在苏州怡园练拳，怡园业主顾孟明发现"其拳路之精彩，从未见过……步履轻盈，上身正直，下盘稳固，手势圆活，气定神闲"。推手时，李香远"只偶一发劲，即把对方抛球似的抛出……却又立即探手把对方拉住"。顾孟明认为"如此推手实为罕见"[1]。后经打听，得知李是吴谷宜家教席。其时，顾孟明与拳友吴兆基（时为东吴大学学生，后成为江苏吴门派古琴名家）、王赞侯（苏州观前街庆泰钱庄账房先生）皆为致柔拳社苏州分社学员，通过吴兆基父亲吴兰荪的关系，三人在吴谷宜家拜见李香远，改随李学拳。据吴兆基述：

> 早年与香远先生推手，其臂敷于人身，惟感觉其手臂重如千钧巨石，而上半身麻得像触电，动弹不得，常常似乎未觉其动，当之者则飞丸陨空，飘然而出。[2]

据吴兆基的一位门生叙述：

> "文革"前苏州有位吴兆基先生，功夫很深，我曾随吴先生练过一段时间。

---

① 吴湘泉：《练拳五十七春回忆录》，《生命在于运动》1987 年第 4 期。
② 李长源：《太极圣手李香远的惊人武技》，《武林》1991 年第 5 期。

吴先生练的是武式太极拳。吴先生虽是位教授，但他也是练的比说的明白。关于武李两位前辈的拳论，我读了不知多少遍，说到底还属于他们个人的经验，可作为参考，但还不能称之为理论，因为还是一些很不完善的东西。兆基先师也基本同意我的观点。所以，既要珍惜前人的经验，又不要迷信前人的说法。……按照兆基先师所谈的见闻，……当年在江苏国术馆，教太极拳的主要是郝月如。郝月如先生教拳法严理明，造诣颇深，惟技击实战经验稍逊，未能在国术馆站住脚。而李香远先师则不仅法严理明，而且善于实战。故其名声几驾月如先生而上之。

李香远为人狷介，不善应酬，在苏州时间不长，外加此时正好山西太原方面有人请他前往教拳，遂执意北返，最终回到邢台。起初住在商会内（会长之子光步孔随其学），与拳界人士尚有来往，后来干脆闭门谢客，几乎与世隔绝了。

李香远晚年以小本生意谋生，常得任县朱家屯的石逢春帮忙，心存感激，授以太极拳术。石为人忠厚，学拳用心，只是读书太少，无法深入。

杨澄甫高足之一李雅轩晚年回忆太极高手的功夫表现时，述及李香远："一辈子的苦功，身势的曲折柔软很够，尤其是他的发劲比任何人都充实。其劲能入里透内，确实是一把好手。"[1]

（三）郝为真其他主要弟子[2]

王延久（1880—1955），名彭年，字延久，回族人，家住河北邢台南关七道弯。郝为真老先生在清末受聘至顺德府（邢台）天吉货栈申家授其子侄时，王延久得以从学。王一生经商，很少授徒。因崇侠尚义、乐善好施，结交甚广，永年等地太极拳友来邢台者，多由其牵头款待，或协助设场教拳，对各家太极拳延续状况及掌故轶事知之甚详。传人有刘玉祥、赵玉林及次子王宗贵。

阎志高（1882—1961），河北清河县城南后丁村人，家境富裕，幼得名师传授

---

① 陈龙骧、李敏弟整理：《杨氏太极拳诠真》"杨氏太极拳练习谈"，北京：北京体育大学出版社，2008年，第240页。

② 本篇主要参考吴文翰《武式太极拳的形成和发展》（《武林精粹》第二辑，1984年12月）、文翰《百年武派太极拳来龙去脉》（《精武》2000年第9期）、文翰《百年武派太极拳名家小传》（《精武》2000年第9期）、吴文翰《武派太极拳体用全书》（北京：北京体育大学出版社，2001年）、吴文翰《为有源头活水来——武派太极拳的创始及在邯郸、永年等地的发展》（《精武》2004年第8、9、10期）、杨志英《民国时期永年太极拳的传承概况》（《武魂》2005年第11期）、吴文翰《武派太极拳史略》（《中华武术》2007年第9期）等。

少林拳。十七岁在永年读中学时，得以师从郝为真。嗣后考入保定武备学堂。时常练单操势，体悟揣摩太极精义。由于师传有法，自身勤练，太极功夫日趋精纯。

阎志高（1882—1961）

阎志高在保定武备学堂课余又学过形意拳、八卦拳。毕业后，常游京津，与天津中华武士会李存义、张占魁及北京刘凤春等有所过从。据杨明漪的《近今北方健者传》记述：

> 予遇郝之弟子阎志高于津门，在民国八年。其人讷于言，诚笃君子，论内外家甚详。又以太极十三势、太极棍、打手、太极刀四者之外无他技相告，亦深以练太极而纯柔者为异，曰："不丢不顶，太极意也。"如以不丢不顶为极则，而恪守不化，则牵动四两拨千斤之妙用，且湮矣。予以阎言质之程海亭，海亭韪之。[1]

此后，阎志高步入政界，供职于江苏省政府。直到民国二十六年（1937）"七七事变"后，回清河隐居，潜心丹道，得高人传授"转天尊"内功，多次入山修行。

1950 年，阎志高应霍梦魁、李荃英、高云五、田彩章、卜荣生、郭寿三、管永年等人之邀到辽宁沈阳，授艺于城内军署街。除教武派太极拳械外，还授八卦门的三义刀、二十四趟刀、指路刀、对劈刀、双头枪，以及长拳门的杨家枪、风火棍、对花枪、空手夺白刃等，能全面继承其技艺者寥寥。在沈阳十余年间，从学者六百余人，其中得其一技之长者六十余人，能重师承者仅十余人，有河北清河刘钦洲，河北蓟县田彩章，山东蓬莱张学善，黑龙江哈尔滨赵炳然，辽宁抚顺赵庆玉，辽宁沈阳陈明洁（1909—1992）[2]、卜荣生、刘常春[3]、王清泉、赵润生、肖玉普、康国福等。

---

① 杨明漪：《近今北方健者传》"阎志高"，民国十二年（1923），第九页。
② 有关陈明洁事，参见王善德《武派太极拳名宿——陈明洁》（《精武》2000 年第 9 期）等。
③ 有关刘常春事，参见丁宁《随武派太极拳师刘常春先生习拳》（《武魂》2002 年第 12 期）、《都市里的农夫——记武派太极拳名家刘常春》（《精武》2004 年 4 月）等。

1960年底，阎志高深感年迈，欲返故里，遂停止授徒而归。至天津附近时，所乘火车脱轨，不幸身负重伤。同乡张某将其护送到天津铁路医院抢救，终因伤势太重，医治无效。[①]

张振宗（1882—1956），字玉轩，生于直隶广平府城北西杨庄。幼年体弱，始从广平府城郝为真习拳强身。民国中期郝月如、孙禄堂在南京等地授艺时，曾聘张振宗南下执教，张皆未应允。张振宗侍师至诚，曾在广平府城内迎春街购房一所，供郝为真居住，每年春秋二季给老师送粮。郝为真去世后，张又与同门联络筹备立碑事宜。张振宗通中医外科，曾设药肆于东杨庄集，施舍医药，活人甚众。年老无子，由侄承嗣。传人有张世琦、张延祜、杜玄志、祁从周、姚继祖（1917—1998）、魏佩林、贾朴等。

韩钦贤（1885—1958），名文明，字钦贤，生于直隶广平府城，十六岁从城中郝为真习太极拳，此后经商期间亦习练不辍。民国十八年（1929），郝月如受聘南下后，韩钦贤接任永年县国术馆副馆长，并曾任永年中学及小学拳术教员。民国二十四年（1935），韩应山西省国术促进会之聘赴晋，次年到邯郸怡丰面粉公司、亚细亚煤油庄、孤儿学校等处教太极拳。全面抗战爆发后，永年县国术馆被迫解散，韩钦贤避地邯郸。民国三十年（1941）受聘到曲周县教拳。对受业弟子不以贫富相待，对家境贫困者亦尽力接济。民国三十四年（1945）邯郸解放后，韩钦贤定居邯郸西门里，著有《太极拳走架打手白话歌》。有子二人：汝瀛、汝湘。传人有马荣（1912—1965）、翟文章（1919—1989）[②]、米梦久、麻守全、贾朴[③]等，魏佩林、姚继祖等也曾向其学，李圣端弟子陈固安亦曾受其指点。

李圣端（1888—1948），名斌，字圣端，回族。祖籍京郊，祖辈南下经商，落户邢台。父为粮商，早亡，与老母相依为命。天性淳厚，尚任侠，不喜读书。开办回春酱园，经商为业，家资殷实。自幼习练教门弹腿、查拳等，后从郝为真习太极拳。光绪三十三年（1907）老母去世后，李圣端将祖产回春酱园等三处店铺托付亲友经营，自己闭户蛰居，潜心练拳。其用功勤苦，不分寒暑，日练三次，院内砖地踏成深沟。与人相黏，旋化旋发，不见其动，人已跌出。民国十七年（1928）与拳友王延久、郝中天、郑月南、陈兰亭等组建邢台国术研究社，授拳场地在羊市水台北龙王庙前，后迁至龙王庙东侧仁义巷李家商号的库房大院。

---

① 有关阎志高事，另参见刘常春、华越《攻文经武　名重武林——忆恩师阎志高先生》（《精武》2000年第9期），张方《阎志高与武式太极剑》（《武林》2002年第7期）等。

② 翟文章传人主要有杨振河、赵宪平、胡利平、路军强、董新成、朱宪红，等等。

③ 有关贾朴事，参见赵晓唐、马建秋《武派太极拳名宿——贾朴小传》（《精武》2000年第9期）等。

李圣端任社长，与其相识者多赞佩其技艺。该社教师多系回族人，学员也以回民为多。民国二十六年（1937）十月，日军侵占邢台，该社被迫停办。李圣端平生守籍邢台，迁居南关牛市水台东南隅一小巷中，外地知其名者甚少。有子三人：凤洲、鹏洲、鹤洲。传人有马荣、陈固安（1914—1993）[①]、吴文翰（1928—2019）[②]、王陛卿、王德春、王德贵、王万庆、王学政、王典五、陈恩禄、杨杰、杨自修、张德禄等。[③]

郝中天（1891—1968），名景云，字中天，邢台人。经商为业，素喜武技，初随杨兆林习杨家太极拳，后赴广平府城从郝为真学，为郝为真门下之出

李斌（圣端，1888—1948）

众者。其拳舒展、刚柔兼备，推手大挞大化。其大杆子深得郝为真传授。因家资殷实，收徒甚少。邻人陈固安与其世交，受其教益。

李福荫（1892—1943），字集五，直隶广平府永年县人，李启轩之孙。七岁从父李宝琛习拳技，后从学于师伯郝为真，朝夕受教近二十年。民国二年（1913）毕业于保定高等师范学堂理化系。先在滦县初中任教，一年后返里，任永年县的河北省立第十三中学理化、数学教员，后为训育主任。民国十八年（1929）将家藏李亦畬抄赠胞弟的"启轩本"太极拳谱重新编次油印，分赠永年县国术馆成员。此后又征得时在山西太原的李亦畬长孙李槐荫（李宝廉子）同意，集巨资于民国二十四年（1935）在太原将拳谱正式印刷成册，远近凡索取者均予之。一版之

---

① 有关陈固安事，参见吴文瀚《习拳作画　养性健身——研习武式太极拳的陈固安先生》（《武术健身》1986年第1期），郑安娜《访武式太极拳第五代传人陈固安》（《武术健身》1987年第2期），路群、荣辰《武式太极拳一代宗师——陈固安老师印象》（《少林与太极》1990年第2期），赵成顺《武式太极拳名家陈固安》（《武术健身》1990年第5期），严翰秀《锐意创新的一代拳师——记武式太极拳新架编创者陈固安》（《武林》1993年第2期），澧阳《武派太极拳技击名家陈固安》（《精武》2000年第9期），王连杰《我辈永远的楷模——缅怀陈固安先生》（《武魂》2003年第4期），陈树道《太极拳前辈郝少如与陈固安鸿雁传书》（《武林》2004年第10期）等。

② 有关吴文翰事，参见乔保柱《饱蘸翰墨书太极——记吴文翰先生》（《精武》2000年第9期）等。

③ 有关李圣端事，另参见吴文翰《郝为真慧眼识英才》（《武术健身》1988年第5期）、吴文翰《回族太极拳家李圣端》（《武林》1991年第4期）、陈昆仲《武氏太极泰斗李圣端传奇》（《少林与太极》1992年第5期）等。

后无资再版，李福荫此后又在河北省立第十三中学将拳谱油印多次，继续无偿赠送，《山右王宗岳太极拳论》和武禹襄、李亦畬拳论由此日渐广为人知。为使亲友有一习练太极拳的良好场地，李槐荫与武芳圃（武禹襄孙）、武常祺、冷荫棠、李召荫（李福荫堂弟）、郝砚耕（郝为真三子）集资近三千银元，于永年城内东大街路南开办"太极酱园"，以经营所得作为日常费用。常来此习练者有武小宣、武勃然、武芳圃、郝砚耕、冷荫棠、李召荫、王武周等。李福荫虽不以教拳为生，但练拳不懈。常以物理原理分析推手蓄发之功，吸即能化，呼即能出。民国二十九年（1940），伪县长何某请其教拳，以足疾难愈辞，惟闭门课子侄读书练拳，醉心诗词书画为事。此后家道日落，于民国三十二年（1943）腊月辞世。李福荫所保存的"启轩本"太极拳谱等在战乱时局中散失。有子三人：中藩、正藩、公藩，次子正藩能承家学。

范述圃（1895—1948），名念祖，字述圃，直隶广平府永年县人。家资富有，幼时聘郝为真住家教习。范述圃读书较多，对太极拳旧闻逸事及拳理知之较详。成年后以经营药铺和行医为业，不以授拳为生，很少与人谈论拳技。民国二十七年（1938）秋冬间，范述圃把家人自永年接到邢台。因他在邢台开办的颐生堂药店一时来不及腾房，托人请王延久代其在邢台牛市水台西北角租一小院，让家人临时居住。王延久因知其太极拳技得自郝为真，遂请其收徒弟。范述圃拘于情面，只好应允，教王万庆、张德禄等八九人半年余。此后即将家人搬到颐生堂药店后院居住，自此不再授拳，其子女均未曾习。

第六章

技进乎道

——孙禄堂和他的传人

民国初年，形意拳、八卦拳造诣精深的孙禄堂又机缘巧合得遇郝为真，郝将太极拳倾囊相授，此后，孙结合形意拳、八卦拳，创出别具一格的太极拳架。孙之技艺，实以形意拳为根，融摄八卦拳、太极拳，相关史事很难分离论说，只能将其人做整体叙述。

一、孙禄堂：拳艺集成

孙福全，字禄堂，号涵斋。清咸丰十年（1860）十一月十五日申时[①]，生于直隶保定府完县东任家疃。幼丧父，由母安氏抚育成人。七岁时曾就蒙馆肄读一年，"幼聪颖，读书过目成诵"[②]。因家境艰困，无资就学，九岁起弃读经商，习制毛笔，得资事母。据其女孙剑云讲述：

> （孙禄堂）十三岁时，因感及事亲未丰，有愧子责，乃生厌世之念，某午夜竟私至村外树林中图自缢，讵知孙虽自觉项际已被绳索扣，缢多时，但终未绝气。时适有二行人过此，急将孙救下，送归其母处，并赠多金而去。嗣后孙谓天尚不欲吾死，乃打消其自杀之意。嗣后即渐从事学习技击，并研究周易、奇门等。[③]

孙禄堂平生负气节，尚任侠，"十五岁时，从保定形意拳家李魁垣学技击，拜李为师"[④]。及长，又从郭云深习形意拳，以求深造，由是大进。"所至必随，郭骑

---

① 关于孙禄堂生年，有 1860、1861、1862 年三说。孙禄堂碑文为 1862 年；孙剑云早年口述其父生于"咸丰庚申年"即咸丰十年（1860）（《国术名家孙福全轶事》，《世界日报》民国二十三年（1934）一月三十一日）；孙剑云《忆父亲孙禄堂》（《中华武术》1994 年第 5 期）为"同治元年壬戌"，也就是1862 年；孙剑云《孙式太极拳诠真》（人民体育出版社，2003 年）为咸丰十年十一月十五日申时，即1860 年。

②《孙福全传》，《大公报》民国二十三年（1934）一月二十八日，第六版。

③《国术名家孙福全轶事》，《世界日报》民国二十三年（1934）一月三十一日。

④《国术名家孙福全轶事》，《世界日报》民国二十三年（1934）一月三十一日。据郭华东《〈孙公福全大宗师行谊〉评注》："关于孙先生拜李魁元为师的时间，孙先生于民国乙卯年正月望日（即 1915 年）在《形意拳学》自序中说是'光绪甲申年（即 1884 年）11 月中旬'，即其 24 岁始学形意拳。孙先生对此后来又改说为'自幼'，即 12 岁（1872 年）。"

而驰，先生步行，手揽马尾，日尝行百数十里。"[①] 十九岁时，曾徒步走京师，"盖孙久旧闻京师有程庭华者，绰号眼镜程，擅八卦拳术，亟欲一谒也"[②]。据孙剑云述：

> 孙在平时常从肃王、意公等游，历时年余，言谈间仅专涉技击问题，从未向肃王等请托一事，故当时人均颇推重其人也。孙寓平时，有暇复从事习八卦拳连环掌数月，多有心得，但孙之技术虽日见精深，而虚让好学之心如前，丝毫无自得之意。年余后，程庭华谓孙曰："吾授徒数千，从未有天质聪慧复能专心不懈如汝者，故汝目下能学有所成者，虽曰彼此间有师徒之天缘，余乃悉心教授，要亦汝生有宿慧始能达此。余意，汝之技，黄河南北，已无敌手，可去矣，行矣！"[③]

因"八卦拳之精义，皆包涵于《易经》中，故孙欲求精进起见"，至保定容城县，访某公从习《易经》。"经其苦心孤诣研究之结果，孙之艺竟臻绝顶。嗣后遨游南北数省，声名鹊起，国内技击家无不知有孙福全其人矣。"[④]

孙禄堂既游各省后，复归保定从商，谋什一之利，得资以奉养其母。据孙剑云述：

> 其时保定摔跤之风大盛。习摔跤者，多傲然自得，轻视一切。每喜无故肇事，一般技击家为避免麻烦计，从无久寓该地者，而孙竟长寓于彼处，遂遭摔跤者之嫉恨，私谋有以惩之。一日孙赴茶肆品茗，方入门，迎面有一壮汉用双风灌耳手法向孙之两太阳穴猛击，而身后又另有一人，施展摔跤绝技"扫

[①] 陈微明：《孙禄堂先生传》，《国术统一月刊》民国二十三年（1934）八月。古人云："夫蚊虻终日经营，不能越阶序，附骥尾则涉千里，攀鸿翮则翔四海。"（汉代王褒《四子讲德论》）此言很可能是孙禄堂自言仰仗郭云深而成名的谦词，但被陈微明如此记录，后人则据以发挥出更多传奇故事。

[②]《国术名家孙福全轶事》，《世界日报》民国二十三年（1934）一月三十一日。另据叶大密弟子郭华东《〈孙公福全大宗师行谊〉评注》："关于孙先生从学于程廷华的时间，孙先生于《八卦拳学》原序中说'丁亥年'，即1887年，后弃而不用，后人据孙12岁从李魁元、15岁从郭云深8年之说，推定为1883年。查《国术名人录》中说：'（孙禄堂）复拜程廷华、李忠元二师学艺，悉心研究，日以继夜，程李二师，复详加教海。''甲午年（1894年），（李存义）立万通镖局，藉广交结，今日之孙禄堂、艾永春皆忠元当时之入室弟子。'考1894年李存义、程廷华等人始合形意、八卦为一门，不分门派，互传弟子，则孙禄堂学八卦拳当始于1894年，其他说法均为虚构。"不过，1931年著成的《国术名人录》，也并非确凿可靠的证据。

[③]《国术名家孙福全轶事》，《世界日报》民国二十三年（1934）二月一日。孙禄堂门人胡俭珍曾抄录，并于壬午（1942年）仲春作跋，内称："余从孙禄堂夫子学，自民九始，时客京师，先生亲为施教，改正姿势，讲说拳理，无不以修养身体、变化气质为诣归，绝口不谈斗殴事。至于先生早年事迹，更未之闻。去岁书庭师妹过济南，谈及先生殁后，有记者余永学君访寻先生轶事，'乃尽我所知告之。余君归则记录载于《社会日报》，现汪孟舒师兄处存有此报'云。亟向索读一过，先生毕生事迹，世人知者甚少，此虽一鳞半爪，亦足珍贵。顾文字稍有驳杂，因不揣谫陋，加以修订，录而存之。"（胡俭珍抄本影印件部分，见童旭东《孙氏武学研究》，北京：中国书籍出版社，2008年，第47页。）

[④]《国术名家孙福全轶事》，《世界日报》民国二十三年（1934）二月一日。

蹚腿"扫来，势如急风暴雨，猛
不可挡。两旁茶客见此无不失色，
而为孙危，而孙竟不慌不忙，一
面用左右二手指点前立者之手腕，
一面起腿用"三体式"之力微蹚，
二人应声跌出丈余，且因之殃及
其他品茗者数人。而用扫蹚腿者
已被踢倒地，惫不能兴矣。至此
孙始徐徐曰："何恶作剧如是也！"
此时，尚有暗算者同党预伏四旁
者二十余人，均惊骇不止，叩地
求恕曰："知先生技矣，请见恕！"
孙曰："何恕之有，诸君请起，彼
此好友，不可如此。"言毕举步
就座。因当蹚足时系用内功之力，

孙福全（禄堂，1860—1933）

故鞋底脱矣，乃探囊出洋，命茶博士购新鞋一双，仍与暗算者相互谈笑，尽欢
而散。此事传出后，闻风访孙者日众，孙苦之，遂弃商返完县原里，欲研究天
文、奇门等学，以助其技术进步也。[1]

　　孙禄堂此后返归故里，开办蒲阳拳社，娶妻张昭贤，于光绪十六年
（1890）得长子孙星一，光绪十九年（1893）生次子孙焕文（存周）。不久，孙禄
堂应友人孙绍亭之邀前往定兴。其时，孙绍亭为清廷军机大臣鹿传麟家护院，因
与当地某拳家有仇，某邀众与孙绍亭殴斗，孙禄堂前往制之。据胡俭珍述：

　　先生居定兴时，有某甲之仇人约集一二百人寻某械斗。某甲求助于先生，
先生询某共约若干人？某佯答：百余人。先生允其请，遂携一齐眉棍随某甲
行。中途与敌遇，对方人众均持器械，见某大骂。某甲畏其势，掉头即遁。先
生无奈，独立迎战。为首一人，体伟力雄，持一棍粗如椽，举向先生头部猛
击。先生闪身，以杆还击，中其太阳穴，壮者倒地矣。众大哗，一齐涌上。先
生挥动蜡杆，左冲右撞，挡者折臂断肢，伤亡甚众，余作鸟兽散。先生返，责
某甲不应先逃。某甲曰："余不逃，势必死，无补于事。此后讼事由余负责，

　　①《国术名家孙福全轶事》，《世界日报》民国二十三年（1934）二月一日。

孙禄堂拳照

不与先生涉也。"由是人称先生为"平定兴"。[1]

孙禄堂在定兴收孙绍亭二子孙振川、孙振岱为徒。[2]据孙绍亭之孙、孙振岱之子孙雨人述:

> 我父亲曾给我讲过有关师爷的一个故事。秋后的一个傍晚,祖父和师爷在我家院内练拳,祖父见天色已黑,便招呼师爷到屋里去练。

> 师爷点点头,并让祖父先进屋点灯,当祖父点着灯一看,却见师爷早已坐在屋内炕上。祖父惊奇地问道:"您怎么进来的?"师爷说:"你进来我也就进来了。"祖父更加疑惑难解,师爷接着说:"不信咱俩再试试。"

> 二人又重新走出屋门,在院内散步。稍顷,祖父便说:"咱俩进去吧。"祖父仍在前边走,师爷后边跟,当祖父刚走进屋内,但见师爷又在炕上端坐,祖父越觉得神奇。

> 接着师爷解释道:"这不是难以捉摸的魔术,只因我的动作敏捷轻灵。在你掀帘子的一刹那,我早从你腋下的空隙内,领先进来了。"自此,祖父对师爷更加敬佩。[3]

庚子之后,孙禄堂遇张策和杨澄甫,开始研究太极拳。

光绪三十三年(1907),孙禄堂被东北三省首任总督、钦差大臣兼管三省将军事务的徐世昌延聘至奉天幕下,任内巡捕。此后,被徐保为知县,孙婉谢未任。宣统元年(1909)阴历四月初,徐世昌交卸东三省总督等篆务,遵旨启程赴邮传部尚书新任。孙禄堂随之返京。次年,孙举家迁入北京城,租东城干面胡同一庭院设教,并先后在邮传部、禁卫军教授武技。

民国元年(1912)三月,袁世凯继任临时大总统。徐世昌力辞太保衔,一度隐居青岛观望时变。孙禄堂随之前往,此后又随徐回京,在法政学校授技。是年,孙禄堂与李榘、孙树勋、藉忠寅、李存义、刘文华、金还、刘乃晟、常堉璋、陆大坊等人共同发起成立中华尚武学社,以"研究中国固有武术,实行体育"为宗旨,社址在东单牌楼总布胡同,于九月二十九日开成立大会。[4]

---

[1] 胡俭珍于1942年春抄录报纸连载孙剑云所述《国术名家孙福全轶事》诸篇后,又附录增补两篇,此为其一,题为《人称"平定兴"》,见童旭东《孙氏武学研究》,北京:中国书籍出版社,2008年,第48~49页。

[2] 有关"定兴双绝"孙振川、孙振岱事,参见童旭东《定兴双绝之盛与衰》(《武当》1998年第2期)。

[3] 孙雨人:《我所知道的孙禄堂先生》,《定兴县文史资料》(第二辑),1987年,第21页。

[4]《中华尚武学社简章》,《亚细亚日报》民国元年(1912)九月十四日,第七版;九月二十日、二十二日、二十三日、二十四日、二十五日、二十八日、二十九日、十月五日、八日、十三日、十四日,第四版;十月十六日、十七日、十九日、二十日、二十一日、二十三日、二十四日、二十五日、三十日、三十一日,十一月一日,第五版;十一月五日、七日,第四版。

青年时期的孙禄堂　　　　孙禄堂（左）中年时期推手照

民国三年（1914），孙禄堂在宣武门内朱巢街另租一较大庭院设馆授拳。是年五月，袁世凯依据《中华民国约法》，改责任内阁制为总统制，任徐世昌为国务卿。此后，孙禄堂受聘在国务院卫队教授武技。是年夏，得小女孙剑云。

时值永年县太极拳家郝为真来京访友。经人介绍，孙禄堂与之相识。[①]据孙禄堂自述：

> 郝先生，讳和，字为桢，直隶广平永年县人，受太极拳术于亦畲先生。昔年访友来北京，经友人介绍，与先生相识，见先生身体魁伟，容貌温和，言皆中理，身体和顺自然，余与先生遂相投契。未几先生患痢疾甚剧，因初次来京不久，朋友甚少，所识者惟同乡杨建侯先生耳。余遂为先生请医服药，朝夕服侍，月余而愈。先生呼余曰："吾二人本无至交，萍水相逢，如此相待实无可报。"余曰："此事先生不必在心，俗云'四海之内皆朋友'，况同道乎？"先生云："我实心感，欲将我平生所学之拳术传与君，愿否？"余曰："恐求之不得耳。"故请先生至家中，余朝夕受先生教授，数月得其大概。后先生返里，在本县教授门徒颇多。先生寿七十有余岁而终，其子月如能传先生之术，门徒

[①] 据郭华东《〈孙公福全大宗师行谊〉评注》："关于孙先生从郝为真学太极拳的时间，据其《八卦拳学》自序中说为民国元年，《太极孙》一文中说为 1918 年，另有民国三年之说，具体何者为是，实无从判定，暂存疑待考。"不过，查孙禄堂《八卦拳学》"自序"，未见"民国元年"之说。

孙禄堂长子孙星一（右二）与夫人（左二）及女儿（右一）等合影

孙禄堂与子孙存周合影

孙禄堂与夫人张昭贤及女孙剑云合影

中精先生之武术者亦不少矣。[1]

另据孙禄堂自述：

清道咸年间，有广平武禹襄先生，闻豫省怀庆府赵堡镇有陈清平先生者，精于是技，不惮远道亲往访焉，遂从学数月而得其条理。后传亦畬先生，亦畬先生又作五字诀，传郝为真先生。先生以数十年之研究，深得其拳之奥妙。余受教于为真先生，朝夕习练，数年之久，略明拳中大概之理。又深思体验，将夙昔所练之形意拳、八卦拳、太极拳，三家会和而为一体，一体又分为三派之形式。三派之姿势虽不同，其理则一也。[2]

关于此事详情，还有其他说法。据李天骥所述：

孙、郝结识这件事，许禹生、吴玉宝、金警钟都曾谈起过，其大致过程是，郝先生来北京原是来找杨健侯先生的，因为同乡关系，郝想借杨家在北京体育研究社的影响，使郝式太极在北京也能立足。但是当郝到京后，杨态度冷淡。于是许禹生将郝介绍到四民武术社。当晚邓云峰请郝维祯乘人力车去外面饭馆吃饭，下车时邓见郝要付车钱，连忙过去阻拦，不想郝一卸力，伸出去的手竟一时未能收回来，只好由郝付了车钱。于是邓知道郝先生功夫颇深。当晚，邓云峰将此事告知孙先生。第二天，孙先生来到社中，由邓云峰介绍与郝先生相识。孙、郝见面后，共述心得，谈得很投机，遂相互切磋。开始，孙与郝对面而立，相距咫尺，孙要郝任意发力打自己。郝的手刚一伸出，孙已随之跃出丈外；郝的手刚一收回，孙又随之回到原处。一连数次，郝打不着孙。郝先生对孙先生的轻灵敏捷深表叹服。随后，郝对孙说："太极拳需要搭上手方才见功夫。"于是二人搭手，不想刚一搭手，郝竟向后飘出。郝先生深感惊讶。孙先生这时为了照顾郝的面子，连忙说这是按照郝先生刚才讲的意思走的劲。郝先生说："真是奇了，几句话就使您胜过了我几十年的功夫。"通过这次交手，郝先生知道了孙先生的功夫比自己深。所以他也就不到四民来了。[3]

民国四年（1915），孙禄堂刊印《形意拳学》，次年刊印《八卦拳学》。其时，北京四民武术社、天津中华武士会也常请其前去讲授拳学，然而孙禄堂难闻知音，常感喟略明其拳意者，百人之中难遇一二。

民国七年（1918），黎元洪辞职后，徐世昌经皖系控制的安福国会当选中华民

---

[1] 孙福全：《拳意述真》"太极拳家小传"，民国十三年（1924），第一二页。
[2] 孙福全：《太极拳学》"自序"，陆海军日报馆，民国十年（1921），第三页。
[3] 童旭东：《"尊重史料"与"道听途说"——答张方〈人、仙人、圣人〉一文》，《武林》2001年第6期。

孙禄堂，摄于天津中华武士会传习所

孙禄堂（中）与李星阶（右）、李怀白（左，李星阶的弟子）合影于中华武士会传习所

国大总统。孙禄堂入总统府任武承宣官。据孙剑云述：

> 自我记事起，家中几乎每日都有客人来访。其中不少是来比武的，也有是看到父亲著的书之后，不相信"纠纠武夫"博学且工于文，而来探查虚实的。父亲一生待人以恕，为人至敦笃，从无门户之见，无论内、外家拳师，还是文人墨客，一律热情接待。均是茶饭之后再行比较，或与之一席阐论，来客多是拜师之后离去。①

民国八年（1919）三月二十三日，大总统令："陆军总长靳云鹏呈请将……孙福全……等加陆军步兵少校衔。"②

因北方连年大旱，民不聊生，完县地富豪商乘机放高利贷，"贷钱利半于本，先生怜焉，散钱于乡农而不取息，乐善好施，莫不感德"③。其时，日本柔术家板垣来中国，约孙禄堂较技。据孙剑云述：

> 时有日本著名柔术家板垣者，来游中国，恃其柔术与华人斗，所向无敌，因之板垣骄甚。嗣闻孙名，即访孙请一较身手。孙对板垣谦逊异常，不肯较力。板垣误以为孙胆怯，且视其体格瘦弱，当元何种技能，请较益坚。孙力辞不获，乃允之，并依板垣所提出之比赛方法，于客厅中设一地毯，二人并卧其上，板垣以双腿夹住孙之双腿，两手攀抱孙之左臂，大声喝曰："余将使用柔术，但当余之柔术发动时，可毋庸直接殴击，只须两手一搓，汝之左臂即将折断矣。汝速自揣功力，是否能以抵抗？倘否，余当赦汝，中止表演，此系汝之紧要关头，切勿任气自误。"言时声色俱厉，若真有其事然。孙笑答曰："请汝一试可也，余意制之亦非难事。"板垣闻言，露惊骇之态，即开始用力，孰知刚一发动，两臂如受重大打击，寻且震及全身，此时板垣非惟手腕不能坚持孙体，即全躯亦竟被震，滚至离孙二丈外室隔处。四旁站立之孙之弟子及外界观众甚多，至此莫不大声喝彩。板垣自地爬起，脸红耳赤，恼羞成怒，突由身旁掏出手枪，孙之弟子方欲上前制止，孙从容谓曰："不必，不必，看他如何打法。"板垣怒曰："倘吾击汝不中，余即甘拜下风，心服口服。"孙笑允之，乃立于板垣对面，靠墙而待，并语板垣曰："请扳机！"板垣瞄准发枪，自意必中，讵知枪声响毕，硝烟散后，板垣视之，已失孙所在。方诧异间，忽有笑声发自板垣背后，反视之，孙也。盖板垣动枪机时，孙即一跃至板垣身后矣。至此观众哗然大笑，板垣垂头丧气辞出。数日后，板垣托多人说孙，欲从孙学艺，孙

---

① 孙剑云：《忆父亲孙禄堂》，《中华武术》1994 年第 5 期。
② 《大总统令 三月廿三日》，北京《益世报》民国八年（1919）三月二十四日，第二版。
③ 陈微明：《孙禄堂先生传》，《国术统一月刊》第二期，民国二十三年（1934）八月。

未允焉。①

另据向恺然记述：

日本著名的柔道家坂原，在日本是很强的四段。闻了孙禄堂的名，又看了孙所著的书，特地从日本到北京来拜访孙禄堂。孙禄堂殷勤接到家中款待，住了几日，略略做了点功夫给坂原看。坂原研究的是柔道，是两人对扭对搏的，像中国这种单独研练的拳术，坂原不曾研究过。因此，孙禄堂虽演出些手法，坂原却看不出功夫的深浅来。见孙禄堂的体格并不魁梧，态度又很温雅，不像有多大气力的样子，以为是徒有虚名的。

坂原来访孙禄堂的目的，一不是崇拜英雄，二不是想研究中国的武艺，只是仗着自己的柔道在日本很享些声名，想凭着一身本领，到中国来出出风头。知道孙禄堂是当今中国拳术界负盛名的人，心想若能将孙禄堂打翻，声名在孙禄堂之下的拳术家，当然不敢出头露面和他较量，他这一来，在中国拳术界的风头，不出得十足了吗？坂原非不知道日本的柔道原是从中国流传过去的，但他的心里以为围棋也是从中国流传过去的，而日本围棋界四段的高部道平、濑越宪作先后到中国来，在中国围棋界里风头出了个十足，以为中国围棋的程度如此，拳术的程度大约也差不多。坂原自己的艺术阶级，也和高部、濑越一样是四段，所以敢抱定一个出风头的目的到中国来。加以见孙禄堂言不惊人、貌不动众，更觉得这回出风头的目的，有把握可以达到。

在孙家住过三五日之后，自以为看透了孙禄堂的本领，要和孙禄堂交手。孙禄堂是个生性诚笃的人，平常待人接物，十分谦虚有礼。坂原远道前来拜访，孙禄堂只认作一番崇拜自己的好意，绝对不疑心有将自己打倒好借此扬名出风头的心思。在殷勤款待的这几日当中，只自己做功夫给坂原看，却不曾要求坂原显什么本领。忽见坂原要和自己交手，连忙谦逊道："我从来不曾和人交过手，因为一则拳脚生疏，不愿意献丑；二则拳术是一类很凶的技艺，动手便难保不伤人或受伤，非真到万不得已的时候，不宜使用。先生过都越国到寒舍来，我正感念得很，岂可与先生动手动脚。我一点儿功夫已经做给先生看过几次了，更用不着真个交手。"

坂原听禄堂这么推辞，疑心真是不愿意献丑，心里很高兴，面上却做出失望的样子，说道："我从敝国特地到这里来，所希望的就是先生肯赐教几手功夫。几日来，虽承演了些手法给我看，但彼此不同道，看了仍不能领会，觉得

① 《国术名家孙福全轶事》，《世界日报》民国二十三年（1934）二月三日。另见《名闻大江南北技击专家孙禄堂》，《四川晨报》民国二十三年（1934）二月二十四日，第三版。

与贵国普通知道拳术的人所奏演的，没有什么区别。若只图看看贵国拳术的模样，非但用不着到先生这里来，并用不着到贵国来。日本人当中也多有曾研究过贵国拳术的，教他们演给我看看就得咧！我尝听得说贵国的拳术家有句古话——动手见高低！可见得拳术不动手是不能见高低的。"孙禄堂见坂原说话带些不相信自己的神气，只得说道："不错，这句古话是有的，但是我并没有要和先生见高低的心思，所以这么说。"坂原即立起身来，将上身的洋服边脱边说道："先生不要辜负我一番拜访的诚意。"孙禄堂到了这时分，知道再不能推托了，遂也起身拱手道："我平生还不曾见过贵国的柔道，不知道是怎么样的法度，请先生不要存个决胜负的念头，可以解说给我听的所在，不妨互相交换，庶几彼此都能得着互相发明的好处。"孙禄堂说这话，确是出于诚心，而坂原听了不由得心中暗笑。

于是一宾一主，就在孙家一间很长的客厅里交起手来。孙禄堂有十来个徒弟，都立在远远的看。坂原一心想把孙禄堂打跌，很凶猛的一步一步逼过去。孙禄堂确实不曾见过柔道的手法，存心要看出一个路数来，手手只略事招架，坂原逼进一步，便退后一步。坂原的身法、手法，孙禄堂已看得了然了，知道绝对不是自己的对手，只须一出手，就能把坂原屈伏。但孙禄堂是个生性诚笃的人，忽转念坂原在他本国很有点声名，功夫做到四段，也不容易，我如将他打败，他将来回国颇不体面，他本好意的来拜访我，不可使他扫兴而去。孙禄堂这么一想，即一倒挫，退了五六尺远近，对坂原拱手道："罢了，罢了，已领教过了，钦佩之至。"

坂原因孙禄堂只有招架不能回手，已存了个轻视的心思。此时见孙禄堂一步退了五六尺，背后离墙不过尺来远，没有再退一步的余地。孙禄堂只顾向前望着，他自己好像还不觉得的样子，不由得更暗暗欢喜起来，以为趁孙禄堂尚不觉得背后没有退步的时候，赶紧逼过去是个求胜的好机会，哪敢怠慢，故意发一声吼，使孙禄堂专注意前面，不暇反顾，只一蹿便到孙禄堂跟前，刚要施展柔道中极毒辣的手法，谁知孙禄堂见坂原不肯住手，反紧逼过来，已看出坂原不良的心事了。哪用得着什么退步，也容不得坂原施展，随手将坂原捞过来轻轻的向前一抛，只抛得坂原四体凌空，翻了一个跟头才落下地来，并没有跌倒，仍是两脚着地，看落下的所在，正是起首时坂原所立的地方，离孙禄堂已有一丈四五尺远近。坂原这才大吃一惊，知道孙禄堂的本领，比自己不知要高强多少倍，自己一晌想出风头的心理，确是不度德、不量力，心里并很感激孙禄堂，毫没有给他过不去的心思，定要跟着孙禄堂学拳。

　　孙禄堂因坂原是个日本人，素知日本人厉害，不问对于什么学术，都肯拼命的研究，若将太极等拳术传到日本去了，十年之后，中国的拳术家，绝不是日本拳术家的对手，不须二十年，也就要成今日两国围棋的现象了，决心不肯收坂原做徒弟。坂原见要求做徒弟不许，就再三的说，只要能学了刚才一抛丈四五尺远的那一手，也就罢了。孙禄堂笑道："中国的拳术，须全体会了，才能分做一手一手的使用；专学那一手，是永远没有成功希望的。"坂原这才垂头丧气的回国去了。①

　　民国九年（1920）冬，孙禄堂六十大寿，清史馆纂修、门生陈微明作文贺寿，内云：

　　微明游京师，遇完县孙禄堂先生，授以内家拳术，以为先生乃幽燕豪侠之流也；及其处之既久，乃知先生人品之高，道术之深，有非士大夫所能及者！盖先生兼通奇门数理，精于易，著有形意太极八卦拳诸书，其术大抵借后天之复先天，由有为以归无为，摧刚而为柔，揉直而为曲，内健外顺，体乾用坤，故能冲虚不盈，变动不居，随机制胜，时措之宜。尝曰："天下之理，同归殊途，一致百虑。大道无名，体物不遗，惟湛密者能睹其微，中和者能观其通。夫其神全者，万物皆备于我，其不相通者，必一曲一偏之士也。"微明闻有殊才异能，必访其人，然精于艺者，不能通其道，善为言者，不能证于行，或守一。先生之言，暖暖姝姝而自悦，不知天地之大，四海之广，惟先生备然恫然，无成心，无私见，故能兼取众善而为我之用，无相拂之辞焉。自士大夫以至于百家技术之人，其为学以干禄者为多，惟先生轻利乐道，久而弥笃，负绝艺不自表暴，故能知其深者绝少。容貌清癯，蔼然儒雅，每稠人广坐，静默寡言语。及道艺，则精神四达并流，演绎开说，忽起舞蹈，奇变迭出，连环无穷，往往终日不厌。故微明游客京师，虽饔飧不继，而恋恋不忍去者，以感先生之德，意而欲略窥其门径也。今岁庚申冬月十五日，先生六十初度之晨，无以为祝嘏之献，仅略述先生行谊，以为寿言。夫以先生明大道之要，识阴阳之故，通奇正之变，解生胜之机，体之于心，验之于身，精气内蕴，神光外发，孟子所谓直养无害，塞乎天地之间者，先生勤而行之，服而不舍，其为寿，岂有涯哉！②

　　民国十年（1921），《太极拳学》刊印，成为第一部公开出版的太极拳著作。七月六日，《晨报》始登广告：

　　① 向恺然：《孙禄堂》，《红玫瑰》第一卷第十六号，民国十三年（1924）十月十九日。
　　② 陈微明：《孙禄堂先生六十寿序》，《国术声》第三卷第四期，民国二十四年（1935）。

完县孙禄堂先生曾著有形意八卦拳学两种，业已风行一时。兹先生又著《太极拳学》一种，寄售武学书局、武学书馆各大书店，定价从廉。先生从事内家武术研究四十余年，深明形意、八卦、太极三者形式虽异，道则一贯。至书中论理论气之处，更复融会贯通，可以扫除一切门户之见，三家合一，独具真解，洵近今不可多得之作也，有志斯道者速购为幸。[①]

孙禄堂在该书中指出，太极拳研求的是一气伸缩之道，形意拳、八卦拳亦如此。一气者，即中和真一之气，由无极而生。故拳学莫不是自虚而始再还于虚。形意、八卦、太极三拳用法不同，各有侧重，然其理则一也，揭示出形意、八卦、太极三门拳学的互融互补。据杨明漪评述：

> 八卦、形意两家之互合，始自李存义、眼镜程，太极、八卦、形意三家之互合，始自涵斋。涵斋于三家均造其极，博审笃行者四十年。近著三家拳学行于世，其言明慎，一归于自然，而力辟心中努力、腹内运气等说。因拳理悟透易理，及释道正传真谛、经史子集释典道藏之精华，老宿所不能难也。旁及天文、几何与地理、理化、博物诸学，为新学家所乐闻焉。[②]

民国十一年（1922），直奉战争后，直系执掌北京政府，指控皖系操纵选举的总统为非法，迫徐世昌去职。徐自此下野，退出政界，寓居天津租界。孙禄堂也离开总统府，之后曾在中央公园行健会讲授拳学。其时，孙禄堂三子、青年会英语业校第四届毕业生孙务滋在江苏太仓中学任英语教员，兼教和拳术等。在教高低杠时，因杠子突然折断，锈螺丝扎入肋骨，孙务滋感染破伤风，不治身亡。是年冬，中华武士会成员杨明漪在天津有幸得见孙禄堂，据其记述：

> 民国十一年冬，遇之津门，亲授三家精意于同人，自黎明谈至午夜，指画口说，无倦容疲态，十余日如恒。问之，则曰："是吾常也，倦则温太极十三式一遍，即解耳。"先是孙之弟子某，盛道孙设教某县某寺时，以狸猫上树势，手足贴于墙上，身离墙外，如弓形，可一时许，足痕去地丈余，学者至今保之，以为矜式。面询孙，孙曰："儿童辈饶舌哉。"言次，手足贴于墙，曰："今只能若斯而已。予老矣，不能践前迹。"乃下。视之，足离地可四五尺，此则中西学理所不能明，盖重心在背，人之手足无吸盘之构造，不得吸定也。又云："郭先生虎拳，一步可走三丈。馨予能，仅及二丈五，先辈之难及，斯其一端耳。"请试之，果二丈五。是年孙已六十一岁，体不及五尺，貌清癯，骨

---

①《〈太极拳学〉出版广告》，《晨报》民国十年（1921）七月六日、八日、十日、三十日，八月十五日、十六日、二十一日、二十三日、二十七日、二十九日，第一版。

②杨明漪：《近今北方健者传》"孙禄堂"，民国十二年（1923），第五八页。

如柴，腹如饿状，无努张之致，而力无穷也。所述各家拳理拳势极博，拟皆著录，尚未也。近有出世之想，亦未决。问以形意力实，八卦力巧，太极力灵，何以可合？曰："譬之物：太极，皮球也；八卦，铁丝球也；形意，钢球也。惟其皮，故无屈无伸，不生不灭；惟其透，故无失无得，无障无碍；惟其钢，故无坚不摧，无物不入。要皆先天之力也，皆一气之流也，先则不后，一则不淆。乾，健也，则视为纯刚；坤，顺之，则执为纯柔。固无此理。如执血气为人之素，或执肌肉为人之素，岂通论也耶？余载所著之拳学，请各探讨焉可也。然予老矣，吾道赖诸师弟光大之。"①

经数十年实践，孙禄堂在形意、八卦、太极三家拳学上造诣精深，博闻广见各派拳术，并融通儒释道，体之于心，验之于身，守先开后，将拳学作为身心性命之学以授人。据杨明漪评述：

涵斋《形意拳学》所谓心意如同人在平地立竿，将立定之时一语，与净宗所谓如垂纶钓深潭相似之言正同。《八卦拳学》所述程先生神化功用之言，与丹经无异。《太极拳学》述"五字诀"，可谓兼释道两家之奥。而涵斋犹曰："以力生血、以血化精易，以精化气、以气归神难。此中不只有甘苦可言，直有生死之险矣。学者可于力上求，勿轻向气上觅。一入歧途，戕生堪虞。古人之不轻传人，匪吝也，不忍以爱人之术杀人耳。无明师真诀，切不可盲从冒险。"三家拳学，为内外交修之极则，然向无图解，涵斋精心结撰，拍照附图，又全书出自一手所编录，形理俱臻完善，掬身心性命之学，示人人可由之途，直指本心，无逾此者。邓完白以隶笔作篆，康南海论书，至以儒家孟子、佛家六祖诀之。夫完白以汉篆结胎成体，汉篆固多隶笔，完白无破法之嫌，亦不得谓有尊古之功，一视孟子六祖，阐发之绩，瞠乎后矣。涵斋之于拳勇，阐明哲理，存养性命，守先开后，功与禹侔。如以康氏诀邓之言誉涵斋，可以不愧。顾安得好学敏求心知其意者，而与之论定之哉！然从此衣钵不传，而三家拳术遍于宇内，有必然者。至涵斋功候之纯、学问之邃，予浅陋未能窥其深，不敢赞一词也。②

民国十三年（1924），《拳意述真》刊印，孙禄堂于书中阐发拳与道合之理，并以亲身体悟揭示出由拳入道之进阶。五月十日《晨报》始登广告：

完县孙禄堂先生新著《拳意述真》一书，现已出版，定价每部大洋四角，寄售廊房头条武学书局、琉璃厂武学书广、东安市场文美书社各大书坊及京寓

①杨明漪：《近今北方健者传》"孙禄堂"，民国十二年（1923），第五八～六〇页。
②杨明漪：《近今北方健者传》"孙禄堂"，民国十二年（1923），第六〇～六一页。

太仆寺街罗圈胡同甲十号。是书阐明拳术之奥义及应用之方法，与前所著形意、八卦、太极拳学三书互相参发，中述先辈所言真理，皆前人所不轻以示人者。至其数十年经验心得尽情宣泄，尤为得未曾有。有志斯道者可人置一书，则裨益于身心性命者，诚非浅也。①

同年，孙禄堂赴晋拜访宋世荣。宋世荣得意门人董秀升等挽留孙禄堂数月，从孙学拳，孙禄堂为董宅题名"养性轩"。

是年，孙禄堂之子孙存周与友人在杭州的浙江陆军第二师第八团俱乐部打弹子球。李家鼐（筱和）拿球杆跟坐在一旁专心看报的孙存周开玩笑，未想脱手打碎孙的水晶眼镜，伤及孙的左目，导致其左目失明。孙存周说："你这一杆打退了我五百年道行。"虽为戏言，而孙确实一度在拳术上萌生退意，心灰意懒，对外声称不练拳了。在郑佐平等友人的开导鼓励下，经过长达两年的努力，孙存周信心渐增，此后闭门谢客四年，成就罕见功夫。民国时期的报纸登载孙存周在杭期间逸闻云：

> 孙（禄堂）先生之公子，佚其名，人皆以小孙称之，幼承庭训，长又勤学。某年官于杭，适有大盗来去无踪，难于捉摸，积日既久，案亦渐多，而盗之胆日益大。小孙初不在官，亦不应役，因置之。然以盗之目无余子，则心中不无愤怒，后以居停再三怂恿，小孙亦因急公好义之故，始允出力。索得线行，伏而伺之。某日盗劫一巨室，饱掠后，正思飏去，小孙腰击之，盗交手知遇劲敌，越屋拟逸，小孙飞空而获之。小孙喜酒，更好为击弹戏，一日正击弹子球使互撞，忽别一组之赳赳武夫竖其弹棒为戏，棒尖恰入小孙目，因眇，后乃医而易一玻睛。或云此盖忌小孙者所为耳。小孙则从此更儒雅，不甚读武术，不知者固勿谇其怀绝技焉。②

民国十四年（1925），孙禄堂开始撰写《八卦剑学》，阐发剑学理法，隔年出版。直隶督办、剑术名家李景林特到京访孙禄堂，礼聘至津，交流切磋。关于此事，陈微明亦有所述：

> 完县孙禄堂先生，受八卦拳剑于程先生廷华，飞腾变化，神出鬼没，余生平所见，殆未曾有。去岁（1925年），李景林（芳宸）访禄堂先生于京寓，致钦仰之忱，聘请先生至津，为省署谘议，礼遇甚隆。相处月余，始知芳宸剑术绝高，不在八卦剑之下。盖芳宸幼从师读，师授以剑术曰：尔将来建功立业，

---

①《〈拳意述真〉出版广告》，《晨报》民国十三年（1924）五月十日，第六版；五月十四日，第五版；六月九日，第四版。

②觊觎：《孙禄堂之虎子》，《克雷斯》民国二十年（1931）五月二十四日。

孙贵男（书庭，剑云，1914—2003）

战胜克敌，胥不外用剑之意。其师解馆后，遂绝迹不复见，乃异人也。芳宸能运用九尺之剑，纵横胜意，未有能当之者。其师兄宋某，尚在奉天年，七十余矣，有二短剑，不过尺许，能飞出取人首级。禄堂先生云：其剑法亦武当派也。①

据孙剑云讲述：

父亲晚年，暇时以书画自娱，寄情金石。他每日临池，笔走龙蛇，挥洒丹青，尤喜兰草、梅花，寓意咏志，直抒胸怀。父亲又为我延请了最好的老师，教我诗文和书画琴棋，还亲自带我到位于东四牌楼的名画家方曼云先生处学习绘画。这引起了我对中国传统文化的浓厚兴趣。②

自清末庚子事变后，我国拳术技击寂寞于世间已久，民国之初虽经军、政、商、学各界闻人以组织化、制度化、科学化等加以提倡，卒因怀绝技者多不愿露其头角，而奔走风尘中者什九白茅黄苇，无甚特奇。民国十七年（1928）三月二十四日，国术研究馆在南京成立，孙禄堂应该馆正副理事张之江、李景林之聘，前往担任教务主任兼武当门门长。是年四月底，孙禄堂自天津乘船出发，随行人员有弟子朱国祯、李玉琳、杨世垣等。二十九日，孙禄堂路过上海，致柔拳社在宁波同乡会开会欢迎，上海精武体育会、武当太极拳社等团体也来参加，到会者四百余人。据《申报》二十九日报道：

直隶完县孙禄堂拳师，精形意、八卦、太极三派内家拳术、剑术，名满海内。此次应张之江、李景林之聘请，任国术研究馆武当门门长，路过上海。致柔拳社陈微明、陈志进发起，阴历初十日在宁波同乡会开会，约全体社员加入欢迎，莫不欲瞻仰孙老拳师之丰采。届时，孙老拳师必一显其神州莫测之身手也。武当太极拳社叶大密率其社员亦同时加入欢迎云。③

三十日，《申报》又有报道称：

①微明：《李景林之剑术》，《申报》民国十五年（1926）四月十八日，第四张第十五版。

②孙剑云：《忆父亲孙禄堂》，《中华武术》1994年第5期。

③《致柔拳社今日欢迎孙禄堂拳师　地点在宁波同乡会》，《申报》民国十七年（1928）四月二十九日，第四张第十五版。另见《致柔拳社欢迎孙禄堂拳师》，《新闻报》民国十七年（1928）四月二十九日，"本埠附刊"第一张。

孙禄堂的武学著作

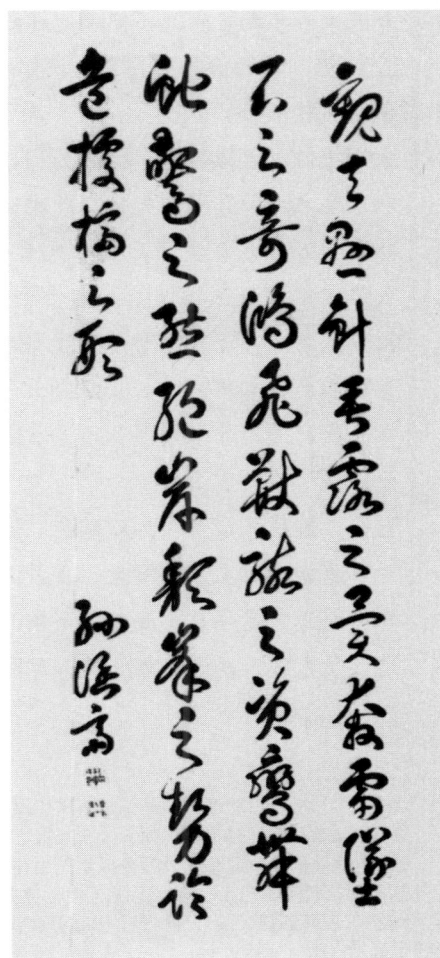

孙禄堂的书法

国技前辈孙禄堂，近应南京国术研究馆之召，道出沪滨。本埠致柔拳社社长陈微明，昨日特假宁波同乡会开会欢迎。国技团体除致柔拳社外，尚有精武体育会、武当太极拳社等，社员及男女来宾四百余人。三时许，此名满海内之国技家翩然莅止。孙君年逾古稀，髯长及腹，而精神矍铄，绝无伛偻态，具征技击之足以养身也。到会时，先与欢迎者合摄一影毕，先后登台表演。①

另据《新闻报》五月二日报道：

前日致柔拳社在宁波同乡会欢迎孙老拳师，该社全体社员、武当太极拳社社员及来宾共约四五百人，颇极一时之盛。来宾徐致一、靳云亭、任虎臣、姜容樵、刘德生等表演各种拳术，功夫具极深稳。陈微明与叶大密表演对剑（即李景林所传之剑），最后孙老拳师演八卦剑、八卦掌、形意拳、太极拳，精神之凝聚、身法步法之灵活，其柔如绵而含至刚之意，转动极迅而有闲暇之态，非五六十年之苦功，不能臻此神妙之境，可谓名不虚传矣。②

五月初，上海俭德储蓄会、精武体育会也分别开会欢迎孙禄堂，上海法科大学敦请孙到校表演。当时上海《申报》《新闻报》《中央日报》《民国日报》《时报》等各大报纸做了连续报道。五月三日，俭德储蓄会刊登启事：

拳术大师孙禄堂先生，此次应国府技术研究馆之聘南下，道经沪上。本会特定于五月六日星期日上午九时半起，在本会演讲处开欢迎会，并邀请沪上各拳术名家表演国技。凡本会会员届时欲来会参观者，请于五号以前向本会预索入场券（不能带伴眷属及孩童，入场券以索完为限）。至于该日上午之会员同乐会，暂停一次，下星期日仍照常举行。再，是日中午，在会中宴请孙禄堂先生，同时举行会员聚食会，愿加入者亦望先期来会接洽，以便预备为荷，此启。③

五日，精武体育会召开欢迎会。据报道：

北方武术名家孙禄堂，此次应国术研究馆之聘来京过沪，极受拳界欢迎。本埠精武会定今日（五日）下午二时开欢迎会，并柬邀武术专家陈微明、陈志进、叶大密、李圆虚等。闻节目除表演国技外，有该会之剑舞、庄舞、音乐助

---

①《致柔拳社昨日欢迎拳师孙禄堂》，《申报》民国十七年（1928）四月三十日，第四张第十五版。

②《致柔拳社欢迎孙禄堂拳师》，《新闻报》民国十七年（1928）五月二日，"本埠附刊"第一张。

③《俭德储蓄会欢迎拳术大师孙禄堂先生并停止会员同乐会一次启事》，《申报》民国十七年（1928）五月三日，第六张第二十一版。另见《俭德储蓄会消息栏·欢迎孙禄堂大拳师》，《民国日报》民国十七年（1928）五月四日，第二张；《俭德储蓄会欢迎孙禄堂》，《新闻报》民国十七年（1928）五月四日，第四张第十六版。

《精武画报》1928 年第 17 期登载的孙禄堂初到上海时的合影

兴，并欢迎各界参观，不收入场券云。①

六日上午，孙禄堂参加俭德储蓄会举行的欢迎大会。据《新闻报》和《民国日报》七日报道：

> 俭德储蓄会于昨日（星期日）上午十时起，举行欢迎拳师孙禄堂大会，先期遍发请柬及入场券等，邀请各界及会员参观。是日，来宾及会员到者约八百人。除各武术团体表演之拳法、刀枪剑术等外，并由孙亲自表演形意拳、太极拳、八卦拳、八卦剑四种。孙大师年近古稀，须发皤然，出手运气，精神健爽，观众咸鼓掌不止。至十二时半始散会，并由该会邀请欢宴，颇极一时之盛云。②

下午，孙禄堂应邀到上海法科大学表演。据《申报》七日报道：

---

①《各团体消息　精武会欢迎孙禄堂》，《申报》民国十七年（1928）五月五日，第六张第二十二版；《武术家孙禄堂来沪　精武会今日开会欢迎》，《中央日报》民国十七年（1928）五月五日，第三张第二面；《武术家孙禄堂来沪　精武会今日开会欢迎》，《新闻报》民国十七年（1928）五月五日，第四张第四版。

②《俭德会昨日欢迎孙禄堂拳师》，《新闻报》民国十七年（1928）五月七日，"本埠副刊"第一张；《俭德储蓄会消息栏·昨日欢迎孙禄堂拳师》，《民国日报》民国十七年（1928）五月七日，第八版。另见《俭德会前日欢迎孙禄堂拳师》，《申报》民国十七年（1928）五月八日，第六张第二十三版。

蒲柏路上海法科大学，于昨日下午二时，敦请国技专家孙禄堂、陈微明等来校表演国技。首由教务长沈钧儒致介绍词，报告孙之经过历史及其在国技上之研究，次由孙禄堂演讲，略谓有健全之精神始有健全之事业，拳术分形意、太极、八卦三种，实足以强身养性也，云云。又次，陈微明演讲，然后由孙禄堂等在该校运动场表演。①

七日，《申报》另有报道：

南京国术研究馆张、李二理事，闻孙禄堂到沪，特来电询问，预备欢迎。电云：英界七浦路二八八号致柔拳社陈微明同志转孙禄堂先生伟鉴：闻驾抵沪，无任欣慰。国术同志，咸为额庆。几时来京，祈饬电示，以备欢迎，伫候玉覆。顺颂大祺。张之江、李景林。江。

法科大学国术家孙禄堂自莅沪后，各界咸颂一观此老丰采，以是欢迎者甚众。昨日，法科大学复在该校开欢迎会，裙屐毕至，盛极一时。先由该校副校长沈钧儒演说，略谓吾人任艰肩巨，须有健全之身体。而健身之道，莫若拳术。即日本之强，亦正以彼邦能提倡武士道也。当此国难频仍，正吾人生聚教养之会，而于国术尤视为重要云云。继由来宾表演国技，复由孙君表演拳术剑法，并说明其原理，颇为后学指示门径。闻孙君已得首都国术馆电促，定今日（七日）即须赴宁矣。②

又据《民国日报》等报道：

本埠浦柏路法科大学，昨日下午二时敦请国技专家孙禄堂、陈微明等来校表演国技。教职员、学生及来宾到者不下二百余人，颇极一时之盛。首由教务长沈钧儒致介绍词，报告孙先生经过历史及其在国技上之研究，略谓孙先生为海内唯一国技专家，值此日兵行凶、国人愤慨之际，本校昨日开紧急会议，今日又承接孙先生来校表现国技，足以鼓励诸生爱国云云。次由孙禄堂先生演讲，略谓有健全之精神始有健全之事业，拳术分形意、太极、八卦三种，实众以强身养性也，云云。又次，有陈微明演讲，说明国技之真意及其研究之方法。然后由孙禄堂先生等等在该校运动场表现。兹将各种拳名及各表现人名摘录于下：一、孙禄堂形意拳、八卦拳、太极拳，二、蔡桂勤五郎拳，三、宁百川梅花路，四、林无我摘要，五、任虎臣通臂拳，六、陈微明、叶伯龄对剑，七、叶公子与林先生对剑，尚有四小社员表现太极拳，亦颇有精彩。表现毕，

①《上海法大请孙禄堂等表演国技》，《申报》民国十七年（1928）五月七日，第三张第十一版。
②《欢迎老拳师孙禄堂》，《申报》民国十七年（1928）五月七日，第四张第十五版。

已五时矣。①

五月七日，孙存周等陪同孙禄堂前往南京。十一日，国术研究馆举行开课典礼，同时欢迎孙禄堂。据报载：

> 国术研究馆于三月间成立，迄今已将两月，经该馆理事张之江、副理事李景林积极筹划，一切均已就序，特于昨日在该馆举行开课典礼，同时欢迎该馆主任孙禄堂。到者理事张之江及全体学员约七八十人，行礼如仪。首先由张之江理事长致开会词，评述国术馆筹备及成立的经过，与彼本人与该馆的历史事实，次述国技与国家强弱、民族兴衰、文化优劣的关系，并历举种种目睹耳闻之事实以为证明。次由副理事李景林致欢迎词，谓孙先生年届古稀，尚能乘火车经长途而不倦，彼自幼龄即练习国技，五十年如一日，此种持久精神，实堪吾等效法与敬佩。旋由孙主任致答词，谓：本人年事已高，对于国技不过稍知一二，承乏主任，实不敢当，但当尽力之所及，以副正副理事及诸君之望。最后由来宾演说，大意皆希望该馆努力提倡，俾军士学生及全国人民皆能了解国技之重要，而普遍的练习起来，以改屡弱的中国民族云。②

据时任南京国民政府主席的谭延闿在十七日的日记中记载：

> 郑炳垣偕孙福全来，余与王润生先生同见之。孙字禄堂，武当派高手，长髯、广额、隆准，颇有老英雄之风，谈拳术通于道，娓娓不休，能自圆其说。郑作屏复言国术馆之意见横生，吾固知华人不了此也。③

然而，孙禄堂到南京国术研究馆任职不足一月，即"以忌之者众，不合辞去"④。南京国术研究馆初创，存在种种人事纠纷困扰，"忌之者众"是导致孙禄堂辞职的一方面，而最根本的原因在于孙未能得到张之江的充分理解与支持，二人甚至理念相左。因张之江并非传承在身、具有强烈使命感的拳技行家，他发起国术运动，促成一时风气，多从民族国家角度立论，宗旨一是为强健体魄以甩掉"积弱"帽子，因而与西式"体育"搅在一起；二是过于突出"实用"，强调力量，想要令国术技能在军事战争中发挥作用。他无法做到依照固有武艺"技进乎道"的追求，致力于各派拳技本身的进展。孙禄堂作为传承在身且造诣精深的武学大家，

---

①《法大请孙禄堂表现国技》，《民国日报》民国十七年（1928）五月十一日，第二张第四版；《兴华》民国十七年（1928）第二十五卷第八期，第41页。另见《孙禄堂在法科大学表演国技》，《时报》民国十七年（1928）五月十一日，第二张第八版。

②《国术研究馆已开课　并欢迎主任孙禄堂》，《中央日报》民国十七年（1928）五月十二日，第二张第一面。

③谭延闿：《谭延闿日记》，北京：中华书局，2019年。

④陈微明：《孙禄堂先生传》，《国术统一月刊》第二期，民国二十三年（1934）八月。

与信奉基督教的张之江的认知差别甚大。

所谓"道不同不相为谋"，孙禄堂去意已定。江苏省政府主席钮永建等议定另成立江苏省国术分馆，请孙主持教务。江苏省政府发出《关于成立江苏省国术分馆的倡议书》后，六月一日即函聘董事，筹备馆务事宜。

其时，上海方面各团体也先后争取孙禄堂移席沪上传授。六月一日晚，孙禄堂在上海参加了中华体育会联欢宴会，据报载：

> 中华体育会创立于民国十五年，提倡武术不遗余力。昨晚假座东新桥洋货公所举行联欢宴会，到者有国技专家孙禄堂、田兆麟、于化行、叶大密、萧格清，及李景林之男女公子毅伯、书琴，吴志青。商学政各界巨子到郭标、刘鸿源、魏庭蓉、孔廉白、徐锡之等共五十余人。席间由刘少筠报告该会创办之缘起，章启东、许开甫分述过去之情形及将来扩充之计划，邹吟庐述武术近今对于教育之必要，末由诸国技专家表演拳剑刀，颇为一时之盛。至十时半始尽欢而散云。[①]

六月九日，上海报纸消息称：

> 国术大家孙禄堂，此次应国府之聘，担任首都国术研究馆武当门门长，曾叠志各报。兹闻孙拳师尚有余暇，每月可在上海担任十天。俭德储蓄会会长杨诵清、副会长胡朴安闻之，特邀请在该会组织国术社，请孙拳师亲自教授形意、八卦、太极诸拳，已蒙孙拳师允诺，刻正在筹备之中，不日即可发表云。[②]

六月十三日，报纸登载上海俭德储蓄会消息称：

> 拳术大师孙禄堂，现因担任国民政府国术研究馆武当门门长之外，尚有余暇在沪杭住十天。俭德储蓄会特挽请在该会组织国术社，亲自教授形意、太极、八卦诸拳，以资提倡。时间：上午七时至九时及下午五时至七时。学费：非会员每月六元，会员减收半费，以示优待。额定六十名，满二十人以上即可开班。规约及志愿书已在印刷中。倘有愿加入者，尚望速往报名云。[③]

同日，又有报纸登载上海中华体育会消息称：

> 孙禄堂君精研拳学五十余年，著有太极、八卦、形意等书，阐扬武术，不遗余力，造福于民族者，实非浅鲜。现该会刘少筠、萧格清、章启东君等，有鉴于斯，大加扩充。除聘请各派名师外，另聘孙君为董事及名誉教授，并

①《中华体育会开联欢会》，《申报》民国十七年（1928）六月二日，第五张第十七版。
②《孙禄堂有在俭德会教授国术》，《申报》民国十七年（1928）六月九日，第六张第二十三版；《孙禄堂有在俭德会教授国术消息》，《新闻报》民国十七年（1928）六月九日，"本埠副刊"第一张。
③《俭德会请孙禄堂教授拳术》，《申报》中华民国十七年（1928）六月十三日，第六张第二十三版；《俭德会请孙禄堂教授国术》，《新闻报》民国十七年（1928）六月十三日，"本埠副刊"第一张。

于每月中莅会十日，演讲太极、八卦、形意拳学。将来武术界上，必有一番新气象云。①

六月三十日，《申报》登载上海俭德储蓄会消息称：

该会组织国术社，请首都国术研究馆武当门门长孙禄堂拳师亲自教授形意、八卦、太极诸拳。已接孙禄堂来函，于今日（星期六）可到上海，各社员可于本星期日（七月一日）亲到该会办理正式入社手续云。②

七月一日，江苏省国术馆正式宣告成立，地点设在南京城内教敷营水陆公安管理处旧址。③是日下午二时，在江苏省府大礼堂举行始业典礼。④该馆由江苏省政府主席钮永建兼任馆长，钱佐伊为副馆长，孙禄堂受聘担任教务主任。

是月下旬，上海法租界中华义勇团游艺大会组织"国技组"，李景林为大会主任。其时刚任江苏省国术分馆教务主任的孙禄堂应李景林之邀，自南京赴沪参加。《申报》七月一日即登载相关消息：

本会敦请李（景林）先生暨国民政府国术馆同志表演国技于会场之武术台，出席同志为李景林先生及其夫人、锦文女士、周孝芬女士、濮玉女士、吴梦月女士、高田田女士、吴黄英小姐、林犟香小姐、叶慧观小姐、孙禄堂、汪鹤山、田绍先、李书泰、郑佐平、陈微明、陈志进、叶大密、萧格清、林笃哉、张景淇、范伊甫、任虎臣、于化行、柳印虎、朱英粹、李庆兰、林志远、李树桐、张茂胜、孟宪忠、刘长胜、刘双贵、王积义、宋长喜、林福顺、陈化臣、叶季龄、林超夏、叶梦庵、濮伟诸先生。其技术有对练武当剑、单人舞剑、八卦剑、纯阳剑、太极对剑、对击剑、对剑、活步对剑、双凤剑、活步武当对剑、夫妇对练太极拳、太极拳、形意拳、八卦拳、八极拳、八极枪、劈卦拳、八卦掌、太极长拳、通臂拳、秤拳、雷拳、罗汉拳、太祖拳、通臂拳、少林拳、迎门枪、太极枪、单刀破花枪、形意枪、花枪、八极枪、雪片刀、太极刀、双刀、八卦刀、六合刀、单刀、散手、推手、活步推手、大捋、金刚揉、梅花棍、刀内夹鞭等。节目在七月二十、二十一、二十二日晚间八时至三时轮流表演。而李景林先生及夫人、公子、女公子俱精于国技，海上人士得瞻风采，枢非浅鲜也。⑤

七月二十至二十二日，孙禄堂在上海参加了法租界中华义勇团游艺大会，连

①《中华体育会聘请拳术大家》，《申报》民国十七年（1928）六月十三日，第三张第十二版。
②《团体消息》，《申报》民国十七年（1928）六月三十日，第六张第二十三版。
③《江苏省国术分馆通告》，《申报》民国十七年（1928）七月十一日，第二张第五版。
④《江苏国术分馆》，《申报》民国十七年（1928）七月一日，第三张第十版。
⑤《法租界中华义勇团游艺大会公告四》，《申报》民国十七年（1928）七月一日，第一张第二版。

续三晚均有表演。二十日，李景林专门招待新闻界，讲演国术之必要，最后由孙禄堂与李景林等表演。据《申报》二十一日报道：

　　　　国府委员李景林氏，此次应中华义勇团游艺大会之请，由汉来沪，参加该团，表演国术。李氏对于剑术素有心得，昔年任直隶督办时，遇有剑术道人陈世钧者，从之研究多年。其派别为武当十三传，此派迄今业已失传，中国研习武当剑术者，除陈世钧道人外，仅李氏一人。故今春国民政府请国府委员张之江与李氏创办国术研究馆于首都，并拟在沪设立剑学研究社，其创办经费浩大，拟集合同志多人专事筹划。李氏故于昨日在安乐宫招待报界，借以宣传。到者有国术泰斗孙禄堂及李之随员多人。十二时四十分入席，首由李氏报告谓："年来戎马仓皇，奔走于大江南北。此次抵汉以后，本拟北上，嗣因北平已下，统一告成，本人遂中止进行。适逢沪上中华义勇团来函，约余来沪，参加该团表演国术，故即整装南下。今日假此机会，与诸君共聚一堂，无任欣慰。余以为武术系中国二千年来至宝贵之国粹，自清代雍正以来，国术为帝皇所深忌，摧残殆尽，迄今业已失传。要知国术不独为强健身心，且能纠正个人思想道德。西洋人谓我为老大中国，诚可耻也。故余与国府委员诸君提议对于中国固有之国术，政府应首先提倡。现首都有国术研究馆之设，余今后愿舍政治生活，而从事于社会事业。对于国术，尤须竭力宣传。将来希望全国民众，均能武术。虽不能治国，亦可以修身齐家。今日承诸君光临，敬进一觞，祝诸君康健。"嗣有《三民导报》胡大刚致词，并希望新闻界同人于国术亦多加研究云。最后，李氏与孙禄堂及随员多人，在安乐宫表演国术。及李氏演八卦剑舞时，来宾全体鼓掌。剑光闪烁，袖底生风，莫不赞许为中国国术之杰出人才也。迨散席，已一时余矣。[①]

在游艺大会首晚（二十日晚）正式活动中，孙禄堂表演了太极拳。据报载：

　　　　此次中华义勇团游艺会中，有国技之表演。连夕国技台下，人如潮涌。盖争欲观李芳宸将军及其夫人之剑术也。愚以第一夕往，当李君将登台时，台上将印刷品数千份，向四周掷下，如雪片然。愚亦得一纸，兹照录原文于次，题为《李景林提倡国术之宣言》：

　　　　"武术为吾华固有国粹，上古不惟武士精于武术，即文人亦皆习此。历代理学名儒，行止必佩剑自随，即古人好尚武术之明证。其身干魁梧，道德高尚，亦缘于此。近世礼教式微，世风不古。人民惟选色征歌，烟酒博弈之是

　　①《李景林招待新闻界　讲演国术之必要》，《申报》民国十七年（1928）七月二十一日，第四张第十五版。

事。武术一道，无人顾及。致民族日益衰弱，道德日益沦丧，全国几成奄奄不振之气习。若不急图振作，恐渐入天演淘汰之列，有何自由、平等之可言？要知非武术，不能锻炼身体；非武术，不能培养道德。若人人习练武术，专心一志，则无暇他及。一切不良之嗜好，不戒除而戒除。社会风尚，不俭朴而俭朴。是以进一步言之，非武术，不能挽颓风、振恶俗；非武术，不能使我民族健全；非武术，不能使我国家强盛。武术一道，实为强种救国之要图。鄙人二十年前，即注重此道。去年南来，与张之江司志暨国府诸要人，极力提倡，延聘南北名师，于南京成立国术馆，以为传习之所。将来各省各县，拟皆设立分馆，而期普及。有志之士，曷兴乎来？"

综阅李氏所言，足以顽廉懦立，为天下倡。将军殆亦为当世有心人也。首幕即有二女子作时下装束，登场舞剑，闻盖为李夫人粹仪女士及其女公子也。继有年约十三四龄之女童四人，两两均御同色旗袍，表演拳术。注全身之力于两臂间，且能运气。一步一趋，绝无慌乱之神。幼童得此工力，洵为不易。嗣后即有数十人各献身手，如双刀对剑、连环棍、迎门枪、九节鞭、八卦刀等，均有可观。并有七十老翁孙禄堂表演太极拳，绝无老态，用功之深，尤为台下观众所称道。继之者，即为李芳宸氏之剑术。当李君未登场时，人咸窃窃私议，意为一魁梧奇伟之男子。及观其人，乃一身段适中之人。于清癯中，寓有刚劲之气。头发微秃，蓄微髭，御白夏布袍。当击剑时，光芒四射，越首而过者，约有数匝，一时掌声雷动。殿后又有数人表演各种技击。最后复由李氏与另一人对剑，身段矫捷，如山猿之出谷，舞毕，并道歉鞠躬而退。旋即闭幕。当未登场时，李君立愚之右，见与同来诸人语备极谦恭。闻李之技击，系得技击家张三丰之嫡传。前任河北督办时，遇有剑术道人陈世钧者，与之切磋有年，其派别遂为武当十三传也。李有女公子三，名锦文、淑仪、书琴。闺中砚脂之余，好拳术，有纠纠气，绝不似时下粉黛。三女士尤喜击剑，剑光如闪电，晨夕试学，无闲虚日。是日所试拳术之数女公子，盖即李氏掌珠耳。[1]
孙禄堂在游艺大会第二晚（二十一日晚）表演了八卦剑与八卦拳。据报道：

中华义勇团游艺会，昨为第二晚。适逢星期六，又以阵雨初过，天气稍凉，故游客较第一夕更盛，约有六万余人之多。各组游艺，亦较第一夕为多。李景林氏与其夫人女公子对练武当剑及孙禄堂之八卦剑、八卦拳，极为来宾所注意。国技组台下观众，人山人海，拥挤至无立锥之地。[2]

另据报道：

李芳宸氏之剑术，近世鲜与抗衡，矧一门豪侠，尤不多见，以是颇得观众热烈欢迎，实为此次游艺中最有价值之一节。第二日，张之江先生亦到场演说。李张两将军于各人奏技时，亦并坐观赏，兴致极豪。记者以同立台上，得悉其所心许者，如老拳师孙禄堂及陈微明、田绍先等数人。至若跌扑纵跃，专尚外功者，似非所喜也。余意公演武技，亦不得少此辈。盖真赏特稀，设专演太极、八卦，恐观者将不终席而去矣。[①]

身在上海的孙禄堂弟子靳云亭也应邀参加了此次游艺大会。据王文濡记述：

先生名振起，号云亭，直隶吴桥人。父华堂先生，工撒技拳。先生七岁，学以为戏，步武如成人，嗣以多病中辍。年十二，至京师，与赵克礼、李兰两拳师游，始学形意拳。拳分五式：曰劈，曰攒，曰崩，曰炮，曰横。有刚柔相济，五行相生之妙。时尚云祥、孙禄堂两先生，以拳术授徒。先生入其门下，于形意拳外，兼学太极等拳。志一神凝，苦心研习者十年，中间又得李存义先生之秘授，学术增进，体力加壮，名誉亦雀起。民国元年，步军统领江朝宗延其教授京营。项城耳其名，聘之，督教诸子。项城逝，其子克定荐达于保定某督，先生鄙其人不往。乃入工艺学堂、育德学校为教习，兼任南苑十五师武术教授。北洋人才，于斯为盛。先生睹政局之更变，军事之窳败，烛铜驼荆棘之先例。因于某年辟地南来，馆毗陵盛氏，以上宾待之，使子弟受业焉。海上之好拳勇者，执贽请业，门为之塞。先生必择人而纳之，轻躁无行者不滥授也。其视以为友者，盛君玉赓、吕子子彬、吴君砥成，均得先生之门径，恂恂有君子风。濡识先生，由吴君介绍，适患末疾，蹇躄不良于行。先生因言形意拳可以已疾，力劝就学。朝斯夕斯，为不规则之练习者五载，疾虽未尽去，而四体较劲有力，能于电车行时，攀钢梗而不坠，亦可见先生循循善诱之功焉。先生状貌英伟，衷怀和易，事师以敬，交友以诚，各种武器，一一娴熟，而尤神于剑术。读书虽不多（先生曾著《形意拳》一书，由大东书局发行），而持身应世，一宗于义。某督之拒，其一端也。首都国术馆立，禄堂先生招之任事。先生以技为小道，名忌太高，婉辞焉。今夏义勇队开游艺会于顾家花园，登台献艺，掌声如雷，先生犹以自炫为耻。由是知先生为礼让中人，非彼趄优优恃其技勇，动辄矜己凌人者可比也。濡愧不文，无以表章其万一。勉为此传，聊尽外史之责而已。

---

① 《万人争仰李将军》，《申报》民国十七年（1928）七月二十七日，第六张第二十二版。

王文濡曰：先生教授有道。以濡之形质枯弱，手足木强，谆谆矫正，不厌不倦。潜移其畏难苟安之心于不觉，得以却病延年，使今之任教事者，尽能若是，其造就不有可观耶？至其行谊超然，表里纯白，不屈势力，不慕荣利，今之所谓伟人志士者，宁有是耶？韩非子有云："文乱法，武犯禁"。夫文之乱法，已数见于今矣。武之犯禁，吾于先生则未能尽信书云。[1]

二十二日中午，上海中华体育会欢宴会长李景林，孙禄堂作为该会教务主任列席。据《申报》二十三日报道：

霞飞路中华体育会创办人刘福同、萧格清、章启东、邹吟庐、阮景舜五君，于昨日（二十二）中午假东新桥洋货商业公会，欢宴该会会长李景林氏及副会长魏廷荣、赵尉先，列席者有法国防守司令麦兰、该会教务主任孙禄堂及来宾洪雁宾、孔廉伯、程行之等三十余人，济济跄跄，皆一时武术界知名之士，盛举也。午餐后，因麦司令欲观李景林氏剑术，乃就公所大厅前表演。先由刘福同君致词，希望今日在座诸君予以赞助，并乞李会长教授剑术。当由李氏当众致答，表示首肯。次即萧格清等五人相继表演拳术，李庆兰、林志远及于化行、张景洪，后先表演对剑，极有精采。次由孙禄堂老人表演拳术，观者赞美不已。末后殿以李氏剑舞，观者尤为称道。麦司令且表示佩仰，向李氏握手称谢。直至午后三时许，宾主始尽欢而散。[2]

二十七日，上海武术界人士在安乐宫公宴李景林，孙禄堂等前往作陪。据《申报》二十八日报道：

昨日（廿七），武术专家任鹤山、郑炳垣、叶大密、王化荣、法租界中华义勇团教练赵尉先等，公宴李景林将军于安乐宫，并请法国正副领事、法国防守司令、中国武术名流孙禄堂等及各界知名之士蒋百器、张啸林、杜月笙等作陪，宾主共约五十余人。赵尉先主席代表全体主人致辞，并用法语向外宾译述。次由李景林起致谢辞，并演说云："'东亚病夫'为外人轻我之口头禅，近年来国术浸有中兴之势，女子中亦多擅长技击者，外人惊奇不已，视线为之转变。益以同人之努力，新闻界之宣传，我中华数千年固有之民族精神，从此必将发扬光大。兄弟曾领数十万雄兵，据有数省地盘，身经百战，何补于国？何益于民？乃恍然于所谓习万人敌者，实为造成穷黩兵武之动机，决脱故计离政治生活，一心近德，致力于国术之发展，使全民众有强壮之体格、健全之思想。国家之强，可立而待。积习相沿，视技击之士为江湖贱氓，耻与为伍，谁

①王文濡：《吴桥靳云亭先生传》，《申报》民国十七年（1928）八月二十七日，第六张第二十二版。
②《中华体育会欢宴李景林》，《申报》民国十七年（1928）七月二十三日，第三张第十二版。

复肯置身其中加以师求？现在政府提倡，社会欢迎，前途乐观，实有无限希望。我中华民族之盛兴，将于国术是赖矣"云云。旋由蒋百器、马玉仁相继演说。九时余，尽欢而散。①

另据《新闻报》登载文章称：

（孙禄堂）近应中华义勇团之要求，与李景林将军仝莅沪上，日前在中华义勇团之游艺会中表演形意、八卦、太极、八卦剑等，虽年届古稀，犹精神抖擞，身手敏捷，观者数万，鼓掌如雷，盖先生以宣扬武术强种救国为己任，故不惮溽暑，远道莅沪提倡，造福于中华民族之前途者实非浅鲜也。②

其时，上海俭德储蓄会商请孙禄堂在该会组织成立了国术社，由孙禄堂亲自教授。据《申报》二十八日报道：

俭德储蓄会徇会员之要求，商请拳术大师孙禄堂组织国术社，亲自教授形意、太极、八卦诸拳。现禄堂已经来沪，故该社特于前日（廿五日）下午六时，在该会会议厅开成立大会。到者除禄堂外，有李景林、陈微明、陈志进，暨学员六十余人。首由主席胡朴安报告设立宗旨，次孙禄堂述组织之经过，次李景林演说国术与国家之关系。会毕，复由主席胡朴安邀请与会诸君至该会运动场，表演各种国术，并由李景林亲自击剑，以娱观众。末胡朴安复在百星社宴请，学员加入叙餐者至三十余人之多。闻已于昨日（廿七日）开始教授，时间为上午七时至九时，及下午五时至七时云。③

八月二十五日，俭德储蓄会发出致会员通告。据报载：

俭德储蓄会徇会员之请，组织国术社，敦请拳术大师孙禄堂亲自教授形意、八卦诸拳，每月十天，早志各报。自上月开班以来，加入者有五六十人，极为踊跃。现孙禄堂先生已赴首都，不日即返沪教授。该社昨发出致社友通告云：

迳启者：本社承蒙孙禄堂先生之允许，每月教授拳术十日。上月同人加入者极为踊跃，本月份想我同人必皆继续学习。请于八月三十一日前，将本月学费交干事支燹堂君收。如有缺额，以便补收。社员继续学习者，务请早交学费为荷。再本社所预备练习之场所，无论何日，皆可来练习，更望同人于孙先生不教之二十日，亦来社练习，彼此互相切磋，庶求进步较速也。谨此通告，尚

①《武术专家公宴李景林记》，《申报》民国十七年（1928）七月二十八日，第四张第十五版。

②启东：《拳术大家孙禄堂先生小史》，《新闻报》民国十七年（1928）七月三十日，第五张第三版。

③《俭德会国术社成立》，《申报》民国十七年（1928）七月二十八日，第六张第二十二版。另见《俭德储蓄会消息栏·国术社成立志盛》，《新闻报》民国十七年（1928）七月三十一日，第三张第二版。

祈台鉴。俭德储蓄会国术社启。[①]

据时任南京国民政府主席的谭延闿在八月三十日的日记中记述：

> 昨与王润生谈，知国术馆殊纠纷，中国人不能合群类如此，无怪黄郛之攻王正廷矣。又云王子平徒有力无技，为孙禄堂之徒所败云。[②]

九月七日晚，孙禄堂与李景林等参加上海中华体育会的宴会。据报载：

> 上海中华体育会昨（七日）晚在安乐宫宴请各征求会员队长，到会长李景林氏，副会长杜月笙、赵尉先，拳术家孙禄堂及褚慧僧、蒋百器、钱司令代表暨队长六十余人，办事员章启东、熊立之等。首由李景林氏剑术、孙禄堂拳术及其门人之舞剑等，颇有精采。酒半酣，褚慧僧、蒋百器及钱司令代表相继演说"体育之重要""今后之希望"。末后，李会长答词，深愿本其二十年之经验，在会教练剑术。酒后，各队长分持征求会员章启、缘起及志愿书等而散。此次李氏决心在沪提倡国术，实为难得之机会。有志研究国术者，不可失此良机云。[③]

征求会员启事内容如下：

> 本会自十五年春成立以还，惨淡经营，不遗余力。兹者李景林先生出任会长，聘请国内名流组织董事会，从事扩充，用副中央提倡国术之旨趣。特聘名师孙禄堂先生等，发其怀宝，宣其秘箴，公开研究，以饷国人。本自强不息之心，发展社会体育我武维扬之旨，增进民众健康。特公开征求，以期普及。群众有志斯道者，盍兴乎来？（一）会员　不分性别，不拘老幼，凡品行端方，经会董或会员之介绍者为合格，分普通、特别、赞助三种；（二）科目　国术（举凡各种拳术应有尽有）运动娱乐;（三）授课时间　每日上午六时半至八时半，下午六时半至八时半；（四）会费　普通会员每年十二元，特别二十四元，赞助在五十元以上（附注）凡普通特别会员在征求期内入会者，概收半费以示优待;（五）征求日期　自阳历九月七日起至十月十九日止。详章函索、面取均可，会址：上海法租界东新桥街6313A乙。[④]

九月下旬，作为江苏省国术分馆的教务主任，孙禄堂到南京参加了该馆师范班始业典礼，并有训词。据报载：

---

①《俭德会国术社将继续教授》，《申报》民国十七年（1928）八月二十六日，第七张第二十六版。

②谭延闿：《谭延闿日记》，北京：中华书局，2019年。

③《中华体育会昨晚之大宴会》，《申报》民国十七年（1928）九月八日，第四张第十五版。

④《上海中华体育会第一届征求会员大会启事》，《申报》民国十七年（1928）九月十九日第一张第三版。

　　江苏省国术分馆为造就师资起见，考选熟于武术之学员多人，另开一师范班，特于二十一日下午假省府大礼堂行始业典礼，是日来宾有三百余人。三时振铃开会，先由主席钮馆长报告开会宗旨，谓："今天是国术分馆师范班的始业典礼。本来师范班是国术馆一开幕就在筹备的，不过因为天气炎热及别种缘故，所以搁了下来。现在已是秋凉时候，当然不容再缓了。我们提倡国术，决不是仅在省府大门内，是要普及全省的，所以各地将来一定要设立支馆。不过这一定先要许多人材，要找这辈人材很不容易。没有功夫，果然不行。即是功夫很深，研究有素，而派别分歧也是不行，一定要再加一种统一的训练。国术分馆设立师范班，就是这个意思。现在师范班的各学员，大抵本来是好功夫，到国术分馆也不过是为要更深的造一下，所以修业时间很短，六个月便可毕业。本分馆对于各学员，抱很大的希望，盼望诸君努力"云。次由事务主任郑佐平训勉各学员应该努力研究，将来方可出去为国术馆争光。次由教务主任孙禄堂训词，大意谓：从前教授武术，仅知研究如何打人，系绝大错误。武术是正己合乎道的学问，第一义在知己，必定自己先能虚心，方可去教人云云。训毕，即开始表演。先由师范班学员表演，次又有省府农矿厅长何玉书表演太极拳，及本馆省府厅处各班原有学员王熙昌、刘新德等十六人表演拳技，成绩均佳。表演毕，摄影散会。[1]

　　十月一日，上海特别市国术分馆欢迎正副馆长，并举行第一届征求给奖典礼，孙禄堂等作为来宾参加，并表演了拳术。据《申报》报道：

　　上海特别市国术分馆前晚（一日）假座中央西菜社，欢迎正馆长张伯璇市长，副馆长王云五、袁履登，同时并举行第一届征求给奖典礼。是日来宾有李景林代表熊立之、周静斋、戴石浮、黄光斗、孙禄堂、吴鑑泉、张恩庆、叶大密、刘致祥、刘占五，及董事王晓籁、赵晋卿、成燮春、王延松、王介安、叶惠钧、王兰舫、邬志豪等五十余人。席间，主席陈稼轩致欢迎词，略谓敝分馆自五月间筹备沪北国术总社，蒙社会及董事极力赞助，第一届征求即有会员千人。嗣奉总馆命令，改为上海特别市国术分馆，当即依法改组，推定张市长为正馆长，王云五、袁履登两先生为副馆长。张馆长及王、袁两副馆长对于国术提倡不遗余力，将来本市国术之发展自可预卜。惟是敝馆同人才识谫陋，能力薄弱，今后希望正副馆长彻底整顿，诸位来宾尽量指导，此是本馆欢迎的一点意思。次由张馆长训词，略谓兄弟承诸位推为上海特别市国术分馆馆长，非常

①《苏国术馆师范班始业典礼纪》，《申报》民国十七年（1928）九月二十四日，第三张第九版。

荣幸，但是兄弟对于国术素少研究，很为惭愧，兄弟知道国术的重要，像兄弟没有相当研究过，对于馆长一职本来是不敢担任，然蒙诸公诚意相推，更念及国术发扬难以容缓，又不能固辞。在座诸位对于国术都是有研究而很热心的，希望大家极诚提倡，努力做去。现在中央国术馆定本月十五日举行第一次国术考试，用意是很完善，目的是很广大，将买每年要举行一次考试以拔取真材。为研究国术之指导，以耸动全国，使知互相砥砺，本市已定期在公共体育场考试，预备选送国考云云。次王副馆长训词，略谓兄弟对于国术程度，一个小学生都够不上，承诸位以副馆长的大帽子戴在兄弟头上，实在是不敢当。现在张市长既然允任正馆长，则兄弟也未便过辞，自当极棉薄为之。不过兄弟预先声明一句，假使以后有相当人才，兄弟情愿退让，做一个小学生来认真的研究。至于国术的重要，与德育、体育、智育均有密切关系，吾人要有自卫的能力，健全的体魄，就要练习国术。假使我中国四万万同胞个个能练习国术，则国何患不强。惟是研究国术应该注重教授，教授得法，国术之发展方有进步云云。次来宾中如李景林代表熊立之、王延松、王晓籁、赵晋卿、王介安等均有恳切之演说词，词长不录。席终即举行给奖典礼，由张馆长亲自发给奖品，奖品为银盾六只，各队得奖者第一（江西队），第二（福建队），第三（山西队）；个人得奖者第一（卫锡类），第二（谭焕群），第三（顾伯华）。次由该馆教授佟忠义、姚馥春、马华甫、张文发、叶良、朱剑光、马汉章，及来宾孙禄堂、吴鑑泉、张恩庆、叶大密、刘致祥等依次表演拳术及器械，均极精采，掌声不绝。至十时半始尽欢而散。[①]

由于南京中央国术馆定于十月十五日开始举行第一次国术国考，上海市于十月二日开会，组织选送应考人才。李景林与孙禄堂分别被推定为评判处正、副主任。据报载：

首都国术馆为发扬民族精神起见，定于十月十五日举行第一次国府考试。市政府递准函电，请选送国术人材应考。市公安局奉令筹备，业经登报通告，并已组织临时考试委员会。闻各武术团体人员、武术专家及教育专家，均经张市长聘为该会委员。二日上午十时，假市政府俱乐部召集会议，当场推定李芳宸、孙禄堂为评判处正副主任，蒋伯器、熊天翼为监察处正副主任，又评判员十九人、监察员十三人，已议定评判规则及监察注意要点，对于布置会场准备事项均有详细讨论，考试日期确定本月六七两日，在南市公共体育场举行，届

---

① 《市国术分馆欢迎正副馆长　同时举行给奖典礼》，《申报》民国十七年（1928）十月三日，第四张第十五版。

时必有一番盛况云。①

十月六日，上海市在公共体育场举行国术考试预试，孙禄堂作为评判处副主任参加。据当日《申报》载：

> 本市国术考试，定今明两日在西门公共体育场举行，报名者已有四十余人。……评判正主任李芳宸，副主任孙禄堂，评判员陈微明、叶伯龄、吴鑑泉、刘德生、罗叔青、林笃哉、卢炜昌、徐致一、张恩庆、姚馥春、叶良、佟忠义、朱国福、任鹤川、灵子光、刘守铭、袁良、姜蓉樵、吴心谷。监察处主任蒋百器，副主任熊天翼，监察委员王宁、胡德如、李遵先、翁国勋、叶寿泉、张菊生、陈绍宽、任光宇、王壮飞、王云五、袁履登、潘公展、韦捧丹。②

据七日报载：

> 昨天（六日）为国术考试预试之期，在南市公共体育场举行。九时后，张市长、熊司令、戴局长暨李芳宸、孙禄堂、蒋伯器、刘湛恩、王云五诸氏陆续莅场。会场布置：门外设有售券处；入门左侧为临时报名处；考试台位于体育场中，用厚木板筑成，宽大坚固，左为监察委员席，右为评判委员席，右侧为应试人员休息台；考试台对面为参观人员特等席，两旁为优等席，台前为普通席。到来二千余人，中竖旗竿，国旗飞扬，极为壮观。场侧有警备司令部及公安局军乐两队，并派遣武装军警弹压，维持秩序。十时举行考试典礼，张委员长主席，其仪式如次：（一）奏乐开会；（二）全体肃立；（三）委员长、副委员长及各委员就位；（四）应试人员就位；（五）全体向党国旗及总理遗像行三鞠躬礼；（六）委员长恭读总理遗嘱；（七）奏乐升旗鸣爆；（八）应考人员向考试委员行一鞠躬礼；（九）委员长致词；（十）考试委员李芳宸、蒋伯器、熊司令及来宾刘校长、王国术分馆长演说；（十一）戴副委员长点名；（十二）摄影后略休息。武术专家李芳宸、孙禄堂、蒋伯器、刘德生诸氏以身作则，先后表演拳术，莫不特具精彩。当午用膳，午后一时开始考试。应考员约五六十人，先表演拳术，次表演刀剑，继表演枪棍，各个人大显其手，均有可观。并有十余龄男女幼童数位，拳脚刀剑枪棍，色色娴熟，参观来宾均鼓掌赞美。直至四时半钟预试完毕，始奏乐散会。本日为正试之期，考试场临时通告，定于午后一时比试。双方对角胜负，精采当更有不同也。③

七日，上海市国术考试正试，孙禄堂继续到会。据八日报载：

---

① 《本市定期国术考试》，《申报》民国十七年（1928）十月三日，第四张第十四版。
② 《本市国术考试今日预试　明日正试》，《申报》民国十七年（1928）十月六日，第四张第十五版。
③ 《本市国术考试第一日》，《申报》民国十七年（1928）十月七日，第四张第十五版。

上海特别市国术考试，昨日下午一时起，在南市第一公共体育场正式举行比试。考试委员到者：正委员长张定璠、副委员长戴石浮，评判处正主任李芳宸、副主任孙禄堂，评判员陈微明、吴鑑泉、罗叔青、张恩庆、叶良、朱国福、灵子光、袁良、吴心谷、叶伯龄、刘德生、林笃哉、徐致一、姚馥春、佟忠义、任鹤山、刘守铭、姜蓉樵、赵连和，及监察委员李遵光、王壮飞、翁国勋，委员叶惠钧、王晓籁、陈嫁轩等。余朴司仪，朱国福、刘德生为监场，护持应试员，以免危险。应试员到者高瑞钰、王德元、张长信、褚德馨、岳奇吾、张长义、李遵恭、王成章、时韫章、左振英、刘育才、朱国禄、张文发、朱国祥、赵国起、包刚、任云龙、王斌、张光宇、张长海、李连仲、何国梁、傅梦生、王健仙、马金荣、卢肯为、周昌言、陈宝章、费大根、王林祥、杨南苏、王亮、赵飞霞、王少华等三十余人。应试员各换穿黑色制服，上有红白臂章，头戴红白帽章之黑毡帽。观众约二千余人。比试秩序：（一）对拳　用抽签法，各御手套，每合三分钟，以十二合为度；（二）对剑　剑系木制，上套白粉布，以击中二回为度；（三）对枪　枪系白蜡杆，两头包以白粉布，以刺中二回为度。比试至五时半完毕。摇铃散会后，各委员至休息室互商结果，决定明日登报公布应试员评判分数，并保送入京考试者姓名。综观双方对比，仅第一场对拳时略有伤及眼脸及伤鼻出血者，但均属轻微。其二、三场器械对比，反毫无伤损云。①

十六日，国术国考在南京正式比试，孙禄堂与子孙存周到场参观。据报载：

南京国术馆国考，十六日上午十时起正式比试。主试、术试评判各委员及来宾参观者数千人。张之江、李烈钧宣布开考。考试科目为拳脚科，计分二十组，每组八人，依次点名登台，每二人对试三合，当场由评判委员决定胜负，向众报告。间有武艺平等，胜负不分者。中有数人因受拳伤，当由卫生队疗治。北平老拳术家孙禄堂、孙存周特来京参观。②

另据十月二十四日报载：

在比试对打时，每有为血气冲动者，不守武德，越轨斗打。是日武当派名家、国术前辈孙禄堂老先生，偕其少君孙存周先生亦临场，坐于民众参观台观看，因比试者不遵号令，越出常轨，而监试者忽略，未能纠正，大为不平，立起责言，讵台上指挥人不识其为赫赫有名之孙禄堂氏，遂以恶言相向。孙乃

---

①《昨日本市国术考试正式比试　评判结果明日登报公布》，《申报》民国十七年（1928）十月八日，第四张第十五版。
②《国术馆之国考　昨日正式比试》，《申报》民国十七年（1928）十月十七日，第二张第七版。

大呼，谓"国家大典，不容如此胡闹"。观众闻声附和，宪兵见状，恐乱秩序，上前干涉，嗣由李烈钧、张之江见是孙氏，立即上前致礼，请至委员席台上，虚怀请教，一场小风潮方告平息。①

在本次南京的国术国考中，经数轮比试，孙禄堂弟子朱国祯等人居于最优等之列，潘赞化获击剑第一，报道称："潘君研究剑术垂二十年，其造诣极深。是日连胜五人，全场鼓掌如雷。"②

十一月六日下午，孙禄堂到上海中法工专学校参加中华国术协会筹备会。

传闻孙禄堂在上海时，"某次往先施公司购物之际，在电梯间，于众人推挤中，突遭暗算被点了穴道，当时即知，但因人多，无法辨认下手者何人。归后竟致吐血，俟乃静坐行功休养，竟月方愈"③。此传闻实际源自当时一名为《今报》的小报：

> 老英雄孙禄堂先生以拳艺蜚声朔方，人每津津乐道其逸闻琐事，不肖生所著《近代侠义英雄传》已略见一斑。此次因国民政府提倡武术，孙君应聘南来，南人震于盛名，咸以一观丰采为快。然而树大招风，忌之者亦未尝无人。传闻日前孙君遨游新新公司，将登电梯，突有人自其身侧过，孙君微觉有异，拟觅取此人，而电梯已冉冉上升，终成邢尹。迨孙君回寓，解衣自视，审知有人以铁砂手伤己。铁砂手者，盖以斗贮铁砂，而以习艺者日夕手指入斗磨擦，迨其艺成就，而手指已与铁砂同其坚韧，盖武术家所最难最畏之一种武术也。孙君虽绝艺在身，而铁砂手所伤处亦痕迹宛然，且曾吐淤血数口，复经长期间以运气自疗，始克霍然，由之可见此铁砂手之可畏也。虽然，武术家同类相残之心理，依然如昨，颇以为非中国国术前途之福也。④

而另一名为《琼报》的小报随后又称：

> 月前某小报有记载，拳术家孙禄堂一日登新新公司电梯，为仇人铁砂手所伤。据熟悉孙君者语，则谓绝无此事。孙为少林北派，其绝技名金钟罩，兵刃且不易伤，何况于铁砂手？曩者，孙有十年前之仇人某，精于点穴术，一日途遇孙，欲隐以此伤之，为孙觉而某已倒地，而孙则屹立不动，某起立笑谓孙曰："汝技固佳，恐不久在人世也。"孙公莞尔而答曰："吾固无恙，然吾为汝危。须领吾药方解君危，否则将不治也。"后某果病不起，饮孙药方愈。盖点穴术凡三种，一名麻醉穴，被创者一时麻醉仍能苏醒；二名死穴，被创者立时

---

①《孙禄堂之愤慨》，《益世报》民国十七年（1928）十月二十四日，第六版。
②《中央国术考试之最后一日》，《申报》民国十七年（1928）十月二十一日，第三张第九版。
③王嘉祥：《孙禄堂氏太极拳研究——孙公福全大宗师行谊》，台湾《力与美》第46期，1994年。
④娟娟：《孙禄堂暗遭铁砂手》，《今报》民国十七年（1928）十一月二十四日，第二版。

毕命；三名绝穴，受创后当时虽不致死，然数日后必不可救。某所施者为绝穴，技固高，然御之以金钟罩则不为功，故孙得以不虑其暗箭伤人也。[1]

十二月十九日，查照国术馆修正大纲，江苏省国术分馆加聘孙禄堂为教务长。

南京国民政府于民国十七年（1928）七月二十七日发出第七〇一号指令，正式批准镇江为江苏省省会，此后经三个月搬迁筹备，江苏省政府于次年（1929）二月三日发出指令，命各省厅处限十日内全部迁到镇江。江苏省国术分馆迁至镇江，地点在新西门阳彭山北五省会馆，于二月十九日开始办公。[2]民国十八年（1929）年初（农历腊月），孙禄堂回北平，据报载：

> 北平国术大家孙禄堂先生，技术优长，著作宏富，前在中央国术馆及现在江苏国术分馆、上海中华体育会担任重要职务，现因事来平，日昨由北平国术馆开会欢迎，到者百余人，颇极一时之盛。孙先生演说国术重要之理，甚为透彻，并言及南方现时办理国术情形，足资借镜云。[3]

民国十八年（1929）三月二十三日，上海《新闻报》有消息称：

> 去腊拳师孙禄堂回平度岁，顷以江苏国术分馆创办之师范班开课考试，曾去函促其南回，业于本月十四日抵镇江，一俟考试完毕即行返沪，专任俭德储蓄会国术社教务，故该会已通告各社员云。[4]

四月十八日，上海庆祝奠都南京二周年纪念大会在全国美展会大礼堂举行，会后公开展览，十九日下午，孙禄堂与吴鑑泉、褚民谊等人参与表演国技。[5]四月下旬，上海特别市举行第二次国术考试，孙禄堂受聘为评判主任。据《申报》报道：

> 上海特别市第二次国术考试，昨为第二日。评判员孙禄堂、褚民谊、胡朴安、孙存周、杨澄甫、叶大密、陈微明、吴鑑泉、朱国福、刘德生、叶良、罗叔青、傅梦生、徐文甫、马华甫、佟忠义、赵联和、傅秀山等。监察员翁国勋、章启东、顾伯华等。来宾参观者约三千余人。上午九时起，先将全体应试员依体长、年龄分组，先作摘锦比赛，十二时完毕，午餐休息。下午一时举行交手比赛，三时考毕。各评判员开会讨论记分法及计算法，结果：各评判员将

---

① 玉神：《孙禄堂勿怕铁沙手》，《琼报》民国十七年（1928）十二月二十三日，第三版。

② 《本馆大事记》，《江苏省国术馆年刊》"记事"，民国十八年（1929），第六页。

③ 《北平国术分馆欢迎孙禄堂》，北京《益世报》民国十八年（1929）三月二日，第二张第七版。另见《国术分馆昨日欢迎国术家孙禄堂》，《新晨报》民国十八年（1929）三月二日，第十版；《国术分馆昨欢迎国术家孙禄堂》，《新中华报》民国十八年（1929）三月二日，第六版。

④ 《国术名师孙禄堂将来沪》，《新闻报》民国十八年（1929）三月二十三日，"本埠副刊"第二十四版。

⑤ 《全国美术展览会之第九日》，《申报》民国十八年（1929）四月十九日，第三张第十一版。

所记分数名册交评判主任孙禄堂汇集计算，尚须缓日发表奖品。前昨两日收到各方送来甚多，（一）教育局长陈德征大"优胜"银盾一，奖第一名；（二）教育局中等"优胜"银盾三，奖第一二三名；（三）上海县教育局长潘宝书小银盾一，"健儿身手"；（四）上海县长陆龙翔小银盾一，"尚武精神"；（五）淞沪保卫团办事处主任李显谟银牌一，"我武维扬"；（六）市党部童行白银牌一，"学万人敌"；（七）市党部"我武维扬"旗一面；（八）张之江亲书对联二"打倒帝国主义""发扬民族精神""居仁由义""武纬文经"；（九）市国术分馆"神乎其技"镜架一；（十）市一体育场钢剑一、钢枪一、钢刀一；（十一）弘颠吟稿二十部；（十二）张之江折扇三付；（十三）电话赵局长银盾一，"我武维扬"；（十四）张市长大银杯一，"我武维扬"，奖第一名，又小银杯二，"砺磨以须""民族精神"，奖二三名，又奖状十五纸；（十五）中华体育会镜架一，"自强不息"，小银牌；（十六）公安局长黄振兴银盾一，"国术之光"，奖第一名，又小银盾一，奖第二名。各项奖品俟分数确定后即可依照等级分发。闻评判委员会日内尚须召集会议一次，以资结束。将来录取武士，在本埠各大报披露，俾得周知云。[1]

五月三日，经浙江省政府主席张静江提议并于省府会议上通过，浙江省将筹备发起国术游艺大会，通电全国，邀集各地拳家赴浙交流。是月中旬，孙禄堂赴上海参加致柔拳社举办的公祝张三丰寿诞暨创社四周年庆典。[2]

据孙振岱之子、孙禄堂再传弟子孙雨人记述：

1929年我二十二岁时，在江苏省国术馆任武术教习期间，记得是秋季一个星期天的下午四点钟，馆内的学员和教职员工有的回家，有的遛大街，我却独自在正殿练拳。

适值师爷也在西配殿前院中打"太极"，师爷练后问我："星期天怎么不出去玩玩？"我即停下来回禀："趁着安静，自己下番功夫。""近日练得怎么样了？"师爷接着又问我。"觉得不错了。"我信口回答。

"照这样说，最近是大有进步，那么，推手练得怎样了？"师爷边问边慢步向我靠拢。我说："也很有进步。""过来推推看。"师爷的吩咐，使我有说不出的自负和高兴。我俩来到院子的中央，他面东、我面西，站好"三体式"，搭上手"推"了起来。

只觉得他并没费劲，我脚底下站立不稳。届时，我窥见师爷怀中有隙可

①《昨日二次国术考试盛况》，《申报》民国十八年（1929）四月二十九日，第四张第十三版。
②《致柔社所请三拳师联翩来沪》，《申报》民国十八年（1929）五月十五日，第四张第十四版；《孙禄堂等联翩来沪》，《新闻报》民国十八年（1929）五月十五日，第四张第十五版。

乘，马上用足了劲，猛来个"右崩拳"，但见老人家不慌不忙，用左手一顺，化我右臂，当我又想出左手时，脚步再也赶不上去，接着他一闪身，用轻捷的右手一按我的左膀尖，风驰电掣般的动作使我无暇思考，我两脚就像没着地一样，头部向西墙根扎去。

顿时，我耳边风声呼呼作响，骤生"性命难保"之念。事出意想之外，只觉得右膀背急速被人抓起；自觉败局有缓，仍思挣扎，于是翻身，我企图继续出手。

这时，老人家用右手拍了我头顶一下，我的双腿突然全部屈蹲，当臀部似着地未着地时，我又被"抓"了起来。

师爷随即让我再来试试，我却败北认输。师爷勉励我说："你的拳艺差得还远，回去虚心加倍练习。"切身体验使我深深感到师爷轻妙灵快，实非一般。[1]

另据孙雨人记述：

在镇江国术馆师爷卧室中（北屋西间），这天下雨，不能按时出教。伯父、师叔、先父和我等，一齐聚师爷屋中，谈论拳术和书法。

当谈到书法及医学与拳术，均有通功相融之理时，师爷拳兴大发，立即抬起两足后跟，足尖着地，同时右脚在前，右手前伸，然后令人拉扯他的前手，连换三人，师爷纹丝不动。

我小声对齐德原师伯说，他们不好意思真拉。师伯笑了笑，让我试试看，我立即前往，先是用力前拉，后又猛向后送，只见师爷两足同时离地，仅仅后退了半尺，足尖仍然轻轻着地。

同时前手略一摆抖，我便腾空而出，仰面朝天倒于师爷的卧床上，惹得哄堂大笑，齐师伯指着我的鼻尖说："怎么样，这回服了吧！"我连连点头称是。

师爷捋着胡子，喃喃自语道："小小年纪，见过什么场面？"此时师爷的神态，仍是轻松自然，若无其事。稍等片刻，师爷又站立起来，吩咐大家用麻绳把他的小腿和两臂捆起来，他能将绳子抖开。

但任何人都不好意思下手，惟有徐铸人师叔出头，将师爷的胳臂连同身子狠狠抱住，代替绳捆。师爷连声叮嘱他"抱紧点"，说罢，师爷略一抖身。师叔便被抖出，两腿腾空而起，复而下落趴在地上，我急忙过去扶起。

这时，师叔一言不语，面色苍白，师爷从容地说："马上遛遛，一会儿就好。"[2]

---

[1] 孙雨人：《我所知道的孙禄堂先生》，《定兴县文史资料》（第二辑），1987年，第19~20页。
[2] 孙雨人：《我所知道的孙禄堂先生》，《定兴县文史资料》（第二辑），1987年，第20~21页。

　　出身本地望族，毕业于南京江南高等学堂化学系，而后自学成才的当地名医陈健侯，慕孙禄堂名，时与探讨《易经》。陈父即清末民初的史学家陈庆年（1863—1929）。孙禄堂此后授陈健侯太极拳。[①]

　　经过半年的准备，浙江国术游艺大会定于十一月中旬开幕，聘请全国各地知名拳术专家担任评判委员和监察委员，其中，孙禄堂为副评判委员长，孙存周位列监察委员之首位。[②]据杭州报载：

　　　　国术游艺大会定于本月十五日开幕，所邀国术专家已到大半。近日筹备委员会主任李景林、副主任孙禄堂又遣郑佐平、杨澄甫二君北上邀请通背拳专家张秀林、形意拳专家邓云峰南下担任评判委员。据知情者云：民初时，孙禄堂因师友之故，于天津武士会中与张秀林比武较艺，孙艺胜一筹，张因此负气出关。盖因孙张本为盟兄弟，往日过从甚密，张在北方亦负盛名，经此当众蒙羞，遂与孙生隙。后孙曾极力挽救，荐张于邮传部电话局任武技教习，然而二人交情已难复其初。今借国术游艺大会之机，孙又托其盟弟杨澄甫、弟子郑佐平北上，邀请张、邓二氏南来，以尽去前嫌，共同发扬国术。[③]

　　另据天津《益世报》登载消息称：

　　　　浙江自筹备国术比试大会消息传出后，远近健儿莫不闻风兴起，跃跃欲试。记者有友曹君颇谙国术，日昨新从日本归国，记者与谈此次国术比试事情，曹君云：日本亦有武士多人拟来杭参加比试，有五六人已抵上海，寓虹口日本旅社。记者以日武士不远千里来杭比试，颇为怀疑。曹君则曰其中盖有一段故事在焉，数年前日本武士曾与我国国术界闻人孙禄堂先生作一度之比试，日武士屡试屡北，恼丧回国，于是怀憾在心，潜心学艺，冀一雪从前之耻。此番适值吾浙开国术比试大会，拟趁此机会来与孙先生一决雌雄。记者逆料孙先

　　① 参见尤志心《孙禄堂授拳陈健侯纪实》（《搏击》2005 年第 7 期）。有关陈健侯事，另参见尤志心《陈健侯轶事两则》（《中华武术》1986 年第 2 期）、尤志心《陈健侯授拳张祚玉记——孙式三十六手太极拳在镇江的师承沿革调查》（《搏击》2005 年第 8 期）、尤志心《再解孙禄堂受伤之谜》（《搏击》2005 年第 12 期）、陈登临《孙禄堂授拳陈健侯记》（《少林与太极》2006 年第 3 期）、陈端孙《回忆我的父亲陈健侯先生》（《少林与太极》2006 年第 3 期）、尤志心《卍字手功法初探》（《武当》2007 年第 3 期）、胡羡愚《怀念恩师陈健侯》（《少林与太极》2007 年第 5 期）、尤志心《还原历史情境——孙禄堂遭人点穴受伤新证》（《精武》2008 年第 5、6 期）、尤志心《孙氏三十六手太极拳》（《武魂》2008 年第 7~11 期）、尤志心《关于"卍字手"的来历》（《武魂》2009 年第 1 期）、尤志心《孙禄堂三显真功》（《精武》2010 年第 10 期）等。
　　② 其他监察委员为李文亭、肖品三、李书文、耿霞光、陈微明、朱国福、高振东、左振英、佟忠义、姚馥春、田兆麟、李子扬、刘高升、褚桂亭、傅剑秋、武汇川、程有功、窦来庚、叶大密、刘丕显、任鹤山、汤鹏超、万籁声、李丽久、张恩庆、朱霞天、朱劭英、谌祖安、赵道新、侯秉瑞、杨明斋、韩其昌、施一峰、刘善青、任虎臣、陈明征等。
　　③《国术游艺大会筹备记》，《民国日报》民国十八年（1929）十一月十日。

生老当益壮，彼木展小二郎真不值一击也，始拭目以俟之。①

浙江国术游艺大会于十六日在杭州镇海楼旧抚署大操场内开幕，各省国术名流，来会参加者约四百人。据报道：

> 是日九时，张静江及褚民谊、李景林、孙禄堂、朱家骅、张强等党政委员及国术名人均先后莅场……十时开会，由张静江主席，行礼如仪后，首由省政府秘书长沈士远代表主席致开会词，次由省党部代表张强、省政府代表朱家骅相继致训词，浙国术馆副馆长郑佐平致答词。次由该会评判委员李景林、江苏国术馆代表孙少江、中委褚民谊、国术名家孙禄堂、浙国术馆事务主任苏景由相继演说毕，全体摄影，开始表演。②

因比赛规则限制甚少，且比试时徒手无护具，故搏击激烈。据说，大会开始时有人公开向孙禄堂提出挑战，孙存周信步登台愿与之一试，挑战者畏其神，最终悻悻而退。③

二十五日为大会比试第五日，选手比试结束后，"末由该会评判委员、监察委员表演精萃国技"，孙禄堂参与表演。据报载：

> 田绍霖、陈惟铭双演推手，朱霞天混元剑，陈明征虎头双钩，窦乃根八卦拳，萧品三双飞刀，谌祖安奇门十三剑，高凤岭太乙单刀，左振英梅花双刀，刘百川稍子盘龙鞭，吴鑑泉太极拳，张兆东单刀，孙禄堂太极拳，李芳宸太极剑。④

浙江国术游艺大会结束后，李景林倡办上海国术大赛，孙禄堂被聘为评判委员会主任。十二月十二日晚七时，上海法租界嵩山路尚德国术会因李景林及孙禄堂来沪办理国术比赛，特假飞霞菜馆设宴欢迎。⑤十六日，孙禄堂七十寿辰，据报载：

> 江苏国术馆教务长孙禄堂先生为海内第一流拳术家，门弟子几遍寰宇。昨日为其七秩大庆之辰，设寿堂于俭德储蓄会，到李芳宸先生与王廷钊、吴心谷、朱霞天诸君，并有费嘻嘻等新剧助兴，末由众弟子表演拳术，李芳宸先生亦起而与郭宪三表演太极推手，济济跄跄，颇极一时之盛云。⑥

---

①《日武士道来华比武雪耻　孙禄堂之劲敌》，天津《益世报》民国十八年（1929）十一月七日，第五张第十七版。另见《日武士来华雪耻》，《新中华报》民国十八年（1929）十一月八日，第二版。

②《浙江国术比赛大会开幕》，《民国日报》民国十八年（1929）十一月十九日，第二张第一版。

③《国术游艺大会》，杭州《社会日报》民国十八年（1929）十一月二十二日。

④《浙省国术比试第四五两日·第五日情形》，《申报》民国十八年（1929）十一月二十六日，第二张第八版。

⑤《尚德国术会欢宴李景林孙禄堂》，《新闻报》民国十八年（1929）十二月十三日，第二张第五版。

⑥《孙禄堂七秩庆寿志盛》，《新闻报》民国十八年（1929）十二月十七日，第四张第十六版。

　　是月下旬，上海国术比赛大会在四马路云南路口上海舞台举行。孙禄堂在二十四日的比赛中表演了形意拳，据报载：

　　　　国术比赛大会昨日下午在四马路云南路口上海舞台举行第三日之比赛。参观者中外人士纷至沓来，座无隙地。会场中由褚民谊计时，灵子光、任鹤山唱名，刘百川、佟忠义挥旗，刘得胜吹叫，翁国勋、章启东报告，姜侠魂纪录，红十字会及蓝十字会之谦益医院张德意并伤科大家秦鹤岐等司救护。下午一时开会，由李景林致词后，在比赛之前与比赛以后表演者，有李景林舞剑三次之多，但见风声剑影，夭矫若龙。次李景林与郭宪三及杨奎山推手两次，亦所向辟易。七十老人孙禄堂形意拳，李惠亭、李龙标父子两人之跷子腿、梅花枪、双刀、单刀，张兆东八卦剑，刘百川单刀、双刀，博得掌声不少。佟忠义八仙剑、孙膑拐，刘得胜双剑、猴拳，朱国禄醉八仙，秦鹤岐八卦和合，蓝十字会张金奎清风剑，王希吉、龚德彪、王凤桐、洪志芳行打，郭宪三梅花拳，郭宪三、杨奎山比剑，田秉义春秋刀，沈赞林、王文晓大刀对枪，李星阶龙形剑、形意拳，杨奎山太祖拳，吴鑑泉太极拳，靳云亭连环拳，王恩庆罗汉拳，高胜武太一枪，李玉林形意拳，谌祖安三节棍，田秉义、田瑞五三节棍对齐眉棍，张一杨醉八仙，李龙标三趟炮拳，李立生、叶春才梅花对打，小孩童董文源、邵中兴对拳，高凤岭太易醉拳，陈道轩无极拳，郭宪三春阳剑，叶良少林拳，萧国清、萧仲清、钟瑞武对拳，郑德、张介臣武当对剑，孙立源、朱传斌对打，朱国祯、李元赐对打，刘高升七岁之子刘鸿喜舞剑，马金麟双刀，王回斋形意太极，任鹤山通背拳，姚馥春、陈雅庭对剑，徐汉臣四路洪拳，刘文元子孙丹拳，武术推拿医士金文涛阴阳八卦拳。比赛开始，一至二十七组仍各系红白两色之腰带，以资识别。比赛时或以柔攻坚乘其隙而进，或以强御敌勇往直前。飘忽飘定，极尽其光怪陆离。无怪乎中外观者精神兴奋，掌声如雷。将各组比赛获胜者姓名录下：（第一组）王仲宽，（第二组）黄振山，（第三组）成金泉、陈权尧平均，（第四组）赵冠群，（第五组）陈兆禧，（第六组）郑德凤，（第七组）钟瑞臣，（第八组）郭德堃，（第九组）张汉章，（第十组）杨建勋，（第十一组）司殿元、叶椿才平均，（第十二组）胡夺魁，（第十三组）王贵卿，（第十三组）丁秀溪，（第十四组）孙立源，（第十五组）田瑞五，（第十六组）甄承科，（第十七组）盛长满，（第十八组）曹金龙，（第十九组）周化先，（第二十组）谢孔续，（第二十一组）金盛元，（第二十二组）朱天，（第二十三组）徐学锡，（第二十四组）张金山，（第二十五组）高仲武，（第二十六组）林定邦，（第二十七组）张文标。再次为第一天第二天获胜者、复试再获胜者，姓名如下：（第一组）王喜林、韩其昌平均，（第二组）杨忠，（第三组）贾乃庚、郝家俊平均，（第四组）鞠鸿仙，（第五组）马承智，（第六组）张熙堂，（第七组）李元智，（第八组）高守武，（第九组）郭世全，（第十组）杨鸿慈。综计一时开幕至五时止。因五花八门各有精采，无不使观者兴极欲观，始终秩序井然。今日仍须续赛云。[①]

二十七日下午一时，上海国术比赛大会第六日比赛开幕，孙禄堂等为评判。据《申报》载：

> 天虽细雨而观者争先恐后，拥挤不堪，秩序始终整齐。会场中由李主任景林、褚主任民谊计时，任鹤山、章启东、叶大密分组，刘得胜施令，佟忠义、刘百川挥胜旗，贾恺忱纠察，王晓岚监场，灵子光唱名，翁国勋报告，姜侠魂记录，李景林、褚民谊、孙禄堂、张兆东、陈微明等评判，红十字会王培元、蓝十字会谦益医院张德意、伤科秦鹤岐在场救护。首由李景林宣布开会，先表演。跛足老人王恩庆罗汉拳、铁臂拷，八十四岁老人崔振东潭腿、八卦拳、查拳、凳上耍蜻蜓、散手，刘高升七岁之子鸿喜单刀岩蜻蜓花套，刘高升荷花刺、狼牙棒、排肋、油捶灌项，褚民谊、吴鑑泉太极双辉，红十字会杨殿甲少林拳、舞双剑、提袍玉龙剑，刘百川单刀提趟，刘百川与徒陈金洪四路短打，红十字会马岳梁太极，河北国术馆董事张兆东八卦剑、八卦刀、五行拳，武术推拿医士金文涛八路八卦拳，金文涛、吴英虎拷手，七十余岁老人李惠亭八卦查拳、八卦双刀，李龙标五路查拳、九路查拳，韩友三八式拳，青岛国术馆教务长高凤岭、高胜武太乙拳、太乙醉拳、昆仑双刀、三节棍对打，谌祖安埋伏拳，钟瑞臣提趟镳，刘得胜藤牌、单刀菩佛手，吴文林长凳耍戏，佟忠义八仙剑，佟忠义、赵文芳、魏俊卿、吴文林摔角，郭德堃换手刀头趟插拳，李玉琳、王积义比剑，姚馥春三才剑形意拳，李玉琳形意拳，宫立曾立身拳，叶椿才、李立生对打节棍，金铭、小孩童王小双连环拳，李静明大洪拳，张文才双刀，胡仲生短打，盛金贵七星剑，褚桂亭形意龙形拳，陈金洪七星拗步，成金生罗汉拳，章殿卿二龙出水枪，丁秀溪形意拳，杨建勋清和刀，刘文友玉环步，萧格清形意拳，庐永平与子虎根单刀穿枪，张介臣青钢宝剑，马承智龙形剑，梁振纪青萍剑，杨奎山单刀、八极拳，郭宪三、杨奎山推手，李景林、杨奎山、王积义、郭宪三推手，濮伟、濮玉姊弟比剑。最后有李景林主任舞剑。次即开始比赛。惟昨日系第三次复赛，与赛者均系选手中之选手，苟非功力双

① 《昨日之国术比赛大会》，《申报》民国十八年（1929）十二月二十五日，第四张第十三版。

佳，必不能连战皆捷而参举此次之复赛，故比时异常精彩。因使尽功力势必伤对方而种恶因，苟留情面又必不能取胜，是以赛者各使平生本领，从巧中获得最后之胜利。兹将各组获胜姓名列下：（第一组）董文彬、陈雅庭平均，（第二组）张英振，（第三组）李树桐，（第四组）袁伟，（第五组）史凤起，（第六组）张孝才，（第七组）高守武、刘丕显平均，（第八组）郭世全，（第九组）朱国禄，（第十组）杨洪滋，（第十一组）张长信，（第十二组）王德元、丁秀溪平均，（第十三组）解玉清、褚德馨，未赛，（第十四组）梁根纪、曹晏海。五时散会。明日仍在原处续赛，为最后三天。举行总决赛将益发精采云。①

三十日下午，上海国术比赛大会第八日比赛，孙禄堂为评判。据次日《申报》载：

> 国术比赛大会昨日仍在四马路云南路口上海舞台举行第八日之比赛，来观者车轮辐辏，冠盖济济，二时已上下客满。会场中由李景林计时，褚民谊吹叫，刘德生施令，佟忠义、刘百川挥旗，李景林、褚民谊、孙禄堂、张兆东、陈微明等评判，叶良、章启东、阮景舜分组，灵子光唱名，贾恺忱纠察，赵尉先交际，翁国勋报告，姜侠魂纪录。二时开会，由李主任景林致词。比赛前后表演有吴鑑泉太极拳，李龙标二路串拳，李俊峰缩拳，李好学插刀，跛足老人王恩庆十字拳、三尖一刃刀对打三门，赵正太通背拳、八卦单刀，八十四老人崔振东无极钩、八卦枪，吴少川哪吒式，孩童高伯荣指日高升，孩童高季荣花车，朱守义梅花双刀，曹静波九短提蓝大枪，稽家钰五路关东拳，盛金贵七星拳，盛金贵、王裕发金鸡斗，高胜武三路金刚拳，张汉臣少林拳，秦文才流拳行走，徐汉臣四趟查拳，朱传斌八卦拳，刘文友环子拳，韩友三四把，张品三八卦双刀，孙云甫太极长拳，王松亭烂击，冯子光飞龙剑，伤科秦鹤岐太极风魔杆，王凤桐迎门炮，钟瑞臣风魔单刀，杨志成四门龙形剑，朱天祚二仪式，蓝十字会李辉南螳螂拳，七十余岁李惠堂张飞枪，叶椿才少林拳，高荣华花枪，濮伟、濮玉姊弟对剑，孔呆侠、伊鹏起串子锤，宫立曾、李静明空手夺扫子棍，刘德生武松单刀，秦文才、高荣华七十二把擒拿，张子扬醉八仙，谌祖安少林一手三接棍，八龄童刘鸿喜四方，佟忠义双戟，姚馥春三才剑，李星阶形意拳，张兆东八卦剑，萧耀祥狮子拳，崔华连环剑。最后以魏俊卿、赵文芳、马金庭、金盛元摔角，杨奎山、郭宪三两副官对剑，刘百川梅花双刀及李景林将军剑术殿之。或猛虎扑山，或长蛇入洞，奇伟雄壮，骇人魂魄，扩人眼

①《昨日之国术比赛大会》，《申报》民国十八年（1929）十二月二十八日，第四张第十四版。

1929年冬，孙禄堂（前排右二）与李景林（前排右三）等合影

界者也。比赛开始，获胜者姓名如下：（第一组）刘丕显，（第二组）王喜林，（第
三组）章殿卿，（第四组）薛恒元，（第五组）李成希，（第六组）袁伟，（第七组）
韩其昌，（第八组）张长信，（第九组）李树桐、曹晏海平均，（第十组）董文彬、
李元智平均，（第十一组）杨鸿慈，（第十二组）高守武，（第十三组）张熙堂，（第
十四组）马金庭，（第十五组）马承智，（第十六组）张英振、朱国桢平均，（第
十七组）王德元，（第十八组）张孝才。既毕，以第六次决赛未获胜者再行复赛，
姓名如下：（第一组）杜万清，（第二组）钟瑞武，（第三组）郭世全，（第四组）
杨建勋，（第五组）闵清祥，（第六组）张孝田，（第七组）盛长满。时届五钟，
由李主任景林宣布，今日仍在原处举行第七次决赛，并谓各团体纷纷来函，要
求本会于明日满期后赓续三天，以飨国人殷殷欢迎国术之至意，并资宣传，祈
观众注意云。①
另据《益世报》载此次上海国术比赛大会称：

①《国术比赛第八日记》，《申报》民国十八年（1929）十二月三十一日，第四张第十四版。

南北泰斗聚于一堂，其精彩自不待言。最堪注意者，厥惟孙禄堂氏。孙氏年事已高，须发尽斑白，须长几及胸。表演时精神抖擞，观众咸大鼓掌，即居中之李氏，亦称叹不已。先后表演者，不下数十人，皆一一向李鞠躬，且均为长衫马褂，不类吾人心目中之赳赳武夫也。[1]

民国十九年（1930）一月二日起，上海国术比赛开始进行大决赛，孙禄堂担任评判，并在第一日决赛上表演了八卦拳，据四日报道：

国术比赛大会前日为第一日大决赛。因各团体纷纷致函要求掉换较大之场所，以免人满拥挤之患，故筹备委员等会议决定赓续二天。中以第一、三两日在逸园（法租界亚尔培路），兹因天雨停止，昨日仍在四马路云南路口上海舞台举行第一天大决赛。兹将情形纪述如下：

下午一时开幕，李景林将军略谓今天为国术比赛大会最后大决赛第一日，本会宗旨，第一是提倡吾国特有之技术，以四千年来历史上于国家、于民族具特别光荣、特别效能之国术宣传民众，灌输人群，使其普遍于人世间，不守秘密，不事垄断，以公开学艺之方法，昌明国技之主旨，大公无私，成为一种国民化的体育；第二是此次所售得之款，悉数振济浙灾及补助上海各团体之经费。具上两种意义，爱愿牺牲一切，不愿其他云云。褚民谊先生略谓近年来国术渐渐有昌明光大之希望，何以征之？即如前次在杭州举行比赛，如此次之本会接连将十日，无不争先恐后，云集而来。吾知到会参观诸君必能认识国术可以救国、可以强种、可以自卫、可以奋斗的一种特别要素、超绝技能，并非为着热闹，当其玩耍性质而来，足使吾辈忝在提倡国术之责者非常荣幸，策励前进，冀达普及人类之目的云云。会场中仍由李景林、褚民谊、孙禄堂、张兆东、陈微明、刘百川、高凤岭等评判，李景林计时，褚民谊吹叫，刘德生施令，李星阶、吴鑑泉挥旗，任鹤山唱名，叶良、章启东、阮景舞、叶大密分组，贾恺忱纠察，赵尉先交际，翁国勋报告，姜侠魂纪录。比赛前后表演有（一）伤科秦鹤岐四平风云彩，跛足老人王恩庆醉打山门，李好学四路埋伏拳，卢肯为、旻孚兄弟金箍根小洪拳，高胜武四路金刚拳，张品三少林短打，谭道一形意拳，冯子光太极八卦散手，朱国祯醉八仙，朱梦文查拳，盛金贵三路梅花刀、四门拳，高荣华六家式、八卦双刀，郭宪三纯阳剑、六合单刀，杨奎山少林拳，张向武清风剑，周化先万胜双刀、太一猴拳，两江女子学校高君珠小金锁，翟涟沅黑虎拳，刘祖信二郎拳，叶椿才金刚拳，朱传斌螳螂拳，赵宗兴燕青拳，第五师国术主任万籁声太极，评判主任孙禄堂八卦拳，李惠亭六路明堂。最后国民政府侍从教官刘百川剑侠刀，李将军景林、杨副官奎山太极推手以殿之。徒手则有黑虎跳涧、虬龙戏水、白猿奔林、巨阙扑空，器械则有龙飞凤舞宝剑、齐眉通天之棍、狼牙虎齿之棒、攻锋陷阵之簿，选手则有鬓须如霜之老叟、垂髫乳臭之稚童、顼硕无明之大汉，阁阁洁莹之英豪，千变万化，巧妙无穷；（二）旋因比赛手续未完，有新由南洋返国大中华飞飞团表演各种技艺，稚女力士，五色缤纷，刚柔兼施，庄谐杂陈，足娱观者，博得掌声不少。决赛开始，胜者姓名如下：（第一组）韩其昌，（第二组）袁伟，（第三组）郭世全、张孝才平均，（第四组）曹晏海、马金庭平均，（第五组）朱国祯，（第六组）李成希，（第七组）马承智，（第八组）刘丕显，（第九组）高守武、薛恒元平均，（第十组）李树桐、张熙堂平均，（第十一组）杨鸿慈、张英振平均。以上为甲组。以下乃新登记比赛者，为乙组胜者，姓名如下：（第一组）姜良臣，（第二组）王庚明、王永年平均，（第三组）王松亭，（第四组）孙宝林，（第五组）陈景水，（第六组）甄承科，（第七组）张向武，（第八组）赵冠群，（第九组）张子和，（第十组）钟瑞臣，（第十一组）朱得胜，（第十二组）丁宝元，（第十三组）成锦泉，（第十四组）张金山，（第十五组）叶椿才，（第十六组）朱梦文，（第十七组）官立曾、孙立源平均。甲组复赛：（第一组）张长信、李元智平均，（第二组）杜万清。或以进为退，力以劲胜，或反败为胜，巧以智取。赠锦标奖品姓名如下，除此赛大会奖金一万三千元按等分给外，有熊天翼司令奖盾三座，张之江馆长奖银盾一座，黄金荣先生奖银盾三座，张啸林先生奖银盾三座，杜月笙先生奖银盾三座，孙梅堂先生奖银杯三只，上海国术馆奖宝剑、单刀各一件，上海法政大学奖银盾十二座，张裕酿酒公司奖白兰地十箱，精武体育会奖银盾一座，谢葆生君特奖朱自新君银盾一座，市国考同志、上海武学会合赠锦匾三帧，姜侠魂同志特赠自编《国技大观》五部，赵含英女士赠手绘山水画三幅。临散五时，由李将军景林宣布下星期一（即六号）准在亚尔培路逸园内决赛，此乃最末一天，聚精会神，大有可观者在其后也，云云。[①]

一月六日的总决赛上，孙禄堂仍为评判，据七日报载：

　　昨日为国术比赛大会总决赛之日，因恐人满拥挤，特假亚尔培路逸园举行。来宾到者五六千人，有淞沪警备司令熊式辉，市长张岳军、中央国术馆教

[①]《国术比赛大决赛第一日记》，《申报》民国十九年（1930）一月四日，第五张第十八版。

务长朱国福、上海社会局长潘公展、公安局长袁文钦，及筹备委员王晓岚、孙梅堂、黄金荣。张啸林、杜月笙等，均在场照料。会场中职员仍以李景林、褚民谊、孙禄堂、张兆东、陈微明等评判，章启东、叶良、叶大密、阮景舜编组，任鹤山、灵子光唱名，贾恺忱纠察，赵尉先交际，李景林吹叫，褚民谊计时，刘德生施令，佟忠义、刘百川、吴鑑泉、李星阶挥旗，翁国勋招待，姜侠魂纪录，由红十字会及蓝十字会谦益医院专门接骨之伤科医士张德意等在场救护（闻比赛员王某前曾被将肋骨击伤，由张德意君医愈，越日即能加入，重行比赛）。一时开幕比赛，甲组获胜姓名如下：第一组张英振，第二组章殿卿，第三组李树桐，第四组马金庭，第五组郭世全，第六组马承智，第七组袁伟，第八组李成希，第九组薛恒元，第十组曹晏海。复赛开始，获胜姓名如下：第一组高守武，第二组张长信，第三组李元智，第四组韩其昌，第五组张熙堂。第九场预赛获胜姓名如下：第一组张长信、张英振平均，第二组李树桐，第三组袁伟，第四组马承智，第五组曹晏海，第六组张熙堂，第七组章殿卿。复赛获胜姓名如下：第一组郭世全，第二组李成希，第三组张长信、韩其昌平均，第四组高守武。复赛获胜姓名如下：第一组张熙堂，第二组张英振，第三组马承智，第四组曹晏海，第五组李树桐，第六组章殿卿。决赛获胜姓名如下：第一组张熙堂，第二组曹晏海，第三组马承智。总决赛获胜姓名如下，总决赛评定：第一名曹晏海，第二名马承智，第三名张熙堂。昨日天气阴晴，奇寒零度，中外观众在此广大场所，于冰天雪地间，竟与众英杰诸健儿盘桓一处数时之久，始终不懈，秩序井然，足征国人为国术能抱牺牲主义，亦难能可贵。散时已暮色苍茫，李景林、褚民谊两主任先后宣布，今日因时间局促，不及举行给奖典礼。准定明日午（今日）十二时，在梵王宫继续开赠奖礼，希诸同志莅临幸甚，尚有第三以下之名单明日再宣布云云。[①]

一月七日，上海国术比赛举行给奖典礼，孙禄堂参加典礼并讲话。据八日报载：

国术比赛大会昨日在梵王宫举行给奖典礼，正午十二时开幕。比赛选手全数到者一百七十余人。筹备委员并评判员有李景林、褚民谊、孙禄堂、张兆东、吴鑑泉、李星阶、陈微明、杜心五、张绍贤、高凤岭、刘德生、刘百川、佟忠义等，及王晓籁、黄金荣、张啸林、杜月笙、俞叶封等。职员有贾恺忱、赵尉先、章启东、叶大密、阮景舜、任鹤山、杨奎山、郭宪三、谌祖

①《国术比赛大会总决赛之结果》，《申报》民国十九年（1930）一月七日，第四张第十三版。

安、张子扬、翁国勋、姜侠魂等，济济一堂，颇极盛况。先由李景林将军宣布，略谓本会继续杭州举行国术比赛，今已圆满结果，承发起诸君始终拥护，始克有此好景象，并仗比赛各选手深明大义，为国术界增光即系为国家民族增光，本会非常荣幸。国术将来有绝大希望，吾侪实有荣施云云。褚民谊略谓国术既为强国强种方法，而对于宣传民众确有绝大关系，此次结果固然较杭州美满，将来吾侪应再拟尽其提倡之责，当发起较善的组织，作第三次之比赛，希望诸同志努力前进，为天下表率云云。王晓籁略谓今日为上海国术比赛大会结果团圆之日，合众英豪诸同志于一堂，此次与诸位国术家分别后，将来会晤有期，希望同志为国为民珍重，努力国术。并谓此次因诸同志不惜精神，固深感谢，而天不济美，未免辜负诸同志之盛意，同人等于心实多不安。至于奖金一万三千金，已由发起人预备，当场由王君交与李景林主任。张啸林略谓此次蒙诸君千里而来，招待不周。当场即举杯示众，同志请尽此一杯，满堂遂欢饮毕，鼓掌雷动。俞叶封、阮景舜诸君发表意见毕，有南京特派来沪之刘百川，并第一名曹晏海、第二名马承智、第三名张熙堂，代表国术同志发表，略谓诸同志此次为牺牲而来，实因国术既与救国问题有密切关系，而东北将士为国际战争，吾侪既不能躬赴前敌，应尽同胞负一份义务，对于奖金万三千元，不敢领受，请为代劳分发云云。旋由李景林将奖金交还王晓籁掌管，并对诸同志竭诚赞美，国术同志尚义好侠可见一斑。最末，孙禄堂略谓：嗣后望众位同志归乡后，一面宣传，一面锻炼，凡遇比赛，还祈崇尚武德，免致"好勇斗狠"之谓云云。继而叙餐毕，即行给奖。兹将得奖品诸君姓名如下：（第一名）曹晏海，得有张之江馆长、熊式辉司令、上海国术馆、上海精武体育会、上海法政大学、黄金荣、杜月笙、张啸林赠银盾各一具，上海中华体育会银章一只，市长张岳军银鼎一具，孙梅堂银杯一具，市国考同志会锦匾一具；（第二名）马承智，得有熊天翼司令、黄金荣、张啸林、杜月笙、上海法政大学赠银盾各一具，上海国术馆宝剑一柄，上海中华体育会银章一具，市长张岳军银碗一只，孙梅堂银杯一只，市国考同志会锦匾一具；（第三名）张熙堂，得有熊天翼司令、法政大学、黄金荣、张啸林、杜月笙银盾各一具，中华体育会银章一具，市长张岳军银杯一具，市国考同志会锦匾一具；（第四名）章殿卿，得有法政大学银盾一具，中华体育会银章一具，孙梅堂银杯一具，姜侠魂《国技大观》全部；（第五名）李树桐，得有法政大学、中华体育会银盾各一具，姜侠魂《国技大观》全部；（第六名）张英振，得有法政大学银盾一具；（第七名至第十二名）高守武、袁伟、韩其昌、张长信、郭世全、李成希，各得法政大学银盾一具。诸选手分领奖品毕，团聚摄影，欢呼而散，时已四时矣。[1]

据说，在孙禄堂主持江苏省国术馆期间，秉性不合的孙存周与李玉琳（润如）关系恶化，最终分道扬镳。李玉琳原是郝恩光的大徒弟，又得李存义指教。李存义年迈返乡时让李玉琳到北京找孙禄堂。于是，李玉琳带着李存义的荐书拜于孙禄堂门下，逐渐掌握形意、八卦、太极三拳大要，内劲日益充实，技艺大进。当时很少有人能抬起李玉琳的胳膊，又因李玉琳动作迅捷、力道浑厚、身体松柔自如，遂得"铁臂苍猿"之誉，成为孙禄堂著名弟子之一，后期同门多以大师兄称之。李玉琳也以大师兄自居，树立自己作为孙禄堂大弟子的威信，比如，没有他的允许，不许别的弟子，尤其比他入门晚的弟子轻易见到孙禄堂。一次，李玉琳以老师休息为名，把靳云亭这样与他资格差不多的弟子也挡在外面。这种做法使孙存周非常不满，最终导致两人矛盾不可调和。孙存周跟父亲说："您要是不让李玉琳走，我就走。"孙禄堂十分为难，最终李玉琳去了上海，孙存周也离开了镇江。

民国十九年（1930），因阎锡山、冯玉祥联合反蒋，引发中原大战，李景林奉国民政府之命到济南策动反击。李景林北上前，与孙禄堂会面，李说："存周与润如的扣儿是解不开了，不如您叫存周回来吧，让润如跟我去山东。"此时，孙禄堂因长子、三子都已因故去世，父子之情实难割舍，遂表示同意。同时商定在江苏国术馆任教的李景林弟子于化行、李庆澜等也随师北上。四月，李景林在济南创办了山东国术馆，不久，李玉琳即到山东国术馆就任教务主任，江苏省国术馆教习的空缺由孙存周、齐公博、孙振川补充。李玉琳此后一直没回上海、北京教拳，对外只教山东国术馆的八十八式杨家太极拳，只对入室弟子传授孙氏拳。

是年六月下旬，《上海小报》登载文章称：

苏民政厅长胡朴安氏，春秋将及耳顺，而精神倍健，有逾常人。考其原因，实因胡氏精研拳术之功所致。去岁本埠俭德储蓄会国术社成立，聘请拳术大家孙禄堂为教授，由胡氏担任该社主任，加入者大都该会份子。今春胡氏荣任苏民政厅长，而孙禄堂亦适为省国术馆副馆长。至馆长一席则由叶楚伧主席兼任，胡则任董事，盖叶、胡两氏均属提倡国术者也。胡寓居在镇江云台上，得俯瞰长江之胜，每日在起必五时，盥洗毕，先在山坡上练拳术一回，兼

①《昨日国术比赛会给奖》，《申报》民国十九年（1930）一月八日，第四张第十三、十四版。

以呼吸新鲜空气，七时莅厅教授拳术，至八时为止。加入者有秘书、科长、科员等六十余人，分初高二级，初级由国术馆之刘教师教授，高级则由胡氏亲自教授，除星期外，月如一日，未尝间断。有时孙禄堂亲临与谈拳术掌故，语多人所未闻。有传其轶事者谓孙昔年随徐世昌巡抚辽东时，曾在一巨峰中遇十数剧盗，孙屏息以待，有一盗首先前来，孙伸出二指，点其额部，该盗即呆若木鸡，余皆辟易而去。又某次与其门徒行经上海爱多亚路，双足健步如飞，后面来一部机器脚踏车，中坐二西人，孙故与开玩笑，伺车行速己亦速，车行迟己亦迟，直至长浜路口，孙犹徜徉在前，回顾西人而笑，乃挥手任之驶去，立足路旁而待，其门徒疾追半小时，犹望望在后不能近。小说中有所谓"飞毛腿"者，孙健步如飞，殆亦"飞毛腿"之谓欤？[1]

其时，江苏省国术馆将办女子传习所，据上海《新闻报》消息：

江苏省立国术馆副馆长孙福全，字禄堂，精于武术，素有老英雄名，凤驰声誉于晋燕之间，为晋省票行保镖者数十年，草泽英雄闻孙之名，莫不震骇。奈时代变迁，银行汇兑事业代票行以勃起，畴昔累累白金之转输须赖王三太之保护者，今则数十字之电汇即可免窦二墩之觊觎矣。于是孙禄堂先生亦锻羽南来，冀求一二门弟子以传衣钵。彼时海上名流慕孙老英雄之名，来求传授者固宾繁有徒，而一般公团震于孙之名，求其一显身手者亦甚夥。孙于下榻后，鉴于各方请命，即宣言若请提倡国术则固所愿，若请表演奏技，决不允诺。故春间海上某大学有某种游艺会之举行，先期曾赍一柬于孙，其辞曰：请亲临表演，以娱观众。孙亟投之火中，逐赍柬者，亦屏诸门外，以示非江湖卖技者流所可同日而语也。今岁春间，叶楚伧任苏省府主席，以国术馆副馆长一席畀孙，现值春夏之交，闻国术馆将办女子传习所，以发展女子体育健康为宗旨。该馆课程分为国术、党义、太极、八卦、剑术等科。每晨授课二小时，每周授课共十二小时，皆由孙亲自兼任云。[2]

孙禄堂在江苏省国术馆任职期间，主要由孙存周及其他弟子代教。孙禄堂外出时，孙存周代行教务长职责，而女子班实际主要由孙剑云代授。这时的江苏省国术馆人才济济，有孙禄堂早年门人齐公博、孙振川、孙振岱，甘凤池后传金佳福、金仕明父子，技击名家胡凤山、马承智、张熙堂、袁伟，武当剑柳印虎，达摩剑陈一虎，大枪萧汉卿，双手带徐铸仁，武当六路拳陈敬承，以及唐殿卿的弟子金一明等。

① 老侠：《胡朴安与孙禄堂》，《上海小报》民国十九年（1930）六月二十三日，第二版。
② 马协衷：《孙禄堂传授女弟子》，《新闻报》民国十九年（1930）七月四日，第四张第十六版。

民国二十年（1931）初夏，《申报》报道：

> 江苏国术馆孙副馆长禄堂及其夫人女公子等，将往西湖游玩。路过上海，致柔拳社于本月二十四日下午一时，在宁波同乡会公祝张三丰祖师寿诞，举行六周纪念，请孙副馆长及书庭女士莅社表演。闻女士功夫精纯，可接其父之传。又闻是日民政厅长胡朴安亦来沪加入比赛云。[1]

是年初秋，孙禄堂拟在江苏省国术馆开设一特别高级班，仅招收十八至二十五岁之间的青年五人，以作衣钵之传。为此亲自拟订《特别高级班缘起》及《规条》登载于江苏报上，《缘起》称：

> 闻之代有五德，人有五常，五六为数，居中得位。天数五，地数五，乾坤所以正也。予自幼年即嗜武术，迄今五十余年矣，深知技合乎道。扩而充之，可以修身，可以齐家，可以卫国，虽前后来学者重，然能知其所以然则寥寥也。前辈以技传人，必视其人之心术性情，而后得其衣钵，非吝也，盖不得其人则减轻国术之声誉，而反为社会之害，是故所得者仅技艺之末耳。予老矣！深惧斯道之自我而斩也，爰择同志者五人，为之晰其奥义，剖其微芒，庶薪尽火传，绝学赖以不坠，此予之志也。数之取于五者，《国语》云：五义纪宜，谓孝慈友恭义也。亦即无常之道也。惟有一言，为诸同志告者，既致力于武术，当弃名利，净除物欲，道积于身而名自随之。此日潜思渺虑，庶几汝南之五龙，他时由诚而明，颉颃洛中之五子。[2]

《规条》开列七项，具体如下：

> 一、国术宜求深造，兹为提高程度起见，严选五人，特别教授，即名特别高级班。
>
> 一、五人同学首重义气，同学时宜互相切磋，即他日为社会作事，亦须互相辅助。
>
> 一、道德为人生之要素，忠孝二字，千古不磨，义以制事，君子取焉。五人中有一人，犯不忠、不孝、不义之行为者，其他四人当竭力规劝，否则，应受法律之制裁，庶不失义气之名誉。
>
> 一、研究学术非一朝一夕之功，宜有恒心，不得半途而废。
>
> 一、求学期内如能自备膳费者，本馆当给予住宿，否则或由馆中通融给予

---

①《孙禄堂父女将在沪表演　胡朴安亦加入比赛》，《申报》民国二十年（1931）五月二十一日，第三张第十版。

②《特别高级班缘起》，《江苏省政府公报》第八五六期，民国二十年（1931）九月二十八日，第九页。

膳宿，平时零用等项一律自备。

　　一、修养国术，不尚血气之勇，如有他派讥讪毁谤者，本门同学当持含忍主义，各行其是，有容德乃大，其各勉之。

　　一、教授五人，高级国术，由予亲自传授。①

九月十七日，孙禄堂又作一函，致江苏省教育厅厅长，内称：

　　苏省国术馆开办瞬届三载，每年毕业一班，以为各县设立分馆之教材。惟国术一道，程度本有浅深，为亟于造就人才计，不得不授以普通之拳术。禄堂现拟另选五人（年龄自十八岁至廿五岁为止）亲自教授较为高深之技术，为高等班，一年毕业，寄宿即在馆中，火食零用自备，除已登苏报外，拟恳贵厅代为征求此项人才或通令各中小学校选送听候考选。盖此项高级班非性质资格有过人之才智者不易领会，苏省为人才渊薮，贵厅登高一呼，众山皆应，用特函恳，至纫厚谊。②

江苏省国术馆将孙禄堂《原函》与《特别高级班缘起》及《规条》函送省教育厅，函称：

　　迩来国人怵于我民族固有之精神日趋衰颓，已一致奋起从事于国术之提倡。苏省自成立国术馆以来，其所早就已有可观，行见士风丕变，一洗三吴文弱之羞。副馆长孙禄堂先生，国术泰斗，众望所归，兹拟益宏奖掖，亲授高材生五人，以广薪传而维护绝学。凡我有志国术同人，得此特殊机遇，何幸如之？现准函送特别班缘起及规条到厅，用特连同原函录送尊处，即祈广为宣布，俾期周知，并盼代为遴送，听候考选。事关国术流传，曷胜企祷之至。③

随后，江苏省教育厅转知招收国术高级学生的公文发布，内称：

　　教育厅准国术馆函，为招收国术馆高级学生五人，请转知各中小学校知照！经于九月廿四日函知各县教育局转饬知照！④

　　其时，日军发动九一八事变，激起全国反日高潮，人心浮荡。江苏省国术馆已不受重视，孙禄堂深感传技已非当时社会急需，最终抱憾中断传授，于十月辞去江苏省国术馆副馆长兼教务长职务，返归北平隐居，馆内事务由留于镇江的孙

---

①《规条》，《江苏省政府公报》第八五六期，民国二十年（1931）九月二十八日，第九页。
②《原函》，《江苏省政府公报》第八五六期，民国二十年（1931）九月二十八日，第九页。
③《教厅转知招收国术高级学生，孙禄堂先生亲自传授》，《江苏省政府公报》第八五六期，民国二十年（1931）九月二十八日，第八页。
④《教厅转知招收国术高级学生，孙禄堂先生亲自传授》，《江苏省政府公报》第八五六期，民国二十年（1931）九月二十八日，第八页。

存周完全代理。孙禄堂弟子陈健侯的后人对此也有一段叙述：

> 据他的亲炙弟子陈健侯回忆：有一天，孙师的一马弁突然上门告之他，孙师已辞职返京，来不及与其打招呼了，请陈谅解，并说，到京后给陈写信。陈速赶至火车站，孙已去矣。陈只得怅然而归。陈认为，当时国术馆的原馆长钮永建，精通武术，对孙禄堂颇为器重，但易成顾祝同后，此人不重视武术，独断专横，又迫害进步人士，对孙师也不够尊重。孙师为人一贯耿直，不畏权贵，在一些馆务上颇多分歧。特别是1931年"九一八"事变爆发后，对国术馆的存留有不同意见，故孙师毅然辞职北上。①

民国二十一年（1932）一月二十八日，日军轰炸上海闸北，江南大乱，人心惶惶。孙禄堂弟子支燮堂家被炸塌一半，其多年笔录的孙禄堂教拳笔记绝大部分被烧，支燮堂冒死抢出一个被烧得残缺不全的笔记本。传说当时国民政府的战略部署是一线固守上海，二线固守南京，镇江等地的江南地带将是一线失守后的战场，因此，江苏省国术馆的绝大多数董事都不再出资。而国术馆只靠省政府的一点资金根本无法维持开销，遂于三月底停办，教师各谋出路，胡凤山返回部队，马承智此前已返回霍丘，张熙堂去了四川，金氏父子及徐铸仁等回到南京，金一明去了中央国术馆，孙振岱应熊式辉邀请去上海警备部队教授拳术。孙存周则通过支燮堂的介绍去上海铁路局教拳，同时又被上海市公安局请去教授消防队。江苏省国术馆开办不到四年，终因日寇战火而关闭了。②

是年，孙禄堂发表《详论形意八卦太极之原理》一文，指出："拳术之道，首重中和。中和之外，无元妙也。"其时，北平国术馆馆长许禹生多次请孙禄堂出山，未得应允。许恳请再三，孙禄堂同意偶尔去馆中做些指导。其间，尚云祥、邓云峰、刘彩臣、许禹生、马贵、恒寿山、马步周等常到孙家请益。

民国二十二年（1933）春，孙禄堂"忽欲回乡里，家人留之不可。既归，每日书字练拳无间，惟不食者二旬"。③是年秋季，南京举行全国运动会及第二届国术国考，聘孙禄堂为全运会国术裁判员④、国术国考评判委员⑤，而完县众多职员久欲师从孙禄堂习艺，致使孙禄堂南下未能成行。据翌年刊印的《完县新志》记载，孙禄堂返乡后，"适中央国术馆举行国术考试，主试者聘福全为评判员。县城各机关公务员及各学校职员久欲师事福全，冀得拳术精意，逆其行，而福全亦眷念吾

---

① 尤志心：《江苏省国术馆始末》，《中华武术》2008年第4期。
② 童旭东：《孙氏武学研究》"孙存周先生传"，北京：中国书籍出版社，2008年，第60页。
③ 陈微明：《孙禄堂先生传》，《国术统一月刊》第二期，民国二十三年（1934）八月。
④《全运会国术裁判员》，《申报》中华民国二十二年（1933）九月二十七日，第四张第十四版。
⑤《国术国考·评判委员题名录》，《申报》民国二十二年（1933）十月二十二日，第五张第二十版。

孙禄堂晚年照

河北完县国术研究社全体学生欢送孙老师禄堂赴平纪念，摄于 1932 年 9 月 5 日

党小子无人指导，允其请。遂由教育局长刘如桐等集议组织国术研究社，得生徒一十八人，按时教授，备极勤恳"①。据报载：

> 本县孙禄堂先生为国术专家，名驰中外，潜心此道，历五十余年，功深学邃，集"形意""太极""八卦"三家之天成。早岁寄居京师，历任武职，年来与中央各名流交游，足迹遍天下，所收弟子，何止数千。本年春，以事返里，且有暂时息影之意。教育局长刘如桐、建设局长侯殿芬、乡村师范校长张廷钧，认为千载一时良机，乃偕往拜访，备伸景慕之忱，并函请担任国术导师，以教设学。当蒙孙公慨允，毫不吝教。爰于七月二十五日，拟定简章，组织成立国术研究社，并呈报县府备案，社址暂设教育馆内，各机关公务员泰半加入，由大会推定教育馆长张永升为事务主任，每日下午五时至七时为练习时间，既能锻炼身心，又可发扬国粹，此种运动，至为得计，迄今甫及半月，已将太极十三式毕完，进行颇为神速。闻该县教育局计划，即以此为国术出发点，逐渐普及于各校学生暨一般民众，以资辅助各项西式运动。并闻练习时，孙公口讲指划，循循善诱，传授极为得法，一般社员莫不聚精会神，兴高采烈，细心领略云。②

是年十二月二十五日清晨，孙禄堂"嘱家人诵佛号、勿哀哭，安坐而逝，曰'吾视生死如游戏耳'"③。遗有《八卦枪学》一书初稿。据孙剑云讲述：

> 家父在逝世前一个月，即 11 月 29 日，突然对我们说，下个月的今天我就离开人间了。那时我们做儿女的都不甚相信，事实却果然如此。现在看来，不知先父是否根据易卦之术来计算的。家父说要落叶归根，我们便送他回家乡河北完县城东任家疃（现属望都县）。我还记得，老家有一个院子，先父说，我出生在这个院，死也要在这个院。12 月 29 日凌晨，我伴坐在先父右侧，大嫂在左，二哥拿着钟在前，先父喃喃地向我们讲述他的武术生涯。一会儿，问几点钟，二哥答后，先父认为未到时辰，又复述平生。过一阵，又问，如此三遍，当二哥答"六时零五分"时，只见他摇了摇头，便闭上眼，溘然长逝了。④

据《京报》报道：

> 中国太极拳术惟一名手孙禄堂氏，技术精妙，已臻上乘，且对于奇门教学亦均有相当之研究。不意去岁由平返完县原籍后，于去岁十二月二十五日无病

---

① 《孙禄堂传》，《完县新志》卷六，民国二十三年（1934）。
② 《完县成立国术研究社　聘请孙禄堂为导师》，天津《益世报》民国二十二年（1933）八月十六日，第三张第九版。
③ 陈微明：《孙禄堂先生传》，《国术统一月刊》第二期，民国二十三年（1934）八月。
④ 方达儿：《孙禄堂女儿忆孙禄堂》，《精武》1985 年第 2 期。文中所记时间可能有误。

逝世，享年七十五岁，诚为国术界之重大损失。一般友好，闻之莫不悼惜云。①
另据《上海报》报道：

国术界泰斗孙禄堂，河北完县人，自数年前南游京沪，将其平生研究有素之太极拳遍传东南，又荷中央要人之提倡拥护，使此不绝如缕之国术得以振衰起废，发扬光大。及北返后，尝喟然告人："江南文物虽盛，然大都习于虚矫，不求实际，即如国术一端，原为锻炼身心之大好功夫，奈何一入江南便成花拳绣腿，诚亦所谓'橘过淮而为枳'者欤！"其言虽激，其心良苦，国人曾不以此而为孙病，盖彼经数十年来之苦练，在现代之国术界确已有登峰造极之概。去年南方各省之提倡国术者次第举行考试比赛时，均曾请其南下指示，而孙均以年迈不欲远行为辞，日惟悠游故都，与及门弟子相研讨，晨夕于指导练习太极拳之余，复旁及奇门数术诸术。旋即遄返故乡，久无信息。兹悉已于二十二年十二月二十五日无疾而终，死后如生，了无异状，殆亦秉性特厚之所致。刻闻平方已有人发起追悼，以志敬仰云。②

孙禄堂去世后，南京、上海"各国术团体及孙禄堂之故旧门生闻讯极为震悼"③，于民国二十三年（1934）一月二十八日在上海派克路功德林为孙禄堂举行公祭。"与祭团体有中央国术馆、上海国术馆、精武体育会、中华体育会、上海武学会、上海太极拳社、致柔拳社等二十余团体代表。个人方面到者，有褚民谊、杨澄甫、胡朴安（胡道彦代）、陈微明及故旧门人百余人。由褚民谊、杨澄甫主祭，翁国勋司仪。行礼如仪后，褚民谊致哀辞，姜怀素演讲先生平生行状，陈微明、靳云亭、翁国勋亦均有演说。"④"故旧门生当场发起刊行孙师门人录及哀思录，以

①《太极拳名手孙禄堂无病逝世》，《京报》民国二十三年（1934）一月十三日，第七版。

②《国术泰斗孙禄堂无疾而终》，《上海报》民国二十三年（1934）一月二十二日。另见《孙禄堂在平逝世之沪闻》，《新闻报》民国二十三年（1934）一月九日，第三张第十版；《太极拳内家孙禄堂逝世》，北平《益世报》民国二十三年（1934）一月十三日，第七版。又据报道："名国术家孙福全字禄堂，蒲阳人，精太极形意八卦拳术，有名于时，著述甚夥，曾充江苏省国术馆副馆长，弟子遍海内，近在籍逝世，享年七十有五，生平轶事甚多，闻其高足龚仲衡君，刻正着手征集孙君传记，以垂久远，并拟编订蒲阳派同学录云。"（《国术名家又弱一个 孙福全在籍逝世 门人弟子遍海内》，《青岛时报》民国二十三年（1934）一月二十九日，第二张第七版。）

③《国术家孙禄堂殁后各门生在京举行公祭》，《新天津》民国二十三年（1934）一月二十九日，第三版。

④《各国术团体昨公祭孙禄堂拳师》，《申报》民国二十三年（1934）一月二十九日，第三张第十版。另见《各国术团体昨公祭孙禄堂拳师》，《民报》民国二十三年（1934）一月二十九日，第二张第二版；《各国术团体昨公祭孙禄堂拳师》，《新闻报》民国二十三年（1934）一月二十九日，第三张第九版；《国术团体公祭孙禄堂拳师》，《上海商报》民国二十三年（1934）一月二十九日，第四版；《沪国术团体昨公祭孙禄堂》，天津《益世报》民国二十三年（1934）一月二十九日，第二张第六版。

资纪念。"①

孙禄堂为人重诺，存古风，正气凛然。遇同人，无不谦逊如新学，对同门弟子则肝胆相照。常对后辈说，要讲"口德""手德"。不要出口伤人，不要随便说人家练得不好；与人试手，不可伤人，更不能乘人不备冷手伤人。又云：习拳为锻炼体魄，以求健康；若存心去打天下第一，则请另寻高明。②终其一生，造诣精深，涵养深厚，生前身后，清誉甚高。

晚清翰林、清史馆纂修陈微明评价说："先生道德极高，与人较艺未尝负，而不自矜，喜虚心研究，老而不倦，所诣之精微，虽同门有不知者。盖先生于武技，好之笃、功之纯，出神入化、随机应变，而无一定法，不轻炫于广众，故能知其深者绝少。"③孙禄堂逝后未久，陈微明作《祭孙禄堂先生文》，内称：

> 先生北还旧都，忽忽三载，先生之徒每忧教诲之暌违。闻先生康强无病，忽欲归故乡，不容暂留，必前知之灵机，语其子曰："吾临命终前时二刻，吾告尔知。"果分秒而不移。昔在春申，先生语徒："功德圆满，三年吾将归去。"闻者茫然莫解其意，安知撒手而永离。先生盖通乎道，形解神化，至于武术，殆其绪余。游戏三昧而诡奇，融化各派，旁及九流，无不研钻而精思。著述语显而义深，使学者可以循序渐进而得乎规矩。先生提倡武术，厥功之伟盖前代所未有。此语非余一人之私，乃天下之所公许，闻先生归道山，莫不咨嗟叹息而兴悲，况余小子亲承教诲二十余载于兹。④

黄元秀评价："国术名家孙禄堂先生，太极、形意、八卦各种拳法，皆负盛誉。"⑤

中央国术馆编审处副处长金一明评价孙禄堂："技击因已炉火纯青，其道德之高尚，尤非沽名作伪者所可同日而语，术与道通，若先生者，可谓合道术二字而一炉共治者也，世有挟技凌人者，应以先生为千秋金鉴。"⑥

---

①《沪国术团体公祭孙禄堂》，《中央日报》民国二十三年（1934）一月二十九日，第一张第二版。另见《沪国术同行公祭孙禄堂》，《华北日报》民国二十三年（1934）一月二十九日，第三版；《京沪国术团体昨公祭孙禄堂》，《西京日报》民国二十三年（1934）一月二十九日，第二版；《沪各国术团体昨公祭孙禄堂》，《京报》民国二十三年（1934）一月二十九日，第二版；《国术家孙禄堂在平作古》，《体育勤奋月报》民国二十三年（1934）第一卷第五期，第65页。
②方达儿：《孙禄堂女儿忆孙禄堂》，《精武》1985年第2期。
③陈微明：《孙禄堂先生传》，《国术统一月刊》第二期，民国二十三年（1934）八月，第六十五页；《金钢钻月刊》民国二十四年（1935）第二卷第一期，第二页。
④陈微明：《祭孙禄堂先生文》，《金钢钻月刊》民国二十三年（1934）第一卷第六期，第一页。
⑤黄元秀：《武术偶谈》，《国术统一月刊》第一卷第五、六期合刊，民国二十四年（1935）四月一日。
⑥《国术史（续十八）孙禄堂》，中央国术馆：《国术周刊》（第一五二、一五三期合刊），民国二十四年（1935）。

另据孙禄堂之女孙剑云所述：

> 我在父亲身边生活了 20 年，事亲膝下未曾远离。父亲日常起居极有规律，每日练拳、习字、作画、读书，一有所得，即笔录于本上。遗憾的是那厚厚的笔记连同大批书画等物，几经战乱，已荡然无存，惟愿或可存之天下。[①]

二、孙存周：卓尔不群继绝学[②]

孙禄堂造诣精深，孙存周自称未及父亲技艺的十之二三，又曾跟人说："平生之志，不在仕途，不务工商，不做打手，不图侠名，只为继绝学而已。"据孙存周子女记述：

> 清晰地记得父亲告诉过我们，他当年跟着祖父学拳时，夏天顾不上擦汗，任其流淌；冬天里边衣服从未干过。"早练，晚练，傻练，练拳就是要自找苦吃，吃不得大苦，哪能练得出好功夫！"先父的教诲言犹在耳。
>
> 记得先父对我们谈过他青年时在家与先祖习武时的一件事——当他在拳术上有些进益时，先祖就告诉他说："平时在家，你不用管我干什么，随你怎样进身，怎样出手，不要顾虑；并且要用真劲，不要虚假比

孙存周（1893—1963）

---

① 孙剑云：《忆父亲孙禄堂》，《中华武术》1994 年第 5 期。

② 有关孙存周的生平事迹及武学思想，童旭东《孙存周先生传》（《中华武术》2003 年第 12 期，后收于《孙氏武学研究》，中国书籍出版社，2008 年）已有论述。本篇主要参照该文，略作调整。另参考马如亮供稿《孙氏拳大师孙存周》（《武魂》1998 年第 10 期），孙叔容、孙婉容、孙宝亨《忆先父孙存周先生》（《武林》1999 年第 4 期），正言《一代武侠　游乎浩然——孙存周小传》（《武林》1999 年第 4 期），昌沧《德显武彰——孙存周先生诞辰 110 周年有感》（《武魂》2003 年第 10 期），求实《孙存周琐闻二三事》（《武魂》2004 年第 1 期），孙婉容《忆先父孙存周先生身边事》（《武林》2006 年第 5 期）等。

孙禄堂、孙存周父子推手照

划。"父子二人就真的在家随意进击，以实战锻炼来提高技击功夫。一天，祖父正在庭中闲步，父亲出其不意猛向祖父出手，直捣胸前。祖父瞬间已无法躲开，迅即出手将父亲按倒在地，使父亲实实在在地来了一个"嘴啃泥"。祖父笑着说："你手还真快。"父亲应声回话："快，还闹了个嘴啃泥，要不快，还不把我按进地里去。"言罢，父子相视大笑。[①]

孙存周对形意、八卦、太极以及纯阳剑、八卦剑、太极剑、雪片刀、八卦七星杆等短兵，八卦奇门枪、六合大枪、方天大戟等长兵，皆掌握纯熟，中年后尤对三拳、三剑、雪片刀、七星杆研究较多，颇有心得，大枪的造诣亦深。孙存周继承其父技进乎道的路数，注重技击在完善人格、淬炼精神与改变气质上的作用。

民国二十二年（1933）春，孙存周受上海警备司令部及公安局之聘，由金山赴沪教授军队和警察拳艺。同年秋，全国五运会及第二届国术国考在国都南京举行。其时，沪上名手齐聚，欲赴宁争雄。闻人杜月笙设宴壮行。酬樽交错中，拳家某乘兴大言，以为时下英雄无出其右。起初，孙存周闻之不语。嗣后，某竟于广众之下借谈拳论技指桑骂槐。孙恶之甚，起而曰："闻君宏论，胜若评书，余可试否？"彼不甘示弱，遂作势而前。时孙存周左手插于裤袋内，右手夹洋烟一支，见彼来，吐雾信步迎上，交臂间，彼已跌于丈外。潇洒淋漓，众人莫不惊羡。此后，沪上技击家无人敢撄孙存周之锋。郑佐平评述当年孙存周："技击独步海上，拳械绝逸江南。"盛誉之下，孙存周毫无自得之矜。

抗战全面爆发前的三五年里，孙存周以自己的方法教了一些学生，如萧格清的两个儿子萧德全、萧德昌，以及董岳山等。尤其是董岳山，很有天赋。孙存周

[①]孙叔容、孙婉容、孙宝亨：《忆先父孙存周先生》，《武林》1999 年第 4 期。

曾对夫人说："我这点东西恐怕以后都得交给他。"在五运会上，萧德全获全国剑术亚军，当时其随孙存周习剑不过年余。民国二十四年（1935）的全国六运会盛况空前，时择威望服众的拳家十人为大会国术评委，孙存周名列其一，故有"十大国术名家"之谓。[1]

民国二十六年（1937）七月七日，日军发动卢沟桥事变，攻占北平，全面抗日战争爆发。月余后，日军攻沪。身在上海的孙存周念及北平家小，决定北返。当时车站拥挤，人人争抢上车。孙存周见一妇人带着两个小孩挤不上车急得直哭，遂放下手中行李，双手各抱起一小孩，命那妇人紧随其后，排众而前，将三人送上火车。待回身取自己的行李时，四下皆无，早被人窃去，而多年积蓄并细软物品尽在其中，好在车票尚在衣服里，总算登上火车。妇人感愧交集，不知何以

1932 年夏，孙存周所绘苍松

为报。孙存周淡然如无事，慰之曰："与你无干，不过物从新主而已。"一路上，孙存周不言自己姓氏。至无锡，妇人领孩子拜谢而去。未及南京，遭日军敌机轰炸，铁路被毁，车不能行。孙存周身上仅存数银，于是徒步北返，辗转至豫鲁交界处，遇昔日国术馆学生石敬之等组织抗日游击队，请孙存周教授劈刺术，孙随即参加抗战。游击队历时三年余，经历大小数十战，然而强弱悬殊，终被日军击散。民国三十一年（1942），孙存周护送石敬之去重庆，路过郑州，遇到师弟杨紫

---

[1]正言：《一代武侠　游乎浩然——孙存周小传》，《武林》1999 年第 4 期。

1944 年，孙存周饮茶消夏

辰。其时，南下已无通路，后经杨紫辰安排，石敬之辗转至西安。孙存周则于民国三十二年（1943）潜回北平家中。知家人无恙，心中稍安。

日本人闻知孙存周回北平，几次登门请出山授技。孙存周以左目失明、拳业荒疏为由，婉拒不出。为躲避日本人纠缠，不久又离开北平，去定兴孙振岱家居住，甘愿忍受饥贫，枯守不出，常年隐居乡下，教授乡人用以自卫。孙存周长子孙保和于民国二十四年（1935）毕业于黄埔军校，对日作战多有战功，善肉搏，曾任特务连连长，后任代理营长。民国三十三年（1944）洛阳一役，孙保和为日军炸弹所伤，壮烈牺牲。抗日战争胜利后，孙存周始闻之，手扶遗物，慨然曰："不辱家风。"不久，得知其徒董岳山也已离世，诸事使孙存周深感悲哀、夙夜难寐，两鬓自此添白。①

民国三十五年（1946），孙存周去上海看望故旧，得知其妹孙剑云已从重庆返沪，特相约见面。兄妹二人终因误解太深，不欢而散。

---

① 以上参见童旭东：《孙存周生平》，见孙叔容、孙婉容、孙宝亨等：《纪念武术大师孙存周先生诞辰一百一十周年》，北京：人民体育出版社，2003 年，第 18~21 页。

据孙存周子女述：

先父从南方回来隐居京中，时北京武术名人吴图南先生正是炙手可热的人物，意欲一会。先父当时不愿与外界多交往，经二次相约而婉谢。后吴先生来家造访，先父以礼相待。吴先生欲过手，先父婉拒。吴先生便说：我练练拳您给看看。先父已看出吴先生有"项庄舞剑"之意了。只见吴先生边练边走，有意靠近先父，有时似不经意出手试探。先父早有防备，但未着意反击，故第一手未送给他力。吴先生可能觉得先父手上功夫不过如此，便向先父紧逼过来。先父不得不再送他一手了——只听得木隔墙板被撞得訇然一声，吴先生重重地靠在墙上，震得木隔墙吱吱作响。先父急将他拉起。当时先母正坐在隔壁靠此墙的床上，闻声吓了一跳，掀起门帘一看，二人已站起相对说话。旋即吴先生告辞而去。但后来便传出"孙存周这人不好，他好打人"的话语。先父听后，一笑置之。这是先母告诉我们的，并嘱我们不要出去乱说。[①]

新中国成立之初，孙存周隐居在北京西四显灵宫四号家中，远离武术界。后经故旧请托，去祖家教其两子，然而祖家之女祖雅宜[②]对拳术的爱好胜过两兄长，故所得尤多。据祖雅宜讲述：

孙先生除精于拳术外，对于刀、枪、棍、剑、护手钩、弹弓等器械，亦无一不精。……记得一次在教我练弹弓时，正巧有两只麻雀飞过上空，先生顺势一弹，一只麻雀便应声落地。先生叫我拿五个小胶泥弹，一个一个地随意往高处抛，他站在三十步外，把泥弹夹在右手指间。我向空中扔出一个泥弹，他一开弓，飞弹便射中了，泥弹被击立刻粉碎。我连续抛出五弹，先生五次弹不虚发，并说这就叫"天鹅下蛋"。其准确敏捷如此，可以见其膂力之强，功力之深。[③]

另经故旧请托，张烈、张亚南兄妹二人也拜在孙存周门下。孙存周对这几名弟子悉心传授十余年，常说："技本无绝，练可至绝。拳无定法，练要有法。"孙虽已年过花甲，散手喂技，不辞辛劳。后来，张烈兄妹都考取大学，这让孙存周感到高兴。

那时，孙存周常去北海团城与故旧秦奉之、雷师墨、汪孟书等玩味拳艺技击

---

① 孙叔容、孙婉容、孙宝亨：《忆先父孙存周先生》，《武林》1999 年第 4 期。

② 有关祖雅宜事，参见叶劲松《艺精德高不负师传——忆孙氏拳第三代传人祖雅宜》（《武魂》2002 年第 5 期）等。

③ 祖雅宜：《忆孙存周老师》，《少林武术》1988 年第 2 期。

以为乐，北京武术界闻知而前来交流或请益者甚众。

孙存周晚年很少与人交手，即使他多年的弟子，也大多不知其艺之深，故而那时的年轻人知其名者不多。除武艺外，孙存周平日常以书画修心养性，喜作山水及松树，气象皆超凡脱俗。

1956年，孙存周的师弟支燮堂从上海前来看望，鼓励孙存周总结家学，希望他在技术理论和训练方法上能有所发展并著书流传。这也是孙存周一生的夙愿，正当孙存周着手准备时，武术界反"唯技击论"开始了。

1962年，孙存周只身去上海看望故旧老友，住在支燮堂家，与周仲英、周锡琛、章启东、叶大密、褚桂亭等经常聚会。据童旭东叙述：

> 众人对存周内劲之精奇、身手之矫健，无不惊叹，称存周有百岁之兆。然而出乎大家意料的是，存周对大家说："我这次来是跟你们道别的。"众人听存周这么说以为是开玩笑。但是又见存周说这话时表情庄重，不像是戏言。
>
> 当时上海体育宫的负责人听说存周来上海了，非常兴奋。立即发了张海报称"武术大师孙存周明晚来体育宫表演拳术"等。把海报发出去了，是想用木已成舟的方法"逼着"存周表演拳术。可他哪里知道存周的脾气。第二天这位负责人找到褚桂亭，要褚桂亭请孙存周晚上来体育宫。褚桂亭说："我哪儿有那么大的面子，办这件事你只能去找伯龄（叶大密）。"于是他急急忙忙地找到叶大密，要叶大密请孙存周晚上一定来。叶大密讲："晚了，存周已经上火车了，我刚送走的。"原来海报登出来后，就有人把这事告诉了存周。他一听，二话没说，对支燮堂讲："给我买一张回北京的车票，越早越好。"支燮堂本来就是上海铁路局的，买张火车票不成问题。
>
> 褚桂亭一听存周已经走了，惋惜地说："存周本来是要多住上两天的，我们也能从他那儿多掏点东西。这一闹，人家走了。"其实这时的存周已经是万念俱灰。①

1963年8月，孙存周突然感到心口憋闷，儿子孙宝亨是大夫，判断父亲心肌梗死，于是叫来汽车拉到北大医院。一到医院，孙宝亨跑下车去叫护士。孙存周嫌车里闷热，自己下了车往医院走。女儿过来要扶，孙存周挥了下手说："不用。"话音未落，刚一迈台阶，就轰然倒下。等孙宝亨叫护士抬着担架出来时，孙存周已经咽气了。

孙存周，一代侠士和技击大家，就此成为绝响。

---

① 童旭东：《孙存周生平》，见孙叔容、孙婉容、孙宝亨等：《纪念武术大师孙存周先生诞辰一百一十周年》，北京：人民体育出版社，2003年，第24页。

孙存周去世后，当时武术界对他有许多截然不同的传闻和说法。孙存周一辈子我行我素、刚直不阿，得罪的人确实不少，加之每个人的立场不同、背景不同，所以对其评价也就各异。有人故意贬低，有人无端造谣，当然也有实事求是者，如：叶大密的弟子金仁霖介绍，叶大密认为孙存周有古侠遗风，气质超拔，是近代武林中非常罕见的大家；褚桂亭认为孙存周的技击造诣是同时代的其他人望尘莫及的；姚馥春、耿霞光的弟子周剑南认为孙存周性格刚强爽直，其武功确在他所见水准之上，眼界也高，见解过人。

此外，孙存周的学生张烈回忆："我年轻时好斗殴打架，到后来已经不是为自己打，而是为别人打，谁有事都来找我去打，差不多快成为打架专业户了。孙存周知道后对我说：'我不希望我教出来的学生就是个打手。''练习拳术，重在得其精神，得其精神就能文武合艺，文能素手发科，武能舍身临阵，得让人说这小子真行！'就这几句话，我从此不再打架了。和我一起打架的那些人后来都被劳教了，而我能考上大学，孙存周的那几句话起了很大作用。"张烈说："孙存周教拳有三个显著特点，一是对基本功要求十分严格，二是练拳强调假想敌，三是强调用脑子练习技击，强调培养想象力。在教我练拳之余，还经常给我讲一些寓言一样的故事和做事情的原则、道理。比如，我大学即将毕业那年，孙存周在我练拳休息时在一个烟盒上写了这样几句话：'天下之事，虑之贵详，行之贵力，谋在于众，断在于独。'我看后印象很深。那时我面临毕业分配，确实需要有人在虑、行、谋、断上给予指点。孙存周写这些时，好像是漫不经心的，但对我的影响却很大，令我终身难忘。后来我琢磨着孙存周讲任何道理，就像他教拳一样，他认为你现在需要明白什么道理的时候，他就在这个时候把点破这个道理的话告诉你。"张烈又说："虽然孙存周少一只眼，但那真是个帅老头儿，一举一动，那股精气神绝对与众不同，走在大街上就是不一样。我们往他身边一站都觉着骄傲。"①

孙存周是一位见解独到、学养深厚的武学技击家，他以孙禄堂"技进乎道"为宗旨，形成自然、简约、圆融、致用、中庸的技艺体系。只因未逢其时，中年在国家生死存亡的抗战中度过，晚年又遇动荡，致使孙存周毕生的武艺绝学未得其彰。

---

① 以上参见童旭东：《孙存周生平》，见孙叔容、孙婉容、孙宝亨等：《纪念武术大师孙存周先生诞辰一百一十周年》，北京：人民体育出版社，2003年，第24~25页。

三、孙氏其他弟子门生

清末民初，孙禄堂天资卓异，技进乎道，然而始终未能找到根器足够的传人。虽然如此，他在数十年中也教授了一批出类拔萃者，他们风格各异、各有所长。陆续得其教益者主要有：

裘德元、张玉峰、张玉山、崔老玉、李老丹、孙振川、孙振岱、齐公博、任彦芝、陈守礼、陈法可、靳云亭、刘春霖、吴心谷、陈魁、高道天、海桂元、李敦素、朱国祯、龚剑堂、杨世垣、李玉琳[1]、萧汉卿、郑怀贤[2]、顾汝章、胡凤山、曹晏海、柳印虎、谌祖安、金一明、金仕明、马承智、李庆澜、袁伟、支燮堂、陈一虎、章启东、陈健侯、陈敬承、童文华、童麟珠、徐铸人、金淑英、于化行、李书琴、刘如桐、马兰、孙少江、孙如兰、孙伯英、孙国屏、肖又臣、肖玉昆、陈文伯、杨德垣、杨复春、杨奎山、胡朴安、胡俭珍、周仲英、周作孚、周明叙、周锡琛、张小菘、张子衡、张旭光、张仲谋、张景琪、张锡君、张熙堂、张苏玖、郑佐平、顾梦慈、阳铁生、宋长喜、吴楷之、单启鸾、单启鹄、徐克延、徐梦华、徐慧舫、黄凤池、黄竹铭、潘子芳、潘赞化、方成一、叶梦侠、李芙初、汪宗海、汪孟舒、姜怀素、余亮臣、闻善益、侯殿元、祁殿臣、奚在溪、贾绶卿、雷师墨、删晋德、鹿宏世、郎墩甫，等等。

如上众人，涵盖军、政、商、学等各界，尚有众多带艺求师者，得孙禄堂因材施教而有所成，也有孙存周结交或指导者，最终挂在孙禄堂名下。

因资质较高的武技传人难得，主要从学于孙禄堂而著名者，其实并不多，约有齐公博、孙振川、孙振岱、任彦芝、陈守礼、裘德元、支燮堂、刘如桐，以及

---

① 有关李玉琳事，参见张继修《东北太极拳的开拓者李玉琳》（《武林》1982 年第 3 期）、刘德增《李氏三杰与太极拳》（《武当》2008 年第 10 期）、王卓《著名武术家李玉琳》（《精武》2009 年第 4 期）等。

② 有关郑怀贤事，参见李高中《老将谈武林　心潮逐浪高——访全国武术协会主席郑怀贤教授》（《武林》1981 年第 3 期），李高中《他的精神永存——张文广、林绍洲两教授追忆老友郑怀贤》（《武林》1982 年第 4 期），廉正祥《丹心妙手留芳——追记老武术家郑怀贤》（《武术健身》1983 年第 5 期），邹德发、刘太福《银叉响环宇　武技献中华——忆著名武术家郑怀贤二三事》（《中华武术》1987 年第 9 期），周德潜《郑怀贤老师谈身世》（《中华武术》1986 年第 8 期）等。

孙禄堂弟子李玉琳（润如，1883—1965）

孙禄堂之女孙剑云

孙禄堂弟子郑怀贤晚年照

其子孙存周、女孙剑云①等数人。真正得其高深之传者，据说不过三两人，犹如凤毛麟角。其中，孙存周已是拔尖高人，仍自称未及其父造诣的十之二三。②

孙禄堂的隔代传人及研究者主要有孙叔容、孙婉容、张烈、刘树春、雷世泰、章仲华、史汉才、寿关顺、白普山、童旭东、李斌、牛胜先、张大辉、凌耀华、史建华、黄万祥、霍培霖、吴兴与、廖景松，等等。

---

① 有关孙剑云事，参见童旭东《孙氏武学研究》及于昕《沅芷澧兰香自远——记北京市武协副主席、孙式太极拳传人孙剑云》（《中华武术》1985 年第 8 期）、景云《孙剑云赴日讲学记》（《武术健身》1986 年第 3 期）、严翰秀《武林奇女——孙剑云》（《武当》1991 年第 2 期）、梦时《淡泊坚毅向人生——孙剑云老师轶事》（《武魂》1994 年第 11 期）、《孙式太极传人孙剑云》（《中华武术》2001 年第 3 期）、余功保《武者如斯》（《中华武术》2003 年第 12 期）、孙永田《德艺双馨　英名永存》（《中华武术》2003 年第 12 期）、孙永田《拳非私有，惟德者居之——记孙剑云老师》（《武魂》2004 年第 10 期）、刘树春《谁言寸草心　报得三春晖——缅怀恩师孙剑云先生》（《武当》2004 年第 12 期）、雷世泰《我的"师爷爷"》（《武当》2005 年第 2 期）等。

② 有关孙禄堂传人群体，另参见山外《因材施教育俊杰——谈谈孙禄堂先生的弟子》（《武魂》1998 年第 5~8 期）等。

第七章

刚柔并济

——陈发科与陈家沟太极拳的传承脉络

一、缘起

民国十六年（1927），"北伐"之后的国民党，终于如愿以偿地在南京建立起国民政府，北京成了"旧都"，随后改称"北平"。政治中心的南迁，使得北平城迅速萧条冷清下来，一切都不再像从前那样景气了。清末时身在京城尚有所依附的太极拳家，到了民初就不得不外出授艺为生了。首都南迁后，北方拳家的生计更不如从前。杨少侯、杨澄甫、吴鑑泉、孙禄堂等人以及他们的弟子门生相继南下，北平城的太极拳家所剩无几，其中以王茂斋声名最著，而王茂斋经商为业，不随时风漂转。

其时，河南陈家沟一个从业于药材行、名叫陈照丕（绩甫）的人，受杜盛兴①商号委托，押运货物到北平城，寓于前门外打磨厂药行内。一些河南旅平同乡知道北平的杨家太极拳得自河南陈家沟，深以为荣，而陈照丕恰自陈家沟来，便被留在北平授艺。

杨、吴南下，陈氏北上，北平拳界风气又出现新的趋向。河南旅平同乡会敦请李庆临（字敬庄，河南沁阳人，据说为清末翰林）撰文代为宣传，刊登在北平的报纸上，略言"河南温县陈家沟陈照丕漫游到平，小作逗留，暂下榻南门外打磨厂'杜盛兴'号内，如有爱好，要交膀者，莫失良机"云云。许禹生闻知，前往邀请陈照丕到体育研究社附设的体育学校任教。各路武术习练者应声前往切磋，其中也不乏诸多试技者。据时人向恺然叙述：

> 戊辰七月，我跟着湖南的军队到了北京。当时北京已改名北平，因政府迁都南京的关系，北京市面渐就萧条，影响所及，连几个练太极拳有名的人物，如杨澄甫、吴鑑泉等，都跟着往南京或上海去了。所会见的几个，倒也是北方有相当声望的人，如许禹生、刘恩绶之类，对于太极拳，都有若干年的研究，

---

① 杜盛兴为冀豫一带的著名怀药商号，靠推独轮车贩卖药材起家，创办于康熙十八年（1679），到民国时期达到鼎盛，在河南、北京、上海、天津、辽宁、四川、山东、山西、河北、陕西、湖北、浙江、广东、香港及东南亚等地都设立了"覃怀会馆"和"怀庆会馆"，药材行销各地，是北京同仁堂、杭州胡庆余堂、上海雷允上等药店的道地怀药唯一供应商。

其所练架式，类似吴鑑泉传授者为最多。我于是又从许刘两人研究了些日子。许君以吴杨等专练太极拳之人皆已南去，他办了一个体育学校，找不着教太极拳的好手，就托人在河南温县陈家沟子聘了一位姓陈名绩甫的来。……年龄不过四十岁，是从小专练太极拳，不曾练过旁的拳。到北平后，除在体育学校担任教授而外，还有许多人，请到自己家里来教。我听得这么一位人物，少不得要去见一见。这日由许君介绍，在体育学校会面，并见他练了拳，推了手，还和他谈论了好一会儿。不会他倒也罢了，会过之后，使我更加疑惑了起来。因为他这道地的太极拳，不仅和吴鑑泉传授的形式大不相同，就是和杨澄甫所传授的比较，也全不是那么一回事。连拳谱上的名目，也不一样。吴杨两家所传的姿势虽有分别，但是起手都是以揽雀尾为名称，就是孙禄堂从郝维真所学的，起手名懒扎衣，也与揽雀尾的音相近似。不管是谁的音转变了，总还是这个音调差不多的名称。至于陈绩甫练拳起手，叫做金刚捣碓，其中虽也有懒扎衣的名目，惟手法身法与吴杨两家的揽雀尾、孙禄堂的懒扎衣都无相似之处。且全式名称，不同之点甚多，如青龙出水、双推手、神仙一把抓、小擒打、前招后招、铁叉、切地龙、当地炮等名称，皆吴杨二家所未有。至如封似闭称六封四闭，单鞭称丹变，倒撵猴祢倒捻肱，扇通臂称闪通背，右起脚称右插，左起脚称左插，转身蹬脚称蹬一根子，抱虎归山称抱头推山，云手称运手，音尚相近，但身手动作方法亦多不类。再看他推手只有同边活步的一个方法，就是一个左脚向前，一个右脚向前。掤挤进一步，捋按退一步。我问他推手共有几个方式，他说就是这一个方式。我又问没有站定不动脚的推法吗？他说没有。我又问他没有四隅进退名叫大捋的推法吗？他也说没有。我想这就奇了，杨露禅是从陈家沟子学来的，到此不过三传，何以与陈绩甫的相差这么远？杨家练习的方式，倒比较的完备。杨家推手的方式，由浅入深，共有四种。……按大捋之法，决非创自杨家，想必是陈绩甫未得其传，故其法尚不及杨家完备。[①]

对陈照丕所练拳械产生怀疑的，实际远不止向恺然一人。无论众行家疑虑与否，陈照丕在北平传拳一时间受到广泛关注。因北京城自清末便风行太极拳，习者无不知杨禄躔学自河南温县陈家沟。闻知陈照丕为陈氏后裔，时有慕名从学者。民国十八年（1929）二月三日，北平国术馆"在西斜街体育研究社行开馆礼，并行正副馆长就职典礼"，"散会后馆员即在院中表演国术，有张伯熙之金刚拳，孙

---

① 吴志青：《太极正宗》"向恺然先生练习太极拳之经验"，上海：大东书局，民国二十九年（1940），第二三九～二四一页。

陈照丕（绩甫，1893—1972）

20 世纪 30 年代，
黄元秀会见河南温县
陈家沟陈子明（右）、
陈照丕（左）

星垣之三路炮，许子先、苏绍眉之空手夺刀，陈绩甫之太极双刀等，来宾陆续到会，驻足而观者百余人，各人表演，颇多精彩"。① 此后，新都南京政要魏道明等人闻北平陈氏之名，便以高薪来聘。于是，陈照丕邀其师，也即叔父陈发科自陈家沟到北平授拳，自己则往当时的政治中心、名家萃集的南京而去。据陈发科弟子洪均生述：

> 陈发科先生自言："尔时从照丕学者虽众，拳套尚未学完，而南京聘礼为每月二百元高薪，学者既难阻其不往，又惜半途废学。照丕见群情惜别，去留两难，因表示解决办法，说：'我之拳法学自三叔，我叔拳艺高我百倍，不如请我叔来北京传拳，我往南京就业，双方都有裨益。'于是亲邀我来北京。"②

陈发科离开陈家沟时，曾于某晚召集村中的徒弟、亲属等在陈家祠堂内作临别打拳观摩。据吴仕增述：

> 我的陈式小架太极拳老师陈立清（一九一九生，陈氏十九代）曾跟我讲过一件陈发科的事。……陈立清老师九岁那年，有一天跟父亲在路上见到陈发科，陈发科谈到应邀往北京的事，并说晚上召集他的学生和一些亲人在陈家祠堂内作临别聚集、打拳。陈立清老师怕大人不让她进去，晚上提早从后墙爬树翻墙藏于供桌下，等到大人表演拳术了她才走出来看。陈发科的徒弟约一二十人，众人打完拳后，陈发科表演，陈发科一震脚，屋顶的沙土被震落作响，一发劲，附近的灯烛即恍动有声。最后，陈发科与徒弟推手，一发劲徒弟即掷上墙后掉下来。陈立清老师仅看过陈发科这一次的表演（平时各人在自家的院子练拳），印象非常深刻。③

据说，陈发科到北平后，因其功力远在陈照丕之上，名震一时。跻身北平武术界而以文字见长的杨敞（季子）有诗言道：

> 都门太极旧尊杨，迟缓柔和擅胜场。
>
> 不意陈君标异帜，缠丝劲势特刚强。

陈照丕本人后来对这段经过有所记述：

> 余少习拳术，稍窥门径，嗣以远游经商，未得专纯研练。民十归里，复续前业，经延熙公、品三公及福生季叔指示，略有进境，愧鲜心得。迨年国术振兴，馆校增设，余同福生季叔先在县立国术社任教，并助剿枪匪，保卫桑梓。

---

①《北平国术馆昨行开馆礼　馆长何其巩许翯厚同时就职　散会后馆员各人在院中表演》，《新中华报》民国十八年（1929）二月四日，第六版。

②洪均生：《跟随陈发科学拳》，《武林》2001年第12期、2002年第1期。

③吴仕增：《陈发科与太极拳的高层功夫》。有关陈立清事，另参见陈立清口述、姜智整理的《春花秋实——太极拳大师陈立清觅拳记》（《少林与太极》2002年第12期）等。

戊辰秋旅平诸乡先生友好，谬采虚声，邀余及福生季叔先后至平授教。[1]

其实，后人探究出的史实只能是相对的，传闻往往众口不一，欲求真相，显然不是那么简单。关于陈照丕、陈发科相继到北平的相关情况，同样存在这样的问题。

不管怎么说，陈发科到北平后，因其功力甚深，闻名拜访从学者日众。此后三十年，他一直授拳于北京城。

二、述往：陈发科进京前后的陈家沟

陈发科，字福生，清光绪十三年（1887）生于河南温县陈家沟，陈氏第十七辈，是第十四辈陈长兴的曾孙。清嘉庆道光年间，陈长兴将其太极拳技授与杨禄躔和子陈耕耘（昆仲五人，行四）及陈怀远、陈华梅等人。陈耕耘传二子陈延年、陈延熙，陈延年有二子陈连科、陈登科，陈延熙传子陈发科。陈照丕即陈发科的堂兄陈登科之子。

陈耕耘，字霞村，自幼随父习艺，年长以保镖为业，"继长兴公保镖山东。时，莱州府有粮店掌柜田尔旺者，擅拳技，徒众三百余人，称霸一方。耕耘公至莱，田闻其名，率众徒猝围劫之。耕耘公时仅持一长杆烟袋，随意向两旁一拨，笑说：'借光！借光！'众即四面纷倒。田大惊服，待以优礼而缔交焉。耕耘公在鲁，历十余年，所遇匪盗敛迹，鲁人为立碑叙其事志之"[2]。据说，清末山东巡抚袁世凯得见此碑，派人到河南聘请陈耕耘之子陈延熙前去教袁世凯子侄，前后六年。陈氏后人陈照丕对此有详细叙述：

> 光绪二十六年，袁大总统督鲁，见耕耘公碑记，知太极拳为陈氏所专精，因派人来访，聘余先叔祖延熙公往教其子侄。他各拳师，凡遇延熙公比较，靡不心服，自是由鲁而津，授教亘六年。后以母老辞归，以行医终。[3]

陈发科幼年体弱多病，至十四岁尚无功夫可言。其父长年在外，无人从旁传

① 陈绩甫：《陈氏太极拳汇宗》"自序"，南京：仁声印书局，民国二十四年（1935），第一八页。
② 陈绩甫：《陈氏太极拳汇宗》"自序"，南京：仁声印书局，民国二十四年（1935），第一七页。
③ 陈绩甫：《陈氏太极拳汇宗》"自序"，南京：仁声印书局，民国二十四年（1935），第一七~一八页。

授。后因村中长辈言语刺激，乃独自发奋，按父亲原先所教规矩苦练，竟转而成为同辈中的高手。据陈发科自述：

我有两兄，青年时因瘟疫流行，先后去世，我是父亲60岁以后出生的。自幼为父母所偏爱，饮食无节，腹内生有痞块，每犯病，疼得满床打滚。虽然自知习武能够祛病，但因体弱而懒，父母不肯严于督促，所以长至14岁，尚无功夫可言。尔时，我父受袁世凯之聘，教其公子，不暇顾我。父亲一本家哥伴我常一同下地劳动，晚间常有同族叔伯们聚而闲谈，大家都指我说，他们这一支，辈辈出好手，到这个孩子，14岁了，还病得这样，岂不从他这一辈要完了吗？当时我虽年小，听到这话也很羞愧，自己从内心立志：绝不能从我断了拳法。想到我哥功夫不错，只要能够赶上他，心愿已足。但同饭同居，一同下地，也一同练拳，我的功夫如果长进，他也必然长进，怎能够赶上呢？为此，每日食之不甘，睡之不稳。三天后，晨起下地，走至半路，我哥忽然想起忘拿今天地里用的工具。他叫我快跑回去拿，说："我慢慢地走等你。"于是我连蹦带跳地跑回家去，取了工具赶上了我哥。干完活，回家吃着饭，我心里琢磨"你快快跑，我慢慢走等你"这句话，联系到练功，我如果加上几倍下功夫，岂不是有赶上我哥的那一天？从此暗下决心，不告诉我哥。每天饭后他休息，我练拳，夜里睡一小觉，也起来练拳，每天至少练习60遍，多则100遍，如此则3年有余，在我17岁时，腹内痞块已消失，身体发育强壮了。先向叔伯们问明推手的方法，才向我哥请教推手。我哥笑说："咱家兄弟子侄都尝过我的拳头，因为你年小体弱，不敢打你。你如今身体壮了，禁得住摔打了，来尝尝我的拳头滋味吧！"说着我们就交起手来，他本想摔我，哪知3次反被我摔了。我哥气忿忿地走了，口里还说：怪不得这一支辈辈总出好手，原来有秘诀传授，连不如我的都比我强了，看来往后我们别支不能练这个拳了。其实，这3年中，我父亲一直没回家，哪里来的有什么秘诀呢？不过是按照着学的规矩苦练而已。

当此时，我父由外地回家，见到我拳架大有进步，是年冬，有一天，老人高兴，站在场中，叫众子侄们一齐来攻。那时父亲已80余，身穿棉袍，外加马褂，两手揣入袖筒。孩子们的手刚接触到老人身体，只见他略一转动，大伙纷纷倒地。[1]

民国十四年（1925）前后，冀南一带农村会道门组织红枪会十分活跃，影响

---

[1] 洪均生：《跟随陈发科学拳》，《武林》2001年第12期、2002年第1期。

陈发科（福生，1887—1957）

中年时期的陈发科

日深，竟至围攻河南温县县城。据陈发科徒弟洪均生述：

陈师自言：我们乡下闹红枪会，从陕军（胡立僧、岳维峻的队伍，二人先后为豫省督办）入豫，欺压百姓，几乎酿成陕豫两省人民互相仇杀。1925 年至 1926 年间，遂发展到围攻温县城之事。那时传说红枪会是有法术、善避枪炮的。每逢出战，先喝下什么符箓，人就像疯了似的，手持红缨枪，口里喊着直向前冲，打枪也不怕，因此县里发令关上三面城门，让陈师一人把守这一城外的桥头。陈师说：我站在桥头，手持大杆子等他们来攻。那些人光着脊梁瞪着眼平端着枪，大声哼喊着一起前攻，声势确是吓人。等为首的到了跟前，用枪扎我的一刹间，我用大杆子外拦拧转打飞了他的枪，接着合把前刺。这一刺，证明传说的刀枪不入全是瞎话，因为他连我这根不带枪头的大杆子也没有挡住，只听噗的一声，大杆子就从他的肚皮扎进，直透背后。这人一倒，后面那些人都跑了，这才保住了县城。陈师又说：传说的什么法术，根本是吓人的。有时枪打不准是被吓得手哆嗦了，并不是法术能避枪炮。①

防范红枪会期间，陈发科在县城曾与闻名前来较技者动手，跌来者于门外。据洪均生讲述：

我师自言："某年，红枪会包围温县，县府邀我护城。时县署已先有一武师，闻我至，遂来较艺。我正坐在堂屋八仙桌的右侧椅上，方欲吸烟，左手托

①洪均生：《跟随陈发科学拳》，《武林》2001 年第 12 期、2002 年第 1 期。

着水烟袋，右手拿着纸媒，他从外屋来，进步便发右拳，然后喊了一声：'这一着你怎么接？'我起迎，站起一半，拳已抵胸，我以右手接其右腕向前略送，他已仰跌门外。他二话没说，即回屋卷起铺盖不辞而别。"我听到后，深信我师是确有这样水平的，但不知怎能这么快一触即发。后来方知虽然仅用一只右手迎敌，实则还是用的金刚捣碓第一动作，不过圈子缩小、缠丝加速的作用（1962年我在病后，有访艺者用右拳进攻，刚速之至，我不经意地抬右手迎之，刚接触对方右腕外侧，他便飞出丈余，也是此法）。①

当陈长兴在村中授艺于杨禄躔时，陈家沟尚有陈氏另一支脉——陈有恒（德基）、陈有本（道生），昆仲二人均为庠生，与陈长兴同辈，亦精拳技。陈有恒"壮岁溺于洞庭湖"②，"有本尤得骊珠，子侄之艺皆其所成就。风度谦冲，常若有所不及"③。陈有本推陈出新，又创出一种新架，于是把旧有拳架称为老架。

陈有恒有长子陈伯牲及孪生子陈仲牲、陈季牲，仲牲、季牲承续家传，初随父学，后改从叔父陈有本学。"咸同年间，陈家沟拳家以仲牲、季牲与陈长兴子耕耘最为著名"，传闻陈仲牲、季牲二人在太平军北上期间守卫温县城。

陈仲牲事迹得到当时负责督守西城的候选教谕田桂林《粤匪犯怀实录》和另一参与守城事宜的怀庆教授叶知几《守怀日志》佐证。据《粤匪犯怀实录》记载，咸丰三年（1853）五月二十九日，"贼首大头羊窜入温县陈家沟。此贼甚有勇力，两腋能挟两尊大炮飞身上城，到处破城全仗此贼为首。幸陈家沟有陈仲辛、季辛昆仲者，矛杆称为绝技，用大杆将大头羊就马上拧下，将头割下……贼人大怒，领大队到赵堡街……放火焚烧，延及河内、宝丰一带村庄，无兵救护，幸陈仲辛等逃脱"④。

陈仲牲谥号"英义"，直至民国尚为时人称道。民国元年（1911）二月，岳运昌作《陈英义先生传》叙述陈仲牲的事迹：

> 英义陈先生，名仲牲，字志埙，又字宜麓，号石厂，祖居山西泽州府晋城县东土河。明洪武迁温，以耕读传家。先生与弟季牲同乳而生，面貌酷似，邻里不能辨。其叔有本，文武精通，教读先生厌章句学万人敌，韬略技艺，无不精妙。然循循儒雅，从未与人角。为乡党排难解纷，义声著于世。咸丰三年

---

① 洪均生：《跟随陈发科学拳》，《武林》2001年第12期、2002年第1期。
② 陈子明：《陈氏世传太极拳术》"陈有恒有本合传"，上海：中国武术学会，民国二十一年（1932），第三页。
③ 陈鑫：《陈氏太极拳图说》"陈氏家乘"，开封：开明书局，民国二十二年（1933），"附录"第二页。
④ 田桂林：《太平军攻怀庆实录》，《近代史资料》总81号，北京：中国社会科学出版社，1992年第85~86页。

五月，长发林氏大头王率二十万众巢柳林中，杀人放火，为害民间，甚至奸幼
女、比顽童，暴虐不可胜言。先生倡义削乱，与贼战黄河滩数日，取巨寇杨氏
首级，又杀指挥数十人，余匪不可胜计。贼大败，潜师围覃怀不胜，从山后
遁。诸帅皆敬仰先生，遣使聘请。尔时先生一则念母老，一则被友人阻拦，未
即应聘。事平，蒙奏赏六品顶翎。先生心安奉母，不以功名动摇。后母病，亲
事汤药，衣不解带者数月。母终，丧葬一依古礼，吊客数郡毕至。[①]

民国四年（1915），李时灿《陈仲甡传》叙述更详：

陈仲甡，字宜篪，号石厂。明初陈卜精拳道，子孙世习者众，陈仲甡技称
最。咸丰三年五月，林氏、李氏率众数十万由巩渡河，踞温东河干柳林中，势
张甚。仲甡倡义率乡人逐寇，与弟季甡、耕耘，从子淼、长子垚，并其徒数
百，乡勇万人助。二十一日迎战，仲甡陷阵，杀伪指挥数十人，又追杀数百
人。明日，寇大肆焚杀，所过皆墟。纵其骁骑来薄，仲甡督众与搏，皆一当百
寇，挡易死者相属，斩其二酋首，又败去。寇连不得志，悉自柳林出，约十万
余人。仲甡命季甡伏沟左，耕耘率众伏沟右，淼、垚为接应，自率众当敌。一
悍贼身长六尺，腰数围，殊死战。仲甡奇其貌，诱入沟伏，发以枪，扎其项。
贼匿马腹抟之下，复飞身据鞍。仲甡单手出枪中其喉，取其元，乃寇中骁将，
破武昌时曾挟铜炮一跃登城，号大头王。杨氏贼哗然四溃，比李棠阶率乡勇
至，寇已窜柳林。寇自造乱，转略数省，所至披靡。以乡勇御寇，自仲甡始。
因此，仲甡名振天下。六年，袁甲三团练大臣檄仲甡随营攻薄州，五战五克，
追至陈州，又三战三捷，击杀千余人。七年，随营克六安州。八年，张落行犯
氾水，仲甡率众防河。九年，团练大臣毛昶熙檄随营攻蒙城、阜阳十余州县，
皆恢复。同治元年，山东长枪会匪李占标率众十万掠覃怀至武陟，河营团练大
臣联檄仲甡御之于木栾店，贼闻风东窜。同治六年十二月十四日，张总愚率众
百余万，由太原省犯怀庆，仲甡率子鑫、犹子淼及徒数千御之，自晨至午，斩
其将五人、执旗指挥者三四人、寇党数千人，始大败。淼枪毙数寇，身被枪犹
死战，马躐忽中炮，阵亡。仲甡时年三十余，未几卒，远迩惜之，私谥曰"英
义"。仲甡事亲纯孝，教子严，与朋友交信然，风雅宜人，霭然可亲，有古名
士风。[②]

---

① 岳运昌：《陈英义先生传》，见陈绩甫：《陈氏太极拳汇宗》，南京：仁声印书局，民国二十四年
（1935），第八～九页。

② 李时灿：《陈仲甡传》，见陈绩甫：《陈氏太极拳汇宗》，南京：仁声印书局，民国二十四年
（1935），第一二～一三页。

民国十年（1921），李时灿为陈鑫《太极拳图画讲义》书稿作序，又云：

> 咸丰癸丑，有草寇数十万自巩渡河，巢温南河干柳林中，李文清率民团御之，未遇贼即败走。陈英义先生与弟季甡与贼对垒交锋，英义先生匹马单枪直入万马军中，如入无人之境，单手出枪取酋首，如探囊取物。其弟季甡亦杀伪指挥数人。贼由是夺气，遂移怀庆，由山西遁。至今父老谈英义杀敌事，犹眉飞色舞，口角流沫，津津不置。[①]

是年，任廷瑚为该书作序，述及：

> 咸丰癸丑五月，有巨匪率众数十万渡河犯温，陈英义以太极拳先杀寇王，又杀指挥数十人，大战黄河滩三日，皆大获胜。嗣后，又平张落行、李占标长枪会匪，未尝败北，此皆太极拳之有功于世者也。[②]

民国十七年（1928）郭玉山为该书作序云：

> 咸丰癸丑五月，英义先生以单手出枪歼厥渠魁，率子弟生徒数万人败巨寇数十万众，且杀其指挥数十人，太极拳之实用，不可功铭旗常哉？[③]

民国中期，陈子明在《陈氏世传太极拳术》一书中对陈仲甡也有所记述：

> 陈仲甡，字宜簏，号石厂，有恒公次子。与弟季甡同乳而生，面貌酷似，邻里不能辨。稍长，猿背虎项，魁伟异于常人。甫三岁即令习武，十余龄时从祖母往赵堡赶会，有担水者水溅公衣，理论不服，公一击倒之，旁观者皆为欢异。及长，与弟季甡同入武庠。咸丰三年，洪杨军延及豫省，林凤翔、李开芳、李文元等率众由巩县占得舟渡河直犯温境，所过残杀。公率族众抗之。洪杨骁将杨奉清，号大头王，掩袭名都大城所向无敌，尝夜挟铜炮纵过武昌女墙，轰守者破其城，军中素目为飞将军。时为先锋，公与战于村中老君堂左，以铁枪挑于马下，村人乘势取其首级，洪杨军皆惊溃。比及李棠阶援师来助，洪杨军已窜柳林矣。林凤翔、李开芳知公勇，欲收之。一日五鼓突发，大兵入陈沟围公宅，众以杀其骁将恐惧不敢入室。公故作从容徐步而出，雄威远射，旁若无人，所向退避。盖林李皆未来，又震于公威，咸不敢加害，殆林李至，公已飘然远举矣。公处重围逍遥脱险，即在当时亦不知何由而然也。嗣凤翔移围罩怀五旬不下，潜从太行山后遁。自后于村中授徒，履常满户。咸丰六

---

① 李时灿：《太极拳序》，见陈绩甫：《陈氏太极拳汇宗》，南京：仁声印书局，民国二十四年（1935），第三页。

② 任廷瑚：《太极拳序》，见陈绩甫：《陈氏太极拳汇宗》，南京：仁声印书局，民国二十四年（1935），第八页。

③ 郭玉山：《太极拳序》，见陈绩甫：《陈氏太极拳汇宗》，南京：仁声印书局，民国二十四年（1935），第六页。

年，捻党围亳州之役，七年菜园之役，八年张罗行犯泗水之役，九年克复蒙城之役，十一年长枪会李占标犯武陟木栾店之役，同治六年小阎王张总愚由绛犯怀之役，公皆建殊功。同治十年，以疾卒于河朔书院。山长刘毓楠，私谥之为英义。[①]

荆文甫为陈鑫《陈氏太极拳图说》作跋，内云：

> 吾友孙子仲和，为余述陈君仲甡手擒大头王事，英风义概，令人骇服。又言某封翁家，突来数十巨盗，封翁好言款之，急招仲甡至，则红烛高烧，宾筵盛列矣。仲甡入，遽灭其烛。盗大哗，抽刀相扑，盗人人喜得仲甡歼之。须臾无声，则盗皆自杀，而仲甡固无恙也。盖盗互扑杀时，仲甡固皆在其手侧，惟用盗代死，而自手执一碗，一足立筵席中间，也可谓妙绝，益令人骇服不止。

刘焕东在《温县陈品三太极拳谱后叙》中也述及：

> 余少交温县关子绍周，得闻陈家沟太极拳宗师陈仲甡昆季杀敌卫乡之伟烈，心窃慕之。[②]

当陈发科尚在河南陈家沟时，村中有一老先生陈品三，名鑫，即陈仲甡次子，生于清道光二十九年（1849），陈氏第十六辈，长陈发科近四十岁。

陈鑫为清末岁贡生，自幼课读之余随父习练拳技，深谙其道。著有《安愚轩诗文集》若干卷、《陈氏太极拳图说》（原名《陈氏太极拳图画讲义》）四卷、《陈氏家乘》五卷、《太极拳引蒙入路》一卷、《三三六拳谱》等，尤以《陈氏太极拳图说》倾注精力为多。该书自光绪三十四年（1908）动笔，其时，陈鑫已近花甲。其偏居乡野，不避寒暑，反复修改抄录，到民国九年（1920）完成该书，历时十三年，而后"又强振精神，急书于简，虽六月盛暑，不敢懈也"[③]书稿成时，已至古稀之年。是年仲秋，陈鑫请七十五岁的郑济川为该书作序言一篇，内云：

> 我友陈兄品三，英义先生之哲嗣也，承英义先生之家学，谓先大人六十年汗血辛劬独辟精诣，而鑫以二十年继述，心摹手绘，订为四卷，载在《陈氏家乘》，今特拔出另成一部，诚恐久而掩没，嘱余叙其巅末。余再四翻阅，见所列节解引蒙，内精取相及经谱图论，著为六十四式，喟然曰："此不朽盛业也。"夫缀以歌词得诗之意，训以仪式符体之经，至开合运动，悉本全部之易。天下

① 陈子明：《陈氏世传太极拳术》"陈仲甡传"，上海：中国武术学会，民国二十一年（1932），第四页。

② 刘焕东：《温县陈品三太极拳谱后叙》，见陈鑫：《陈氏太极拳图说》，开封：开明书局，民国二十二年（1933），"附录"第九页。

③ 陈鑫：《太极拳原序》，见陈绩甫：《陈氏太极拳汇宗》，南京：仁声印书局，民国二十四年（1935），第一四页。

有道，上献是书，可备额牧程式。时至叔季，榛荆塞路，出门可贾余勇。不但此也。[①]

陈鑫无嗣，以堂兄陈森（季甡次子）之子陈椿元为嗣子。书成后，陈鑫年老家贫，生计艰难，加之时局动荡，连年灾荒，苦不堪言。其书稿"欲及身刊发传世，志未遂"[②]。民国十六年（1927），某族孙前来自愿助其出版，并称："你将底稿给我，保证生活无虞；死后柏木四堵，穿着全部负责。"陈鑫便将书稿交其带去联系出版，孰料，其后自南京来信称："来时渡江，因遇风险，致将携带衣物全部失落江中。"谎称书稿遗失。陈鑫闻后，一病不起，至民国十八年（1929）而卒。临终前，将陈椿元从湘召回，将平生所著《安愚轩诗文集》《陈氏家乘》《三三六拳谱》[③]和撰写《太极拳图画讲义》时存留下来的零散资料一并交给陈椿元，并嘱："此吾毕生之心血，汝能印行甚善，否则焚之可也。"[④]这年初夏，八十一岁的陈鑫拄杖亲往请杜严为其书稿作序，这篇序文刊载于日后整理出版的陈鑫《陈氏太极拳图说》一书中，之后又被转载于陈绩甫《陈氏太极拳汇宗》一书中。文中有云：

> 品三先生为英义先生之哲嗣，夙精拳术，又深学理，积数十年之心得，著太极拳真诠一书。己巳初夏，策杖过余，须发飘然，年已八十有一矣，以弁言嘱予。受而读之，其于拳术之屈伸开合，即阴阳开阖之理，反复申明，不厌求详，可谓发前人之所未发。

陈鑫卒后，停枢在家数年，未行下葬。陈椿元召集堂弟陈雪元、侄女陈淑贞、侄陈绍栋等，昼夜不舍，寒暑不懈，对陈鑫遗稿进行整理、补遗、修订。完成后，陈椿元不顾天寒地冻，率族侄陈鸿烈渡过黄河，前往开封接洽付印，得到陈泮岭（河南省国术馆馆长）、韩运章（河南省通志馆馆长）、关百益（河南省博物馆馆长）、张嘉谋（河南省通志馆纂修）以及白雨生、张镜铭、王谛枢等资助七百大洋。几经周折，民国二十二年（1933），书稿终于在开封开明书局出版，书名《陈氏太极拳图说》。陈椿元等以所得稿酬安葬了陈鑫，完成其遗愿。[⑤]

另有一说。民国二十一年（1932）一月，"唐豪随陈子明去陈家沟搜集太极拳史料，见其稿而善之。是年初春，向河南省国术馆馆长关百益建议购其书，关氏

①　郑济川：《太极拳法序》，见陈绩甫：《陈氏太极拳汇宗》，南京：仁声印书局，民国二十四年（1935），第二～三页。

②　刘焕东：《温县陈品三太极拳谱后叙》，见陈鑫：《陈氏太极拳图说》，开封：开明书局，民国二十二年（1933），"附录"第九页。

③　有关《三三六拳谱》详情，参见陈伯先《忆〈三三六拳谱〉》（《中州武术》1984年总第3期）。

④　刘焕东：《温县陈品三太极拳谱后叙》，见陈鑫：《陈氏太极拳图说》，开封：开明书局，民国二十二年（1933），"附录"第九页。

⑤　陈东山《杜元化其人其事与〈杜元化太极拳正宗考析〉之考析》，未刊稿。

陈鑫《陈氏太极拳图说》

遂集资七百元向椿元购得一本，交开封开明书局于1933年出版，线装四册"。[1]

《陈氏太极拳图说》的出版，给谎称书稿遗失者造成巨大压力，原著书稿"遗失"七年、《陈氏太极拳图说》出版两年之后，即民国二十四年（1935），原稿内容被收入《陈氏太极拳汇宗》一书中，该书由南京仁声印书局出版。顾留馨所云陈照丕《陈氏太极拳汇宗》"所采为别一稿本，内容较前书略少，文字亦间有不同"一语，由此则不难理解。[2]

陈鑫的门生有陈子明、陈金螯、陈克忠、陈克弟等。民国中期，陈子明在上海出版了《陈氏世传太极拳术》，因而名声较盛。

陈子明为陈家沟另一支的后人，其父陈复元相继学老架于陈耕耘、学新架于陈仲甡。陈子明幼承家学，又师从陈鑫。成手后，在怀庆培元中校任国术教员，后与人创办中州粹武会。据该会李霁青述：

> 青幼闻长者云：咸丰三年洪杨犯怀，途经温邑陈沟。有号大头王者率众与陈氏昆仲战，旋即溃败，王遂为陈氏所杀，遂解怀庆之难。青每闻此谈，辄钦羡陈氏昆季之豪。民十六有张文润者肄业培元中校，介绍国术教员陈氏后裔子明先生至舍谈甚洽。其恶国术界门户之见、派别之分、神秘而不肯公开也，殆与青同。十七年乃邀同志组织中州粹武会。陈君循循善诱，生众获益匪浅。[3]

另据刘丕显记述：

> 余曩与李霁青及子明创中州粹武学会于怀庆，倡导武术，独开风气之先，

---

① 顾留馨：《太极拳术》，上海：上海教育出版社，1982年，第370页。
② 顾留馨：《太极拳术》，上海：上海教育出版社，1982年，第370页。
③ 陈子明：《陈氏世传太极拳术》"李序"，上海：中国武术学会，民国二十一年（1932），第六页。

然以环境关系，办理熬费精神，而子明始终不懈尤足多焉。①

民国十八年（1929）冬，因驻军占据中州粹武会的会址，陈子明于民国十九年（1930）春辗转至沪行教。其时，黄金荣、江子诚、李子宾发起组织国术太极拳学社，专聘陈子明传授陈家沟太极拳。是年五月下旬，《申报》登载启事称：

> 武术为吾国独有之长，而太极拳尤为世所称道，惟递相传授，难得真传。同人等爰发起学社以便有志者之研究计划多时，粗具规模，现于静安寺路马霍路口西光和里一九〇八号特设国术太极拳学社，礼聘陈子明先生亲自教授。陈君为始创新架奏庭先生之裔孙，累世相传，独得秘奥。故凡受业于陈君门下者，尤觉亲切有味也。本社并订有简章，有愿报名入社者函索即寄。②

民国二十一年（1932）春，南京中央国术馆教务处朱国福"遇陈君于沪，见其太极拳术有异乎时尚，询其出处，方知陈沟世传。因与探讨比研，获益良多"。朱国福回到南京后，将此事告知馆长张之江，张遂"延致来京，使馆中同人又可多一新知"③。而上海的国术太极拳学社也在开办两周年后停办。

陈子明到南京得识中央国术馆编审处首任处长唐豪。民国二十一年（1932）一月，陈子明偕唐豪赴河南陈家沟进行实地调查，"考研其先人所创太极拳源流"④。唐豪相继两次前往陈家沟，以所掌握资料推论出太极拳为陈家沟九世祖——明末清初陈王廷（奏廷）所

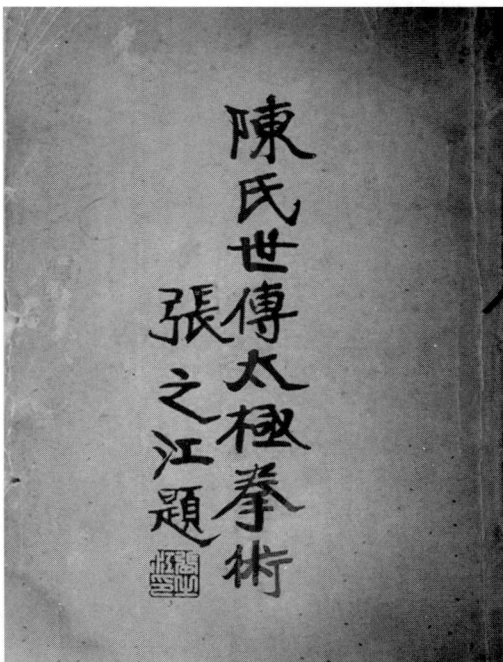

1932年，陈子明所著《陈氏世传太极拳术》由上海中国武术学会印行

---

① 陈子明：《陈氏世传太极拳术》"刘序"，上海：中国武术学会，民国二十一年（1932），第七页。

② 《国术太极拳学社发起人黄金荣、江子诚、李子宾启事》，《申报》民国十九年（1930）五月二十四日，第一张第三版。

③ 陈子明：《陈氏世传太极拳术》"朱序"，上海：中国武术学会，民国二十一年（1932），第八页。

④ 陈子明：《陈氏世传太极拳术》"刘序"，上海：中国武术学会，民国二十一年（1932），第七页。

《陈氏世传太极拳术》中的陈子明拳照

创。据顾留馨叙述：

> 唐豪为了弄清楚太极拳的来源和演变，在一九三二年一月二日，同河南温县陈家沟陈氏新架拳家陈子明（一九五一年卒于西安），去陈家沟实地调查。先一日，我同叶良在梁园饭店为唐、陈二位饯行。多天后我收到唐豪来信说：现到汜水，无旅店，一商店有空屋留客。时遇大风霜，三天不能渡河。风稍止，急雇小舟敲冰渡黄河去陈家沟，正是旧历年末的一天。唐豪他们在陈家沟查阅族谱、家谱、墓碑，走访遗老，认真细致，刨根问底，并携回"陈氏家谱""陈氏家乘"，以便弄清楚陈王廷造拳的历史。[①]

虽然唐豪在当时学界"疑古辨伪"思潮下所得出的结论颇有争议，连唐本人也认为自己的证据链条有很大漏洞[②]，但其毕竟为后世揭示出一批可贵史料，从学术角度上来说，仍有其价值。然而，此后该论断后来在社会上产生的负面影响也不能低估。

三、北平旧事：弟子门生叙说的陈发科

民国十七年（1928），陈发科应邀到了北平。当时北平尚有各门派拳技行家里手，陈发科一个河南农民到北平教拳谋生，显然不易，非有真本事不可。好在北平盛传的杨家太极拳得自陈家沟，且陈家沟太极拳的真面目鲜有人得见，故颇有神秘感。据陈发科自述：

> 我是 1928 年来北京的。初来时，曾住在学生刘子诚、子元家，教他们学了陈式一、二路及单刀、双刀。他们家在枣林大院，有两个小姑娘，名叫月秋、月华，她们也跟着学得不错。[③]

据称，陈发科到北平不久，北平市国术馆副馆长许禹生始从其学。洪均生叙述：

> 许禹生是前清贵族荣禄的后人，当时身边武士甚多。许自幼好武，功夫练

---

①　顾留馨：《忆唐豪》，《中华武术》1982 年第 1 期。

②　唐豪《太极拳根源》（1933 年）有述，参见于志钧《中国传统武术史》"太极拳"，北京：中国人民大学出版社，2006 年，第 285 页。

③　洪均生：《跟随陈发科学拳》，《武林》2001 年第 12 期、2002 年第 1 期。

得不错。民国后，许为北京体育校长，甚有名望。和陈师习拳，陈师以其年长又夙有盛誉，允以半师半友传艺。一次，许言解破左手拿之法为：以右拳用力猛砸左臂弯，则左手可以撤出，随即右拳上击对方下颌。陈师戏与试验。当许欲砸，陈师将右指加紧缠丝，许竟嗷声跪地。后来他对人说："我师功夫高我百倍，武德尤令我心服。当初交时，师照顾我的名誉，以友相待。今虽遍邀北京武林，当众拜师，我也情愿。"①

实际上，洪均生所言并不完全准确，许禹生不是荣禄后人，他对陈家太极拳的认知似也并非如洪所言。至于作为当时北平国术及体育界核心人物的许禹生是否曾说出如此言辞，也难问之于地下了。不过，就在陈发科到北平四年后，即民国二十一年（1932）夏，许禹生在北平市国术馆编印的《体育》月刊上发表了一篇文章，内称：

> 昔体社附设体育学校时，曾慕名延聘豫籍陈某教授太极洪拳，果然运用如风，于震脚、快打、桩步均极讲究，唯练毕气粗色变，杨少侯见之曰："何太似花拳耶？"陈君为之语塞。其推手时，身法、步法固佳，惟喜于用招用力，不甚求懂劲为可惜耳。其大刀双刀、杆子等，多系外家式法，不能承认之为本门艺术也。夫北平太极拳传自杨氏，杨氏学自陈家沟，则陈氏之拳路当与原谱相符，今其拳路多有更改，多寡不一，更令人怀疑均非真传者。②

此处所言"豫籍陈某"似指陈发科之侄陈照丕而言，许禹生后来又曾说："（陈发科）其犹子陈君绩甫者，人极热诚，薪传有自，曩在余所办之北京体育学校内，曾膺国术教席。"③虽然许禹生与陈发科之间的交往不一定像洪均生所言，但许禹生作为杨家太极拳的传习者，自身处于北平国术馆实际主持者的位置，他对待陈家太极拳则是兼容并包，就像他曾把马良的"中华新武术"也纳入其体育学校一样。据许禹生述：

> 昔杨露禅先师对于八种练习未尽传世，故于万、全、凌三君，时人有筋、骨、皮三者之誉。夫太极者固一本而万殊，然于拳路练习性质上，以鄙人观之，不出于上之八种。今幸各派林立，而河南大世家亦在北平，深望各太极拳师化除成见，交换知识，传其所长，补习所短，力谋进步，则一转移间均成全材矣。对外可以御侮，对内可谋统一。否则习者愈多，分子愈杂，对外则任人

---

① 洪均生：《跟随陈发科学拳》，《武林》2001 年第 12 期、2002 年第 1 期。
② 许禹生：《论各派太极拳家宜速谋统一以求竞存说》，《体育》第一卷第八期，民国二十一年（1932）八月。
③ 许禹生：《陈绩甫先生太极拳真诠叙文》，《体育》第二卷第二期，民国二十三年（1934）二月。

欺凌，持无抵抗主义，对内则自相残害，遭外门之轻视。倘再不知互谋团结、精研改进，以期共存共荣，则全体劣败必有一日受天然的淘汰，而无以竞存也。谓余不信，请拭目以待。[①]

将陈发科称为"河南大世家"，可知许禹生是对陈发科抱持着尊重态度的。从深层来看，此时倡导"国术"的中心在国民党新都南京，在民初北京政府时期具有先天优势的北京体育研究社的核心地位虽被取代，然而许禹生及原北京体育研究社同人的诸多言论和活动，表明他们一直在为争取北平（尤其是自身）所传内容的正统位置而努力，突出"河南大世家亦在北平"而贬抑此时已受聘于南京方面的"豫籍陈某"，实际也同样存在着为北平自身造势的意图，是与南京较劲的一种策略。

另据洪均生叙述：

> 我自幼多病体弱，从 17 岁即因病辍学。20 岁婚后，自知病源为懒于运动，乃力纠旧习，每晨外出散步两小时。北京先农坛、天坛，济南大明湖、趵突泉皆常游之地。自是病渐减退，身亦略健。但每逢换季，春夏及秋冬之交，寒暑突变，体仍不适。1929 年忽感冬瘟，卧床三月，至 1930 年病愈。同院邻人周怀民（名仁，无锡人，善画山水，今为民革监察委员），介绍北邻刘慕三先生，从之学吴式太极拳。数月后，见北平《小实报》刊登名武生杨小楼从陈家沟陈发科拜师习拳后，身体转健，能演重头戏的消息，于是辗转托一先生邀请陈发科师至刘家授拳。当时从刘慕三先生学拳的 30 余人都来学习，我亦从此拜发科为老师。
>
> 当我们学吴式拳之初，刘师言："学此拳应动作缓慢，练得越慢，功夫越好。也就是功夫越好，才能练得越慢。陈师初来刘家，寒暄之后表演了陈式太极拳一、二路，大家都准备以一小时以上的时间瞻仰名师拳法，不料只用十余分钟，而且二路拳纵跃神速，震脚则声震屋瓦。陈师表演后稍坐即辞去。于是大家纷纷议论起来：有的说练得这么快，按"运劲如抽丝"的原则来讲，岂不把丝抽断了；那个说震脚不合"迈步如猫行"的规律。若非因为陈师是陈家沟来的，还不知抱什么可笑的议论呢！当时还亏刘先生有水平，他说："动作虽然快，却是圆的旋转；虽然有发劲，却是松的。我们既请来了，便应学下去，等学完拳式，再请教推手。如果比我强，就继续学下去。"这才一锤定音："学"。

---

① 许禹生：《论各派太极拳家宜速谋统一以求竞存说》，《体育》第一卷第八期，民国二十一年（1932）八月。

刘慕三先生学完一路，单独请陈师教其推手。我们都认为：刘师习吴式太极拳已二十余年，拳理拳法素为京中武术界赞扬，与陈师相较当无大差别。谁知接手后，差距立分，而且相当大了。刘师步法先乱，如同三岁小孩被大人拨弄，而且关节的韧带被挫伤，疼了一个多月。陈师事后说："我太大意了。刘师也有小顶劲，以至失手。"从此我们真不敢请陈师教推手。陈师笑着说："只要松开转圆，便能化解，我和你们试着法，注意些是不会有什么损伤的。"①

洪均生所述的"刘慕三"，或许真有其人。然而，在王茂斋、吴鑑泉一派的传递脉络里，却不见其影踪。此并非因他后来改从陈发科习艺而被王、吴门户剔除。王、吴门人于民国十六年（1927）编辑、十八年（1929）刊印的《太极功同门录》中即无此人。

民国二十年（1931）九一八事变后，迫于形势，东北大学由沈阳迁至北平。曾从学于董海川弟子刘凤春的李剑华进入该校担任国术教员，此后也从陈发科习艺。据洪均生述：

某年，许（禹生）主持武术擂台赛，欲请陈师为裁判。师辞以：只知陈式，不懂其他拳种，裁判欠当，致损令誉。许乃聘为大会顾问，遇事协商。当议对赛时间，众议以十五分钟为度。师谓十五分钟之久既拼体力，也徒有胜负，况日与赛者数百人，每小时才赛四队八人，需几天才能赛完？众以为合理，征求我师意见。师言："三分钟如何？"李剑华说："三分钟够吗？"师言："这迁就大家。如接受我意，则口说一、二、三，甚至只说出一字，便胜负立判，那才叫武艺呢。"李剑华笑说："能这么快吗？"我师亦笑说："不信你就试试。"剑华见老人高兴，果然双手用力加速接我师右臂（时陈师右臂横于胸前）。师略转即右肘发出，将体重二百多斤的李剑华发起四尺许高撞在墙上，将墙上挂的照片碰得纷纷落地，众皆大笑。剑华也大笑说："信了，信了。可把我的魂都吓飞了。"陈师笑问："你怕什么？"李说："要伤了我呢？"师说："你哪里疼了？"剑华细想想：只是感到我师右肘刚刚擦着衣服，便腾然飞起。李落地时，脊背蹭着墙壁，礼服呢马褂有一片白灰，拍打不掉，原来劲大且速，将石灰弄到布纹中去，经用刷子刷了才算干净。一时无不赞服，叹为神技。②

另据洪均生述：

① 洪均生：《跟随陈发科学拳》，《武林》2001年第12期、2002年第1期。
② 洪均生：《跟随陈发科学拳》，《武林》2001年第12期、2002年第1期。

我曾见过一次，陈师因剑华说凭我这二百斤的体重，对方就不能奈何于我。陈师一时高兴，就说："真的动不了你吗？"说着一手贴住李颈部，一手握李脚腕，将他平举起来。以肘发出去是力与巧的配合，而举起二百斤的活人，却是非真有臂力过人莫成。[①]

洪均生随陈发科习拳期间，还曾亲历陈发科踢死疯狗一事。据他讲述：

当时北京西城有个新开辟的土马路叫成方街，是南北大街，路面宽二十余米。一日师与一位同学及我三人自北而南走在东面人行道上，忽听后面许多人惊呼。原来有一条疯狗先在路东咬伤了一位妇女，又窜到路西咬了正坐到车斗上的人力车夫。当我们回头看时，那狗又向路东窜来直扑我师。师不慌不忙地向上一抬右手，同时飞起右脚踢到狗的下颌，一条三四十斤重的大狗，竟被踢得飞过马路，叫了一声，满口流血而死。我师在踢右脚时，右手向后一抬，碰到一棵树上，擦破手指，流出血来。当时观者都说：这位先生身手真利索，脚上的劲也真够大的。陈师边走边和我说：恶狗咬人总是跳起来咬人的脖子，但咬的往往是后腿。这是因为人一害怕，必然前跑，后腿还没来得及迈出去。狗一扑空，恰好落下咬着后腿。所以遇着这样的狗，不可以跑。用手扬，狗必然仰着头往上看，露出下颌，就一踢一个准。这虽然是一般常识，但如果没有功夫，身手不这么灵活，遇到这种意外的事难免不惊得发愣，晓得这道理和方法也不一定用得上。[②]

陈发科并非神乎其神，其艺皆由长期不间断地习练而得。他到北平后，虽声名渐起，仍勤加习练，不稍间断。据洪均生述：

我师来京后，我见他和许禹生、李剑华等素有功夫者研究着法，也是一转动便能将对方发出，足见我师之功夫亦臻精妙之境。这种进步，仍然离不开一个"练"字。顾留馨说："陈师到京数十年，每日坚持练拳30遍。"我虽未闻师言，而我师每住一室，不久室内所铺砖地必有数行破碎。我师在闲坐中，又常以手交叉旋划圈，并嘱我也这么做。当时我不理解这是练什么功夫，后方悟此乃体会缠丝法练功。[③]

另据冯志强述：

陈发科先生练拳的姿势正常自然，他也从没要求把姿势蹲得很低，并没有"低架"这个概念。那么，"高架"不是后人杜撰的吗？有人说陈照奎或者某某

---

① 洪均生：《跟随陈发科学拳》，《武林》2001 年第 12 期、2002 年第 1 期。
② 洪均生：《跟随陈发科学拳》，《武林》2001 年第 12 期、2002 年第 1 期。
③ 洪均生：《跟随陈发科学拳》，《武林》2001 年第 12 期、2002 年第 1 期。

人的拳架子很低，我可以明确说，那么低是错误的。低就不能圆裆，无法做到"地门常闭"，不利于养生。另外，蹲得太低就很难保证膝盖不过脚尖，这不利于对膝关节的保护。陈发科先生不这样练拳，在我的接触中，也没见过传说中的"日练30遍"的情况。每天练10遍左右的情况是有过的。[1]

洪均生还曾叙述了有关陈发科德行涵养的几件事：

> 我师以处处照顾他人之名誉利益为事。例如：北平《小实报》曾宣传百岁老人王矫宇为杨禄禅亲传弟子，在和平门内后细瓦厂吕祖庙内传拳，一时从学甚众。同学李鹤年年轻好事，曾往欲试杨禄禅弟子本领如何。据说，王在该庙租房三间，趺坐床上学牌位陈之状，由其侄代为教拳。李回来笑向大家说："原来是个棺材瓢子（北京笑人老弱之语），我没敢同他动手。"我师说："你找他干什么？"原来三年前，我师和我同在许禹生家闲话，忽有人递来名片，上用毛笔写着"王矫宇"三字，说武行来拜。当即迎入，问明来意。王自我介绍从杨家学过拳，今因年老无业，欲请许校长在体校安排工作以之糊口。我们请他表演拳，他练了半趟气已上喘。于是许说："同是武行，本应照顾，但校中有一定的编制，校长也不可随意增加人员，只可徐徐谋之。"为了目前生活，送他十元；我和陈师也各赠五元。那时他自云年逾六十。三年后，竟突长百岁，因不满百岁，不能当上杨禄禅之徒。其门内房桌上有红纸写的牌位，为"先师禄禅公之位"，以表示曾受教于这位祖师。旧社会里弄虚作假的事屡见不鲜，在新社会也有八十岁的武术家自炫百岁而无人揭破，足见我国民忠厚之风。数年前我见有人抄录王矫宇教拳语录：塌裆劲，应如欲大便状。这和陈鑫指出的尾骨长强穴应向后微翻的形式正相符合，或者王老真从杨家学得不传之秘。我师嘱我不要向人说起曾在许家相逢之事，以保其谋生之路。此更属仁厚之至。

> 某日，来一位客人，自称是民国大学（私立）派来商请陈师往该校传拳。陈师闻知该校数月前聘了一位少林拳师，原系挑着担子沿街叫卖炸丸子的小贩。陈师便说：我要去得有条件，不能因请我而辞退那一位教师。来人允许到校协商。陈师被邀到该校接待室。该处原系前清某王府的大殿，房屋高大，地上铺着二尺见方的方砖。陈师与主人见面，重申前语，后即表演拳法。当练到双摆莲跌岔时，有一个震脚动作，不料一经震下，竟将二三寸厚的方砖震碎，碎块飞到旁观者的脸上，其还感到疼痛，如同在砖上扔了一个手榴弹似的。表演后因该校不愿请两位武术教师，陈师遂以自己无教学经验辞而未就。在回来

---

① 冯志强：《太极往事》，见梅墨生：《大道显隐：李经梧的太极人生》，北京：当代中国出版社，2007年，第115页。

的路上，师向我说："偶然不小心，毁了人家一块方砖。"我问："震脚怎会有若大分量？"师答："这是震脚时，周身三五百斤力量经过松沉而集中在脚上，然后又和时速结合起来，方有作用。"事后数年，我才体会我师并非不小心，而是有意留下这个纪念，表示不教并非无能。

沈家桢曾从王芗斋学拳，后又拜师陈门。一日，他气呼呼地向陈师说，王言：陈式太极拳如何不好，陈师功夫也不行。陈师听罢反而曰：他说我功夫不行，我也没说自己功夫多么好，他说他的，咱们练咱的，不要管人家怎么说。这是多么高尚的风格。曾有位同学乐滋滋地问陈师："刚才我听一位练八卦的老师讲，陈长兴老人粘黏劲可大着哩，他能一只手按在紫檀木大理石的八仙桌上，把它粘起来。是真的吗？"我估计这位同学之所以因此而问，可能希望这一传说是真的。前辈的本领如此惊人，作为其曾孙的陈发科当然也不弱，我们做此人的学生，岂不有荣焉？不料陈师对之淡淡微笑说："我从来没有听说过我的老祖宗有这么大的本事。"从上面的一些琐事看来，陈师对外来的污蔑、轻视从不计较，对无根据的夸赞也不肯承认，从不自欺欺人，这种实事求是的为人态度是何等的可贵！

去者不追，来者不拒，是陈师对求学者的态度。除了前文介绍的为了保全一个素未识面的武师职业而拜谢民大聘请的事实外，他还面拒过一个学拳的人。这个人名叫宋月，习拳击、摔跤十余年，有一定的功夫，他认为太极拳只能活动身体而已。他托人请陈师到家里会餐，商议拜师学拳，遍请武林同道十余人。此人体格高大却说有病，只吃半碗米饭就说吃不下了，谈起拳来，傲气十足，他说："我听人讲，太极拳主张用意不用力，但碰上力大的、善拳击的交手怎么办呢？"陈师说的还是他习惯说的那句话："应当有办法，但我不一定行。"宋月提议试试看，陈师应允，用前虚步站着，右手斜在胸前。宋月用双手按在陈师臂上。陈师退了半步，说："你的力量可不小，总在三百斤以上，我不一定能掤得住呢！"宋月说："不要客气。"接着进右步发劲。陈师略左转，宋月已全身前倾。那时离墙甚近，墙根放着脸盆架，上有满盆凉水。宋月如一头碰到墙上，非头破血流不可。陈师见势不好，立即转向右方，用右臂托住宋月胸部。由于宋月身材高大，用力又大又猛，所以头虽避免撞墙，前身却下倾，把额角碰了个月牙形的血印，不省人事，幸亏那盆里有凉水，灌了一脖子才醒过来。于是连说："佩服！佩服！"一定要磕头拜师。陈师当即推辞说："这不是我的能耐，你的力大，我本来掤不住，可是你用力过猛，收不住脚才这样的。我教不了你，还是另寻名师吧。"在回来的路上，陈师和我说："这个人体壮有力，却装着有病，交手时暗中发劲，搞阴谋诡计，他如学了本事，还不定惹什么是非，可不能教他。"可见陈师要求的是光明正大的比武，而坚决反对搞阴谋。

沈三先生为当时全国摔跤第一名手。一日与陈师遇于某次武术比赛场上。二老互道仰慕，握手攀谈。沈老说："我闻太极拳功夫以柔为主，擂台赛则以抽签方式选择对手，习太极拳者如抽着摔跤的对手，应当如何？"陈师答："我想应当有办法，但我却无应付经验。两军交锋，阵前岂能先问对方练什么拳？"沈老笑说："我们研究一下如何？"陈师说："我虽不懂摔跤，却喜看摔跤艺术。我见摔跤往往以手扯住对方小袖，然后发着。"说着便把两臂伸过去，让沈老抓住。这时我和一些同学在旁观看，以为两位名家研究妙技，我们有眼福欣赏，且可以学几着。但是忽然有人请二老议事，沈老撒开了手，二人相视哈哈一笑，一同走去。我们没能看这个热闹，未免遗憾。过了两天，我正在陈师处学习拳法，沈老提着四包礼物进来。陈师赶快起立欢迎，坐定，寒暄数语。沈老先说："那天多承陈老师让。"陈师答之："哪里，哪里，彼此，彼此。"我们几个同学一听全愣了，还疑惑这两位老人什么时候比试的，怎么不让我们见识见识？沈老看见我们的神态，就问："你们老师回来后，没和你们说什么？"我们答："没说什么呀。"沈老激动地一拍大腿，说："咳！你们老师真好，好好地跟他学吧。他不但功夫好，德行更好。"我们还不明白这话从何说起。沈老接着说："你们认为那天我俩没比试吗？行家一伸手，便知有没有。陈老师让我握着他的两个胳膊，我想借劲借不上，也抬不起腿来，我就知道他的功夫比我高得多。所以我愿意交这么一位好朋友。"谈了一会儿，沈老兴辞而去。沈老走后有个同学贸然说："既然如此，老师怎么不摔他？"我师闻言立刻沉下脸来问他："摔他一下？为什么要摔他一下？"这同学见老师生气，吓得不敢回答。我师又严厉地连声问他："你说！你说！你说你在大庭广众之下，愿意不愿意让人摔一下？"这位同学此时才明白了，呐呐地说："不愿意。"我师说："啊，你也不愿意！自己不愿意的事情，怎能对人来施？连想也不应该想！"接着，我师又循循善诱道："一个人成名不易，应当处处保护人家的名誉。"当时，我深佩我师的宽厚。事后，又想到沈老的品德也是难得的，因为那是我们青年人未见而且不知道的事儿，他却坦率直言，足见二老的品德甚是相同。难怪后来二老长相往来，交成好友。①

1953年春，陈发科的门人协助其在北京宣武门外骡马市大街创办了首都武术

---

① 洪均生：《跟随陈发科学拳》，《武林》2001年第12期、2002年第1期。

陈发科早年练拳——单鞭

陈发科晚年参加武术表演

社，陈发科与胡耀贞二人分别担任正副社长。1956年，体育主管部门开始反"唯技击论"，七十岁的陈发科于次年辞世。在北京城近三十年间，陈发科纯正的功夫得到不少拳师称赞，当时大名鼎鼎的"醉鬼张三"也说，陈发科是"真正的把式"。

关于陈发科的技艺，其他弟子门生也有所述。

据田秀臣说："看陈老师与别人推手，真如拳论所言，'挨着何处何处击'，全身到处能用拿法，只要他的小指钩住你的大指，顷刻间就可把你摔倒。如被他的大指钩住，任你多大本事，也只能任其摆布了。"

据雷慕尼说，有一次陈发科正在教拳，一位擅长用腿的人来找陈发科比试功夫。陈发科谦让之后，来人仍坚持要试，二人便交手。来人踏近，飞起一脚踢陈发科，陈发科闪身一避，一手接住他的脚，另一手插在其裆下，一发劲，来人便飞出围墙外，后又从围墙外进门跟陈发科谈话。本事不够的人肯定无法把人打飞而不使他受伤，还能走进来谈话。[1]

1964年9月，顾留馨参加在济南举行的全国武术表演大赛。将返上海前，在清泉池澡堂跟洪均生谈到他向陈发科学推手，当陈双手被封时，他试加劲一按，却只觉陈发科小臂似有电流，他一下子就被发出一丈多远，于是叹为神乎其技。[2]

据冯志强说，跟陈师一搭手就似触电，他的两手像蛇一样缠绕着你，怎么也摆不脱。他一托，你全身就像散了架。他一发力，你就感到五脏震动，立即恶心，眼发黑、冒金星，鼻涕眼泪一起流，但他还觉得没用多少劲，致使一般人不敢跟他推手。[3]

四、延绵无绝：陈氏太极拳的后传

陈发科有二子一女，长子陈照旭、次子陈照奎、女陈豫侠。有孙陈小旺、陈小星，二人皆陈照旭子，陈瑜为陈照奎子。陈发科早期门生有杨益臣[4]、牛亮、

---

① 王成：《"拳圣"陈发科》，《精武》2000年第1期。

② 洪均生：《跟随陈发科学拳》，《武林》2001年第12期、2002年第1期。

③ 有关陈发科及所传太极拳事，另参见牛立明《陈式太极拳大师陈发科二三事》（《武魂》1993年第7期）、田秋田《"太极一人"——陈发科》（《武魂》1997年第11期）、李驻军《陈发科先生是怎样教拳的——洪均生先生回忆录》（《武魂》2000年第3期）、潘英《回顾陈式太极拳在北京的发展——纪念陈发科进京80周年》（《武魂》2008年第7期）、梅墨生《太极先贤轶事》（《武当》2011年第5期）等。

④ 有关杨益臣事，参见李速腾《陈发科的早期弟子杨益臣》（《武魂》2010年第6、7期）等。

李鹤年、刘子诚、刘子元、杨小楼、赵炳南、李剑华、张一帆、巢振民、田化轩、李道一、李福寿、赵九洲、朱瑞川、宋立衡、阴云霄、田华、郭永镇、王瑞之等，知名传人主要有陈照丕（侄）、陈照奎（子）、顾留馨（1908—1990）[①]、洪均生（1909—1996）、雷慕尼（1911—1986）[②]、李经梧（1912—1997）、邓杰（1916—2007）、田秀臣（1917—1984）[③]、冯志强（1928—2012）[④]、肖庆林（1929—2010）、孙枫秋，等等。陈发科之后期太极拳的传承者，北京有田秀臣、雷慕尼、冯志强等，北戴河有李经梧，济南有洪均生，陈家沟则有陈照丕、陈照奎。

陈发科长子陈照旭（1909—1960），自幼随父习艺，寓居北京城多年。后返乡，曾任民校教师。其人心直口快，在新中国成立之初搞"合作化"运动时，他说："互助组不是很好吗？为什么还要搞合作社？"由此被扣上"反对合作化"的帽子，抓了起来。后来有人说，他在旧社会参加过当地的地方武装"杂牌队"，又说在解放战争时期，解放军撤退后，他把村政权寄养在他家的牛卖了。种种罪名加上去，陈照旭被判了刑。1960年，心情抑郁的陈照旭死在狱中。陈照奎则长期在外，无暇顾家。昔时有俗语"喝口陈沟水，都会翘翘腿"，而因长久的战乱灾荒，河南陈家沟老辈拳师凋零殆尽。此时，陈照丕成为接续陈氏太极拳的关键人物。

陈照丕（1893—1972），字绩甫，陈家沟陈氏第十八辈。幼随叔祖陈延熙、族叔陈发科等人习艺。二十一岁时外出，相继在甘肃、河北教拳七年，后返温县。民国十七年（1928）到北平，并邀请其师，也即叔父陈发科前去，自己则受新都南京方面政要之邀到南京市政府、侨务委员会、全国民营电业联合会等处教拳。民国二十二年（1933）十月，全国运动会在南京举行，陈照丕担任国术裁判。全

---

① 据冯志强先生说："至于较早出版的《陈式太极拳》一书的两位作者，沈家桢和顾留馨，前者我未曾见过，后者的情况知道一些。顾留馨在20世纪50年代跟陈发科先生学过两次拳，每次约半个月。后来他也跟我学过（这话就别提了）。"（冯志强：《太极往事》，见梅墨生：《大道显隐：李经梧太极人生》，北京：当代中国出版社，2007年，第116页。）

② 有关雷慕尼事，参见张大为《陈式太极拳家雷慕尼》（《武魂》2005年第10期）等。

③ 有关田秀臣事，参见长智《著名陈氏太极拳师田秀臣》（《北京体育》1981年1月），田垒《田秀臣与北京的陈式太极拳》（《武魂》2004年第4期），李建伟、龚建新《上善若水　太极永存——回忆我的老师田秀臣》（《中华武术》2012年第1期）等。

④ 有关冯志强事，参见乃华、大彪《巧挫美国大力士的冯志强师傅》（《武林》1983年第5期），达斌《太极拳名师冯志强》（《武术健身》1990年第2期），严翰秀《武功神勇的太极名手冯志强》（《武林》1991年第10期），王凤鸣《樱花之国"太极迷"——随冯志强老师访日散记》（《武术健身》1993年第3期），凌岳《一个将国术带向国外的人——著名武术家冯志强访谈录》（《武当》1994年第3期），刘春成《冯志强：人生七十犹少壮》（《精武》1998年第3期），《冯志强：老骥伏枥，志在千里》（《中华武术》2004年第3期），邓易安《冯志强先生练功琐事》（《少林与太极》2004年第8期）等。

20世纪30年代，陈发科（右二）与子陈照旭（右三）、女陈豫侠（右一）等人合影

国运动会闭幕后，第二届国术国考随即开幕，陈照丕担任国考评判委员。[1]民国二十六年（1937）夏，全面抗战爆发。不久，南京沦陷，陈照丕返回温县，在抗日将领范廷兰部教大刀。民国二十九年（1940）赴洛阳，先后在第一战区长官司令部、河南省教育厅、河南省直接税务局等处教拳。民国三十一年（1942）应黄河水利委员会（简称黄委会）负责人张含英之聘去西安任黄委会国术教练。抗日战争结束后，黄委会机关迁回开封，陈照丕也随之返回。所著《陈氏太极拳汇宗》一书，实即"遗失"的陈鑫《太极拳图画讲义》书稿。

　　1958年，陈照丕从黄委会退休，因家乡拳社绝迹，执意返回陈家沟定居教拳，

---

　　[1]《全运会国术裁判员》，《申报》民国二十二年（1933）九月二十七日，第四张第十四版；《国术职员》，《申报》民国二十二年（1933）十月十日，第十七张第五十九版。第二届国术国考"评判委员长李烈钧，评判副委员长何健、张之江，委员褚民谊、孙福全、张宪、李丽久、郑佐平、李剑秋、王成美、陈泮岭、刘丕显、马良、叶大密、窦来庚、王子平、张兆东、佟忠义、李星阶、李子扬、吴鑑泉、许禹生、吴图南、李剑华、黄柏年、褚桂亭、于振声、任鹤珊、张剑泉、阎追康、王首辰、李义三、张叙忠、陈微明、唐范生、陈公哲、龚润田、李宗黄、石杰、罗成立、张秀林、姚维藩、马庆堂、彭飞、金少山、吴峻山、姚馥春、程登科、宋俊杰、马永胜、查瑞龙、朱国福、刘崇俊、王翔斋、许兰洲、陈子祥、刘百川、向禹九、郎晋池、陈缋甫、徐致一、郝铭、徐士金"。（《国术国考·评判委员题名录》，《申报》民国二十二年（1933）十月二十二日，第五张第二十版。）

得到村支书张蔚珍的支持。同年 3 月，参加河南省武术表演赛，获太极拳第一名。1960 年参加全国武术大会，被授予"全国太极拳名家"称号。1964 年当选全国武术协会委员。

河南温县政府还要求陈照丕到县文化馆、机关、学校传授太极拳，其间，陈常回村辅导。年近古稀的老人，不避寒冬酷暑，往返于温县和陈家沟之间四五年。

1966 年，"文革"开始，陈照丕不但是地主成分，还在国民党军队任过职、教过拳，因此被批斗。陈照丕不堪忍受折磨，跳井自杀。因棉衣在井里被水车的铁链挂住，没被淹死。家人找了一晚上，直到第二天才发现他。自此陈照丕只能隐忍过活。

虽然陈照丕遭到批斗，但几个徒弟还是常在深夜偷偷去跟他学拳。后来，陈照丕看到一条毛主席关于群众体育的语录："凡能做到的都要提倡，做体操，打球类，跑跑步，爬山，游水，打太极拳及各种各色的体育运动。"他激动万分，去问党支部书记张蔚珍："这练拳不犯法了！你说我这拳还能不能教？"张觉着，太极拳又没啥阶级立场，为啥不能练？为了避免惹出麻烦，两人商量后想出一个办法，将拳势名称改为毛主席诗词，一边教练，一边背诵"钟山风雨起苍黄，百万雄师过大江……"。

当时，陈照丕的徒弟王西安担任村里的民兵营营长、党支部副书记，率先请陈照丕在民兵中教太极拳。后来在张蔚珍的支持下，村委会决定号召全村男女老少都来练拳。为了提高大家的积极性，村里采取奖励措施——凡早晨参加太极拳锻炼的社员都给记两个工分。一时间，全村老少群起锻炼，争先恐后，村里小学的体育课也改由陈照丕来教小学生练拳。[①]

在村书记张蔚珍的嘱咐下，陈照丕重点培养了陈克森、陈庆州[②]、陈小旺[③]、陈正雷[④]、朱天才、王西安、陈春雷、陈小松、冉广耀、陈世通、陈小星等几个人。

---

① 龚建新：《太极金刚陈正雷传（8）》，《中华武术》2008 年第 11 期。

② 有关陈庆州事，参见严翰秀《太极功夫震海外——记陈式太极拳第 19 代传人陈庆州》（《武魂》1998 年第 7 期）、陈晨《陈氏双雄：陈庆州、陈世通》（《中华武术》2000 年第 10 期）等。

③ 有关陈小旺事，参见宇芙《陈氏太极功夫——陈氏太极拳第十九代传人陈小旺武功纪实》（《中州武术》1984 年总第 3 期），喻永刚、喻舒婷《陈小旺：再现太极之光》（《精武》2000 年第 11 期），亦凡《陈小旺远播太极拳》（《中华武术》2005 年第 5 期），喻永刚、吴红星、肖盼《陈小旺的太极情怀》（《中华武术》2010 年第 6 期），王娟《陈小旺："变"与"不变"之间情结依然》（《少林与太极》2010 年第 7 期）。

④ 有关陈正雷事，参见崔春冬、白田喜《太极传人心愿——记陈氏太极拳第十九代传人陈正雷》（《武术健身》1987 年第 4 期），郑振乾《陈正雷的两位恩师和父亲》（《武林》1995 年第 1 期），张克涛《魂系太极——记陈式太极拳第十九代传人陈正雷》（《中华武术》1996 年第 3 期），姜智《树永远不离开根——记陈式太极第十一代传人陈正雷老师》（《少林与太极》2000 年第 8 期），《陈式太极拳传人陈正雷》（《中华武术》2001 年第 3 期），龚建新《太极金刚陈正雷传》（《中华武术》2008 年第 4~12 期）等。

1972 年初，县里来了通知，说为了迎接 11 月份在济南举行的全国武术观摩交流大会，河南省 9 月份要举行全省武术表演大会，要陈家沟组队代表新乡地区参加。接到通知后，陈照丕非常兴奋，赋诗一首表达心情：

谩云七十古来稀，余今八十兴不萎。

老骨跌岔能铺地，二起双足满天飞。

练身如铁为人民，立志要学董存瑞。

老当益壮从何起，朝夕锻炼偷天机。

世人不识太极妙，变化无穷奇更奇。

或问此技当何用，强身健体为人民。①

随即开始抓紧训练队员，不遗余力。许多高难动作，陈照丕都亲自示范，几个月下来，脚都累肿了，连凉鞋也穿不上。此后他带王西安等几个成分好的徒弟先后在新乡、郑州集训，于 9 月份去登封参加河南省武术表演大会。赛后，陈照丕又应邀到省城人民会堂为省领导表演。这年，刚刚过了八十大寿的陈照丕由于劳累过度，外加心情烦闷，患急性黄疸型肝炎，一病不起，在县医院住了一个多月，而后回家休养。12 月底，陈照丕肝病复发，转为肝癌，医治无效，于四天后去世。②

陈照丕逝世后，陈家沟的习拳者群龙无首。次年，陈照奎应父老之邀回老家过年，顺便短期教拳，并率陈家沟武术队参加各种比赛。自此开始，其侄陈小旺、陈正雷及同村的王西安、朱天才等，又一起从陈照奎学所谓"新架"。

陈照奎（1928—1981），陈发科幼子，七岁学拳。因父陈发科严加督促，二十多岁已出类拔萃。早年就读于北京志成中学，毕业后因家境困窘未能升学。新中国成立之初，考入北京市第五建筑公司工作。平常自己刻苦练功，同时帮助父亲授拳。1957 年陈发科去世后，二十九岁的陈照奎独当一面，此后二十多年间，继承父业，传授陈氏太极拳。③

1961 年，顾留馨任上海市体育宫主任，开办了各式太极拳学习班。陈照奎应顾之邀，到上海短期教拳，担任体育宫陈式太极拳学习班教师。1963 年，上海体

---

① 郑振乾：《陈正雷的两位恩师和父亲》，《武林》1995 年第 1 期。

② 龚建新：《太极金刚陈正雷传（8）》，《中华武术》2008 年第 11 期。有关陈照丕事，另参见朱天才《呕心沥血传拳艺　迎得太极花开盛》（《汴梁武术》总第 4 期，1983 年 6 月），朱灵才《推广太极拳的先驱——纪念陈照丕老师逝世十周年》（《武林》1985 年第 3 期），崔春冬、王树明《太极拳名师陈照丕》（《中华武术》1989 年第 12 期），杨松泉《怀念陈召丕先生》（《武魂》1992 年第 12 期）等。

③ 陈瑜口述、侯志杨整理：《陈照奎先生与陈式"新架"》，《武魂》1990 年第 5 期。

1965 年春节，陈照奎（左）由京返乡集体表演武术，与陈照丕合影

1965 年春节，陈照奎由京返乡集体表演武术结束合影。中排左起：陈庆州、陈照奎、陈茂森、陈五芳、陈桂亭、陈照丕。前排左起：陈小星、朱天才、陈小旺

育宫正式向北京市第五建筑公司劳资科借调陈照奎。陈到上海体育宫开班授拳的同时，配合顾留馨、沈家桢二人完成《陈式太极拳》一书，当年 12 月，该书由人民体育出版社出版。该书"理论上吸取了王宗岳、武禹襄、李亦畲、杨澄甫、孙禄堂诸家可以借鉴的内容；练架子的方法和推手的内容，也逐渐向杨、吴二家靠拢。陈氏太极拳在上海，又重新得以兴旺发达起来"①。而后，顾留馨编著《太极拳研究》时也常向陈请教。由于北京建筑公司对长期借调有意见，陈照奎索性于1964 年辞去该工作，到南京教了一年拳。1965 年再度赴上海传授太极拳。"文革"之前的五年间，陈照奎在沪、宁两地办班百余期。

1966 年"文革"开始后，陈照奎精神高度紧张，又念及身在北京的老母和幼子，遂回京。到北京后，因已没有工作，生活失去着落，精神备受刺激。当时，北京的拳场无一例外地受到冲击。拳家只能私自练拳，不敢张扬。应几个爱好者再三要求，陈照奎偷偷在北京阜外的月坛小花园和东便门外的果树林开了两个教拳场地，后来北城学员提出距此二处太远，陈又在北太平庄开了一个授拳点。②据杨文笏口述：

> 直到 1967 年春天，李泽民、白师兄等几个师兄弟请陈老师出来教拳。陈老师当时没有收入，这帮老的师兄弟，还有部分田秀臣先生的学生，一共有二三十人，每月给陈老师凑六七十块钱做生活费。陈老师的老母亲还在，加上孩子陈瑜，一家三口人生活基本就够了。……当时练拳的场子，头一年在建国门外使馆区，两年以后到西城儿童医院后边小公园，后来在东城又设了一个点，就是东便门那条河，河边有铁道，里面有个三角区，一排小树林，就在那里练，直到 1971 年左右，在双秀公园教了一年多。1972 年左右回老家陈家沟教了一段时间，此后 1973 年、1974 年在焦作、郑州教了一阵。那时候陈老师住在北京，一般出去外地教拳都是 3 个月左右，然后回北京。③

据 1971 年开始跟陈照奎学拳的妥木斯记述：

> 陈老师留给我的印象是他身体发胖以后的形象。和我一般高，一米六三，属小个头儿，当时的体重已有一百六十斤。然而这并非是他愿意的结果，他让我看过他在南京长江大桥上照的相片，判若两人，属清瘦型。那时他是在高运动量中度过每天的时间，一起床先出去跑五千米，跑完后洗漱、吃早点，上午

---

① 金仁霖：《太极拳在上海》，《中国太极拳》1996 年第 4 期。
② 冯大彪：《陈式太极的普及者——纪念陈照奎先生逝世一周年》，《武林》1982 年第 6 期。
③ 万周迎：《我跟陈照奎老师学拳的大致经历——杨文笏先生口述》，《武魂》2009 年第 3、4 期。

进体育官一口气练十趟拳。然后再做一小时的单式练习，下午教拳。"文革"一开始，上海抓了顾留馨，他马上感到"这次运动不一般"，即刻悄悄返回北京。他走后不久，上海的造反派去抓他，扑了空。回到北京，也是"文革"中，无法正常设场地教拳，但生活又别的经济来源，就在北京几个不引人注意的地方又教上了拳。半隐的生活使他运动量骤减，但消化吸收能力仍很强，于是身体开始发胖起来。他心情不好时，常抽一个大烟斗，老母亲的逝世对他打击很大。他给我的信中称："这事对我精神影响很大，血压突然增高……"这一切对他的健康都构成无法摆脱的危害。①

又据马虹②记述：

　　我在友人吉德夫、卢茂云同志的介绍下，1972 年到北京找陈家沟的陈氏十八世传人陈照奎老师学拳。陈老师，是著名的太极拳大师陈发科老先生的儿子。第一次登陈师之门（北京果子巷内南大吉巷二十五号），他对我这个陌生的无名之辈并不热情，只是告诉了我他旦上教拳的地方，答应我可以到那里去学。我从石家庄瞒着"造反派"来到北京城，住在西河沿的大华旅馆。每天早上四点多起床，街上还没有公共汽车，只好穿过打磨厂、东河沿，赶到东便门外铁路东边的一个小树林里，非常僻静。当时陈师说过一句笑话："我教拳都是教打人，不能在公园教，怕警察抓我！"所以藏在这东郊野树林里教拳。③

另据其徒张志俊记述：

　　"文化大革命"开始后，这位才华初露的武术家陷入了迷茫甚至凄惨的境地。动荡的社会环境使他难以施展才华抱负，而且导致他生活艰辛、命运多舛。因为家里成分不好，受到居委会的管制和邻里的歧视；因为教拳属于"四旧"，收费更是"资本主义尾巴"，上有老母下有妻儿的陈照奎老师陷入了精神上郁闷压抑、生活上穷困无着的境地。④

1974 年 2 月，春节结束，陈照奎即离开短期授拳的陈家沟，到郑州教拳。是年秋冬之际，他又曾应张志俊等人邀请回郑州，从习者有张茂珍、张其林、张志俊、王长海等，包括温县陈家沟村的社员陈小旺和河北石家庄的马虹，总共六人。据马虹记述：

---

　　① 妥木斯：《忆陈照奎老师当年谈拳》，《武魂》2001 年第 3 期。
　　② 有关马虹事，参见路继舜、檀文秀《清能早达　拳至五洲——记陈氏太极拳名师马虹》（《武魂》1999 年第 4 期）等。
　　③ 马虹：《向陈照奎先生学拳的经过》，《武魂》1994 年第 6 期。
　　④ 张志俊：《难以忘怀的太极明师——记与陈照奎老师相处的日子》，《武林》2001 年第 3 期。

　　1974年11月，我假借回原籍深县探亲为名向造反派请了假，却登车直奔郑州。冒着大雪，在郑州下车找到张志俊家（纺校宿舍）。当时学拳的六个人中只有我是河北人。其他师兄弟都是河南练陈氏拳水平比较高的年轻人，如张志俊、张其林、王长海，陈沟的陈小旺（老师的侄子）也来到郑州同我们一起学拳。每天晚上七点至十点在张家学拳，吃住在棉纺五厂的单身宿舍。当时还要提防郑州造反派找事儿，我扮作棉纺五厂工人拳友田文治同志的老战友，与陈小旺住在一间工人单身宿舍里。

　　这年冬天是我一生受苦最重、兴趣最浓，也是收获最多的令人难忘的岁月。当时跟陈师学拳的人大都是二三十岁的青年。我这年过四十的人学这套低架子陈氏拳确实非常吃力。但我并不示弱。老师每天晚上七至十点三小时教拳，十点之后，我与师兄弟们到文化宫游泳池畔练拳，为了巩固新学的课程，每天都要练到夜里十二点。第二天早上五点起床再到碧沙岗公园继续练拳。练完拳，与陈小旺去吃油条喝豆浆。因为小旺当时还是农村社员，生活困难，一般吃饭都是我招待。我们吃了早点再买上些油条给老师送去。白天同学们都去上班，我与老师商定我交双份学费，请老师每天上午再给我加两小时的课，专门再讲每个拳式的技击含义，又叫"拆拳"。星期天我们不休息，老师也不休息。就这样我每天至少要付出八个半小时练拳，每天至少要打二三十遍拳，更不用说单式练习了。有时一个动作老师让你练几十遍，他认为合格了，才进行下一动作的教练。两个月再次系统地学完了第一路拳。第二年（1975年）冬天，照样又学完了第二路（炮捶）。[1]

又据张志俊述：

　　陈老师平日话语不多，性格略内向。教学时言简意赅，寥寥几句就切中要害。解惑时往往言体并用，令人顿开茅塞。1975年冬天我到北京老师家里学拳，我问："当推手遇到对手粘连黏随的功夫比较好时，自己腾不出手来怎么办？"陈老师的回答只两个字："闪呢！"于是就和我推起手来。我试着用黏连黏随的办法，紧紧粘着老师的两只手不放，但是只转了几圈，陈老师一个惊弹劲，双手一拍，然后一个肩靠把我打出几米远，我的头险些磕在茶几上。待我从地上爬起来，陈老师问："懂了吗？"我回答："懂啦。"老师又问："真懂了吗？"我揉了揉发疼的后脑勺，肯定地回答："真懂了！"[2]

粉碎"四人帮"后，应郑州、焦作、开封、石家庄、上海等各地的陈式太极

① 马虹：《向陈照奎先生学拳的经过》，《武魂》1994年第6期。
② 张志俊：《难以忘怀的太极明师——记与陈照奎老师相处的日子》，《武林》2001年第3期。

陈照奎拳照

拳爱好者的邀请，陈照奎一一前往，长期奔波。1981 年春，陈回河南焦作教拳期间，突发脑溢血，于 5 月 7 日不幸去世，得年五十三。[1]有子陈瑜[2]，能续家传。

据张志俊述：

> 1981 年 4 月他从焦作到我家里来，生活的压力使他一脸憔悴，脚步发飘。我劝他抛弃烦恼，多注意自己的身体，他重重地点点头就乘车回去了。没想到这竟成了我们师徒间的生死永别。[3]

据杨文笏口述：

> 到了 1981 年 3 月，陈老师身体开始不好了，那天去粮店买粮食，拎着 20 斤粮食，走到门口就瘫在地上了，血压上来，动不了了。买粮食的街坊看到后，赶快给送回家去了。我知道以后就领着老师去金老（金亚贤）那里看病。金老擅长中医，当时还是围棋队的教练，在张自忠路那儿住，围棋队的吴树森介绍老师去金老那里看病，以后我一直领老师去，每次抓三副药，大概九副药以后，陈老师身体见好，就跟我说要去郑州，我说："您身体还没好利索，去郑州干吗去啊？"当时就没去。过了几天老师说："杨子，我病已经好了，没事了，还得去趟郑州。"我说："您一个人去行吗？"他说："没事了！"非要去，还拿了我几本书，说："现在我手头没钱，你先借我点。"我就给老师拿了四十块钱，问他够不够，他说够了，来回都够了，就这样老师就走了。后来去没去郑州我不太清楚，过了几天，捎信来说老师逝世了。当时我不相信，心说不可能啊，病都好了啊。后来说确实逝世了，在焦作。而且据说老师去世几天都没人知道，没人去处理。师姑跟我说的这个消息，当时我都傻了，下意识地说：那我得去吧？师姑说你别去了，在那里都火化了。我心里这难受啊，前后也就几天时间，怎么就去世了呢？[4]

另据冯志强述：

> 陈照奎师弟的拳架尚需规范，另外他也没练过"内功"，他去焦作教拳前跟我打过招呼，我不太同意他去，但照奎师弟说对方已经把车票订好了，也就只好去了。我曾跟照奎师弟讲，你快去快回，回来重新规范拳的套路和学习

---

① 有关陈照奎事，另参见黄强等《先师陈照奎》（《中华武术》1989 年第 12 期）、侯志扬《陈照奎与陈式新架》（《中华武术》1991 年第 1 期）、戈止《秋夜的怀念——忆陈式太极拳传人陈照奎先生二三事》（《武魂》1999 年第 6 期）、马虹《陈长兴正宗拳架真传——一代宗师陈照奎的重大贡献》（《武林》2004 年第 7 期）等。

② 有关陈照瑜事，参见《潜心习艺　弘扬太极——记陈照奎独子陈瑜》（《武魂》2005 年第 2 期）等。

③ 张志俊：《难以忘怀的太极明师——记与陈照奎老师相处的日子》，《武林》2001 年第 3 期。

④ 万周迎：《我跟陈照奎老师学拳的大致经历——杨文笏先生口述》，《武魂》2009 年第 3、4 期。

"内功"，没想到他病死在那里没能回来。①

陈家沟的太极拳，自陈发科之后有陈照丕、陈照旭、陈照奎，进入 20 世纪 80 年代，陈照丕、陈照奎二人传授的陈小旺、陈正雷、朱天才、王西安等，又接踵而起。

五、海纳百川：李经梧及其太极拳 ②

自陈发科于民国十七年（1928）走出河南温县到了北平，其所传太极拳的面目才逐渐为外界认识。随着陈发科的到来，北平也自然成为陈家沟太极拳传承的重心所在。新中国成立之初，陈发科去世后，其主要徒弟李经梧到北戴河工作，此后北戴河也成为传承陈氏太极拳的一处中心地带。

李经梧（1912—1997），本名作魁，字经五，民国元年（1912）十一月十六日（农历十月初八）出生于山东省掖县过

李作魁（经五，经梧，1912—1997）

① 冯志强：《太极往事》，见梅墨生：《大道显隐：李经梧太极人生》，北京：当代中国出版社，2007 年。

② 因李经梧学兼多家，此前不知放在哪条脉络中叙述更为合适，故未单独开列。梅墨生老师生前曾建议将其师李经梧放在陈发科后，此后几年时而发消息来询，兹遵从梅先生意愿，并略志所以。有关李经梧事，主要参考梅墨生《大道显隐：李经梧的太极人生》（北京：当代中国出版社，2007 年），梅墨生、李树峻《李经梧太极内功及所藏秘谱》（北京：当代中国出版社，2010 年），冯益建《李经梧传奇与国标太极拳练习精要》（北京：中国经济出版社，2012 年），黄振中《云手轻拂怯病魔——记李经梧老拳师》（《武林》1985 年第 1 期），梅墨生、王大勇《"仰之弥高，俯之弥深"——记秦皇岛武协主席李经梧》（《少林与太极》1988 年第 1 期），李经梧《李经梧弟子访谈录》（《中华武术》2007 年第 4 期），梅墨生《桃李无言大道无象——我读李经梧先师》（《武当》2007 年 6~8 期），梅墨生《太极先贤轶事》（《武当》2011 年第 5、6 期）等。

西村一工匠家。其祖父长期在东北的海拉尔，其父早年曾远走海参崴从事沙发制作，挣钱补贴老家。李作魁少时念了四年私塾，十四岁与同乡孙枫秋（继臣）闯关东至哈尔滨，在族兄李作东所开的鸿记洗染店学徒。因居处简陋，难御严寒，李作魁罹患风湿症，延医无效，转而习拳以祛病。经店主及介绍人通融，十七岁的李作魁与孙枫秋拜当地刘子源为师习秘宗拳，一起习练的还有郭文彦、刘金生等。李作魁在哈尔滨谋生期间，时闻太极拳之精妙，心向往之而无师授。①

据说，全面抗战爆发初期，李作魁与孙枫秋二人于某晚酒后在哈尔滨道里与道外交界的巷中见一外国人欺负我国妇女，恼怒之下将其痛打，造成命案，受到通缉。二人在刘子源师父的帮助下匆匆逃亡，辗转到北平投奔孙枫秋的叔父。此后李作魁化名为"李经梧"，在山东同乡多方帮助下，与孙枫秋筹资合伙在西单北大街开了一家店铺，名为"五洲百货店"，李为大掌柜，孙为二掌柜。②日常打点生意之余，经同乡介绍，时年二十七岁的李经梧与孙枫秋拜王茂斋和吴鑑泉二人共同传授的赵崇佑（字启庭，号铁庵）为师习太极拳。其时，北平太庙太极拳研究会已成立，李经梧每晨到太庙练拳，又得该会实际主持日常教学的杨禹廷指教，后来成为该会最年轻的理事。据其弟子梅墨生记述：

> 赵铁庵是吴式拳的第三代传人，清光绪年间生人，为吴式太极拳"南吴北王"吴鑑泉、王茂斋两位宗师的入室弟子，也是顶门高足。据说，他当年学吴式拳时，六个月都学不会一个"揽雀尾式"，老师说："你就甭学了。"但赵说："老师那我就跟着吧。"于是此后练拳最早一个来，最后一个走，认真刻苦，寒暑无间，又加天资淳厚，习武终生未娶，终成炉火纯青之功夫，尽得吴式拳奥妙。据李经梧师说，赵铁庵长于"七星手"。李师曾在太庙（今北京劳动人民文化宫）亲见赵用吴式"抱七星式"将一个来拳场挑事的壮汉放出近两丈远。壮汉被发出倾倒在紫藤花架上，时正紫藤花盛开，花朵被震得漫天飞舞，散落一地，而壮汉已不能动弹。③

在京数年间，李经梧闻知陈发科太极功力甚深，约在民国三十二年（1943）又与孙枫秋、刘金生等慕名向陈发科请教。李经梧自述："除按时去陈师处习拳外，还每周二次专接陈师来敝舍授艺（旧称"教馆"），甚得陈师厚爱。口传心授，历

---

① 冯益建：《大风横空兮　应物自有声》，见梅墨生：《大道显隐：李经梧的太极人生》，北京：当代中国出版社，2007年，第161页。
② 冯益建：《李经梧传奇与国标太极拳练习精要》，北京：中国经济出版社，2012年，第10~12页。
③ 梅墨生：《〈太极拳秘宗〉之来源》，见梅墨生、李树峻：《李经梧太极内功及所藏秘谱》，北京：当代中国出版社，2010年，第142页。

十数载，直至一九五七年陈师仙逝而止。"① 据梅墨生口述：

> 李经梧老师说他和孙枫秋等人一起去中州会馆见陈发科师爷，陈师爷就让他们试试手。李老师年轻时身材魁梧，力气很大，之前又练拳多年，结果他上去却被陈师爷一下就发出去了，撞到会馆的门上，门闩都被撞断了。这让李老师几个人非常钦佩，从此开始向陈师爷学拳。②

据王培生弟子高壮飞述：

> 李经梧师伯在西单有一个五洲百货店，在经济上也说得过去，有力量供养陈先师，又于40年代拜陈先师为师。据老师（王培生）讲，当时在五洲百货店楼上，陈先师教拳，王老师也在，老师说陈先师有一口很重的河南口音，并不善言谈，但功夫纯厚，功力很大，用一个下势（蹬一根子）对方就飞到墙上了。只有李师伯还能和陈先师推手，但据说有一次李师伯也被打起很高并碰到天花板上。由上述情况可知，李师伯得到陈先师的口传身授是没有疑问的。李师伯也受过王子英师爷的太极推手的亲传。③

另据李经梧之子李树峻述：

> 传统的太极拳与任何一种民间技艺一样，不可能是大帮哄出来的，一定是师父带徒弟，给徒弟喂手喂出来的，让徒弟挨摔摔出来的。我就亲眼见过陈发科师爷与家父推手，几个回合过去，师爷骤然一抖，将家父发了起来，砸到了在一旁看书的陈照奎的书桌上。④

除了跟赵铁庵、陈发科、杨禹廷等老师学拳，李经梧还时常与同门一起去师叔王子英家学推手。民国三十四年（1945）秋，赵铁庵老师临别前，将手中珍藏的《太极拳秘宗》郑重赠与李经梧，很可能就是王茂斋所传拳谱的一份抄本。⑤《太极拳秘宗》最后有一段文字：

> 民国癸酉重阳前七日，铁厂兄授以拳术，并属抄此谱，遂不敢计字之工拙，敬录以呈。后学弟金宇宗缮本。⑥

可知，该谱为民国二十二年（1933）秋，赵铁庵请随其习拳的金宇宗所抄录。

---

① 梅墨生：《大道显隐：李经梧太极人生》，北京：当代中国出版社，2007年，第3页。
② 梅墨生老师2017年3月8日下午约见本书作者于北京乐想汇工作室，此为其间所述。
③ 高壮飞：《要认清什么是真功夫》，见梅墨生：《大道显隐：李经梧太极人生》，北京：当代中国出版社，2007年，第159页。
④ 李树峻：《曾经沧海难为水》，见梅墨生：《大道显隐：李经梧太极人生》，北京：当代中国出版社，2007年，第125页。
⑤ 季培刚：《王茂斋太极功》"解读"，北京：北京科学技术出版社，2020年，第14~22页。
⑥ 梅墨生：《〈太极拳秘宗〉笺注》，梅墨生、李树峻编著《李经梧太极内功及所藏秘谱》，北京：当代中国出版社，2010年，第199页。

民国三十五年（1946），陈发科六十大寿，李经梧与孙枫秋、田秀臣、宋麟阁等五人正式向陈发科磕头拜师，这也是陈发科第一次举行收徒仪式。据说，家传出身的陈老师并不知如何办此仪式，是李经梧提出按吴门规矩办的。[①]拜师时的照片则是由懂日语的刘金生请陈发科师徒在当时北平一家日商开的照相馆所照。[②]正式拜师后，作为五洲百货店的掌柜，李经梧更为用心地照料陈发科一家日常用度，每周送去一包蛋糕给陈发科当早点，每月送去大米、白面各一袋，这在物资匮乏的当时已是相当珍贵。[③]学拳期间，李经梧还在陈发科处结识了胡耀贞。胡精通山西心意六合拳，早年在山西长住道观并从师习练道功，也曾从张钦霖习杨家太极拳，兼通易医，内功深厚。李经梧曾向胡请教气功，后亦拜门执弟子礼。另据李秉慈叙述：

> 1946 年的春夏之交，北京太庙公园里空气清新，景色优美，真似仙境……

> 我与同学王光宇（后是师兄）因病（我吐血、他肺病）来此遛早儿以疗养身体，每天必到，已经是两三个月了，遛累了就在大椅上休息一会儿。时间长了，渐渐被太庙公园内宫外南门右侧柏树林里一群练太极拳的人所吸引。原来，这是太庙太极拳研究会的会员们在晨练。

> 太极拳研究会是在当时太极拳大家王茂斋老前辈的支持下建立的，会长王厚斋先生是位教育家，第二任会长许明山先生是冯玉祥部队的军长，当时不少社会名流如故宫钱耀华等皆是会中成员，研究会在太庙的位置就是他争取到的。理事数人中有李经梧、李砚之、韩秀峰等。由杨禹廷老师任教师。会员中有人练少林拳、刀、枪、棍、剑等器械，太极拳有陈式、吴式、杨式。当时练太极拳不分流派，只有大、小架和跟谁学之说，而无某式或某氏之说。当时不分流派，都可以入会，在这儿练功。练功的人群中有一位魁梧、潇洒的中年人，他练起拳来虎虎生风，不时发出哼哈之声，练拳后常有人围着他推手，而他谈笑间发放自如。这就是李经梧了！

> 虽然我俩喜欢这样的运动，但身不佑人，有心而无力，真是伤感至极呀！我俩的悲观心情让一位老者看出后，他说：你们每天来这里看我们练拳，为什么呀？看你们面色苍白，身体不太好吧？一定有慢性病吧？稍停了一会儿，老

---

① 梅墨生：《大道显隐：李经梧太极人生》"我读李经梧"，北京：当代中国出版社，2007 年，第141 页。
② 吕德和：《严峻慈祥总相宜》，见梅墨生：《大道显隐：李经梧太极人生》，北京：当代中国出版社，2007 年，第 130~131 页。
③ 冯益建：《李经梧传奇与国标太极拳练习精要》，北京：中国经济出版社，2012 年，第 21 页。

1946 年 5 月 1 日，陈发科（前排中）收李经梧（后排右四）、孙枫秋（后排左四）等为徒，师生全体合影

人接着说：我看你们练练太极拳就会好的，先入会解决门票（一年才收一块钱）吧。这位老者就是周老（慕纯），他当时是杨老师的助理，管理教务工作。但他是个文人，便介绍我们向杨禹廷老师学练太极拳，后又学练推手、刀、剑等。

　　这些日子中，有两个人的拳技把我吸引得入了神！他们是太庙太极拳研究会里太极拳术、推手的高手，是"五虎上将"之中的李经梧和孙枫秋，他们是同门师兄弟，又是同乡、同事，终日在一起工作、练功，共同切磋。大师兄"五虎上将"之一赵安祥也是非常崇拜经梧师兄的。王光宇是山东人，与经梧、枫秋二位师兄是同乡。由于更加亲密了，有时上午和晚间两次一起练功，从而与经梧和众位师兄结下了深厚的情谊。①

　　1949 年，五洲百货店关张，李经梧又开了一家铜丝罗底工厂维持生计。②他对老师的生计依旧上心，起初请陈发科到中山公园十字亭教拳，1953 年春，又与孙

---

①李秉慈：《回忆师兄生前事　不负泰斗身后名》，见梅墨生：《大道显隐：李经梧太极人生》，北京：当代中国出版社，2007 年，第 107~108 页。

②冯益建：《李经梧传奇与国标太极拳练习精要》，北京：中国经济出版社，2012 年，第 21 页。

枫秋、田秀臣等师兄弟成立首都武术社，社址在宣武门外的骡马市大街，由陈发科和胡耀贞分别担任正、副社长，李经梧为推手组组长。据严翰秀所述：

> 解放后，他十分关心陈式太极拳老师陈发科的生活。他说，陈老师不善于言谈，在北京那么多年不会说普通话，还是说河南的本地土话。北京有的人去见他，他坐在八仙桌旁的椅子上咕噜咕噜地抽水烟，有时把客人冷落了。有人提一些太极拳的问题，他答复别人，别人也听不清。逐渐地，上门学太极拳的人少了，陈老师就在会馆里与一些人玩麻将什么的。有一天，李经梧去看老师，发现老师胖多了，身上穿的小褂中间的纽扣也扣不拢了。他想，打拳的人不练拳或少练拳身体就会胖起来的。他很焦急，与一些师兄弟商议如何使老师继续教授太极拳，为的是保持身体健康，获得一些生活费用。师兄弟们说："经梧，你说话他比较容易听得进，你动员动员老师，请他上公园去教拳。"李经梧认真跟陈老师说了师兄弟们的意见，陈老师同意了。师兄弟们在中山公园找了一个叫作"十字亭"的地方，并安排两个人协助陈老师教拳。后来，李经梧又与师兄弟一起请人帮忙在宣武门外找了三间房子，并征得有关部门的同意，成立了"首都武术社"，由陈老师当社长，胡耀贞当副社长。陈老师有了一个比较好的传授太极拳的地方。[①]

1953年，李经梧与孙枫秋也正式向杨禹廷行了拜师礼。另据李秉慈叙述：

> 大概是1955年夏，在中山公园来今雨轩后面十字亭里，众拳友们在围观杨老师手中的一把宝剑。这剑是经梧师兄新购置的。杨老师手持宝剑赞不绝口，好剑！这是一把好剑啊！剑的饰件是黄金的，长、重度适中，剑刃锋利，是一把开口即可使用的宝剑。大家边议论边欣赏着剑，我更是看得入神！散场后，我问经梧师兄何处可买到这么好的宝剑，师兄说："你想买吗？"我说："我想买，我现在还没有自己的剑，用的是杨老师的剑。"师兄说："前两天我看到了一把好剑，咱们去看看。"于是我俩来到隆福寺古董文物商场里选购了一把名为"折花宝剑"的剑。据商人讲，"折花剑"是用不同韧性的两种原料拧成麻花，折叠打造出剑身上的清晰花纹。白银饰件，重量称手，长度合适，就此确定下了这口宝剑。可惜在"文革"时剑上缴被熔炼了钢。[②]

1956年秋，李经梧参加全国12省市武术观摩赛，北京队的三位太极拳代表

---

① 严翰秀：《一片汪洋都不见》，见梅墨生：《大道显隐：李经梧太极人生》，北京：当代中国出版社，2007年，第32~33页。
② 李秉慈：《回忆师兄生前事　不负泰斗身后名》，见梅墨生：《大道显隐：李经梧太极人生》，北京：当代中国出版社，2007年，第112页。

是李经梧、汪永泉和张燕生。据李秉慈叙述：

> 在大会期间，经梧师兄曾向牛春明老师求教切磋推手技艺，经几轮演练后，牛老师因年龄关系和推手方法不适而拂袖作别了。后传出牛老师对李经梧的推手评价挺好，成为佳话。这次大会评选结果，经梧师兄被评为一等奖（与会运动员分一、二、三等奖），从此经梧师兄之声誉大震于京师武林！[1]

另据门惠丰叙述：

> 记得 1956 年在北京召开全国 12 单位武术邀请表演大会时，有一天晚上，李老来给北京队的太极拳运动员指导技术，给运动员说推手。当时我练的是戳脚翻拳，在一旁窥视，也不想放过机会，提出要向李老搭手求教，李老面带微笑说："小伙子，身大力不亏，如果真练好推手，天下无敌呀！"我伸过右手向李老手上一搭，就好像气球跑了气似的，浑身没着落，两腿打软，两脚嘣嘣直跳，跟跟跄跄坐到了床上，围观者哄堂大笑。李老说"我们打打轮吧"，给我喂四正手。我总想用力将李老推出，可有劲就是使不上，李老微笑说："你会戳脚，可以用腿。"起腿半边空，我哪能动得。李老纯真的太极功夫、文雅祥和的神态，使我产生了学练太极拳的欲望。[2]

李经梧在 1956 年北京和全国两次武术赛事上获得太极拳一等奖后，受到国家体委的重视，先后被安排在铁道部、铁道学院、中国科学院、卫生部、北京市体校等单位任太极拳教练。其时，国家体委提倡太极拳运动，以杨式为基础整理出"八十八式"太极拳和"二十四式"简化太极拳。李经梧也参与了推广工作，在此过程中又学到了杨式的手法和劲路。1958 年，八一电影制片厂特邀李经梧拍摄了全国第一部简化太极拳科教影片，片名《太极拳》。同年，人民体育出版社请各派名家编辑陈、杨、吴、武、孙等各式太极拳书，因陈发科已于 1957 年辞世，国家体委委托李经梧与李剑华、唐豪、顾留馨、陈照奎等共同编写《陈式太极拳》一书。据李德印叙述：

> 李经梧老师与我家是世交。1957 年我考取大学来到北京，当时我叔叔李天骥在国家体委武术处工作，他多次向我介绍经梧老师的武德和拳艺。其中两件事给我印象最深。
>
> 一件事是经梧老师承担了简化《太极拳》电影的教学示范。当时的环境与

————————

①李秉慈：《回忆师兄生前事　不负泰斗身后名》，见梅墨生：《大道显隐：李经梧太极人生》，北京：当代中国出版社，2007 年，第 109 页。

②门惠丰：《忆经梧先生二三事》，见梅墨生：《大道显隐：李经梧太极人生》，北京：当代中国出版社，2007 年，第 41 页。

现在不同，1956 年国家体委刚刚编定了简化《太极拳》，这是新中国第一套面向全民的武术教材，由杨式太极拳简化改编而成。由于它易学易练，规范明确，很快便在全国形成了一股学练太极拳的热潮。配合这股热潮，人民体育出版社出版了挂图和书籍，八一电影制片厂也决定拍摄简化《太极拳》教学影片。然而面对这件新事物，太极拳界引起了不小的非议：有的人担心太极拳简化改编会丢掉传统，使太极拳变成"小儿科"，降低质量；有的拳师担心简化《太极拳》的推广会影响自己的地盘，砸了自己的"饭碗"。面对这种情况，选择什么人担任简化《太极拳》影片的示范就成了一个不大不小的难题。这个人不但要有功夫、有水平，在圈内圈外都有说服力，同时还要有人缘、热心，大家乐于接受。国家体委主管部门再三权衡，最终选择了经梧老师。这种选择对经梧老师实在是勉为其难。作为一名刚刚获得全国武术大会金牌，深得吴式、陈式太极拳真传的名家，要从头学习杨式，担纲简化《太极拳》的教学，无疑是件效益不大、风险不小的事。然而经梧老师慨然应诺，认真出色地完成了拍摄工作。不仅提高了影片的技术感染力，也为武术界破除门派之见、树立新风做出了榜样。

与此同时还有另一件事，1958 年，人民体育出版社邀请各派名家编辑出版陈、杨、吴、孙各式太极拳书籍。其中陈式太极拳决定以陈发科老师生前传授的版本为准，委托经梧老师演练讲解，李剑华老师整理文字。同时建议书中的插图尽量采用陈老师生前的拳照，不足部分由经梧老师补拍。然而经梧老师执意不肯拍照，再三推荐陈发科老师的儿子陈照奎补拍，自己从中协助。他向李天骥表示："帮助照奎师弟继承好衣钵，是我对老师最好的交代。"我叔叔听了很感动，不止一次地对我说："经梧不仅功夫好，人品也好。"①

李经梧在京居住于什锦花园甲 34 号院，小院每晚聚满师兄弟切磋推手。据李树峻叙述：

有一次我和父亲在什锦花园练拳时，进来一个人，开门见山就要让父亲指导拳，说是慕名而来。父亲先问他的老师是谁，他回答了，但不是很有名气的人，我们没记住。接着父亲又请他练几个拳势看看。我见他练的"抱七星""揽雀尾"等，有板有眼，动作的确是太极拳的动作，但拳架子低到几乎趴在地上。这种情况下父亲还能怎么说呢？父亲婉转地说，你没少下工夫，可惜不是太极拳，这么练的话，我也没法指导你。来者告辞后，父亲对我说："这

---

① 李德印：《一言一行见真功》，见梅墨生：《大道显隐：李经梧太极人生》，北京：当代中国出版社，2007 年，第 42～43 页。

个人可惜了，但他的老师那么教他，咱也没办法。"

　　无知者固执，明明练拳不得法却偏要那么练，道听途说"在桌子底下练拳"，追求所谓的低架子。家父把这类练拳者形容为"卖弄腰腿的"——你的腰腿练得再好也超不过京剧武生，人家穿着戏袍、厚底靴子还能做朝天蹬呢，当然，对无知者，父亲能够客观地对待，"那不怨他，怨他的师父"。①

另据李树峻叙述：

　　家父也非完人，他有时太重义气，讲究礼数，照顾情面，规矩大而性情耿直。我大哥小时在北京当学徒时，因某事被人误解，当误会传到家父耳中时，家父不由分说就痛打了大哥一顿。我也曾因在一次交手试技时推倒一位师叔而遭到家父的痛责——这直接导致我对江湖规矩反感而淡出武林。②

　　20世纪50年代，河北省第一干部疗养院（后改名为北戴河气功疗养院）的住院疗养者均为战争年代出生入死、积劳成疾的县团级以上干部。院长刘贵珍负责整理出数十种民间健身养生方法，除了内养功在疗养院经临床实践推广开来，其他皆因没有专业人才而无法推广。刘贵珍为此多次向上级请求，希望调派专长人才到北戴河共事。秦皇岛市委副书记李越之和耀华玻璃厂党组书记赵衡都推荐李经梧到北戴河，得到国家体委批准。1959年7月1日，李经梧携家眷到北戴河工作。是年9月，为庆祝国庆十周年，北京举行第一届全运会，李经梧任武术裁判。据王培生弟子高壮飞叙述：

　　我第一次见到李师伯是在十字亭杨禹廷师爷的教拳处，当时北京要开运动会，李师伯来京，杨师爷告诉我：这是你李师大爷，并请李师伯给我说手。就在十字亭的南边空地处，我请李师伯给我说手。我的感觉是他的手走出一个无形的圈，我是进不去的，手是有形的，但圈是无形的，这在我一生中都值得研究。我比较了一下，杨禹廷师爷的手是根本摸不到，王培生老师的手轻柔，而赵安祥的手进攻力很强，赵师伯给我说手时，每次都把我由十字亭中间攻到另一头。据我的体会，李师伯的手有王子英师爷的真传，但其形成的手圈是无形无象的，而王子英师爷的手则给你一种不可抗拒的感觉。后来看到李师伯推手的录像，更加体会到他推手的威力就在于有一个无形的圈，使对方发出的力碰

---

　　① 李树峻：《曾经沧海难为水》，见梅墨生：《大道显隐：李经梧太极人生》，北京：当代中国出版社，2007年，第123~126页。

　　② 李树峻：《曾经沧海难为水》，见梅墨生：《大道显隐：李经梧太极人生》，北京：当代中国出版社，2007年，第127~128页。

李经梧拳照

李经梧（前排中）与部分弟子在北戴河合影

到他的无形圈上，而绝不是李师伯的力。①

20 世纪 60 年代初，武术界出现一场关于太极拳缠丝劲的大讨论，争论几乎到了白热化程度。在国家体委工作的李天骥为平息争论，特意邀请在北戴河工作的李经梧撰文做个结论。因李经梧既是陈发科的大弟子、《陈式太极拳》一书的作者之一，也是吴式太极拳的传习者，又直接参与创编简化太极拳，是全国首部简化太极拳科教片的演示者，他的意见应该相对公允，是值得争论双方尊重的。李经梧于是作了一篇《对太极拳缠丝劲等问题的体会》，发表于 1964 年10 月 21 日的《体育报》上，其中明确分辨了"抽丝劲""螺旋劲""缠丝劲"，使争论得以平息。

其时，在哈尔滨医科大学附属医院体育医疗科任太极拳师的李玉琳之子李天池多次去北戴河学习保健气功，也向李经梧学习拳艺和医疗经验。李经梧则向李天池学习孙式太极拳。据童旭东叙述：

> 经梧先生的孙氏太极拳学自李天池先生。关于李天池先生的功夫，我曾问过孙剑云老师。孙剑云老师告知，李天池先生对拳术并不精通，其孙氏太极拳的水平并不高。我又问："那李经梧先生怎么会跟他学习孙氏太极拳呢？"孙剑云老师说："我也问过李经梧，他告诉我说，他见过我二哥（指孙存周）的拳，对我二哥的功夫很佩服，说他见过的人里没有人能赶上我二哥。所以他一直想学孙氏拳。李天池去北戴河时他就跟李天池学上了。"这件事对我颇有触动。据我的了解，在 20 世纪 60 年代初，无论是在太极拳界的名气，还是在太极拳上的功夫，李经梧先生都要远在李天池先生之上，但经梧先生能不计较名气大小和功夫高低，虚心向名气和功夫都不如自己的李天池先生学习孙氏太极拳，实在不是一般人能做到的。其胸襟、其见识、其求真的精神令人不胜钦佩。②

1966 年初夏，"文化大革命"开始，武术也成了"四旧"，不能再公开练了。李经梧后来跟弟子讲起过"文革"初期在北京与师弟李秉慈相见的情景：

> 1967 年冬天我去北京给你们杨师爷拜寿，到王府井附近一家菜站去找他。当时因为"文革"时期破"四旧"，他不能担任太极拳教师了，被迫去做临时工，在菜站负责运送储存大白菜，每天工资一块五毛钱。无法生活，又将老伴也拉了出来，在菜站做临时工择菜，每天工资一块钱，两个人加在一起才挣二

---

① 高壮飞：《要认清什么是真功夫》，见梅墨生：《大道显隐：李经梧太极人生》，北京：当代中国出版社，2007 年，第 159~160 页。

② 童旭东：《四家绝学共滋养》，见梅墨生：《大道显隐：李经梧太极人生》，北京：当代中国出版社，2007 年，第 47~48 页。

块五毛钱,要维持一家九口人的生活!当时,我看见他从西直门外推回来一三轮车大白菜,这八九百斤的重载在平坦的路上还能骑一会儿,如遇高岗、上坡就得弯腰拱背地推着走。只见他满脸汗水,把一顶破帽子推到脑后,穿一身破旧的棉袄、棉裤,怕破棉袄干活时碍事,用一根草绳子拴在腰中。他脚上穿了一双破棉胶鞋,为了蹬车时脚踏板不滑还绕上了两根草绳子,当时真是精疲力尽。当他一眼看到了我,就跑上来双手抱住我,满面笑容地问我好!我当时心痛得不敢掉下眼泪![1]

李经梧自1959年到北戴河后,除了在疗养院教授太极拳、太极内功,还开办培训班数期,从学者逾万。"文革"结束后,以武术为代表的传统文化逐渐形成热潮,到北戴河向李经梧学太极拳者日众。据其自述:

> 十一届三中全会以后,百花齐放、百废待兴。尊重知识、尊重人才的风气日盛。太极拳运动在一度沉寂之后又得到了恢复和发展。过去从余学过太极拳的一些有成就之士,以及慕名带艺求师者,纷纷投帖拜师,余只好俯就。数年中,余在全国各地之入室弟子已达七十余人,其中不乏出类拔萃者。余退休后,常有学生来家问难求教,欣然与之切磋,兴趣盎然,绝无退休后的孤寂之感。此亦因习武得来晚年之乐趣。[2]

另据梅墨生叙述:

> 说实话,老师也不富裕。自1959年移居北戴河,他与师母、三个女儿一直住在疗养院内的家属宿舍。后来分给了院外的宿舍,也不过是三间小平房,院子是一窄长条,直到去世再未离开。家什尤为简单平常。先生在解放前可是北京西单"五洲百货店"的老板,挺阔气的。在40年代与陈发科师爷的合影中,他都是西装革履的。论名呢?四五十年代先生已享誉京城了。所以说,经梧先生是以一生修习太极功夫并证悟太极文化的"得道者",他的生平履迹是从显到隐,真正以平常心修证了"大道"。[3]

李经梧的入门弟子主要有李树椿(子)、李树峻(子)、李美江(女)、李芳(女)、杨培文、国超群、刘云宽、潘序伍、陆尚君、赵文山、王大勇、赵振生、梁宝根、徐汉庭、孙晓亭、潘淑仪、刘艳军、吕德和、徐翔、冯益建、丁少春、

---

① 翁福麒:《同门之谊胜手足》,见梅墨生:《大道显隐:李经梧太极人生》,北京:当代中国出版社,2007年,第118~119页。

② 李经梧:《李经梧传陈吴太极拳集》,保定:河北大学出版社,1993年。李经梧晚年片段事迹参见冯益建《李经梧传奇与国标太极拳练习精要》,北京:中国经济出版社,2012年,第41~51页。

③ 梅墨生:《我读李经梧》,见梅墨生:《大道显隐:李经梧太极人生》,北京:当代中国出版社,2007年,第143页。

张玉琮、冯志明、谷平海、刘亚非、甄维方、范增、秦文礼、刘来春、刘玉兰、陈湘陵、周树生、贺向农、孟庆昌、左致强、李凤君、张蕴山、曹瑞明、刘兴基、王广礼、周冠义、楚家俊、于海龙、周忠义、冯丽珍、贾仲满、刘玉智、李建民、项国员、单颖、吕压西、张蕴良、冯滨、孙洪光、梅墨生、徐立洲、胡万金、王淑芹、闫芳、王绪仁、刘益琥、尹钟麟、王怀珍、张玉珩、杨福奎、贾玉彬、贺长锁、惠有森、吕国熙、王凤锁、卢津原、赵洪、孙金星、程显坤、霍志民、徐步阶、索珍山、明桐林、孙新城、张志君、杨玉歧、张天戈，等等。

六、蔚为壮观：洪均生与“洪式太极拳”

陈发科的徒弟洪均生自北平回山东济南定居后，潜心研究琢磨，积数十年习练经验，将缠丝劲路的大圈逐渐缩小，改为细密紧凑的小圈，以至将震脚发力也隐含了起来，呈现一派新的格调。其后传甚广，多达数万，形成以济南为中心的庞大传习群体。

洪均生，河南禹县人，清光绪三十三年（1907）生，自幼随父在京，十七岁时因体弱多病而辍学。民国十九年（1930），洪均生经人介绍，随北邻刘慕三学吴鉴泉所传的太极拳，后见北京小报登载名武生杨小楼跟陈家沟来的拳师陈发科学太极拳后身体转健，已能演重头戏的消息，由刘慕三带领诸学生共同拜陈发科为师。洪均生曾自述当年随陈发科习拳的情形：

> 我的学拳方法是先看后练。由于同学习班 30 余人都是北京电报局的职工，只我一人是无工作的初学者。起先是为了礼貌，请师兄们先学，学完上班，我总是等到最后才学。这样看了几天，动作自然顺遂。我师教拳给了我看的机会。不论多少人学，他总是一个一个地教。比如 30 人学，每人平均示范 5 次，便可以看到 150 次。这样脑子里先有了印象，则学时必然会容易些，几天之后，我又分了次序细看。先看手法，次看步运，再看眼法和全身的配合方法与时间。我初学记准了全身动作的时间与方向，但整个套路练得不多（每天只练 5 趟），而单式子却练得不少。其方法是：将学会的式子，逐个向我师请教示范，我师亦不厌其烦地有求必应。我的动作和我师的示范略有不似，就反复做百余次，必尽肖而后已。所以从 1930 年从师学拳至 1944 年有 15 年。从那时

洪均生（1907—1996）

至 1956 年，离开我师 13 年之久，而我师的拳式，甚至示范的精神，都能在我脑子里如电影般很快映出来。我与山东电视台来访的同志说："因体弱，套路虽懒而未下多少功夫，但脑子却不懒，至今记忆犹新。"因此，1956 年我重返北京谒陈师，求为复习，我师看我练过一、二路后，说："拳式未错，功夫也有不小的进步。"[1]

洪均生又曾说：

我自 1930 年随同刘慕三先生带领的北京电报局 30 多人向陈发科师学习陈式太极拳，对我师的报答，只是初学的几年按月交纳二百元学费。七七事变后，刘老调往太原，诸同学都有调动，那个学拳组织便散了。我从那时起对老师没有奉上一点报酬了，但我师对我的感情却更加深厚，有时来我家住两个月。他每晨都到我妻窗前，连呼："静兰，起来练拳。"日寇侵华后，我生活无

---

[1] 洪均生：《跟随陈发科学拳》，《武林》2001 年第 12 期、2002 年第 1 期。

着，甚至断炊，便领着六个孩子跑到我师家里，饱餐一顿小米稀饭。陈师与我们有饭同吃，情逾父子。陈师常说："我教的学生中，以杨小楼最为聪明，拳理一讲便明，拳法一学就会，可惜他年龄大了，不可能学得彻底。你和小龙（照旭的乳名）脑子、身体都不笨，当深造下去。"又常和我说："你要好好地用功三年，就可以等于别人练十年的。"语意亲切，对我抱有很大希望：能够继承他的拳艺。但是初学的前三年，我因体弱，对震脚、发拳都以松柔来练，也不跳跃。我师犹如慈母对待弱子一般，既望其速成，又不肯勉其所难。学过三年后，见我体略转健，便谆谆教我放足架式，每式进退要求腿肚贴地而行。又说："练完一套拳，应当如同坐在椅子上，那样塌好裆劲，全凭两腿随腰裆之旋转而变化虚实。"并督促我每天多练。他对我从严、从难、从实战出发，并将手的八法怎样与全身配合，不厌其烦地一一讲解。我为了报答老师的期望，于 1934 年开始照着师教用功。起先练不了五个式子，后来能每天练到三十趟，有时还能练五十趟，方悟我师所说"趁热打铁才能成功"之语，确是实言。可惜只这样练了九年，便因日寇侵华，心情懊丧，不这样练了。1944 年因生活所困，洒泪别师，南迁就食于济南。1956 年，我再次赴京求我师为我纠正拳法。分别十三载，师徒重逢，我宛如天涯游子重依慈母膝前，悲喜之情难以言喻。我师说："此拳无一动作是空而无用的。"于是每天教我推手、散手，并从头逐势逐动讲解试验用法，同时教以解法，使我心中豁然开朗，如拨云雾见青天。如是者将及四月之久。后因家事，不得不忍痛辞师。不料我师竟于 1956 年逝世！这使我至今愧负师望，永为陈师不成材的老学生，不胜内疚。但是我从一个药罐子似的弱书生得以寿延九旬，从一个一无所知的学拳者，能对此拳的理精法密略窥门径，无一非我师所赐。每思恩师，凄然泪下，誓将我师所授反馈于陈氏后人，并公之国内外爱好陈式拳者，以志永远纪念我师。[1]

陈发科辞世不久，"大跃进"就开始了，全国大炼钢铁，民国时曾就职于山东省盐务局的洪均生被扣上帽子，派去筛沙。洪均生将太极拳融于体力劳动中，体会缠丝劲的锻炼方法，体会腰裆劲的运用。紧接着，又是三年困难时期。1961 年，洪均生患了偏瘫，生活极苦，几乎难以支持。幸受学者刘子衡鼓励，开始整理心得，《陈式太极拳实用拳法》三易其稿，都是洪均生在居住多年的阴暗潮湿的棚屋里，趴在破板床上完成的。据其弟子李恩久叙述：

---

[1] 洪均生：《跟随陈发科学拳》，《武林》2001 年第 12 期、2002 年第 1 期。

　　1944 年，洪老师回到济南，在山东省盐务局工作。由于在国民党政府任过职，这段经历使他在解放后戴上了"历史反革命分子"的帽子。在当时的历史环境下，洪老师的生活状况非常差，没有工作，居住在一间不足 9 平方米的棚子里，靠教拳为生。"文化大革命"中，迫于当时极"左"形势的压力，他的儿子和他划清了界线。尽管生活困顿，可是他却非常乐观，潜心研究太极拳。①

　　洪均生少年多病，幸遇明师，身体转健。中年丧偶，子女又多，生活艰难，由学生们资助，住在济南东巷一间陋室里。因无工作，一度被安排扫大街为生。虽经历坎坷，却毕生追求太极拳的高深境界而不稍懈。经过几十年研究，他对陈式太极拳理法有独到的认识，对陈式太极拳的核心劲路缠丝劲的锻炼更加缜密。据李恩久叙述：

　　　　他最大的特点是求学认真，治学的思想非常严谨。比如对陈式太极拳练习中手的公转、自转的解释就很有见地。他认为，手臂绕大圈是公转，同时手还有自转。太极拳只要把基本规律和动作掌握好，掌握好动作的角度、方向和加速度，再加上缠丝劲，就能打出爆发力。还有对下肢和上肢的配合问题，洪老师提出了三节劲，在三节劲的运用中，哪些部位如何旋转、如何配合，他讲得非常清楚、细致。他还首次提出太极拳要随遇平衡，也就是练习太极拳不管重心、力点如何变化，都必须保持或及时恢复平衡。②

　　直至 20 世纪 80 年代初，因李恩久到沈阳参加全国武术观摩表演赛，洪均生才被国内武术界注意，名声鹊起。因日本学生来济南学拳，政府有关部门将洪均生安排到菜市新村一个两居室的房子里，至此，洪均生才得以安居。据其日本学生曾我忠弘叙述：

　　　　观看了洪老师的示范表演，真正看到了我们所倾慕的东西。他身上有着令人难以置信的极高雅的武术气质，而他就像一位杰出的哲人，蕴藏着人类的奥秘。

　　　　……我也曾试图推动洪老师的身体，但就在欲推之瞬间，突然力量被什么给带走了，自己反倒被弹向相反的方向。……洪老师的身体就像装有机械装置，在他本人尚未意识到的一刹那就自动作出反应。再者，洪老师在击溃对方中心时，其手的精确度可达到以毫米计。我们称他的手为"魔手"。在我与洪老师门下的弟子们练习推手时，应战的对手无论我使上什么招数都纹丝不动。

---

①龚新建：《太极大家洪均生》，《中华武术》2006 年第 6 期。
②龚新建：《太极大家洪均生》，《中华武术》2006 年第 6 期。

洪均生在岱顶留影

洪均生（中）与杨振铎、王培生、冯志强、陈小旺合影

洪老师见状走来，只轻轻地将其手放在我的手上，我的对手就被推走，令我惊奇不已。我这才亲身体会到，内家拳的功夫是日积月累、不懈努力得来的。[①]

1981年以后，洪均生不仅经常接待来访问求学的国外太极拳代表团，还常参加国内的各种武术活动，并毫无保留地向国内外武术爱好者、武术运动员传授太极拳技艺。据说，有人曾开玩笑说："洪老师，您应该留一手。"洪均生说："我这手一转就是三百六十度，你让我留哪一手？手把手教还教不会呢，还留一手。"据李驻军[②]叙述：

我以前曾读过蒋师兄写的一篇文章，谈到1971年有一次他同洪老师推手的情况："我和洪老师推手，总觉得自己的手短，洪老师的手长。当时我无意问了洪老师一句，如果对方手突然按到胸部，不用手法能解吗？洪老师让我试一试。我用力向洪老师胸前猛按，只觉得双手如按在弹簧上，身不由己地被弹回一丈多远，吓了一身汗。"我请教洪老师，当时是怎样把蒋师兄弹出去的。洪老师也让我试试，我双手按到洪老师身上，觉得两手按不到实处，只觉得他的身体里面会旋转变化（外形看不出动），好像按到转动很灵敏的机器上，所以不敢冒失用力。正在犹豫时，洪老师一进步，用他的身体通过我的手把我打回一步（前足退回成后足）。我问洪老师："是要进步的吗？"洪老师说："不，因为你不用力我才上步。"我明白，我若用大力按去，就会被打出更远。

洪老师还讲过一件事：一次他和一位叫乔明德的学生在家里练习太极拳的用法，这学生用右拳打去，洪老师用接手式（洪式太极拳第一个拳式金刚捣碓的动作，一手接人手腕，一手接人肘部）去接，右手一接到这学生的右手腕外侧，这学生便飞出足有一丈多远。洪老师说，这学生的一拳打得刚速至极，才会被弹回这么远。

目前居住在加拿大的师兄弟陈中华跟我讲过洪老师的三件事。第一件事是1980年他到济南的山东大学读书时，看洪老师在黑虎泉教一些日本人练拳。一位中年日本人通过翻译问洪老师是否可交手一试，洪老师答应。洪老师站着不动，左手仍握着烟斗，日本人冲上去一拳打向洪老师右胸，洪老师不推不架，仅以右胸一抖，日本人两足离地半米多高，蹦回二三米远。再试，又是一拳打在洪老师胸上，还是蹦回二三米。第三次又是一拳，仍是腾空蹦回。

[①] 曾我忠弘：《跟洪老师学拳——济南学拳记》，原载于日本《太极》杂志，1983年9月秋季跃进号，此处转引自《中国太极拳》1993年第1期，江林译。

[②] 有关李驻军事，参见董生《传承国粹 彰显太极神功——记太极明师李驻军》（《武林》2006年第6期）、宋聚辉《用事实说话，以用真功赢人——山东电视台综艺频道〈周末好时光〉栏目采访李驻军先生纪实》（《武魂》2006年第7期）等。

第二件是 1990 年，陈中华从加拿大回山东探亲。一天，洪老师在济南武术馆里教一群日本人。洪老师因中风以后腿不好，只能坐在椅子上指点。日本人想请教洪老师一个问题，但翻译译不出来，就想比划给洪老师看。洪老师正坐在椅子上跟别人说话，转过头来见翻译的手已来到面前，遂左手一抬，翻译腾空飞起再跌到地板，"轰"的一声。人们看到翻译突然飞起，禁不住惊叫起来。

再一件，是陈中华有一天到洪老师家中去，看到洪老师睡床的一条横木断了，下面用一条木棍撑着。原来洪老师的一位学生（身强力大，功夫很不错）琢磨出一个招数，来找洪老师试试，哪知他一发劲，自己腾空飞起跌到床上，把横木压断了。[①]

据自 1964 年从学的门生蒋家骏（1942—2018）[②]叙述：

（1995 年 5 月）在济期间，一日洪师讲解散手与推手，他老人家一高兴离座站起，要我与他试验散手技法，并要我随意进攻，不拘成法。当时，我深信老师拳法高超，然总归年高九旬，我怎能与老师较拳？犹豫不决间他似看透了我的心思，笑着说："你随我三十余年，我看你最近功夫长进了没有。"接着又说，"你不要有任何顾虑，只管放心来攻，否则陈式技法怎能进一步领悟？"我考虑再三，心想用一个两全之法，就是以虚手引化、保持距离，既安全又能展示自己的功夫，且不负洪师之意。谁知一交手完全出乎我的意料，我两全之法只剩下一全了！

当时我以左手虚晃洪师面门（防则虚，不防则实），同时进右步，速发右拳，直攻他胸前，本意拳到他胸前寸许停住，察其变化，以防不测。却没料到他随势进身，破坏我保持的距离，同时以右手外侧接我右拳。说时迟，那时快，我被打了一个后空翻。洪师身法速度之快、手法之妙，无与伦比。我仅觉得发出的右拳好像碰到了一个飞转的轮子，身不自主地翻转过去。要不是洪师当即抓住我的手腕，还不知我会摔倒跌伤成什么样子呢。[③]

洪均生自 20 世纪 60 年代初开始撰写《陈式太极拳实用拳法》，反复修改多次，一开始是用毛笔抄写，后来出了刻版的油印本。直到 1989 年，七易其稿，由学生资助，该书才得以正式出版。其著作另有《陈式太极拳》《十三势心解》《太极拳式名考释》及诸多文章，并编有三路剑法。

---

①李驻军：《"洪均生太极功夫"实录解析》，《武魂》2006 年第 1、2 期。

②有关蒋家骏事，参见梁伟明《文武相重　履践一生——记著名太极拳家蒋家骏先生》（《武林》2002 年第 5 期）等。

③蒋家骏：《一代名师洪均生先生的武学成就》，《武林》2001 年第 10 期。

1996 年初，九十岁的洪均生在济南辞世。其终生钻研拳艺，后传甚众。1999 年，其弟子刘成德在济南发起成立济南洪传陈式太极拳研究会。[①]另外，洪均生门人有称，洪老师在世时曾以手书"洪式太极"见示。如今，洪氏传人中已有"洪式太极拳"之称。[②]

———————

　　① 丛立天：《我所了解的济南洪传陈式太极拳》，《武魂》2002 年第 3 期。有关刘成德事，参见魏述海《太极凌晚桂　劲节卷寒松——记太极拳师刘成德》（《少林与太极》2008 年第 3 期）、张福华《师恩重如山》（《精武》2008 年第 5 期）等。

　　② 有关洪均生事，另参见范春和《从"药罐子"到名拳师——记洪均生老师》（《中华武术》1986 年第 1 期），哈乐之《悼念洪均生宗师》（《武林》1997 年第 1 期），王成《悼太极名家洪均生》（《精武》1997 年第 2 期），李驻军、李昌震《精武为国，德泽后代——怀念洪均生老师》（《武魂》1999 年第 3 期），何淑淦《"洪式太极拳"的由来及其风格》（《武魂》2001 年第 3 期），李储功《跟随洪均生先生学拳》（《武林》2006 年第 3 期），田芸《神交洪公——纪念洪均生先生诞辰一百周年》（《武林》2006 年第 3 期），蒋家骏《功深面壁　不求闻达——永忆恩师洪均生先生》（《武林》2006 年第 3 期），张延海《洪均生太极哲学之我见》（《中华武术》2010 年第 6 期）等。

第八章

连环肯綮

——陈清平与赵堡拳技的渊源流变

赵堡镇和陈家沟村同在河南怀庆府温县，相距不过五六里。清嘉庆道光年间，当陈家沟的陈长兴（1771—1853）在村中授艺于直隶广平府永年县杨禄躔时，赵堡的陈清平①（1795—1868）同样有拳技传承在身。杨禄躔学成归里，武禹襄见而好之，从其学，仅得大概。直到咸丰二年（1852），武禹襄因公赴豫省，因其时陈长兴已老病②，遂绕道赵堡镇，拜访陈清平，从学月余，精妙始得，此后毕生研究此技，自成一体。陈清平之名，也随着武禹襄外甥李亦畬所作《太极拳小序》而广为后世所知。在陈清平的前后，又各有传递脉络。

一、渊源：陈清平的拳技前辈们

据说，陈清平祖辈为温县陈家沟东邻的王圪垱人，后搬至赵堡经商，陈清平身在赵堡时才学得拳技。赵堡与陈家沟虽近，所传却不完全相同。③

陈清平的师承渊源长期不为外界所知，其当时所传承的拳术名称，如今也不甚明确，大约并非"太极拳"。迄今所知，"太极拳"之名出现最早的可信史料，是李亦畬于光绪七年（1881）至八年（1882）间将王宗岳太极拳论、武禹襄著述的及李本人所附内容合并而成的文本，封面题字"太极拳论（后附小序并五字诀）"，李亦畬手抄三份，一份自存，一份交胞弟启轩，一份授门人郝为真（其中，郝藏本封面在"太极拳论"前有"王宗岳"三字）。杨禄躔早年学成归来所传授的拳技称为"化拳"或"绵拳"，后来随武禹襄所掌握的王宗岳《太极拳论》而改为"太极拳"。至于河南陈家沟和赵堡累世精擅拳技，直隶广平府杨禄躔、武禹襄分别与之具有传承关系，此说似并不假，只是在民国以前，无论陈家沟还是赵堡均无拳

---

① 有作陈青平、陈清萍或陈青萍。
② 陈长兴卒于咸丰三年（1853）三月初三日戌时（陈绩甫：《陈氏太极拳汇宗》"自序"）。
③ 参见路迪民《陈清平身世考略》（《武当》1996 年第 5 期）。另据张满宏论证：陈清平父亲即已迁居赵堡，陈清平为迁居赵堡的第二代人。（张满宏：《也谈陈清平与赵堡太极拳》，《武魂》1994 年第 11 期。）

谱、碑刻等明确的文字史料可以证明该拳称为"太极拳"。①

直到民国时期，先后受"军国民""尚武""国粹"等外来思潮促动，国家在学校、军警及社会团体中明确提倡"武术""国技""国术"。在此潮流下，杨家所传"太极拳"大行于南北。随着口耳相传以及新式图书的出版传播，很多人皆知杨禄躔当年习自河南陈家沟。此后，陈家沟陈鑫、陈子明、陈绩甫等人的著作才相继将陈家沟世代传承的拳技称为"陈氏太极拳"。

民国二十四年（1935），赵堡陈清平的后传、河南沁阳人杜元化（育万）继陈家沟陈子明《陈氏世传太极拳术》（1932 年）、陈鑫《陈氏太极拳图说》（1933 年）之后，在开封出版了石印本《太极拳正宗》一书，将赵堡拳技的渊源脉络公之于世，也以"太极拳"相称。书中记载陈清平以前的传承关系为：云游道人—王林桢—蒋发—邢喜槐②—张楚臣—陈敬柏（有作"陈敬伯"）—张宗禹—张彦—陈清平，其中"太极拳溯始"章节写道：

> 余先师蒋老夫子，原籍怀庆温县人也。生于大明万历二年，世居小留村，在县之东境，距赵堡镇数里之遥。至二十二岁学拳于山西省太原太谷县③王老夫子讳林桢，事师如父，学七年，礼貌不稍衰，师亦爱之如子。据闻王老夫子学于云游道人，学时即告以"此拳之来历久矣。此拳何自来乎？有歌为证，歌曰：'太极之先，天地根源。老君设教，宓子真传。玉皇上帝，正坐当筵。帝君真武，列在两边。三界内外，亿万神仙。传与拳术，教成神仙。'今将此歌、

---

① 2005 年前后爆出博爱唐村有《李氏家谱》、王宗岳为其师挂匾等一系列证据，称李氏祖先李仲、李信和陈王廷在博爱县唐村北面的千载寺、三圣门、太极宫学拳，由此得出李氏数位祖先才是《太极拳谱》的作者、唐村才是太极拳的研发地等结论，被二水居士、周伟良等认定属于造假。相关资料参见王兴亚、李立炳《李岩籍贯与陈氏太极拳源流新说——康熙五十五年唐村〈李氏家谱〉的发现及其价值》（《中州学刊》2005 年第 4 期），王兴亚、马怀云《博爱发现明末李岩李牟的重要资料——唐村〈李氏家谱〉历史价值探析》（《中原文物》2005 年第 5 期），程峰《太极拳起源问题的再探讨》（《中州学刊》2006 年第 2 期），王兴亚《对李岩籍贯问题的再考证——兼论博爱唐村〈李氏家谱〉的可信性》（《中州学刊》2007 年第 4 期），龙卫东《李道子与太极拳关系考——〈千载寺唐僧十力传碑〉的可信性与价值初探》（《中州学刊》2008 年第 3 期）等。实际从已公布的所谓《李氏家谱》及千载寺碑的图片字迹和文辞来看，均属低端造伪，已不值得继续讨论。

② 杜元化《太极拳正宗》作"邢喜槐"，后人相关论述中多作"邢喜怀"。据说，"邢喜怀的后代，邢家第十七代孙邢九纯，'文革'前家里还保存有邢喜怀当年用过的春秋大刀，刀头部分重三十多斤，把是桑木做的，可惜的是在'文革'中被当作'四旧'毁掉了。"（王海洲：《赵堡太极拳简介》，《中华武术》1999 年第 1 期。）

③ 杜元化《太极拳正宗》一书记载："蒋发的老师是山西晋阳七里堡人王宗岳。"颜紫元说："晋阳即现太原，无论是晋阳还是太谷，我在山西考证时都没有查到'七里堡'，而且太原、太谷离河南博爱县（原河内县）及温县赵堡镇路途遥远，山西（古称山西为山右，太行山之东的山东称山左）的王宗岳若经商，从太原或太谷去河南似乎要走很遥远的路。因此这么小不踏实，一直令本人耿耿于怀。"依据和有禄《和式太极拳谱》中的线索，颜紫元比较了后来在赵堡发现的民国十七年陈鑫手抄本所载"汾州府汾河小王庄"之后，认定其为山西王宗岳故里。另据颜紫元介绍：清之汾州府即今山西襄汾县，汾河县即今翼城县，原属汾州府，翼城县境内的王庄即清代的小王庄。

此道以及诸秘诀传之于汝，汝必择人而传，不可不慎"。所以，蒋老夫子学成之后，归家之时，王老夫子嘱曰："汝归家，此术不可妄传，并非不许汝传，是不得其人不传，果得其人必尽情以教之。倘得人不传，如同绝嗣。能广其传更好。"

归家之后，其村与赵堡镇相距甚近。赵堡有邢喜槐者，素慕蒋发拳术绝伦，因素无瓜葛，无缘从学。每逢蒋老夫子到镇相遇，必格外设法优待，希图融洽，意在学拳。如此，蒋老夫子阅二年之久，见其持己忠厚有余，待人诚敬异常，察知其意，始以此术传之。其中奥妙，无不尽泄。

其后，有张楚臣者，邢先生之同盟弟也。想其人不卜必端，所以邢先生又尽情授给之。张楚臣先生原籍山西人也，初在赵堡镇以开鲜菜铺为业，后骏发，改作粮行。察本镇陈敬柏先生人品端正，凡事可靠，所以，将此术全盘授之。

其后，陈先生欲扩张此术。广收门徒至八百余人，能得其一技之长者十六人，能得其大概者八人，能统其道者，惟张宗禹先生一人。

其后，传给其孙张先生彦，先生又传给陈先生清平。

后世赵堡当地人口述传承脉络，与沁阳杜元化的记载大致相当。[1]

民国以来，关于太极拳起源的问题一直争论不休。后来以唐豪、顾留馨为首的陈家沟论者认定太极拳为明末陈家沟陈氏第九世陈王廷[2]所创，而太极拳其余各家派皆持反对意见，认为太极拳并非陈家所创，而是起源于张三丰，后传至山西王宗岳，以至蒋发。实际这两种说法可能都存在问题，它们把复线性的历史演变过程单线化了。

陈王廷事迹，较早为民国时期陈鑫《陈氏家乘》所记，文称：

陈奏庭，名王廷，明庠生，清入武庠，精太极拳。往山西访友，见两童子扳跌，旁有二老叟观，公亦观之。老者曰："客欲扳跌乎？"曰："然。"老人命一童子与之扳跌。童子遂搂公腰，亮起，用膝膝公气海者三，将公放下，忽老幼皆不见。天亦晚，公怅然而归。公与登封县武举李际遇善，登封因官逼民乱，以际遇为首，公止之。当上山时，山上乱箭如雨，不能伤公。遇一敌手，

---

① 后世发现的赵堡一脉太极古本拳谱《太极秘术》残卷，如果内容属实的话，可说是杜元化所述太极拳传承关系的有力证据。据该残卷记载，张楚臣的弟子另有王柏青。（参见王震川供稿、谭大江校评《孤本残卷秘典　隐世历劫重光——记评赵堡太极拳历史文献的重大发现》，《武当》1998 年第 8、9 期。《太极秘术》残卷全文刊载于《精武》2000 年第 5 期。）只是从其中文辞推断，仍有作伪之嫌。

② "陈王廷"，有作"陈王庭"。经赵任情考证，认为并非同一人。（详见赵任情《"陈王廷"与"陈王庭"确非一人》，《武魂》2004 年第 12 期。）

陈家沟陈氏宗祠中供奉的陈王廷、蒋发画像，"文化大革命"期间被毁。此为陈家沟后人陈庆州于1962 年拍摄

公追之，三周御寨未及。李际遇事败，有蒋姓仆于公，即当日所追者。其人能百步赶兔，亦善拳者也。公际乱世，扫荡群氛，不可胜记，然皆散亡，只遗《长短句》一首。[①]

陈鑫的弟子陈子明也有记述：

陈王廷，字奏庭，崇祯康熙间人。明末天灾人祸相继而起，地方官又罔恤民困，苛征暴敛，无所不知。登封民无力纳粮，官逼之，遂揭竿起事，以武举李际遇为首。公与际遇善，往止之，力劝不听，但约不犯温境。满清定鼎，际遇事败族诛，有蒋姓者仆于公。一日，公命备马出猎于黄河滩，有一兔起奔，蒋追，未及百步获之。公忆及际遇有一部将，能健步如飞，马不能及。询蒋，果即其人。[②]

以上记述中，陈王廷到山西遇神仙及蒋发百步赶兔一类口传的真伪，自不必

---

　① 陈鑫：《陈氏太极拳图说》"陈氏家乘"，开封：开明印书局，民国二十二年（1933），"附录"第一页。

　② 陈子明：《陈氏世传太极拳术》"陈王廷传"，上海：中国武术学会，民国二十一年（1932），第一页。

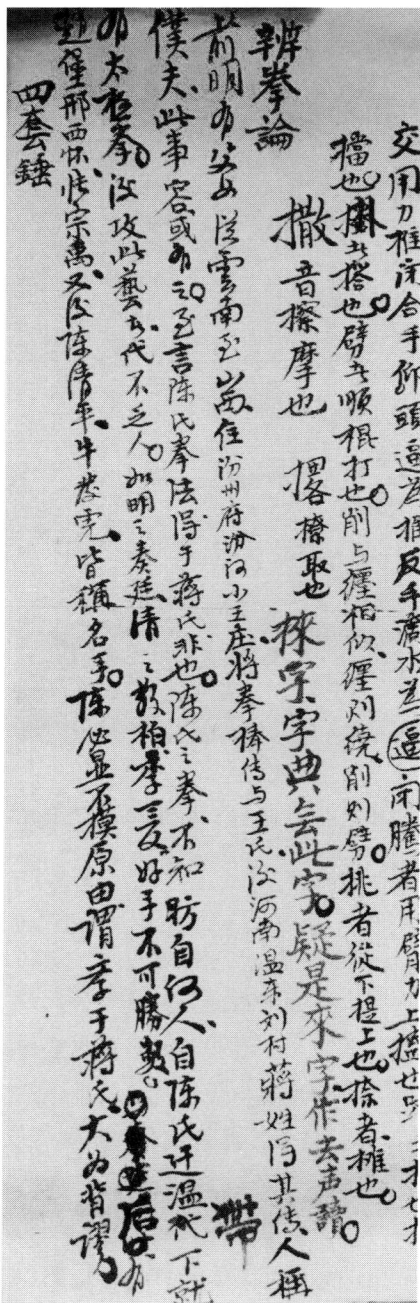

陈鑫手抄本中的《辨拳论》

多论。而陈鑫也只是说陈王廷"精太极拳"，并未称陈王廷"创太极拳"。赵堡保存的民国十七年（1928）陈鑫手稿，在《枪棍字解》与《四套锤》之间有一篇《辨拳论》，内云：

前明有父女从云南至山西，住汾州府汾河小王庄，将拳棒传与王氏。后河南温东刘村蒋姓得其传，人称仆夫。此事容或有之。至言陈氏拳法得于蒋氏，非也。陈氏之拳不知昉自何人，自陈氏迁温带下就有太极拳。后攻此艺者，代不乏人。如明之奏廷，清之敬柏、季牲，好手不可胜数。后有赵堡邢西怀、张宗禹，又后陈清平、牛发虎皆称名手。陈必显不摸原由，谓学于蒋氏，大为背谬。①

通过陈鑫这篇《辨拳论》，大致可以解释陈鑫只说陈王廷"精太极拳"而不说"创太极拳"的原因。因为按照陈鑫的思路，陈氏自始祖陈卜迁到温县时，就带着太极拳过来了，自然比第九辈陈王廷要早得多。不过，后来的陈家沟论者也基本没有采纳这一说法，而是大致认定太极拳为陈家九世祖陈王廷所创。

蒋发，似确有其人。据赵堡刘庆玺和吴金增等人于1988年去距赵堡不远的西水运村了解，蒋家仍有后人。据其后裔蒋干元所述：蒋发，字福，生于明万历二年（1574），祖籍开封府东蒋家寨，后随家迁往河南怀庆府温县赵堡镇。蒋干元保存有先祖蒋发所使用的兵器——长把手梢、

①和有禄：《和式太极拳谱》"附录二"，北京：人民体育出版社，2003年，第271页。

袖捶、拐棍等，原本还有双鞭，大的五斤、小的三斤，不慎遗失。据说因担心黄河水患，蒋发后人曾将蒋发墓碑移于黄河大堤一小沎内存藏。

　　陈鑫所记载的陈王廷"际乱世，扫荡群氛，不可胜记，然皆散亡，只遗《长短句》一首"之内容，也被唐豪、顾留馨等人视为陈王廷创太极拳的证据。《长短句》曰：

　　　　叹当年，

　　　　披坚执锐，扫荡群氛，几次颠险。

　　　　蒙恩赐，罔徒然。

　　　　到而今，年老残喘，

　　　　只落得《黄庭》一卷随身伴。

　　　　闷来时造拳，忙来时耕田。

　　　　趁余闲，

　　　　教下些弟子儿孙，成龙成虎任方便。

　　　　欠官粮早完，要私债即还。

　　　　骄谄勿用，忍让为先。

　　　　人人道我憨，人人道我颠。

　　　　常洗耳，不弹冠。

　　　　笑杀那万户诸侯，

　　　　兢兢业业，不如俺心中常舒泰，名利总不贪。

　　　　参透机关，识彼邯郸。

　　　　陶情于渔水，盘桓乎山川。

　　　　兴也无干，废也无干。

　　　　若得个世境安康，恬淡如常，

　　　　不忮不求，哪管他世态炎凉。

　　　　成也无关，败也无关。

　　　　不是神仙，谁是神仙？①

　　所谓"闷来时造拳，忙来时耕田"，今人借用训诂法认为，"造拳"的"造"，更可能是"造访"而非"创造"之意。②而按方言，"造拳"大致与后来的"练拳"

---

　　① 陈鑫：《陈氏太极拳图说》"陈氏家乘"，开封：开明印书局，民国二十二年（1933），"附录"第一页。

　　② 谭大江：《评陈王庭"造"拳》，《中华武术》1995年第1期。

意思相当。①更有研究者细致分析了《长短句》，认为其并非陈王廷所作，而是出自陈鑫本人的手笔②，并且考评了陈王廷之后陈家沟所出现的《拳经总歌》，认为其只是照搬或重组戚继光《纪效新书·拳经捷要篇》中的词句而来，从而证明陈王廷时代陈家沟并没有太极拳。③确切地说，陈家沟传习的拳技是当时盛行于河南，并一度流传到山西洪洞一带的长拳，陈家沟称之为"炮捶"。④

戚继光《纪效新书·拳经捷要篇》共三十二势，陈家沟拳则有二十九势的名称与之相同或相似。将民国时期陈子明书中拳照与《纪效新书·拳经捷要篇》的图像对比，可发现二者存在诸多近似。⑤如此一来，陈氏拳很可能就是明代戚继光《纪效新书·拳经捷要篇》的"活化石"。除此以外，陈家沟与戚继光还有另外的关联线索。若《长短句》并非出于陈鑫手笔，而确是陈氏祖上传下来的，其文辞实际更像是晚年戚继光的境遇和心态。由此，陈氏拳与《长短句》皆有可能为陈氏祖上直接或间接得自戚继光。只是至今尚缺乏直接的史料证据可以明确陈家沟拳与戚继光之间的在具体传承层面的关联。

至于赵堡一脉的拳技，因与陈家沟在拳势名称和动作定势上存在诸多类似，同样可能与明代戚继光《纪效新书·拳经捷要篇》存在源流关系，而非因史实漫漶导致后世越传越玄。实际上，赵堡拳技传至陈敬柏，即与陈家沟之间出现交集。陈敬柏（1663—1745），名琚，字长青，敬柏为号，昆仲四人，行一。⑥其祖上为陈家沟人，其祖父——陈氏第十世陈文举迁至赵堡经商，陈敬柏生于赵堡，得到张楚臣传授。此后，陈敬柏"欲扩张此术，广收门徒至八百余人，能得其一技之长者十六人，能得其大概者八人，能统其道者，惟张宗禹先生一人"。据民国间陈子明记载：

> 陈敬柏，字长青，乾隆间人。从巡抚某于鲁，山东名手皆艺不及公，因号公为盖山东，言其艺之高也。晚年，归隐乡里。一日，赴东关泰山庙，有卖解者鬻技于广场，恃其艺高，出言不逊，公诮之。卖解者欺其老，遽起与斗，公俟其近，奋威一击，呕血踣地而死。时公适病后，一击之后亦不能支，坐场旁石上力脱而死。⑦

① 此为周伟良教授经实地考察后告知。
② 于志钧：《陈氏家乘〈长短句〉考证》，《武当》1994年第11期。
③ 于志钧：《评陈家沟三个时代的三种拳谱》，《武当》1995年第4~6期。
④ 于志钧：《陈家沟陈氏祖传拳考证》，《武当》1993年第3期。
⑤ 于志钧：《太极拳史》，北京：中国人民大学出版社，第243~249页。
⑥ 张杰：《陈王廷与太极拳无关》，《武当》2002年第6期。
⑦ 陈子明：《陈氏世传太极拳术》"陈敬柏传"，上海：中国武术学会，民国二十一年（1932），第二页。

因陈敬柏祖籍陈家沟，其名在陈氏族谱中明确有载，而其门徒颇众，所传张楚臣拳技是否已掺入陈家沟拳，或者说赵堡与陈家沟的拳术至此是否出现一定程度的融合，已难得知。

另外，据称陈敬柏后裔否认陈敬柏师从张楚臣，不知有何证据。反倒在追究陈敬柏时，又出现另外一种动向：陈家沟的陈秉旺、陈公兆二人，为赵堡陈敬柏所传。[1]

陈敬柏之后，经张宗禹（1724—1807）传至张彦（1765—1843）。张氏祖上于明初从山西洪洞县迁至河南武陵白水村，后又迁至赵堡镇大槐树圪垱。张宗禹是从山西迁至河南的第十三代。张宗禹传其孙张寒、侄孙张彦及邻村之原法孔（有作"原复孔"），以张彦艺最精。[2]原法孔后人原宝山有家谱可查。因张彦艺高胆大，遍访名手，身为文庠生的陈清平向慕已久，得以从学。[3]

陈家沟论者唐豪、顾留馨则认定：陈清平的太极拳是跟陈家沟陈氏十四辈陈有本学的。[4]证据仍是陈鑫所作《陈氏家乘》，其中讲：

> 有本习太极拳，尤得骊珠。子侄之艺，皆其所成就。风度谦冲，常若有所不及。当时精太极者率出其门，有本门人陈青萍、陈有伦、陈奉章、陈三德、陈廷栋均有所得。青萍传赵堡镇和兆元、张开、张罩山。

《陈氏家乘》是民国时期陈鑫在《陈氏家谱》之外加编的，并非历史流传下来的，不能完全以之为据，尤其以"太极拳"之名称后加于祖上，更需慎重对待。

而陈鑫弟子陈子明的书中又说，陈清平非但是陈家沟陈有本的门人，也是赵堡张彦的徒弟，"为陈有本、张彦门徒，得太极拳理，赵堡镇一系皆其所传。广平武禹襄初学于杨福魁，然精微所在秘不以传，因往赵堡请益于清萍，其名之盛如是，弟子中以李景颜为最"[5]。

另外，顾留馨曾说，陈清平为陈家沟人，"赘婿于距陈家沟不远的赵堡镇，在赵堡镇教拳，因此人们称作赵堡架"。而据陈清平后裔讲述，陈清平祖居陈家沟东邻、距赵堡镇西南三华里的王圪垱村，因其父陈锡络在赵堡镇开粮店而迁居于此，

[1] 李师融：《〈中国武术史〉的缺憾》，《武当》2001年第11期。
[2] 张满宏：《也谈陈清平与赵堡太极拳》，《武魂》1994年第11期。
[3] 有关张彦的传闻故事，参见刘瑞《赵堡拳宗师神手张彦》（《精武》2000年第5期）。
[4] 唐豪《廉让堂本太极拳谱》说："据李亦畬五字诀序，武禹襄之十三势，传自温县赵堡镇陈清萍。清萍之十三势新架，传自陈有本。清萍更以心得，另创一套，并以传人。其传以赵堡镇、王圪垱两处为盛。"顾留馨《太极拳研究》说："为了适应保健的需要，陈家沟拳家陈有本首先创造了新架，架式和老架一样宽大，逐渐扬弃了原有的某些高难度的动作。有本的学生和族侄青萍，也创造了一套架式，小巧紧凑，动作缓慢，练会后逐步加圈，以至极为复杂；在不改变套路的前提下，由简入繁，逐步提高技巧。因为青萍赘婿于距陈家沟不远的赵堡镇，在赵堡镇教拳，因此人们称作赵堡架。"
[5] 陈子明：《陈氏世传太极拳术》"太极拳家列传"，上海：中国武术学会，民国二十一年（1932），第四～五页。

招赘之说失实。①

综上所述，可大致做如下一些推测：

一、杨禄躔和武禹襄分别与陈家沟陈长兴和赵堡陈清平之间具有传承关系。但在武禹襄及其外甥李亦畲出示《太极拳论》以前，似并无确切史料足证已有"太极拳"之称。杨禄躔早年所传习的拳叫"化拳"或"绵拳"，武禹襄本人所传拳谱中多称其为"十三势"或"长拳"。后均随《太极拳论》的出现而改称"太极拳"。而陈家沟和赵堡镇的拳技，直到民国时期才随着外界太极拳的兴盛而改称"太极拳"。

二、陈家沟原本世代擅长的大约是其拳谱旧抄本中的"长拳""短打""红拳""炮捶"等，并非一种单纯的拳技，后又传入一种绵柔善化的拳术。该拳术可能是由蒋发授艺于陈家沟陈王廷，同时也传授给赵堡邢喜槐，从而形成两支。两支在传递过程中也因具体人物而存在交融，并非完全隔绝。

三、分别传习于陈家沟和赵堡的这种拳术，与明代戚继光《纪效新书·拳经捷要篇》的渊源甚深，拳势名称及动作也多有相同或近似，并且在戚氏《纪效新书·拳经捷要篇》的基础上做了增益。与《纪效新书·拳经捷要篇》中所言之宋太祖"三十二势长拳""囮拳"等是否存在源流关系，尚难遽断。

四、至于《太极拳论》的作者"山右王宗岳"是真人还是假托，难以断定。蒋发与王宗岳之间是否具有传递关系，也无确切史料可考。即便真有王宗岳，并且《太极拳论》果真为其所作，该拳论中所谈的拳理是否直接针对蒋发传给陈家沟和赵堡的具体拳术而言，也需存疑。

五、王宗岳与张三丰之间是否具有传递关系，同样无证可考。后世各家派极力维护的"太极拳"与"武当"和"张三丰"的关系，很大程度上是源自黄宗羲"武当"与"少林"、"内家"与"外家"之说的变相附会。

二、流变：陈清平的后传弟子们

关于赵堡陈清平的后传，据杜元化记述：

清平先生传给其子景阳及本镇其少师张应昌、和兆元、牛发虎、李景颜、

---

　①路迪民：《陈清平身世考略》，《武当》1996年第5期。

李作智、任长春、张敬芝，历代传人很多，不能备载。[①]

以现实的赵堡拳传承情况来看，大致属实。

百余年来，赵堡脉络上的著述，除出版于民国中期的杜元化《太极拳正宗》，其余主要面世于 20 世纪 80 年代之后。[②]综合现有的文字介绍，可对陈清平之后赵堡拳术的传递情况有大致了解。

据传闻，陈清平在赵堡做粮棉生意，在镇南门的永安寺设场授艺，从学者众，主要有张应昌、和兆元、牛发虎、李景延[③]、李作智、任长春、陈泾阳（侄）等，并曾尽心传授武禹襄月余，而武禹襄得其精微。

据赵堡后传所述，陈清平所传有三种架子——代理架、领落架、腾挪架。代理架传赵堡和兆元，领落架由赵堡张应昌一脉的张金梅、张敬芝等传承，而任长春、李作智、李景延等人均为腾挪架。有说，陈清平将三种劲路结合在拳架中，分别传与得意弟子，李作智、和兆元所传为代履劲，王赐信、李景延所传为腾挪劲和忽领劲。

关于三种架子，有说为蒋发弟子邢喜怀演变出来的。[④]有说，陈清平所传是原始的领落架，其弟子和兆元进京后，博采众长，才形成代理架。有说，这是赵堡拳的几种不同劲道，实际传承中很少有自称为三种拳架之一的说法。也有说，"通过数次考查，觉得无论从理论上，还是从套路动作、劲路特点以及推手方法上来评定，所谓邢喜怀或陈清平编创三种套路体系风格，并且分人传授的'三种功架'之说，是经不起考证，而难以成立的"[⑤]。可以说是众说纷纭。

其实，拳架往往因人而异，没有一成不变的。这三种称谓，更可能是后世才形成的。将后出的名称强加到前人那里，自然是怎样都不很合适。

①杜元化：《太极拳正家》"太极拳溯始"，开封：魁生德（印刷），民国二十四年（1935）。

②主要是刊于 20 世纪 80 年代以来各武术期刊的少数介绍文章，出版的图书主要有：宋蕴华《赵堡太极拳图谱》（西安：陕西科学技术出版社，1991 年），王海洲演述、严翰秀整理《秘传赵堡太极拳》（南宁：广西人民出版社，1991 年），刘会峙《武当赵堡传统三合一太极拳》（西安：陕西科学技术出版社，1995 年），王海洲、严翰秀《杜元化〈太极拳正宗〉考析》（北京：人民体育出版社，1999 年），郑瑞、谭大江《武当赵堡太极拳小架》（北京：人民体育出版社，2000 年），原宝山《武当赵堡太极拳大全》（北京：世界图书出版公司，2001 年），赵增福《中国赵堡太极》（北京：世界图书出版公司，2002 年），王海洲《赵堡太极拳十三式》（北京：人民体育出版社，2003 年），严翰秀、王海洲《赵堡太极拳诠真》（北京：人民体育出版社，2003 年），和有禄《和式太极拳谱》（北京：人民体育出版社，2003 年）等。

③有作"李景炎""李景颜""李景彦""李景元。"

④张杰：《赵堡与赵堡太极拳之概况》，《武当》1994 年第 5 期。

⑤张满宏：《也谈陈清平与赵堡太极拳》，《武魂》1994 年第 11 期。

（一）陈清平后人：家传已成绝响

陈清平在世时，后辈尚有能传其艺者。子陈河阳、侄陈泾阳、长孙陈钧皆承其学，并成能手。陈钧传其子陈乃文，乃文无嗣，未传与陈清平其他后人，仅传陈敬柏后人陈学忠。因陈清平家传自陈乃文断代，后辈已不再练拳。[①]

（二）张应昌一脉：延绵至今

张应昌，赵堡人，张彦之子，得陈清平所传。张应昌又传张汶、崔东，张汶传张金梅，张金梅传张利泰、张敬芝，张敬芝传王林清、陈应铭、张铎、张树德、侯春秀等。

侯春秀（1904—1985），生于赵堡，十八岁拜张敬芝为师，因照料张敬芝晚年，朝夕相处，得张悉心传授，擅长採拿，出手冷、脆、快。抗战全面爆发后，为躲避战乱，侯春秀到陕西宝鸡做小本生意。一年许，因与警察冲突，只身以扁担与众警打斗，旋逃至西安。新中国成立后，侯春秀一直在西安的三轮车工会当工人。因其所传张氏"成架"与在西安授拳的郑悟清、郑锡爵大小架相比较为适中，也被称为"中架"，与"二郑"鼎足而成三。据侯春秀门生张长林、张顺林讲述：

> 侯老师武功高强，人品极好，经常教导我们不能恃强欺人，但对付霸道之人要毫不手软。他给我们讲，最好使别人不知道你会拳，不到万不得已不用拳伤人。他说他一生中用过两次。一次是解放前在宝鸡，几个警察欺负老百姓，他仗义把几个警察打倒在地，在宝鸡住不成了，才到西安。另一次是他到西安后靠同乡帮忙，蹬三轮车拉人，但当时三轮车在车站拉人都要给一个所谓的工头进贡，侯老师初来乍到，给的钱少了点，此人不满意，已三四天不让客人坐侯老师的车，第五天，有客人走到侯老师车上，被此人看见，要强行带走客人，客人不买账，此人恼怒，要打顾客，侯老师忍无可忍，一个按掌，把此人推出二米之远，此人反扑上来抓住侯老师的领口，侯老师顺势一个金丝缠腕，

制服了此人，侯老师警告他如再霸道，下次定不轻饶。其他工友拍手称快。自此后，此人再也没有寻侯老师及工友的麻烦。[①]

侯春秀的传人主要有侯占国（子）、侯转运（子）、王喜元（婿）、张玉亮、徐孝昌、张文举、黄江天、刘会峙、罗及午、王德信、赵策、刘晓凯、尚保新、张伯友、孟凡夫、林宝泉、张长林、张顺林等。[②]其中，张顺林曾详细叙述他拜师学艺的情形：

侯春秀（1904—1985）

> 1973年春节刚过，李宗有老师给郑悟清老师刻了一枚牛角方印，让家兄长林和他一块儿送往西安，家兄借机请郑老师拨拨架子。从西安返回咸阳时，在西安火车站，碰见郑悟清的徒弟刘育英，李宗有老师告诉刘老师说，他多次拜访过侯老师，侯老师只拉家常，不谈拳术，今天想再拜访侯老师。与侯老师善交的刘育英满口答应，他带去准行。果不其然，侯春秀老师见刘育英引荐，非常热情地与李老师和长林兄谈起了赵堡架太极。
>
> 家兄长林第一次见到侯老师，见他瘦骨嶙峋，但谈起拳术，句句珠玉，论述之精辟，实属难见，不由心中暗暗佩服。长林兄当时二十七八岁，在外地工作时学过长拳，又受到过咸阳名师的指点，1965年又跟李宗有老师学习赵堡太极拳，1972年郑悟清又给家兄拨赵堡小架。自恃还可以，便想与侯老师过上几招。没想到，侯老师已看出家兄的想法，便站起来，让他出招。家兄一招冲拳上去，只听见"啪啪啪"七八下响声，家兄已被侯老师的巴掌打倒在地，还不知侯老师怎样下的手。家兄站起来说再来一次，于是上下齐进，没料想，侯老师轻让一步，一个白鹤亮翅，家兄仰倒在侯老师的床上，逗得刘老师、李老师哈哈大笑。家兄心知肚明，今天遇到了高人。侯春秀老师持高功而不露，而

---

① 张长林、张顺林：《侯春秀老师在咸阳》，《武当》2006年第5期。

② 关于侯春秀详情，参见赵增福《中国赵堡太极》"赵堡太极拳组织与传人简介"（西安：世界图书出版公司，1997年），罗名花《武当太极拳技法阐秘——谨以此纪念侯春秀大师逝世十四周年》（《武当》1999年第4期）、黄策元忆、孟凡夫整理《赵堡太极拳一代宗师侯春秀》（《精武》2000年第5期），张长林、张顺林《侯春秀老师在咸阳》（《武当》2006年第5期）等。

　　今天一见，也不知何故，特别喜欢家兄的性格，当时就讲了很多太极拳应用心法。临别时，侯老师邀李宗有老师和家兄下星期再来。

　　回咸阳后，家兄就跟我谈了，他见到太极的另一位高手侯春秀老师，还谈到准备拜侯春秀先生为师。那时候，侯老师家境特别困难，全家六七口人只有三床被子。那年代，物质匮乏，买东西都要票证。李老师找我兄弟二人商量，是否先给侯老师买两床被子送去，我们俩分别找熟人要到两张棉花网套票。李老师和我俩共同出钱买了两床棉花网套，一床缝成被，一床由于没有布票，只好光送网套了。又一个星期天，李老师带我兄弟俩骑车送去两床被子和网套，侯老师见到后非常激动，非要给钱和布票，李老师和我俩再三推脱才算作罢。李老师直说来意，这兄弟两个想拜您为师，不知您收不收。侯老师也是爽快之人，上次你们来，我就看上了长林，就想收他作徒弟呢。西安好多人都说侯老师很保守，很少收徒，更不轻易以拳示人，这次这么顺利就被收纳为徒，实属一种缘分了。其实，李宗有老师早就想与侯老师谈拳论武，苦于没有机会，这次侯老师也非常干脆地答应了，也了却了李老师多年的心愿。

　　从此，每逢星期天，我兄弟俩跟李老师从咸阳骑车到西安，我俩学侯老师成架七十五式，李老师与侯老师切磋拳艺、讨论拳理。那时候，我们的家境还可以，但侯老师硬是不要学费。我们每次去西安学拳，只好给侯老师带点鸡蛋、小米、玉米糁等物品，以补老师家用。光阴似箭，转眼已是半年，那时工厂用电按计划安排，我们单位休息日改为星期五，我们与李老师商量，接侯老师到咸阳来教拳。侯老师欣然应允，星期六来咸阳。我家的庭院还比较大，侯老师星期六晚上和星期天白天教拳，星期一早上回西安。情况变化，李老师决定，我们三人每人每月拿五元钱给侯老师作路费（那时，工人基本工资40元左右）。后来，李宗有老师又决定再招收几个人。李老师又叫了朱君堂、林泉宝、靳玉堂、张长生等人在我家共同学拳。侯老师每月有40元补贴，亦很高兴。

　　1974年三四月份，侯老师突然得了一场大病，住进了医院。李宗有老师与我兄弟俩前去看望过几次，并资助老师200元钱。连继数月，我兄弟俩每月还给侯老师用信邮去十元钱。为此，侯老师给我写过好几封信表示感谢，并在每封信中嘱咐我们不要停止练拳。几个月后，侯老师病愈康复，复又在咸阳教拳。李宗有老师和我又找来十几个人跟侯老师学拳。一下子，侯老师的徒弟增至二三十人。侯老师在咸阳每周停留的时间增至三天。这段时间，侯老师开始给我兄弟俩及泉宝兄讲了很多秘传功法及太极绝技。我兄弟俩虚心学艺，进步很快，家兄悟性较高，侯老师讲的，很快融会贯通。我却对理论钻研比较多，侯老师也特别喜欢我的钻研劲，经常夸奖。师兄弟中，林泉宝学得很认真，进步亦很大。

侯老师为人严肃，但从不摆架子，在咸阳教拳时严格认真，一丝不苟。无论是拨架子，教推手，还是演散打，讲功理，都非常明白透彻，言传身教，使我们感觉到老师很随和。侯老师在咸阳一教就是十年，改变了过去的观念，开始广收门徒。通过在咸阳教拳这个重要的转折点，使他的赵堡成架得到了发展，对赵堡太极文化的发展做出了一定的贡献。

有些人说侯老师保守，不给人讲东西，其实不然。作为一种文化，赵堡太极有它公开的一面和隐蔽的一面。作为这种文化的传播者，因此也有他开放的一面和保守的一面。公开的是表面的一些套路及功法等，对于这部分会较为开放地传播。而隐蔽的一面，较深的一些东西，如秘传功法和绝招等，传播者就显得较为保守，称之为"一层功夫一层理"，有水到渠成的道理，一般都是选择性地传授。这也是赵堡太极前些年传播不太广泛的原因之一。集赵堡太极武学于一身的侯老师也有他的选择原则，并有所突破，在咸阳较为开放地传授了很多隐蔽性的东西，创造性地改进了很多保守的教法，把架子、推手、散打结合起来一块儿教，称之为"三合一练拳法"。架子中的每一式，推手中怎样运用，在散打中怎样发招，讲得头头是道。力求架子要拆成件件，用时穿成串串，发招要脆冷快狠，招招要打准。侯老师讲拳非常精练，浅显易懂，几乎每一招式都是手把手地讲解，让人体会招数的劲道、发劲的时机、化解的路数及应变办法。侯老师在咸阳教拳的最大特点就是很有耐心，把架子中的每一式都要分拆讲解，同一式的不同用法，不同式的配合使用、互相转化，讲得一清二楚，分析到位，并亲自操演，让我们体验被打、化解、反招的使用等其中的奥妙，毫不厌烦，直到我们熟练掌握为止。有一次，侯老师讲高探马、十字手的联合用法，林泉宝自告奋勇，与老师推手。泉宝用一招"白鹅晾翅"，侯老师松裆走化，一记"高探马"把泉宝打倒，紧接着再推手，泉宝用"高探马"打出，只见侯老师两手一合，左肘暗藏，泉宝打空，待到察觉已来不及了，侯老师一招"十字折叠"把泉宝打飞，跌出十米开外。侯老师讲拳就是这样实际，丝毫没有虚套。①

①张长林、张顺林：《侯春秀老师在咸阳》，《武当》2003年第5期。

（三）和兆元："和式太极拳"祖师[①]

和兆元（1810—1890），字育庵，清嘉庆十五年（1860）生于河南怀庆府温县赵堡，出身医家，师从邻里陈清平学拳，又曾受师祖张彦指点，刀、枪、剑、棍皆精。其姊夫李棠阶[②]为晚清理学名臣，道光十六年（1836）自京返乡丁母忧。之后和兆元随李进京任侍卫，授武信郎，正六品武职，在京受李棠阶、祁寯藻启发，将理学融入拳架。李棠阶在道光十八年（1838）九月十四日的《日记》中记述，"拳勇以虚灵为妙用，因人之力制人，不参己力，可悟圣学"，"未来不迎，已来不滞"，可谓明论。因和兆元所传拳艺契合理学，后世称之为"代理架"。

和兆元传长子和润芝（字泽甫，1836—1916）、次子和勉芝（1849—1919）、三子和敬芝（字式甫，1850—1918）、四子和慎芝（1862—1906），孙和庆喜（字福棠，1857—1936，和润芝长子）、和庆文（1872—1948，和润芝次子）、和庆台（1876—1960），外姓弟子苗延升（有作"苗彦生"）。

和兆元之孙和庆喜，字福棠，清咸丰七年（1857）生于赵堡，八岁始由祖父授以拳术，历时十年。后因祖父患精神疾病，自己用功至三十一岁。和庆喜迫于生计，从事小商贩糊口，停辍练拳四十年。民国十七年（1928），南京中央国术馆及河南省国术馆相继成立。其时，和庆喜已年逾七旬，顺应时势，回忆早年所习，经八个月整理，终将拳架、拳理结合自身习练心得，全部汇集，传授数十人。民国二十年（1931），其侄和学信，徒郑锡爵、陈桂林、郝玉朝等人参加温县国术擂台赛，一举夺魁。后由陈桂林领队，和庆喜徒弟郑锡爵、郝玉朝、郭云作为温县代表中的三位，又参加了为选拔国术运动员而在开封举行的华北五省擂台赛，郑锡爵及苗延升弟子王思恭等皆获胜。[③]民国二十五年（1936），和庆喜因感染破伤风辞世。后人能讲述其不少逸事。[④]

① 参见和有禄《和式太极拳形成和发展》（《中华武术》2003 年第 11 期），元峰《和式太极拳小史》（《武魂》2004 年第 3 期），郭占全《和式太极拳名称考释》（《中华武术》2005 年第 6 期），和有禄《我对侵害本人名誉权案的几点说明》（《中华武术》2005 年第 6 期），河南省武术运动管理中心编纂、吉灿忠主编《河南省武术拳械录》（北京：人民体育出版社，2019 年，第 182~184 页）等。

② 李棠阶（1798—1865），字树南，号文园，谥文清，河南温县南保封村人。二十二岁中举人，二十五岁中进士，次年授翰林院编修，后历任大理寺卿、礼部侍郎、左都御史、户部尚书、军机大臣、工部尚书、礼部尚书，加太子少保衔，追赠太子太保。

③ 此次擂台赛相关情况，参见林泉宝《赵堡太极拳的几个人物》（《武魂》2010 年第 8 期）。

④ 有关和庆喜事，参见和少平、陈华《和庆喜轶事》（《武当》1995 年第 4 期），和少平、张朝和《太极拳名师和庆喜》（《少林与太极》1990 年第 4 期）等。

和庆喜传和学信（侄）、和学敏（子）、柴玉柱、刘世英、郑悟清、郑锡爵、郝玉朝、陈桂林、郭云、李俊秀、郑瑞（郑悟清长子）；和庆文传和学信（子）、和学惠（子）；和庆台传和学俭、侯尔良；苗延升传王思明、王思恭。

全面抗战爆发后，和庆文带子和学信、和学惠举家迁居至宝鸡避乱。和庆喜门徒郭云则移居山西，郑悟清、郑锡爵迁至西安，各有后传。和学信传子和士英（1918—1987）等，和学惠传子和保森。

和庆喜弟子郑悟清（1895—1984）[①]，初名梧卿，字凤臣，生于赵堡半商半农之家，少时体弱，入塾较晚，十六岁时寄食

郑悟清（凤臣，1895—1984）

于清化（今博爱县）典当行，二十九岁始随同村和庆喜习拳强身祛疾，经十余年习练，渐入佳境。郑锡爵（1905—1961），字伯英，二十三岁起拜和庆喜为师，民国二十年（1931）参加开封国术擂台赛，获奖状、锦旗。据郑锡爵弟子赵增福讲述：

> 开封擂台赛有三百余名武林高手参加，分红、蓝两队，抽签排号，逐级淘汰。郑锡爵老师夺关斩将，力战群雄，最后由他与河南省内黄县的刘存温先生进行冠军决赛。当时观看者人山人海、热闹非凡。两位拳师上台，刘先生英武健壮，人高马大，咄咄逼人。郑老师也身材魁伟，神采奕奕，一副豪杰气派。报完名号，比赛开始，双方都戒备严密，互相试探。周旋片刻，便各显其能。郑老师以野马分鬃之势上前，刘先生以实就虚避之，双方紧锣密鼓，各不相让，第一回合，未分胜负。第二回合，刘先生以饿虎扑食之势猛扑过来，企图速胜，众人皆惊。说时迟那时快，郑老师以静待动，巧用高探马化开敌势而突然发力，将刘打出一丈开外，跌倒台下。全场观者一片喝彩，掌声如雷，经久

---

① 关于郑悟清详情，参见侯尔良《忆名师郑悟清》（《中华武术》1988 年第 7 期），吴文翰《太极奇人郑悟清》（《武当》1994 年第 3 期），刘瑞《辛勤耕耘　功德并颂——写在郑悟清先生逝世十周年之际》（《武当》1994 年第 3 期），作民《唯有太极真国色　千古不绝悟清魂——纪念太极拳宗师郑悟清逝世十周年暨百岁诞辰》（《武当》1994 年第 7 期），赵增福《中国赵堡太极》"赵堡太极拳组织与传人简介"（西安：世界图书出版公司，1997 年），原宝山《武当赵堡太极拳源流与发展》（《精武》2000 年第 5 期），吴生安《忆郑悟清师》（《精武》2000 年第 5 期），王玮《郑悟清与赵堡太极拳小架》（《武魂》2004 年第 7 期），郑新会《博学睿思悟拳理——我了解的祖父郑悟清》（《武魂》2005 年第 9、10 期），郑新会《从祖父郑悟清感受太极拳》（《武魂》2005 年第 12 期）等。

不息。裁判员刘丕显也称赞说："精彩，实在精彩。"郑老师遂以华北五省冠军获大银墩一个，又获锦旗两面，宝剑两把，小银墩一个，从此威名大振。两面锦旗至今尚在赵堡镇赵堡太极拳总会保存。

郑老师回家后，立即将全部奖品送给了和庆喜先生。他说："我的一切武功技巧，都是恩师传授，应该归功于恩师。"[1]

民国二十八年（1939），河南温县赵堡镇遭日军抢掠，郑氏全家移居焦作。民国三十一年（1942），郑悟清与郑锡爵又因战乱避迁西安。经友人介绍，郑悟清在陕西省政府、军政部西安办事处、西安警备司令部等处传授国术，且受聘到黄埔军校第七分校任国术教官，兼西安国术馆委员。新中国成立后，长期任西安市武术协会委员。郑锡爵曾任国民革命军第四集团军国术教官、陕西国术馆委员。二人在西安生徒众多，被称为"西北二郑"。

赵堡和兆元一支的后人将所传定名为"和式太极拳"，"二郑"则统称为"赵堡太极拳""武当赵堡太极拳"。实际这些名称均为后出，时间并不太长。另外，拳架并非一成不变，郑悟清与郑伯英虽师出同门，但日后认识和劲道已形成各自风格。郑悟清所授架高步活、圈小劲捷、速度均匀、精巧细腻、纯任自然，郑锡爵则拳势舒展、速度较快，后被分别称之为"赵堡小架"和"赵堡大架"。

1961年，正是三年困难时期，郑锡爵家境艰难，又身染疾病，不幸过早辞世。传徒马殿章、郭士奎、李应聘、任少先、任志义、任长安、王德华、段国社、赵鸿喜、周敬波、柴学文、郑邦本、王天水、王培华、李应中、张有仁、赵增福、毕运斋、田钧晋、张存义、潘金祥、陈守礼、侯自成、和良福、王官长、杨邦泰、苏国忠等，亲属得其传者有范诗书（内表弟）、郑宏烈（次子）、张鸿道（内侄）、直存喜（甥）等。张鸿道又传王海洲[2]等。

郑悟清有弟子门生：郑瑞（长子）、郑钧[3]（次子）、王秉瑞、孙兰亭、郭兴梁、尤国才、畲辉庭、高智怡、顾泰隆、李道扬、吕兴周、郭德政、李文斌、魏习典、陈修祥、闫俊文、罗喜运、杨豪华、张志和、刘得印、李海龙、史寿之、李清贵、吴培仁、杨荣籍、高国庆、高全林、雷伯荣、唐允吉、袁清阁、唐裕源、刘瑞[4]、

---

① 赵增福：《中国赵堡太极》"赵堡太极拳组织与传人简介"，西安：世界图书出版公司，1997年。有关郑锡爵事，另参见董金、赵增福《开封擂台上的太极神手郑锡爵》（《武当》1994年第11期）等。

② 有关王海洲事，参见李长洪《大德甘露育новый——记王海洲老师》（《武当》2011年第9期）等。

③ 有关郑钧事，参见高飞《默默耕耘　功在不舍——武当赵堡太极拳名师郑钧访谈》（《武当》1998年第2期）等。

④ 有关刘瑞事，参见高飞《一生寻求是真功——武当赵堡和式太极拳第十一代传人刘瑞印象》（《武当》1994年第12期）、张天绪《矢志不渝　探骊得珠——写在刘瑞先生七十华诞之际》（《武当》2008年第8期）等。

郭大均、侯尔良、原宝山①、李随成、陆华良、宋蕴华②、吴生安、高峰、高潮、纪昌秀、孟凡夫、李凤兴、高怀旺、孙明伦、谭志远、郑子毅、吴忍堂③、张占迎、王予孝、吴本忠、秦胜家、李清林、常清岚、郭命三、郑喜梅、郑喜桃、魏兴华、王志成、翟本源、徐景州、吴妙珍、张长富等。

（四）李景延：“忽雷架”创始人

李景延（1825—1898），名盾（有作“对”），赵堡镇辛堂村人。其父早亡，与母相依为命，家境贫寒，早年曾从学于陈家沟陈有纶、陈仲甡，后改投赵堡镇陈清平门下。年长后以护院保镖、授徒为业，走镖山东等地，人称“铁胳膊李盾（对）”。积累毕生经验，晚年精研拳法，博采众长，对师传拳架及推手技巧加以改造，拳架风格独特，练的是“圪颤劲”，又曰“突灵劲”，俗称“李盾（对）架”或“抖擞架”。所传门徒有李火炎、张国栋（1866—1936）、谢功吉（1884—1964）、杨虎（1858—1929）等。

张国栋幼随祖父习练家传大小洪拳，十二岁拜本村表叔李景延为师，后研读《易经》及《灵台仪象志》等书，取其理以为拳用，融合电闪雷鸣的自然变化、三角杠杆原理、经络之学、吐纳之术、烈马抖鬃之形，把“李盾（对）架”（一至五层练功法）细化为十一层练功法。④张国栋门人有张连贵（1886—1958）、张文成（1900—1978）、张宝成（1901—1989）、刘修道（1908—1976）等，张宝成又传

---

① 有关原宝山事，参见郭华东《赵堡太极拳名家原宝山》（《武魂》1998 年第 5 期）、李师融《缅怀原宝山先生》（《武当》2003 年第 10 期）、王智毅《原宝山先生的武当赵堡丹功太极拳》（《武魂》2006 年第 2 期）等。

② 有关宋蕴华事，参见严翰秀《注重技击的太极拳师宋蕴华》（《武林》1992 年第 10 期）、谭大江《宋蕴华与国际易拳道》（《武当》1994 年第 11 期）等。

③ 有关吴忍堂事，参见王玮《寻求一生为太极——记西安郑悟清拳法研究会会长吴忍堂》（《武魂》2004 年第 2 期）、关宝君《阐发功夫真髓　传播养生理法——武当赵堡太极拳名家吴忍堂抵美授艺》（《武当》2011 年第 2 期）等。

④ 有称：“太极‘忽雷架’是陈清萍（温县王圪垱人，陈家沟陈卜十五世孙，后迁居赵堡）根据太极拳的‘缠劲’、‘抖劲’、‘闪劲’、‘炸劲’等创作的一种综合性架路。……此中架路既非陈氏的大架，亦非小架，而是按层次而练功的、能大能小的中等架路。”（陈庆雷、陈庆国：《太极“忽雷架”源说》，《少林与太极》1992 年第 5 期），又称：“太极拳‘忽雷架’是陈氏太极拳中的一种架路，属小架范畴，是太极大宗师陈清平先生根据大架、小架、二路炮拳以技击中的实用作用，结合太极拳原理融汇创编。”（陈庆雷：《太极拳中之奇葩——忽雷架》，《少林与太极》1999 年第 3 期），以上实质皆是对李景延编创忽雷架的歪曲。此说引起相关人士不满，遭到否定，详见张满宏《正本清源话“忽雷”——兼与〈太极拳中之奇葩——忽雷架〉的作者商榷》（《武当》2000 年第 2、3 期）。也有人指出，应是“腾挪忽领”，而不是“忽雷”。其实，对于这些后出的名词，很难断定孰是孰非。

"忽雷架"第三代传人张宝成拳照

张敬玉、张锡玉、张德旺等。杨虎传杨绍舜（1900—1974），再传杨兴靖。[①]后世赵堡拳有所谓"忽雷架"，将李景延视为创始者。

（五）任长春：学兼赵堡与陈沟

赵堡与陈家沟仅隔五六里，若说历史上相互之间没有任何交流，恐不可能。两地的传承脉络中均有先后学拳于两地者的记载，如陈敬柏、李景延等，而陈清平弟子任长春也是其中之一。因此，后世传说"拳不出村""不教外姓"等，都不一定确切无疑。

任长春，生于清道光十九年（1839），卒于宣统二年（1910），河南沁阳县东南西辛庄人，曾随陈家沟陈仲甡学拳技。据民国四年（1915）版《中州文献辑志》和《中州先哲传》"义行·陈仲甡"部分记载，陈家沟"陈仲甡技称最……传其学者曰陈华梅、曰陈耕耘、曰陈复元、曰陈峰聚、曰陈同、曰李景延、曰任长春，然皆不及陈仲甡"。

任长春跟陈仲甡学拳多久不知，后为赵堡陈清平弟子，学艺多年，得其传，在沁阳收徒众多。据任长春弟子杜元化记载，任长春为陈清平弟子。另据和有禄记述：

> 赵堡镇西新庄人刘世鹏先生，为笔者的同窗学友。1990年，他说他父亲保存有两本老拳谱。在我们的邀请下，刘世鹏先生把拳谱原本拿来让我们观看。拳谱为陈季甡、陈鑫手写的拳谱原文。对拳谱的来历他是这样讲的："拳谱是我爷刘清廉流传下来，我爷从小跟同村人任应极学拳。任应极是任长春（1839—1910）的儿子。任长春年轻时曾在陈家沟人陈季甡家做工并跟其学拳，后又跟陈清平学拳。任长春功夫很好，还教有杜元化等人。"后此谱留在和学俭家收藏。[②]

杜元化（1869—1938），字育万，河南省沁阳县义庄人，清末文庠生。幼拜本村牛玉瑶为师，学练七十二路战捶、炮捶、五合、六合、七贯等拳术。清光绪三十一年（1905）至宣统二年（1910），聘请任长春为师。

南京国民政府成立后，从中央到地方成立国术馆（社），并举行各级国术考

① 参见河南省武术运动管理中心编纂、吉灿忠主编：《河南省武术拳械录》，北京：人民体育出版社，2019年，第228~232页。

② 和有禄：《和式太极拳谱》"附录二"，北京：人民体育出版社，2003年，第260页。

试。杜元化参加河南省国术考试，被录取为"武士"，任省国术馆委员，此后在馆任教。民国二十年（1931）开封设国术擂台赛，杜任评判员。杜元化任教河南省国术馆期间，第二期学员集资请其将所传赵堡拳编辑成册，以备深研模仿，因第一册编成后受阻，杜离馆而去。后在馆长陈泮岭支持下，于民国二十四年（1935）五月出版《太极拳正宗》一书，作为河南省国术馆训练班教科书。该书是赵堡拳技第一次对外公开的资料，也是以"太极拳"之名冠于赵堡拳的首部著作，只是当时印数较少，流传不广。是年九月，第六届全国运动会河南国术预选会在开封举行，是月八日，杜元化参加了国术馆召开的筹备评判联席会议，担任预选会比赛的器械评判员。

《太极拳正宗》出版后，杜元化又陆续编写新书，遗憾的是书稿尚未完成，全面抗战爆发，日军进犯河南，逼近开封，河南省国术馆被迫停办。杜元化由开封返回老家，后因胃出血，于民国二十七年（1938）年辞世。

后 记

本书略述太极拳自晚清以来的传承梗概，初作于十余年前。

无法说清是否真有什么夙缘，而人生似有难以挣脱的轨道，虽左冲右突，却不离大体路向。

我自幼上学接受现代科学教育，课余则常被武侠连环画及影视剧吸引。中学起在蓬莱从刘老师学练其家传太极拳技击之术，学习余暇常听他娓娓讲述前人往事，如数家珍，一如其待人接物般诚朴本分，与学校知识两相对照，常深感传统将绝。当初大学志愿填报历史，并非对本无所知的属于现代科学范畴的历史学本身有多大兴致，动因实出于对刘老师所述的追寻，以至于此后虽经历史学名师甚多，而终究初心难改。在广州读硕士期间，因之前数年间收集有关资料渐多，又得桑老师、阮老师指点启示，一度打算以民国时期的"国术"为学位论文选题。无奈天资愚钝，学无根基，截断众流勉强作皮相之论，非所愿为，只能暂时搁置。毕业后返还蓬莱，所学历史学专业撂荒，人生一度步入迷途。无正事可做，遂返旧心，琢磨利用先前积累，将太极拳源流脉络捋顺。彼时之我年方二十六七，学识虽浅，效率却高，春节后着手，孟夏时节即已完稿，前后四月余，随即联系出版。仓促如此，内文如何，可想而知。未想粗制滥造之作，竟风行一时。所能反映的并非书有多好，而是太极拳实在缺乏一种能够纲举目张、全面讲述其源流脉络的基础读本。未两年，应书商要求再版一次，匆匆略作修正，纰漏讹误仍不可计数。如今回望，若没有那段持续多年脱离现代主流学界的人生经历，也就不可能出现这样一本在学界师友看来有点不务正业甚且可能名节俱毁的粗疏之作。

　　多年前，出版社即有意重新出版该书，因个人诸事牵掣，无暇顾及，而私心还是希望能够全面修订，以作补救。去年夏季，在章老师的指导下，博士总算毕业。此后得数月空闲，遂将十年前破绽百出的书稿略作增删，实际仍远称不上严谨之作，本未打算今年交稿，孰料春节以来，千年不遇之大疫当前，不觉感叹生命之飘忽，诸事皆宜尽早做成，遂利用开学前居家隔离的时光，勉力修订。书中之所以尽量陈述材料，只因事非亲历，应约束主观而作客观，以免任意编造涂画；之所以巨细不遗，只因拳家生平模糊，资料难得，既然遇上，多述一分是一分；有时排列史料如流水账簿，不见多少精彩，未免消减读者兴味，而真实的人生不就是这么日复一日平淡过来的吗？尽管如此自我开脱，仍需承认，本书远非成熟之作。

　　尚望读者以最新修订内容为准，前书与新版不合处，已可作废了。倘书中所述其人其事另有可靠证据，还请方家随时指示为盼。本书得以呈现，牵涉诸多因缘，难以一一详陈前后所以，在此，谨向所有给予帮助的相识或未曾谋面的师友一并致谢。

季培刚

定稿于庚子初冬

人文武术精品书系

北京科学技术出版社

武学名家典籍丛书

杨澄甫武学辑注 《太极拳使用法》《太极拳体用全书》	杨澄甫 著 邵奇青 校注
孙禄堂武学集注 《形意拳学》《八卦拳学》《太极拳学》 《八卦剑学》《拳意述真》	孙禄堂 著 孙婉容 校注
陈微明武学辑注 《太极拳术》《太极剑》《太极答问》	陈微明 著 二水居士 校注
薛颠武学辑注 《形意拳术讲义上编》《形意拳术讲义下编》 《象形拳法真诠》《灵空禅师点穴秘诀》	薛颠 著 王银辉 校注
陈鑫陈氏太极拳图说（配光盘）	陈鑫 著　陈东山　陈晓龙　陈向武　校注
李存义武学辑注 《岳氏意拳五行精义》 《岳氏意拳十二形精义》《三十六剑谱》	李存义 著 阎伯群 李洪钟　校注
董英杰太极拳释义	董英杰 著　杨志英　校注
刘殿琛形意拳术抉微	刘殿琛 著　王银辉　校注
李剑秋形意拳术	李剑秋 著　王银辉　校注
许禹生武学辑注 《太极拳势图解》 《陈氏太极拳第五路·少林十二式》	许禹生 著 唐才良 校注
张占魁形意武术教科书	张占魁 著　王银辉　吴占良　校注

武学古籍新注丛书

王宗岳太极拳论	李亦畬 著　二水居士　校注
太极功源流支派论	宋书铭 著　二水居士　校注
太极法说	二水居士 校注
手战之道	赵晔　沈一贯　唐顺之　何良臣　戚继光 黄百家　黄宗羲 著　王小兵　校注

百家功夫丛书

张策传杨班侯太极拳108式（配光盘）	张 喆 著　韩宝顺 整理
河南心意六合拳（配光盘）	李洳波　李建鹏 著
形意八卦拳	贾保寿 著　武大伟 整理
王映海传戴氏心意拳精要（配光盘）	王映海 口述　王喜成 主编
张鸿庆传形意拳练用法释秘	邵义会 著
华岳心意六合八法拳	张长信 著
戴氏心意拳功理秘技	王 毅 编著
传统吴氏太极拳入门诀要（配光盘）	张全亮 著
吴式太极拳八法（配光盘）	张全亮　马永兰 著
拳疗百病——39式杨氏养生太极拳（配光盘）	戈金刚　戈美葳 著
尚济形意拳练法打法实践	马保国　马晓阳 著
非视觉太极——太极拳劲意图解	万周迎 著
轻敲太极门——太极拳理法与势法	万周迎 著
冯志强混元太极拳48式	冯志强 编著　冯秀芳　冯秀茜 助编
刘晚苍传内家功夫与手抄老谱	刘晚苍　刘光鼎　刘培俊 著
赵堡太极拳拳理拳法秘笈	王海洲 著
京东程式八卦掌	奎恩凤 著
功夫架——太极拳实用训练	朱利尧 著
道宗九宫八卦拳	杨树藩 著
三十七式太极拳劲意直指	张耀忠　张 林　厉 勇 著

拳道薪传丛书

三爷刘晚苍——刘晚苍武功传习录	刘源正　季培刚 编著
乐传太极与行功	乐 匋 原著　钟海明　马若愚 编著
慰苍先生金仁霖太极传心录	金仁霖 著
中道皇皇——梅墨生太极拳理念与心法	梅墨生 著
杨振基传太极拳内功心法	胡贯涛 著
卢式心意拳传习录	余 江 编著
习练太极拳之见闻与体悟	陈惠良 著
廉让堂太极拳传谱精解	李志红等 编著
武当叶氏太极拳	叶绍东　何基洪　蔡光復 著
功夫上手——传统内功太极拳拳学笔记	陈耀庭 著　霍用灵 整理